FABIANO
MENKE

RAFAEL DE FREITAS
VALLE DRESCH

COORDENADORES

LEI GERAL DE PROTEÇÃO DE DADOS

ASPECTOS RELEVANTES

2021 © Editora Foco
Coordenadores: Fabiano Menke e Rafael de Freitas Valle Dresch
Autores: Alexandre Schmitt da Silva Mello, Amanda Lemos Dill, Amanda Rodrigues da Silva, Andréa Bodanese, Cristian Duarte Bardou, Daniela Seadi Kessler, Fabiano Menke, Guilherme Spillari Costa, Isadora Costi Fadanelli, Isadora Formenton Vargas, Juliano Madalena, Laíza Rabaioli, Lílian Brandt Stein, Luiza Cauduro Lopes, Marcela Joelsons, Rafael de Freitas Valle Dresch, Rafael Saltz Gensas, Renata Duval Martins, Thyessa Junqueira Gervásio Vieira e Victoria Dickow Paganella
Diretor Acadêmico: Leonardo Pereira
Editor: Roberta Densa
Assistente Editorial: Paula Morishita
Revisora Sênior: Georgia Renata Dias
Capa Criação: Leonardo Hermano
Imagem de capa: Paulo Oliveira Matos Júnior
Diagramação: Ladislau Lima e Aparecida Lima
Impressão miolo e capa: GRAFNORTE

Dados Internacionais de Catalogação na Publicação (CIP) (Câmara Brasileira do Livro, SP, Brasil)

L525　Lei geral de proteção de dados: aspectos relevantes / Alexandre Schmitt da Silva Mello ... [et al.] ; organizado por Fabiano Menke, Rafael de Freitas Valle Dresch. - Indaiatuba, SP : Editora Foco, 2021.
344 p. ; 17cm x 24cm.

Inclui bibliografia.

ISBN: 978-65-5515-251-7

1. Direito. 2. Direito digital. 3. Lei Geral de Proteção de Dados. I. Mello, Alexandre Schmitt da Silva. II. Dill, Amanda Lemos. III. Silva, Amanda Rodrigues da. IV. Bodanese, Andréa. V. Bardou, Cristian Duarte. VI. Kessler, Daniela Seadi. VII. Menke, Fabiano. VIII. Costa, Guilherme Spillari. IX. Fadanelli, Isadora Costi. X. Vargas, Isadora Formenton. XI. Madalena, Juliano. XII. Rabaioli, Laíza. XIII. Stein, Lílian Brandt. XIV. Lopes, Luiza Cauduro. XV. Joelsons, Marcela. XVI. Dresch, Rafael de Freitas Valle. XVII. Gensas, Rafael Saltz. XVIII. Martins, Renata Duval. XIX. Vieira, Thyessa Junqueira Gervásio. XX. Paganella, Victoria Dickow. XXI. Título.

2021-584　　　　　　　　　　　　　　　　　　　　　　　　CDD 340.0285　　　CDU 34:004

Elaborado por Vagner Rodolfo da Silva - CRB-8/9410

Índices para Catálogo Sistemático:

1. Direito digital 340.0285　　2. Direito digital 34:004

DIREITOS AUTORAIS: É proibida a reprodução parcial ou total desta publicação, por qualquer forma ou meio, sem a prévia autorização da Editora FOCO, com exceção do teor das questões de concursos públicos que, por serem atos oficiais, não são protegidas como Direitos Autorais, na forma do Artigo 8º, IV, da Lei 9.610/1998. Referida vedação se estende às características gráficas da obra e sua editoração. A punição para a violação dos Direitos Autorais é crime previsto no Artigo 184 do Código Penal e as sanções civis às violações dos Direitos Autorais estão previstas nos Artigos 101 a 110 da Lei 9.610/1998. Os comentários das questões são de responsabilidade dos autores.

NOTAS DA EDITORA:

Atualizações e erratas: A presente obra é vendida como está, atualizada até a data do seu fechamento, informação que consta na página II do livro. Havendo a publicação de legislação de suma relevância, a editora, de forma discricionária, se empenhará em disponibilizar atualização futura.

Erratas: A Editora se compromete a disponibilizar no site www.editorafoco.com.br, na seção Atualizações, eventuais erratas por razões de erros técnicos ou de conteúdo. Solicitamos, outrossim, que o leitor faça a gentileza de colaborar com a perfeição da obra, comunicando eventual erro encontrado por meio de mensagem para contato@editorafoco.com.br. O acesso será disponibilizado durante a vigência da edição da obra.

Impresso no Brasil (03.2021) – Data de Fechamento (02.2021)
2021
Todos os direitos reservados à
Editora Foco Jurídico Ltda.
Avenida Itororó, 348 – Sala 05 – Cidade Nova
CEP 13334-050 – Indaiatuba – SP
E-mail: contato@editorafoco.com.br
www.editorafoco.com.br

APRESENTAÇÃO

A proteção de dados adquiriu, nos últimos tempos, o reconhecimento de uma disciplina autônoma, marcada por um objetivo conciliador. Ao mesmo tempo em que busca, com preponderância, garantir a proteção da personalidade do titular dos dados pessoais, não pode descurar o fluxo informacional, ativo indispensável no contexto da sociedade da informação e da comunicação atual.

É na busca desse equilíbrio razoável entre proteção e circulação dos dados que se situa essa, relativamente, nova disciplina, e que, muito embora a sua juventude, ampara os seus fundamentos nos Direitos Fundamentais e no Direito Civil, além de dialogar com outras áreas do direito, como o Direito do Consumidor, o Direito Administrativo, o Direito do Trabalho e o Direito Penal, para mencionar apenas alguns exemplos.

Com efeito, os marcos normativos atuais na área de proteção de dados são adjetivados de "geral", justamente em virtude do caráter transversal da disciplina: praticamente não há quem não necessite tratar as informações relacionadas às pessoas naturais, e, portanto, observar certos requisitos e procedimentos para que não incorra em violação de regras que expressam um fundo principiológico comum, consagrado internacionalmente.

A União Europeia aprovou, em 2016, o denominado Regulamento Geral de Proteção de Dados, que entrou em vigor em maio de 2018. Trata-se de regra que consolida e aprimora o desenvolvimento da legislação da área, que em solo europeu iniciou com a primeira lei do mundo, de 1970, a Lei de Proteção de Dados do Estado de Hessen, na Alemanha, que teve na figura de Spiros Simitis o seu mais notável idealizador.

Por seu turno, e após anos de debate, o Brasil editou, em 2018, a Lei Geral de Proteção de Dados, a LGPD, de modo a, finalmente, posicionar o nosso país no grupo de nações e organizações internacionais que apresentam um marco legal adequado e sistemático a enfrentar os desafios impostos pela sociedade movida a dados.

Superados os diversos percalços da tramitação legislativa relacionados à sua vigência, a LGPD entrou em vigor em setembro de 2020, ainda que parcialmente, aguardando-se que em agosto de 2021, o Capítulo VIII, que estabelece as sanções administrativas, também passe a viger.

O presente livro é resultado de estudos realizados no segundo semestre de 2019, na disciplina *Direito da Informática: a nova Lei Geral de Proteção de Dados*, no âmbito do Programa de Pós-Graduação em Direito da Universidade Federal do Rio Grande do Sul – UFRGS.

Os organizadores da obra, seguindo os passos do fundador do Programa, Prof. Clóvis Veríssimo do Couto e Silva, coordenaram as atividades da referida disciplina de acordo com a metodologia tradicional do curso, consistente na apresentação de seminários pelos discentes, que elaboraram a pesquisa e ministraram as aulas ao grande grupo. A seguir, a cada encontro, estabeleceu-se a discussão em que os presentes empreenderam o esforço de colaborar com os resultados do ministrante do dia, a partir da reflexão baseada em preparação prévia acerca do tema da exposição.

Os textos que seguem, apesar de conterem autoria certa, foram enriquecidos pelas discussões colaborativas, que buscaram, além de elevar o nível dos debates e do resultado final dos trabalhos escritos, contribuir para a compreensão de todos os presentes, e, a partir da publicação deste livro, de toda a comunidade jurídica.

A sequência dos textos da obra obedece, basicamente, à ordem da Lei Geral de Proteção de Dados, iniciando com trabalhos de caráter preponderantemente propedêutico: o Prof. Rafael de Freitas Valle Dresch, em conjunto com Lílian Brandt Stein, contribui com o texto *Direito fundamental à proteção de dados como garantia de capacidade humana básica* e o Prof. Fabiano Menke com o trabalho denominado *As origens alemãs e o significado da autodeterminação informativa*.

No que toca aos conceitos da LGPD, as mestrandas Laíza Rabaioli e Luiza Cauduro Lopes escreveram o trabalho denominado *Os conceitos da Lei Geral de Proteção de Dados: noções instrumentais sobre o tratamento de dados pessoais*.

A temática dos princípios foi abordada pela doutoranda Renata Duval Martins, em trabalho intitulado *Princípios da Lei Geral de Proteção de Dados: desenvolvimento normativo no Brasil e análise conceitual*, e pela mestranda Isadora Costi Fadanelli, que desenvolveu trabalho sob o título *Nova Lei Geral de Proteção de Dados: perspectivas e desafios sob a óptica dos princípios de proteção de dados no contexto europeu e brasileiro*.

Acerca das bases legais de tratamento de dados pessoais, três trabalhos foram elaborados, sendo que o primeiro, de Isadora Formenton Vargas, analisa o tema da *Consentimento na proteção de dados a partir das operações de sistemas de aeronaves remotamente pilotadas (RPAS/DRONES)* e os demais abordam o legítimo interesse (art. 7º, IX, LGPD). A mestranda Amanda Lemos Dill colaborou com trabalho sob o título *A delimitação dogmática do legítimo interesse para tratamento de dados pessoais, as bases para a futura concreção* e a mestranda Marcela Joelsons com o texto *O legítimo interesse do controlador no tratamento de dados pessoais e o teste de proporcionalidade europeu: desafios e caminhos para uma aplicação no cenário brasileiro*.

A matéria dos direitos do titular foi contemplada em dois trabalhos: O mestrando Cristian Duarte Bardou escreveu o texto *Sistematização dos direitos dos titulares e intensificação do controle sobre os dados pessoais*, e a mestranda Daniela Seadi Kessler desenvolveu o seu trabalho sob o título *Direito à portabilidade de dados pessoais e a sua relação com a proteção do consumidor e da concorrência pela perspectiva da behavioral law and economics*.

Na seara da responsabilidade civil, o livro conta com três trabalhos: um de autoria da mestranda Victoria Dickow Paganella, sob o título *Responsabilidade Civil na Lei Geral de Proteção de Dados: uma análise do nexo de imputação*, o segundo de autoria de Rafael Saltz Gensas, denominado *Responsabilidade Civil na Lei Geral de Proteção de Dados: a violação do sigilo quanto à filiação a sindicato*, e o terceiro do doutorando Juliano Madalena: *A responsabilidade civil decorrente do vazamento de dados pessoais*.

A mestranda Andréa Bodanese e a doutoranda Thyessa Junqueira Gervásio Vieira se dedicaram ao estudo do tema da segurança, a partir do trabalho intitulado *A segurança dos dados: o conteúdo do dever e os efeitos dos incidentes de segurança*.

A mestranda Amanda Rodrigues da Silva apresentou texto sob o título *Autoridade Nacional de Proteção de Dados: aspectos institucionais da autoridade brasileira em comparação com os requisitos estabelecidos no Regulamento Europeu*. Na seara da regulação pela ANPD, o doutorando Alexandre Schmitt da Silva Mello e o mestrando Guilherme Spillari Costa contribuíram com o ensaio intitulado *Fiscalização e sanções na Lei Geral de Proteção de Dados*.

Espera-se que os trabalhos, que longe passam de esgotar a matéria, possam contribuir para a compreensão da Lei Geral de Proteção de Dados, bem como para as discussões que se estabelecem acerca de seu alcance e aplicação.

Com os votos de uma proveitosa leitura!

Porto Alegre, janeiro de 2021.

Coordenadores
Fabiano Menke
Rafael de Freitas Valle Dresch

SUMÁRIO

APRESENTAÇÃO III

DIREITO FUNDAMENTAL À PROTEÇÃO DE DADOS COMO GARANTIA DE CAPACIDADE HUMANA BÁSICA
    Rafael de Freitas Valle Dresch e Lílian Brandt Stein.. 1

AS ORIGENS ALEMÃS E O SIGNIFICADO DA AUTODETERMINAÇÃO INFORMATIVA
    Fabiano Menke... 13

OS CONCEITOS DA LEI GERAL DE PROTEÇÃO DE DADOS: NOÇÕES INSTRUMENTAIS SOBRE O TRATAMENTO DE DADOS PESSOAIS
    Laíza Rabaioli e Luiza Cauduro Lopes... 23

PRINCÍPIOS DA LEI GERAL DE PROTEÇÃO DE DADOS: DESENVOLVIMENTO NORMATIVO NO BRASIL E ANÁLISE CONCEITUAL
    Renata Duval Martins.. 39

NOVA LEI GERAL DE PROTEÇÃO DE DADOS: PERSPECTIVAS E DESAFIOS SOB A ÓPTICA DOS PRINCÍPIOS DE PROTEÇÃO DE DADOS NO CONTEXTO EUROPEU E BRASILEIRO
    Isadora Costi Fadanelli.. 57

CONSENTIMENTO NA PROTEÇÃO DE DADOS A PARTIR DAS OPERAÇÕES DE SISTEMAS DE AERONAVES REMOTAMENTE PILOTADAS (RPAS/DRONES)
    Isadora Formenton Vargas... 73

A DELIMITAÇÃO DOGMÁTICA DO LEGÍTIMO INTERESSE PARA TRATAMENTO DE DADOS PESSOAIS: AS BASES PARA A FUTURA CONCREÇÃO
    Amanda Lemos Dill.. 95

O LEGÍTIMO INTERESSE DO CONTROLADOR NO TRATAMENTO DE DADOS PESSOAIS E O TESTE DE PROPORCIONALIDADE EUROPEU: DESAFIOS E CAMINHOS PARA UMA APLICAÇÃO NO CENÁRIO BRASILEIRO
    Marcela Joelsons... 119

SISTEMATIZAÇÃO DOS DIREITOS DOS TITULARES E INTENSIFICAÇÃO DO CONTROLE SOBRE OS DADOS PESSOAIS
    Cristian Duarte Bardou... 143

DIREITO À PORTABILIDADE DE DADOS PESSOAIS E A SUA RELAÇÃO COM A PROTEÇÃO DO CONSUMIDOR E DA CONCORRÊNCIA PELA PERSPECTIVA DA *BEHAVIORAL LAW AND ECONOMICS*
    Daniela Seadi Kessler 177

RESPONSABILIDADE CIVIL NA LEI GERAL DE PROTEÇÃO DE DADOS: UMA ANÁLISE DO NEXO DE IMPUTAÇÃO
    Victoria Dickow Paganella 207

RESPONSABILIDADE CIVIL NA LEI GERAL DE PROTEÇÃO DE DADOS: A VIOLAÇÃO AO SIGILO QUANTO À FILIAÇÃO A SINDICATO
    Rafael Saltz Gensas 231

A RESPONSABILIDADE CIVIL DECORRENTE DO VAZAMENTO DE DADOS PESSOAIS
    Juliano Madalena 249

A SEGURANÇA DOS DADOS: O CONTEÚDO DO DEVER E OS EFEITOS DOS INCIDENTES DE SEGURANÇA
    Andréa Bodanese e Thyessa Junqueira Gervásio Vieira................................ 267

AUTORIDADE NACIONAL DE PROTEÇÃO DE DADOS: ASPECTOS INSTITUCIONAIS DA AUTORIDADE BRASILEIRA EM COMPARAÇÃO COM OS REQUISITOS ESTABELECIDOS NO REGULAMENTO EUROPEU
    Amanda Rodrigues da Silva.. 285

FISCALIZAÇÃO E SANÇÕES NA LEI GERAL DE PROTEÇÃO DE DADOS
    Alexandre Schmitt da Silva Mello e Guilherme Spillari Costa 315

DIREITO FUNDAMENTAL À PROTEÇÃO DE DADOS COMO GARANTIA DE CAPACIDADE HUMANA BÁSICA

Rafael de Freitas Valle Dresch

Pós-doutor na University of Illinois/US. Professor da UFRGS. Doutor em Direito na Pontifícia Universidade Católica do Rio Grande do Sul (PUCRS), com estágio doutoral na University of Edinburgh/UK. Mestre pela Universidade Federal do Rio Grande do Sul (UFRGS) em Direito Privado.

Lílian Brandt Stein

Mestranda em Direito na Universidade Federal do Rio Grande do Sul (UFRGS). Cursa Especialização em Direito dos Contratos e Responsabilidade Civil na Escola de Direito Unisinos LES – *Law, Economics and Society*. Bacharel em Direito e em Jornalismo pela Unisinos.

Sumário: 1. Introdução. 2. Breves notas sobre a evolução dos direitos fundamentais. 3. A proteção de dados pessoais como direito fundamental autônomo: o caso IBGE. 4. A abordagem das capacidades humanas e o direito fundamental autônomo à proteção de dados pessoais. 5. Considerações finais. 6. Referências.

1. INTRODUÇÃO

Ainda no final do século XX, Manuel Castells[1] tratava das "novas tecnologias da informação", que já àquela época estavam "integrando o mundo em redes globais de instrumentalidade" e, dessa forma, interfeririam significativamente nas estruturas sociais. Tratava-se do que o sociólogo espanhol passou a chamar de Sociedade em Rede. Mais de 30 anos depois de publicada a primeira edição de sua mais conhecida obra, homônima, as ponderações seguem atuais – muito embora os passos largos com os quais caminha a revolução tecnológica façam nascer novos e intensos debates, sobre temas cuja relevância se intensifica a cada dia.

Os cenários descortinados pela tecnologia carregam, por certo, uma série de facilidades, que muitas vezes se concretizam a partir de breves comandos de voz a um assistente pessoal ou de poucos toques na tela de um smartphone. A consolidada era da informação, então, convida a uma importante reflexão acerca da imprescindibilidade de se resguardar dados pessoais, seja frente ao Estado, seja frente a outros particulares. O presente estudo busca observar a proteção de dados sob a perspectiva dos direitos fundamentais e sua

---

1. CASTELLS, Manuel. *A sociedade em rede*. São Paulo: Paz e Terra, 1999. p. 57.

possível análise a partir da abordagem das capacidades humanas básicas (Capabilities Approach) na visão de Amartya Sen[2] e Martha Nussbaum.[3]

Para tanto, divide-se o estudo em três partes: a primeira aponta as gerações (ou dimensões) de direitos fundamentais. A segunda parte investiga se a proteção de dados pessoais pode se configurar, no ordenamento jurídico brasileiro, como um direito fundamental autônomo, analisando o posicionamento adotado pelo Supremo Tribunal Federal em abril de 2020, quando do julgamento de Medida Cautelar na Ação Direta de Inconstitucionalidade 6.387/DF[4], também chamado de Caso IBGE. A terceira parte busca relacionar a perspectiva das capacidades humanas básicas como forma de fundamentação de uma autonomia do direito fundamental à proteção de dados pessoais.

2. BREVES NOTAS SOBRE A EVOLUÇÃO DOS DIREITOS FUNDAMENTAIS

Os direitos fundamentais têm sua evolução lapidada pelos acontecimentos históricos e novos contornos que vão, com o tempo, sendo assumidos pela sociedade. "Não nascem todos de uma vez", como sublinha Norberto Bobbio. "Nascem quando devem ou podem nascer"[5]. Se, inicialmente, a preocupação era garantir a liberdade do indivíduo em relação ao Estado, com o passar dos anos, outras necessidades se evidenciaram – sendo capazes de dizer muito sobre o período em que surgiram. Compreender, uma a uma, essas gerações, e observar o estágio atual em que se encontram, é tarefa exigida a se identificar a necessidade e a viabilidade de incluir o direito à proteção de dados pessoais na lista de direitos fundamentais autônomos.

Antes de passar especificamente ao direito à proteção de dados, cabe retomar, ainda que de maneira breve, as gerações (utilizando-se termo cunhado por Karel Vasak[6], ou dimensões, como também adotado pela doutrina[7]) de direitos fundamentais, situando-as temporalmente e apresentando suas características. Como se disse, as gerações, em suas particularidades, representam importantes ferramentas à compreensão da sociedade de uma época e de suas necessidades – muitas vezes ignoradas, ou mesmo inexistentes: no início do século passado, afinal, certamente teria sido difícil antever a importância que hoje se dá à tutela dos dados pessoais.

---

2. SEN, Amartya. *The idea of justice*. Harvard University Press, 2009. Kindle's edition, 2010.
3. NUSSBAUM, Martha. *Creating Capabilities: The Human Development Approach*. Cambridge: Belknap Press of Harvard University Press, 2011.
4. BRASIL. Supremo Tribunal Federal. *Medida Cautelar em Ação Direta de Inconstitucionalidade 6.387*. Requerente: Conselho Federal da Ordem dos Advogados do Brasil – CFOAB. Relatora: Min. Rosa Weber. Brasília, 24 de abril de 2020. Disponível em: http://portal.stf.jus.br/processos/detalhe.asp?incidente=5895165. Acesso em: 24.11.2020.
5. BOBBIO, Norberto. *A Era dos Direitos*. Rio de Janeiro: Elsevier, 2004. p. 9.
6. SILVA, Virgílio Afonso da. A evolução dos direitos fundamentais. *Revista Latino-Americana de Estudos Constitucionais*, São Paulo, v. 6, p. 546, 2005. Disponível em: https://constituicao.direito.usp.br/wp-content/uploads/2005-RLA-EC06-Evolucao.pdf. Acesso em: 18.11.2020.
7. Para fins do presente estudo, opta-se pela terminologia utilizada por Paulo Bonavides, "gerações de direitos fundamentais". Ainda assim, vale pontuar crítica de Ingo Wolfgang Sarlet quanto ao ponto: "Com efeito, não há como negar que reconhecimento progressivo de novos direitos fundamentais tem o caráter de um processo cumulativo, de complementaridade, e não de alternância, de tal sorte que o uso da expressão 'gerações' pode ensejar a falsa impressão da substituição gradativa de uma geração por outra, razão pela qual há quem prefira o termo 'dimensões' dos direitos fundamentais, posição esta que aqui optamos por perfilhar, na esteira da mais moderna doutrina." SARLET, Ingo Wolfgang. *A Eficácia dos Direitos Fundamentais*. Porto Alegre: Livraria do Advogado, 2009. p. 45.

Consolidando-se ainda ao final do século XVIII, em insurgência ao Estado absolutista, e tendo por marco não apenas a Revolução Francesa, mas também declarações como a *Virginia Bills of Rights*[8], os direitos fundamentais denominados de primeira geração apontam para a ideia de liberdade negativa clássica. Buscavam, nesse sentido, promover a separação entre a sociedade e o Estado, lançando luz sobre uma ideia de abstenção (ou não prestação) deste em relação ao indivíduo e dando início, nas palavras de Paulo Bonavides, "*à fase inaugural do constitucionalismo do Ocidente*"[9]. Dizem respeito, por exemplo, ao direito à vida, à propriedade, à inviolabilidade de domicílio, à liberdade de expressão e à participação política e religiosa.

Ao longo dos séculos XIX e XX, somaram-se à lista os direitos políticos – fortalecendo a liberdade dos indivíduos a partir do ideal de participação na tomada de decisões. Como explica Manoel Gonçalves Ferreira Filho[10], foi daí que ganhou espaço a pressão por direitos que extrapolassem a isenção negativa do Estado. Na sequência da tríade liberdade, igualdade e fraternidade, lema que havia marcado a Revolução Francesa, impor limites à força estatal já não era suficiente: a segunda geração, de direitos sociais e econômicos (ou de igualdade), exigia, já a partir do século XX, que o Estado interviesse de modo a assegurar garantias individuais, especialmente em relação à educação, saúde, alimentação, trabalho, moradia, lazer, segurança etc.[11]

A terceira geração, consolidada após a Segunda Guerra Mundial, fortaleceu a importância de direitos transindividuais e direcionados à globalização, ligados a valores de fraternidade e solidariedade. São voltados ao desenvolvimento, à paz, ao meio ambiente, ao direito de propriedade sobre o patrimônio comum da humanidade e ao direito de comunicação, como anota Bonavides, citando Vasak e sublinhando a possibilidade de que, com o transcurso do tempo (mais especificamente, "à medida que o processo universalista for se desenvolvendo"), novos direitos se juntem aos já delineados – e, muito embora se evidenciem mais tardiamente, ainda assim, seriam considerados de terceira geração[12].

Apesar da definição de Bonavides, não se deve deixar de dizer que parte da doutrina questiona o caráter abstrato desses direitos, especialmente em razão de sua abstração, bem como das dificuldades para se definir seus titulares[13]. Registre-se, ainda assim, que, muito embora seja possível identificar divergências já a partir da terceira geração de

---

8. Destaque-se a promulgação da *Virginia Bill of Rights*, em 12 de junho de 1776, que reconhecia, já em seu artigo I, "que todos os homens eram, por natureza, igualmente livres e independentes e tinham certos direitos inatos, dos quais, quando entram em estado de sociedade, não poderiam, mesmo que por qualquer tipo de acordo, privar ou despojar seus pósteros. A esses direitos pertencem o direito à vida, o direito à liberdade e a possibilidade de adquirir e possuir propriedade e também de buscar e obter felicidade e segurança". O objetivo da carta, elaborada por representantes do povo da Virginia, nos Estados Unidos, era "fixar e ancorar os direitos naturais pertencentes a cada indivíduo como direito positivo em uma constituição". CARVELLI, Urbano. SCHOLL, Sandra. Evolução histórica dos direitos fundamentais: da Antiguidade até as primeiras importantes declarações nacionais de direitos. *Revista de Informação Legislativa*, Brasília, a. 48, n. 191, p. 178, jul./set. 2011. Disponível em: https://www2.senado.leg.br/bdsf/bitstream/handle/id/242914/000926858.pdf?sequence=1. Acesso em: 18.11.2020.
9. BONAVIDES, Paulo. *Curso de Direito Constitucional*. 15. ed. São Paulo: Malheiros, 2004. p. 563.
10. FERREIRA FILHO, Manoel Gonçalves. *Direitos humanos fundamentais*. 2. ed. São Paulo: Saraiva, 1998. p. 43.
11. BOBBIO, Norberto. *A era dos direitos*. Rio de Janeiro: Elsevier, 2004. p. 09.
12. BONAVIDES, Paulo. *Curso de Direito Constitucional*. 15. ed. São Paulo: Malheiros, 2004. p. 569.
13. SILVA, Virgílio Afonso da. A evolução dos direitos fundamentais. *Revista Latino-Americana de Estudos Constitucionais*, São Paulo, v. 6, p. 546, 2005. Disponível em: https://constituicao.direito.usp.br/wp-content/uploads/2005-RLA-EC06-Evolucao.pdf. Acesso em: 18 nov. 2020.

direitos fundamentais, parcela importante dos estudiosos do tema – capitaneada pelo já saudoso jurista – posiciona-se no sentido de haver ainda outras gerações.

O direito fundamental à proteção de dados estaria inserido em uma dessas novas gerações de direitos fundamentais – na quarta, ou até mesmo na quinta, ambas objeto de divergência doutrinária. Bonavides[14], ao mencionar a quarta geração, sustenta que *"Deles depende a concretização da sociedade aberta ao futuro, em sua dimensão de máxima universalidade, para a qual parece o mundo inclinar-se no plano de todas as relações de convivência. (...) Tão somente com eles será legítima e possível a globalização política"*. A quarta geração tem origem, nesse sentido, nos direitos à democracia, à informação e ao pluralismo. É justamente nesse cenário, que emerge de uma sociedade globalizada, dinâmica e volátil, que parece repousar o direito fundamental à proteção de dados pessoais.

Importante notar que os direitos fundamentais contavam, originalmente e em essência, com eficácia vertical, eis que oponíveis pelo indivíduo em face do Estado[15]. Preocupação e necessidade similares, entretanto, surgiram também em relação a arbítrios eventualmente cometidos por particulares, dando espaço à chamada horizontalização dos direitos fundamentais[16] – flexibilizando a dicotomia público-privado[17] e vinculando a esses direitos não apenas o Estado, mas também os particulares, em suas relações privadas.

Esse movimento, diga-se, surgiu ao se perceber que o poder em sociedade já não era de exclusividade do Estado. Pelo contrário: identificava-se que, muito embora originalmente se estivesse a tratar de relações paritárias, do plano privado surgiam, muitas vezes, assimetrias ainda mais relevantes do que as que se podia observar no plano público[18]. Impôs-se aos poderes públicos, assim, *"a tarefa de preservar a sociedade civil dos perigos de deterioração que ela própria fermentava"*[19].

3. A PROTEÇÃO DE DADOS PESSOAIS COMO DIREITO FUNDAMENTAL AUTÔNOMO: O CASO IBGE

Diante desse cenário, notabiliza-se a importância de compreender se o direito à proteção de dados efetivamente se configuraria como um direito fundamental autôno-

---

14. BONAVIDES, Paulo. *Curso de Direito Constitucional*. 15. ed. São Paulo: Malheiros, 2004. p. 571-572.
15. STEINMETZ, Wilson. *A vinculação dos particulares a direitos fundamentais*. São Paulo. Malheiros, 2004. p. 67-68.
16. Registre-se que o tema ainda é motivo de controvérsia na doutrina, não tanto em relação à aplicabilidade dos direitos fundamentais às relações entre particulares, mas mais quanto à intensidade com que essa eficácia se operaria. A esse respeito: "O como (e não o se) da eficácia dos direitos fundamentais nas relações entre particulares, então, põe-se como ponto de disputa entre duas grandes correntes, flanqueadas, meio a distância, por uma terceira, carente de prestígio na comunidade jurídica brasileira. Dum lado, agrupam-se os adeptos da eficácia direta dos direitos fundamentais nas relações entre particulares. Doutro, os propagandistas duma eficácia (apenas) indireta, explicada segundo variadas estratégias argumentativas. A terceira orientação, que 'corre por fora', tem que os direitos fundamentais não vinculam os particulares nas relações com outros privados". RAMOS, André Luiz Arnt. Eficácia dos direitos fundamentais nas relações interprivadas: o estado da questão. *Revista de Informação Legislativa*, Brasília, a. 53, n. 210, p. 293, abr./jun. 2015. Disponível em: https://www2.senado.leg.br/bdsf/bitstream/handle/id/522910/001073211.pdf?sequence=1. Acesso em: 20.11.2020.
17. FACHIN, Luiz Edson. *Teoria Crítica do Direito Civil*. Rio de Janeiro: Renovar, 2000.
18. LORENZETTI, Ricardo Luis. *Fundamentos do direito privado*. São Paulo: Revista dos Tribunais, 1998. p. 225.
19. BRANCO, Paulo Gustavo Gonet; COELHO, Inocêncio Mártires; MENDES, Gilmar Ferreira. *Curso de direito constitucional*. 4. ed. rev. e atual. São Paulo: Saraiva, 2009. p. 309.

mo. *Entende-se que sim*. A proteção de dados, afinal, não se restringe à privacidade e à intimidade, como incialmente se poderia pensar.

À primeira vista, de fato, parece coerente posicionar a proteção dos dados pessoais como um consectário do direito à privacidade, tendo em vista este estar relacionado aos aspectos da personalidade e da vida que o indivíduo deseja não chegarem ao conhecimento de terceiros[20], assegurando, nas palavras de Hannah Arendt, que sua existência não seja "superficial". Em reflexão presente na obra *A condição humana*, originalmente publicada em 1958, a filósofa faz referência, para fins de se resguardar o indivíduo nesse aspecto, à importância da propriedade privada, cujas quatro paredes ofereceriam "o único refúgio seguro contra o mundo público comum"[21].

Mais de 60 anos depois, na chamada Era da Vigilância Líquida, de Bauman[22], a propriedade privada já não parece ser suficiente: se, antes, seus limites eram a garantia de inviolabilidade do sujeito, que ali poderia se despir dos filtros típicos da vida em sociedade, atualmente, essas paredes parecem ter desmoronado – porque a exposição se faz possível por meio da tecnologia, inclusive e especialmente pelo acesso a dados pessoais. Daí porque também se faz tão relevante a sua proteção. Mas privacidade não é o único pilar a sustentar essa ideia.

Marco importante desta discussão se revelou o julgamento de Medida Cautelar na ADI 6.387/DF[23]. Proposta pelo CFOAB, a ADIn fazia frente à Medida Provisória 954, de 17 de abril de 2020[24], que determinava a empresas de telefonia fixa e móvel que compartilhassem dados não anonimizados de milhões de usuários com a Fundação Instituto Brasileiro de Geografia e Estatística (IBGE). A lista de informações que se pretendia fosse disponibilizada envolvia nomes, números de telefone e endereço dos consumidores (pessoas físicas e jurídicas).

A liminar que suspendeu a MP foi concedida em abril de 2020, em razão da ausência de indicação expressa de sua finalidade e de demonstração do interesse público que se visava a alcançar, além de não explicitar como e para que fim seriam utilizados os dados coletados. Ainda conforme o entendimento da relatora, Ministra Rosa Weber, permitir a liberação de dados de pessoas naturais e jurídicas por empresas de telefonia ao IBGE poderia causar "*danos irreparáveis à intimidade e ao sigilo da vida privada de mais de uma centena de milhão de usuários*".

---

20. BITTAR, Carlos Alberto. *Os direitos da personalidade*. 8. ed. São Paulo: Saraiva, 2014. p. 173.
21. ARENDT, Hannah. *A condição humana*. 13 ed. Rio de Janeiro. Forense Universitária, 2020.
22. BAUMAN, Zygmunt. LYON, David. *Vigilância líquida*. Rio de Janeiro: Zahar, 2014.
23. Na oportunidade, a decisão foi reproduzida nas Ações Diretas de Inconstitucionalidade 6.388, 6.389, 6.390 e 6.393, distribuídas à Min. Rosa Weber por prevenção, tendo em vista igualmente impugnarem a validade constitucional da MP.
24. BRASIL. *Medida Provisória 954, de 17 de abril de 2020*. Dispõe sobre o compartilhamento de dados por empresas de telecomunicações prestadoras de Serviço Telefônico Fixo Comutado e de Serviço Móvel Pessoal com a Fundação Instituto Brasileiro de Geografia e Estatística, para fins de suporte à produção estatística oficial durante a situação de emergência de saúde pública de importância internacional decorrente do coronavírus (covid19), de que trata a Lei 13.979, de 6 de fevereiro de 2020. Disponível em: http://www.planalto.gov.br/ccivil_03/_ato2019-2022/2020/mpv/mpv954.htm#:~:text=1%C2%BA%20Esta%20Medida%20Provis%C3%B3ria%20disp%C3%B5e,de%20Geografia%20e%20Estat%C3%ADstica%20%2D%20IBGE. Acesso em: 12.11.2020.

Muito embora o voto de Rosa Weber faça menção expressa inclusive às origens do direito à privacidade, citando o famoso artigo *The right to privacy*, de Samuel D. Warren e Louis D. Brandeis[25], fica claro que a necessidade de tutela dos dados pessoais vai muito além – especialmente ante disposição do art. 5º, inciso XII da Constituição Federal, que assegura a inviolabilidade do sigilo da correspondência e das comunicações telegráficas, de dados e das comunicações telefônicas, para referir expressamente a necessidade de tutela do direito fundamental autônomo à proteção de dados pessoais.

Para além da privacidade e da intimidade, o ordenamento jurídico brasileiro, especialmente a Constituição Federal, contempla objetivos relacionados à proteção de dados, tais como autodeterminação, não discriminação, livre iniciativa, livre concorrência, além da proteção do consumidor – fundamentos expressamente estabelecidos pelo art. 2º da LGPD. Inspirada no Regulamento Geral sobre a Proteção de Dados da Europa (RGPD)[26], a normativa brasileira ainda menciona a liberdade de expressão, de informação, de comunicação e de opinião, à inviolabilidade da intimidade, da honra e da imagem, ao direito ao livre desenvolvimento da personalidade e o desenvolvimento econômico e tecnológico. Como se vê, as preocupações vão muito além da privacidade.

O caráter de direito fundamental, diga-se, emerge também da Declaração de Santa Cruz de La Sierra, que teve adesão do governo brasileiro ainda em 2003 e que dispõe, em seu art. 45, que "*a proteção de dados pessoais é um direito fundamental das pessoas*"[27]. Vale dizer que se encontra em tramitação a PEC 17/2019, que tem por objetivo alterar a Constituição Federal para incluir expressamente a proteção de dados entre os direitos e garantias fundamentais.

A posição da Supremo Tribunal Federal, entretanto, já pode ser considerada um importante marco norteador à discussão. Em artigo publicado logo após a decisão da Ministra Rosa Weber, Laura Schertel Mendes[28] pontuou ser o Caso IBGE "*comparável ao julgamento da Corte constitucional alemã de 1983 que, de forma pioneira, estabeleceu o conceito de autodeterminação informativa naquele país, posteriormente influenciando e moldando os debates internacionais sobre proteção de dados.*" Curiosamente, naquela oportunidade igualmente se discutia a disponibilização de dados a órgãos estatais para elaboração de estatísticas oficiais.

---

25. WARREN, Samuel D.; BRANDEIS, Louis D. The right to privacy. *Harvard Law Review*, Cambridge, v. 4, n. 5, p. 193-220, dez. 1890.
26. UNIÃO EUROPEIA. *Regulação (EU) 2016/79 do Parlamento Europeu e do Conselho Europeu de 27 de abril de 2016 relativo à proteção das pessoas singulares no que diz respeito ao tratamento de dados pessoais e à livre circulação desses dados e que revoga a Diretiva 95/46/CE (Regulamento Geral sobre a Proteção de Dados)*. Disponível em: https://eur-lex.europa.eu/legal-content/PT/TXT/PDF/?uri=CELEX:32016R0679&from=PT. Acesso em 20.11.2020.
27. A Declaração de Santa Cruz de La Sierra foi um documento elaborado a partir da XIII Cúpula Ibero-Americana de Chefes de Estado e Governo, tendo sido assinada pelo Brasil em 15 de novembro de 2003. Observe-se a redação de seu art. 45: "Estamos também conscientes de que a proteção de dados é um direito fundamental das pessoas e destacamos a importância das iniciativas reguladores ibero-americanas para proteger a privacidade dos cidadãos, contidas na Declaração de Antígua, pela qual se cria a Rede Ibero-Americana de Proteção de Dados, aberta a todos os países da nossa Comunidade." BOLÍVIA. *Declaração de Santa Cruz de La Sierra, de 15 de novembro de 2003*. Disponível em: https://www.segib.org/wp-content/uploads/DECLARASAO-STA-CRUZ-SIERRA.pdf. Acesso em: 22.11.2020.
28. MENDES, Laura Schertel. Decisão histórica do STF reconhece direito fundamental à proteção de dados pessoais. *JOTA*, São Paulo, 10 mai. 2020. Disponível em: https://www.jota.info/opiniao-e-analise/artigos/decisao-historica-do-stf-reconhece-direito-fundamental-a-protecao-de-dados-pessoais-10052020. Acesso em: 18.11.2020.

4. A ABORDAGEM DAS CAPACIDADES HUMANAS E O DIREITO FUNDAMENTAL AUTÔNOMO À PROTEÇÃO DE DADOS PESSOAIS

Analisado o direito fundamental à proteção de dados pessoais e concluindo pela sua autonomia, relevante avançar sobre o seu fundamento substancial. Nesse sentido, o presente estudo passa a avaliar a abordagem das capacidades humanas básicas de Amartya Sen como apresentadas na sua obra *The Idea of Justice*. Sen diferencia a perspectiva das capacidades humanas básicas das teorias centradas em utilidade e fornecimento de recursos, pois a análise das capacidades tem por foco não a utilidade ou os recursos, mas a capacidade de fazer coisas que cada ser humano teria razão de valorar.[29]

Martha Nussbaum, na mesma linha, compreende que a perspectiva das capacidades é a que melhor materializa a igual dignidade dos seres humanos e os direitos fundamentais que lhe consubstanciam[30]. A ideia que fundamenta a perspectiva das capacidades é a de que a dignidade da pessoa humana deve estabelecer a garantia das capacidades básicas para a viabilidade da autorrealização humana, sendo que não seriam apenas meios para garantia de bem-estar ou instrumentos normativos ausentes de conteúdo.[31]

Relevante frisar que a garantia de capacidades permite ao ser humano a busca da sua autorrealização através do exercício da liberdade[32]. A perspectiva das capacidades humanas se consolida através de exigências materiais e institucionais, de forma que os direitos fundamentais das diversas gerações mencionados no capítulo primeiro devem ser entendidos como títulos de capacidades para garantir as condições para a autorrealização do cidadão.[33]

Como ensina Amartya Sen, a perspectiva das capacidades humanas básicas consubstancia os direitos fundamentais por meio das condições necessárias para a garantia de desenvolvimento de funcionalidades individuais essenciais para assegurar oportunidades e liberdade[34]. O foco reside na garantia de capacidades humanas básicas para o exercício da liberdade e, através da liberdade, a autorrealização. Nessa perspectiva, não há realização humana sem liberdade e autodeterminação.

Como Rafael Dresch defendeu em outra oportunidade[35], é possível uma aproximação com a análise de John Finnis sobre os direitos como instrumentos para satisfação dos valores básicos necessários ao florescimento humano.[36]

---

29. "In contrast with the utility-based or resource-based lines of thinking, individual advantage is based in the capability approach by a person's capability to do things he or she has reason to value. A person's advantage in terms of opportunities is judged to be lower that that of another if she or he capability – less real opportunity – to achieve those things that she has reason to value" (*The idea of justice*. Kindle's edition, location: 3864).
30. NUSSBAUM, op. cit., location: 3203.
31. Id., ibid., location: 3209.
32. NUSSBAUM, Martha. Human Rights and Human Capabilities. *Harvard Human Rights Journal*, v. 20, [s.d.]. p. 21.
33. NUSSBAUM, op. cit., p. 22.
34. SEN, Amartya. Human rights and capabilities. *Journal of Human Development*, v. 6, n. 2, July 2005. p. 153).
35. DRESCH, Rafael de Freitas Valle. *Fundamentos do direito privado*. Rio de Janeiro: Processo, 2019.
36. Vide: ALKIRE, Sabina. Valuing Freedoms: Sen's Capability Approach and Poverty Reduction. Oxford University Press. New York, 2002, p. 15.

Para fins do presente estudo, é necessário destacar que Nussbaum apresenta uma lista de capacidades que não se pode compreender como fechada e definitiva[37]. Amartya Sen, conforme mencionado, discorda da possibilidade de se organizar uma lista de capacidades humanas básicas, pois entende que a determinação das capacidades depende do contexto em que são aplicadas e da argumentação pública, sendo que as próprias capacidades estão condicionadas à participação nesse processo dialético de argumentação.[38]

A questão que se coloca é: seria possível compreender possível compreender que a proteção aos dados pessoais poderia integrar uma lista das capacidades humanas básicas para a autorrealização no nosso tempo?

Para respondê-la, é importante atentar que a igual dignidade estabelecida como finalidade da nossa ordem jurídica a partir da Constituição Federal, na perspectiva das capacidades humanas básicas, reconhece a proteção de dados das pessoas naturais como uma capacidade essencial para a busca da autorrealização através da liberdade.

Pelo que foi analisado nos capítulos antecedentes, é possível concluir que a proteção de dados pessoais pode ser vista como um direito fundamental essencial, na atualidade, para que o indivíduo possa buscar sua autorrealização através da liberdade, mais especificamente, o que é compreendido como autodeterminação informativa ou informacional. Na sociedade dos dados e da informação, a proteção dos dados e possibilidade de controlar o uso de seus dados não é apenas mais uma capacidade humana básica, mas se configura cada vez mais como uma capacidade essencial para as demais capacidades, inclusive, a de autorrealização com fundamento na liberdade.

5. CONSIDERAÇÕES FINAIS

A Era da Informação, na qual hoje se insere uma sociedade conectada 24 horas por dia, sete dias por semana, exige o uso constante de dados pessoais. Facilidades tecnológicas de todos os tipos podem ser alcançadas com pouco esforço – mas têm, por contrapartida, a exigência de que dados caros ao indivíduo sejam disponibilizados a instituições públicas e organizações privadas. Tão importante quanto os muitos debates que têm sido travados a respeito é o posicionamento adotado pelo Supremo Tribunal Federal em maio de 2020, quando do julgamento da Medida Cautelar em Ação Direta de Inconstitucionalidade 6.387 (Caso IBGE) reconhecendo a proteção de dados como um direito fundamental autônomo.

Trata-se, como anteriormente referido, de um importante marco na compreensão dessa nova demanda como um direito tão importante quanto a privacidade (e não apenas seu consectário), porque elementar à evolução da própria sociedade, seus indivíduos e instituições. Reconhecer sua relevância de resguardá-lo é, igualmente, abrir portas ao desenvolvimento a passos largos, espera-se, mas igualmente seguros.

Contudo, não basta reconhecer a existência de um direito fundamental apenas em seu caráter formal, pois fundamental é a compreensão e garantia de sua efetividade.

---

37. NUSSBAUM, Martha. Human Rights and Human Capabilities. *Harvard Human Rights Journal*, v. 20, [s.d.]. p. 23).
38. SEN, op. cit., p. 157.

Nesse sentido, a perspectiva das capacidades humanas básicas auxilia a entender que a proteção de dados, hodiernamente, é uma exigência da igual dignidade humana pois, na sociedade dos dados e da informação, sem proteção de dados, não há como alcançar a liberdade efetiva, necessária para a autorrealização humana.

6. REFERÊNCIAS

ALVES, Paulo. Falha na Alexa revela gravações de voz e dados do usuário, aponta estudo. TechTudo, Rio de Janeiro, 14.08.2020. Disponível em: https://www.techtudo.com.br/noticias/2020/08/falha-na--alexa-revela-gravacoes-de-voz-e-dados-do-usuario-aponta-estudo.ghtml. Acesso em: 13.11.2020.

ARENDT, Hannah. *A condição humana*. 10. ed. Rio de Janeiro: Forense Universitária, 2008.

BAUMAN, Zygmunt. LYON, David. *Vigilância líquida*. Rio de Janeiro: Zahar, 2014.

BITTAR, Carlos Alberto. *Os direitos da personalidade*. 8. ed. São Paulo: Saraiva, 2014.

BOBBIO, Norberto. *A Era dos Direitos*. Rio de Janeiro: Elsevier, 2004

BODIN DE MORAES, Maria Celina. QUEIROZ, João Quinelato de. Autodeterminação informativa e responsabilização proativa: novos instrumentos de tutela da pessoa humana na LGPD. *Cadernos Adenauer – Proteção de dados pessoais*: privacidade versus avanço tecnológico. Rio de Janeiro: Fundação Konrad Adenauer, a. 10, n. 3, p. 113-135, 2019.

BOLÍVIA. *Declaração de Santa Cruz de La Sierra, de 15 de novembro de 2003*. Disponível em: https://www.segib.org/wp-content/uploads/DECLARASAO-STA-CRUZ-SIERRA.pdf. Acesso em: 22.11.2020.

BONAVIDES, Paulo. *Curso de Direito Constitucional*. 15. ed. São Paulo: Malheiros, 2004.

BRANCO, Paulo Gustavo Gonet; COELHO, Inocêncio Mártires; MENDES, Gilmar Ferreira. *Curso de direito constitucional*. 4. ed. rev. e atual. São Paulo: Saraiva, 2009.

BRASIL. *Lei 13.709, de 14 de agosto de 2018*. Lei Geral de Proteção de Dados Pessoais (LGPD). Disponível em: http://www.planalto.gov.br/ccivil_03/_ato2015-2018/2018/lei/L13709.htm. Acesso em: 24.11.2020.

BRASIL. *Medida Provisória 954, de 17 de abril de 2020*. Dispõe sobre o compartilhamento de dados por empresas de telecomunicações prestadoras de Serviço Telefônico Fixo Comutado e de Serviço Móvel Pessoal com a Fundação Instituto Brasileiro de Geografia e Estatística, para fins de suporte à produção estatística oficial durante a situação de emergência de saúde pública de importância internacional decorrente do coronavírus (covid19), de que trata a Lei 13.979, de 6 de fevereiro de 2020. Disponível em: http://www.planalto.gov.br/ccivil_03/_ato2019-2022/2020/mpv/mpv954.htm#:~:text=1%C2%BA%20Esta%20Medida%20Provis%C3%B3ria%20disp%C3%B5e,de%20Geografia%20e%20Estat%C3%ADstica%20%2D%20IBGE. Acesso em 12.11.2020.

BRASIL. Supremo Tribunal Federal. *Medida Cautelar em Ação Direta de Inconstitucionalidade 6.387*. Requerente: Conselho Federal da Ordem dos Advogados do Brasil – CFOAB. Relatora: Min. Rosa Weber. Brasília, 24 de abril de 2020. Disponível em: http://portal.stf.jus.br/processos/detalhe.asp?incidente=5895165. Acesso em: 24.11.2020.

CARVELLI, Urbano. SCHOLL, Sandra. Evolução histórica dos direitos fundamentais: da Antiguidade até as primeiras importantes declarações nacionais de direitos. *Revista de Informação Legislativa*, Brasília, a. 48, n. 191, p. 167-189, jul./set. 2011. Disponível em: https://www2.senado.leg.br/bdsf/bitstream/handle/id/242914/000926858.pdf?sequence=1. Acesso em: 18.11.2020.

CASTELLS, Manuel. *A sociedade em rede*. São Paulo: Paz e Terra, 1999.

CRUZ, Gisela Sampaio da; MEIRELES, Rose Melo Venceslau. Término do tratamento de dados. In: FRAZÃO, Ana; TEPEDINO, Gustavo; OLIVA, Milena Donato (Coord.). *Lei Geral de Proteção de Dados e suas repercussões no Direito Brasileiro*. São Paulo: Thomson Reuters Brasil, 2019. p. 219-241.

DONEDA, Danilo. O direito fundamental à proteção de dados pessoais. In.: LONGHI, João Victor Rozatti; MARTINS, Guilherme Magalhães (Org.). *Direito digital*: direito privado e internet. 3. ed. São Paulo: Editora Foco, 2020.

DONEDA, Danilo; MENDES, Laura Schertel. Reflexões iniciais sobre a nova Lei Geral de Proteção de Dados. *Revista de Direito do Consumidor*, v. 120, p. 469-483, nov./dez. 2018.

DRESCH, Rafael de Freitas Valle. A especial responsabilidade civil na Lei Geral de Proteção de Dados. *Migalhas*, Ribeirão Preto, 02 jul. 2020. Disponível em: https://migalhas.uol.com.br/coluna/migalhas-de-responsabilidade-civil/330019/a-especial-responsabilidade-civil-na-lei-geral-de-protecao-de-dados. Acesso em: 16.11.2020.

DRESCH, Rafael de Freitas Valle; FALEIROS JUNIOR, José Luiz de Moura. Reflexões sobre a responsabilidade civil na Lei Geral de Proteção de Dados (Lei 13.709/2018. In: ROSENVALD, Nelson; WESENDONCK, Tula; DRESCH, Rafael. (Org.). *Responsabilidade civil*: novos riscos. Indaiatuba: Editora Foco Jurídico Ltda., 2019.

FACHIN, Luiz Edson. *Teoria Crítica do Direito Civil*. Rio de Janeiro: Renovar, 2000.

FERREIRA FILHO, Manoel Gonçalves. *Direitos humanos fundamentais*. 2. ed. São Paulo: Saraiva, 1998.

LORENZETTI, Ricardo Luis. *Fundamentos do direito privado*. São Paulo: Ed. RT, 1998.

MADDEN, M. Stuart. Tort law through time and culture: themes of economic efficiency. In: MADDEN, M. Stuart (Ed.). *Exploring tort law*. Cambridge: Cambridge University Press, 2005.

MENDES, Laura Schertel. Decisão histórica do STF reconhece direito fundamental à proteção de dados pessoais. *JOTA*, São Paulo, 10 mai. 2020. Disponível em: https://www.jota.info/opiniao-e-analise/artigos/decisao-historica-do-stf-reconhece-direito-fundamental-a-protecao-de-dados-pessoais-10052020. Acesso em: 18.11.2020.

MULHOLLAND, Caitlin Sampaio. Mercado, pessoa humana e tecnologias: a internet das coisas e a proteção do direito à privacidade. In.: BRAGA NETTO, Felipe Peixoto; SILVA, Michael (Org.). *Direito privado e contemporaneidade*: desafios e perspectivas do direito privado no século XXI. v. 3. Indaiatuba: Foco, 2020.

NUSSBAUM, Martha. *Creating Capabilities*: The Human Development Approach. Cambridge: Belknap Press of Harvard University Press, 2011.

NUSSBAUM, Martha. Human Rights and Human Capabilities. *Harvard Human Rights Journal*, v. 20, [s.d.]

RAMOS, André Luiz Arnt. Eficácia dos direitos fundamentais nas relações interprivadas: o estado da questão. *Revista de Informação Legislativa*, Brasília, a. 53, n. 210, p. 291-314, abr./jun., 2015. Disponível em: https://www2.senado.leg.br/bdsf/bitstream/handle/id/522910/001073211.pdf?sequence=1. Acesso em: 20.11.2020.

SALAMA, Bruno Mayerhof. *O fim da responsabilidade limitada no Brasil*: história, direito e economia. São Paulo: Malheiros, 2014.

SARLET, Ingo Wolfgang. *A eficácia dos direitos fundamentais*. Porto Alegre: Livraria do Advogado, 2009.

SEN, Amartya. *The idea of justice*. Harvard University Press, 2009. Kindle's edition, 2010.

SEN, Amartya. Human rights and capabilities. *Journal of Human Development*, v. 6, n. 2, July 2005. p. 153

SILVA, Virgílio Afonso da. A evolução dos direitos fundamentais. *Revista Latino-Americana de Estudos Constitucionais*, São Paulo, v. 6, p. 541-558, 2005. Disponível em: https://constituicao.direito.usp.br/wp-content/uploads/2005-RLAEC06-Evolucao.pdf. Acesso em: 18.11.2020.

STEINMETZ, Wilson. *A vinculação dos particulares a direitos fundamentais*. São Paulo. Malheiros, 2004.

UNIÃO EUROPEIA. *Regulação (EU) 2016/79 do Parlamento Europeu e do Conselho Europeu de 27 de abril de 2016 relativo à proteção das pessoas singulares no que diz respeito ao tratamento de dados pessoais e à livre circulação desses dados e que revoga a Diretiva 95/46/CE (Regulamento Geral sobre a Proteção de Dados)*. Disponível em: https://eur-lex.europa.eu/legal-content/PT/TXT/PDF/?uri=CELEX:32016R0679&from=PT. Acesso em: 20.11.2020.

WARREN, Samuel D.; BRANDEIS, Louis D. The right to privacy. *Harvard Law Review*, Cambridge, v. 4, n. 5, p. 193-220, dez. 1890. Disponível em: https://heinonline.org/HOL/P?h=hein.journals/hlr4&i=205. Acesso em 19.11.2020.

AS ORIGENS ALEMÃS E O SIGNIFICADO DA AUTODETERMINAÇÃO INFORMATIVA

Fabiano Menke

Professor-Associado de Direito Civil da Faculdade de Direito e do Programa de Pós-Graduação em Direito da Universidade Federal do Rio Grande do Sul – UFRGS. Doutor em Direito pela Universidade de Kassel, Alemanha, com bolsa de estudos de doutorado integral CAPES/DAAD. Coordenador do Projeto de Pesquisa "Os fundamentos da proteção de dados na contemporaneidade", na UFRGS. Membro Fundador do Instituto Avançado de Proteção de Dados – IAPD (www.iapd.org.br). Advogado.

Sumário: 1. As origens alemãs da autodeterminação informativa. 2. Conteúdo da autodeterminação informativa. 3. Conclusão. 4. Referências.

A Lei Geral de Proteção de Dados (LGPD), Lei 13.709 de 2018, elenca, em seu art. 2º, inciso II, como um dos fundamentos da disciplina da proteção de dados pessoais, a autodeterminação informativa[1].

É possível dizer, que dos fundamentos presentes no art. 2º da LGDP, a autodeterminação informativa é aquele que guarda, juntamente com o respeito à privacidade, a relação mais próxima com a disciplina da proteção de dados pessoais. Isso porque consiste no único presente no rol dos incisos do dispositivo que tem a sua origem atrelada a esta matéria, que nos dias de hoje ganhou contornos de autonomia.

Não há precedentes legislativos[2] no Brasil de previsão da autodeterminação informativa[3] em qualquer contexto. Na jurisprudência, antes do julgamento da ADIN 6389, havia aparecido em alguns precedentes[4] do Supremo Tribunal Federal e do Superior Tribunal de Justiça, mas sem desenvolvimento mais detalhado.

O objetivo do presente texto é o de abordar as origens alemãs da autodeterminação informativa, bem como o seu conteúdo, de forma a traçar alguns contornos de sua abrangência, com vistas a lançar luzes para o debate do significado que alcançará no ordenamento jurídico brasileiro.

---

1. O art. 2º da LGPD prevê ainda os seguintes fundamentos da disciplina da proteção de dados pessoais, nos incisos apontados a seguir: I – privacidade; III – a liberdade de expressão, de informação, de comunicação e de opinião; IV – a inviolabilidade da intimidade, da honra e da imagem; V – o desenvolvimento econômico e tecnológico e a inovação; VI – a livre-iniciativa, a livre concorrência e a defesa do consumidor; e VII – os direitos humanos, o livre desenvolvimento da personalidade, a dignidade e o exercício da cidadania pelas pessoas naturais.
2. O Projeto de Lei do Senado 281/2012, que tinha por objetivo reforçar a proteção do consumidor no comércio eletrônico, pretendia incluir o inciso XI no art. 6º do Código de Defesa do Consumidor, que contempla os direitos básicos do consumidor, com a seguinte redação: "a autodeterminação, a privacidade e a segurança das informações e dados pessoais prestados ou coletados, por qualquer meio, inclusive o eletrônico;".
3. A LGPD adotou a expressão "autodeterminação informativa", mas também é possível o emprego da variação "autodeterminação informacional".
4. Ver o exemplos: RE 673.707, Plenário, Rel. Min. Luiz Fux, j. 17.06.2015, DJ 30.09.2015; SS 3902, Min. Gilmar Mendes, j. 08.07.2009, DJ04.08.2009; REsp 1.630.659, 3ª Turma, Rel. Min. Nancy Andrighi, j. 27.11.2018, DJ 06.12.2018.

1. AS ORIGENS ALEMÃS DA AUTODETERMINAÇÃO INFORMATIVA

A opção do legislador da LGPD, de incluir a autodeterminação informativa no texto da lei, indica inspiração na dogmática alemã acerca da matéria, pois foi naquele país em que efetivamente se tornou conhecido e se desenvolveu com profundidade esse fundamento da disciplina de proteção de dados pessoais, a partir do julgamento da decisão do censo, de 1983.

O caso versou sobre diversas reclamações constitucionais ajuizadas por grupos de cidadãos que impugnavam a Lei Federal de Recenseamento alemã, editada em 1982, que havia sido aprovada por unanimidade tanto pelo Parlamento quanto pelo Conselho Federal. Spiros Simitis indica que havia muita expectativa pela publicação da decisão do censo, e que nenhum caso, pelo menos até então[5], havia gerado tamanha discussão pública[6]. Para que se tenha uma ideia, o número de reclamações constitucionais ajuizadas chegou a mil e seiscentas, das quais quatro foram selecionadas para integrar os debates da sessão pública anterior ao julgamento[7].

O texto legal previa que no ano de 1983 seria realizado um censo por parte de funcionários públicos e demais agentes encarregados, que não se limitaria apenas a fazer o levantamento do número de habitantes do país, mas também de coletar uma série de outros dados pessoais dos cidadãos[8].

É certo que a decisão do censo foi influenciada por pensamentos anteriores[9]. No Parlamento Alemão, no ano de 1971, no contexto do início das discussões para a edição da Lei de Proteção de Dados Federal[10], fora publicado extenso parecer abordando

---

5. Posteriormente, Marion Albers equiparou a ressonância da discussão da decisão do censo com aquela havida no âmbito do contexto da denominada *Vorratsdatenspeicherung*, que diz respeito ao dever dos fornecedores de acesso e das aplicações de armazenarem os respectivos dados de acesso e de conexão dos usuários, o que, no Brasil, é disciplinado no Marco Civil da Internet. ALBERS, Marion. Informationelle Selbstbestimmung als vielsichtiges Bündel von Rechtsbindungen und Rechtspositionen. In: FRIEDEWALD, Michael, LAMLA, Jörn, ROßNAGEL, Alexander (Org.). *Informationelle Selbstbestimmung im digitalen Wandel*, Wiesbaden: Springer Vieweg, 2017, p. 11-35, p. 13.
6. SIMITIS, Spiros. Die informationelle Selbstbestimmung: Grundbedingung einer verfassungskonformen Informationsordnung. *Neue Juristenwochenschrift*, 1984, v. 8, p. 394.
7. STEINMÜLLER, Wilhelm. *Das informationelle Selbstbestimmungsrecht: Wie es entstanden ist und was man daraus lernen kann*, p. 17. Disponível em: http://www.fiff.de/publikationen/fiff-kommunikation/fk-2007/fk-3-2007/03_2007_steinmueller.pdf. Acesso em: 20.10.2020.
8. Entre outros, seriam coletados os seguintes dados: nome completo, endereço, número do telefone, idade, sexo, data de nascimento, estado civil, nacionalidade, religião, informação sobre se utiliza a moradia como domicílio ou residência, fonte principal de sustento, ocupação profissional, formação profissional e duração da mesma, formação escolar, eventual formação técnico-profissionalizante, endereço profissional ou do local de estudos, informações sobre os ramos de atuação de seu empregador, função desempenhada no emprego, meio de locomoção utilizado para o trabalho ou para o local de estudo.
9. A doutrina destaca o aspecto de que a ideia de autodeterminação já estava presente na obra de Alan Westin, *Privacy and Freedom*, de 1967, bem como em outras iniciativas normativas norte-americanas e europeias. DONEDA, Danilo. *Da privacidade à proteção de dados pessoais: fundamentos da Lei Geral de Proteção de Dados*. São Paulo: Thomson Reuters, 2019, p. 168. Veridiana Alimonti, ALIMONTI, Veridiana. Autodeterminação informacional na LGPD: antecedentes, influências e desafios. In: VILLAS BÔAS CUEVA, Ricardo, DONEDA, Danilo, MENDES, Laura Schertel (Org.). *Lei Geral de Proteção de Dados (Lei 13.709/2018) – A caminho da efetividade: contribuições para a implementação da LGPD*. São Paulo: Thomson Reuters, 2020, p. 177-192, p. 177-178.
10. *Bundesdatenschutzgesetz*, que viria a ser editada em 1977.

amplamente o tema proteção de dados em que já se fazia uso da expressão direito à autodeterminação informativa (*informationelles Selbstbestimmungsrecht*)[11].

Nas palavras de Hornung e Schnabel, o direito à autodeterminação informativa, como âncora constitucional da proteção de dados, integra o denominado direito geral da personalidade.[12] O direito geral da personalidade na Alemanha teve origens na doutrina de Otto Von Gierke, no final do Século XIX, e posteriormente foi reconhecido pioneiramente pelo Tribunal Superior Federal (*Bundesgerichtshof* – BGH), em decisão de 1954[13]. Na sequência, foi e vem sendo e desenvolvido pelo Tribunal Constitucional Federal (*Bundesverfassungsgericht*), e é derivado da combinação do art. 1º, I (dignidade da pessoa) e art. 2º, I (livre desenvolvimento da personalidade) da Lei Fundamental[14], ou seja, a sua atuação em conjunto garante a cada indivíduo a possibilidade de desenvolver a sua própria personalidade.[15]

O direito geral da personalidade protege elementos da personalidade que não estejam cobertos pelas garantias especiais de liberdade da Lei Fundamental.[16] Na dogmática do direito geral da personalidade, é possível distinguir três categorias ou implementações, conforme o desenvolvimento do Tribunal Constitucional Federal: o direito à autodeterminação (*Recht der Selbstbestimmung*), o direito à autopreservação (*Recht der Selbstbewahrung*) e direito à autoapresentação (*Recht der Selbstdarstellung*)[17].

2. CONTEÚDO DA AUTODETERMINAÇÃO INFORMATIVA

A autodeterminação informativa pretende conceder ao indivíduo o poder, de ele próprio decidir acerca da divulgação e utilização de seus dados pessoais.[18] Nesse contexto, é usual que se utilize a expressão "controle"[19]. Em passagem clássica da decisão do censo, assentou-se que:

---

11. Disponível em http://dipbt.bundestag.de/doc/btd/06/038/0603826.pdf. Acesso em 26.10.2020. Ainda sobre histórico do parecer e do julgamento da decisão do censo, ver STEINMÜLLER, Wilhelm. *Das informationelle Selbstbestimmungsrecht: Wie es entstanden ist und was man daraus lernen kann*. Disponível em: http://www.fiff.de/publikationen/fiff-kommunikation/fk-2007/fk-3-2007/03_2007_steinmueller.pdf. Acesso em: 20.10.2020. Sobre o histórico da decisão, ver ainda o primoroso trabalho de Laura Schertel Mendes: Autodeterminação informacional: origem e desenvolvimento conceitual na jurisprudência da corte constitucional alemã. In: VILLAS BÔAS CUEVA, Ricardo, DONEDA, Danilo, MENDES, Laura Schertel (Org.). *Lei Geral de Proteção de Dados (Lei 13.709/2018)* – A caminho da efetividade: contribuições para a implementação da LGPD. São Paulo: Thomson Reuters, 2020, p. 177-192, p. 177-178.
12. HORNUNG, Gerrit, SCHNABEL, Christoph; *Data protection in Germany I: The population census decision and the right to information self-determination*. Computer Law & Security Report, v. 25, n. 1, 2009, p. 84.
13. GÖTTING, Horst-Peter. Inhalt, Zweck und Natur des Persönlichkeitsrechts. In: GÖTTING, Horst-Peter; SCHERTZ, Christian; SEITZ, Walter. *Handbuch des Persönlichkeitsrechts*. C.H. Beck, Munique, 2008, p. 2.
14. Art. 1º, I: A dignidade da pessoa é intangível. Respeitá-la e protegê-la é obrigação de todo poder público. Art. 2º, I: Toda pessoa tem o direito ao livre desenvolvimento de sua personalidade, desde que os direitos dos outros não sejam violados e desde que não atente contra a ordem constitucional ou contra a lei moral. (tradução livre da Lei Fundamental).
15. PIEROTH, B.; SCHLINK, B., *Grundrechte Staatsrecht II*, 27. ed. Heidelberg: C.F. Müller, 2011, p. 91.
16. ROẞNAGEL, Alexander; SCHNABEL, Christoph, Das Grundrecht auf Gewährleistung der Vertraulichkeit und Integrität informationstechnischer Systeme und sein Einfluss auf das Privatrecht. *Neue Juristische Wochenschrift*, 2008, 3534.
17. PIEROTH, B.; SCHLINK, B., *Grundrechte Staatsrecht II*, 27. ed. Heidelberg: C.F. Müller, 2011, p. 91.
18. Sobre este ponto ver ROẞNAGEL, Alexander. 20 Jahre Volkszählungsurteil. *Multimedia und Recht*, v. 11, 2003, ps. 693-694.
19. DONEDA, Danilo. *Da privacidade à proteção de dados pessoais: fundamentos da Lei Geral de Proteção de Dados*. São Paulo: Thomson Reuters, 2019, p. 170.

"aquele que, com segurança suficiente, não pode vislumbrar quais informações pessoais a si relacionadas existem em áreas determinadas de seu meio social, e aquele que não pode estimar em certa medida qual o conhecimento que um possível interlocutor tenha da sua pessoa, pode ter sua liberdade consideravelmente tolhida".[20]

Uma das preocupações fundamentais da disciplina da proteção de dados é a de que o indivíduo não seja manipulado por informações que os seus interlocutores (sejam eles entes estatais ou privados) tenham sobre a sua pessoa, sem que ele saiba disso. Nestes casos de conhecimento prévio das informações sobre a outra parte, o detentor da informação invariavelmente se coloca numa posição privilegiada. Ele atalha os caminhos, adquirindo a possibilidade de manipulação e de direcionamento. Pode fazer colocações e perguntas dirigidas, pois todo um caminho que teria de ser traçado para que chegasse a uma informação não precisa ser percorrido.

Em suma, a relação não se desenvolve como no caso de um encontro que inicia "do zero": perde sua espontaneidade e o seu natural desenvolvimento.[21] É por isso que na dogmática da área, a expressão livre desenvolvimento da personalidade (*freie Entfaltung der Persönlichkeit*), do art. 2º, I, da Lei Fundamental, ganha realce, significando que o indivíduo deve ter a liberdade de "desdobrar" a sua personalidade, no sentido de ele próprio se desenvolver: não deve ser permitido que tenha a sua personalidade encolhida.

Não é sem razão, que a LGPD, da mesma forma, e muito embora em nível infraconstitucional[22], contemplou a previsão do livre desenvolvimento da personalidade da pessoa natural, tanto como objetivo (art. 1º), quanto como fundamento da lei (art. 2º, VII). É por isso que a chave da melhor compreensão da autodeterminação informativa é a de sua leitura conjunta com o denominado livre desenvolvimento da personalidade.

É de se notar a peculiaridade da criação e do significado do livre desenvolvimento da personalidade, a partir do processo legislativo da Lei Fundamental, na Alemanha. Gabriele Britz[23], juíza do Tribunal Constitucional Federal, registra que o legislador se valeu de uma expressão incomum, sem precedentes, sequer no exterior. Portanto, trata-se de criação genuinamente alemã.

E, na origem dos trabalhos parlamentares, menciona-se a contribuição do deputado Eberhard, que associou o livre desenvolvimento da personalidade à ideia de atuação da

---

20. Tradução livre do autor. Para a íntegra da decisão, acessar: http://zensus2011.de/fileadmin/material/pdf/gesetze/volkszaehlungsurteil_1983.pdf.
21. Este raciocínio serve tanto para uma relação entre duas empresas que estão negociando, em que uma delas domine segredos corporativos da outra sem que esta saiba, quanto para uma relação entre um *spammer* que, por exemplo, obtém indevidamente dados sensíveis de um consumidor e lhe envia propaganda direcionada, relacionada a determinada doença que lhe acomete. Se numa entrevista de emprego o empregador conhece informações sobre o candidato, sem que este saiba, a entrevista também poderá perder a sua espontaneidade. Daí a importância de as pessoas serem alertadas sobre os riscos de exporem os seus dados sem nenhum controle em redes sociais e demais aplicativos disponibilizados na Internet.
22. A Constituição Federal de 1988 não contempla a expressão "livre desenvolvimento da personalidade".
23. BRITZ, Gabriele. Freie Entfaltung der Persönlichkeit (Art. 2 I 1 GG) – Verfassungsversprechen zwischen Naivität und Hybris? *Neue Zeitschrift für Verwaltungsrecht* (NVwZ) 2019, p. 672-677, 672.

pessoa com personalidade e posturas próprias, imune à manipulação por terceiros bem como livre da incitação que culmine em posturas extremistas[24].

Na linha de raciocínio do parlamentar Eberhard, há que se destacar outro aspecto do conteúdo da autodeterminação informativa extraído da decisão do censo, acerca do qual Alexander Roßnagel chama a atenção: é o de que a proteção de dados e consequentemente a autodeterminação informativa consistem em elementos estruturais da comunicação realizada no âmbito da sociedade.[25] Inspirado por passagem da decisão, Roßnagel afirma que a proteção de dados é o pré-requisito de um engajamento do indivíduo em questões públicas e, portanto, pressuposto funcional da comunicação democrática (*Funktionsbedingung demokratischer Kommunikation*).[26] Segundo o Professor da Universidade de Kassel, ao criar regras de proteção de dados, o Estado democrático cria as condições indispensáveis para a sua continuidade.[27]

Portanto, a restrição do direito de liberdade do indivíduo pode acarretar a limitação do exercício de outros direitos fundamentais, conforme assenta a decisão do Tribunal Constitucional Federal:

"Aquele que tem insegurança acerca de se o seu modo comportamental desviante seja, a todo momento registrado, e como informação, ao longo do tempo armazenado, utilizado ou disponibilizado a terceiros, tentará não incidir em tal modo comportamental. Aquele que parte do pressuposto de que, por exemplo, a participação em uma reunião ou em uma iniciativa do exercício de cidadania seja registrado por um órgão público, e que a partir dessas atividades possam lhe advir riscos, provavelmente abdicará do exercício dos direitos fundamentais relativos a essas atividades"[28].

Mas a importância da proteção de dados não se esgota na sua faceta de pressuposto funcional da comunicação democrática. Ao mesmo tempo é pressuposto de uma "autodeterminada decisão contratual" (*selbstbestimmte Vertragsentscheidung*) e, por conseguinte, pressuposto funcional de uma livre economia de mercado (*Funktionsbedingung einer freien Marktwirtschaft*), no sentido de que uma decisão livre dos contratantes de um modo geral, e dos consumidores em particular, uma decisão ausente de manipulações, só é possível quando o fornecedor em potencial só tenha conhecimento dos dados fornecidos pelo próprio consumidor, ou que, no mínimo, este conheça as informações relativas a sua pessoa que o fornecedor disponha.[29]

De outra banda, não se pode descurar que muito embora o poder que a autodeterminação informativa pretende garantir ao titular dos dados pessoais, não há o estabelecimento de uma relação absoluta entre o indivíduo e os dados a ele relacionados. No contexto da proteção de dados é importante referir a lição da decisão do censo de que não é adequado falar em propriedade por parte do indivíduo dos dados relativos a sua

---

24. BRITZ, Gabriele. Freie Entfaltung der Persönlichkeit (Art. 2 I 1 GG) – Verfassungsversprechen zwischen Naivität und Hybris? *Neue Zeitschrift für Verwaltungsrecht* (NVwZ) 2019, p. 672-677, 676.
25. ROßNAGEL, Alexander. Einleitung. In: Roßnagel, A. (Org.). *Handbuch Datenschutzrecht: Die neuen Grundlagen für Wirtschaft und Verwaltung*, Munique, Beck Verlag, 2003, p. 8.
26. Idem, p. 8.
27. Ibidem, p. 8.
28. Tradução livre do autor, de trecho da decisão.
29. ROßNAGEL, Alexander. Einleitung. In: ROSSNAGEL, A. (Org.). *Handbuch Datenschutzrecht: Die neuen Grundlagen für Wirtschaft und Verwaltung*. Munique: Beck Verlag, 2003, p. 4.

pessoa.[30] Ainda segundo Roßnagel, a concepção do ordenamento jurídico relativo à proteção de dados não se coaduna com a ideia de propriedade sobre os dados pessoais[31]. O mais adequado é que se considere os dados relacionados a uma pessoa como resultado de uma observação social ou de um processo de comunicação social multirrelacional.[32] Como modelos da realidade, teriam os dados pessoais sempre um autor e um objeto. Os dados têm relação com um objeto, mas também com o autor. Não podem ser associados exclusivamente ao objeto.

Assim, o direito da proteção de dados não regula a propriedade, mas sim consiste num ordenamento sobre a informação e a comunicação a eles relacionada, determinando quem, em qual relação, e em que situação, está autorizado a lidar com os modelos de uma determinada pessoa de uma determinada maneira.

Em suma, a autodeterminação informativa não pode ser compreendida como garantidora de um domínio absoluto da pessoa sobre os dados a ela relacionados, como se fossem "seus" dados numa relação de exclusão de todos os demais membros da sociedade.[33] Roßnagel arremata dizendo que o direito da proteção de dados resguarda a pessoa não como proprietário de seus dados, mas a auxilia como titular de interesses e tomador de decisões no contexto do ordenamento comunicacional e informacional.[34] Veja-se o foco da proteção: a tomada de decisões pelo próprio indivíduo.[35]

É por essa razão, que o conceito de dado pessoal, tanto na LGPD (art. 5º, I), quanto nas fontes normativas internacionais, emprega a expressão "informação relacionada a pessoa" e não "informação da pessoa".

---

30. Ibidem.
31. No Brasil, ver Marcel Leonardi, *Tutela e Privacidade na Internet*, São Paulo: Saraiva, 2012, p. 77, que também rejeita a ideia de propriedade sobre os dados.
32. ROßNAGEL, Alexander. Einleitung. In: ROSSNAGEL, A. (Org.). *Handbuch Datenschutzrecht*: Die neuen Grundlagen für Wirtschaft und Verwaltung. Munique: Beck Verlag, 2003, p. 4.
33. Idem, p.4. Em passagem específica de seu escrito, Roßnagel cita trecho emblemático da decisão do censo, a seguir traduzido livremente: "O indivíduo não tem um direito no sentido de um domínio absoluto, e irrestrito sobre os "seus" dados; antes pelo contrário, ele consiste em personalidade que se desenvolve no âmbito de uma comunidade social e que não prescinde da comunicação. A informação, até mesmo enquanto associada a uma pessoa, representa um retrato da realidade social, que não pode ser exclusivamente reservada ao usuário."
34. Idem, ibidem.
35. Na origem dogmática desta autodeterminação da pessoa, que está na base da autodeterminação informativa está a dignidade da pessoa humana, sendo que a base filosófica da autodeterminação está localizada na filosofia de Kant. Quanto a isso, ver SARLET, Ingo Wolfgang. As dimensões da dignidade da pessoa humana: construindo uma compreensão jurídico-constitucional necessária e possível. In: SARLET, Ingo Wolfgang (Org.), *Dimensões da dignidade* – Ensaios de Filosofia do Direito e Direito Constitucional. Porto Alegre: Livraria do Advogado, 2009, p. 22, com especial destaque para a nota de rodapé 27, que faz menção à literatura alemã acerca do assunto. Sarlet aborda com precisão o denominado elemento nuclear da dignidade na "fórmula desenvolvida por Günter Dürig, na Alemanha, para quem (na esteira da concepção kantiana) a dignidade da pessoa humana poderia ser considerada atingida sempre que a pessoa concreta (o indivíduo) fosse rebaixada a objeto, a mero instrumento, tratada como uma coisa, em outras palavras, sempre que a pessoa venha a ser descaracterizada e desconsiderada como sujeito de direitos", idem, p. 34. Atente-se ainda ao exposto por Judith Martins-Costa em sua tese de livre-docência apresentada na USP, onde aborda a problemática referindo as contribuições de Max Scheler para o movimento personalista contemporâneo e a afirmação deste autor que a pessoa não se situa na ordem da substância ou do objeto e é, pois, essencialmente "inobjetivável", sendo a unidade ontológica concreta dos atos. MARTINS-COSTA, Judith. *Pessoa, Personalidade, dignidade (ensaio de uma qualificação)*. Tese de Livre Docência, USP, 2003, p. 176-178.

Com efeito, no que diz respeito ao prontuário médico vê-se a imprecisão de se falar em propriedade dos dados nele contidos ou do próprio prontuário médico, uma vez que o direito de propriedade confere ao proprietário, de acordo com o disposto no art. 1.228 do Código Civil, *"a faculdade de usar, gozar, e dispor da coisa e o direito de reavê-la do poder de quem quer que injustamente a possua ou detenha"*. O conteúdo do direito de propriedade e os remédios relacionados à sua proteção não explicam e se enquadram aos dados contidos no prontuário médico, nem aos dados de uma maneira geral. O prontuário médico constitui conjunto de dados melhor explicado pelo conceito de modelo da realidade multirrelacional, onde o que interessa é perquirir, na fórmula da decisão do censo, quem, em qual situação, e em qual medida, estará autorizado a lidar com os dados relativos ao paciente. Assim, o hospital ou o médico, o próprio paciente, bem como a empresa do seguro saúde podem necessitar de ter acesso ao prontuário ou a parte de seus dados para realizar alguma atividade que esteja no âmbito de suas atribuições contratuais ou legais, não podendo, todavia, deles se valer sem o respeito aos princípios da Lei Geral de Proteção de Dados, em especial os da finalidade e da necessidade.[36]

3. CONCLUSÃO

Enfim, esses alguns contornos das origens e do conteúdo da autodeterminação informativa na Alemanha, de modo a lançar luzes para o debate acerca do significado que, na leitura da LGPD, será desenvolvido no Brasil. Um dos grandes desafios que nos dias de hoje enfrenta a autodeterminação informativa certamente é o relacionado à crise do consentimento e à dificuldade de garantir o poder decisório do indivíduo acerca do tratamento dos dados pessoais a si relacionados.

Marion Albers lança o desafio de que a autodeterminação informativa terá de se renovar, caso queira seguir como referencial de fundamento da proteção de dados, a partir de uma percepção de que essa disciplina apresenta uma complexidade peculiar, à medida que engloba um feixe de vinculações de direitos fundamentais e posições jurídicas que demandam uma análise em camadas variadas[37].

Nesse contexto, deve-se dar valor às próprias regras setoriais, à proteção de dados embarcada nas configurações e na técnica[38] (*privacy by default* e *privacy by design*), além do que, a previsão legal de autoridades de proteção de dados[39] robustas

---

36. Os princípios da finalidade e da necessidade enunciam, conforme a previsão do art. 6º, incisos I e III, respectivamente, da LGPD: "I – finalidade: realização do tratamento para propósitos legítimos, específicos, explícitos e informados ao titular, sem possibilidade de tratamento posterior de forma incompatível com essas finalidades; III – necessidade: limitação do tratamento ao mínimo necessário para a realização de suas finalidades, com abrangência dos dados pertinentes, proporcionais e não excessivos em relação às finalidades do tratamento de dados."
37. ALBERS, Marion. Informationelle Selbstbestimmung als vielsichtiges Bündel von Rechtsbindungen und Rechtspositionen. In: FRIEDEWALD, Michael, LAMLA, Jörn, ROßNAGEL, Alexander (Org.). *Informationelle Selbstbestimmung im digitalen Wandel*, Wiesbaden: Springer Vieweg, 2017, p. 11-35.
38. Idem, p. 32.
39. Sobre o tema, ver a excelente pesquisa da tese de Cíntia Rosa Pereira de Lima. LIMA, Cíntia Rosa Pereira de. *Autoridade nacional de proteção de dados e a efetividade da Lei Geral de Proteção de Dados: de acordo com a Lei Geral de Proteção de Dados (Lei n. 13.709/2018 e as alterações da Lei n. 13.853/2019, o Marco Civil da Internet (Lei n. 12.965/2014) e as sugestões de alteração do CDC (PL 3.514/2015)*. São Paulo: Almedina, 2020.

e independentes bem como as regras de responsabilização e prestação de contas são alguns dos aliados da autodeterminação informativa na missão de garantia do livre desenvolvimento da personalidade dos indivíduos.

4. REFERÊNCIAS

ALBERS, Marion. Informationelle Selbstbestimmung als vielsichtiges Bündel von Rechtsbindungen und Rechtspositionen. In: FRIEDEWALD, Michael, LAMLA, Jörn, ROßNAGEL, Alexander (Org.). *Informationelle Selbstbestimmung im digitalen Wandel*, Wiesbaden: Springer Vieweg, 2017.

ALIMONTI, Veridiana. Autodeterminação informacional na LGPD: antecedentes, influências e desafios. In: VILLAS BÔAS CUEVA, Ricardo, DONEDA, Danilo, MENDES, Laura Schertel (Org.). *Lei Geral de Proteção de Dados (Lei 13.709/2018) – A caminho da efetividade*: contribuições para a implementação da LGPD. São Paulo: Thomson Reuters, 2020, p. 177-192.

BRITZ, Gabriele. Freie Entfaltung der Persönlichkeit (Art. 2 1 1 GG) – Verfassungsversprechen zwischen Naivität und Hybris? *Neue Zeitschrift für Verwaltungsrecht* (NVwZ) 2019.

DONEDA, Danilo. *Da privacidade à proteção de dados pessoais: fundamentos da Lei Geral de Proteção de Dados*. São Paulo: Thomson Reuters, 2019.

GÖTTING, Horst-Peter. Inhalt, Zweck und Natur des Persönlichkeitsrechts. In: GÖTTING, Horst-Peter; SCHERTZ, Christian; SEITZ, Walter. *Handbuch des Persönlichkeitsrechts*. C.H. Beck: Munique, 2008.

HORNUNG, Gerrit, SCHNABEL, Christoph. Data protection in Germany I: The population census decision and the right to information self-determination. *Computer Law & Security Report*, v. 25, n. 1, 2009.

LEONARDI, Marcel. *Tutela e Privacidade na Internet*, São Paulo: Saraiva, 2012.

LIMA, Cíntia Rosa Pereira de. *Autoridade nacional de proteção de dados e a efetividade da Lei Geral de Proteção de Dados: de acordo com a Lei Geral de Proteção de Dados (Lei n. 13.709/2018 e as alterações da Lei n. 13.853/2019, o Marco Civil da Internet (Lei n. 12.965/2014) e as sugestões de alteração do CDC (PL 3.514/2015)*. São Paulo: Almedina, 2020.

MARTINS-COSTA, Judith. *Pessoa, Personalidade, Dignidade (ensaio de uma qualificação)*, Tese de Livre Docência, USP, 2003.

MENDES, Laura Schertel. Autodeterminação informacional: origem e desenvolvimento conceitual na jurisprudência da corte constitucional alemã. In: VILLAS BÔAS CUEVA, Ricardo, DONEDA, Danilo, MENDES, Laura Schertel (Org.). *Lei Geral de Proteção de Dados (Lei 13.709/2018) – A caminho da efetividade*: contribuições para a implementação da LGPD. São Paulo: Thomson Reuters, 2020, p. 211-241.

PIEROTH, Bodo; SCHLINK, Bernhard. *Grundrechte Staatsrecht II*. 27. ed., Heidelberg: C.F. Müller, 2011.

ROßNAGEL, Alexander. 20 Jahre Volkszählungsurteil. *Multimedia und Recht*, v. 11, 2003.

ROßNAGEL, Alexander. Einleitung. In: ROSSNAGEL, A. (Org.). *Handbuch Datenschutzrecht: Die neuen Grundlagen für Wirtschaft und Verwaltung*, Munique, Beck Verlag, 2003.

ROßNAGEL, Alexander; SCHNABEL, Christoph. Das Grundrecht auf Gewährleistung der Vertraulichkeit und Integrität informationstechnischer Systeme und sein Einfluss auf das Privatrecht. *Neue Juristische Wochenschrift*, 2008, 3534.

SARLET, Ingo Wolfgang. As dimensões da dignidade da pessoa humana: construindo uma compreensão jurídico-constitucional necessária e possível. In: SARLET, Ingo Wolfgang (Org.), *Dimensões da Dignidade – Ensaios de Filosofia do Direito e Direito Constitucional*. Porto Alegre: Livraria do Advogado, 2009.

SIMITIS, Spiros. Die informationelle Selbstbestimmung: Grundbedingung einer verfassungskonformen Informationsordnung. *Neue Juristenwochenschrift*, 1984, v. 8, p. 398-405.

STEINMÜLLER, Wilhelm. *Das informationelle Selbstbestimmungsrecht: Wie es entstanden ist und was man daraus lernen kann*. Disponível em: http://www.fiff.de/publikationen/fiff-kommunikation/fk-2007/fk-3-2007/03_2007_steinmueller.pdf. Acesso em: 20.10.2020.

OS CONCEITOS DA LEI GERAL DE PROTEÇÃO DE DADOS: NOÇÕES INSTRUMENTAIS SOBRE O TRATAMENTO DE DADOS PESSOAIS

Laíza Rabaioli

Mestranda no Programa de Pós-Graduação em Direito da Universidade Federal do Rio Grande do Sul sob a orientação do Prof. Fabiano Menke (2019-2021). Assessora de Desembargador no Tribunal de Justiça do Rio Grande do Sul.

Luiza Cauduro Lopes

Mestre em Direito Civil e Empresarial pela Universidade Federal do Rio Grande do Sul. Especialista em Direito do Consumidor e Direitos Fundamentais pela Universidade Federal do Rio Grande do Sul. Especialista em Processo Civil pela Universidade Federal do Rio Grande do Sul. Graduada em Direito pela Pontifícia Universidade Católica do Rio Grande do Sul. Advogada.

Sumário: 1. Introdução. 2. Da lei e seus verbetes: definições do artigo 5º da LGPD. 2.1 Interlocuções entre o Regulamento Europeu (GDPR) e a LGPD. 2.2 Do titular dos dados aos agentes de tratamento: as relações tuteladas pela LGPD. 3. Além da norma: questões sobre o conceito de dado pessoal. 3.1 O dado pessoal como construção dogmática. 3.2. Dos dados pessoais aos dados anonimizados. 4. Considerações finais. 5. Referências.

1. INTRODUÇÃO

O capitalismo, o mercado de consumo, as relações sociais e o Direito passaram por inúmeras modificações ao longo do século XX e do início do século XXI, em virtude da revolução tecnológica. Tal revolução criou, ao lado do espaço físico, um espaço cibernético, cuja arquitetura é marcada pela maleabilidade e pela interação. Em tal contexto, os dados pessoais passaram a ter uma grande relevância para as mais variadas atividades, tais como a identificação, classificação e autorização. Tornaram-se, assim, um grande atrativo para o mundo moderno e elemento essencial para o mercado da sociedade da informação.

Destarte, para fins de fortalecer a proteção da privacidade dos usuários e de seus dados pessoais, no dia 14 de agosto de 2018 foi assinada a Lei 13.709/18. Tal legislação, também conhecida como LGPD, trata-se do Marco Legal da Proteção de Dados Pessoais do Brasil e dispõe sobre o tratamento dos dados pessoais, inclusive nos meios digitais, por pessoa natural ou por pessoa jurídica de direito público ou privado. Nesse sentido, o sistema normativo de proteção de dados emerge no âmbito da sociedade de informação e possui uma dupla função: ao mesmo tempo em que busca proteger o titular das informações, também visa fomentar o fluxo de informações entre países com nível de proteção equivalente.

Assim sendo, compreender os conceitos da Lei Geral de Proteção de Dados mostra-se de suma importância, com vistas a corretamente interpretar os ditames legais, inclusive em razão da própria legislação ter demonstrado a preocupação em elucidar o significado de cada termo utilizado no seu artigo 5º, incisos I a XIX.

O presente trabalho será dividido em dois capítulos. Em um primeiro momento, serão abordadas as interlocuções entre o Regulamento Europeu e a LGPD, bem como exposto o entendimento doutrinário acerca de alguns dos conceitos mais relevantes do artigo 5º da legislação. Por seu turno, a segunda parte busca elucidar questões atinentes ao conceito de dado pessoal, especificando a sua construção dogmática e apresentando, ainda, a problemática acerca da dicotomia existente entre os dados pessoais e os danos anonimizados.

2. DA LEI E SEUS *VERBETES*: DEFINIÇÕES DO ARTIGO 5º DA LGPD

Primeiramente, cumpre examinar os termos empregados pelo artigo 5º da Lei Geral de Proteção de Dados, que busca assentar as definições mais relevantes para a concretização das normas contidas no diploma legal.

Antes, porém, de ingressar na análise dos *verbetes* exprimidos pelo artigo que funciona como verdadeiro *dicionário* da LGDP, é de extrema pertinência compreender as circunstâncias e os fatores que circundaram a edição da lei geral brasileira, verificando os seus diversos pontos de convergência com o modelo normativo europeu.

2.1 Interlocuções entre o regulamento europeu (GDPR) e a LGPD

Inicialmente, faz-se necessário destacar que a Europa e o Brasil realizaram recentes reajustes em suas legislações. No ano de 2016, a União Europeia aprovou o Regulamento de Proteção de Dados, o qual substituiu a diretiva datada em 1990. O Brasil, por sua vez, no mês de agosto de 2018 editou a Lei Geral de Proteção de Dados. Diante da relevância de ambas as leis, a comparação de seus principais ditames mostra-se de grande valia, para fins de verificar quais pontos são convergentes e, ainda, elucidar as diferenças existentes entre os textos legais.

A legislação europeia pode ser vista como o resultado de longa construção na área da proteção de dados. O direito à tal proteção foi previsto na Carta de Direitos Fundamentais da União Europeia e, de conseguinte, passou a ser elencado na Diretiva 95/46. No entanto, com o passar dos anos, percebeu-se a necessidade de ser realizada uma análise mais extensa e uniforme para todo o território europeu[1].

Por seu turno, a Lei Geral de Proteção de Dados foi elaborada com grande inspiração na legislação europeia, mas não deixou de inovar ao trazer ao cenário jurídico brasileiro pontos que não foram elucidados em outras leis previamente, com maior grau de detalhes.

---

1. BIONI, Bruno R. MENDES, Laura Schrtel. Regulamento Europeu de Proteção de Dados Pessoais e a Lei Geral brasileira de Proteção de Dados: mapeando convergências na direção de um nível de equivalência. In: FRAZÃO, Ana; TEPEDINO, Gustavo, OLIVA, Milena Donato (Coord.). *Lei Geral de Proteção de Dados Pessoais e suas repercussões no direito brasileiro*. São Paulo: Thomson Reuters Brasil, 2019. p. 804.

Na realidade, o que de fato singulariza a Lei 13.709/2018 é a sua vasta abrangência, visto que elenca os princípios, direitos, responsabilidades e outras aplicações decorrentes do tratamento.

Ressalta-se, todavia, que o regulamento europeu possui 173 (cento e setenta e três) "considerandos" e 99 (noventa e nove) artigos. Diferentemente, a LGPD tão somente possui 65 (sessenta e cinco) artigos e não apresenta orientações interpretativas. Bioni e Mendes, nesse sentido, preceituam que "fazendo uma interseção entre o direito comunitário europeu e o brasileiro, o RGPD seria um código de proteção de dados que conta uma quantidade maior de dispositivos e com uma espécie de exposição de motivos, ao passo que a LGPD seria uma lei mais enxuta e sem pistas interpretativas deixadas por parte do legislador". Logo, a técnica legislativa é uma das maiores divergências entre as legislações.

Por outro lado, os textos legais também apresentam pontos de convergência. Os três aspectos mais importantes são os princípios elencados pelas legislações, o modelo *ex-ante* de proteção, bem como o papel da *accountability* nos dois modelos regulatórios.

A priori, elenca-se que há princípios básicos, estabelecidos por meio de instrumentos internacionais e transnacionais, que devem nortear a atividade de tratamento de dados – quadro conhecido por "Fair Information Practice Principles". Tais princípios possuem como objetivo especificar limitações ao tratamento de dados, além de viabilizar que o indivíduo detenha condições de controlar o fluxo de suas informações[2].

A lei europeia de proteção de dados apresenta os princípios no seu artigo 5º, quais sejam, necessidade, lealdade, finalidade e proporcionalidade, bem como exatidão e atualidade dos dados. Ademais, inclui a transparência, minimização dos dados e a responsabilidade[3]. A LGPD estipula os princípios previstos no regulamento europeu e ainda elenca outros, quais sejam, a segurança, prevenção e não discriminação. Tais previsões evidenciam a preocupação do legislador em estipular as bases para as regras serem analisadas e aplicadas.

Elenca-se, outrossim, que os novos princípios inseridos na Lei igualmente demonstram o cuidado com questões atuais de proteção de dados. Bioni e Mendes mencionam, por exemplo, "(...) o princípio da não discriminação pelo tratamento de dados, abordando o potencial discriminatório do uso de dados gerado por mecanismos de decisão automatizada, ou mesmo o princípio da prevenção, que pode ser utilizado para o desenvolvimento de medidas relacionadas à privacidade na concepção'".

O segundo ponto de convergência que merece destaque é o modelo *ex-ante* de proteção, o qual é utilizado em ambos os regulamentos. Há a expressa exigência de que o controlador esteja amparado em uma base legal para o tratamento dos dados ser considerado lícito.

Bioni e Mendes pontuam que:

---

2. BIONI, Bruno R. MENDES, Laura Schrtel. Regulamento Europeu de Proteção de Dados Pessoais e a Lei Geral brasileira de Proteção de Dados: mapeando convergências na direção de um nível de equivalência. In: FRAZÃO, Ana; TEPEDINO, Gustavo, OLIVA, Milena Donato (Coord.). *Lei Geral de Proteção de Dados Pessoais e suas repercussões no direito brasileiro*. São Paulo: Thomson Reuters Brasil, 2019. p. 806.
3. Ibidem, p. 808.

Fundamenta-se esse conceito no fato que não existem mais dados irrelevantes diante do processamento eletrônico e ubíquo de dados na sociedade da informação. Considerando que os dados pessoais são projeções diretas da personalidade, qualquer tratamento de dados acaba por influenciar a representação da pessoa na sociedade, podendo afetar a sua personalidade e, portanto, tem o potencial de violar os seus direitos fundamentais.[4]

Existem três características centrais do modelo em comento, quais sejam, um conceito amplo de dado pessoal, a necessidade de que qualquer tratamento de dados tenha uma base legal e, por fim, o legítimo interesse como hipótese autorizativa e a necessidade de realização de um balanceamento de interesses[5].

Na lei europeia, tal modelo foi previsto no artigo 6º, o qual preceitua seis bases legais – consentimento, execução de um contrato, obrigação jurídica, defesa de interesses vitais, exercício de funções de interesse público ou ao exercício da autoridade pública e legítimo interesse. A LGPD, além de tais bases, possui outras quatro, as quais são previstas no seu artigo 7º, quais sejam, a realização de estudos por órgão de pesquisa; o exercício regular de direitos em processo judicial; a tutela da saúde e, por fim, a proteção do crédito.

Sublinha-se, entretanto, que o fato da LGPD possuir um número maior não necessariamente significa que a proteção fornecida pela legislação brasileira seja superior. Inclusive, em que pese a LGPD tenha sido baseada na GDPR, é possível afirmar que a GDPR é mais completa e detalhista.

Por fim, o terceiro ponto convergente que deve ser frisado é a *accountability*. O regulamento europeu tão somente exige que seja realizada a comunicação de um tratamento de dados, no instante em que este causar riscos aos titulares, por meio de ferramentas específicas, tal como os chamados relatórios de impacto a proteção de dados pessoais. A legislação brasileira também prevê o instrumento de avaliação de impacto, especificamente no seu artigo 5º, inciso XVII, o qual consigna o "relatório de impacto à proteção de dados", que consiste na "documentação do controlador que contém a descrição dos processos de tratamento de dados pessoais que podem gerar riscos às liberdades civis e aos direitos fundamentais, bem como medidas, salvaguardas e mecanismos de mitigação de risco".

Ademais, frisa-se que, além dos relatórios de impacto, a previsão de códigos de boas condutas e certificações são outras ferramentas pelas quais os agentes de tratamento de dados demonstrariam estar sujeitos às regras de proteção de dados pessoais. Tais previsões estão dispostas em ambos os regulamentos.

Contudo, em que pese a LGPD tenha elencado o princípio da *accountability*, não prevê os procedimentos a serem realizados para que os relatórios, selos e códigos de boas condutas sejam efetivamente utilizados pelos agentes de tratamento. A Lei deixa o encargo de regulação para a Autoridade Nacional de Proteção de Dados Pessoais. Bioni e Mendes, acerca do ponto, elucidam que "apesar de um sistema de corregulação, atra-

---

4. Ibidem, p. 811.
5. BIONI, Bruno R. MENDES, Laura Schrtel. Regulamento Europeu de Proteção de Dados Pessoais e a Lei Geral brasileira de Proteção de Dados: mapeando convergências na direção de um nível de equivalência. In: FRAZÃO, Ana; TEPEDINO, Gustavo, OLIVA, Milena Donato (Coord.). *Lei Geral de Proteção de Dados Pessoais e suas repercussões no direito brasileiro*. São Paulo: Thomson Reuters Brasil, 2019. p. 811.

vés do princípio da *accountability*, ser uma tendência que aproxima o modelo brasileiro do europeu, deve-se ter em mente a diferença em torno não só da estrutura normativa em questão, mas, também, principalmente do contexto socioeconômico em que serão aplicados". Logo, a atuação da ANPD será indispensável para delimitar a aplicação dos ditames do princípio em comento na legislação brasileira.

Destarte, percebe-se que existem convergências significativas ao ser realizada a comparação das legislações brasileira e europeia. Porém, considerando que as técnicas legislativas utilizadas para a elaboração dos regulamentos foram sensivelmente distintas, é necessário que mesmo as previsões que se mostram semelhantes sejam avaliadas, de forma pormenorizada, mediante uma análise qualitativa.

2.2 Do titular dos dados aos agentes de tratamento: as relações tuteladas pela LGPD

O artigo 5º, nos seus incisos I a XIX, prevê os conceitos da Lei. O presente trabalho aborda alguns desses conceitos de forma mais detalhada, entendidos como sendo os mais relevantes para o estudo da legislação.

Primeiramente, frisa-se que o dado representa uma informação em sua dimensão mais reduzida. Pode dispor de valor intrínseco ou não: no primeiro caso, mesmo de forma isolada, transmite uma mensagem. No segundo caso, impõe-se a condição de agrupar-se com outros dados para se atingir tal fim. A informação pode se apresentar como numérica, gráfica, fotográfica etc., desde que represente um dado.

Dado Pessoal, previsto no inciso I, trata-se do dado relacionado a um indivíduo identificado ou identificável, entendendo-se por identificado o indivíduo que já é conhecido; e por identificável a pessoa que pode ser conhecida diretamente pelo próprio possuidor dos respectivos dados, ou indiretamente mediante recursos e meios à disposição de terceiros, sem que seja necessário o dispêndio de tempo, custo ou esforço exagerado[6]. É, na realidade, um conceito amplo, que pode englobar tanto informações que identificam uma pessoa natural como a ela relacionadas.

O conceito é idêntico ao previsto no artigo 4º, 1, do Regulamento Geral de Proteção de Dados (GDPR) europeu. Entretanto, o regulamento europeu elenca detalhes adicionais, na medida em que prevê que é identificável a pessoa natural que possa ser identificada, direta ou indiretamente, em especial por referência a um identificador, seja o nome, número de identificação, dados de localização, identificadores eletrônicos ou outros elementos específicos relacionados à pessoa natural[7]. A expressão "proteção de dados", logo, não reflete fielmente o seu âmago, pois é resultado de um processo de desenvolvimento do qual participam diversos interesses, não só os dados que são protegidos, mas a pessoal a qual os dados se referem[8].

---
6. VIEIRA, Tatiana Malta. Proteção de dados pessoais na sociedade da informação. *R. Dir. Inform. Telecom. – RDIT*, Belo Horizonte, ano 2, n. 2, p. 234, jan./jun. 2007.
7. BEPPU, Ana Claudia; BRANCHER, Paulo Marcos Rodrigues. *Proteção de dados pessoais no Brasil*: uma nova visão a partir da Lei 13.709/2018. Belo Horizonte: Fórum, 2019, p. 88.
8. DONEDA, Danilo. Um código para a proteção de dados pessoas na Itália. *Revista Trimestral de Direito Civil*, Rio de Janeiro, Padma, v. 16, p. 118, out./dez. 2003.

A seu turno, o inciso II apresenta o conceito de *Dado Pessoal Sensível*, que trata-se de categoria especial de dados pessoais, com mais proteções. Tais informações indicam a origem racial ou étnica, opiniões políticas, convicções religiosas ou filosóficas, dados relativos à saúde ou à vida sexual. A delimitação possui grande semelhança com o modelo europeu.

Nesse contexto, deve ser registado que a nomenclatura "sensíveis" advém do fato de que essas informações podem sujeitar os seus titulares às práticas discriminatórias e, por isso, o tratamento de tais dados deve observar bases legais mais restritivas e padrões de segurança mais elevados.

Otto, Souto e Farias[9] definem que "no caso do GDPR, a maior alteração em relação ao que já valia para a União Europeia foi a inclusão de dados genéticos ou biométricos na classificação de dados pessoais sensíveis. A antiga diretiva da UE não definia explicitamente dados relativos à saúde. (...). A ideia de que os dados de saúde devem ser tratados como dados pessoais sensíveis ficou estabelecida no GDPR, o que aumentou substancialmente os tipos de dados incluídos nessa classificação".

O inciso VI estipula o conceito de *Controlador*, como pessoa natural ou jurídica, de direito público ou privado, a quem competem as decisões referentes ao tratamento de dados pessoais. O controlador é, portanto, o responsável por tomar toda e qualquer decisão acerca do tratamento de dados. Ressalta-se que tal conceito se assemelha ao *controller* disciplinado no GDPR, que é aquele que efetivamente determina as finalidades e os meios de tratamento de dados pessoais[10].

Mister elucidar que estipular que o controlador é o indivíduo que "decide" significa, por consequência, afirmar que possui uma competência legal predefinida para efetuar a atividade de tratamento de dados pessoais, bem como o controle resultante da influência de fato da operação de tratamento de dados em uma cadeia[11]. A expressão é prevista mais de cinquenta vezes na LGPD. Zanatta afirma que tal fato não se dá por acaso, visto que:

> É o controlador que assume a responsabilidade de assegurar a base legal para tratamento de dados (nas hipóteses dos artigos 7º e 11) e de manter um canal direto de relacionamento com os titulares de dados para a garantia de seus direitos (artigo 18). Além disso, o controlador é quem pode optar pelo tratamento de dados pessoais com base em "legítimo interesse" (artigo 10), assumindo o ônus de documentação das razões pelas quais o tratamento promove suas atividades e a garantia das legítimas expectativas dos titulares com relação à proteção dos seus direitos e suas liberdades fundamentais. É também o controlador que figura como face pública da relação de coleta e tratamento de dados pessoais, identificando-se para os titulares (artigo 9º, III) e promovendo as informações de como os dados são compartilhados com operadores (artigo 9º, V).[12]

---

9. OTTO, S.; SOUTO, G. A.; FARIAS, G. G. Caso Facebook e Cambridge Analytica: o GDPR e a nova lei brasileira. *Revista de Direito e as Novas Tecnologias*, v. 4/2019, jul-set. 2019, p. 03.
10. CHAVES, Luis Fernando. Responsável pelo tratamento, subcontratante e DPO. In: MALDONADO, Viviane; ÓPICE BLUM, Renato. *Comentários ao GDPR*: Regulamento Geral de Proteção de Dados Pessoais. São Paulo: Ed. RT, 2018, p. 112.
11. ZANATTA, Rafael A. F. Agentes de tratamento de dados, atribuições e diálogo com o Código de Defesa do Consumidor. *Caderno Especial LGPD*, São Paulo: Ed. RT, p. 183-198, nov. 2019, p. 184.
12. GONÇALVES, Carlos Roberto. *Responsabilidade civil*. 9. ed. São Paulo: Saraiva, 2005, p. 22.

O inciso VII, adiante, preceitua o conceito de *Operador*, como a pessoa natural ou jurídica, de direito público ou privado, que realiza o tratamento de dados pessoais em nome do controlador. Tal agente tão somente cumpre ordens e executa as orientações repassadas pelo controlador, usualmente em razão de contrato de prestação de serviços, parceria ou sociedade por conta de participação. Em síntese, suas obrigações resumem-se a cumprir um mandato de tratamento de dados pessoais, ou seja, "realizar o tratamento segundo as instruções fornecidas pelo controlador", consoante previsto no artigo 39 da Lei Geral de Proteção de Dados.

O conceito de operador também é similar ao previsto no artigo 4º, 8, da legislação europeia; porém, nesta é titulado de "processador", entendido como a pessoa singular ou coletiva, ou autoridade pública, que trata os dados pessoais por conta do controlador responsável pelo tratamento.

O inciso VIII, a mais, pontua a figura do *Encarregado*, como sendo a "pessoa indicada pelo controlador e operador para atuar como canal de comunicação entre o controlador, os titulares dos dados e a Autoridade Nacional de Proteção de Dados (ANPD)". No entanto, especificar juridicamente o conceito de encarregado tem sido ponto de constantes divergências. *A priori*, a legislação estipulava que tal indivíduo consistia na pessoa natural indicada pelo controlador, destinada a manter contato com esse, os titulares e a autoridade nacional. Ocorre que, com a Medida Provisória 869/2018, assinada por Michel Temer, no mês de dezembro de 2018, passou a existir a possibilidade de o encarregado também ser pessoa jurídica, tal como previsto na União Europeia[13].

Ato contínuo, através da votação do relatório final da Comissão Especial que realizou a análise da MP 869/2018, nos meses de março e abril, o conceito de encarregado passou a ser "pessoa indicada pelo controlador", para atuar como canal de comunicação entre o controlador, os titulares dos dados e a Autoridade Nacional de Proteção de Dados Pessoais. Por fim, o Projeto de Lei de Conversão 07/2019 aumentou os regramentos da figura em comento, conferiu estabilidade profissional em sentido normativo e, por fim, determinou a obrigação de o controlador ter conhecimentos jurídicos e regulatórios acerca da proteção de dados pessoais[14].

Zanatta, em relação à figura do encarregado, afirma que:

> O encarregado possui uma espécie de micro regime jurídico próprio na LGPD. Sendo o Data Protection Officer, o encarregado deve ser identificado publicamente, preferencialmente no sítio eletrônico do controlador (artigo 41, § 1º). Ele possui quatro funções que são distintas. Primeiro, deve aceitar as reclamações e comunicações dos titulares, criando um workflow para adotar as providências necessárias. Segundo, deve receber as comunicações da ANPD e figurar como canal de interação institucional. Terceiro, deve realizar um trabalho interno de orientação de funcionários e contratados a respeito das melhores práticas de proteção de dados pessoais. Por fim, deve executar as atribuições definidas pelo controlador.[15]

---

13. ZANATTA, Rafael A. F. Agentes de tratamento de dados, atribuições e diálogo com o Código de Defesa do Consumidor. *Caderno Especial LGPD*, São Paulo: Ed. RT, p. 183-198, nov. 2019, p. 188.
14. Ibidem, p. 188.
15. Ibidem, p. 193.

Ou seja, em síntese, o encarregado possui dupla função e ponto de contato, haja vista que mantém amplo diálogo com os titulares dos dados e, também, com a Autoridade Nacional de Proteção de Dados pessoais, o que ratifica a sua relevância.

O inciso IX elenca a conceituação de *Agentes de Tratamento*. São as figuras criadas pela Lei de Dados para definir quem são os atores no procedimento de tratamento de dados pessoais. É um conceito *latu sensu* que abarca controlador e operador[16]. Os agentes possuem o dever de manter todo o registro da operação, elaborando o chamado Relatório de Impacto à Proteção de Dados Pessoais.

O conceito de *Tratamento de Dados*, outrossim, é elencado no inciso X. Na realidade, significa tudo que é feito para/ou com dados pessoais do titular. É uma definição ampla. Tal tratamento pode ser feito de forma manual ou automatizada, abrangendo conjunto amplo de operações. No Brasil, "tratamento" de dados equivale ao "processamento" de dados definido pela legislação europeia.

A Lei Geral de Proteção de Dados apresenta diversas atividades, tais como a coleta, produção, recepção, classificação, utilização, acesso, reprodução, transmissão, distribuição, processamento, arquivamento, armazenamento, eliminação, avaliação ou controle da informação, modificação, comunicação, transferência, difusão ou extração.

O inciso XIX, outrossim, delimita a figura da *Autoridade Nacional de Proteção de Dados*, que é o órgão da administração pública responsável por zelar, implementar e fiscalizar o cumprimento da lei. Foi formalmente instituída por meio da Medida Provisória 869/2018, porém, por ora, ainda não iniciou as suas operações. A ANPD será composta por um Conselho Diretor, órgão máximo de direção e composto por cinco membros, o Conselho Nacional de Proteção de Dados Pessoais e da Privacidade, composto por 23 membros, dentre representantes do Poder Público, sociedade civil, setor empresarial e academia, a corregedoria, ouvidoria, um órgão de assessoramento jurídico próprio, além de unidades administrativas e especializadas.

O artigo 55-J da LGPD define que tal Autoridade possuirá diversas atribuições, tais como editar normas e procedimentos sobre a proteção de dados pessoais; deliberar, na esfera administrativa, sobre a interpretação da Lei, suas competências e casos omissos; fiscalizar e aplicar sanções; e difundir na sociedade o conhecimento sobre normas e políticas públicas de proteção de dados pessoais.

3. ALÉM DA NORMA: QUESTÕES SOBRE O CONCEITO DE DADO PESSOAL

Os dados pessoais dos cidadãos constituem um dos ativos econômicos mais relevantes no modelo atual de sociedade, sendo possível falar-se, inclusive, na existência de uma verdadeira "economia da informação"[17]. Organizadas em bancos e mediante a

---

16. MELLO, Luã Maia de. Agentes de tratamento de dados pessoais. *In*: FEIGELSON, Bruno e SIQUEIRA, Antonio Henrique Albani (Coord.). *Comentários à Lei Geral de Proteção de Dados*: Lei 13.709/2018. São Paulo: Thomson Reuters Brasil, 2019. p. 159-172. p. 160.
17. BIONI, Bruno Ricardo. *Proteção de dados pessoais*: a função e os limites do consentimento. Rio de Janeiro: Forense, 2019, p. 13.

formatação de sistemas[18] calcados em lógicas bastante complexas[19], as informações são criadas, captadas e, frequentemente, agregadas a outras com o propósito de identificar padrões de comportamento, sendo capazes, inclusive, de antever a ocorrência de determinados fatos no futuro[20].

A magnitude econômica dos dados pessoais não pode reduzi-los, porém, ao aspecto meramente patrimonial[21], na medida em que há uma significativa dimensão existencial e extrapatrimonial em seu conteúdo. Como o próprio nome sugere, o dado, adjetivado como "pessoal", caracteriza-se por ser uma projeção ou extensão dos interesses de seu titular[22], de modo que a sua proteção se relaciona não apenas com o direito à privacidade, mas também com outras espécies de direitos da personalidade[23], como o direito à honra e à imagem.

Por essa razão, a proteção dos dados pessoais pode ser identificada como um direito da personalidade de natureza autônoma, destacada dos demais[24], traduzindo uma categoria jurídica própria e que demanda, pois, uma técnica especial e diferenciada[25]. Tal compreensão, encampada pela LGPD, representa um vetor importante para a interpretação e aplicação da matéria, porquanto denota a íntima conexão existente entre a coleta e o processamento dos dados pelos agentes de tratamento e a tutela da personalidade de seus titulares.

3.1 O dado pessoal como construção dogmática

Como se pode intuir, a definição do escopo da matéria da proteção de dados depende, primordialmente, do entendimento dos limites do conceito de dado pessoal, pressuposto indissociável da adequada aplicação das normas relativas ao tema. O significado do termo excede, porém, a definição insculpida na legislação, suscitando discussões que demandam o exame doutrinário da questão.

O conceito de dado pessoal é, de fato, revelador[26], pois constitui a construção dogmática central para a determinação da incidência dos dispositivos constantes de

---

18. Essencialmente, a ideia de um "sistema de informação" traduz um processo sequencial, que tem início com a coleta a estruturação dos dados para, finalmente, atingir a extração de uma informação que seja hábil a agregar conhecimento (BIONI, Bruno Ricardo. *Proteção de dados pessoais*: a função e os limites do consentimento. Rio de Janeiro: Forense, 2019, p. 44).
19. DONEDA, Danilo. *Da privacidade à proteção de dados pessoais*. Rio de Janeiro: Renovar, 2006, p. 158.
20. Como bem ilustram os exemplos mencionados por Bruno Bioni: um provável surto de gripe pode ser previsto com base nos termos agregados de pesquisa de um buscador; da mesma forma, o risco de um tomador de crédito ser inadimplente é utilizado para calibrar a taxa de juros, assim como o risco de um segurado ter maiores problemas de saúde influencia no valor do prêmio a ser pago (BIONI, Bruno Ricardo. *Proteção de dados pessoais*: a função e os limites do consentimento. Rio de Janeiro: Forense, 2019, p. 43).
21. FRAZÃO, Ana. Objetivos e alcance da Lei Geral de Proteção de Dados. In: FRAZÃO, A.; TEPEDINO, G.; OLIVA, M. O. (*coord.*). *Lei Geral de Proteção de Dados Pessoais e suas repercussões no direito brasileiro*. São Paulo: Thomson Reuters Brasil, 2019, p. 99-129, p. 104.
22. BIONI, Bruno Ricardo. *Proteção de dados pessoais*: a função e os limites do consentimento. Rio de Janeiro: Forense, 2019, p. 64-65.
23. Ibidem, p. 66.
24. Ibidem, p. 67.
25. Ibidem, p. 129.
26. MACHADO, Diego; DONEDA, Danilo. Proteção de dados pessoais e criptografia: tecnologias criptográficas entre anonimização e pseudonimização de dados. *Caderno Especial – A Regulação da Criptografia no Direito Brasileiro*,

qualquer diploma legal que se destine a tratar de sua proteção. A premente necessidade de um estudo dessa espécie foi destacada em célebre relatório produzido em 2007 pelo Grupo de Trabalho do Artigo 29, na União Europeia, em que se reconheceu a urgência de se conduzir "uma análise profunda" a respeito do termo[27].

Isso porque, no período que antecedeu a edição do novo Regulamento Europeu, em que vigoravam as normas da Diretiva 95/46, percebeu-se que a prática da proteção de dados adotada pelos Estados-membros vinha sendo permeada por considerável grau de incerteza e discrepância quanto aos aspectos que tangenciam o conceito de dado pessoal, o que poderia afetar, de diversas maneiras, a operabilidade do arcabouço normativo vigente à época[28].

Em síntese, um dado que não avoque a qualidade de pessoal, deixando de se inserir na "categoria-tipo" prevista pelo legislador, não poderá ser interpretado como a projeção da personalidade de um indivíduo; ausente tal centro de imputação, descaberá a incidência das normas relativas à proteção de dados pessoais[29]. Tal como ocorre na sistemática doutrinária que classifica os eventos entre fatos e atos jurídicos, não será qualquer dado que atrairá a qualificadora "pessoal" – o que implica, por sua vez, concluir que, por consequência, nem todo dado obrigatoriamente contará com alguma repercussão no mundo jurídico[30].

Nesse sentido, a adjetivação do dado como "pessoal" não consiste em opção meramente gramatical[31], refletindo, por outro lado, uma série de políticas públicas e estratégias regulatórias adotadas a nível mundial. O vocabulário utilizado para afirmar o significado do que é pessoal pode, assim, ser composto de palavras que restrinjam ou alarguem o escopo, ou o gargalo[32], da proteção concedida, havendo a coexistência de, ao menos, duas correntes doutrinárias sobre a melhor tradução a ser atribuída ao termo.

Segundo a vertente intitulada de expansionista, o dado pessoal seria toda informação relacionada a uma pessoa identificável ou relativamente indeterminada, havendo um vínculo mediato, indireto, impreciso ou inexato entre o titular e o dado. A seu turno, conforme o entendimento reducionista, o dado pessoal configuraria aquela informação relacionada a uma pessoa identificada, específica ou determinada, que ostenta vínculo de natureza imediata, direta, precisa ou exata com o dado. Assim, mediante a adoção de uma ou outra concepção, a moldura normativa de uma lei de proteção de dados pessoais pode ser sensivelmente alargada ou retraída.

O direito comparado fragmenta-se entre as opções doutrinárias. Os juízes e *policy makers* norte-americanos costumam adotar uma leitura reducionista do conceito, acei-

---

v. 1/2018, p. 99-128, p. 100.
27. ARTICLE 29 DATA PROTECTION PARTY. *Opinion 4/2007 on the concept of personal data*. 20 jun. 2007. Disponível em: https://www.clinicalstudydatarequest.com/Documents/Privacy-European-guidance.pdf, p. 25.
28. Ibidem, p. 25-26.
29. MACHADO, Diego; DONEDA, Danilo. Proteção de dados pessoais e criptografia: tecnologias criptográficas entre anonimização e pseudonimização de dados. *Caderno Especial* – A Regulação da Criptografia no Direito Brasileiro, v. 1/2018, p. 99-128, p. 101.
30. BIONI, Bruno Ricardo. *Proteção de dados pessoais*: a função e os limites do consentimento. Rio de Janeiro: Forense, 2019, p. 68.
31. Ibidem, p. 102.
32. Ibidem, p. 101.

tando a sua aplicação somente para os casos em que a informação se refira a uma pessoa identificada[33]. Entretanto, desde a década de oitenta, a OCDE, assim como a Diretiva 95/46 da União Europeia, valem-se da interpretação mais ampliada dos dados pessoais.

A Lei Geral brasileira[34], inspirando-se no Regulamento Europeu[35], manifesta expressamente a concepção expansionista, diferenciando-se desta apenas com relação à ausência de um rol exemplificativo inserto no texto legal. A escolha normativa está evidenciada não apenas no inciso I do artigo 5º da LGPD, mas também na proteção concedida pelo § 2º do artigo 12, que considera como dados pessoais "aqueles utilizados para formação do perfil comportamental de determinada pessoa natural, se identificada"[36].

Ademais, duas leis setoriais no Brasil igualmente encampam a noção expansionista. É o que se extrai do Decreto 8.771/2016, que regulamentou o Marco Civil da Internet, que, no inciso I de seu artigo 14, define o dado pessoal como aquele relacionado à pessoa natural identificada ou identificável, "inclusive números identificativos, dados locacionais ou identificadores eletrônicos, quando estes estiverem relacionados a uma pessoa". Também a Lei de Acesso à Informação (Lei n. 12.527/2011), no inciso IV do artigo 4º, ao elucidar o conceito de informação pessoal, adere a tal perspectiva.

Ao filiar-se à corrente doutrinária mais alargada, o ordenamento jurídico brasileiro respalda a compreensão do dado pessoal como uma construção dogmática que incide sobre uma vasta gama de hipóteses na realidade prática. Significa dizer, a título de ilustração, que mesmo os dados que, singularmente, não se prestem a identificar um sujeito poderão ser objeto de tutela jurídica, vez que a sua combinação com outras informações poderá resultar na especificação e na designação do indivíduo.

Em outras palavras, a concepção expansionista vai ao encontro do que restou preconizado pelo Tribunal Constitucional alemão quando da célebre decisão acerca da constitucionalidade da lei de recenseamento. Na oportunidade, ao situar a autodeterminação informativa como um direito de matrizes constitucionais[37], a Corte igualmente consignou que "não existem dados insignificantes"[38]. Todo dado, destarte, carrega em si uma carga intrínseca de lesividade, na medida em que informações aparentemente desconexas podem ser agregadas a ponto de constituir um dado individualizável com relação a determinado sujeito[39], quando combinadas a dados suplementares e tratados mediante técnicas específicas[40].

---

33. SCHWARTZ, Paul M.; SOLOVE, Daniel J. *The PII Problem*: Privacy and a New Concept of Personally Identifiable Information. New York University Law Review, v. 86, p. 1814-1894, dez. 2011, p. 1873.
34. Art. 5º, inc. I, da Lei Geral de Proteção de Dados.
35. Art. 4º, 1, do Regulamento Europeu de Proteção de Dados.
36. BIONI, Bruno Ricardo. *Proteção de dados pessoais*: a função e os limites do consentimento. Rio de Janeiro: Forense, 2019, p. 114.
37. MENKE, Fabiano. A proteção de dados e o novo direito fundamental à garantia da confidencialidade e da integridade dos sistemas técnico-informacionais no direito alemão. In: MENDES, G. F.; SARLET, I. W.; COELHO, A. Z. P. (Coord.). *Direito, inovação e tecnologia*. São Paulo: Saraiva, 2015, p. 205-230, p. 209.
38. SCHWABE, Jürgen; MARTINS, Leonardo (Org.). *Cinquenta anos de jurisprudência do Tribunal Constitucional Federal alemão*. Montevidéu: Fundação Konrad Adenauer, 2005, p. 239.
39. BIONI, Bruno Ricardo. *Proteção de dados pessoais*: a função e os limites do consentimento. Rio de Janeiro: Forense, 2019, p. 108.
40. MACHADO, Diego; DONEDA, Danilo. Proteção de dados pessoais e criptografia: tecnologias criptográficas entre anonimização e pseudonimização de dados. *Caderno Especial* – A Regulação da Criptografia no Direito Brasileiro,

Para além de determinar o que é pessoal, indispensável tecer algumas considerações a respeito do conceito de *dado* propriamente dito. É comum que os vocábulos sejam empregados de forma indistinta, mesmo pela doutrina especializada[41]. Contudo, a despeito da pretensa relação de sinonímia, dado e informação não possuem, a rigor, significados equivalentes[42].

O dado possui uma conotação mais primitiva[43] e fragmentada, associando-se a uma espécie de "pré-informação", anterior ao processo interpretativo[44], que, por si só, não acresce conhecimento. Já a informação vai além da representação bruta contida no dado[45], convertendo-se em algo inteligível, dotado de sentido[46], e atingindo o limiar da cognição, a partir de uma maior depuração de seu conteúdo e da redução do estado de incerteza[47].

3.2 Dos dados pessoais aos dados anonimizados

Como dito alhures, algumas informações referem-se a pessoas identificadas; outras, a pessoas identificáveis – ambas são consideradas, com supedâneo no inciso I do artigo 5º da LGPD, como dados pessoais. O mesmo dispositivo, todavia, prevê, em seu inciso III, o conceito de dado anonimizado.

Tendo em vista que a noção de dado pessoal se fundamenta em uma perspectiva expansionista, de modo a abarcar os dados relacionados a pessoas identificadas ou identificáveis, questiona-se: como pode subsistir, nessas condições, a categoria dos danos anonimizados? Em igual sentido, pergunta-se: como pode haver a coexistência harmoniosa dos institutos, sem que a configuração de um implique, de imediato, o reconhecimento da exclusão do outro?

A adoção de uma concepção alargada do conceito de dado pessoal não impõe transformar a LGPD em "uma esponja que sugue todo e qualquer tipo de dado"[48]. Valendo-se da mesma lógica, nem toda extração de informação para fins de formação de perfil comportamental recairá sob a égide do § 2º do artigo 12. No contexto de uma sociedade que, repita-se, possui o dado como um de seus mais significativos ativos financeiros, uma lei que se propusesse a regular absolutamente *tudo* padeceria, ao fim e ao cabo, de efetividade.

Nesse raciocínio, adquire um novo sentido a categoria dos dados anônimos ou anonimizados, que consistem naquelas informações que não são capazes de identificar

---

v. 1/2018, p. 99-128, p. 101.
41. DONEDA, Danilo. *Da privacidade à proteção de dados pessoais*. Rio de Janeiro: Renovar, 2006, p. 152.
42. ALBERS, Marion. A complexidade da proteção de dados. *Revista Direitos Fundamentais & Justiça*, Belo Horizonte, ano 10, n. 35, p. 19-45, jul-dez. 2016, p. 30.
43. BIONI, Bruno Ricardo. *Proteção de dados pessoais*: a função e os limites do consentimento. Rio de Janeiro: Forense, 2019, p. 36.
44. DONEDA, Danilo. *Da privacidade à proteção de dados pessoais*. Rio de Janeiro: Renovar, 2006, p. 152.
45. BIONI, Bruno Ricardo. *Proteção de dados pessoais*: a função e os limites do consentimento. Rio de Janeiro: Forense, 2019, p. 36.
46. ALBERS, Marion. A complexidade da proteção de dados. *Revista Direitos Fundamentais & Justiça*. Belo Horizonte, ano 10, n. 35, p. 19-45, jul-dez. 2016, p. 31.
47. DONEDA, Danilo. *Da privacidade à proteção de dados pessoais*. Rio de Janeiro: Renovar, 2006, p. 152.
48. BIONI, Bruno Ricardo. *Proteção de dados pessoais*: a função e os limites do consentimento. Rio de Janeiro: Forense, 2019, p. 82.

uma pessoa, ou seja, referem-se a uma pessoa indeterminada[49]. Como dispõe o inciso III do artigo 5º da Lei Geral, para que um dado possa ser tido como anonimizado, deve ser considerada a "utilização de meios técnicos razoáveis e disponíveis na ocasião de seu tratamento". O processo pelo qual é rompido o vínculo existente entre o dado e o seu titular é denominado de "anonimização" – também conceituado na LGPD, conforme o inciso XI do artigo 5º[50] – cujo resultado será a retirada do liame da informação com a pessoa à qual se refere[51]. Por meio do emprego de técnicas variadas, a anonimização busca, resumidamente, expurgar os elementos identificadores de um banco de dados.

O diploma legal disciplina, ainda, o mecanismo da *pseudonimização*, cujo conceito está insculpido no § 4º do artigo 13. Tal como a anonimização, objetiva a eliminação da possibilidade de associação, direta ou indireta, do dado com o seu titular. Entretanto, na pseudonimização, a indeterminação não será completa: o uso de informação adicional, "mantida separadamente pelo controlador em ambiente controlado e seguro", poderá fornecer os elementos necessários para a identificação do indivíduo.

Na prática, a pseudonimização ocorre por meio da substituição de identificadores diretos, como nome e endereço, por pseudônimos e números aleatórios, que representarão um "retrato detalhado indireto"[52] dos sujeitos a que se relacionam. Haja vista a possibilidade de reversão do processo, a doutrina diverge sobre a análise da pseudonimização e a sua classificação como uma técnica de anonimização dos dados. Em sede legislativa, contudo, não remanescem dúvidas no sentido de serem considerados como mecanismos distintos[53].

Outra problemática constatada pela literatura científica é a falibilidade dos métodos de anonimização, de modo que toda técnica abrigaria um certo risco de reversibilidade. Cruzamentos entre diferentes bases de dados, por exemplo, poderiam facilitar uma rei-dentificação dos cidadãos envolvidos. As legislações mais recentes, porém, insistem na eficácia possível de técnicas de anonimização, "tais como a adição de ruídos, permutação, privacidade diferencial, k-anonimato e l-diversidade"[54].

Respondendo aos questionamentos anteriormente suscitados, poder-se-ia cogitar, em abstrato, que a dicotomia entre dados pessoais e dados anônimos apenas fosse coerente junto a uma acepção reducionista dos dados pessoais[55]. Isso porque, se o dado anônimo ainda encerra certo grau de identificabilidade, estaria abarcado pelo conceito de dado

---

49. DONEDA, Danilo. *Da privacidade à proteção de dados pessoais*. Rio de Janeiro: Renovar, 2006, p. 157.
50. Segundo o conceito legal, a anonimização consiste na "utilização de meios técnicos razoáveis e disponíveis no momento do tratamento, por meio dos quais um dado perde a possibilidade de associação, direta ou indireta, a um indivíduo" (art. 5º, inc. XI, da LGPD).
51. DONEDA, Danilo. *Da privacidade à proteção de dados pessoais*. Rio de Janeiro: Renovar, 2006, p. 157-158.
52. BIONI, Bruno Ricardo. *Proteção de dados pessoais*: a função e os limites do consentimento. Rio de Janeiro: Forense, 2019, p. 104.
53. MACHADO, Diego; DONEDA, Danilo. Proteção de dados pessoais e criptografia: tecnologias criptográficas entre anonimização e pseudonimização de dados. *Caderno Especial – A Regulação da Criptografia no Direito Brasileiro*, v. 1/2018, p. 99-128, p. 103.
54. Ibidem, p. 102.
55. BIONI, Bruno Ricardo. *Proteção de dados pessoais*: a função e os limites do consentimento. Rio de Janeiro: Forense, 2019, p. 110.

pessoal proposto pela corrente expansionista, descabendo a sua qualificação simultânea como dado pessoal e anonimizado.

Com o fito de evitar a referida contradição, diplomas legais como a LGPD e o Regulamento Europeu buscaram solucionar o problema por meio da definição de um critério de razoabilidade, que se presta a delimitar o escopo expansionista e a conferir certa maleabilidade ao conceito de dado pessoal[56]. Nessa seara, dispõe o *caput* do artigo 12 da Lei Geral que "os dados anonimizados não serão considerados dados pessoais para os fins desta Lei, salvo quando o processo de anonimização ao qual foram submetidos for revertido, utilizando exclusivamente meios próprios, ou quando, com esforços razoáveis, puder ser revertido".

Em atenção ao critério eleito pelo legislador, adotado no direito europeu desde a Diretiva 95/46[57], nas hipóteses em que o estabelecimento de relação entre o dado e seu titular demandar esforço fora do razoável, estar-se-á diante de dado anônimo, e não pessoal. Evidentemente, a aferição do grau de razoabilidade para a identificação do sujeito ao qual se referem os dados deverá, necessariamente, ser casuística, o que, entretanto, não significa subjetividade: recomenda-se que esse exame seja balizado por fatores objetivos, "como custos e tempo de trabalho exigidos para a identificação, o estado da arte da tecnologia existente no período de duração do tratamento, os riscos de falhas técnicas e de descumprimento dos deveres de confidencialidade"[58].

4. CONSIDERAÇÕES FINAIS

A disseminação e democratização do acesso à tecnologia repercute diretamente na abertura de novas vivências e interações, mas também significa a criação de novos riscos à personalidade dos indivíduos[59]. Nesse passo, a disciplina da proteção dos dados pessoais, enquanto mecanismo de proteção do indivíduo (e não dos dados pessoais em si)[60], emerge como uma ferramenta para a tutela da personalidade do indivíduo em face dos riscos causados pelo tratamento de seus dados[61].

A promulgação da Lei Geral de Proteção de Dados, com inspiração no modelo normativo inaugurado em terras europeias, visa a conceder maior grau de certeza e segurança jurídica nas atividades de tratamento dos dados, as quais, embora aconteçam

---

56. MACHADO, Diego; DONEDA, Danilo. Proteção de dados pessoais e criptografia: tecnologias criptográficas entre anonimização e pseudonimização de dados. *Caderno Especial* – A Regulação da Criptografia no Direito Brasileiro, v. 1/2018, p. 99-128, p. 102.
57. MACHADO, Diego; DONEDA, Danilo. Proteção de dados pessoais e criptografia: tecnologias criptográficas entre anonimização e pseudonimização de dados. *Caderno Especial* – A Regulação da Criptografia no Direito Brasileiro, v. 1/2018, p. 99-128, p. 101.
58. Ibidem, p. 101-102.
59. MENKE, Fabiano. A proteção de dados e o novo direito fundamental à garantia da confidencialidade e da integridade dos sistemas técnico-informacionais no direito alemão. In: MENDES, G. F.; SARLET, I. W.; COELHO, A. Z. P. (Coord.). *Direito, inovação e tecnologia*. São Paulo: Saraiva, 2015, p. 205-230, p. 217.
60. ALBERS, Marion. A complexidade da proteção de dados. *Revista Direitos Fundamentais & Justiça*, Belo Horizonte, ano 10, n. 35, p. 19-45, jul-dez. 2016, p. 29-30.
61. MENDES, Laura Schertel. *Transparência e privacidade*: violação e proteção da informação pessoal na sociedade de consumo. 158 p. Dissertação (Mestrado em Direito) – Programa de Pós-Graduação em Direito, Universidade de Brasília, 2008, p. 40.

diuturnamente na sociedade contemporânea, nem sempre encontram a devida tutela nas leis setoriais existentes no ordenamento jurídico brasileiro, haja vista as incessantes inovações tecnológicas, com as quais não caminhará em sintonia[62].

Mais do que compreender os conceitos insculpidos no artigo 5º do novel diploma legal, mostra-se imprescindível a internalização dos fundamentos que subjazem à edição do referido marco normativo. Para tanto, o estudo do conceito abarcado pela noção de dado pessoal, bem como a análise da eficácia das técnicas de anonimização e pseudomização são relevantes para garantir a efetividade da norma, instituindo um sistema de regulação do processamento de dados na sociedade.

5. REFERÊNCIAS

ALBERS, Marion. A complexidade da proteção de dados. *Revista Direitos Fundamentais & Justiça*, Belo Horizonte, ano 10, n. 35, p. 19-45, jul-dez. 2016.

ARTICLE 29 DATA PROTECTION PARTY. *Opinion 4/2007 on the concept of personal data.* 20 jun. 2007. Disponível em: https://www.clinicalstudydatarequest.com/Documents/Privacy-European-guidance.pdf.

BEPPU, Ana Claudia; BRANCHER, Paulo Marcos Rodrigues. *Proteção de dados pessoais no Brasil*: uma nova visão a partir da Lei *13.709/2018*. Belo Horizonte: Fórum, 2019.

BIONI, Bruno Ricardo. *Proteção de dados pessoais:* a função e os limites do consentimento. Rio de Janeiro: Forense, 2019.

CHAVES, Luis Fernando. Responsável pelo tratamento, subcontratante e DPO. In: MALDONADO, Viviane; ÓPICE BLUM, Renato. *Comentários ao GDPR*: Regulamento Geral de Proteção de Dados Pessoais. São Paulo: Ed. RT, 2018.

DONEDA, Danilo. *Da privacidade à proteção de dados pessoais*. Rio de Janeiro: Renovar, 2006.

DONEDA, Danilo. Um código para a proteção de dados pessoas na Itália. *Revista Trimestral de Direito Civil*, Rio de Janeiro, Padma, v. 16, p. 118, out./dez. 2003.

DRESCH, Rafael de Freitas Valle; FALEIROS JR., José Luiz de Moura. Reflexões sobre a responsabilidade civil na Lei Geral de Proteção de Dados. *In:* ROSENVALD, N.; DRESCH, R. F. V.; WESENDONCK, T. *Responsabilidade civil:* novos riscos. Indaiatuba: Editora Foco, 2019.

FRAZÃO, Ana. Objetivos e alcance da Lei Geral de Proteção de Dados. In: FRAZÃO, A.; TEPEDINO, G.; OLIVA, M. O. (Coord.). *Lei Geral de Proteção de Dados Pessoais e suas repercussões no direito brasileiro*. São Paulo: Thomson Reuters Brasil, 2019.

GONÇALVES, Carlos Roberto. *Responsabilidade civil*. 9. ed. São Paulo: Saraiva, 2005.

MACHADO, Diego; DONEDA, Danilo. Proteção de dados pessoais e criptografia: tecnologias criptográficas entre anonimização e pseudonimização de dados. *Caderno Especial – A Regulação da Criptografia no Direito Brasileiro*, v. 1/2018, p. 99-128.

MELLO, Luã Maia de. Agentes de tratamento de dados pessoais. In: FEIGELSON, Bruno; SIQUEIRA, Antonio Henrique Albani (Coord.). *Comentários à Lei Geral de Proteção de Dados*: Lei 13.709/2018. São Paulo: Thomson Reuters Brasil, 2019.

---

62. DRESCH, Rafael de Freitas Valle; FALEIROS JR., José Luiz de Moura. Reflexões sobre a responsabilidade civil na Lei Geral de Proteção de Dados. In: ROSENVALD, N.; DRESCH, R. F. V.; WESENDONCK, T. *Responsabilidade civil:* novos riscos. Indaiatuba: Foco, 2019, p. 65-89, p. 84.

MENDES, Laura Schertel. *Transparência e privacidade:* violação e proteção da informação pessoal na sociedade de consumo. 158 p. Dissertação (Mestrado em Direito) – Programa de Pós-Graduação em Direito, Universidade de Brasília, 2008.

MENDES, Laura Schertel; BIONI, Bruno Ricardo. O regulamento europeu de proteção de dados pessoais e a lei geral de proteção de dados brasileira: mapeando convergências na direção de um nível de equivalência. *Revista de Direito do Consumidor,* v. 124/2019, p. 157-180, jul.-ago. 2019.

MENKE, Fabiano. A proteção de dados e o novo direito fundamental à garantia da confidencialidade e da integridade dos sistemas técnico-informacionais no direito alemão. *In:* MENDES, G. F.; SARLET, I. W.; COELHO, A. Z. P. (Coord.). *Direito, inovação e tecnologia.* São Paulo: Saraiva, 2015.

OTTO, S.; SOUTO, G. A.; FARIAS, G. G. Caso Facebook e Cambridge Analytica: o GDPR e a nova lei brasileira. *Revista de Direito e as Novas Tecnologias,* v. 4/2019, jul-set. 2019.

SCHWABE, Jürgen; MARTINS, Leonardo (Org.). *Cinquenta anos de jurisprudência do Tribunal Constitucional Federal alemão.* Montevidéu: Fundação Konrad Adenauer, 2005.

SCHWARTZ, Paul M.; SOLOVE, Daniel J. The PII Problem: Privacy and a New Concept of Personally Identifiable Information. *New York University Law Review,* v. 86, p. 1814-1894, dez. 2011.

VIEIRA, Tatiana Malta. Proteção de dados pessoais na sociedade da informação. *R. Dir. Inform. Telecom. – RDIT,* Belo Horizonte, ano 2, n. 2, jan./jun. 2007.

ZANATTA, Rafael A. F. Agentes de tratamento de dados, atribuições e diálogo com o Código de Defesa do Consumidor. *Caderno Especial LGPD,* São Paulo: Ed. RT, p. 183-198, nov. 2019.

PRINCÍPIOS DA LEI GERAL DE PROTEÇÃO DE DADOS: DESENVOLVIMENTO NORMATIVO NO BRASIL E ANÁLISE CONCEITUAL

Renata Duval Martins

Doutoranda e Mestra em Direito pela Universidade Federal do Rio Grande do Sul (UFRGS). Assistente em Administração na Universidade Federal do Rio Grande (FURG). Advogada. Integrante do grupo de pesquisa Direito e Fraternidade da UFRGS (Capes/CNPQ). Orcid: 0000-0003-0647-121X.

Sumário: 1. Introdução. 2. Diálogo das fontes entre LGPD e outras normas nacionais. 3. Princípios que fundamentam a LGPD. 4. Princípios de proteção de dados. 5. Considerações finais. 6. Referências.

1. INTRODUÇÃO

O presente artigo aborda os antecedentes históricos normativos da Lei Geral de Proteção de Dados no Brasil, os princípios que fundamentam esta norma e os princípios contidos no rol exemplificativo do artigo 6º da referida lei. Analisa-se o gradual desenvolvimento do sistema de proteção de dados no Brasil ao longo de décadas, bem como a relevância da base principiológica suscitada.

Na primeira parte do trabalho, discorre-se sobre as normas esparsas relativas à proteção de dados no ordenamento jurídico brasileiro: o artigo 5º, incisos X e XII, da Constituição Federal Brasileira de 1988; o Código de Defesa do Consumidor (Lei 8.078/1990); a Lei de Arquivos Públicos (Lei 8.159/1991); a Lei de Habeas Data (Lei 9.507/1997); o Decreto 6.135/2007; o Decreto 6.425/2008; o Decreto 6.523/2008; a Lei do Cadastro Positivo (Lei 12.414/11); a Lei de Acesso à Informação (Lei 12.527/2011); e a Lei do Marco Civil da Internet (Lei 12.965/2014). Na segunda parte, abordam-se os quatro princípios que fundamentam a LGPD, são eles: o Princípio da Privacidade; o Princípio da Liberdade; o Princípio da Neutralidade; e o Princípio da Autodeterminação. Por fim, na terceira parte, analisam-se os princípios de proteção de dados relacionados no artigo 6º da LGPD: Princípio da Boa-Fé; Princípio da Finalidade; Princípio da Adequação; Princípio da Necessidade; Princípio do Livre Acesso; Princípio da Qualidade dos Dados; Princípio da Transparência; Princípio da Segurança; Princípio da Prevenção; Princípio da Não Discriminação; Princípio da Responsabilização e Prestação de Contas.

Desta forma, demonstra-se a importância da proteção de dados, determinante tanto para a garantia da liberdade individual quanto para a preservação da dignidade humana. Além disso, por meio da análise de cada um dos princípios, ressalta-se a relevância e qualidade do sistema de proteção de dados no Brasil, bem como se expõe novos desafios a serem superados. Logo, segue-se à primeira parte do artigo, estudando-se as normas esparsas que primeiro abordaram a temática da proteção de dados no Brasil.

2. DIÁLOGO DAS FONTES ENTRE LGPD E OUTRAS NORMAS NACIONAIS

Inicialmente, o sistema brasileiro de proteção de dados era composto por normas esparsas que exigiam uma interpretação sistemática, ou seja, coordenada de todo o ordenamento jurídico a fim de efetivar a proteção. O referido sistema apenas foi unificado com o advento da Lei Geral de Proteção de Dados – LGPD (Lei 13.709/2018) colocando um termo nas discrepâncias, lacunas e incoerências decorrentes da falta de uma norma própria reguladora da matéria. Além disso, vários direitos previstos em normas esparsas foram incluídos na LGPD genericamente em forma de princípios, como a transparência, a finalidade, o livre acesso, a qualidade dos dados.

Podem-se citar dentre as normas esparsas anteriores à LGPD as disposições do artigo 5º, incisos X e XII, da Constituição Federal Brasileira de 1988: "são invioláveis a intimidade, a vida privada, a honra e a imagem das pessoas, assegurado o direito a indenização pelo dano material ou moral decorrente de sua violação"; "é inviolável o sigilo da correspondência e das comunicações telegráficas, de dados e das comunicações telefônicas, salvo, no último caso, por ordem judicial, nas hipóteses e na forma que a lei estabelecer para fins de investigação criminal ou instrução processual penal". Além da Carta Maior, o Código de Defesa do Consumidor (Lei 8.078/1990), lei complementar que determinou às empresas o dever de informar o consumidor sobre a abertura de cadastro contendo as informações deste (artigo 43, § 2º), bem como garantiu ao consumidor o direito ao acesso às informações existentes arquivadas sobre ele e suas respectivas fontes nos cadastros das empresas (artigo 43, *caput*) e o direito de correção dos dados equivocados (artigo 43, § 3º).

Também, legislações ordinárias como a Lei de Arquivos Públicos (Lei 8.159/1991) e a Lei de Habeas Data (Lei 9.507/1997), ambas concernentes às informações dos cidadãos armazenadas pelo Estado ou terceiros. Na primeira, no artigo 4º, determinando que "Todos têm direito a receber dos órgãos públicos informações de seu interesse particular ou de interesse coletivo ou geral, contidas em documentos de arquivos", excluídas informações cujo "sigilo seja imprescindível à segurança da sociedade e do Estado, bem como à inviolabilidade da intimidade, da vida privada, da honra e da imagem das pessoas". E na segunda, no artigo 7º, I, II e III, constando que será concedido habeas data "para assegurar o conhecimento de informações relativas à pessoa do impetrante, constantes de registro ou banco de dados de entidades governamentais ou de caráter público", "para a retificação de dados, quando não se prefira fazê-lo por processo sigiloso, judicial ou administrativo" e "para a anotação nos assentamentos do interessado, de contestação ou explicação sobre dado verdadeiro mas justificável e que esteja sob pendência judicial ou amigável".

Ademais, atos normativos infralegais, como: o Decreto 6.135/2007, que regula o cadastro único para programas sociais do Governo Federal, determinando em seu artigo 8º que "Os dados de identificação das famílias do CadÚnico são sigilosos e somente poderão ser utilizados para as seguintes finalidades: I – formulação e gestão de políticas públicas; e II – realização de estudos e pesquisas"; o Decreto 6.425/2008, que normatiza o censo escolar, determinando em seu artigo 6º que "Ficam assegurados o sigilo e a proteção de dados pessoais apurados no censo da educação, vedada a sua utilização para fins estranhos aos previstos na legislação educacional aplicável"; e no Decreto 6.523/2008, que regula o Serviço de Atendimento ao Consumidor – SAC, determinando em seu artigo 11 que "Os dados pessoais do consumidor serão preservados, mantidos em sigilo e utilizados exclusivamente para os fins do atendimento".

Outras leis ordinárias como a Lei do Cadastro Positivo (Lei 12.414/2011) que regula "a formação e a consulta aos bancos de dados com informações de adimplemento, de pessoas naturais ou de pessoas jurídicas, para a formação do histórico de crédito", atribuindo ao próprio indivíduo o poder de decidir se deseja ou não fazer parte do cadastro positivo, inclusive podendo cancelar sua participação neste (artigo 5º, I, III e § 4º) – em respeito ao Princípio da Autodeterminação que será estudado no próximo item do trabalho. Além disso, a referida norma proíbe explicitamente em seu artigo 3º, § 3º, o armazenamento de dados sensíveis e informações excessivas. Também, a Lei de Acesso à Informação (Lei 12.527/2011) relacionada à transparência nos órgãos e entidades do poder público e, em seu artigo 8º, § 2º, determinando que "É dever dos órgãos e entidades públicas promover, independentemente de requerimentos, a divulgação em local de fácil acesso, no âmbito de suas competências, de informações de interesse coletivo ou geral por eles produzidas ou custodiadas" e "Para cumprimento do disposto no caput, os órgãos e entidades públicas deverão utilizar todos os meios e instrumentos legítimos de que dispuserem, sendo obrigatória a divulgação em sítios oficiais da rede mundial de computadores (internet)".

Por fim, a Lei do Marco Civil da Internet (Lei 12.965/2014) que definiu direitos e responsabilidades na utilização dos meios digitais, decorrendo seu texto de amplo debate público com contribuições da sociedade civil, da comunidade empresarial, de cidadãos comuns, bem como de representantes das áreas técnica e acadêmica. Além disso, a supracitada norma estabeleceu a edição futura de lei específica sobre a proteção de dados pessoais (artigo 19, § 2º). Também, elencou, no artigo 3º, como princípios do uso da internet no Brasil: a garantia da liberdade de expressão, comunicação e manifestação de pensamento; proteção da privacidade; a proteção dos dados pessoais; a preservação e garantia da neutralidade de rede; e a responsabilização dos agentes de acordo com suas atividades. Estes princípios claramente relacionados aos princípios contidos na própria LGPD, inclusive sendo a própria proteção dos dados pessoais um princípio jurídico.

> Além disso, ao definir a proteção dos dados pessoais como princípio do uso da internet no Brasil, a referida legislação instrumentaliza o cidadão-consumidor com a positivação do princípio da autodeterminação informativa como direito essencial ao exercício da cidadania, pois ao titular das informações é conferida a prerrogativa de vedar o fornecimento a terceiros de dados pessoais e registros de conexão, salvo mediante consentimento livre e expresso ou nas hipóteses previstas em lei, o que assegura ao cidadão-consumidor o efetivo controle e a liberdade de exercício dos seus direitos fundamentais à privacidade e sigilo das comunicações.[1]

---

1. CATUZO, Murilo Euller; EFING, Antônio Carlos. *A proteção jurídica dos dados pessoais na internet*. [on-line].

Portanto, desta compilação normativa se verifica que o sistema de proteção de dados no Brasil percorreu décadas até chegar a sua atual forma unitária, ou seja, com uma lei específica sobre o tema, a LGPD, resultando no surgimento da disciplina de proteção de dados pessoais. Assim, segue-se para o próximo item do presente artigo, analisando-se com maior profundidade a LGPD por meio dos princípios que fundamentam a referida legislação.

3. PRINCÍPIOS QUE FUNDAMENTAM A LGPD

A LGPD deve ser interpretada e aplicada em conformidade com todo o sistema anterior à edição da referida norma e que já estava em desenvolvimento décadas antes da criação da lei específica. Assim, da leitura geral das regras é possível identificar princípios que fundamentam a LGPD, são eles: o Princípio da Privacidade; o Princípio da Liberdade; o Princípio da Neutralidade; e o Princípio da Autodeterminação. Estes não se confundem com os princípios de proteção de dados relacionados no artigo 6º da LGPD, assunto que será abordado no próximo tópico do presente artigo.

Iniciando pelo Princípio da Privacidade, observa-se que este: protege os valores fundamentais da dignidade humana e igualdade política, inclusive impedindo intromissões ou controle exacerbado/nocivo do Estado sobre os indivíduos impondo determinados estilos de vida ou moral; garante o controle da circulação de informações pessoais e a autodeterminação informativa (Princípio da Autodeterminação); proíbe a captação e utilização com fins comerciais de dados pessoais dos usuários/consumidores por provedores de rede, sites e fornecedores nos contratos eletrônicos; proíbe a captação e utilização com fins comerciais ou prejudiciais de dados pessoais dos trabalhadores por empregadores nas relações trabalhistas; impõe a proteção jurídica dos dados pessoais dos usuários na internet e a proteção contra discriminação; proíbe a classificação dos indivíduos por características comuns, como perfil de consumo; obriga a observância da legislação brasileira relativa à segurança da informação por parte de empresas estrangeiras, independentemente da localização física dos centros de armazenamentos de dados destas.

Ingressando no Princípio da Liberdade, este determina que: todas as pessoas têm igual direito de difundir informações na internet (mesmo grau de liberdades civis e políticas), pois do contrário se estaria constrangendo a liberdade individual (liberdade de expressão, comunicação e manifestação de pensamento); todas as pessoas têm o controle de suas próprias informações a fim de evitar sua sujeição a organismos públicos ou privados; o uso da internet é necessário ao desenvolvimento da personalidade e à promoção da dignidade humana; a liberdade na internet não pode ser condicionada por fatores técnicos; os dados devem receber tratamento isonômico; os conteúdos publicados necessitam de autorização do autor/titular ou de ordem judicial para que seja efetuada a sua exclusão; o próprio autor é o responsável pelo conteúdo publicado, não os provedores de acesso à rede, exceto quando estes se omitirem em tornar indisponível conteúdo considerado danoso; exista liberdade nos modelos de negócios promovidos na internet, desde que não conflitem com os demais princípios, tampouco com a lei; exista liberdade de autodeterminação (liberdade para a realização do Princípio da Autodeterminação).

Seguindo para o Princípio da Neutralidade, este é premissa para a fruição do Princípio da Liberdade, tendo em vista que nenhuma liberdade pode ser absoluta, e refere-se à neutralidade da rede, por exemplo: reforçando o Princípio da Liberdade (liberdade de expressão) e tendo o Princípio da Privacidade como limite; impedindo que as empresas de telecomunicações (provedores de acesso) estipulem cobranças diferenciadas dos usuários conforme o conteúdo acessado, sendo apenas permitidas cobranças pela velocidade de conexão; impondo a isonomia no tratamento dos dados; impedindo discriminações relacionadas ao conteúdo, à identidade do usuário, à origem e ao destino das comunicações, à política, à cultura, à religião; proibindo o bloqueio, monitoramento, filtragem ou análise dos conteúdos.

> O princípio da neutralidade da rede, em particular, determina que a rede deve tratar da mesma forma tudo aquilo que transportar, sem fazer discriminações quanto à natureza do conteúdo ou à identidade do usuário, buscando-se, assim, "garantir uma experiência integral da rede a seus usuários" (WU, 2012, p. 244). A regra deve ser, portanto, o tratamento isonômico dos pacotes de dados, sem distinção por conteúdo, origem, destino, serviço, terminal ou aplicação, havendo expressa vedação ao bloqueio, monitoramento, filtragem ou análise do conteúdo dos pacotes (art. 9º do MCI). O princípio impõe que a filtragem ou os privilégios de tráfego devam respeitar apenas e tão somente critérios técnicos e éticos, não sendo admissíveis motivos políticos, comerciais, religiosos ou culturais que criem qualquer forma de discriminação ou favorecimento.[2]

Por fim, o Princípio da Autodeterminação trata da autodeterminação informativa, esta é pessoal e relativa ao uso de seus próprios dados. Logo, pode o usuário fornecer, não fornecer, corrigir ou cancelar seus cadastros, ou seja, controlar o fluxo de seus dados pessoais, exceto em circunstâncias nas quais a lei determina o contrário. Também, verifica-se a extrema relevância da autodeterminação na medida em que impede que o indivíduo fique sujeito ao poder de organismos privados ou públicos, evitando o compartilhamento de informações que podem gerar discriminação e vulnerabilidade do usuário. Ademais, favorece que a pessoa desenvolva livremente a sua personalidade, bem como determine o âmbito da sua própria privacidade (URASHIMA, 2018, p. 186).

4. PRINCÍPIOS DE PROTEÇÃO DE DADOS

O rol de princípios constante do artigo 6º da LGPD é exemplificativo, ou seja, não exclui outros princípios "previstos no ordenamento jurídico pátrio relacionados à matéria ou nos tratados internacionais em que a República Federativa do Brasil seja parte" (artigo 64 da LGPD). Ademais, tal relação de princípios decorre da necessidade de se estabelecer as principais regras para aplicação e interpretação da norma, razão pela qual se verifica a sua presença ao longo dos demais dispositivos da mesma, conferindo-lhe coerência, organização e concretização. Segue-se para a análise de cada um dos princípios elencados no artigo 6º da LGPD:

Primeiramente, o Princípio da Boa-Fé está previsto no artigo 6º, *caput*, da LGPD e sua aplicação nesta esfera decorre da Constituição Federal, do Código Civil (LIMA;

---

2. MORAES, Maria Celina Bodin de; TEFFÉ, Chiara Spadaccini de. *Redes sociais virtuais: privacidade e responsabilidade civil Análise a partir do Marco Civil da Internet.* p. 112.

MONTEIRO, p. 66) e do Código de Defesa do Consumidor. Trata-se de uma cláusula geral que contém um princípio, esta é a razão para a sua inserção em destaque no *caput* do artigo. Ressalta-se que, por ser ao mesmo tempo cláusula geral e princípio, impõe-se a todos os demais princípios, tendo um efeito integrador, bem como garantindo coesão na interpretação e na aplicação da LGPD.

O princípio implica nos deveres de informar, de transparência e de cooperar (MARQUES, p. 50-51), ou seja, a "[...] Boa-fé é um pensar refletido, é o pensar no outro, no mais fraco, no parceiro contratual, nas suas expectativas legítimas, é lealdade, é transparência, é informação, é cooperação, é cuidado, é visualização e respeito pelo outro [...]" (MARQUES, p. 48). Ademais, apesar de ser tratado de forma abstrata na LGPD, é de extrema importância, pois da sua não observância pode decorrer a violação de direitos fundamentais como, por exemplo, a violação de dados sensíveis.

> Boa-fé é cooperação e respeito, é conduta esperada e leal, tutelada em todas as relações sociais. A proteção da boa-fé e da confiança despertada formam, a base do tráfico jurídico, a base de todas as vinculações jurídicas, o princípio máximo das relações contratuais. [...][3]
>
> [...] trata-se de diretriz orientadora não apenas no âmbito do microssistema do código de defesa do consumidor mas, na realidade, que atinge todo o sistema jurídico. [...]
>
> Judith Martins-Costa, que vê a boa-fé como cláusula geral, não deixa de reconhecer a possibilidade de que possa ocorrer a situação onde esta contenha um princípio. "Aí, sim, se poderá dizer que determinada norma é, ao mesmo tempo, princípio e cláusula geral". No tema específico da proteção ao consumidor, no Direito Brasileiro, é precisamente o que ocorre, diante do conteúdo dos incisos III, IV e V do art. 6º da Lei 8.078/90 (Código de Defesa do Consumidor), expressões da boa-fé objetiva, entendida esta como "modelo de conduta social, arquétipo ou standard jurídico, segundo o qual 'cada pessoa deve ajustar a própria conduta a este arquétipo, obrando como obraria um homem reto: com honestidade, lealdade, probidade'."[4]

Por fim, cabe ressaltar que se diferencia a licitude e a lealdade da boa-fé, pois do princípio da licitude e da lealdade decorre que os dados devem "ser obtidos por meios lícitos e tratados para fins legítimos [...], não podendo ser utilizados de uma forma incompatível com aqueles fins" (MAIA, p. 462-463). Logo, a lealdade guarda similitude mais acentuada com o princípio da finalidade, bem como sua amplitude é mais restrita do que a boa-fé.

> O princípio da licitude e da lealdade estabelece que os dados pessoais devem ser obtidos e processados legítima e lealmente. Grosso modo, processamento lícito pode ser entendido como aquele que não implica a violação de uma lei de proteção de dados ou de outro requisito de ordem jurídica. Com o mesmo grau de generalidade, pode-se dizer que será leal o tratamento que não implicar deslealdade para com o titular dos dados.[5]

Ingressando no Princípio da Finalidade, este se encontra no artigo 6º, inciso I da LGPD, no qual consta que os dados devem ser tratados "para propósitos legítimos, espe-

---

3. MARQUES, Claudia Lima. *Boa-fé nos serviços bancários, financeiros de crédito e securitários e o Código de Defesa do Consumidor*: informação, cooperação e renegociação?, p. 50.
4. SANTOLIM, Cesar Viterbo Matos. *Os princípios de proteção do consumidor e o comércio eletrônico no direito brasileiro*. [on-line] 2004, p. 68-69.
5. SANDEN, Ana Francisca Moreira de Souza. *A proteção de dados pessoais do empregado no direito brasileiro: um estudo sobre os limites na obtenção e no uso pelo empregador da informação relativa ao empregado*. [on-line]

cíficos, explícitos e informados ao titular, sem possibilidade de tratamento posterior de forma incompatível com essas finalidades". Logo, observa-se que "qualquer utilização dos dados pessoais deve obedecer à finalidade comunicada ao interessado antes da coleta de seus dados" (DONEDA, p. 100), ou seja, "os dados pessoais somente podem ser alvo de tratamento compatível com as finalidades que fundamentaram a sua coleta e foram informadas ao titular" (KAMEDA; PAZELLO, p. 7).

O princípio relaciona-se à boa-fé e à lealdade, pois a finalidade especificada no momento do recolhimento dos dados e para a qual estes são utilizados "deve ser legítima e estar em conformidade com o ordenamento jurídico" (CORRÊA; GEDIEL, p. 147). Ademais, a relevância prática do princípio está em fundamentar a restrição da "transferência de dados pessoais a terceiros", bem como em estruturar "um critério para valorar a razoabilidade da utilização de determinados dados para certa finalidade (fora da qual haveria abusividade)" (DONEDA, p. 100).

Verifica-se que o princípio da finalidade impõe que sejam especificados os propósitos para os quais os dados serão recolhidos até no máximo a data de início do seu recolhimento. Além disso, seu uso deve ser limitado aos propósitos previamente expostos ou outros que, não sendo incompatíveis, sejam especificados na ocasião em que os propósitos sofrerem alteração (OECD).

Observa-se que o princípio da finalidade é um princípio limitador do uso dos dados, pois impõe que estes não podem ser divulgados, disponibilizados e/ou utilizados para outros fins não previamente especificados, exceto se o titular dos dados der seu consentimento ou se tal decorrer da autoridade da lei (OECD).

Exemplificativamente, cabe citar a utilização do princípio da finalidade em situações nas quais ocorrem um conflito entre a proteção da privacidade dos cidadãos, em particular dos grupos mais vulneráveis, e o imperativo dos Estados em garantir a proteção dos seus cidadãos contra o terrorismo e a criminalidade organizada. Nestas circunstâncias se observa uma exceção ao princípio da finalidade, tendo em vista que se permite que os dados recolhidos para determinada finalidade sejam tratados posteriormente para fim diverso (CORREIA; JESUS, p. 21). É o caso do Eurodac: "um banco de dados da União Europeia que armazena as impressões digitais de solicitantes de proteção internacional e migrantes irregulares" (DATA PROTECTION COMMISSION). Utiliza-se o referido banco de dados para identificar, por meio da impressão digital, em qual Estado-Membro o migrante ingressou inicialmente na Europa, bem como para fazer a sua identificação posterior.

Por fim, expõe-se que o Princípio da Finalidade guarda estrita relação com os Princípios da Adequação e da Necessidade – ambos serão analisados a seguir –, bem como sua concretização está presente em vários outros artigos da LGPD que exigem sua observação, como: o artigo 7º, inciso I, no qual consta as hipóteses nas quais poderá ser realizado o tratamento de dados pessoais, determinando o inciso somente "mediante o fornecimento de consentimento pelo titular"; o artigo 7º, §3º, frisando que "O tratamento de dados pessoais cujo acesso é público deve considerar a finalidade, a boa-fé e o interesse público que justificaram sua disponibilização"; o artigo 8º, § 4º, no qual se expõe que "O consentimento deverá referir-se a finalidades determinadas, e as autorizações genéricas para o tratamento de dados pessoais serão nulas"; o artigo 9º, §2º, afirmando que "Na hipótese em que o consentimento é requerido, se houver mudanças da finalidade para o tratamento de dados pessoais não compatíveis com o consentimento original, o controlador deverá informar previamente o titular sobre as mudanças de finalidade", neste caso poderá o "titular revogar o consentimento, caso discorde das alterações"; e por último, o artigo 10, no qual se saliente que "O legítimo interesse do controlador somente poderá fundamentar tratamento de dados pessoais para finalidades legítimas, consideradas a partir de situações concretas".

Avançando-se na matéria, o Princípio da Adequação, também identificado como Princípio da Pertinência (MAIA, p. 463), está exposto no artigo 6º, inciso II, da LGPD, neste consta determinação de: "compatibilidade do tratamento com as finalidades informadas ao titular, de acordo com o contexto do tratamento". Além disso, trata-se de um princípio limitador relativamente ao modo de coleta dos dados, determinando que "deve haver limites à coleta de dados pessoais e todos os dados devem ser obtidos por meios leais e justos, onde seja adequado, com o conhecimento ou consentimento do sujeito dos dados" (OECD). Assim, impõe-se que as informações colhidas sejam "adequadas, pertinentes e não excessivas em relação a seus fins" (MAIA, p. 463).

Seguindo-se para o Princípio da Necessidade, este está previsto no artigo 6º, inciso III, da LGPD, neste consta o dever de: "limitação do tratamento ao mínimo necessário para a realização de suas finalidades, com abrangência dos dados pertinentes, proporcionais e não excessivos em relação às finalidades do tratamento de dados". Logo, observa-se um aspecto quantitativo limitador e de economicidade imposto por tal princípio no tratamento de dados, ou seja, não tratar mais dados do que o necessário para os fins almejados. Além disso, ressalta-se que tal limitação deve ocorrer principalmente "quando a finalidade possa ser atingida com a utilização de dados anônimos ou com uso de meios que permitam a identificação do titular somente em caso de necessidade" (KAMEDA; PAZELLO, p. 7).

Salienta-se que para o Princípio da Necessidade também pode ser utilizada exemplificativamente a base de dados Eurodac. Assim, na análise do conflito entre a necessidade de proteção da privacidade dos cidadãos, em particular dos grupos mais vulneráveis, e o imperativo dos Estados-Membros da União Europeia em garantir a proteção dos seus cidadãos contra fenômenos globais como o terrorismo e a criminalidade organizada, deve-se garantir que "a informação seja reunida, partilhada e processada apenas em função de necessidades concretas em matéria de segurança e tendo em conta os princípios em matéria de proteção de dados" (CORREIA; JESUS, p. 23). Evitar-se-á, desta forma, violar a privacidade dos migrantes cujos dados constam na referida base.

Por fim, frisa-se que o princípio da necessidade se encontra projetado ao longo dos dispositivos da LGPD: no artigo 10, § 1º, expõe-se que "Quando o tratamento for baseado no legítimo interesse do controlador, somente os dados pessoais estritamente necessários para a finalidade pretendida poderão ser tratados"; no artigo 16, ressalta-se que "Os dados pessoais serão eliminados após o término de seu tratamento, no âmbito e nos limites técnicos das atividades", autorizada a conservação destes apenas em casos previstos na LGPD; e no artigo 18, VI, determina-se que "O titular dos dados pessoais tem direito a obter do controlador, em relação aos dados do titular por ele tratados, a qualquer momento e mediante requisição: [...] VI – eliminação dos dados pessoais tratados com o consentimento do titular", exceto em hipóteses nas quais é autorizada a conservação dos dados, nos termos da LGPD.

Ingressando no Princípio do Livre Acesso, este está presente no artigo 6º, inciso IV, da LGPD e assegura a "garantia, aos titulares, de consulta facilitada e gratuita sobre a forma e a duração do tratamento, bem como sobre a integralidade de seus dados pessoais". Assim, frisa-se a gratuidade inerente às consultas dos seus dados pessoais, bem como das modalidades de tratamento destes (KAMEDA; PAZELLO, p. 8).

Trata-se de princípio "pelo qual o indivíduo tem acesso ao banco de dados no qual suas informações estão armazenadas, podendo obter cópias desses registros, com a consequente possibilidade de controle desses dados". Além disso, tendo em vista o princípio da exatidão, assegura-se ao indivíduo que "as informações incorretas poderão ser corrigidas e aquelas obsoletas ou impertinentes poderão ser suprimidas, ou mesmo pode-se proceder a eventuais acréscimos" (DONEDA, pp. 100-101). Ademais, observa-se que a oposição do titular dos dados pode ser total ou parcial relativamente ao tratamento de suas informações. Também, ressalta-se que, graças ao Princípio do Livre Acesso, "os dados armazenados devem ser fiéis à realidade, o que compreende a necessidade que sua coleta e seu tratamento sejam feitos com cuidado e correção, e que sejam realizadas atualizações periódicas destes dados conforme a necessidade" (MAIA, p. 463).

Finalmente, salienta-se que o Princípio do Livre Acesso está expresso no artigo 9º, caput: "O titular tem direito ao acesso facilitado às informações sobre o tratamento de seus dados, que deverão ser disponibilizadas de forma clara, adequada e ostensiva acerca de, entre outras características previstas em regulamentação para o atendimento do princípio do livre acesso". Também, encontra-se o referido princípio implícito nos artigos 18, 19 e 20, sobre acesso aos dados pelo titular destes, requisições feitas pelo titular ao controlador dos dados, correção dos dados solicitada pelo titular e revisão de decisões tomadas unicamente com base em tratamento automatizado de dados.

Sobre o Princípio da Qualidade de Dados, este se encontra no artigo 6º, inciso V, da LGPD e estabelece "garantia, aos titulares, de exatidão, clareza, relevância e atualização dos dados, de acordo com a necessidade e para o cumprimento da finalidade de seu tratamento". Assim, determina que "os dados armazenados devem ser fiéis à realidade, o que compreende a necessidade de que sua coleta e seu tratamento sejam feitos com cuidado e correção, e de que sejam realizadas atualizações periódicas conforme a necessidade" (DONEDA, p. 100). Também, estipula que "os dados pessoais devem ser relevantes para os fins para os quais devem ser utilizados e, na medida do necessário para esses fins, devem ser precisos, completos e atualizados" (OECD). Concisamente, pode-se resumir que este princípio trata da importância da "exatidão dos dados pessoais alvo de tratamento" (KAMEDA; PAZELLO, p. 8).

Por fim, observa-se que o Princípio da Qualidade dos Dados se relaciona com outros princípios da proteção de dados, como: o princípio da legalidade, impondo a observância da lei; o princípio da boa-fé, abordando a lealdade; o princípio da adequação, relativamente à "pertinência e proporcionalidade em função da finalidade de cada tratamento" (CORRÊA; GEDIEL, p. 147); o princípio do livre acesso, assegurando ao titular a retificação, exclusão, bloqueio e atualização dos dados; e com o princípio da transparência, pois impõe o conhecimento e a correção de informações equivocadas. Ademais, verifica-se a projeção do princípio no artigo 18, inciso III: "O titular dos dados pessoais tem direito a obter do controlador, em relação aos dados do titular por ele tratados, a qualquer momento e mediante requisição: III – correção de dados incompletos, inexatos ou desatualizados".

Ingressando no estudo do Princípio da Transparência, também chamado de Princípio da Publicidade, este consta no artigo 6º, inciso VI, da LGPD e assegura "garantia, aos titulares, de informações claras, precisas e facilmente acessíveis sobre a realização do tratamento e os respectivos agentes de tratamento, observados os segredos comercial e industrial". Assim, impõe que "a existência de um banco de dados com dados pessoais deve ser de conhecimento público, seja através da exigência de autorização prévia para seu funcionamento, pela notificação de sua criação a uma autoridade; ou pela divulgação de relatórios periódicos" (MAIA, p. 463). Ademais, o titular deve ser informado sobre os tratamentos de seus dados, ou seja, "toda pessoa tem direito à informação por parte do responsável pelo tratamento de dados que lhe digam respeito, inclusive no que tange ao modo, à finalidade, período de conservação etc." (CORRÊA; GEDIEL, p. 147). Em outro aspecto, o princípio determina que:

> Deve existir uma política geral de abertura sobre desenvolvimentos, práticas e políticas com relação aos dados pessoais. Devem estar prontamente disponíveis meios para estabelecer a existência e a natureza dos dados pessoais e os principais objetivos de seu uso, bem como a identidade e a residência habitual do controlador de dados.[6]

Por fim, salienta-se a preponderância deste princípio nos dispositivos da LGPD, presente tanto na coleta dos dados, quanto no tratamento de destes, bem como se ressalta a sua projeção especial: no artigo 9º, no qual se determina que "O titular tem direito ao acesso facilitado às informações sobre o tratamento de seus dados, que deverão ser disponibilizadas de forma clara, adequada e ostensiva [...]"; no artigo 10, §2º, no qual se impõe que "O controlador deverá adotar medidas para garantir a transparência do tratamento de dados baseado em seu legítimo interesse"; no artigo 18, I, II, VII e VIII que garante ao titular dos dados pessoais o direito de obter do controlador, mediante requisição, a confirmação da existência de tratamento de dados e o acesso a estes, informação das entidades públicas e privadas com as quais o controlador realizou uso compartilhado de dados, além de informação sobre a possibilidade de não fornecer consentimento e sobre as consequências da negativa; e no artigo 20, § 1º e § 2º, nos quais se frisa o dever do controlador em "fornecer, sempre que solicitadas, informações claras e adequadas a respeito dos critérios e dos procedimentos utilizados para a decisão automatizada, observados os segredos comercial e industrial", sendo que, caso tais informações não sejam prestadas em razão de segredo comercial e industrial, "a autoridade nacional poderá realizar auditoria para verificação de aspectos discriminatórios em tratamento automatizado de dados pessoais".

---

6. OECD. *OECD Guidelines on the Protection of Privacy and Transborder Flows of Personal Data*. [on-line]

Sobre o Princípio da Segurança, também conhecido como Princípio de Salvaguardas de Segurança, este está contido no artigo 6°, inciso VII, da LGPD, determinando a "utilização de medidas técnicas e administrativas aptas a proteger os dados pessoais de acessos não autorizados e de situações acidentais ou ilícitas de destruição, perda, alteração, comunicação ou difusão". É um princípio de segurança física e lógica, ou seja, abarca ambos os meios de proteção, devendo os dados ser protegidos por garantias razoáveis de segurança contra os riscos de seu extravio, destruição, modificação, perda, transmissão ou acesso não autorizado, e/ou divulgação de dados não permitida (DONEDA, p. 101) (OECD). Ademais, ressalta-se que, apesar da utilização do termo proteção de dados pessoais, o que se está de fato protegendo com este princípio é a privacidade da pessoa a qual se referem os dados (MAIA, p. 464).

O presente princípio reforça "a atenção quanto à segurança no tratamento de dados, a fim de que eles não caiam em mãos desautorizadas, causando prejuízos que podem trazer impacto sobremaneira elevado", devendo tal ser realizado por meio da "adoção de medidas que visam à redução máxima da quantidade de falhas" (LIMA; MONTEIRO, p. 68-69). Assim, por exemplo, impõe-se "aos bancos de dados (principais repositórios de informações), que precisam ser desenhados de modo a impedir a captura por terceiros não autorizados, privilegiando-se a utilização de criptografia", sendo "permitido o acesso a essas informações armazenadas nos casos expressamente permitidos" (LIMA; MONTEIRO, p. 69). Também, enquadra-se neste princípio questão relativa às grandes instituições financeiras que, por lidarem com informações que são frequentemente alvo de criminosos, precisarão de estruturas de dados mais complexas do que uma pequena loja, por exemplo (LIMA; MONTEIRO, p. 69).

Adentrando-se o Princípio da Prevenção, este está previsto no artigo 6°, inciso VIII, da LGPD, neste consta a relevância de "adoção de medidas para prevenir a ocorrência de danos em virtude do tratamento de dados pessoais". Intrinsecamente relacionado ao Princípio da Segurança, o Princípio da Prevenção determina "utilização das medidas técnicas e administrativas proporcionais ao atual estado da tecnologia, à natureza dos dados pessoais e às características específicas do tratamento", capazes de prevenir a ocorrência de danos aos dados, como "destruição, perda, alteração e difusão, tanto acidentais quanto ilícitas, bem como do acesso não autorizado" (KAMEDA; PAZELLO, p. 8).

Seguindo-se para o Princípio da Não Discriminação, este se encontra no artigo 6°, inciso IX, da LGPD e determina a "impossibilidade de realização do tratamento para fins discriminatórios ilícitos ou abusivos". Trata-se aqui de proteger os chamados dados sensíveis, ou seja, aqueles que constam no artigo 5°, II, da LGPD, o dado de uma pessoa natural "sobre origem racial ou étnica, convicção religiosa, opinião política, filiação a sindicato ou a organização de caráter religioso, filosófico ou político, dado referente à saúde ou à vida sexual, dado genético ou biométrico".

Tal decorre da possibilidade de a divulgação de dados sensíveis poder "ocasionar situações de discriminação e prejuízos às pessoas. Desse modo, o princípio da igualdade pode ser vinculado aos dados sensíveis, buscando-se uma maior proteção tanto na sua coleta como na guarda ou na utilização para os fins aos quais foram captados" (LIMBERGER, p. 150). Logo, com o Princípio da Não Discriminação se busca proteger as liberdades individuais, a dignidade humana e o indivíduo perante a livre-iniciativa, tornando efetivo o Princípio da Igualdade dos titulares de dados, especialmente de dados sensíveis.

Ressalta-se que o consentimento para a coleta de dados não sensíveis deve ser livre, informado e inequívoco, nos casos em que a lei exigir, enquanto o consentimento para a coleta de dados sensíveis deve ser livre, informado, inequívoco, específico e destacado. No entanto, nos termos do artigo 11, inciso II, da LGPD, os dados sensíveis poderão ser tratados sem o consentimento do titular nas hipóteses em que forem indispensáveis para:

> a) cumprimento de obrigação legal ou regulatória pelo controlador;
>
> b) tratamento compartilhado de dados necessários à execução, pela administração pública, de políticas públicas previstas em leis ou regulamentos;
>
> c) realização de estudos por órgão de pesquisa, garantida, sempre que possível, a anonimização dos dados pessoais sensíveis;
>
> d) exercício regular de direitos, inclusive em contrato e em processo judicial, administrativo e arbitral, este último nos termos da Lei 9.307, de 23 de setembro de 1996 (Lei de Arbitragem);
>
> e) proteção da vida ou da incolumidade física do titular ou de terceiro;
>
> f) tutela da saúde, exclusivamente, em procedimento realizado por profissionais de saúde, serviços de saúde ou autoridade sanitária; ou
>
> g) garantia da prevenção à fraude e à segurança do titular, nos processos de identificação e autenticação de cadastro em sistemas eletrônicos, resguardados os direitos mencionados no art. 9º desta Lei e exceto no caso de prevalecerem direitos e liberdades fundamentais do titular que exijam a proteção dos dados pessoais.

Observa-se que:

> Os dados de caráter pessoal contêm informação das pessoas físicas que permitem sua identificação no momento ou posteriormente. Na sociedade tecnológica, os cadastros armazenam alguns dados que possuem um conteúdo especial, e por isso são denominados dados sensíveis. Tais dados podem referir-se a questões como ideologia, religião ou crença, origem racial, saúde ou vida sexual. Exige-se que os cadastros que os armazenam contenham uma segurança especial, como forma de evitar que sejam mal utilizados. Com as cautelas especiais relativas aos dados sensíveis, seja quando são recolhidos, seja quanto à segurança em seu armazenamento, tenta-se garantir que os mesmos não sejam utilizados para outra finalidade ou de maneira equivocada. O dado pessoal é uma informação que permite identificar uma pessoa de maneira direta. A proteção do dado sensível tenta prevenir ou eliminar discriminações. Pode-se dizer que é uma nova leitura do princípio da igualdade, e sua intenção é a de que os dados armazenados não sirvam para prejudicar as pessoas.[7]

Um exemplo de utilização prejudicial de informações é o caso em que um banco de dados que contém dados sobre a religião, sexo ou saúde os concede a determinada empresa, criando uma situação de desigualdade, como: a) gerando a não contratação de um trabalhador de determinada religião que não pode, em virtude de suas crenças, trabalhar no sábado, e tendo em vista o conhecimento desse dado de forma antecipada por parte da empresa; b) gerando a não contratação de um portador do vírus HIV em virtude de sua condição de saúde, podendo até ser despedido aquele que já se encontra trabalhando (ressalta-se que apenas pode ser pedido o exame HIV em atividade que se

---

7. LIMBERGER, Têmis. *Da evolução do direito a ser deixado em paz à proteção dos dados pessoais*. [on-line] p. 149-150.

for portador da enfermidade o empregado pode causar um contágio) (LIMBERGER, pp. 149-150).

Ademais, ressalta-se que o Princípio da Não Discriminação abrange a atividade daquele que coleta os dados – ao restringir o uso destes, bem como a transmissão para terceiros – e também a atividade daquele que fornece os próprios dados pessoais – trata-se aqui da autodeterminação informativa, protegendo-se no caso a liberdade da pessoa de fornecer ou não seus dados pessoais, bem como corrigir ou cancelar cadastros próprios, sem ser prejudicada por tal motivo.

Por fim, tendo em vista a já abordada relevância dos dados financeiros no estudo sobre o Princípio da Segurança, cabe questionar: os dados financeiros deveriam ser também considerados dados sensíveis? Sua divulgação pode gerar insegurança e discriminação? No presente trabalho se responde afirmativamente a estes questionamentos. Observa-se que no Brasil, por exemplo, ocorre a divulgação das remunerações recebidas por servidores públicos em portais de transparência pública, sendo possível visualizar o nome dos servidores e suas remunerações detalhadamente, inclusive com descontos e acréscimos – como empréstimos, gratificação natalina, gratificação por férias, auxílios. Obviamente, de tal divulgação decorre a exposição demasiada da intimidade do servidor, podendo colocar em risco a sua segurança e de sua família. Além disso, pode ocorrer discriminação ao servidor relacionadas à sua baixa remuneração ou endividamento.

Por último, aborda-se o Princípio da Responsabilização e Prestação de Contas, este decorre da Constituição Federal e do Código Civil (LIMA; MONTEIRO, p. 66) e está previsto no artigo 6º, inciso X, da LGPD, neste impondo a "demonstração, pelo agente, da adoção de medidas eficazes e capazes de comprovar a observância e o cumprimento das normas de proteção de dados pessoais e, inclusive, da eficácia dessas medidas". Trata-se do dever de reparar os danos patrimoniais, morais, individuais ou coletivos causados aos titulares dos dados pessoais (KAMEDA; PAZELLO, p. 8).

Encerra-se salientando que o Princípio da Responsabilização e Prestação de Contas se projeta ao longo na LGPD: no artigo 31, § 2º, no qual se determina que "O tratamento das informações pessoais deve ser feito de forma transparente e com respeito à intimidade, vida privada, honra e imagem das pessoas, bem como às liberdades e garantias individuais" e que "Aquele que obtiver acesso às informações de que trata este artigo será responsabilizado por seu uso indevido"; no artigo 32, no qual consta o rol de condutas ilícitas que ensejam a responsabilidade do agente público ou militar relacionada aos fatos previstos na LGPD; no artigo 33, no qual se trata da responsabilidade da pessoa física ou entidade privada que detiver informações em virtude de vínculo de qualquer natureza com o poder público e deixar de observar o disposto na LDPD; no artigo 34, no qual se aborda a responsabilidade dos órgãos e entidades públicas pelos danos causados em decorrência da divulgação não autorizada ou utilização indevida de informações sigilosas ou informações pessoais; e no artigo 44, no qual se altera a Lei 8.112/1990, acrescendo-se à referida norma o artigo 126-A relativo à não responsabilização de servidor por dar ciência à autoridade competente para apuração de infração concernente à prática de crimes ou improbidade.

5. CONSIDERAÇÕES FINAIS

No presente artigo verificou-se a importância do sistema de proteção de dados no Brasil, pois este implica na proteção da liberdade individual e da dignidade humana. Também, salientou-se que o sistema é composto por normas esparsas que foram emitidas ao longo de décadas e tem como norma principal a recente Lei Geral de Proteção de Dados – LGPD.

No decorrer do estudo das normas e princípios de proteção de dados, percebe-se a progressão do sistema a cada nova norma publicada, tentando tornar o tratamento de dados mais seguro e igualitário, bem como preservando a intimidade por meio dos dados sensíveis, buscando trazer mais inclusão social por meio da neutralidade da rede, coibir abusos perpetrados pela livre iniciativa, entre tantos outros direitos aos indivíduos. No entanto, também se expôs questões ainda pendentes de análise e solução por parte do legislador e da doutrina, como a questão da inclusão de dados financeiros dos servidores públicos como dados sensíveis e, portanto, sendo descabida a ampla divulgação das remunerações em Portais de Transparência do Governo.

Desta forma, conforme demonstrado, existe um sistema de proteção de dados bastante desenvolvido no Brasil, formado por normas esparsas e por norma específica. Ademais, os princípios que fundamentam a LGPD, bem como os princípios contidos no rol exemplificativo do artigo 6º desta dão coesão ao sistema inteiro, dirimindo lacunas e garantindo a eficácia na proteção dos indivíduos.

6. REFERÊNCIAS

BRASIL. LEI 8.159, DE 8 DE JANEIRO DE 1991. Dispõe sobre a política nacional de arquivos públicos e privados e dá outras providências. Disponível na URL: http://www.planalto.gov.br/ccivil_03/Leis/L8159.htm. Acesso em: 14.09.2019.

BRASIL. LEI 9.507, DE 12 DE NOVEMBRO DE 1997. Regula o direito de acesso a informações e disciplina o rito processual do *habeas data*. Disponível na URL: http://www.planalto.gov.br/ccivil_03/LEIS/L9507.htm. Acesso em: 14.09.2019.

BRASIL. LEI 12.414, DE 9 DE JUNHO DE 2011. Disciplina a formação e consulta a bancos de dados com informações de adimplemento, de pessoas naturais ou de pessoas jurídicas, para formação de histórico de crédito. Disponível na URL: 2014/2011/Lei/L12414.htm. Acesso em 14.09.2019.

BRASIL. LEI 12.527, DE 18 DE NOVEMBRO DE 2011. Regula o acesso a informações previsto no inciso XXXIII do art. 5º, no inciso II do § 3º do art. 37 e no § 2º do art. 216 da Constituição Federal; altera a Lei 8.112, de 11 de dezembro de 1990; revoga a Lei 11.111, de 5 de maio de 2005, e dispositivos da Lei 8.159, de 8 de janeiro de 1991; e dá outras providências. Disponível na URL: http://www.planalto.gov.br/ccivil_03/_Ato2011-2014/2011/Lei/L12527.htm. Acesso em: 14.09.2019.

BRASIL. LEI 12.965, DE 23 DE ABRIL DE 2014. Estabelece princípios, garantias, direitos e deveres para o uso da Internet no Brasil. Disponível na URL: http://www.planalto.gov.br/CCIVIL_03/_Ato2011-2014/2014/Lei/L12965.htm. Acesso em: 14.09.2019.

BRASIL. Projeto de Lei 5.276, de 2016. Dispõe sobre o tratamento de dados pessoais para a garantia do livre desenvolvimento da personalidade e da dignidade da pessoa natural. Disponível na URL: https://www.camara.leg.br/proposicoesWeb/prop_mostrarintegra;jsessionid=62B6CCB8D15F03B-

D169F7421D3CDB6EE.proposicoesWeb1?codteor=1457971&filename=Avulso+-PL+5276/2016. Acesso em: 14.09.2019.

BRASIL. LEI 13.709, DE 14 DE AGOSTO DE 2018.Lei Geral de Proteção de Dados Pessoais (LGPD). Disponível na URL: http://www.planalto.gov.br/ccivil_03/_Ato2015-2018/2018/Lei/L13709.htm. Acesso em: 14.09.2019.

CATUZO, Murilo Euller; EFING, Antônio Carlos. *A proteção jurídica dos dados pessoais na internet*. Disponível na URL: https://revistaconsinter.com/revistas/ano-ii-volume-ii/parte-3-aspectos-relevantes-no-futuro-do-direito/a-protecao-juridica-dos-dados-pessoais-na-internet/. Acesso em: 25.12.2019.

CORRÊA, Adriana Espíndola; GEDIEL, José Antônio Peres. *Proteção jurídica de dados pessoais: a intimidade sitiada entre o Estado e o Mercado*. Disponível na URL: https://www.revistas.ufpr.br/direito/article/view/15738/10444. Acesso em: 15.12.2019.

CORREIA, Pedro Miguel Alves Ribeiro; JESUS, Inês Oliveira Andrade de. *A proteção de dados pessoais no Espaço de Liberdade, de Segurança e de Justiça da União Europeia*. Disponível na URL: https://www.esteio.rs.gov.br/documents/SMSMU/Revista%20de%20Seguranca%20Publica/REVISTA%20DE%20SEGURANCA%20PUBLICA%2015.pdf#page=19. Acesso em: 14.09.2019.

COSTA, Judith Martins. *O Direito Privado como um "sistema em construção"* – As cláusulas gerais no Projeto do Código Civil brasileiro. Disponível na URL: . Acesso em: 18.12.2019.

CRESPO, Danilo Leme; RIBEIRO FILHO, Dalmo. A evolução legislativa brasileira sobre a proteção de dados pessoais: a importância da promulgação da Lei Geral de Proteção de Dados Pessoais. *Revista de Direito Privado*, v. 98, p. 161-186, mar.-abr., 2019.

DATA PROTECTION COMMISSION. *Eurodac*. Disponível na URL: https://www.dataprotection.ie/en/eurodac. Acesso em: 14.09.2019.

DIONÍSIO, Cristiano. *Marco civil da internet, neutralidade de rede e sua relação com a liberdade como direito da personalidade*. Disponível na URL: https://revistas.utfpr.edu.br/rts/article/view/7109/5249. Acesso em: 25.12.2019.

DONEDA, Danilo. *A proteção dos dados pessoais como um direito fundamental*. Disponível na URL: https://portalperiodicos.unoesc.edu.br/espacojuridico/article/view/1315/658. Acesso em: 14.09.2019.

DONEDA, Danilo. *Da privacidade à proteção de dados pessoais*. Rio de Janeiro: Renovar, 2006.

FRAZÃO, Ana; TEPEDINO, Gustavo; OLIVA, Milena Donato (Coord.). *Lei Geral de Proteção de Dados e suas repercussões no Direito Brasileiro*. São Paulo: Thomson Reuters Brasil, 2019.

GEDIEL, José Antônio Peres; CORRÊA, Adriana Espíndola. Proteção jurídica de dados pessoais: a intimidade sitiada entre o Estado e o mercado. *Revista da Faculdade de Direito UFPR*, Curitiba, n. 47, p. 141-153, 2008.

KAMEDA, Koichi; PAZELLO, Magaly. *E-Saúde e desafios à proteção da privacidade no Brasil*. Disponível na URL: https://nupef.org.br/sites/default/files/downloads/artigo%20poli tics _esaude%20e%20privacidade.pdf. Acesso em: 15.09.2019.

LEMOS, Amanda Nunes Lopes Espiñeira. Judiciário como Ator Regulador da Internet: seu papel no esquema de forças do Estado moderno. *Journal of Law and Regulation*, v. 4, n. 1, p. 169-188, 2018.

LIMA, Caio Cesar Carvalho; MONTEIRO, Renato Leite. *Panorama brasileiro sobre a proteção de dados pessoais: discussão e análise comparada*. Disponível na URL: https://revistas.ufpr.br/atoz/article/view/41320/25261. Acesso em: 14.09.2019.

LIMBERGER, Têmis. *Da evolução do direito a ser deixado em paz à proteção dos dados pessoais*. Disponível na URL: https://online.unisc.br/seer/index.php/direito/article/view/580/472. Acesso em: 14.09.2019.

MAIA, Luciano Soares. *A privacidade e os princípios de proteção do indivíduo perante os bancos de dados pessoais*. Disponível na URL: ares_maia.pdf. Acesso em: 15.09.2019.

MARQUES, Claudia Lima. Boa-fé nos serviços bancários, financeiros de crédito e securitários e o Código de Defesa do Consumidor: informação, cooperação e renegociação? *Revista da Faculdade de Direito*, v. 1, n. 22, p. 47-83, 2002.

MARQUES, Claudia Lima. O "diálogo das fontes" como método da nova teoria geral do direito: um tributo à Erik Jaime. In: MARQUES, Cláudia Lima (Coord.). *Diálogo das fontes*: do conflito à coordenação de normas do direito brasileiro. São Paulo: Ed. RT, 2012.

MENDES, Laura Schertel. O direito fundamental à proteção de dados pessoais. *Revista de Direito do Consumidor*, v. 20, n. 79, p. 45-81, 2011.

MENDES, Laura Schertel. *Privacidade, proteção de dados e defesa do consumidor*: linhas gerais de um novo direito fundamental. São Paulo: Saraiva, 2014.

MENDES, Laura Schertel; DONEDA, Danilo. Marco jurídico para a cidadania digital: uma análise do Projeto de Lei 5.276/2016. *Revista de Direito Civil Contemporâneo*, São Paulo, v. 9, p. 35-48, 2016.

MENDES, Laura Schertel; DONEDA, Danilo. Reflexões iniciais sobre a nova lei geral de proteção de dados. *Revista de Direito do Consumidor*, São Paulo, v. 120, p. 469-483, nov.-dez, 2018.

MENKE, Fabiano. A interpretação das cláusulas gerais: a subsunção e a concreção dos conceitos. *Revista de Direito do Consumidor*. v. 50. p. 9. Abr, 2004. Doutrinas Essenciais de Direito do Consumidor. v. 4. p. 107. Abr, 2011. DTR\2004\878.

MENKE, Fabiano. A proteção de dados e o novo direito fundamental à garantia da confidencialidade e da integridade dos sistemas técnico-informacionais no direito alemão. In. MENDES, Gilmar Ferreira; SARLET, Ingo Wolfgang; COELHO, Alexandre Zavaglia P. *Direito, Inovação e Tecnologia*. v. 1. São Paulo: Saraiva, 2015.

MORAES, Maria Celina Bodin de; TEFFÉ, Chiara Spadaccini de. *Redes sociais virtuais*: privacidade e responsabilidade civil Análise a partir do Marco Civil da Internet. Disponível na URL: https://periodicos.unifor.br/rpen/article/view/6272/pdf. Acesso em: 25.12.2019.

OECD. *OECD Guidelines on the Protection of Privacy and Transborder Flows of Personal Data*. Disponível na URL: https://www.oecd.org/internet/ieconomy/ oecdguidelinesontheprotectionofprivacyandtransborderflowsofpersonaldata.htm. Acesso em: 15.09.2019.

PAESANI, Liliana Minardi. *Direito e Internet*: liberdade de informação, privacidade e responsabilidade civil. 4 ed. São Paulo: Atlas, 2008.

RODRIGUEZ, Daniel Piñeiro; RUARO, Regina Linden. *O direito à proteção de dados pessoais e a privacidade*. Disponível na URL: https://revistas.ufpr.br/ direito/article/view/30768/19876. Acesso em: 14.09.2019.

SANDEN, Ana Francisca Moreira de Souza. *A proteção de dados pessoais do empregado no direito brasileiro: um estudo sobre os limites na obtenção e no uso pelo empregador da informação relativa ao empregado*. Disponível na URL: Erro! A referência de hiperlink não é válida.. Acesso em: 18.12.2019.

SANTOLIM, Cesar Viterbo Matos. *A aplicação dos princípios de proteção do consumidor ao comércio eletrônico no Direito Brasileiro*. Disponível na URL: https://seer.ufrgs.br/ppgdir/article/view/50519/31559 Acesso em: 18.12.2019.

SANTOLIM, Cesar Viterbo Matos. *Os princípios de proteção do consumidor e o comércio eletrônico no Direito Brasileiro*. Disponível na URL: https://lume.ufrgs.br/ bitstream/handle/ 10183/12684/000398647.pdf?sequence=1&isAllowed=y. Acesso em: 18.12.2019.

SILVA, Rosane Leal da. *Contratos eletrônicos e a proteção de dados pessoais do consumidor: diálogo de fontes entre o Código de Defesa do Consumidor e o Marco Civil da Internet*. Disponível na URL: http://conpedi. danilolr.info/ publicacoes/y0ii48h0/k778x2oo/41xvoaU8rO29i9qX.pdf. Acesso em: 25.12.2019.

VENTURA, Leonardo Henrique de Carvalho. Considerações sobre a nova Lei geral de proteção de dados pessoais. *Revista Síntese:* Direito Administrativo, São Paulo, v. 13, n. 155, p. 56-64, nov. 2018.

VERONESE, Alexandre; MELO, Noemy. A Proposta Brasileira de Proteção de Dados Pessoais em comparação ao novo Regulamento Europeu. *Revista de Direito Civil Contemporâneo*, São Paulo, v. 14, p. 71-99, jan.-mar., 2018.

UEHARA, Luiz Fernando; TAVARES FILHO, Paulo César. Transferência Internacional de Dados Pessoais: uma análise crítica entre o Regulamento Geral de Proteção de Dados Pessoais da União Europeia (RGPD) e a Lei Brasileira de Proteção de Dados Pessoais (LGPD). *Revista de Direito e as Novas Tecnologias*, v. 2, p. 1-15, jan.-mar., 2019.

UNIÃO EUROPEIA. Convenção 108 de 1981 do Conselho da Europa. Disponível na URL: http://www. europarl.europa.eu/ftu/pdf/pt/FTU_4.2.8.pdf. Acesso em: 14.09.2019.

UNIÃO EUROPEIA. Diretiva 46/95/CE Disponível na URL: https://eur-lex.europa.eu/legal-content/PT/ALL/?uri=CELEX%3A31995L0046. Acesso em: 14.09.2019.

UNIÃO EUROPEIA. Regulamento 2016/679. Disponível na URL: https://eur-lex.eu ropa.eu/legal-content/PT/TXT/?uri=celex%3A32016R0679. Acesso em: 14.09.2019.

URASHIMA, Pedro Nobuyuki Carvalho. *A vigilância no Marco Civil da Internet: uma análise liberal-igualitária do armazenamento geral de dados*. Disponível na URL: https://seer.ufrgs.br/resseveraverumgaudium/article/viewFile/74133/47864. Acesso em: 25.12.2019.

NOVA LEI GERAL DE PROTEÇÃO DE DADOS: PERSPECTIVAS E DESAFIOS SOB A ÓPTICA DOS PRINCÍPIOS DE PROTEÇÃO DE DADOS NO CONTEXTO EUROPEU E BRASILEIRO

Isadora Costi Fadanelli

Mestranda em Direito Internacional Público pela Universidade Federal do Rio Grande do Sul.

Sumário: 1. Introdução. 2. Princípios da proteção de dados pessoais no contexto internacional. 2.1 Convergência internacional acerca dos princípios relacionados à proteção de dados pessoais. 2.2 *Fair Information Practice Principles*, *guidelines* da OCDE e a proteção de dados no contexto europeu: convergência regulatória para a transferência internacional de dados. 3. Sistema brasileiro de proteção de dados: caminhos para sua construção. 3.1 Panorama legal da formação do sistema de proteção de dados brasileiro. 3.2 LGPD X RGPD: possíveis comparações sob a óptica dos princípios dentro de uma perspectiva de análise de equivalência. 4. Considerações finais. 5. Referências.

1. INTRODUÇÃO

No Brasil, é possível observar que a privacidade, desde há muito, é objeto de proteção, tanto pela constituição como pela legislação ordinária. Neste sentido, antes mesmo da edição da Lei Geral de Proteção de Dados – LGPD, já era possível verificar, no quadro normativo pátrio, normas que buscavam conferir proteção legal aos dados pessoais através da interpretação sistemática das normas constantes dos diplomas legais que procuravam regular a matéria (SARTORI, 2016, p. 49-104).

Tendo em vista a necessidade de uma legislação específica sobre a proteção de dados, a edição da Lei 13.709/2018 foi bastante celebrada. Com o advento desse diploma legal, o sistema normativo brasileiro de proteção de dados passa a exercer uma dupla função no ordenamento jurídico pátrio, ao proteger o titular dos dados, e também ao fomentar o livre fluxo de informações entre países com nível de proteção equivalente – ante as legislações estrangeiras que contêm previsões que restringem a troca livre de informações e dados com outras nações que não tenham legislação específica e equivalente.

Assim, é de se dizer que, dentro do contexto do mercado global de fluxo transfronteiriço de dados, a disciplina da Proteção de Dados Pessoais assume o papel de guardiã de um direito fundamental, posto que nossos dados, em última análise, são a projeção de nossa própria personalidade.

O presente artigo irá analisar, em um primeiro momento, o surgimento dos princípios que norteiam e estruturam o sistema de proteção de dados em diferentes legislações – em especial, o Regulamento Geral sobre a Proteção de Dados europeu. Após, far-se-á uma breve incursão a respeito da construção do sistema nacional de proteção de dados, com ênfase nos princípios jurídicos relativos à matéria, bem como as possíveis comparações, sob a óptica dos princípios, dentro de uma perspectiva de análise de equivalência entre o contexto brasileiro e o contexto europeu – de suma importância para verificar como o Brasil poderá inserir-se na denominada rota internacional de livre fluxo de dados, e quais são os principais desafios a serem enfrentados.

Para proceder a tal análise, o presente estudo empregou a revisão bibliográfica, realizada com base na bibliografia específica sobre tema proposto, com consulta à doutrina nacional e estrangeira, e a análise legal – em especial, da Lei Brasileira de Proteção de Dados e do Regulamento Geral sobre a Proteção de Dados – GDPR.

2. PRINCÍPIOS DA PROTEÇÃO DE DADOS PESSOAIS NO CONTEXTO INTERNACIONAL

2.1 Convergência internacional acerca dos princípios relacionados à proteção de dados pessoais

O sistema normativo de proteção de dados pessoais, surgindo no contexto da sociedade de informação, aparece como uma tentativa de proteção da personalidade contra potenciais riscos advindos do tratamento de dados[1] pessoais (MENDES, 2008, p. 40). O conferido tratamento autônomo à disciplina da proteção de dados pessoais[2] no Brasil é fruto de uma tendência consolidada em diversos ordenamentos jurídicos estrangeiros, cuja principal consequência foi a formação das bases para elevar-se a proteção de dados à categoria de direito fundamental[3] (DONEDA, 2011, p. 96).

---

1. O termo "dados" refere-se a uma informação que já existia antes de seu tratamento. Por outro lado, nessa perspectiva, o termo informação denota os elementos obtidos após o tratamento de determinado dado (VERSONESE, 2019, p. 386-387).
2. O debate sobre a natureza e o conceito de "dados pessoais" ainda não é uma discussão fechada, como pode parecer pela leitura do Projeto de Lei 5.276/2016, que define – seguindo a antiga Diretiva e o novo Regulamento – como "dado relacionado à pessoa natural identificada ou identificável (DONEDA, 2011, p. 96). "Proteção de dados refere-se à proteção legal de uma pessoa – titular dos dados – com relação ao processamento desses dados por outra pessoa ou instituição – chamada controlador de dados" (ROOS, 2006, p. 104). "A proteção de dados é, portanto, uma resposta legal à ameaça imposta a uma pessoa pelo processamento de informações ou dados pessoais. O processamento de dados pessoais inclui qualquer operação realizada com base nesses dados, como, por exemplo, coleta, registro, organização, armazenamento, adaptação ou alteração, recuperação, consulta, uso, divulgação, disseminação, alinhamento ou combinação, bloqueio, apagamento ou destruição de tais dados." (ROOS, 2006, p. 105).
3. Em 1983, o governo alemão tencionava realizar um censo populacional. No entanto, houve uma forte resistência da população alemã – devido ao medo da vigilância e da sensação de que tal censo estatístico constituísse uma desproporcional invasão à privacidade. Tal fato desencadeou um debate público que resultou na propositura de uma reclamação perante o Tribunal Federal Constitucional alemão. A Corte decidiu, então, que a Lei do Censo Populacional era parcialmente inconstitucional e, portanto, procedeu à sua anulação. Aponta a doutrina que, nesta decisão, o Tribunal alemão "criou" um novo direito – o direito à autodeterminação informacional, que tornou-se a principal diretriz para a proteção de dados na constituição alemã. A decisão é, sem dúvida, a mais importante da história da proteção de dados alemã e o Tribunal ainda se refere frequentemente a ela em novas decisões sobre o

Neste sentido, nas últimas quatro décadas, assistiu-se ao desenvolvimento da matéria, tendo a mudança de enfoque conferido à proteção de dados nesse período sido elencada na progressiva classificação geracional[4] das leis de proteção de dados pessoais (MAYER-SCÖNBERGER 1997, p. 219-242).

Em que pese a sobressaliente transformação de perfil com o passar das décadas, é possível apontar similitudes em seus objetivos e linhas de atuação que giram em torno de alguns princípios[5] comuns – e a partir daí é possível verificar uma marcada manifestação da convergência legislativas quanto ao tratamento da matéria em diversos países, juntamente à uma tendência direcionada à, cada vez mais, consolidação de princípios básicos relativos à proteção de dados pessoais (DONEDA, 2011, p. 98).

---

tema. Ao desenvolver o direito fundamental à autodeterminação informacional, o Tribunal estabeleceu as bases para a legislação alemã sobre proteção de dados. A base jurídica para esse direito é prevista em duas disposições distintas da Constituição alemã (Lei Fundamental), ou seja, a proteção da dignidade humana e a proteção da liberdade pessoal. Juntos, esses dispositivos formam o direito geral de personalidade que garante a cada indivíduo a possibilidade de desenvolver sua própria personalidade. Para o exercício pleno desse direito, o direito à autodeterminação informacional é um dos mais relevantes, sobretudo, no contexto da sociedade de informação (HORNUNG; SCHNABEL, 2009, p. 84-86).

4. As primeiras leis de proteção de dados foram promulgadas em resposta ao surgimento do processamento eletrônico de dados dentro do governo e das grandes corporações. A maioria das normas de proteção de dados da primeira geração não se concentra na proteção direta da privacidade individual. Em vez disso, o foco reside em uma abordagem funcionalista do processamento de dados na sociedade – dado o poder da tecnologia, essa ferramenta deveria ser usada como um meio de mudança política e social – pelo que o uso do processamento de dados, de acordo com essa perspectiva, deve ser regulamentado para contribuir com o alcance dos objetivos da sociedade em geral. Após o surgimento de microcomputadores, os quais permitiram a pequenas organizações usarem o processamento eletrônico de dados, ocorreu uma significativa mudança na discussão sobre a proteção de dados, que não mais deveria limitar-se à regulamentação governamental e aos grandes bancos de dados. As leis de proteção de dados na segunda geração tinham como fundamento os direitos individuais à privacidade – sendo que nesta geração estabeleceu-se o vínculo entre o direito à privacidade e proteção de dados. O perigo era agora representado pelo processamento disperso de dados por milhares de computadores. Enquanto na primeira geração, os indivíduos não podiam decidir se seus dados seriam ou não processados (eles poderiam apenas corrigir informações enganosas ou imprecisas sobre si mesmos), na segunda geração de normas relativas à proteção de dados, o consentimento surge como pré-condição para o processamento de dados. Além disso, ainda na segunda geração, o aumento substancial dos fluxos transfronteiriços de informações conferiu uma nova dimensão às normas nacionais de proteção de dados. O protagonismo do direito à autodeterminação informativa é o foco da terceira geração de leis de proteção de dados. Entretanto, apesar destas leis terem enfatizado o papel da participação dos indivíduos no controle sobre seus dados, a realidade apresentou-se diferente: "as pessoas não estavam dispostas a pagar o alto custo monetário e social que suportariam ao exercer rigorosamente seu direito à autodeterminação informacional." Por fim, na quarta geração de normas, os legisladores perceberam a débil posição do poder de negociação do indivíduo para exercer seu direito à autodeterminação informativa. Por isso, as normas da quarta geração buscaram solucionar o problema através de duas abordagens distintas: por um lado, tentando equilibrar as posições de negociação, fortalecendo a posição do indivíduo frente às instituições de processamento de dados; por outro lado, os legisladores passaram a adotar um entendimento de que certas questões relativas à privacidade informacional deveriam ser totalmente protegidas pela legislação – pelo que a liberdade de disposição de certos dados pessoais deveriam ser retiradas da esfera de disposição do indivíduo – tal como o processamento de dados sensíveis (MAYER-SCÖNBERGER, 1997, p. 219-242).

5. Ensina Plácido e Silva que: "[...] princípios, no plural, significam as normas elementares ou os requisitos primordiais instituídos como base, como alicerce de alguma coisa [...], revelam o conjunto de regras ou preceitos, que se fixam para servir de norma a toda espécie e ação jurídica, traçando, assim, a conduta a ser tida em qualquer operação jurídica [...], exprimem sentido mais relevante que o da própria norma ou regra jurídica [...], mostram-se a própria razão fundamental de ser das coisas jurídicas, convertendo-as em perfeitos axiomas [...] significam os pontos básicos, que servem de ponto de partida ou de elementos vitais do próprio Direito (SILVA, De Plácido e., 2014, p. 639).

Ao longo do desenvolvimento do conceito de privacidade[6] como proteção de dados pessoais[7], estabeleceu-se um consenso acerca de um quadro básico de princípios – com a pretensão de nortear a atividade de tratamento de dados e cuja finalidade consubstancia-se na imposição de limitações ao tratamento de dados, juntamente à atribuição ao indivíduo de controle sobre o fluxo de seus dados (MENDES, 2014, p. 68). Nesse sentido, importa compreender que a significativa convergência internacional estabelecida em torno de determinados princípios relativos ao tratamento de dados: diferentes ordenamentos jurídicos têm adotado uma série de princípios básicos de proteção de dados, com sutis diferenças entre eles (MENDES, 2014, p. 68).

Esse quadro comum de princípios é denominado "Fair Information Practice Principles (FIPPs)", cuja origem remonta à década de 1970, sendo que seu surgimento, curiosamente, ocorre de forma quase simultânea nos Estados Unidos[8], na Inglaterra[9] e na Alemanha[10] (CATE, 2009, p. 343).

As denominadas Fair Information Practice Principles podem ser consideradas como um "núcleo comum" traduzido em um conjunto de princípios inerentes às questões

---

6. A conexão entre a proteção da privacidade e a proteção de dados pessoais, e como essas duas normatividades se relacionam, podem ser expressas pelo fato de que "É geralmente aceito que o processamento das informações pessoais representa, principalmente, uma ameaça à privacidade de uma pessoa." (ROOS, 2006, p. 105).
7. Alan Westin, em estudo paradigmático sobre o tema, denominado Privacy and Freedom, definiu privacidade como "a reivindicação de indivíduos, grupos ou instituições para determinar, por si mesmos, quando, como e até que ponto as informações sobre eles podem ser comunicadas para outros." (WESTIN, 1967).
8. "No início da década de 1970, o Departamento para Saúde, Educação e Bem-Estar reuniu uma comissão de especialistas que divulgou, em 1973, um estudo que concluiu pela relação direta entre a privacidade e os tratamentos de dados pessoais, além da necessidade de estabelecer a regra do controle sobre as próprias informações. Em 1973, o comitê de sistemas automatizados de dados pessoais emitiu um relatório sobre "Registros, Computadores e Direitos do Cidadão", que propunha a redefinição do conceito de privacidade, além de cinco princípios fundamentais que todo o processamento de dados deveria seguir: 1. Não deve existir nenhum banco de dados pessoais, cuja existência seja secreta; 2. Deve haver um meio para o indivíduo conhecer quais informações a seu respeito estão armazenadas e de que forma elas são usadas; 3. Deve existir um meio pelo qual o indivíduo possa impedir que uma informação obtida para uma finalidade seja utilizada para outros fins, sem o seu consentimento; 4. Deve existir um meio pelo qual o indivíduo possa corrigir ou emendar uma informação pessoal armazenada a seu respeito; 5. Qualquer organização que crie, mantenha, use ou dissemine dados de pessoas identificadas deve assegurar que a informação somente será usada da forma pretendida e deverá tomar as precauções razoáveis para prevenir o abuso do dado." (CATE, 2009, p.345-346).
9. No mesmo período, já estava em andamento na Grã-Bretanha a análise pelo Comitê de Privacidade, coordenado por Kenneth Young, a respeito dos riscos do tratamento automatizado de dados realizado por organizações privadas. O comitê emitiu um relatório que sugeria dez princípios para a proteção da privacidade: 1. A informação deve ser armazenada para uma finalidade específica e não deve ser utilizada para outras finalidades, sem a devida autorização. 2. O acesso à informação deve ser conferido àqueles que têm a autorização de mantê-la com os fins pelos quais elas foram coletadas. 3. A quantidade de informações coletadas e armazenadas deve ser o mínimo necessário para se atingir um objetivo específico. 4. Em sistemas computadorizados que processam dados pessoais com fins estatísticos, medidas adequadas devem ser tomadas em seu design e programas para separar a identidade do restante dos dados. 5. Deve haver mecanismos pelos quais o sujeito possa ser comunicado sobre a informação armazenada a seu respeito. 6. O nível de segurança a ser atingido por um sistema deve ser especificado previamente pelo usuário e deve incluir precauções contra abusos deliberados ou mau uso da informação. 7. Um sistema de monitoramento deve ser provido para facilitar a detecção de qualquer violação da segurança do sistema. 8. No design de sistemas de informação, devem ser especificados períodos para além dos quais a informação não pode mais ser armazenada. 9. Os dados armazenados devem ser corretos. Deve haver instrumentos para a retificação de incorreções e para a atualização da informação. 10. Deve ser tomado cuidado na codificação de julgamentos válidos (MENDES, 2014, p.69-70).
10. Em 1975 é publicada a primeira lei de proteção de dados do mundo, a Lei do Estado de Hesse, na Alemanha, na qual constam princípios muito semelhantes àqueles previstos no relatório da comissão coordenada por Young (MENDES, 2014, p.69-70).

relativas à proteção de dados pessoais[11]. Tais princípios encontram expressão, em especial, com a edição de dois instrumentos internacionais: a Convenção de Estrasburgo e as *guidelines* da Organização para a Cooperação e Desenvolvimento Econômico – OCDE, no início da década de 1980. De acordo com a doutrina pátria, é possível elaborar uma síntese desses princípios (DONEDA, 2011, p. 100):

O princípio da finalidade é o primeiro princípio que deve estar presente em todas as atividades ligadas ao processamento de dados, além de ser indispensável para a limitação do acesso de terceiros a banco de dados[12] (MENDES, 2014). Segundo tal princípio, qualquer utilização de dados pessoais deve respeitar a finalidade informada ao interessado antes da coleta de seus dados (DONDEDA, 2011, p. 100). Tal princípio também constitui parâmetro para aferir se determinado uso dos dados pessoais é adequado e razoável – daí sua grande relevância prática. Ademais, tal fundamento impõe ao responsável pelo tratamento de dados que "estabeleça de forma expressa e limitada a finalidade do tratamento de dados, sob pena de se considerar ilegítimo o tratamento realizado com base em finalidades amplas ou genéricas" (MENDES, 2014, p. 70-71).

Pelo princípio da publicidade ou transparência, a existência de um banco de dados contendo dados pessoais deve ser, obrigatoriamente, de conhecimento público – "seja por meio da exigência de autorização prévia para funcionar, da notificação a uma autoridade sobre sua existência, ou do envio de relatórios periódicos" (DONEDA, 2011, p. 100). Ainda, de acordo com o citado princípio, "surge para o banco de dados o dever de publicar seu nome, sede e conteúdo, em registros públicos, diários oficiais ou meios de grande circulação, sob pena de ineficácia desse direito" (MENDES, 2014 p. 71).

Adentrando-se na esfera do princípio do consentimento, importa notar que o próprio direito de exercer o controle de dados pessoais respalda-se no consentimento do titular desses dados. Seguindo a lógica apontada por este princípio, o consentimento deve conter as seguintes características: ser livre, específico e informado. Tão somente certas hipóteses legais justificam que o processamento de dados se dê sem o prévio consentimento do titular (MENDES, 2014, p. 71).

---

11. Conforme foram traduzidos para a legislação doméstica nos Estados Unidos, na Europa e em outros lugares durante as décadas de 1990 e 2000, no entanto, as FIPPS foram cada vez mais reduzindo-se a princípios jurídicos interpretados de forma restrita. Mesmo que tais princípios reflitam uma abordagem processual no sentido de maximizar o controle individual sobre os seus dados, críticos apontam o fato de as FIPPs apresentarem inadequações substanciais, na forma pela qual estão servindo de base para estruturação das contemporâneas leis de proteção de dados pessoais – focadas no consentimento do titular dos dados. De acordo com Cate, o intense fluxo de informações as quais é submetido o indivíduo para que possa exercer o controle sobre seus dados e expressar seu consentimento de formada informada é apenas uma ilusão de proteção de privacidade. Para a autora, o sistema legal de proteção de dados baseado no controle do titular, dependente das FIPPS – com os princípios traduzidos de forma estrita e processual, não está funcionando para a proteção da privacidade dos indivíduos. A solução para a busca frenética por informação para obtenção de consentimento informado seria a construção da confiança em torno das normativas de proteção de dados pessoais – para que não fosse preciso conceder o consentimento a todo momento (CATE, 2009, p. 343-344).

12. "A ferramenta que possibilita a sistematização de volumes que podem chegar a ser gigantescos de informação e que teve seu potencial exponencialmente incrementado com o advento da informática foi, propriamente, o banco de dados. Bancos de dados são, em sua acepção fundamental, um conjunto de informações estruturado de acordo com uma determinada lógica – e esta lógica é sempre uma lógica utilitarista, uma lógica que procura proporcionar a extração do máximo de proveito possível a partir de um conjunto de informações." (DONEDA, 2011, p. 92).

Já o princípio da qualidade de dados está intimamente ligado à formação e manutenção de bancos de dados: segundo este princípio, os dados pessoais armazenados por tais segmentos devem receber tratamento lícito e leal, e serem objetivos, exatos e atualizados. Para efetivação deste princípio, necessário garantir-se os direitos referentes ao acesso e à retificação de dados, bem como à sua exclusão (MENDES, 2014, p 71-72).

A garantia de que os dados pessoais sejam protegidos contra "extravio, destruição, modificação, transmissão ou acesso não autorizado" enuncia o princípio da segurança física e lógica (DONEDA, 2011, p. 101).

O último princípio aqui especificado refere-se à obrigação de reparar adequada e integralmente os danos de ordem patrimonial e extrapatrimonial provocados por consequência à violação ao direito à privacidade – dando conta do princípio da responsabilidade (MENDES, 2014, p 72).

Nas palavras de Doneda:

> Estes princípios, mesmo que fracionados, condensados ou adaptados, formam a espinha dorsal das diversas leis, tratados, convenções ou acordos entre privados em matéria de proteção de dados pessoais, formando o núcleo das questões com as quais o ordenamento deve se deparar ao procurar fornecer sua própria solução ao problema da proteção dos dados pessoais. A aplicação de tais princípios, no entanto, é a parte mais aparente de uma tendência rumo à constatação da autonomia da proteção de dados pessoais e à sua consideração como um direito fundamental em diversos ordenamentos (DONEDA, 2011, p. 101.)

Nesse sentido, a Diretiva 95/46/CE, bem como o Regulamento Geral sobre a Proteção de Dados europeu também abraçaram este consenso em torno de tais princípios comuns. No contexto brasileiro, a recentemente aprovada LGPD incorpora, igualmente, tais princípios, enunciados em seu art. 6º[13].

---

13. Art. 6º As atividades de tratamento de dados pessoais deverão observar a boa-fé e os seguintes princípios:
    I – finalidade: realização do tratamento para propósitos legítimos, específicos, explícitos e informados ao titular, sem possibilidade de tratamento posterior de forma incompatível com essas finalidades;
    II – adequação: compatibilidade do tratamento com as finalidades informadas ao titular, de acordo com o contexto do tratamento;
    III – necessidade: limitação do tratamento ao mínimo necessário para a realização de suas finalidades, com abrangência dos dados pertinentes, proporcionais e não excessivos em relação às finalidades do tratamento de dados;
    IV – livre acesso: garantia, aos titulares, de consulta facilitada e gratuita sobre a forma e a duração do tratamento, bem como sobre a integralidade de seus dados pessoais;
    V – qualidade dos dados: garantia, aos titulares, de exatidão, clareza, relevância e atualização dos dados, de acordo com a necessidade e para o cumprimento da finalidade de seu tratamento;
    VI – transparência: garantia, aos titulares, de informações claras, precisas e facilmente acessíveis sobre a realização do tratamento e os respectivos agentes de tratamento, observados os segredos comercial e industrial;
    VII – segurança: utilização de medidas técnicas e administrativas aptas a proteger os dados pessoais de acessos não autorizados e de situações acidentais ou ilícitas de destruição, perda, alteração, comunicação ou difusão;
    VIII – prevenção: adoção de medidas para prevenir a ocorrência de danos em virtude do tratamento de dados pessoais;
    IX – não discriminação: impossibilidade de realização do tratamento para fins discriminatórios ilícitos ou abusivos;
    X – responsabilização e prestação de contas: demonstração, pelo agente, da adoção de medidas eficazes e capazes de comprovar a observância e o cumprimento das normas de proteção de dados pessoais e, inclusive, da eficácia dessas medidas.

2.2 Fair Information Practice Principles, guidelines da OCDE e a proteção de dados no contexto europeu: convergência regulatória para a transferência internacional de dados

O aumento na troca de informações entre as fronteiras nacionais surge como decorrência do estabelecimento de um mercado global, pelo que a proteção de dados tem, desde então, tornando-se uma questão que permeia o cenário internacional, sobretudo, a partir da década de 1980[14] (ROOS, 2006, p. 103). Desde tal época, já se havia percebido a necessidade de conciliar o desenvolvimento econômico com a proteção da privacidade, tendo em vista os avanços promovidos tecnologia da informação[15]. É neste contexto que a OCDE emitiu dois relevantes documentos, cuja influência permeou o desenvolvimento das posteriores legislações sobre a proteção de dados pessoais pelo mundo (BIONI, 2019, p. 118).

As *guidelines* emitidas pela OCDE – intituladas para a "proteção da privacidade" e "do fluxo transfronteiriço de dados pessoais"[16] foram de suma importância para o estabelecimento de padrões normativos para a proteção de dados pessoais, bem como para garantir o livre fluxo de informações entre seus países-membros. Nesse sentido, destaca-se a determinação sobre a incorporação de princípios[17] a serem seguidos pelas legislações sobre o tema, no intuito de criar um ambiente regulatório uniforme e, por conseguinte, permitir o livre fluxo de informações[18] (BIONI, 2019, p. 118-119).

---

14. Organizações Internacionais como a Organização para a Cooperação e Desenvolvimento Econômico (OCDE), o Conselho Europeu e a Comunidade Econômica Europeia perceberam, que, por um lado, se as corporações multinacionais necessitassem se adaptar a diferentes padrões de proteção de dados, em cada país em que processaram ou armazenaram dados, isso imporia uma carga demasiadamente onerosa sobre eles (ROOS, 2006, p. 103). Essas Organizações Internacionais, então, passaram a estabelecer padrões de proteção de dados a nível nacional, e a garantir o livre fluxo de dados a nível internacional. Para atingir esses objetivos, era preciso obter-se equivalência entre as diferentes legislações nacionais sobre proteção de dados. (ROOS, 2006, p. 103-104). Disso resulta o alto grau de convergência verificado em relação às leis de proteção de dados pelo mundo – tido, também, como resultado das diretrizes formuladas pela OCDE e pelo Conselho da Europa, na década de 80, que pautaram toda a produção normativa posterior (BIONI; MENDES, 2019, p. 798).
15. No final da década de 1980, três grandes divergências foram observadas nas políticas mundiais sobre proteção de dados. O primeiro, relativo ao escopo. A maioria dos países europeus aplicava os mesmos princípios ao setor público e privado. Os Estados Unidos, o Canadá, a Austrália e o Japão, no entanto, rejeitaram uma abordagem "abrangente, preferindo regular apenas as práticas do setor público e deixar o setor privado governado por apenas poucas leis setoriais e códigos voluntariamente estabelecidos. A segunda a diferença refletiu uma discordância sobre se as leis devem se aplicar apenas a dados pessoais informatizados (automatizados) ou também a sistemas manuais de manutenção de registros. A maioria dos países optou por não fazer distinção; exceções incluem Suécia, Reino Unido e Áustria. A terceira e principal diferença dizia respeito à escolha de instrumentos aplicáveis para implementação da legislação (BENNETT, 1997, p. 100-101).
16. Denominadas "Privacy guidelines", lançadas em 1980, e "Declaration on transborder data flows", datada de 1985. OECD. OECD Privacy Guidelines. Disponível em: https://www.oecd.org/sti/ieconomy/privacy-guidelines.htm. Acesso em: 20.11.2019.
17. As Diretrizes da OCDE identificaram oito princípios para "harmonizar a legislação nacional de privacidade e, ao mesmo tempo, evitar interrupções nos fluxos internacionais de dados." Foram projetados para "representar um consenso sobre princípios básicos que podem ser incorporados à legislação nacional existente" e "servir de base para a legislação nesses países que ainda não a têm". A maioria das legislações nacionais e regionais de privacidade adotados após 1980 afirmam refletir as Diretrizes da OCDE (CATE, 2009, p. 348). Oito são os princípios elencados: Princípio da limitação de coleta, princípio da qualidade dos dados, princípio da especificação de finalidade, princípio da limitação de uso, princípio da segurança, princípio da transparência, princípio da participação individual e princípio da Accountability (CATE, 2009, p. 348-349).
18. Muitos dos princípios decorrentes das FIPPs, particularmente, aqueles adotados após a edição das diretrizes da OCDE de 1980, têm sido implementados no sentido de refletir um novo viés, com ênfase no empoderamento do consumidor para controlar as informações disponíveis sobre si mesmos, em oposição à proteção do indivíduo face ao uso de informações injustas ou prejudiciais sobre si mesmo (CATE, 2009, p. 356).

É nesse contexto que se dá o fortalecimento e a expansão das Fair Information Practice Principles, que, apesar de terem surgido na década de 1970, somente ganharam escala mundial ao serem incorporados pela OCDE (BIONI, 2019, p. 120). Ao aludirem, expressamente, a questão da titularidade dos dados, tais normas dão vazão à noção da vinculação do tratamento de dados pessoais ao consentimento de seu titular (BIONI, 2019, p. 119).

Na segunda década do presente século, a questão que emerge é relativa à interoperabilidade legal entre os países membros da OCDE, no intento de que, para além da existência de uma uniformidade normativa, urge a necessidade de ações estruturadas para aplicação e fiscalização das leis de proteção de dados – etapa fundamental para se garantir o livre fluxo informacional transfronteiriço (BIONI, 2019, p. 121). De acordo com a Convenção de Estrasburgo[19], "é resultado do movimento promovido pela OCDE no intuito de facilitar a harmonização das legislações de proteção de dados pessoais." (BIONI, 2019, p. 122).

Tal convenção eleva a alto grau de importância a questão do livre fluxo informacional; o fluxo transfronteiriço de dados, que constitui o Capítulo III da referida norma, é uma diretiva que rege, até os dias atuais, o quadro normativo europeu sobre a proteção de dados pessoais (BIONI, 2019, p. 122). Assim, a referida Convenção, a fim de maximizar o livre fluxo informacional, determina a proibição de que os países-membros imponham restrições uns aos outros quanto à transferência internacional de dados (BIONI; MENDES, 2019, p. 800).

Tamanha a importância da Convenção de Estrasburgo, bem como das FIPPs, que a Diretiva Europeia de Proteção de Dados Pessoais[20] (95/46/EU) irá incorporá-las, adotando-as como seu núcleo (BIONI, 2019, p. 122-123). E, por fim, a mesma matriz normativa foi adotada na regulação da Diretiva acima referida, traduzida no Regulamento

---

19. "É possível considerar a Convenção de Estrasburgo como o principal marco de uma abordagem da matéria pela chave dos direitos fundamentais. Em seu preâmbulo, a convenção deixa claro que a proteção de dados pessoais está diretamente ligada à proteção dos direitos humanos e das liberdades fundamentais, entendendo-a como pressuposto do estado democrático e trazendo para este campo a disciplina, evidenciando sua deferência ao artigo 8º da Convenção Europeia para os Direitos do Homem." (DONEDA, 2011, p. 102). Ainda, neste sentido: A Convenção 108 do Conselho da Europa (1981) e a Diretiva 46 da União Europeia (1995) foram extremamente relevantes para consolidar a tutela dos dados pessoais, assim como, no ano de 2000, a Carta dos Direitos Fundamentais da União Europeia avançou e definiu, com precisão, que todas as pessoas têm direito à proteção dos dados pessoais que lhe digam respeito, os quais devem ser objeto de um tratamento leal, para fins específicos e com consentimento do interessado (CRESPO, 2019, p. 165).

20. Em 1990, a Comissão da atual Comunidade Europeia publicou um projeto de Diretiva sobre a Proteção de Indivíduos em relação ao Processamento de Dados Pessoais e sobre o livre fluxo de Tais Dados. A Diretiva foi formalmente aprovada em 24 de outubro de 1995, com o prazo de três anos após sua edição para cada um dos então 15 Estados-membros da União Europeia passasse a adotar leis nacionais de proteção de dados em conformidade com os termos da Diretiva. A diretiva reflete uma série de princípios de proteção de dados que foram articulados pelo Grupo de Trabalho intitulado "Working Party on the Protection of Individuals with regard to the Processing of Personal Data". Segundo o Grupo de Trabalho, os seguintes itens são fundamentais para a diretiva: o princípio de limitação de propósito; o princípio da qualidade e da proporcionalidade dos dados; o princípio da transparência; o princípio da segurança; os direitos de acesso, retificação e oposição; as restrições às transferências de dados; os dados sensíveis; e as decisões automatizada. A diretiva de proteção de dados da UE é enfatiza substancialmente o consentimento. De acordo com a diretiva, a proteção de dados é alcançada através de deveres impostos aos responsáveis pelo processamento de dados, e através do direito conferido aos indivíduos de serem informados de que o processamento está ocorrendo, consultar seus dados, solicitar correções e, inclusive, se opor ao processamento de seus dados em determinadas circunstâncias". (CATE, 2009, p. 350-357).

europeu, que conforma a proteção de dados no direito comunitário europeu (BIONI, 2019, p. 23). Assim, é de se dizer: a "penetração de padrões internacionais é, em grande medida, resultado da pressão pela criação de regimes jurídicos interoperáveis" (BIONI; MENDES, 2019, p. 800-801). A consequência (negativa) da não incorporação de tais padrões transnacionais é a não inclusão do Estado na rota global do livre fluxo de dados[21] (BIONI; MENDES, 2019, p. 800-801).

Conforme exposto neste item, o alto nível de convergência entre as legislações domésticas e internacionais de proteção de dados pessoais – que se deu, principalmente, ao longo das últimas décadas, pela incorporação de princípios comuns à temática da proteção e tratamento dos dados pessoais – é o ponto-chave para possibilitar o fluxo transfronteiriço de dados entre os diversos países que adotam os pilares normativos aqui descritos.

Tal fenômeno multilateral não poderia ser diferente, pois, caso houvesse uma heterogeneidade de regulações entre diferentes Estados, verificar-se-ia, inevitavelmente, níveis diferentes de proteção de dados – o que constituiria um prejuízo a própria efetividade desse instituto (BIONI, 2014, p. 69).

No próximo capítulo, será analisado como o Brasil, pela recente edição da Lei 13.709, poderá inserir-se nessa rota de livre fluxo de dados, e quais são os principais desafios a serem enfrentados.

3. SISTEMA BRASILEIRO DE PROTEÇÃO DE DADOS: CAMINHOS PARA SUA CONSTRUÇÃO

3.1 Panorama legal da formação do sistema de proteção de dados brasileiro

Mesmo anteriormente à edição da LGPD, o ordenamento pátrio já reconhecia a existência à garantia da proteção de dados pessoais como um direito autônomo – interpretação extraída da consideração dos riscos relativos ao tratamento de dados à luz da proteção constitucional, infraconstitucional e infralegal da intimidade e da vida privada (DONEDA, 2011, p. 102).

Nesse sentido, a disciplina da proteção de dados pessoais, no contexto brasileiro, não era estruturada por meio de um único corpo normativo[22] (DONEDA, 2011, p. 102), mas, sim, através de inúmeros instrumentos normativos, dentre os quais destacam-se neste

---

21. A perspectiva de que a tutela da privacidade tem sentido de uma liberdade negativa – protegendo-se a vida privada da interferência de terceiros – sofre significativa mudança com as evoluções tecnológicas: na sociedade de informação, esta assume o papel de um bem com alto valor econômico, sendo que o principal expoente dessa monetização da informação é, justamente, a comercialização dos dados dos consumidores. Por isso, proteger a privacidade de interferências alheias, por meio de uma tutela negativa, não é suficiente para garantir a efetiva proteção dos direitos de personalidade dentro da sociedade d informação; é preciso, então, valer-se de uma liberdade positiva, por meio do controle sobre a coleta e sobre a utilização dos dados pessoais (BIONI, 2014, p. 64-66).

22. "O cenário legal de tratamento de dados anterior à LGPD se resumia em fazer o que se queria, contanto que a lei não proibisse expressamente. Contudo, após a LGPD, a lógica se inverteu: somente se pode tratar dados pessoais se tal tratamento estiver embasado em uma das hipóteses legais, comumente chamadas de bases legais ou jurídicas." (OLIVEIRA, 2018, p.8-9).

artigo: o Código de Defesa do Consumidor[23]; a Lei de Acesso à Informação[24]; o Marco Civil da Internet[25]; e os seguintes decretos, a saber: decreto do Serviço de Atendimento ao Consumidor[26] (Decreto n. 6.523/2008), decreto do Censo Anual da Educação[27] (Decreto n. 6.425/2008) e decreto que regula o cadastro único para programas sociais do Governo Federal[28] (Decreto n. 6.135/2007) (MENDES, 2014, p. 155-156).

Tais normas demonstraram ser um importante precedente à elaboração e promulgação da LGPD[29], tendo em vista que cada uma delas, individualmente considerada, já enunciava um ou outro dos princípios concernentes à proteção de dados pessoais – o que pavimentou o caminho para a posterior sistematização desses princípios em uma norma própria e específica à proteção dos dados pessoais. Dessa forma, mesmo antes da edição da Lei Geral de Proteção de Dados Pessoais no ordenamento brasileiro, já era possível perceber, a partir das normas em comento, a formação de um sistema de proteção de dados pessoais, ao qual incorporou-se grande parte dos princípios relativos à proteção de dados pessoais já padronizados na seara internacional (MENDES, 2014, p. 160).

O legislador, ao enunciar os princípios constantes da LGPD, o fez com dois objetivos: estabelecer tal diploma legal como referência normativa ao que tange à proteção de dados pessoais, bem como nortear a interpretação de outras normas que disponham a respeito do tratamento de dados pessoais (OLIVEIRA, 2018, p. 7).

---

23. A primeira lei que tratou da privacidade e da proteção de dados pessoais de forma moderna e com vistas a lidar com as novas tecnologias de processamento de dados foi, certamente, o Código de Defesa do Consumidor (Lei n. 8.078/90), ao regular o funcionamento de bancos de dados e de cadastros de consumidores, em seu art. 43, permitindo-os, desde que atendidos certos requisitos para a proteção da privacidade dos consumidores (MENDES, 2014, p. 141).
24. Na esteira do Código de Defesa do Consumidor, a Lei de Acesso à Informação estabelece uma série de princípios relativos ao tratamento de dados pessoais no âmbito da formação e da consulta à banco de dados, tais como o princípio da qualidade dos dados pessoais e o da finalidade – proibindo a utilização desses dados para *marketing* direto ou qualquer outra atividade não mencionada na referida norma. "A sua principal característica reside no fato de ter ampliado a possibilidade do fluxo de dados no mercado, ao possibilitar a formação de bancos de dados com informações de adimplemento, ao mesmo tempo em que buscou estabelecer regras de proteção à privacidade e métodos de controle e fiscalização dessa atividade." (MENDES, 2014, p. 145-146). Outrossim, a Lei de Acesso à Informação, ao consolidar a evolução de uma conceituação relativa à autodeterminação informativa no ordenamento jurídico brasileiro, na medida em que fixou ferramentas de controle do titular sobre seus dados, elevou o princípio do consentimento à espinha dorsal do sistema do cadastro positivo – o que pode ser verificado pelo art. 4º, 5º e 9º da referida norma (MENDES, 2014, p. 146).
25. O Marco Civil da Internet, em seu artigo 3º, inciso II, dispõe sobre a proteção da privacidade como princípio que disciplina o uso da Internet, assim como a proteção dos dados pessoais, no inciso III.
26. O Decreto n. 6.523/2008, que regula o Serviço de Atendimento ao Consumidor – SAC, em seu art. 11, prescreve que os dados registrados no SAC somente podem ser utilizados para fins de atendimento ao consumidor e que devem ser mantidos em sigilo (MENDES, 2014, p. 156).
27. O Decreto n. 6.425/2008, que normatiza o censo escolar, também faz uso do princípio da finalidade, ao determinar que os dados do censo não podem ser utilizados para fins estranhos aos da legislação educacional, além de mencionar expressamente a proteção dos dados pessoais, em seu art. 6º (MENDES, 2014, p. 156).
28. Em seu art. 8º, esta norma explicita que os dados estão restritos à utilização para fins de políticas públicas ou para a realização de estudos e pesquisas – levando-se em consideração a característica sensível das informações registrada nesse tipo de cadastro, privilegiando, assim o princípio da finalidade (MENDES, 2014, p. 156-157).
29. Desde, pelo menos, o ano de 2010 é possível verificar registros de debates públicos sobre a edição de tal norma. Neste sentido: BIONI, Bruno. De 2010 a 2018: a discussão brasileira sobre uma lei geral de proteção de dados pessoais. Disponível em: https://www.jota.info/paywall?redirect_to=//www.jota.info/opiniao-e-analise/colunas/agenda-da-privacidade-e-da-protecao-de-dados/de-2010-a-2018-a-discussao-brasileira-sobre-uma-lei-geral-de-protecao-de-dados-02072018. Acesso em: 20.11.2019.

3.2 LGPD X RGPD: possíveis comparações sob a óptica dos princípios dentro de uma perspectiva de análise de equivalência

Apesar da manifesta influência do RGPD sobre a LGPD, nota-se substanciais diferenças entre essas duas legislações[30]. Não obstante, é possível verificar que entre as duas normas há um nível de convergência, por meio de uma perspectiva qualitativa em relação à racionalidade regulatória que as norteia (BIONI; MENDES, 2019, p. 805).

A partir da análise comparativa sobre essas duas importantes legislações sobre a temática da proteção de dados, tem-se que a similitude entre elas apoia-se em três aspectos principais, quais sejam: a) os princípios estabelecidos por cada uma das normas; b) o modelo *ex-ante* de proteção; c) o papel de destaque da accountability nesses dois modelos regulatórios (BIONI; MENDES, 2019, p. 805).

Em relação ao primeiro aspecto, importa esclarecer que tal convergência em torno dos princípios enunciados por ambas as normas deve-se menos à influência do processo legislativo europeu na legislação pátria do que a "um longo processo de construção de um consenso transnacional acerca dos princípios básicos que regem essa matéria" (BIONI; MENDES, 2019, p. 805).[31]

Os princípios garantidos pelo GDPR[32] são diretamente aplicáveis, independentemente de internalização por parte dos Estados Membros através da lei nacional. Como novidades que não constavam na Diretiva 95/46, destacam-se aqui os princípios da transparência, da minimização de dados, e da accountability.

Por outro lado, a lei brasileira inclui todos os princípios presentes no Regulamento europeu, além de adicionar outros três[33]: segurança, prevenção e não discriminação[34]. Já o princípio da boa-fé mereceu destaque no texto legal – ao aparecer no caput do art. 6º. Interessa notar que esses novos princípios previstos pela LGPD denotam a preocupação com aspectos contemporâneos da proteção de dados e com novas demandas sociais, "como o princípio da não discriminação pelo tratamento de dados, abordando o potencial discriminatório do uso de dados gerado por mecanismos de decisão au-

---

30. Uma das principais diferenças consiste na técnica legislativa utilizada para elaboração de ambas as leis; o Regulamento "é o ponto de chegada de uma longa jornada europeia no campo da proteção de dados pessoais", além de ser um instrumento normativo mais consolidado do que a LGPD.
31. Como abordado em tópico anterior, a adoção de núcleo dos princípios comuns orientou iniciativas internacionais, entre elas a Convenção de Estrasburgo e as Diretrizes da OCDE. Tais documentos influenciaram diretamente a edição das Diretivas 95/46/CE e 2002/58/CE, contribuindo, dessa forma, para a formação do sistema europeu de proteção de dados.
32. Princípio da licitude, lealdade e transparência (*Lawfullness, Fairness, Transparency*); princípio da adequação e limitação da finalidade (*Purpose Limitation*); princípio da necessidade ou minimização (*Data Minimisation*); princípio da qualidade dos dados ou exatidão (*Accuracy*); princípio da limitação da conservação (*Storage Limitation*); princípio da segurança, integridade e confidencialidade (*Integrity and Confidentiality*); princípio da prestação de contas ou responsabilização (*Accountability*).
33. Grande parte dos princípios incorporados pela LGPD gravita em torno do indivíduo; enquanto, de um lado, a Lei adota os clássicos princípios estabelecidos internacionalmente, por outro, a lei incorpora os chamados princípios mais modernos, tais como adequação e necessidade, que consubstanciam no fato de que o tratamento de dados deve corresponder às legítimas expectativas do seu titular (BIONI, 2019,p.134-135).Tal carga ideológica refletida nos princípios centrados no titular dos dados busca conformar a ideia de seu empoderamento frente ao controle de suas informações pessoais, e, especialmente, sua autonomia da vontade (BIONI, 2019, p. 135).
34. "A não discriminação é um princípio que há tempos já tinha conquistado espaço nas legislações internacionais, com a identificação e o tratamento diferenciado da categoria dos dados sensíveis." (OLIVEIRA; LOPES, 2019, p.79).

tomatizada" (VENTURA, 2018, p. 59). Na mesma linha, o princípio de destaque da LGPD demonstra que

> Em termos de proteção de dados pessoais, o radicamento da boa-fé como dever de conduta é de fundamental importância, principalmente ao se levar em conta o caráter massificado de diversos mecanismos de tratamento de dados e da própria opacidade intrínseca a estas operações. Portanto, relevante o posicionamento desse princípio na LGPD, a orientar de forma ampla as relações entre titulares e agentes de tratamento, seja em situações onde deveres como a transparência já estejam minimamente delineados, seja em tantas outras ocasiões nas quais for necessária a qualificação de deveres de conduta." (MENDES, 2014, p. 70).

Saliente-se que a boa-fé objetiva, com seus status de princípio, possui funções hermenêutica-integrativa, nos termos do art. 442 do Código Civil, delimitadora e criadora de deveres, sendo esta última a que mais se aproxima do propósito do presente artigo.

Dentre as funções do princípio da boa-fé, para além da função limitadora e da função criadora dos chamados deveres anexos (LIMA MARQUES, 2002, p. 50), destaca-se a função interpretadora quando da análise do art. 6º, caput, da Lei 13.709, já que

> na concreção das relações e na interpretação dos contratos, função interpretadora, pois a melhor linha de interpretação de um contrato ou de uma relação de consumo deve ser a do princípio da boa, fé, o qual permite uma visão total e real do contrato sob exame. (LIMA MARQUES, 2002, p. 51).

Não obstante, o referido destaque, contido no texto legal, ao princípio da boa-fé objetiva, torna-se ainda mais relevante quando considerado o tratamento leal a ser conferido aos dados sensíveis[35].

No que tange à racionalidade *ex-ante* de proteção, tal modelo traduz-se, no âmbito europeu, no fato de que o controlador só está autorizado a tratar dados caso amparado em uma base legal (BIONI; MENDES, 2019, p. 810). Esse modelo foi solidificado com o RGPD, que, em seu art. 6º, lista seis bases legais para tanto: consentimento, execução de um contrato, obrigação jurídica, defesa de interesses vitais, exercício de funções de interesse público ou ao exercício da autoridade pública e legítimo interesse.

A grande novidade trazida pela lei brasileira para operar nosso ordenamento jurídico reside, justamente, na instituição de um modelo *ex-ante*[36] para proteção de dados pessoais (BIONI; MENDES, 2019, p. 805). Este modelo encontra respaldo em três pontos

---

35. Dados sensíveis são aqueles que contêm informações como origem étnica, religião, orientação sexual, dentre outros, elementos que podem levar à discriminação da pessoa. (OLIVEIRA; LOPES, 2019, p.79). "O estabelecimento de um regime especial para os dados sensíveis está previsto na legislação da maioria dos países europeus e na Diretiva Europeia 95/46/CE e continuo a ser regulado por meio do Regulamento Feral de Proteção de Dados Europeu [...] Desse modo, para os fins de sistematização dogmática, pode-se afirmar que a categoria dos dados sensíveis está relacionada à percepção de que o armazenamento, processamento e circulação de alguns tipos de dados podem se constituir em um risco maior à personalidade individual, especialmente, se utilizados com intuito discriminatório." (MENDES; DONEDA, p. 35-48, 2016).
36. "A grande inovação que a LGPD operou no ordenamento jurídico brasileiro pode ser compreendida na instituição de um modelo ex ante de proteção de dados, baseado no conceito de que não existem mais dados irrelevantes diante do processamento eletrônico e ubíquo de dados na sociedade da informação. Os dados pessoais são projeções diretas da personalidade e como tais devem ser considerados. Assim, qualquer tratamento de dados, por influenciar na representação da pessoa na sociedade, pode afetar a sua personalidade e, portanto, tem o potencial de violar os seus direitos fundamentais." (MENDES; DONEDA, 2018, p. 22).

chaves: "um conceito amplo de dado pessoal[37]; necessidade de que qualquer tratamento de dados tenha uma base legal; legítimo interesse como hipótese autorizativa[38]" (BIONI; MENDES, 2019, p. 811). Além das bases legais descritas no regulamento europeu, a lei brasileira adiciona mais quatro: a realização de estudos por órgãos de pesquisa, o exercício regular de direitos em processo judicial; a tutela da saúde e a proteção de crédito. Caso o tratamento de dados de determinado controlador não estiver enquadrado em uma base legal, o mesmo é irregular e o Controlador poderá ser punido administrativamente ou processado judicialmente (OLIVEIRA, 2018, p. 9).

Por último, ambas as leis tem dado protagonismo ao papel da accountability[39] – ao apostarem na colaboração do responsável pelo protótipo de bens de consumo para diminuição dos riscos inerentes à sua própria atividade[40]. Entretanto, apesar da aproximação do modelo brasileiro e europeu, no que toca ao princípio da accountability, deve-se ter presente as disparidades tanto em relação a estrutura normativa de ambas as regulações, como, sobretudo, o contexto socioeconômico onde este princípio será aplicado.

Portanto, dada a recente edição da LGPD – e seu sistema de *enforcement* ainda em formação – o debate em torno do grau de equivalência entre a lei brasileira e o regulamento europeu adquire importância por duas razões: primeiro, para verificar a probabilidade de ser o Brasil considerado um país "adequado", sob o ponto de vista europeu[41], para adentrar na rota do livre fluxo de dados[42]; segundo, tendo em vista o teor do art. 33 da

---

37. "Por se basear em um amplo conceito de dado pessoal, todo tratamento de dados pessoais a princípio está submetido à LGPD, seja ele realizado pelo setor público ou privado (MENDES; DONEDA, 2018, p. 22).
38. "Além dos requisitos próprios para que essa base legal possa ser utilizada, chama a atenção o necessário balanceamento com os direitos do titular. Se esses direitos superarem o interesse do controlador, o tratamento de dados não poderá operar com suporte nessa base legal." (MENDES; DONEDA, 2018, p. 22).
39. Accountability é o princípio segundo o qual exige-se que as organizações implementem medidas técnicas e organizacionais apropriadas, e sejam capazes de prestar contas e demonstrar sua eficácia, quando solicitadas. Para tal, instituiu-se o controlador de dados, profissional responsável, por demonstrar que a organização está agindo em conformidade com os demais princípios estabelecidos pelo Regulamento (BURGESS, 2018).
40. O regulamento apenas determina que haja algum tipo de comunicação às autoridades fiscalizadoras caso haja elevado risco para os titulares dos dados. "Ao contrário de toda e qualquer atividade de tratamento de dados, hoje a regulação europeia só exige algum tipo de comunicação quando tal atividade atrai um risco elevado para os titulares dos dados." (BIONI, MENDES, 2019, p. 812).
41. A União Europeia possui um dos sistemas regulatório rígido sobre a proteção de dados pessoais. A Diretiva 95/46 determina em seu artigo 2546 que a transferência de dados para outros países (não membros da UE) está condicionada à comprovação de que o país destinatário tenha um nível de proteção adequada. Neste sentido, "Percebe-se que o legislador europeu teve clara consciência do fluxo informacional em escala transfronteiriça, de modo que para assegurar a privacidade dos cidadãos europeus nesse trânsito global dos dados, optou por exigir um paralelismo normativo (padrão de proteção) daquele país de destino, sob pena de não ser efetuada a transferência." (BIONI, 2014, p. 71). "No caso do RGPD, a aprovação de que um país está adequado, tem a ver com a identificação, por parte da Comissão Europeia, de que o país terceiro protege os direitos dos titulares dos dados pessoais, tanto no que diz respeito aos direitos humanos e liberdades fundamentais, como às legislações setoriais e gerais pertinentes. Ademais, o país terceiro deverá ter em funcionamento uma ou mais autoridades de supervisão independentes, bem como será levado em consideração os compromissos internacionais assumidos por este." (UEHARA; TAVARES FILHO, 2019, p.9).
42. Partindo-se da perspectiva de que o direito doméstico, em um contexto no qual a transferência internacional de dados é uma realidade tendo em vista que a maioria dos servidores de grandes corporações destinado a armazenar informações possuem alcance além das fronteiras de determinado Estado, necessário atentar-se para a abertura da proteção dos direitos fundamentais, em especial, a tutela da privacidade, extrafronteiras (CARVALHO, 2019, p. 622).

LGPD, o Brasil precisará desenvolver seus próprios critérios para examinar o nível de adequação das normas estrangeiras à legislação pátria[43] (BIONI; MENDES, 2019, p. 811).

Pode-se perceber que a LGPD e o RGPD têm muito em comum, quando tratam da estruturação de diretrizes para a transferência de dados pessoais. À semelhança do Regulamento Europeu, a lei brasileira estabelece três regimes para tutelar a transferência internacional de dados: "a) a declaração de existência de grau de proteção de dados adequado[44]; b) a existência de garantia de cumprimentos dos preceitos da LGPD; c) derrogações específicas do regime da LGPD." (CARVALHO, 2019, p. 624).

Por fim, importa notar que, no cenário nacional, ainda se faz necessário construir as bases normativas capazes de assegurar a efetividade e a aplicação da LGPD para transferência internacional de dados, posta sua recentíssima promulgação. Para tanto, é possível apontar diversos caminhos, tanto a partir da autoridade nacional, como dos agentes econômicos envolvidos (CARVALHO, 2019, p. 623).

Desse modo, a investigação acerca de eventual nível de equivalência deve ser analisada sob um prisma qualitativo, e não meramente quantitativo – colocando o país, através da LGPD, na rota do fluxo transfronteiriço de dados.

4. CONSIDERAÇÕES FINAIS

Apesar de a promulgação da Lei Geral de Proteção de Dados Pessoais ter sido bastante celebrada por diversos setores da sociedade brasileira, necessário atentar-se para o fato de que, mesmo com a edição desta nova lei, a temática de proteção de dados não pode ser tratada apenas sob o prisma de dispositivos novos, limitando a proteção de dados a esse diploma legal – afinal, como argumentado no presente artigo, o sistema brasileiro de proteção de dados já encontrava-se em formação, a partir de legislações anteriores que disciplinavam a matéria.

Outro ganho que a edição da LGPD trouxe foi a consolidação da organização formal do sistema de proteção de dados brasileiro – já que as normas existentes sobre a matéria eram setoriais e esparsas – o que tornava mais difícil a visualização e a solidificação deste sistema (OLIVEIRA; LOPES, 2019, p.72).

Para além disso, o próprio corpo normativo da LGPD remete-se aos princípios elencados no rol do art. 6º – conferindo-lhe um nível de coerência e organização bastante

---

43. "Para a LGPD, a aprovação da adequação de um país terceiro passará pelo crivo da autoridade nacional, que levará em consideração: (i) as normas gerais e setoriais da legislação em vigor no país de destino ou no organismo internacional; (ii) a natureza dos dados; (iii) a observância dos princípios gerais de proteção de dados pessoais e direitos dos titulares previstos nesta Lei; (iv) a adoção de medidas de segurança previstas em regulamento; (v) a existência de garantias judiciais e institucionais para o respeito aos direitos de proteção de dados pessoais (UEHARA; TAVARES FILHO, 2019, p.9).

44. De acordo com o disposto no art. 33, I, da lei brasileira, a norma nada menciona acerca dos detalhes para a qualificação certo ordenamento como adequado aos preceitos da lei brasileira. Não obstante, percebe-se que a LGPD adota um critério reflexivo já que não atenta-se para a existência e efetividade de uma normatização extraterritorial, mas, sim, exige o respeito aos princípios constantes da própria lei, ou seja, preocupa-se com o fato de que o núcleo da LGPD seja encontrado no ordenamento de destino da transferência dos dados. Contrariamente, o Regulamento europeu apenas permite o livre fluxo de dados e informações caso o país tenha uma legislação específica e equivalente (CARVALHO, 2019, p. 625-626).

desejável em uma legislação (OLIVEIRA; LOPES, 2019, p.81), além de favorecer a sua concretização, já que dessa forma eles podem ser mais satisfatoriamente realizados, justamente a partir da aplicação dos dispositivos legais que impõem condutas e obrigações diretas aos envolvidos no tratamento dos dados pessoais. Nenhum dos princípios representa uma novidade em si, mas a consolidação de avanços que foram alcançados pelas leis anteriores.

Por fim, a edição da Lei 13.709, ao abordar em seu texto a temática relativa à transferência internacional de dados, coloca o país em posição competitiva com outras nações que já disciplinaram, em legislações específicas, critérios para que tal fluxo ocorra – algo extremamente necessário, seja em razão da globalização econômica, como também pelo fato de que transações envolvendo dados pessoais muito dificilmente deixam de ter dimensão internacional relevante (CARVALHO, 2019, p. 623).

5. REFERÊNCIAS

BENNETT, Colin J. Convergence Revisited: Toward a Global Policy for the Protection of Personal Data? p. 99-124. In: AGRE, Philip E.; ROTENBERG, Marc (Ed.). *Technology and privacy*: The new landscape. Mit Press, 1997.

BIONI, Bruno. *De 2010 a 2018*: a discussão brasileira sobre uma lei geral de proteção de dados pessoais. Disponível em: https://www.jota.info/paywall?redirect_to=//www.jota.info/opiniao-e analise/colunas/agenda-da-privacidade-e-da-protecao-de-dados/de-2010-a 2018-a-discussao-brasileira-sobre--uma-lei-geral-de-protecao-de-dados-02072018. Acesso em: 20.11.2019.

BIONI, Bruno Ricardo. A produção normativa a respeito da privacidade na economia da informação e do livre fluxo informacional transfronteiriço. *Direito e novas tecnologias: XXIII Encontro Nacional Do Conpedi*. Florianópolis, 2014. p. 62-85.

BIONI, Bruno Ricardo; MENDES, Laura Schertel. Regulamento Europeu de Proteção de Dados Pessoais e a Lei Geral brasileira de Proteção de Dados: mapeando convergências na direção de um nível de equivalência. In: FRAZÃO, Ana; TEPEDINO, Gustavo; OLIVA, Milena Donato (Coord.). *Lei Geral de Proteção de Dados e suas repercussões no Direito Brasileiro*. São Paulo: Thomson Reuters Brasil, 2019.

BRANDEIS, Louis; WARREN, Samuel. The right to privacy. *Harvard law review*, v. 4, n. 5, p. 193-220, 1890.

BRASIL. *LEI 13.709, DE 14 DE AGOSTO DE 2018*. Disponível em: http://www.planalto.gov.br/ccivil_03/_ato2015-2018/2018/lei/L13709.htm. Acesso em: 08.11.2019.

CARVALHO, Angelo Gamba Prata de. Transferência internacional de dados na Lei Geral de Proteção de Dados – Força normativa e efetividade diante do cenário transnacional. In: FRAZÃO, Ana; TEPEDINO, Gustavo; OLIVA, Milena Donato (Coord.). *Lei Geral de Proteção de Dados e suas repercussões no Direito Brasileiro*. São Paulo: Thomson Reuters Brasil, 2019.

CATE, FRED H. The Failure of Fair Information Practice Principles. p.343-364. In: WINN, Jane K. (Ed.). *Consumer Protection in the Age of the 'information Economy'*. Routledge, 2016.

CRESPO, Danilo Leme; RIBEIRO FILHO, Dalmo. A evolução legislativa brasileira sobre a proteção de dados pessoais: a importância da promulgação da Lei Geral de Proteção de Dados Pessoais. *Revista de Direito Privado*, v. 98, p. 161-186, mar.-abr., 2019.

DE PLÁCIDO E SILVA, Oscar Joseph. *Vocabulário Jurídico*. 31. ed. São Paulo: Forense, 2014.

DONEDA, Danilo. *Da privacidade à proteção de dados pessoais*. Rio de Janeiro: Renovar, 2006.

HORNUNG, Gerrit; SCHNABEL, Christoph. Data protection in Germany I: The population census decision and the right to informational self-determination. *Computer Law & Security Report*, v. 25, p. 84-88, 2009.

MAYER-SCHÖNBERGER, Viktor. Generational Development of Data Protection in Europe. In: AGRE, Philip E.; ROTENBERG, Marc (Ed.). *Technology and privacy:* The new landscape. Mit Press, 1997.

MARQUES, Claudia Lima. Boa-fé nos serviços bancários, financeiros de crédito e securitários e o Código de Defesa do Consumidor: informação, cooperação e renegociação? *Revista da Faculdade de Direito*, v. 1, n. 22, p. 47-83, 2002.

MENDES, Laura Schertel; DONEDA, Danilo. Marco jurídico para a cidadania digital: uma análise do Projeto de Lei 5.276/2016. *Revista de Direito Civil Contemporâneo*, São Paulo, v. 9, ano 3, p. 35-48, out.-dez., 2016.

MENDES, Laura Schertel; DONEDA, Danilo. Reflexões iniciais sobre a nova lei geral de proteção de dados. *Revista de Direito do Consumidor*, São Paulo, v. 120, p. 469-483, nov.-dez, 2018.

MENDES, Laura Schertel. O direito fundamental à proteção de dados pessoais. *Revista de Direito do Consumidor*, v. 20, n. 79, p. 45-81, 2011.

MENDES, Laura Schertel. *Privacidade, proteção de dados e defesa do consumidor:* linhas gerais de um novo direito fundamental. São Paulo: Saraiva, 2014.

MENDES, Laura Schertel. *Transparência e privacidade:* violação e proteção da informação pessoal na sociedade de consumo. Brasília, 2008. Dissertação (Mestrado em Direito) – Departamento de Pós--Graduação em Direito – Universidade de Brasília, 2008.

OLIVEIRA, Marco Aurélio Bellizze; LOPES, Isabela Maria Pereira. Os princípios norteadores da proteção de dados pessoais no Brasil e sua otimização pela Lei 13.709/2018. In: FRAZÃO, Ana; TEPEDINO, Gustavo; OLIVA, Milena Donato. *A Lei Geral de Proteção de Dados Pessoais e suas repercussões no direito brasileiro.* São Paulo: Thomson Reuters, 2019.

ROOS, Anneliese. Core Principles of Data Protection Law. *Comparative and International Law Journal of Southern Africa*, v. 39, n. 1, p. 102-130, 2006.

SARTORI, Ellen Carina Mattias. Privacidade e dados pessoais: a proteção contratual da personalidade do consumidor na internet. *Revista de Direito Civil Contemporâneo*, São Paulo, v. 9, ano 3, p. 49-104, out-dez, 2016.

VENTURA, Leonardo Henrique de Carvalho. Considerações sobre a nova Lei geral de proteção de dados pessoais. *Revista Síntese:* Direito Administrativo, São Paulo, v. 13, n. 155, p. 56-64, nov. 2018.

VERONESE, Alexandre; MELO, Noemy. A Proposta Brasileira de Proteção de Dados Pessoais em comparação ao novo Regulamento Europeu. *Revista de Direito Civil Contemporâneo,* São Paulo, v. 14, p. 71-99, jan.-mar., 2018.

UEHARA, Luiz Fernando; TAVARES FILHO, Paulo César. Transferência Internacional de Dados Pessoais: uma análise crítica entre o Regulamento Geral de Proteção de Dados Pessoais da União Europeia (RGPD) e a Lei Brasileira de Proteção de Dados Pessoais (LGPD). *Revista de Direito e as Novas Tecnologias*, v. 2, p. 1-15, jan.-mar., 2019.

WESTIN, Alan F. *Privacy and freedom.* Bodley Head, 1970.

CONSENTIMENTO NA PROTEÇÃO DE DADOS A PARTIR DAS OPERAÇÕES DE SISTEMAS DE AERONAVES REMOTAMENTE PILOTADAS (RPAS/DRONES)

Isadora Formenton Vargas

Mestre em Argumentação Jurídica pela Universidade de Alicante (ESP) e de Palermo (ITA). Mestranda em Direito Civil (UFRGS). Assessora do Procurador-Geral do Ministério Público de Contas junto ao Tribunal de Contas do Estado do Rio Grande do Sul.
isadora.formenton@gmail.com.

Sumário: 1. Introdução. 2. Proteção de dados e consentimento. 2.1 Resgate histórico da proteção de dados. 2.2 Consentimento na Lei 13.709/2018. 3. Proteção de dados e consentimento nas operações com drones. 3.1 Três perspectivas sobre drones. 3.2 Propostas para o desenvolvimento da proteção de dados em relação aos drones. 4. Considerações finais. 5. Referências.

1. INTRODUÇÃO

A humanidade desenvolveu-se a partir de ferramentas, isso denota a atribuição de tecnicidade. A história e suas eras sempre foram marcadas por ferramentas ou pelo aperfeiçoamento tecnológico. Basta recordar: idade da pedra, do fogo, da roda. Essa perspectiva foi estudada pelo autor Bernard Stiegler. Para ele, a sociedade não seria possível sem tecnicidade, referindo que "o humano se inventa no técnico, inventando a ferramenta – tornando-se tecnologicamente exteriorizado" (STIEGLER, p. 141). Lucas Introna, sobre a mesma questão, indica que "o horizonte transcendental constitutivo do humano é a tecnicidade, da qual emergem as condições de possibilidade do tempo, da sociedade e da cultura" (INTRONA, 2017).

Assim, a relação entre direito e tecnologia não é recente. Quanto à interferência nos direitos de personalidade, especificamente quanto à privacidade, Samuel Warren e Louis Brandeis já alertavam, em 1890, que "invenções e métodos de negócio chamam a atenção para o próximo passo que deve ser dado para a proteção da pessoa e para assegurar ao indivíduo o que o Juiz Cooley chama de direito de estar só" (WARREN; BRANDEIS, 1890, p. 195).

De junho de 2017 a julho de 2020 o número de operadores regularmente cadastrados junto à Agência Nacional de Aviação Civil do Brasil passou de 12.514 para 63.625 operadores (ANAC, 2020). Não só têm crescido exponencialmente a aquisição e cadastro de drones no Brasil, envolvendo modalidades e finalidades de operações distintas, como também o desenvolvimento tecnológico dessas aeronaves remotamente pilotadas[1]. Esse avanço não se resume ao aprimoramento dos equipamentos que compõem o drone e que a ele podem ser acoplados, e sim à atribuição de inteligência à aeronave, sobretudo através das operações autônomas, atualmente proibidas no país. Por isso, é tema que exige interdisciplinaridade e seriedade tanto pelo pesquisador, quanto pelo intérprete jurídico. A tendência às Ciências Jurídicas e Sociais é de direcionamento das pesquisas ao enfrentamento de um mundo contemporâneo que demanda – tão urgente quanto se possa pensar – conjugação de esforços à busca de um equilíbrio entre tecnologia e ética, em atenção a um dever-ser.

O recorte proposto centra-se nas relações entre privados. Vale ressaltar que a perspectiva aqui analisada não se baseia, especificamente, na análise do consentimento a partir de relações de consumo, motivo pelo qual a fonte dogmática, embora cabível para fins argumentativos no intuito de justificar relações jurídicas desequilibradas, não será proveniente do Código de Defesa do Consumidor. As relações que envolvem a operação de drones podem ser de consumo, assim como podem envolver terceiros que, por sua vez, devem autorizar a exposição aos riscos e, eventualmente, consentir para a utilização dos dados, sem relação necessária de consumo. Consentimento, inclusive, que pode soar apenas como autorização. Por isso, o enfoque a partir de drones busca contribuir ao estudo do consentimento para além das relações de consumo.

Importa mencionar a utilização dos drones para operações públicas, como, por exemplo, para busca e salvamento, segurança, fiscalização das fronteiras, além da utilização para operações militares. Nesse último caso, basta citar o ataque dos Estados Unidos que vitimou o general iraniano Qasem Soleimani, comandante da Força Quds, em 03 de janeiro de 2020. A adoção das aeronaves remotamente pilotadas revolucionou o que se entendia por conflitos armados, que, por sua vez, tornaram-se âmbitos fecundos ao seu desenvolvimento tecnológico.

Em razão da pandemia gerada pelo novo coronavírus, ficaram conhecidas também as operações com drones para conscientização da população (BBC, 2020), desinfecção das ruas (UFRGS, 2020) e captação de calor (G1, 2020).

Relevante apontamento deve ser realizado, uma vez que a Lei Geral de Proteção de Dados prevê a figura do controlador no art. 5º, VI, como "pessoa natural ou jurídica, de direito público ou privado, a quem competem as decisões referentes ao tratamento de dados pessoais, e operador como aquele "que realiza o tratamento de dados pessoais em nome do controlador", de acordo com o art. 5º, inciso VII. Controlador e operador de dados podem ou não coincidir com o operador de aeronaves remotamente pilotadas, o que demonstra o espaço ao estabelecimento de mais uma relação jurídica, entre o operador do veículo aéreo, controlador e operador de dados.

Com a perspectiva limitada aos drones, o que se pretende demonstrar é a complexidade das tecnologias que podem ser a eles acopladas, tais como câmeras de reconhecimento facial, sensores de captação térmica, além de heurísticas de inteligência artificial

---

1. Segue-se a nomenclatura definida como oficial pela Organização Internacional da Aviação Civil, RPAS (Remotely Piloted Aircraft Systems), que traduzida significa sistemas de aeronaves remotamente pilotadas. Ver: INTERNATIONAL CIVIL AVIATION ORGANIZATION (ICAO). *Manual on Remotely Piloted Aircraft Systems (RPAS)*. 1. ed., 2015.

aplicadas. No entanto, essa interação não precisa ser vista, necessariamente, sob uma perspectiva de conflito – até porque a tecnologia pode servir tanto à tutela da privacidade e da intimidade quanto à tutela da proteção de dados.

O atual contexto demanda que sejam promovidos instrumentos, tanto no âmbito técnico, quanto jurídico, que representem maior preocupação prévia com as liberdades civis, e como se pretende demonstrar, que possam se desenvolver ao lado do consentimento. Na prática, o consentimento deve promover a autodeterminação informacional, não sendo apenas um mecanismo simbólico de acesso e tratamento de dados.

2. PROTEÇÃO DE DADOS E CONSENTIMENTO

2.1 Resgate histórico da proteção de dados

Do estudo de Samuel Warren e Louis Brandeis (1890) à previsão expressa de um direito à privacidade no direito positivo brasileiro com a Lei de Imprensa 5.250/67, levou quase um século para que se reconhecesse o direito à autodeterminação informativa *(Informationelle Selbstestimmung)*. Tal direito deriva de sentença proferida pelo Tribunal Constitucional Federal da Alemanha (BVerfGE 65,1) em 15 de dezembro de 1983, que analisou a extensão de questionamento do cidadão acerca de uma legislação censitária, reconhecendo que "toda e qualquer informação pessoal só se tornasse pública se tutelada por um interesse público, porque conhecida do titular a sua existência e com quem é compartilhada" (CACHAPUZ, 2006, p. 249).

Após a decisão do Tribunal Constitucional Federal Alemão, foi publicada, em 24 de outubro de 1995, a Diretiva Europeia 95/46/CE do Parlamento Europeu, revogada pelo atual Regulamento Geral sobre Proteção de Dados (UE) 2016/679 (RGPD), de 27 de abril de 2016, em vigor desde 25 de maio de 2018. Percebe-se, com a comparação de ambos os instrumentos, que o avanço tecnológico trouxe novas formas de captação de dados em profundidade distinta dos métodos existentes na década de noventa. Sem adentrar de forma muito específica, vale referir que o RGPD inova ao dispor sobre dados de localização, identificadores por via eletrônica e sobre dados genéticos, biométricos, além dos relativos à orientação sexual.

No Brasil, a proteção de dados passou de uma breve noção prevista na Lei 7.232/1984, que trata Política Nacional de Informática, à Lei 12.965/14, que dispôs sobre o Marco Civil da Internet, chegando à promulgação da Lei Geral de Proteção de Dados, Lei 13.709, em 14 de agosto de 2018. Diante disso, não há como dissociar o avanço tecnológico e o advento das referidas leis, conforme Laura Schertel Mendes (2014 e 2016).

Como refere Alexandre Mantovani, a análise da evolução das leis de proteção de dados é fundamental uma vez que cada uma se refere a "desafios novos impostos pelo desenvolvimento da tecnologia e pela percepção de que a legislação existente não era suficiente para dar uma resposta aos problemas postos" (MANTOVANI, 2018, p. 62). Bioni refere que a ciência computacional "revolucionou quantitativa e qualitativamente a capacidade de processamento" das informações baseadas em dados (BIONI, 2019, p. 156). Ademais, na mesma esteira de Bioni, compreender as gerações de leis de proteção de dados auxilia na identificação do papel do consentimento. Nesse sentido, com base em Mayer-Schönberger (2001), Laura Schertel Mendes apresenta as quatro gerações de leis de proteção de dados.

A primeira geração surgiu na década de 70, impulsionada pela exigência de funcionamento da burocracia do Estado Social, cujo planejamento sofisticado somente poderia ser alcançado por intermédio da coleta e do processamento de dados dos cidadãos (MENDES, 2008, p. 34). A autora refere que a sociedade temia "o poder absoluto de controle de uma burocracia automatizada e desumanizada" (MENDES, 2008, p. 34). Nessa perspectiva, as leis de primeira geração voltaram-se ao controle dos bancos de dado *ex ante,* "condicionando o seu funcionamento à licença prévia ou ao registro nos órgãos competentes" (MENDES, 2008, p. 34).

Com a descentralização do processamento de dados, surgiu a necessidade de alteração legislativa, levando-se às normas de segunda geração. Mendes refere que "tais normas buscavam tratar prioritariamente do direito à privacidade, ao invés de procedimentos" (MENDES, 2008, p. 35). Nesse momento, associaram-se proteção de dados, privacidade, liberdades negativas e liberdade individual em geral (MENDES, 2008, p. 35). Mendes indica que a principal característica das normas de segunda geração "reside na possibilidade de participação do indivíduo no processo de coleta e processamento de dados, por meio de seu consentimento" (MENDES, 2008, p. 35). Ademais, concomitantemente, ganha relevância a "ampliação dos poderes das autoridades administrativas encarregadas da proteção de dados" (MENDES, 2008, p. 35).

Já a terceira geração de normas de proteção de dados é identificada pela decisão do Tribunal Constitucional alemão, de 1983, já mencionada, quanto à inconstitucionalidade da "Lei do Censo". Esse julgamento atribuiu ao consentimento ainda mais força. Como refere Mendes, "a principal diferença em relação à segunda geração de normas é que a participação do cidadão no processamento de seus dados passa a ser compreendida como um envolvimento contínuo em todo o processo" (MENDES, 2008, p. 37). Ademais, a partir da década de 80, perdeu-se a possibilidade de localização física dos bancos de dados, que passaram a ser armazenados em rede (MENDES, 2008, p. 37).

A quarta geração buscou resolver problemas centrais, que se identificam no conflito entre violação à privacidade e consentimento prévio ao tratamento de dados. Mendes refere que a quarta geração de normas propôs duas soluções (MENDES, 2008, p. 38). Em primeiro lugar, a partir da constatação de que alguns dados pessoais são tão relevantes que devem ser retirados da esfera de disposição individual (MENDES, 2008, p. 38), como é o caso da restrição, total ou parcial, para a operação e tratamento de dados sensíveis, uma vez que possuem grande potencial discriminatório, tais como etnia, religião, orientação sexual e política. Em segundo lugar, a quarta geração promoveu complementação das normas gerais sobre proteção de dados a partir de normas setoriais (MENDES, 2008, p. 38).

Como refere Danilo Doneda, "parecemos ter chegado a um momento inicial da relação entre a técnica e os valores presentes no ordenamento jurídico, no qual tanto o sustento quanto a recusa incondicionada das novas tecnologias deixaram de ser proponíveis" (DONEDA, 2006, p. 13).

Embora relacionada a direitos fundamentais em matéria de direito penal, mas vinculada a um fundamento de privacidade e direcionada à proteção de dados, inevitável abordar, apenas para corroborar o avanço no âmbito da proteção de dados e da identificação de um afastamento do consentimento como legitimador, da alteração jurisprudencial a que vem se dirigindo a Suprema Corte dos Estados Unidos quanto à Quarta Emenda[2]. Essa alteração guarda relação intrínseca com o desenvolvimento tecnológico e os novos desafios à privacidade, especialmente à inviolabilidade do domicílio, uma vez que a violação ao domicílio pode ser realizada por câmeras acopladas em drones, por sensores térmicos ou, inclusive, por dispositivos inteligentes inseridos na própria residência.

A doutrina de terceiros (*Third-Party Precedent*), ainda não superada, consiste em não considerar legítima a expectativa de privacidade daqueles que conscientemente disponibilizam dados a terceiros, de modo que não seria objeto de proteção da Quarta Emenda, no que se refere à expedição de mandado de busca e apreensão. Em recente e histórico caso, Carpenter v. Estados Unidos (585 U.S___)[3], julgado em 2018, a Suprema Corte considerou, em uma decisão de 5 a 4, com voto majoritário do Juiz Roberts, que o acesso a registros históricos contendo as localizações físicas de telefones celulares constituem "busca", de acordo com a Quarta Emenda, exigindo-se, previamente, a expedição de mandado de busca e apreensão.

Embora o caso Carpenter tenha sido bastante restrito, no sentido de não possuir o condão de superar a doutrina de terceiros nem de anular casos anteriores, a tendência apresentada pela Corte, como bem pontua Orin Kerr, permite que as razões jurídicas expostas em Carpenter sejam aplicadas, de forma geral, aos registros de internet quando três requisitos forem atendidos: (i) os registros existem em razão da era digital, (ii) foram criados sem "escolha voluntária significativa", e (iii) tendem a revelar esferas da vida privada (KERR, 2018, p. 01).

Assim, como refere Stephen Schulhofer, é "mais essencial do que nunca"[4] falar-se sobre a Quarta Emenda no Século XXI, uma vez que na era digital e virtual assumem relevância questões jurídicas que envolvem, por exemplo, a temática do consentimento na proteção de dados. O caso Carpenter representa uma vitória à garantia das liberdades civis, sendo considerada pela Corte uma das decisões mais importantes desta geração (NEW YORK TIMES, 2019, *online*), e será influente nas próximas decisões da Corte.

---

2. Emenda IV: O direito do povo à inviolabilidade de suas pessoas, casas, papéis e haveres contra busca e apreensão arbitrárias não poderá ser infringido; e nenhum mandado será expedido a não ser mediante indícios de culpabilidade confirmados por juramento ou declaração, e particularmente com a descrição do local da busca e a indicação das pessoas ou coisas a serem apreendidas. Tradução livre de: "The right of the people to be secure in their persons, houses, papers, and effects, against unreasonable searches and seizures, shall not be violated, and no warrants shall issue, but upon probable cause, supported by oath or affirmation, and particularly describing the place to be searched, and the persons or things to be seized". UNITED STATES OF AMERICA. CONSTITUTION. Disponível em: https://www.law.cornell.edu/constitution/fourth_amendment. Acesso em: 18.01.2020.
3. "Casos mais recentes de volumes futuros subsequentes ainda não têm números de páginas oficiais e geralmente usam três sublinhados no lugar do número de página; por exemplo, *Salman v. Estados Unidos*, 580 U.S___ (2016). Nesses casos, o número do boleto – geralmente dois dígitos, um hífen e o número do caso de 1 a 4 dígitos – é usado; por exemplo, *Salman v. Estados Unidos*, 15-628. Se uma citação de caso em um volume após 570 for mostrada com um número de página, o número da página será *baseado em relatórios não oficiais e estará sujeito a alterações quando a decisão for encadernada e impressa.*" O número provisório de Carpenter v. Estados Unidos é 16-402. Disponível em: https://en.wikipedia.org/wiki/List_of_United_States_Supreme_Court_cases,_volume_585. Acesso em: 13.01.2020.
4. Referência à obra de Stephen Schulhofer, intitulada "More Essential Than Ever: The Fourth Amendment in the Twenty-First Century" (2012).

Por fim, a título exemplificativo, como consequência do caso Carpenter, pode-se citar a primeira lei destinada à proteção de dados eletrônicos privados armazenados por terceiros, com a determinação da necessidade de expedição de mandado para acesso pelo Estado (FORBES, 2019, *online*), como superação legal da doutrina de terceiros. Trata-se da Lei de Privacidade de Dados ou Informações Eletrônicas[5], aprovada pelo estado de Utah, em 2019.

2.2 Consentimento na Lei 13.709/2018

Em tempos de aeronaves remotamente pilotadas, Facebook e Cambridge Analytica, a consciência humana, sob a perspectiva da "autoria e integridade da declaração de vontade" (MENKE, 2018), encontra zona gris, em que se torna problemática a identificação do quanto se tem compreensão acerca da disponibilização de dados, inclusive pela interconexão entre bancos de dados e redes de vigilância, além da impossibilidade de se compreender os resultados e finalidades decorrentes da sua manipulação[6].

Como visto, a regulamentação de proteção de dados tem um fundamento e origem na intervenção do Estado, em uma perspectiva de liberdade negativa, contra intervenções arbitrárias, transformando-se, após, em instrumento de atuação no mercado, ganhando relevo no âmbito empresarial. Embora, como preceitua o art. 1º da LGPD, objetive-se a proteção dos direitos fundamentais de liberdade e de privacidade, além do livre desenvolvimento da personalidade, busca-se também promover e inserir o país no cenário de transferência, portabilidade e tratamento de dados, servindo de guia à atuação dos privados. Nesse sentido, o consentimento seria fundamento de legitimação e exercício do que se nomeia autodeterminação informativa.

Antes de abordar a LGPD, importa realizar um resgate do Grupo de Trabalho do art. 29 do Regulamento Geral de Proteção de Dados, por meio do qual se compreende que o consentimento não se refere ao que é tácito, devendo ser uma ação de consentir. Ademais, as definições do RGPD, especialmente no que se refere aos Considerandos 32, 42 e 43, também servem de orientação à declaração de consentimento, e os requisitos de conhecimento quanto às finalidades, além de desconsiderar a manifestação de consentimento que, caso ausente, resultaria em prejuízo ao titular dos dados (COMISSÃO EUROPEIA, *online*).

---

5. Electronic Information or Data Privacy Act – HB 57.
6. Também neste sentido a argumentação do Ministro Ruy Rosado de Aguiar no Recurso Especial 22.337/RS de sua relatoria junto à 4ª Turma do Superior Tribunal de Justiça, publicado em 20 de março de 1995: "A inserção de dados pessoais do cidadão em bancos de informações tem se constituído em uma das preocupações do Estado moderno, onde o uso da informática e a possibilidade de controle unificado das diversas atividades da pessoa, nas múltiplas situações de vida, permite o conhecimento da sua conduta pública e privada, até nos mínimos detalhes, podendo chegar à devassa de atos pessoais, invadindo área que deveria ficar restrita à sua intimidade; ao mesmo tempo, o cidadão objeto dessa indiscriminada colheita de informações, muitas vezes, sequer sabe da existência de tal atividade, ou não dispõe de eficazes meios para conhecer o seu resultado, retificá-lo ou cancelá-lo. E assim como o conjunto dessas informações pode ser usado para fins lícitos, públicos ou privados, na prevenção ou repressão de delitos, ou habilitando o particular a celebrar contratos com pleno conhecimento de causa, também pode servir ao Estado ou ao particular, para alcançar fins contrários à moral ou ao Direito, como instrumento de perseguição política ou opressão econômica." BRASIL. Superior Tribunal de Justiça. Recurso Especial 22.337-8-RS. Relator: Ministro Ruy Rosado de Aguiar. Julgado em 13 de fevereiro de 1995.

A autodeterminação confere um enfoque ativo, relacionado à autonomia em relação aos dados, além de compor a personalidade em sua origem, mas ao concretizá-la, verifica-se que o consentimento, por ser expressão da autodeterminação, enfrenta dificuldades práticas que se tornaram mais complexas com a informação em rede, com a internet das coisas e com a inteligência artificial. Como refere Bioni, "a complexidade do fluxo informacional limita o processo cognitivo destinado ao genuíno processo de decisão sobre os dados pessoais" (BIONI, 2019, p. 187).

Dessa forma, sugere-se que a compreensão do consentimento deve ser realizada com a observância das influências recíprocas de outras fontes normativas, uma vez que convergentes, mas não iguais, tais como o Regulamento Geral de Proteção de dados, e, internamente, a Lei de Acesso à informação, Lei do Cadastro Positivo, o Marco Civil da Internet, o próprio Código Civil, bem como o Código de Defesa do Consumidor. Como refere Bruno Bioni, seria a "travessia do protagonismo do consentimento" ou "redoma do consentimento" (BIONI, 2019, p. 168).

A matéria do consentimento não é cara somente à proteção de dados. No âmbito teórico de seu surgimento, relacionado ao direito privado, especialmente contratual, foi objeto de análise por James Gordley. O autor refere que alguns juristas ingleses e americanos entendiam a coação e a fraude como vício de consentimento, outros entendiam, muito além da inobservância ao consentimento, como uma questão de justiça, ou seja, sua inobservância constitui um desequilíbrio, uma injustiça (GORDLEY, 1991, p. 141).

De fato, o enfoque que se busca privilegiar no que se refere ao consentimento vai ao encontro da exposição de Gordley, que identifica problemas centrais dos teóricos da vontade. Primeiro, no sentido de que a força executória (*enforceability*) não ocorre a quaisquer termos para os quais as partes consentirem. Segundo, de que nem somente aos termos para os quais as partes consentem devem ser observados. A vinculação pode surgir alheia à vontade e ao consentimento. Nesse sentido, como refere Bioni, "consolidou-se a crença reducionista de que autodeterminação informacional corresponderia ao elemento volitivo – autonomia da vontade – do titular do dado. Com ela, o consentimento atingiu um *status* canônico" (BIONI, 2019, p. 168).

Ao verificar-se a Lei Geral de Proteção de Dados, pode-se realizar algum paralelo com as questões trazidas por Gordley, inclusive, para corroborar que a teoria da vontade, corporificada pelo consentimento, não é suficiente para garantir a justiça da relação privada que se estabelece e para tornar válida a própria declaração, exemplificando-se, na proposta do presente recorte, na matéria de proteção de dados. Dessa forma, a Lei 13.709/18 dispõe que o consentimento consiste em "manifestação livre, informada e inequívoca pela qual o titular concorda com o tratamento de seus dados pessoais para uma finalidade determinada", de acordo com o inciso XII, do art. 5º.

No entanto, em que pese o surgimento da proteção de dados a partir de uma compreensão de autodeterminação informativa, vinculada – inicialmente – à necessidade de expressar-se o consentimento, essa é apenas uma das possibilidades de realização do tratamento de dados pessoais, em termos formais (lei). O fornecimento do consentimento é previsto no art. 7º, inciso I, mas há, ainda, outras dez possibilidades: cumprimento de obrigação legal ou regulatória pelo controlador; administração pública; realização de estudos por órgão de pesquisa; quando necessário à execução de contrato ou de procedimentos preliminares relacionados a contrato do qual seja parte o titular, a pedido do titular dos dados, entre outras.

Ademais, para a promoção efetiva da proteção de dados, há de se atentar ao dever de garantir práticas que reduzam a carga de imputação ao titular dos dados quanto à manifestação do consentimento, que se encontra também a depender da observância ao que o art. 6º, *caput*, da LGPD denomina de princípios, em que pese haja, nos incisos do art. 6º, tanto princípios, que se assemelham às cláusulas gerais do tipo regulativo (que reenviam valores) – como a própria menção à boa-fé no *caput* –, quanto outras cláusulas gerais do tipo restritivas (MARTINS-COSTA, 2015): finalidade, adequação, necessidade, livre acesso, qualidade dos dados, transparência, segurança, prevenção, não discriminação, responsabilização e prestação de contas.

O consentimento também tem sido deixado de lado, uma vez que outros mecanismos previstos em lei atendem à maximização da possibilidade de tratamento de dados pessoais. Uma dessas vias – e já bastante adotada – refere-se ao legítimo interesse, cujo dispositivo da lei carrega, por sua vez, conceitos jurídicos indeterminados que, ao mesmo tempo em que promovem abertura à interpretação e à experiência, também expõem o titular dos dados à essa mesma indeterminação e à insegurança quanto ao alcance do que seria, na prática, o legítimo interesse (art. 10 da LGPD), embora o §6º do art. 7º, da LGPD, retome que "a eventual dispensa da exigência do consentimento não desobriga os agentes de tratamento das demais obrigações previstas nesta Lei, especialmente da observância dos princípios gerais e da garantia dos direitos do titular".

3. PROTEÇÃO DE DADOS E CONSENTIMENTO NAS OPERAÇÕES COM DRONES

3.1 Três perspectivas sobre drones

Para compreender-se as aeronaves remotamente pilotadas, opta-se pela apresentação de duas perspectivas: conceitual e regulatória. Primeiramente, antes de adentrar nos aspectos mais técnicos – e não menos importantes à compreensão do tema –, de terminologia e de classificação, deve-se definir a essência da tecnologia ora analisada: ausência de tripulação (ICAO, 2018, *online*) e sistema remoto de pilotagem. Dessas duas características não se extrai que os drones são veículos unicamente aéreos, até porque, de fato, não o são. Podem ser terrestres e subterrâneos, além de marítimos, inclusive, submarinos (CHAMAYOU, 2015, p. 13).

Embora a característica de ausência de um ser humano a bordo justifique sua origem e sua primeira utilização, isto é, de origem militar e para fins militares, atualmente, a nomenclatura definida como oficial pela Organização Internacional da Aviação Civil, RPAS (*Remotely Piloted Aircraft Systems*), que traduzida significa sistemas de aeronaves remotamente pilotadas, demonstra que o critério essencial é justamente esse último, e não mais a ausência de tripulação.

Quanto à perspectiva conceitual, uma diferenciação importante é entre aeronave não tripulada autônoma e remotamente pilotada. Somente essa última estará sujeita à autorização de utilização do espaço aéreo, com a consequente responsabilização do piloto em comando. Já as autônomas, uma vez iniciado o voo, não é possível o piloto intervir na operação (DECEA, 2020a), que, vale salientar, não são autorizadas no Brasil, de acordo com a Instrução de Comando da Aeronáutica (ICA) 100-40/2020, item 4.10.

Em relação às aeronaves remotamente pilotadas para fins não recreativos (experimentais, comerciais, institucionais), o termo oficial, técnico e padronizado, de acordo com a Organização da Aviação Civil Internacional (OACI), atualmente é RPA (*Remotely Piloted Aircraft*), de modo que se encontra ultrapassado o termo Veículos Aéreos Não Tripulados (VANT) (DECEA, 2020b), tradução que se deu no Brasil a *Unmanned Aerial Vehicle* (UAV). As RPA diferenciam-se dos aeromodelos, porque estes últimos, embora também sejam remotamente pilotados, são utilizados apenas para fins recreativos e sua operação é, preferencialmente, realizada em áreas destinadas a essa finalidade específica. Essa classificação possui como critério de distinção a finalidade do uso, e não características em relação a tamanho do equipamento e ao peso, por exemplo.

Quanto à perspectiva regulatória, de acordo com o art. 106, do Código Brasileiro da Aeronáutica, "considera-se aeronave todo aparelho manobrável em voo, que possa sustentar-se e circular no espaço aéreo, mediante reações aerodinâmicas, apto a transportar pessoas ou coisas". Já a Instrução de Comando da Aeronáutica 100-37, de 2017, do Departamento de Controle do Espaço Aéreo (DECEA), conceitua que aeronave é "qualquer aparelho que possa sustentar-se na atmosfera a partir de reações do ar que não sejam as reações do ar contra a superfície da terra".

Conforme o art. 8º, do Decreto 21.713, de agosto de 1946, responsável pela promulgação da Convenção sobre Aviação Civil Internacional, conhecida como Convenção de Chicago, alterado em Assembleia da OACI em 2006, percebe-se que a regulamentação nacional sobre aeronaves remotamente pilotadas, antes de restringir acesso ou dificultar sua incorporação à sociedade, serve justamente para viabilizar a operabilidade de tais sistemas no território nacional, prevendo a necessidade de autorização especial e de promoção de mecanismos destinados a evitar riscos decorrentes operações sem piloto a outras aeronaves civis.

Reconhecida a natureza de aeronave atribuída aos drones, a sua incorporação, crescente e exponencial, gera um aumento significativo de tráfego no espaço aéreo e, consequentemente, aumento dos riscos de colisões e interferências, bem como a necessidade de vigilância e de regulamentação específicas para controlar a operação das referidas aeronaves. Quanto a esse último aspecto, salienta-se a atuação de três órgãos principais: da Agência Nacional de Aviação Civil (ANAC), a qual compete o cadastro de aeronaves e pilotos, da Agência Nacional de Telecomunicações (ANATEL), a qual compete a homologação das aeronaves remotamente pilotadas a fim de evitar interferências não só em serviços de telecomunicações, como também em frequências destinadas a outras aeronaves, e do Departamento de Controle do Espaço Aéreo (DECEA), ao qual compete o acesso ao espaço aéreo.

Dentre as regulamentações existentes, para os fins do presente estudo, basta citar o Regulamento Brasileiro de Aviação Civil Especial 94, publicado pela ANAC, em maio de 2017. Quanto ao tópico E94.3, que trata sobre as definições, faz-se destaque a duas. A primeira referente à área distante de terceiros, e a segunda referente ao conceito de anuência de terceiros com a operação:

> 3) área distante de terceiros significa área, determinada pelo operador, considerada a partir de certa distância horizontal da aeronave não tripulada em operação, na qual pessoas não envolvidas e não anuentes no solo não estão submetidas a risco inaceitável à segurança. *Em nenhuma hipótese a distância da aeronave não tripulada poderá ser inferior a 30 metros horizontais de pessoas não envolvidas e não anuentes com a operação. O limite de 30 metros não precisa ser observado caso haja uma barreira mecânica suficientemente forte para isolar e proteger as pessoas não envolvidas e não anuentes na eventualidade de um acidente;*
>
> Nota: O limite de 30m, neste caso, é critério para a aplicação das regras da ANAC. O acesso ao espaço aéreo é de competência do DECEA, o qual poderá estabelecer limites inferiores de maior magnitude.
>
> (...)
>
> (11) pessoa anuente significa uma pessoa cuja presença não é indispensável para que ocorra uma operação de aeronave não tripulada bem sucedida, mas que por vontade própria e *por sua conta e risco concorde, expressamente*, que uma aeronave não tripulada opere perto de sua própria pessoa ou de seus tutelados legais sem observar os critérios das áreas distantes de terceiros;
>
> Nota: *Considerando o princípio da autonomia e que o cidadão tem o direito de assumir e administrar o próprio risco quando somente ele ou seus tutelados legais (no caso de menores de idade) estarão expostos, a ANAC permite a operação de aeronaves não tripuladas perto de pessoas sem observar os critérios das áreas distantes de terceiros, desde que essas pessoas tenham dado expressamente a sua anuência, manifestando dessa forma a sua vontade. Contudo, a ANAC esclarece àqueles que livremente optarem por dar essa anuência que não é possível garantir um nível de risco aceitável de segurança operacional e que o controle da exposição a esse risco é de sua inteira responsabilidade* (BRASIL, 2017).

Dessas duas definições relevantes, salienta-se que a distância de 30m horizontais de terceiros pode não ser observada, razão pela qual a ANAC suscita o princípio da autonomia, revelando que, nesses casos, deve haver manifestação expressa de anuência com a operação, e não simples aceitação tácita. Ademais, vale fazer referência à responsabilidade do operador quanto às condições da aeronave, bem como quanto à proibição de operação sob efeito de substâncias psicoativas, sob pena de sofrer as sanções previstas no Código Brasileiro de Aeronáutica, sem excluir as penais, civis, e administrativas.

Quanto ao objeto do presente estudo, busca-se demonstrar que a necessidade de autorização expressa das pessoas anuentes se refere à segurança contra riscos, e não à necessidade de consentimento para coleta de dados, matéria que já suscita a aplicação da LGPD. Nesse sentido, percebe-se que, mesmo observada a distância que dispensa a necessidade de autorização expressa relacionada à segurança da operação, com o nível de tecnologia que já se pode acoplar aos drones, tais como câmeras de infravermelho, com alcance significativo de imagem, além da possibilidade de desenvolvimento de reconhecimento facial por algoritmos de inteligência artificial, a necessidade de consentimento deveria constar inclusive para as operações que dispensam a necessidade de autorização expressa, uma vez que os critérios que levam ao reconhecimento de uma operação segura, em termos técnicos, não se confundem com os critérios necessários à proteção de dados, em termos jurídicos.

Dessa forma, em matéria de aeronaves remotamente pilotadas, verifica-se ênfase na carência de uma elaboração que seja mais protetiva aos direitos de personalidade, especialmente no que se refere à proteção de dados pessoais. Por isso, importa refletir a respeito de opções existentes que sejam voltadas, previamente, à proteção das liberdades, como a anonimização ou minimização de dados pessoais.

A partir do que foi visto, percebe-se que os drones são aeronaves, e como tais, sujeitam-se à regulação e à fiscalização pelos órgãos responsáveis, bem como envolvem a disputa do espaço aéreo com aviões, helicópteros, dentre outros, de modo que requerem a mesma seriedade de enfrentamento em razão dos riscos decorrentes da sua operação.

Pela abertura dos direitos de personalidade aos drones, foi possível verificar que as referidas aeronaves sobrevoam desde uma concepção de privacidade relacionada à propriedade – que pode ser entendida em situações de vizinhança e de espaço aéreo que remontam às origens do "abuso de direito" –, passando por uma concepção mais moderna, referente à esfera de exclusividade, até uma compreensão contemporânea, atinente à autodeterminação informativa.

3.2 Propostas para o desenvolvimento da proteção de dados em relação aos drones

A partir do que foi exposto, verificou-se que o consentimento na proteção de dados em relação aos drones parece ser de difícil perfectibilização, de modo que se faz necessário um aprimoramento em relação à compreensão sobre as operações com aeronaves remotamente pilotadas. Propõe-se que sejam identificados dois planos de medidas: formas de aprimoramento da exigência de consentimento e de proteção dos direitos de personalidade, e, ao mesmo tempo, alternativas técnicas e jurídicas para uma maior proteção das liberdades civis como um todo, que dispensem o consentimento.

Em estudo realizado por Ottavio Marzocchi, em 2015, a pedidos da Comissão LIBE (Liberdades Civis, Justiça e Assuntos Internos), que compõe o Parlamento Europeu, foram analisadas as implicações da utilização civil dos drones à privacidade e à proteção de dados. Nessa oportunidade, Marzocchi reconheceu o potencial positivo dos veículos aéreos não tripuláveis no que tange à geração de emprego, ao desenvolvimento industrial, assim como ao caráter facilitador que as referidas aeronaves geram ao cotidiano, tanto do cidadão, quanto do Poder Público. No entanto, o estudo atenta para os aspectos negativos, tais como os riscos decorrentes da sua operação, não só materiais, físicos, do aumento da incorporação de drones na sociedade, e, especificamente, no espaço aéreo, como também referentes às possíveis violações aos direitos de personalidade.

A legislação sobre drones na União Europeia, em 2015, era bem menos abrangente do que a nossa atual regulamentação. Operações privadas e aeronaves remotamente pilotadas abaixo de 150kg não eram reguladas (MARZOCCHI, 2015, p. 09), ou seja, a legislação não estava direcionada à utilização civil de drones. Além da recomendação à evolução da legislação nesse aspecto, Marzocchi relaciona a possibilidade de aliar-se "a futura adoção da diretiva e do regulamento relativos à proteção de dados" (MARZOCCHI, 2015, p. 09) ao aperfeiçoamento em termos de avaliações de impacto, e de privacidade (MARZOCCHI, 2015, p. 09). Além disso, importa destacar a proposta de Marzocchi à criação de um "mecanismo de comunicação anual que incidisse nas causas e nas possíveis formas de lidar com os incidentes provocados pelos drones" (MARZOCCHI, 2015, p. 10).

Além de metas específicas em relação à operabilidade, Marzocchi destaca a preocupação quanto aos seguros de responsabilidade civil, com o objetivo de cobrir as vítimas de acidentes com drones, o que já está superado parcialmente pela nossa legislação, que prevê a obrigatoriedade do operador portar apólice de seguro somente para os voos não recreativos. Percebe-se uma preocupação significativa da comunidade europeia quanto à proteção da privacidade, de acordo com a declaração de que em todos os documentos estratégicos sobre drones há o reconhecimento de que "o respeito à privacidade e à proteção de dados é uma condição para a aceitação pública dos drones pela sociedade" (MARZOCCHI, 2015, p. 25). Marzocchi ressalta que os riscos à privacidade e à proteção de dados por drones se agravam também pelo preço acessível dos artefatos, além da impossibilidade de rastreá-los, diferentemente de outras aeronaves. Salienta a ampliação da vigilância discreta e explícita, bem como a possibilidade de localizar indivíduos ou grupos (em manifestações, a título exemplificativo).

Além disso, Marzocchi indica que em termos de privacidade, proteção de dados e riscos de ordem ética, o estudo da Comissão analisou um conjunto de operadores e missões de RPAS para sugerir práticas de redução de riscos. Os riscos analisados compreendem "o efeito assustador de ser observado, a desumanização das pessoas vigiadas, a transparência e a visibilidade, a responsabilidade e o *voyeurismo*, o desvirtuamento da função, a privacidade física, a privacidade da localização e do espaço" (MARZOCCHI, 2015, p. 26). Ademais, riscos que envolvem a "finalidade, o consentimento, a responsabilidade, a segurança dos dados, os direitos de acesso, os direitos de correção (...) para além de questões de ordem ética, tais como a segurança, o descontentamento público e a discriminação" (MARZOCCHI, 2015, p. 26).

Em 2015, a Comissão Europeia publicou o "Estudo em privacidade, proteção de dados e riscos éticos na operação civil de sistemas de aeronaves remotamente pilotadas" (FINN *et al.*, 2015). Dentre os inúmeros capítulos do estudo – que conta com quatrocentas páginas –, salienta-se a análise dos países membros nos quais já se fazia uso civil de RPAS à época, bem como dos países que estavam em desenvolvimento quanto à regulação do uso das aeronaves para fins civis (FINN *et al.*, 2015, p. 87-123).

Também, salientam-se as consultas realizadas a setores centrais no que tange à incorporação das RPA, tais como indústria, organizações da sociedade civil, autoridades da aviação civil e autoridades em proteção de dados (FINN *et al.*, 2015, p. 139-173). Merece atenção especial a abordagem dos cenários de operações com drones: comerciais, governamentais, por jornalistas, por produtores de filme e para fins de telecomunicação (FINN *et al.*, 2015, p. 194-251) e a consequente verificação, em cada uma das operações, das possíveis interferências à privacidade, à proteção de dados e à ética. Em relação à privacidade, à proteção de dados e a riscos éticos, o estudo analisou como premissas, nesta ordem, tais aspectos:

Quadro 1 – Questões de Privacidade

Efeito Inibidor/amedrontador/panóptico	Refere-se a situações em que indivíduos estão inseguros a respeito da possibilidade de estarem sob observação e "tentam ajustar seu comportamento de acordo"
Desumanização dos vigiados	Tende a ocorrer quando pilotos de aeronaves remotamente pilotadas são física e psicologicamente removidos do ato de observação ou de coleta de informação, e não consideram os impactos de suas atividades sobre indivíduos no solo.
Transparência e visibilidade	Refere-se ao fato de que indivíduos no solo podem não saber da operação com aeronave remotamente pilotada, e caso souberem, podem sentir-se inseguros sobre quem está operando a aeronave e o propósito para o qual está sendo utilizada.
Desvio de função	Ocorre quando o propósito da utilização das aeronaves remotamente pilotadas se expande, ou para operações adicionais ou para atividades adicionais dentro da operação originalmente prevista.
Privacidade corporal	Refere-se ao "direito de manter privadas as funções do corpo e as suas características (bem como códigos genéticos e biométricos)".
Privacidade da localização e espaço	Isso "engloba o direito dos indivíduos de moverem-se em suas casas e em outros espaços públicos ou semipúblicos sem ser identificados, rastreados ou monitorados".
Privacidade de associação	Refere-se à "liberdade das pessoas de associarem-se com outras"

Fonte: Finn et al. (2015, p. 194-197).

Quadro 2 – Questões de Proteção de Dados

Transparência	Esse princípio requer que o coletor de dados notifique o titular dos dados, aquele dos quais foram coletadas informações pessoais, sobre o propósito da coleta e do uso dos dados, bem como detalhes do operador da aeronave remotamente pilotada para que habilite o titular dos dados ao exercício dos direitos de acesso, correção e deleção/exclusão. Transparência é também relacionada ao princípio do consentimento, ao passo que informar o titular dos dados sobre a finalidade e extensão do lugar de coleta dos dados o coloca na posição de prover "livre e informado consentimento", que é o grau de consentimento requerido pela Diretiva de Proteção de Dados. Transparência é também relacionada ao princípio da limitação de finalidade, uma vez que o propósito para o qual os dados são utilizados reflete unicamente o propósito para o qual o titular de dados foi informado e sobre o qual manifestou consentimento.
Minimização de dados	Dados devem ser relevantes para o propósito para o qual estão sendo coletados, e a coleta de dados deve ser a mínima necessária para cumprir a finalidade buscada. Minimização de dados é relacionada ao princípio da proporcionalidade, uma vez que garantir que a coleta de dados seja minimizada, assiste a observância ao princípio da proporcionalidade de dados.
Proporcionalidade	Os dados não devem ser excessivos em relação à finalidade para a qual foram coletados e/ou posteriormente processados e coletores de dados devem refletir se estão usando os meios menos intrusivos para coletar os dados necessários.
Limitação de finalidade	O coletor deve "especificar o propósito da coleta e processar os dados coletados somente para os propósitos compatíveis com aquela coleta" (Art. 29, Data Protection Working Party, Opinion 03/2013, 00569/13/EN). Limitação de finalidade é relativa aos princípios da transparência e do consentimento, conforme exposto acima.
Consentimento	Indivíduos devem consentir com a coleta de seus dados, seja através de consentimento explícito, seja pelo ingresso em espaços públicos onde foram informados sobre a coleta de dados naquele espaço. Consentimento é estritamente relacionado ao princípio da transparência, conforme descrito acima.
Responsabilização	Refere-se ao fato de que o controlador de dados deve ser identificável e responsabilizável pelos indivíduos e pelas autoridades reguladoras. Isso requer que os controladores de dados façam-se conhecidos pelos indivíduos, para que esses exercitem seus direitos, e pelas autoridades, para que essas procedam às investigações.

Direitos ao acesso, à correção e à deleção/exclusão Direito ao Esquecimento	Isso assegura que os indivíduos retenham controle acerca das informações coletadas sobre eles. Relaciona-se ao princípio da transparência por meio da qual titulares de dados são conscientizados sobre seus direitos nesta temática.
Segurança de dados	Refere-se ao fato de que controladores de dados são obrigados a assegurar que dados pessoais sejam armazenados e processados com segurança e protegidos de divulgação inadvertida e intrusão ilegal.
Transferência de dados a países terceiros	Controladores de dados devem assegurar que qualquer país para qual dados são transferidos tenha um regime de proteção de dados em nível "adequado". Isso requer que controladores de dados tenham controle e seguro total sobre os dados coletados, e também entendam quais países terceiros a Comissão Europeia considerou não oferecerem "adequada proteção".

Fonte: Finn *et al.* (2015, p. 194-197).

Quadro 3 – Questões de Riscos Éticos

Segurança	Refere-se à possibilidade de que seres vivos e edificações sejam feridos ou danificados por acidentes ou por outros impactos negativos (p. ex., barulho) associados ao uso de RPAS.
Insatisfação pública	Refere-se à possibilidade de que as pessoas sejam desiludidas com o uso de RPAS com base na possibilidade de que estejam comprometendo segurança, privacidade e direitos de proteção de dados.
Direcionamento discriminatório	Refere-se ao fato de que a utilização de RPAS (e o potencial de impacto sobre segurança, privacidade e proteção de dados) possa ser prevalente em relação a certas áreas ou populações que são menos propensas a se expressar ou a agir em relação a esses problemas (p. ex., áreas com populações marginalizadas).

Fonte: Finn *et al.* (2015, p. 194-197).

A simples transcrição das premissas teóricas analisadas em relação aos riscos apresentados por sistemas de aeronaves remotamente pilotadas já contribui ao estudo em questão. De modo que as extensas conclusões, que reconhecem os impactos em cada uma dessas premissas, não serão analisadas pela brevidade que se pretende dar a este tópico. De qualquer forma, importantes questões são suscitadas pela análise, tanto no plano de segmentos de privacidade afetados, quanto ao potencial de atingir questões sociopolíticas complexas, como o risco ético atinente à utilização de drones sobre áreas onde vivem populações vulneráveis. Com drones, torna-se mais difícil a tutela da privacidade e, especificamente, da proteção de dados, visto que normalmente os indivíduos nem sabem quando seus dados estão sendo captados, por quem e para qual finalidade, o que torna a questão acerca do consentimento ainda mais complexa.

Outro ponto relevante sobre o estudo é a análise da possibilidade de se aplicar aos drones normativas tanto existentes no plano da União Europeia, quanto diplomas de algumas nações europeias, elaborados, portanto, internamente por alguns países. Na Europa, a utilização de tecnologias aéreas para fotografia, vigilância e outras aplicações é abrangida pelo art. 7º (respeito pela vida privada) e pelo art. 8º (proteção de dados) da Carta dos Direitos Fundamentais da União Europeia, 2000/C 364/01, e pelo direito ao respeito pela vida privada do art. 8º, da Convenção Europeia dos Direitos do Homem (FINN *et al.*, 2015, p. 10).

A Comissão Europeia aponta que o uso de drones para fins civis também deve estar em conformidade com as obrigações descritas na Diretiva de Proteção de Dados 95/46/EC, quando dados pessoais são coletados, processados ou armazenados. Já em relação às leis nacionais, especialmente aquelas que implementam a Diretiva de Proteção de

Dados, o estudo confere destaque às leis que tratam de telecomunicações, bem como normativas referentes ao uso de câmeras de vigilância – possibilidade de adequação do zoom de câmeras, por exemplo, para uma maior proteção à privacidade –, além de leis referentes a atividades de vigilância policial, também aplicáveis – ao uso de drones.

O estudo esclarece que a análise das leis nacionais se concentrou em países que permitiam, à época, missões de RPAS, especificamente, o Reino Unido, França, Alemanha, Itália, Suécia, Dinamarca e Bélgica. Esta análise conclui que a lei disciplina cinco grupos diferentes de operadores de RPAS: operadores comerciais/empresariais, jornalistas, operadores da polícia e do governo, fornecedores de telecomunicações e Internet e pessoas singulares que utilizam RPAS para fins pessoais ou domésticos. Embora as leis de privacidade e proteção de dados, assim como outras, se apliquem a operadores de RPAS comerciais/corporativos, o estudo verifica a possibilidade de outras categorias, em algumas circunstâncias, derrogarem as obrigações contidas nesses instrumentos legais (FINN et al., 2015, p. 10 e 11). Interessante observar que ainda não há, no Brasil, a especificação do uso para fins de jornalismo, relembrando que os regulamentos existentes no país, conforme enfrentado anteriormente, diferenciam aeromodelos de RPA de acordo com a finalidade de uso: aqueles para uso recreativo, essas para uso não recreativo.

De maneira geral, mesmo elaborado em 2015, o documento apresenta-se atual, pois uma série de recomendações podem ser vantajosas para o contexto brasileiro. No entanto, o que se percebe é o engajamento da União Europeia e das organizações da sociedade civil na elaboração de análises a curto, médio e longo prazo sobre artefatos tecnológicos e suas consequências à sociedade e à economia.

Vale ressaltar que o estudo aponta diversas propostas de soluções: legislativas, tecnológicas, governamentais e regulatórias, bem como sociais, relacionadas à educação e à conscientização (FINN et al., 2015, p. 323). Salienta-se a proposta de incorporar a técnica *"Privacy by Design"* que busca identificar, por meio da Avaliação de Impacto de Privacidade (AIP), riscos à privacidade desde a concepção da ideia para elaboração de um protótipo, e traçar parâmetros para uma adequação do projeto à preservação da privacidade. Com isso, busca-se gerar uma "competição sustentável" (FINN et al., 2015, p. 330) entre as empresas, baseando-se em incentivos de mercado àquelas que observarem tais parâmetros, e desincentivos àquelas que não observarem.

Em 2012, o Canadá também emitiu um documento oficial sobre privacidade e drones elaborado por Ann Cavoukian – à época Comissária de Informações e Privacidade em Ontário, Canadá. Embora o documento não seja atual, Ann é referência no Canadá no que tange à privacidade e tecnologia. Como dito anteriormente em relação ao estudo da Comissão Europeia, Ann desenvolveu o conceito de *"Privacy by Design"*, ou seja, privacidade desde a concepção, em relação ao desenvolvimento industrial e tecnológico.

Basicamente, são sete os princípios da teoria *"Privacy by Design"* desenvolvida por Ann: (i) que seja um modelo pró-ativo, não reativo/ preventivo, não corretivo; (ii) que a privacidade seja considerada "configuração padrão", ou seja, nenhuma ação é necessária por parte do indivíduo para proteger sua privacidade, pois a concepção de proteção à privacidade deve ser integrada ao sistema; (iii) que a privacidade seja incorporada ao design, ou seja, a privacidade como componente essencial do núcleo de funcionalidade;

(iv) que o sistema seja de funcionalidade total, ou seja, que a privacidade seja possível sem dicotomias, tais como segurança vs. privacidade; (v) que a segurança seja garantida de ponta a ponta, ou seja, incorporada ao sistema, estendendo-se por todo o ciclo de vida dos dados envolvidos; (vi) que seja garantida a visibilidade e transparência no processo de verificação da proteção à privacidade, tanto para usuários quanto para fornecedores; (vii) que todo o sistema tenha como centro o respeito à privacidade do usuário, colocando-o em primeiro lugar (CAVOUKIAN, 2011).

O documento canadense elaborado por Ann é dividido em quatro partes. A primeira, destinada às características e classificações gerais dos drones, bem como quanto ao status do desenvolvimento, à época, do uso doméstico de drones no Canadá (CAVOUKIAN, 2012, p. 03-10). Na segunda parte, Ann apresenta a relação entre as aeronaves e a privacidade, também o desenvolvimento jurisprudencial nos Estados Unidos, bem como a abordagem de organizações civis destinadas à proteção da liberdade e da privacidade, além dos desafios à privacidade com drones (CAVOUKIAN, 2012, p. 10-16). Na parte três, Ann apresenta os sete princípios da sua teoria *"Privacy by Design"* aplicados às aeronaves remotamente pilotadas, além de um estudo de caso e da necessidade de intensificar o direcionamento de políticas à regulação dos drones no Canadá (CAVOUKIAN, 2012, p. 16-25). Já a última parte é destinada às recomendações e às conclusões (CAVOUKIAN, 2012, p. 26-27).

Do estudo, importa ressaltar que Ann atenta para a diferença entre os riscos à privacidade operados pelos drones em comparação com câmeras de vigilância e celulares em razão da dinamicidade inerente aos drones, bem como em razão da possibilidade de acesso, por drones, a áreas não acessíveis por câmeras de vigilâncias e celulares (CAVOUKIAN, 2012, p. 10). Ademais, Ann ressalta a possibilidade de integração dos sistemas de vigilância (CAVOUKIAN, 2012, p. 11).

Quanto às organizações da sociedade civil, Ann aborda o *Electronic Privacy Information Center* (EPIC), *Center for Democracy and Technology* (CDT), *American Civil Liberties Union* (ACLU). Dentre as propostas das organizações, ressalte-se a recomendação da CDT à expedição pela FAA, de avaliações de impacto da privacidade e regras sobre privacidade e transparência. Além disso, a CDT recomenda que toda solicitação de operações com drones que inclua uma declaração de coleta de dados. Ressalte-se as recomendações também da ACLU em relação a drones e privacidade. Basicamente, são cinco recomendações, que incluem: (i) restrições de uso; (ii) restrições à retenção de imagens; (iii) notificação pública; (iv) controle democrático e (v) auditoria e rastreamento de eficácia (CAVOUKIAN, 2012, p. 13-14).

Ann apresenta cinco recomendações ao final do estudo. A primeira refere-se à necessidade de que sejam feitos debates públicos com as partes interessadas quando operações com drones envolvam a captação de informações pessoalmente identificáveis, a fim de examinar políticas que garantam a aceitabilidade pela sociedade. A segunda proposta refere-se à elaboração de avaliações de impacto de privacidade, que apresente não só os riscos à privacidade como também mecanismos de mitigação dos efeitos adversos. A terceira é direcionada a *Transport Canada* que é o órgão regulador das operações com drones no Canadá. Nesse sentido, Ann recomenda que a *Transport* elabore regulações e certificações especiais que visem à proteção da privacidade, de modo que os operadores tenham que cumprir uma espécie de programa de privacidade, o que envolve identificação e registro do operador, para fins de responsabilização.

A quarta recomendação refere-se às restrições de uso, no sentido do quanto de informações podem ser coletadas de um indivíduo, tendo em vista que os drones podem coletar essas informações inadvertidamente. Por último, a quinta recomendação refere-se à aplicação da abordagem *"Privacy by Design"*, no sentido de que, ao invés de se adotar uma abordagem de conformidade com privacidade para a concepção do sistema, as organizações adotem uma abordagem pró-ativa quanto ao desenvolvimento e operação de um programa de drones que respeite a privacidade (CAVOUKIAN, 2012, p. 26).

Dessa forma, os estudos apresentados demonstram que as aeronaves remotamente pilotadas representam questões específicas no âmbito da proteção de dados, com contornos distintos em comparação com outras áreas de aplicação nas quais também se faz relevante a proteção de dados, como através da internet e nas implicações das redes sociais, por exemplo. Os drones possuem um atributo relevante de potencial de vigilância. Nesse sentido, os estudos demonstram que consentimento, em relação ao drones, pode ser combinado com outros instrumentos capazes de proteger em maior grau tanto a privacidade, quanto a proteção de dados em um sentido mais abrangente, o que passa pelo desenvolvimento do sistema, dando indícios fortes da necessidade de interdisciplinaridade.

4. CONSIDERAÇÕES FINAIS

Como visto a proteção de dados surge em um contexto bastante definido de conflito entre Estado e cidadãos. Pretendeu-se demonstrar que a evolução da matéria e a complexidade do desenvolvimento tecnológico têm levado à dificuldade de identificação das relações que se estabelecem: ou entre público e privado, ou apenas entre privados, ou, inclusive, uma combinação de relações que se firmam entre Estado e organizações privadas com a operação e tratamento de dados de sujeitos também privados. O consentimento, assim, torna-se insuficiente às formas de intervenção contemporâneas, por isso é relevante que seja combinado com outras diretrizes.

Veja-se, por exemplo, a contratação entre Google e Project Maven, que envolvia o uso de inteligência artificial para analisar imagens de drones. Notícia veiculada em 25 de janeiro de 2020 comunica que a empresa Google prometeu não renovar a referida contratação (EXAME, 2020, *online*). A relação, ao mesmo tempo em que se estabelecia entre privados, alcançava o Estado, uma vez que o projeto se destinava ao aprimoramento da identificação de imagens para finalidade militar. Mais de 3.000 empregados da Google foram signatários em uma petição de proteção contra o envolvimento da Google em projetos militares (GLOBAL NEWS, 2018, *online*).

A situação acima retratada representa essa complexidade de relações, em que o consentimento perde ainda mais força diante dos atores envolvidos. Soma-se a preocupação quanto à intensificação de uma sociedade de vigilância, o que se relaciona com o que Hannah Arendt desenvolveu ao conectar a necessidade de se identificar as esferas (pública, social e privada) para prevenção de uma dominação totalitária. Isso porque, é o ver sem ser visto que destrói a esfera pública e elimina a esfera privada (LAFER, 1988, p. 245). Como pontua Lafer, é a inexistência de limites entre o público e o privado que caracteriza o totalitarismo.

Dessa forma, o "ver sem ser visto" está intrinsecamente relacionado à má utilização dos drones, em razão da dificuldade de se identificar quem é aquele que vê, gerando a sensação de espionagem e insegurança, mesmo quando sua utilização é justificada com base em um possível aumento da segurança. Ainda sobre esse Big Brother vaticinado por Orwell em 1949 (ORWELL, 2009), além da complexidade de enfrentamento das situações-limite que envolvam a utilização de drones pelo Poder Público, em razão do potencial de integração dos sistemas de vigilância[7], preocupa a utilização tanto pelo setor público, quanto pelo setor privado paraestatal, por culminar em observações mais intrusivas e em rastreio e controle maiores dos indivíduos.

Assim, a tentativa dogmática de relacionar a hipervulnerabilidade dos sujeitos nas relações de consumo, para interpretação do consentimento na proteção de dados, embora caiba a diversas modalidades de relação jurídica, não é suficiente. A abordagem a partir dos drones embora confirme essa relação de desequilíbrio e vulnerabilidade, não resulta, necessariamente, em uma relação de consumo, motivo pelo qual há de se pensar em instrumentos legais e jurídicos – no sentido amplo – diferenciados, para tornar a relação mais equilibrada sob um pressuposto de justiça, em que "as pessoas estejam em primeiro lugar" (SEN; KLIKSBERG, 2010).

Por fim, as inquietações não só jurídicas, como também filosóficas, decorrentes do estudo acerca da incorporação de tecnologias no cotidiano da vida humana não pode conduzir a uma postura de aversão ou de temor. Pelo contrário, debruçar-se sobre as implicações tecnológicas de forma interdisciplinar permite que seja possível prever determinadas consequências, para evitá-las; enfrentar situações, para resolvê-las, e, acima de tudo, reconduzir ao debate acerca de nossa condição humana, de modo que se encerra o presente trabalho – da mesma forma como iniciado – com Hannah Arendt: "a conexão entre o pensamento e a experiência dos sentidos, inerente à condição humana, parece vingar-se de nós: embora a tecnologia demonstre a verdade dos mais abstratos conceitos da ciência moderna, prova apenas que o homem sempre pode aplicar os resultados de sua mente." (ARENDT, 2007, p. 300).

5. REFERÊNCIAS

AGÊNCIA NACIONAL DE AVIAÇÃO CIVIL. *Quantidade de cadastros*. Disponível em: http://www.anac.gov.br/assuntos/paginas-tematicas/drones/quantidade-de-cadastros. Acesso em: 11.08.2020.

BBC NEWS. *Coronavírus: polícia da Espanha usa drones para pedir que cidadãos saiam das ruas*. 16 mar. 2020. [S.l.] Disponível em: https://www.bbc.com/portuguese/internacional-51920226. Acesso em: 11.08.2020.

---

7. Pode-se pensar também que todos os dados coletados tanto por drones, quanto por câmeras de vigilância e pelas redes sociais, comunicam-se e integralizam-se de forma a constituir um grande conjunto de dados sem que se saiba dimensionar ou identificar a finalidade de uso.

BIONI, Bruno Ricardo. *Proteção de Dados Pessoais: a função e os limites do consentimento*. Rio de Janeiro: Forense, 2019.

BRASIL. Superior Tribunal de Justiça. *Recurso Especial 22.337-8-RS*. Relator: Ministro Ruy Rosado de Aguiar. Julgado em 13 de fevereiro de 1995.

CACHAPUZ, Maria Cláudia. *Intimidade e vida privada no novo Código Civil Brasileiro: uma leitura orientada no Discurso Jurídico*. Porto Alegre: Sergio Antonio Fabris Ed., 2006.

CAVOUKIAN, Ann. *Privacy by Design: the 7 foundational principles. Information and Privacy Commissioner of Ontario*. Ontario: IPCO, 2011.

CAVOUKIAN, Ann. *Privacy and Drones*: Uhmaned Aerial Vehicles. Ontario, Canada: Information and Privacy Comissioner, 2012. Disponível em: https://www.ipc.on.ca/wp-content/uploads/Resources/pbd-drones.pdf. Acesso em: 11.08.2020.

CHAMAYOU, Grégoire. *Teoria do Drone*. Trad. Célia Euvaldo. São Paulo: Cosac Naify, 2015. Disponível em: http://servicos.decea.gov.br/arquivos/drone/Doc_10019_Manual_on_RPAS__English_.pdf. Acesso em: 11.08.2020.

COMISSÃO EUROPEIA. *Como deve ser solicitado o meu consentimento?* Direção-Geral da Comunicação da União Europeia. Disponível em: https://ec.europa.eu/info/law/law-topic/data-protection/reform/rights-citizens/how-my-personal-data-protected/how-should-my-consent-be-requested_pt. Acesso em: 11.08.2020.

COMISSÃO EUROPEIA. *Grupo de Trabalho do artigo 29*. Disponível em: https://ec.europa.eu/newsroom/article29/news-overview.cfm. Acesso em: 11.08.2020.

DEPARTAMENTO DE CONTROLE DO ESPAÇO AÉREO. *Qual a diferença entre aeronave não tripulada autônoma e remotamente pilotada?* Disponível em: https://www.decea.gov.br/drone/. Acesso em: 11.08.2020a.

DEPARTAMENTO DE CONTROLE DO ESPAÇO AÉREO. *Qual a diferença entre VANT, DRONE e RPAS?* Disponível em: https://www.decea.gov.br/drone/. Acesso em: 11.08.2020b.

DONEDA, Danilo. *Da privacidade à proteção de dados pessoais*. Rio de Janeiro: Renovar, 2006.

EXAME. *Para Google, inteligência artificial trará mudança mais profunda que fogo*: a caminho de Davos, Pichai parou em Bruxelas e fez um raro discurso, no qual pediu aos reguladores que coordenassem abordagens para inteligência artificial. Por Amy Thompson, da Bloomberg. 25/01/2020. Disponível em: https://exame.abril.com.br/tecnologia/para-google-inteligencia-artificial-trara-mudanca-mais--profunda-que-fogo/?fbclid=IwAR1mkgsP8jw0wugRp-4TONxD3joWunSJPfn3xdaljJl4NoVUBn-JKJpSqZYw. Acesso em: 11.08.2020.

FINN, Rachel L; WRIGHT, David; JACQUES, Laura; DE HERT, Paul. European Comission. *Study on privacy data protection and ethical risks in civil RPAS operations* – Final Report. Luxembourg: Publications Office of the European Union, 2015. Disponível em: https://publications.europa.eu/pt/publication-detail/-/publication/6b277634-4af3-48a7-b3e9-0ca31f7480ce. Acesso em: 11.08.2020.

FORBES. *Utah bans Police from searching digital data without a warrant, closes Fourth Amendment loophol*. Nick Sibilla. 16/04/2019. Disponível em:https://www.forbes.com/sites/nicksibilla/2019/04/16/utah-bans-police-from-searching-digital-data-without-a-warrant-closes-fourth-amendment-loophole/#220e5e176306. Acesso em: 11.08.2020.

G1. *Drone que mede temperatura corporal a distância reforça combate ao novo coronavírus*. [S.1.] 06 abr. 2020. Disponível em: https://g1.globo.com/pe/pernambuco/noticia/2020/04/06/drone-que-mede--temperatura-corporal-a-distancia-reforca-combate-ao-novo-coronavirus-em-pe.ghtml. Acesso em: 11.08.2020.

GLOBAL NEWS. *What is Project Maven?* The Pentagon AI project Google employees want out of. 05/04/2018. Disponível em: https://globalnews.ca/news/4125382/google-pentagon-ai-project-maven/. Acesso em: 11.08.2020.

GORDLEY, James. *The Philosophical Origins of Modern Contract Doctrine.* Oxford: Clarendon Press, 1991.

INTERNATIONAL CIVIL AVIATION ORGANIZATION (ICAO). *Manual on Remotely Piloted Aircraft Systems (RPAS).* 1. ed., 2015. Disponível em: http://servicos.decea.gov.br/arquivos/drone/Doc_10019_Manual_on_RPAS__English_.pdf. Acesso em: 11.08.2020.

INTRONA, Lucas, Phenomenological Approaches to Ethics and Information Technology. *The Stanford Encyclopedia of Philosophy.* Edward N. Zalta (ed.), 2017. Disponívelem: https://plato.stanford.edu/archives/fall2017/entries/ethics-it-phenomenology/. Acesso em: 11.08.2020.

JORNAL OFICIAL DAS COMUNIDADES EUROPEIAS. *Diretiva Europeia 95/46/CE.* 24 out. 1995. Disponível em: https://eur-lex.europa.eu/legal-content/PT/TXT/PDF/?uri=CELEX:31995L0046&from=PT. Acesso em: 11.08.2020.

JORNAL OFICIAL DAS COMUNIDADES EUROPEIAS. *Regulamento Geral sobre Proteção de Dados (EU) 2016/679.* 27 abr. 2016. Disponível em: https://eur-lex.europa.eu/eli/reg/2016/679/oj. Acesso em: 11.08.2020.

KERR, Orin S. Implementing Carpenter: the digital Fourth Amendment. n. 18-29. Oxford: University Press, 2018. Disponível em: https://ssrn.com/abstract=3301257. Acesso em: 11 ago. 2020.

LAFER, Celso. *A reconstrução dos direitos humanos:* um diálogo com o pensamento de Hannah Arendt. 3. reimpressão. São Paulo: Companhia das Letras, 1988.

MANTOVANI, Alexandre Casanova. *O consentimento na disciplina da Proteção dos Dados Pessoais:* uma análise dos seus fundamentos e elementos. Dissertação (Mestrado em Direito) – Faculdade de Direito, Universidade Federal do Rio Grande do Sul. Porto Alegre, 2019.

MARTINS-COSTA, Judith. *A boa-fé no direito privado:* critérios para a sua aplicação. São Paulo: Marcial Pons, 2015.

MARZOCCHI, Ottavio. Parlamento Europeu, Departamento Temático C – Direitos dos Cidadãos e Assuntos Constitucionais. *Implicações da utilização civil de drones para a privacidade e proteção de dados.* Bruxelas: União Europeia. Disponível em: http://www.europarl.europa.eu/RegData/etudes/IDAN/2015/519221/IPOL_IDA(2015)519221_PT.pdf. Acesso em: 11.08.2020.

MAYER-SCHÖNBERGER, Viktor. Generational Development of Data Protection in Europe. *Technology and Privacy:* The New Landscape. Massachusetts: The MIT Press, 2001.

MENDES, Laura Schertel. O diálogo entre o Marco Civil da Internet e o Código de Defesa do Consumidor. *Revista de Direito do Consumidor.* v. 106. jul-agosto, 2016.

MENDES, Laura Schertel. *Privacidade, proteção de dados e defesa do consumidor.* Linhas gerais de um novo direito fundamental. São Paulo: Saraiva, 2014.

MENDES, Laura Schertel. *Transparência e privacidade:* violação e proteção da informação pessoal na sociedade de consumo. Dissertação de Mestrado apresentada ao Programa de Pós-Graduação em Direito da Faculdade de Direito da Universidade de Brasília. Brasília, 2008.

MENKE, Fabiano. *O direito privado e as novas tecnologias: identificação, autoria e integridade da declaração de vontade.* Apresentação oral. AJURIS, 18 de outubro de 2018.

NEW YORK TIMES. *He Won a Landmark Case for Privacy Rights. He's Going to Prison Anyway.* Those who score big victories for the civil liberties of every American sometimes lose their own freedom. Cristian Farias. Junho de 2019. Disponível em:https://www.nytimes.com/2019/06/13/opinion/timothy-carpenter-prison-privacy.html. Acesso em: 11.08.2020.

ORWELL, George. *1984*. Trad. Alexandre Hubner. São Paulo: Companhia das Letras, 2009.

SCHULHOFER, Stephen. *More Essential Than Ever:* The Fourth Amendment in the Twenty-First Century. Oxford: University Press, 2012.

SEN, Amartya; KLIKSBERG, Bernardo. *As pessoas em primeiro lugar: a ética do desenvolvimento e os problemas do mundo globalizado*. Trad. Bernardo Ajzemberg e Carlos Eduardo Lins da Silva. São Paulo: Companhia das Letras, 2010.

STIEGLER, Bernard. *Technics and Time: The Fault of Epimetheus*. Stanford: Stanford University Press, 1998.

UFRGS. *UFRGS participa de testes de desinfecção de áreas públicas com drones:* iniciativa é fruto de parceria entre UFRGS, Sky Drones e Prefeitura Municipal de Porto Alegre. Disponível em: http://www.ufrgs.br/ufrgs/noticias/ufrgs-participa-de-testes-de-desinfeccao-de-areas-publicas-com-drones. Acesso em: 11 ago. 2020.

UNITED STATES OF AMERICA. CONSTITUTION. Disponível em: https://www.law.cornell.edu/constitution/fourth_amendment. Acesso em: 11.08.2020.

UNITED STATES OF AMERICA. Supreme Court of United States. *Carpenter v. United States, 585 US __ (2018)*. Disponível em: https://supreme.justia.com/cases/federal/us/585/16-402/. Acesso em: 11.08.2020.

WARREN, Samuel; BRANDEIS, Louis. The Right to Privacy. *Harvard Law Review*, v. 4, n. 5, 1890, p. 195.

A DELIMITAÇÃO DOGMÁTICA DO LEGÍTIMO INTERESSE PARA TRATAMENTO DE DADOS PESSOAIS: AS BASES PARA A FUTURA CONCREÇÃO

Amanda Lemos Dill

Graduada em Direito pela UFRGS. Mestranda em Direito Privado pela UFRGS. Advogada em Gerson Branco Advogados.

Sumário: 1. Introdução. 2. A delimitação dogmática do legítimo interesse como base legal para o tratamento de dados pessoais. 2.1 A interpretação do legítimo interesse na LGPD. 2.2. O legítimo interesse como conceito jurídico indeterminado ou como cláusula geral? A necessidade de concreção. 3. A concreção do legítimo interesse na Europa e as perspectivas de aplicação da norma prevista na LGPD. 3.1 A concretização do conceito de legítimo interesse no contexto europeu. 3.2 A ponderação de interesses: os testes Europeus e as perspectivas do tratamento de dados com base no legítimo interesse na LGPD. 4. Conclusão.

1. INTRODUÇÃO

O acesso e a utilização dos dados pessoais compreendem dois dos principais ativos empresariais na sociedade contemporânea. Os dados tornaram-se essenciais para o exercício da atividade empresarial; é dizer, toda e qualquer empresa, em maior ou menor grau, coleta, armazena e trata dados.

Com o desenvolvimento das tecnologias da informação, a capacidade de processamento de dados se agigantou, tomando proporções antes inimagináveis. Os algoritmos e os sistemas de captação de dados são capazes de rastrear e armazenar todas as nossas pesquisas, preferências, sites mais visitados etc. Tudo para incrementar as atividades econômicas e para direcionar as informações de forma específica e personalizada para cada indivíduo.

O exemplo clássico da coleta e tratamento de dados para personalização de anúncios é o do Google. Este, em seu vídeo oficial de política de privacidade, assume que coleta os dados para personalizar os resultados e para melhorar seus serviços, isso sem o consentimento específico dos usuários.[1]

Diante desse cenário, é preciso ter em mente que, se, por um lado, a utilização dos dados é essencial para a economia e para o desenvolvimento de novas tecnologias, por outro, esse amplo acesso e tratamento de dados representam um risco à privacidade e

---
1. GOOGLE. *Políticas de Privacidade.* Disponível em: https://policies.google.com/privacy?hl=pt-BR#whycollect. Acesso em: 20.12.2019.

aos direitos dos titulares. O tratamento dos dados pessoais deve colocar o titular em uma posição de autodeterminação informativa, através do qual este seja capaz de decidir de forma livre e racional a possibilidade e a finalidade da utilização de seus dados, bem como os seus limites.[2]

A partir disso, passou-se a entender o tratamento de dados como um risco potencial aos direitos da personalidade e à privacidade do indivíduo. O tratamento de dados, nesse aspecto, é considerado uma invasão que depende de fundamento de legitimação: somente pode haver o tratamento de dados se houver uma prescrição legal que o autorize. Nesse escopo, um dos pressupostos fundamentais para o tratamento de dados é a existência de base normativa que o autorize. Assim, os tratamentos de dados deverão ser avaliados quanto à sua legitimidade e previsão legal. Em nossa Lei Geral de Proteção de Dados (Lei 13.709/2018 – "LGPD") será lícito o tratamento de dados caso haja o enquadramento em ao menos uma das hipóteses do artigo 7º ou na hipótese do artigo 23[3], totalizando onze previsões de tratamento de dados.

Verifica-se, então, que os dados podem ser tratados, dentro das hipóteses do artigo 7º da Lei 13.709/2018 mediante o consentimento do titular; para o cumprimento de obrigação legal ou regulatória do controlador; pela administração pública para o tratamento e uso de dados necessários à execução de políticas públicas conforme previsão legal; para a realização de estudos por órgãos de pesquisa, quando necessário para a execução de contrato ou de procedimentos preliminares relacionados a contrato do qual seja parte o titular; para o exercício regular de direitos em processo judicial, administrativo ou arbitral; para a proteção da vida ou da incolumidade física do titular ou de terceiro; para a tutela da saúde, exclusivamente em procedimento de saúde; quando necessário para atender aos interesses legítimos do controlador ou de terceiro; para a proteção do crédito; e para atendimento de finalidade pública, como disposto no artigo 23 da Lei.

Este rol de hipóteses que legitimam o tratamento de dados é taxativo, seguindo o modelo europeu de proteção de dados, que de forma semelhante trata a matéria. Aliás, o Regulamento Geral de Proteção de Dados da União Europeia (Regulamento 2016/679, "GDPR") exerceu importante influência na elaboração da nossa lei,[4] não apenas quanto à exigência de uma base legal para tratamento dos dados, mas também quanto à adoção de princípios gerais e criação de uma autoridade nacional de proteção de dados para garantir a aplicação da lei.

Assim como no âmbito europeu, uma das bases legais para tratamento de dados prevista LGPD é o legítimo interesse,[5] que "historicamente tem sido encarado como a

---

2. MIRAGEM, Bruno. A Lei Geral de Proteção de dados e o direito do consumidor. *Revista dos Tribunais*, v. 1009/2019, p. 2.
3. MENDES, Laura Schertel; DONEDA, Danilo. Reflexões iniciais sobre a nova lei geral de proteção de dados. *Revista Direito do Consumidor*, v. 120, 2018, p. 469-483, p. 470.
4. CRESPO, Danilo Leme; RIBEIRO FILHO, Dalmo. A evolução legislativa brasileira sobre a proteção de dados pessoais: a importância da promulgação da Lei Geral de Proteção de Dados Pessoais. *Revista de Direito Privado*, v. 98/2019, p. 161 – 186, Mar – Abr, 2019, p. 185; DONEDA, Danilo; Laura Schertel Mendes. Reflexões iniciais sobre a nova lei geral de proteção de dados. *Revista do direito do consumidor*, v. 120, 2018, p. 469-483, p. 470.
5. Art. 7, IX e Art. 10 da Lei 13.709/2018.

mais flexível das bases legais de tratamento de dados no regime comunitário europeu".[6] Tanto o é que, de acordo com o ex-diretor do Google, Marcel Leonardi, 70% do tratamento de dados declarados pelas empresas tem como base o legítimo interesse.[7] Esse é um número bastante significativo, principalmente se comparado ao consentimento, que representa apenas 5% do tratamento de dados declarado.

O legítimo interesse já encontrava previsão na antiga Diretiva Europeia de proteção de dados (artigo 7, alínea f, da D/95/45/CE). No entanto, não havia critérios para a sua aplicação.[8] Como consequência, essa previsão foi alvo de duras críticas, principalmente por significar uma brecha no sistema de proteção de dados, trazendo insegurança e incerteza na sua aplicação.[9] Diante dos problemas de aplicação dos critérios que legitimavam o tratamento de dados com base na diretiva europeia, foi formado um grupo de trabalho – Grupo de Trabalho do artigo 29 – para elaborar um parecer com orientações para a aplicação dos fundamentos para o tratamento de dados, com enfoque especial no legítimo interesse.[10]

Como resultado, o Parecer 6 do Grupo de Trabalho 29 elaborou um documento com orientações gerais para aplicação do legítimo interesse a partir da criação de um teste de ponderação. Foram estabelecidos quatro fatores principais para a aplicação do legítimo interesse: o primeiro é a avaliação do interesse legítimo do responsável pelo tratamento; o segundo é a verificação do impacto nas pessoas em causa; o terceiro é a análise do equilíbrio entre os interesses; e o quarto é referente à existência de "garantias complementares aplicadas pelo responsável pelo tratamento para evitar qualquer impacto indevido nas pessoas em causa".[11] Foi com base neste teste e nas considerações realizadas pelo Grupo de Trabalho do artigo 29 que o Regulamento Geral de Proteção de Dados da União Europeia foi redigido, estando atualmente vigente em todo o território europeu.

No Brasil, o legítimo interesse não estava previsto na primeira versão do anteprojeto de lei de proteção de dados.[12] Em razão da ausência dessa base para tratamento de dados, houve um amplo debate no setor civil e empresarial para a sua inclusão. É de se destacar que o setor empresarial sustentava a necessidade de previsão dessa hipótese a fim de dar

---

6. BIONI, Bruno Ricardi. *Proteção de dados pessoais*: a função e os limites do consentimento. Rio de Janeiro: Forense, 2018, p. 248-249.
7. BERBERET, Lúcia. *"Interesse legítimo" supera "consentimento" no tratamento de dados pessoais pelas empresas*. Disponível em: http://www.telesintese.com.br/interesse-legitimo-supera-consentimento-no-tratamento-de-dados-pelas-empresas/.
8. BALBONI, Paolo. COOPER, Daniel. IMPERIALI, Rosario. MACENAITE, Milda. Legitimate interest of the data controller. New data protection paradigm: legitimacy grounded on appropriate protection. *International Data Privacy Law*, 2013, p. 5.
9. FERRETTI, Federico. Data protection and legitimate interest of data controllers: much ado about nothing or the winter of rights? *Common Market Law Review* 51, 1-26, 2014, p. 3.
10. GRUPO DE TRABALHO DO ARTIGO 29. PARA PROTEÇÃO DE DADOS. *Parecer 06/2014 sobre o conceito de interesses legítimos do responsável pelo tratamento dos dados na acepção do artigo 7º da Diretiva 95/46/CE*, 2014, p. 5.
11. GRUPO DE TRABALHO DO ARTIGO 29. PARA PROTEÇÃO DE DADOS. *Parecer 06/2014 sobre o conceito de interesses legítimos do responsável pelo tratamento dos dados na aceção do artigo 7º da Diretiva 95/46/CE*, 2014, p. 52.
12. BIONI, Bruno Ricardi. *Proteção de dados pessoais*: a função e os limites do consentimento. Rio de Janeiro: Forense, 2018, p. 250.

maior flexibilidade ao sistema. Por outro lado, a academia e a sociedade civil pressionavam para que essa inclusão fosse acompanhada de requisitos para a sua aplicação.[13]

Houve, então, a inclusão da possibilidade de tratamento de dados com base no legítimo interesse, prevendo o artigo 10 a necessidade de se considerar as finalidades legítimas do responsável pelo tratamento a partir de situações concretas, sopesando com as legítimas expectativas do titular, bem como com seus direitos e liberdades fundamentais. Sendo assim, os artigos 7, inciso IX, e 10 da LGPD, seguindo os passos já trilhados no âmbito europeu, prescreveram, em certa medida, a exigência da realização de um teste de ponderação de interesses a fim de garantir a salvaguarda dos direitos dos titulares e permitir a livre iniciativa e o desenvolvimento econômico.

É de se notar, também, que a previsão do legítimo interesse em nossa lei é bastante ampla e maleável. Assim, é imprescindível a compreensão de seu significado e limites de aplicabilidade no âmbito do ordenamento jurídico brasileiro, a fim de fornecer segurança, confiança e previsibilidade ao sistema legal de tratamento de dados.

Como assinalado por Ferreti, a confiança e a confiabilidade do sistema tornam-se a porta de entrada da garantia de participação das pessoas em uma sociedade democrática, em que, ao mesmo tempo, é possível o livre desenvolvimento da personalidade, bem como o uso seguro das novas tecnologias da informação.[14] A confiança no sistema legal de proteção de dados é gerada se as novas tecnologias forem seguras, se estiverem sob o controle dos indivíduos, se a integridade pessoal for respeitada e se os controladores de dados forem fiscalizados.[15]

O objetivo deste artigo, então, é compreender o significado do legítimo interesse do controlador, previsto na LGPD, em perspectiva comparada com a diretiva europeia (Diretiva 95/46/CE) e com o Regulamento Geral de Proteção de Dados da União Europeia (Regulamento 2016/679). Consequentemente, a primeira parte deste artigo visa a delimitar dogmaticamente o legítimo interesse como base legal para o tratamento de dados, estando dividida em dois subtópicos: o primeiro dedicado à interpretação dos dispositivos legais da LGPD e o segundo ao enquadramento dogmático do conceito legítimo interesse dentro do nosso sistema jurídico.

A segunda parte deste artigo tem o objetivo de ser pragmática, assim na primeira subparte serão apresentados dois casos paradigmáticos que direcionaram a interpretação do legítimo interesse na Europa; e na segunda subparte serão expostos e analisados criticamente testes de ponderação do legítimo interesse de forma a contribuir para a aplicação futura do instituto no Brasil.

Pretende-se, com isso, situar dogmaticamente o instituto do legítimo interesse, bem como apresentar critérios para a sua interpretação em nosso ordenamento jurídico

---

13. BIONI, Bruno Ricardi. *Proteção de dados pessoais*: a função e os limites do consentimento. Rio de Janeiro: Forense, 2018, p. 253. Ver também: INTERNET LAB. São Paulo: InternetLab Pesquisa em Direito e Tecnologia. *InternetLab Reporta n. 17 – Debate Público de Proteção de Dados Pessoais*. Disponível em: https://www.internetlab.org.br/pt/internetlab-reporta/internetlab-reporta-no-17-debate-publico-de-protecao-de-dados-pessoais/.
14. FERRETI, Federico. Data protection and legitimate interest of data controllers: much ado about nothing or the winter of rights? *Common Market Law Review* 51, 1-26, 2014, p. 8.
15. FERRETI, Federico. Data protection and legitimate interest of data controllers: much ado about nothing or the winter of rights? *Common Market Law Review* 51, 1-26, 2014, p. 8.

a partir de critérios extraídos da LGPD. Além disso, os casos europeus serão expostos a fim de demonstrar que muitos desafios serão enfrentados pela aplicação da nova lei no contexto brasileiro e que não será possível simplesmente importar soluções europeias, haja vista as diferenças culturais e a longa experiência já vivida por eles.

2. A DELIMITAÇÃO DOGMÁTICA DO LEGÍTIMO INTERESSE COMO BASE LEGAL PARA O TRATAMENTO DE DADOS PESSOAIS

A compreensão do legítimo interesse como base legal para o tratamento de dados perpassa necessariamente pela sua delimitação dogmática enquanto instituto. Assim, o ponto 1.1. propõe-se a entendê-lo a partir da interpretação de palavras-chaves contidas na LGPD, utilizando-se das ferramentas do direito comparado; já o ponto 1.2. propõe-se a verificar se o legítimo interesse é um conceito jurídico indeterminado ou uma cláusula geral do sistema de proteção de dados, e a apresentar a exigência de sua concreção, tudo com a finalidade de compreender os limites interpretativos do instituto.

2.1 A interpretação do legítimo interesse na LGPD

O tratamento de dados pessoais poderá ser realizado com base no legítimo interesse segundo a previsão do artigo 7, IX, da LGPD, ou seja: "quando necessário para atender aos interesses legítimos do controlador ou de terceiro, exceto no caso de prevalecerem direitos e liberdades fundamentais do titular que exijam a proteção dos dados pessoais".[16]

O Legislador, no artigo 10 da LGPD,[17] em alguma medida, estabeleceu parâmetros interpretativos para considerar o legítimo interesse do controlador como fundamento para o tratamento de dados pessoais, através da exemplificação de duas hipóteses, não exaustivas.[18] Haverá legítimo interesse, então, para "apoio e promoção de atividades do controlador" e "proteção, em relação ao titular, do exercício regular de seus direitos ou prestação de serviços que o beneficiem, respeitadas as legítimas expectativas dele e os direitos e liberdades fundamentais, nos termos desta Lei." Para além disso, nesse dispositivo legal constou que "o legítimo interesse do controlador somente poderá fundamentar tratamento de dados pessoais para finalidades legítimas, consideradas a partir

---

16. Lei 13.709/2018, art. 7, IX.
17. Art. 10. O legítimo interesse do controlador somente poderá fundamentar tratamento de dados pessoais para finalidades legítimas, consideradas a partir de situações concretas, que incluem, mas não se limitam a: I – apoio e promoção de atividades do controlador; e II – proteção, em relação ao titular, do exercício regular de seus direitos ou prestação de serviços que o beneficiem, respeitadas as legítimas expectativas dele e os direitos e liberdades fundamentais, nos termos desta Lei.
   § 1º Quando o tratamento for baseado no legítimo interesse do controlador, somente os dados pessoais estritamente necessários para a finalidade pretendida poderão ser tratados.
   § 2º O controlador deverá adotar medidas para garantir a transparência do tratamento de dados baseado em seu legítimo interesse.
   § 3º A autoridade nacional poderá solicitar ao controlador relatório de impacto à proteção de dados pessoais, quando o tratamento tiver como fundamento seu interesse legítimo, observados os segredos comercial e industrial.
18. LIMA, Caio César Carvalho. Capítulo II. Do tratamento de dados pessoais. MALDONADO, Viviane Nóbrega; BLUM, Ronaldo Opice Blum (Coord.). *Lei Geral de Proteção de Dados Comentada*. São Paulo: Thomson Reuters, 2019, p. 194.

de situações concretas", e que somente os dados pessoais estritamente necessários para a finalidade pretendida poderão ser tratados.

Nota-se que o artigo 10 faz referência somente aos interesses do controlador,[19] ao passo que o artigo 7 prevê, também, a figura do *terceiro*. Teria sido um equívoco do legislador ou um silêncio eloquente?

Tem-se entendido ser um caso de lacuna, que deve ser suprida pela aplicação do artigo 10 aos terceiros.[20] Esse entendimento se justifica porque não faria sentido, dentro da lógica do sistema de proteção de dados, aplicar as restrições constantes no artigo 10 somente aos controladores, deixando os terceiros à margem da legislação. Assim, os requisitos expressamente previstos aos controladores aplicam-se também aos terceiros, seguindo a linha, inclusive, do Regulamento Geral de Proteção de Dados da União Europeia (Regulamento 2016/679).[21]

Mas quem seriam esses terceiros? São pessoas que não são parte na relação entre titular e controlador.[22] Os terceiros podem ser familiares, trabalhadores e/ou clientes do controlador, ou, ainda, os consumidores.[23] Também podem ser considerados terceiros as pessoas que tenham reinvindicações legais contra o titular dos dados. Os terceiros, assim como os controladores, deverão demonstrar que possuem um interesse legítimo para a realização do tratamento de dados, preenchendo assim o escopo das normas previstas na LGPD.

Nesse sentido, nota-se que a hipótese de tratamento do legítimo interesse é bastante ampla e maleável, já que inexiste uma definição legal do que o caracteriza. Esta abertura proposta pela lei é desejável para o enquadramento de diversas situações necessárias para o desenvolvimento econômico e para a inovação.[24]

No entanto, é necessário cautela em sua interpretação, diante do direito fundamental de proteção dos dados do titular[25] e de suas legítimas expectativas. O papel da doutrina, então, é buscar diretrizes para a correta aplicação do instituto na prática,[26] evitando que

---

19. A definição de controlador está prevista no art. 5, VI, da Lei 13.709/2018: a pessoa natural ou jurídica, de direito público ou privado, a quem competem as decisões referentes ao tratamento de dados pessoais.
20. LIMA, Caio César Carvalho. Dos requisitos para o tratamento de dados pessoais. In: MALDONADO, Viviane Nóbrega; BLUM, Renato Ópice. (Coord.). *Lei Geral de Proteção de dados comentada*. São Paulo: Thomson Reuters, 2019, p. 194.
21. LIMA, Caio César Carvalho. Dos requisitos para o tratamento de dados pessoais. In: MALDONADO, Viviane Nóbrega; BLUM, Renato Ópice. (Coord.). *Lei Geral de Proteção de dados comentada*. São Paulo: Thomson Reuters, 2019, p. 194.
22. KAMARA, Irene. HERT, Paul. Understanding the balancing act behind the legitimate interest of the controller ground: a pragmatic approach. *Brussels Privacy Hub. Working Paper*, v. 4, n. 12, August, 2018, p. 13.
23. MENEZES CORDEIRO, A. Barreto. O tratamento de dados pessoais fundado em interesses legítimos. *Revista Direito e Tecnologia*, v. 1, 2019, n. 1, 1-31, p. 15.
24. CARNEIRO, Isabelle Nobrega R.; SILVA, Luiza Caldeira Leite; TABACH, Danielle. Capítulo II: Tratamento de dados pessoais. In: FIELGELSON, Bruno. SIQUEIRA, Antonio Henrique Albani (Coord.). Comentários à Lei Geral de Proteção de Dados. São Paulo: Thomson Reuters, 2019, 1.4.
25. A respeito: FERRETTI, Federico. Data protection and legitimate interest of data controllers: much ado about nothing or the winter of rights? *Common Market Law Review* 51, 1-26, 2014, p. 3, "However, if on the one hand flexibility is welcomed by business-oriented supporters, on the other hand it removes a degree of legal certainty, or may even create a loophole in the legal system."
26. Sobre o papel da doutrina ver: MARTINS-COSTA, Judith. Autoridade e utilidade da doutrina: a construção dos modelos doutrinários. In: MARTINS-COSTA, Judith. *Modelos de Direito Privado*. São Paulo: Marcial Pons, 2014.

excessos sejam cometidos. Assim, pretende-se, aqui, propor uma compreensão acerca dos termos utilizados pela LGPD.

Da leitura dos dispositivos referentes ao legítimo interesse previstos em nossa lei, extrai-se quatro termos centrais para a compreensão desta base legal para o tratamento de dados: "interesse", "legítimo", "necessário" e "finalidade". Para esse propósito, interpretação de "interesse" é o lógico ponto de partida.

O conceito de interesse há muito tempo tem ocupado a Ciência Jurídica.[27] Em termos dogmáticos, interesse, de acordo com Carnelluti, é uma relação, é uma posição favorável à satisfação de uma necessidade. É, portanto, "uma relação entre um homem e um bem".[28] Interesse é uma relação heterogênea "no sentido de que pode consistir numa complementaridade entre uma pessoa e uma coisa".[29] O interesse, então, é intrinsicamente ligado à necessidade do indivíduo de ser complementado pelo bem da vida que persegue.[30]

Aplicando a clássica noção de interesse de Carnelluti,[31] pode-se afirmar que a averiguação do interesse do controlador na LGPD perpassa por verificar qual é a necessidade do controlador, ou de terceiro, para a utilização dos dados, isto é, qual é o seu objetivo no âmbito de suas atividades econômicas ao realizar o tratamento dos dados.[32] O interesse é uma "vantagem, legal ou fática, obtida pelo controlador ou por terceiro decorrente, direta e indiretamente, do tratamento de dados pessoais"[33]. Em nossa lei depreende-se que haverá interesse para o "apoio e promoção de atividades do controlador"[34] e para a proteção do titular,[35] como no caso de coleta de dados para aprimoramento do sistema de segurança do controlador.

Referido interesse será legítimo quando for lícito,[36] ou seja, quando estiver de acordo com a LGPD e com as demais normas do Direito brasileiro. O Regulamento

---

27. MENEZES CORDEIRO, A. Barreto. O tratamento de dados pessoais fundado em interesses legítimos. *Revista Direito e Tecnologia*, v. 1, 2019, n. 1, 1-31, p. 11.
28. CARNELUTTI, Francesco. *Teoria Geral do direito*. São Paulo: Saraiva, 1940, p. 48.
29. CARNELUTTI, Francesco. *Teoria Geral do direito*. São Paulo: Saraiva, 1940, p. 53.
30. CARNELUTTI, Francesco. *Teoria Geral do direito*. São Paulo: Saraiva, 1940, p. 80. "A relação entre o ente que experimenta a necessidade e o ente que é capaz de a satisfazer é o interesse.". Jhering também considerou o interesse no âmbito jurídico. Para este jurista, interesse é a condição indispensável a toda ação humana, é a relação que une o fim ao agente (JHERING, Rudolf Von. *El fin en el derecho*. Buenos Aires: Editorial Atalaya, 1946, p. 31).
31. A noção de interesse de Carnelluti também foi utilizada por Erasmo Valladão Azevedo e Novaes França na obra *Conflito de interesses nas assembleias de S.A.*: NOVAES FRANÇA, Erasmo Valladão Azevedo e. *Conflito de interesses nas assembleias de S.A.* São Paulo: Malheiros Editores, 2014, p. 19-26.
32. Sobre interesse na proteção de dados ver o Parecer 6/2014 do grupo de trabalho do art. 2019, p. 38.
33. MENEZES CORDEIRO, A. Barreto. O tratamento de dados pessoais fundado em interesses legítimos. *Revista Direito e Tecnologia*, v. 1, 2019, n. 1, 1-31, p. 12.
34. Lei 13.709/2018, art. 10, I.
35. Lei 13.709/2018, art. 10, II.
36. Nesse sentido ver FERRETTI, Federico. Data Protection and The Legitimate Interest of Data Controllers: Much ado about Nothing or The Winter of Rights? Common Market Law Review 51, 2014, p. 20. "*In this perspective, "legitimate" is viewed as in literal dictionary definitions, which assign the meanings of* "allowed by law", "reasonable and acceptable", *or* "conforming to the law or to the rules". *Broadly speaking, under this perspective doing business, making profits, and generally the acquisition of wealth are legitimate, as long as the business activity conforms to the rules or is not prohibited by the law.*"

É de se destacar, também, o guia elaborado por Data Protection Network's Legitimate Interests Working Group, no qual considera: "*An 'interest' can be considered as 'legitimate', as long as the Controller can pursue this interest in a way that complies with data protection and other laws.*" (DATA PROTECTION NETWORK'S. *Guidance on the use of Legitimate Interests under the EU General Data Protection Regulation*, 2018, p. 6).

Geral de Proteção de Dados da União Europeia (Regulamento 2016/679), assim como a nossa lei, não prevê uma definição de legítimo interesse, todavia, lá houve uma maior preocupação em densificar o que pode caracterizá-lo[37] nos *Considerandos* n. 47[38], 48[39] e 49[40].

Consistem interesses legítimos dos responsáveis pelo tratamento de dados (i.) a existência de uma relação prévia entre o responsável e o titular; (ii.) a prevenção e o controle de fraudes; (iii.) a comercialização direta de bens e serviços; (iv.) a existência de uma relação de grupo; e (v.) segurança de redes de informação.[41] Há, ainda, outros exemplos de interesses que seriam considerados legítimos no Parecer 6 do Grupo de Trabalho do artigo 29,[42] os quais ilustram a amplitude de situações enquadráveis na base legal do legítimo tratamento.

---

37. MENEZES CORDEIRO, A. Barreto. O tratamento de dados pessoais fundado em interesses legítimos. *Revista Direito e Tecnologia*, v. 1, 2019, n. 1, 1-31, p. 12.
38. Regulamento Geral de Proteção de Dados da União Europeia (Regulamento 2016/679), considerando 47. "Os interesses legítimos dos responsáveis pelo tratamento, incluindo os dos responsáveis a quem os dados pessoais possam ser comunicados, ou de terceiros, podem constituir um fundamento jurídico para o tratamento, desde que não prevaleçam os interesses ou os direitos e liberdades fundamentais do titular, tomando em conta as expectativas razoáveis dos titulares dos dados baseadas na relação com o responsável. Poderá haver um interesse legítimo, por exemplo, quando existir uma relação relevante e apropriada entre o titular dos dados e o responsável pelo tratamento, em situações como aquela em que o titular dos dados é cliente ou está ao serviço do responsável pelo tratamento. De qualquer modo, a existência de um interesse legítimo requer uma avaliação cuidada, nomeadamente da questão de saber se o titular dos dados pode razoavelmente prever, no momento e no contexto em que os dados pessoais são recolhidos, que esses poderão vir a ser tratados com essa finalidade. Os interesses e os direitos fundamentais do titular dos dados podem, em particular, sobrepor-se ao interesse do responsável pelo tratamento, quando que os dados pessoais sejam tratados em circunstâncias em que os seus titulares já não esperam um tratamento adicional. Dado que incumbe ao legislador prever por lei o fundamento jurídico para autorizar as autoridades a procederem ao tratamento de dados pessoais, esse fundamento jurídico não deverá ser aplicável aos tratamentos efetuados pelas autoridades públicas na prossecução das suas atribuições. O tratamento de dados pessoais estritamente necessário aos objetivos de prevenção e controlo da fraude constitui igualmente um interesse legítimo do responsável pelo seu tratamento. Poderá considerar-se de interesse legítimo o tratamento de dados pessoais efetuado para efeitos de comercialização direta."
39. Regulamento Geral de Proteção de Dados da União Europeia (Regulamento 2016/679), considerando 48. "Os responsáveis pelo tratamento que façam parte de um grupo empresarial ou de uma instituição associada a um organismo central poderão ter um interesse legítimo em transmitir dados pessoais no âmbito do grupo de empresas para fins administrativos internos, incluindo o tratamento de dados pessoais de clientes ou funcionários. Os princípios gerais que regem a transmissão de dados pessoais, no âmbito de um grupo empresarial, para uma empresa localizada num país terceiro mantêm-se inalterados."
40. Regulamento Geral de Proteção de Dados da União Europeia (Regulamento 2016/679), considerando 49. "Os responsáveis pelo tratamento que façam parte de um grupo empresarial ou de uma instituição associada a um organismo central poderão ter um interesse legítimo em transmitir dados pessoais no âmbito do grupo de empresas para fins administrativos internos, incluindo o tratamento de dados pessoais de clientes ou funcionários. Os princípios gerais que regem a transmissão de dados pessoais, no âmbito de um grupo empresarial, para uma empresa localizada num país terceiro mantêm-se inalterados."
41. MENEZES CORDEIRO, A. Barreto. O tratamento de dados pessoais fundado em interesses legítimos. *Revista Direito e Tecnologia*, v. 1, 2019, n. 1, 1-31, p. 13.
42. GRUPO DE TRABALHO DO ARTIGO 29. PARA PROTEÇÃO DE DADOS. *Parecer 06/2014 sobre o conceito de interesses legítimos do responsável pelo tratamento dos dados na aceção do artigo 7º da Diretiva 95/46/CE*, 2014, p. 39. "Exercício do direito à liberdade de expressão ou de informação, nomeadamente nos meios de comunicação social e nas artes; Marketing direto convencional e outras formas de marketing ou de publicidade; Mensagens não comerciais não solicitadas, nomeadamente relativas a campanhas políticas ou a atividades de angariação de fundos para fins de beneficência; Prevenção da fraude, utilização abusiva de serviços ou branqueamento de capitais; monitorização da atividade dos trabalhadores para fins de segurança ou gestão; sistemas de denúncia; segurança física, tecnologias de informação e segurança das redes; tratamento para fins históricos, científicos ou estatísticos; tratamento para fins de investigação (nomeadamente pesquisas de mercado)".

Além de verificar a existência de interesse legítimo, de acordo com a LGPD deve-se verificar a necessidade para o tratamento dos dados.[43]

Enfrentando o mesmo problema de interpretação no Regulamento Geral de Proteção de Dados da União Europeia (Regulamento 2016/679), Antônio Barreto Menezes Cordeiro entende que o tratamento será necessário quando demonstrada a presença de um interesse legítimo do responsável ou de terceiro e quando as liberdades fundamentais dos titulares não prevalecerem. Ou seja, este autor entende que há um necessário reenvio aos próprios termos constantes no artigo 6º, 1, f, do Regulamento,[44] razão pela qual esclarece que "o requisito da necessidade não é autonomizável, sendo consumido pelo núcleo do art. 6º, 1, f)".[45]

Todavia, pelo menos no âmbito da Lei 13.709/2018, é preciso considerar a necessidade enquanto princípio norteador de todo o sistema de proteção de dados, conforme consta no artigo 6º, III, da LGPD.[46] Assim, a necessidade deve ser entendida como uma limitação ao uso do tratamento dos dados ao mínimo possível para o atendimento da finalidade proposta pelo controlador ou terceiro.[47]

A partir da necessidade enquanto princípio, entende-se que o tratamento de dados baseado no legítimo interesse não pode ultrapassar os limites do propósito desejado, o que impede, por exemplo, a coleta de dados que não possuam nenhuma relação com a atividade fim da empresa.[48] Portanto, é o princípio da necessidade que vai delimitar a licitude no tratamento de dados.[49]

A verificação da necessidade, por sua vez, está atrelada à análise da finalidade pretendida pelo controlador ou por terceiro no tratamento dos dados. Na nossa Lei, a finalidade foi positivada como princípio que significa "a realização do tratamento para

---

43. Lei 13.709/2018, art. 10, §1º: quando o tratamento for baseado no legítimo interesse do controlador, somente os dados pessoais estritamente necessários para a finalidade pretendida poderão ser tratados.
44. Regulamento Geral de Proteção de Dados da União Europeia (Regulamento 2016/679). Artigo 6º. Licitude do tratamento. 1. O tratamento só é lícito se e na medida em que se verifique pelo menos uma das seguintes situações: [...] f) O tratamento for necessário para efeito dos interesses legítimos prosseguidos pelo responsável pelo tratamento ou por terceiros, exceto se prevalecerem os interesses ou direitos e liberdades fundamentais do titular que exijam a proteção dos dados pessoais, em especial se o titular for uma criança.
45. MENEZES CORDEIRO, A. Barreto. O tratamento de dados pessoais fundado em interesses legítimos. *Revista Direito e Tecnologia*, v. 1, 2019, n. 1, 1-31, p. 11.
46. Lei 13.709, art. 6º, III – necessidade: limitação do tratamento ao mínimo necessário para a realização de suas finalidades, com abrangência dos dados pertinentes, proporcionais e não excessivos em relação às finalidades do tratamento de dados;
47. MIRAGEM, Bruno. A Lei Geral de Proteção de dados (Lei 13.709/2018) e o direito do consumidor. *Revista dos Tribunais*, v. 1009/2019, p. 9. Ver também: OLIVEIRA, Marco Aurélio Bellizze. LOPES, Isabela Maria Pereira. Os princípios norteadores da proteção de dados pessoais no Brasil e sua otimização pela Lei 13.709/2018. FRAZÃO, Ana; TEPEDINO, Gustavo; OLIVA, Milena Donato. (Coord.). *Lei Geral de Proteção de dados pessoais e suas repercussões no direito brasileiro*. São Paulo: Thomson Reuters Brasil, 2019, p. 75.
48. SIQUEIRA, Antônio Henrique Albani. Capítulo I. FEIGELSON, Bruno; SIQUEIRA, Antônio Henrique Albani (Coord.). *Comentários à Lei Geral de Proteção de Dados*. São Paulo: Thomson Reuters Brasil, 2019, e-book, RB-1.1, 13. Mais adiante o Autor cita que "O Princípio da necessidade se manifesta, ainda, no tocante ao tratamento de dados fundamentado no legítimo interesse do controlador, na medida em que o art. 10 da LGPD determina expressamente que somente os dados pessoais estritamente necessários para a finalidade pretendida poderão ser tratados."
49. LIMA, Caio César Carvalho. Capítulo II. Do tratamento de dados pessoais. MALDONADO, Viviane Nóbrega; BLUM, Ronaldo Opice Blum (Coord.). *Lei Geral de Proteção de Dados Comentada*. São Paulo: Thomson Reuters, 2019, p. 196.

propósitos legítimos, específicos, explícitos e informados ao titular, sem possibilidade de tratamento posterior de forma incompatível com essas finalidades".[50] Esse princípio é central no sistema de proteção de dados, tendo grande relevância prática, pois, a partir dele, pode estruturar-se os critérios para valorar a razoabilidade da utilização de determinados dados para determinado fim.[51]

Ou seja, o princípio da finalidade exige que seja respeitada a correlação entre o tratamento de dados e os propósitos específicos informados.[52] Ainda, deve-se considerar que a "finalidade é a razão específica pela qual os dados são tratados: o objetivo ou a intenção do tratamento de dados."[53] Assim, para o tratamento baseado no legítimo interesse, é fulcral a análise da finalidade pretendida pelo controlador a fim de verificar no caso concreto se há congruência com as expectativas legítimas do titular e se haveria outros meios para atingir a razão específica pretendida.

Constata-se, então, ser muito difícil fugir do caso concreto a fim de encontrar regras gerais. Todos os elementos de interpretação até agora apresentados não têm o condão de estabelecer com precisão para todos os casos de tratamento de dados o que seria legítimo interesse. Essa situação permite questionar se estamos diante de uma cláusula geral ou de um conceito jurídico indeterminado. Independentemente da resposta, há a imposição da concreção para a aplicação do instituto, o que será abordado no próximo tópico.

2.2 O legítimo interesse como conceito jurídico indeterminado ou como cláusula geral? A necessidade de concreção

Haja vista o elevado grau de abertura e indeterminação da previsão do legítimo interesse, Laura Shertel Mendes, Danilo Doneda, Daniel Bucar e Mario Viola consideram a previsão do legítimo interesse do controlador como uma espécie de cláusula geral, cujo conteúdo deve ser preenchido no caso concreto.[54] Todavia, é de se questionar se, de fato, estamos diante de uma cláusula geral da LGPD.

Não há dúvidas de que se trata de norma semanticamente aberta. No entanto, é preciso esclarecer que "dentre as normas abertas aninham-se os princípios normativos,

---

50. Lei 13.709/2018, art. 6º, I.
51. MIRAGEM, Bruno. A Lei Geral de Proteção de dados (Lei 13.709/2018) e o direito do consumidor. *Revista dos Tribunais*, v. 1009/2019, p. 6; Ver também: DONEDA, Danilo. Direito Fundamental à proteção de dados pessoais. In: MARTINS, Guilherme Magalhães; LONGHI, João Victor Rozatti (Coord.). *Direito digital. Direito privado e internet*. 2. ed. Indaiatuba: Foco, 2019. p. 100.
52. OLIVEIRA, Marco Aurélio Bellizze. LOPES, Isabela Maria Pereira. Os princípios norteadores da proteção de dados pessoais no Brasil e sua otimização pela Lei 13.709/2018. FRAZÃO, Ana; TEPEDINO, Gustavo; OLIVA, Milena Donato. (Coord.). *Lei Geral de Proteção de dados pessoais e suas repercussões no direito brasileiro*. São Paulo: Thomson Reuters Brasil, 2019, p. 73.
53. GRUPO DE TRABALHO DO ARTIGO 29. PARA PROTEÇÃO DE DADOS. *Parecer 06/2014 sobre o conceito de interesses legítimos do responsável pelo tratamento dos dados na aceção do artigo 7º da Diretiva 95/46/CE*, 2014, p. 38.
54. DONEDA, Danilo; MENDES, Laura Schertel. Reflexões iniciais sobre a nova lei geral de proteção de dados. *Revista do direito do consumidor*, v. 120, 2018, p. 469-483, p. 472; BUCAR, Daniel; VIOLA, Mario. Tratamento de dados pessoais por "legítimo interesse do controlador": primeiras questões e apontamentos. FRAZÃO, Ana; TEPEDINO, Gustavo; OLIVA, Milena Donato (Coord.). *Lei Geral de Proteção de Dados e suas repercussões no Direito Brasileiro*. São Paulo: Thomson, 2019, p. 472.

os conceitos indeterminados, as diretivas ('normas-objetivo') e as cláusulas gerais".[55] Ou seja, a cláusula geral é uma das espécies do gênero "normas abertas".

De origem alemã, a cláusula geral indica "uma estrutura normativa cuja prescrição é vaga na hipótese, isto é, cujo conteúdo não está previamente descrito".[56] É uma norma vaga que exige precisão e construção por parte do intérprete. As cláusulas gerais são portas para a entrada de valores éticos-morais no sistema jurídico.[57]

Os conceitos indeterminados, assim como as cláusulas gerais, também possuem vagueza semântica, e grande abertura às mudanças de valorações.[58] Os conceitos indeterminados se caracterizam pela incerteza em conteúdo e em extensão; ainda que possuam um núcleo conceitual, há halos conceituais.[59]

A distinção entre ambos é estrutural, funcional e quanto ao modo de aplicação.[60] O conceito jurídico indeterminado já apresenta a sua consequência, isto é, os efeitos incidentes no caso concreto.[61] Assim, ocorrendo o pressuposto fático, a consequência normativa é direta.

A cláusula geral, por sua vez, é uma norma em branco, cuja solução é dada pelo aplicador diante do caso concreto. Portanto, as cláusulas gerais auxiliam na abertura e mobilidade do sistema ao criarem consequências jurídicas novas "vinculadas à concretização do valor, diretiva ou do padrão social prescritivamente reconhecido como arquétipo exemplar de conduta".[62]

Por outro lado, nos conceitos indeterminados, o aplicador resume-se a aplicar ao fato concreto o elemento semanticamente vago, devendo individuar os "confins da hipótese abstratamente posta, cujos efeitos já foram predeterminados legislativamente."[63]

---

55. MARTINS-COSTA, Judith. *A boa-fé no direito privado: critérios para a sua aplicação*. São Paulo: Marcial Pons, 2015, p. 120. No mesmo sentido: ENGISCH, Karl. *Introdução ao pensamento jurídico*. Trad. de J. Baptista Machado. Lisboa: Fundação Calouste Gulbenkian, 1996, p. 208.
56. MARTINS-COSTA, Judith. *A boa-fé no direito privado: critérios para a sua aplicação*. São Paulo: Marcial Pons, 2015, p. 121.
57. MENKE, Fabiano. A interpretação das cláusulas gerais. A subsunção e a concreção dos conceitos. *Revista de Direito do Consumidor*. v. 50/2004, p. 9-35, p. 12. No mesmo sentido: REALE, Miguel. *História do Novo Código Civil*. São Paulo: Ed. RT, 2005, p. 37.
58. MARTINS-COSTA, Judith. *A boa-fé no direito privado: critérios para a sua aplicação*. São Paulo: Marcial Pons, 2015, p. 143.
59. ENGISCH, Karl. *Introdução ao pensamento jurídico*. Trad. de J. Baptista Machado. Lisboa: Fundação Calouste Gulbenkian, 1996, p. 208-209.
60. MARTINS-COSTA, Judith. *A boa-fé no direito privado: critérios para a sua aplicação*. São Paulo: Marcial Pons, 2015, p. 142. "a distinção entre enunciados normativos contendo termos indeterminados e cláusulas gerais não se dá só no plano analítico, mas, fundamentalmente, nos planos funcional e estrutural, importando atentar para o modo de aplicação de uns e de outros."
61. MENKE, Fabiano. A interpretação das cláusulas gerais. A subsunção e a concreção dos conceitos. *Revista de Direito do Consumidor*. v. 50/2004, p. 9-35, p. 13; MARTINS-COSTA, Judith. *A boa-fé no direito privado: critérios para a sua aplicação*. São Paulo: Marcial Pons, 2015, p. 143.
62. MARTINS-COSTA, Judith. *A boa-fé no direito privado: critérios para a sua aplicação*. São Paulo: Marcial Pons, 2015, p. 143. No mesmo sentido: ÁVILA, Humberto. Subsunção e concreção na aplicação do direito. In MEDEIROS, Antônio Paulo Cachapuz de (Org.). *Faculdade de Direito da PUC-RS: o ensino jurídico no limiar do novo milênio*. Porto Alegre: Edipuc-RS, 1997. p. 413-465, p. 434 – "As cláusulas gerais funcionam como instrumentos de adaptação dos efeitos jurídicos aos fatos jurídicos concretos, naquelas normas cujos valores são identificados de maneira genérica."
63. MARTINS-COSTA, Judith. *A boa-fé no direito privado: critérios para a sua aplicação*. São Paulo: Marcial Pons, 2015, p. 143.

No caso do legítimo interesse prescrito na LGPD o efeito legal já está determinado; se houver interesse legítimo do controlador, o tratamento de dados pessoais será lícito. Caso não seja identificado o interesse legítimo, não há subsunção ao suporte fático e a consequência jurídica – legitimação do tratamento de dados – será o tratamento ilícito. Logo, a indeterminação não reside nos efeitos, mas no amplo espectro fático que pode ser considerado como legítimo interesse do controlador e de terceiro.

A tarefa da doutrina e dos aplicadores do direito é, então, estabelecer os parâmetros interpretativos para a aplicação do enunciado normativo que contém o termo indeterminado "legítimo interesse", a fim de possibilitar a incidência dos efeitos legalmente dispostos: ser base para o tratamento de dados. Para essa interpretação deve-se considerar que o legítimo interesse sujeita-se à concreção,[64] haja vista ser uma norma aberta. A concreção, como técnica de aplicação do direito, também é exigência da própria lei que prevê o legítimo interesse. O artigo 10 da Lei 13.709/18 impõe que sejam consideradas as situações concretas a fim de verificar se há o fundamento para o tratamento de dados com base nessa hipótese.

Nota-se o reconhecimento de que o direito somente se realiza em sua concretude.[65] É a assunção de que a orientação do direito é a realidade, e de que por esta deve ser moldado. Diante do contexto de novas tecnologias e de sistemas de processamento de dados cada vez mais modernos, não havia alternativa ao legislador senão deixar ao aplicador uma certa margem de liberdade para verificar a licitude no tratamento de dados em cada caso. Qualquer maior densificação da norma tornaria em pouco tempo a previsão desatualizada.

A aplicação do legítimo interesse, através da concreção, consistirá em uma "atividade volitiva complexa" do julgador, "por meio da qual as consequências jurídicas concretas resultam da polaridade entre os valores sistemáticos e problemáticos".[66] A respeito dos valores da LGPD, extraídos da justificativa de seu projeto, é possível afirmar a existência de dois eixos principais: dar proteção "à individualidade e à privacidade das pessoas, sem impedir a livre iniciativa comercial e de comunicação". É a polaridade entre esses dois valores – privacidade e livre iniciativa –, e a consequente escolha pelo aplicador no caso concreto de qual vai prevalecer, que marcará a aplicação do legítimo interesse.

Não apenas isso, a ponderação deverá ser marcada pela análise do interesse do controlador, ou de terceiro, em contraste com a verificação do impacto às liberdades e direitos fundamentais do titular, bem como com suas legítimas expectativas, conforme previsão do artigo 10, II, da LGPD. Essa "regra de ponderação" encontra previsão,

---

64. Sobre concreção: MENKE, Fabiano. A interpretação das cláusulas gerais. A subsunção e a concreção dos conceitos. *Revista de Direito do Consumidor*. v. 50/2004, p. 9-35, p. 7: Na aplicação do direito por meio da concreção, o juiz analisa o caso concreto em toda a potencialidade. Não parte apenas da compreensão da norma para perquirir se os fatos colocados em questão nela se encaixam. Consoante salienta Humberto Ávila, ocorre "uma mescla de indução e dedução", onde são analisadas todas as circunstâncias do caso: o conteúdo da norma, os precedentes judiciais e quaisquer outros elementos que venham a ser considerados relevantes."

65. Sobre concretude ver: REALE, Miguel. *História do Novo Código Civil*. São Paulo: Ed. RT, 2005, p. 41.

66. ÁVILA, Humberto. Subsunção e concreção na aplicação do direito. In MEDEIROS, Antônio Paulo Cachapuz de (Org.). *Faculdade de Direito da PUC-RS*: o ensino jurídico no limiar do novo milênio. Porto Alegre: Edipuc-RS, 1997. p. 413-465, p. 413.

também, no artigo 7, IX da LGPD "ao referir-se à *prevalência de direitos* para sindicar a aplicação do interesse legítimo".[67]

Em razão da previsão de um teste de ponderação nos casos concretos entre os direitos do titular e os do controlador, ou de terceiro, a lição de Alexy deve ser observada.[68] Isso porque, de um lado, há princípio da livre-iniciativa e, de outro, há o direito fundamental à privacidade, este que tem a natureza de princípio, sendo mandamento de otimização.[69] Assim, de acordo com a teoria de Alexy, o sopesamento pode ser dividido em três passos. No primeiro é avaliado o grau de não satisfação ou afetação de um dos princípios. Depois, um segundo passo, avalia-se a importância da satisfação do princípio colidente. Por fim, em um terceiro passo, deve ser avaliado se a importância da satisfação do princípio colidente justifica a afetação ou a não satisfação do outro princípio.[70]

Diante da exigência de concreção e sopesamento dos interesses e direitos envolvidos em cada caso, houve múltiplas leituras do legítimo interesse na Europa desde a sua previsão na Diretiva de 1995. A análise dessa experiência é de grande importância para avaliar as perspectivas da aplicação da nossa Lei. Portanto, a próxima parte deste artigo se dedicará a expor hipóteses de aplicação do legítimo interesse, bem como verificar a possibilidade de importação do teste de aplicação do instituto.

3. A CONCREÇÃO DO LEGÍTIMO INTERESSE NA EUROPA E AS PERSPECTIVAS DE APLICAÇÃO DA NORMA PREVISTA NA LGPD

A LGPD possui profunda influência do Regulamento Geral de Proteção de Dados da União Europeia (Regulamento 2016/679) sobre o tratamento de dados pessoais.[71] Portanto, o estudo crítico das regulações europeias atinentes à proteção de dados, assim como das decisões paradigmas da corte europeia, faz-se imprescindível para a compreensão do legítimo interesse enquanto instituto jurídico, o que será realizado no primeiro subponto. Já no segundo, serão expostos testes de ponderação elaborados na Europa a fim de analisá-los criticamente e de questionar a possibilidade de importá-los.

3.1 A concretização do conceito de legítimo interesse no contexto europeu

Muitas das dificuldades que enfrentaremos na interpretação e na aplicação do legítimo interesse já foram objeto de debate no cenário europeu, porquanto lá a preocupação

---

67. BUCAR, Daniel; VIOLA, Mario. Tratamento de dados pessoais por "legítimo interesse do controlador": primeiras questões e apontamentos. FRAZÃO, Ana; TEPEDINO, Gustavo; OLIVA, Milena Donato (Coord.). *Lei Geral de Proteção de Dados e suas repercussões no Direito Brasileiro*. São Paulo: Thomson, 2019, p. 475.
68. BUCAR, Daniel; VIOLA, Mario. Tratamento de dados pessoais por "legítimo interesse do controlador": primeiras questões e apontamentos. FRAZÃO, Ana; TEPEDINO, Gustavo; OLIVA, Milena Donato (Coord.). *Lei Geral de Proteção de Dados e suas repercussões no Direito Brasileiro*. São Paulo: Thomson, 2019, p. 475.
69. ALEXY, Robert. *Teoria dos direitos fundamentais*. Trad. Virgílio Afonso da Silva. São Paulo: Malheiros Editores, 2011, p. 575.
70. ALEXY, Robert. *Teoria dos direitos fundamentais*. Trad. Virgílio Afonso da Silva. São Paulo: Malheiros Editores, 2011, p. 594.
71. BUCAR, Daniel; VIOLA, Mario. Tratamento de dados pessoais por "legítimo interesse do controlador": primeiras questões e apontamentos. FRAZÃO, Ana; TEPEDINO, Gustavo; OLIVA, Milena Donato (Coord.). *Lei Geral de Proteção de Dados e suas repercussões no Direito Brasileiro*. São Paulo: Thomson, 2019, p. 471.

com a regulação sobre o tratamento dos dados teve início a partir da década de 1970.[72] As soluções jurídicas inseridas nesse cenário diverso, em que há uma maior maturidade no desenvolvimento desses problemas, não devem ser simplesmente transplantadas para a realidade brasileira, mas devem ser consideradas para as soluções futuras.

Apesar desse maior desenvolvimento quanto a matéria, é preciso considerar que, atualmente, o dispositivo sobre legítimo interesse do Regulamento Geral de Proteção de Dados da União Europeia (Regulamento 2016/679) tem sido bastante criticado pelas dificuldades interpretativas que suscita. Essa norma caracteriza-se por elevado grau de abstração, fruto da utilização de conceitos indeterminados não consolidados no espaço europeu.[73]

A propósito, A. Barreto Menezes Cordeiro entende que a solução positivada coloca o titular em uma situação de particular fragilidade, porquanto é o responsável que cabe decidir se realiza ou não o tratamento de dados pessoais, e em que moldes isto irá ocorrer. Assim, segundo a concepção do referido jurista, a alínea "f" do artigo 6º, 1, do Regulamento 2016/679, que trata sobre o legítimo interesse, abre portas a consequências imprevisíveis ao fundamentar o tratamento de dados.[74]

Essa disposição, todavia, não foi novidade, o legítimo interesse já havia sido positivado na Diretiva de Proteção de Dados de 1995 (95/46/CE), no artigo 7, alínea f.[75] A redação deste dispositivo foi objeto de emendas diversas vezes durante o processo legislativo da Diretiva. Apesar das divergências e das várias versões apresentadas, havia consenso que o legítimo interesse é fundamento para o tratamento de dados, se os interesses do titular dos dados não prevalecessem. Assim, todas as versões previam a necessidade de um teste de proporcionalidade entre os legítimos interesses do controlador dos dados e os interesses dos titulares.[76]

Nada obstante, não foram estabelecidos critérios para a realização desse teste de ponderação.[77] Mais do que isso, nenhuma das versões, tampouco a versão final, especificaram o objetivo e a intenção do legislador ao incluir o artigo 7º, alínea f.[78] Como resultado, essa previsão pareceu ser paradoxal com o sistema do diploma por permitir o

---

72. MAYER-SCHÖNBERGER, Viktor. Generational Development of data protection in Europe. In: AGRE, Philip E.; ROTENBERG, Marc. *Technology and privacy: the new landscape*. Cambridge: The Mit Press, 2001, p. 219.
73. MENEZES CORDEIRO, A. Barreto. O tratamento de dados pessoais fundado em interesses legítimos. *Revista Direito e Tecnologia*, v. 1, 2019, n. 1, 1-31, p. 4.
74. MENEZES CORDEIRO, A. Barreto. O tratamento de dados pessoais fundado em interesses legítimos. *Revista Direito e Tecnologia*, v. 1, 2019, n. 1, 1-31, p. 5.
75. Diretiva 95/46/CE, art. 7, f) O tratamento for necessário para prosseguir interesses legítimos do responsável pelo tratamento ou do terceiro ou terceiros a quem os dados sejam comunicados, desde que não prevaleçam os interesses ou os direitos e liberdades fundamentais da pessoa em causa, protegidos ao abrigo do nº 1 do artigo 1º.
76. KAMARA, Irene. HERT, Paul. Understanding the balancing act behind the legitimate interest of the controller ground: a pragmatic approach. *Brussels Privacy Hub. Working Paper*, v. 4, n. 12, August, 2018, p. 9.
77. KAMARA, Irene. HERT, Paul. Understanding the balancing act behind the legitimate interest of the controller ground: a pragmatic approach. *Brussels Privacy Hub. Working Paper*, v. 4, n. 12, August, 2018, p. 9; BALBONI, Paolo; COOPER, Daniel; IMPERIALI, Rosario; MACENAITE; Milda. Legitimate interest of the data controller. New Data protection paradigm: legitimacy grounded on appropriate protection. *International Data Privacy Law* 2013, p. 247.
78. BALBONI, Paolo; COOPER, Daniel; IMPERIALI, Rosario; MACENAITE; Milda. Legitimate interest of the data controller. New Data protection paradigm: legitimacy grounded on appropriate protection. *International Data Privacy Law* 2013, p. 247.

tratamento dos dados pelo responsável, baseado em seus interesses, independentemente de consentimento do titular. Parecia que a Diretiva franqueava ampla discricionariedade ao responsável pelo tratamento, minimizando a efetividade da proteção dos dados dos titulares.[79] Mais do que isso, a previsão do tratamento dos dados baseado no interesse legítimo removeu grau de segurança jurídica, criando brechas no sistema legal.[80]

Outra dificuldade enfrentada era que a Diretiva necessitava ser transposta por cada Estado-membro da União Europeia para ser vinculante, assim, a implementação do artigo 7, alínea f, divergiu substancialmente de um Estado para outro.[81] Logo, um dos problemas da adoção da noção de interesse legítimo na Diretiva Europeia foi a aplicação divergente nos Estados-membros, tendo sido, por vezes, insatisfatória.[82] Diante desse cenário, o papel da Corte de Justiça da União Europeia (CJUE), ao interpretar as normas sobre proteção de dados, foi de grande importância a fim de unificar e fixar algumas balizas interpretativas.[83] Nesse sentido, destacam-se dois casos paradigmáticos para a compreensão da matéria.

O primeiro é o julgamento do caso ASNEF (C-468/10) e FECEMED (C-469/10), no qual a Corte Europeia fixou o entendimento pela impossibilidade de os Estados-membros adicionarem novos requisitos para o tratamento de dados com base no legítimo interesse, apesar de a norma da Diretiva ser bastante aberta. Neste caso, a ASNEF (Asociación Nacional de Establecimientos Financieros de Crédito) e a FECEMD (Federación de Comercio Electrónico y Marketing Directo) consideraram que o Direito espanhol acrescentou à condição relativa ao interesse legítimo no tratamento dos dados uma condição que não existia na Diretiva 95/46, a saber, que os dados constassem em fontes acessíveis ao público.

O Supremo Tribunal Espanhol considerou que a procedência dos recursos interpostos dependia da interpretação pela Corte de Justiça Europeia do artigo 7°, f, da Diretiva. Assim, decidiu-se suspender o julgamento e submeter à Corte de Justiça da União Europeia as questões suscitadas nesses processos.

A primeira questão era saber se o artigo 7, f, da Diretiva 96/46 deveria ser interpretado no sentido de exigir, além do respeito pelos direitos e liberdades fundamentais do titular, que os dados constassem em fontes acessíveis ao público. E a segunda era esclarecer se referido dispositivo gozava de "efeito direto", isto é, se poderia ser diretamente aplicável, ao invés da lei nacional espanhola.

---

79. BUCAR, Daniel; VIOLA, Mario. Tratamento de dados pessoais por "legítimo interesse do controlador": primeiras questões e apontamentos. FRAZÃO, Ana; TEPEDINO, Gustavo; OLIVA, Milena Donato (Coord.). *Lei Geral de Proteção de Dados e suas repercussões no Direito Brasileiro.* São Paulo: Thomson, p. 469.
80. FERRETI, Federico. Data protection and legitimate interest of data controllers: much to do about nothing or the winter of rights? *Common Market Law Review* 51, 1-26, 2014, p. 3.
81. BALBONI, Paolo; COOPER, Daniel; IMPERIALI, Rosario; MACENAITE; Milda. Legitimate interest of the data controller. New Data protection paradigm: legitimacy grounded on appropriate protection. International Data Privacy Law 2013, p. 249.
82. GRUPO DE TRABALHO DO ARTIGO 29. PARA PROTEÇÃO DE DADOS. *Parecer 06/2014 sobre o conceito de interesses legítimos do responsável pelo tratamento dos dados na aceção do artigo 7° da Diretiva 95/46/CE,* 2014, p. 6 e 10.
83. KAMARA, Irene. HERT, Paul. Understanding the balancing act behind the legitimate interest of the controller ground: a pragmatic approach. *Brussels Privacy Hub. Working Paper,* v. 4, n. 12, August, 2018, p. 20.

Na decisão, a CJUE declarou que o artigo 7º, *f*, possui efeito direto de aplicação e registrou significativas balizas interpretativas, como a de que o tratamento dos dados deveria ser conforme os princípios constantes nos enunciados do artigo 6 da Diretiva. Somente a partir da aplicação desses princípios os Estados-membros conseguiriam assegurar a proteção das liberdades e dos direitos fundamentais das pessoas, especialmente o direito à vida privada em relação ao tratamento de dados.

Ademais, a CJUE concluiu que a lista para o processamento lícito de dados constante no artigo 7 é exaustiva e taxativa. Assim, os Estados-membros não poderiam acrescentar novos princípios relativos à legitimação dos dados, nem prever exigências suplementares que viessem a alterar o alcance dos dispositivos previstos neste artigo.

Nessa decisão constou que, para o tratamento de dados ser baseado no legítimo interesse, é necessário o preenchimento cumulativo de duas condições. A primeira é que o tratamento dos dados deve ser necessário para perseguir interesses legítimos do responsável pelo tratamento ou de terceiro a quem os dados sejam comunicados. Todavia, a CJUE não providenciou uma interpretação mais específica sobre o que poderia preencher esse critério da necessidade. A segunda condição exarada é que os direitos e liberdades fundamentais do titular dos dados não prevalecessem sobre o legítimo interesse do controlador.

Quanto a essa segunda condição, a CJUE registrou que a ponderação dos direitos e interesses opostos do responsável, ou terceiro, e do titular dos dados depende das circunstâncias concretas de casa caso. Para a realização dessa ponderação, deve-se considerar os direitos subjetivos da pessoa, resultantes dos artigos 7 e 8 da Carta dos Direitos Fundamentais da União Europeia, especialmente o direito à privacidade. Também deve-se considerar a variação de gravidade da violação dos direitos fundamentais em função de já constarem ou não de fontes acessíveis ao público.

Nota-se que essa decisão teve o condão de traçar os parâmetros interpretativos do dispositivo às cortes nacionais no contexto europeu. Além disso, esclareceu que os Estados-membros não estavam autorizados a impor restrições e exigências adicionais para o tratamento de dados. Nesse sentido, é possível fazer um paralelo com o contexto brasileiro, haja vista a dimensão continental de nosso país.

Essa decisão pode ser considerada um parâmetro para a aplicação do legítimo interesse nos tribunais brasileiros. Afinal, um dos caminhos para manter a unificação da concretização do instituto seria a impossibilidade, pela via jurisprudencial, da criação de requisitos adicionais para o preenchimento do suporte fático do legítimo interesse. Igual orientação também poderia ser aplicada aos órgãos administrativos, a fim de manter a uniformidade nos entendimentos, e impedir a existência de requisitos adicionais apenas em alguns estados da federação.

Outro caso que é considerado paradigma no entendimento do legítimo interesse no âmbito europeu é o Rigas Satiksme, cujo julgamento ocorreu em 04/05/2017. Esse caso envolveu o departamento de polícia da região de Riga, na Letônia, e a empresa de bondes da cidade, a Rigas Satiksme, relativo a um pedido de comunicação dos dados de identificação do autor de um acidente.

Quanto aos fatos, destaca-se que em 2012 um taxista parou o carro, ao mesmo tempo em que o bonde de Riga passava pelo local. O passageiro do taxi, que ocupava o banco traseiro, abriu a porta e bateu na carroceria do bonde, danificando-a. Esse acidente deu origem à abertura de um processo por infração administrativa. Inicialmente, Rigas Satiksme, a empresa de bondes, pediu indenização à companhia de seguro do taxista. No entanto, esta companhia informou que não pagaria a indenização, pois o acidente teria ocorrido devido ao comportamento do passageiro do taxi, e, não, do taxista. Diante dessa situação, a empresa de bondes pediu à polícia local informações sobre o processo administrativo, para que lhe fosse facultada a cópia das declarações do taxista e do passageiro sobre as circunstâncias do acidente, bem como nome e sobrenome, identificação e endereço do passageiro do taxi. A Rigas Satiksme indicou que esses dados seriam utilizados exclusivamente para a propositura de uma ação cível.

A polícia apenas informou o nome e sobrenome do passageiro, negando o número do documento de identificação e o seu endereço, justificando que somente as partes em um processo administrativo podem obter essas informações. Essa decisão foi objeto de recurso pela empresa dos bondes. O Tribunal Contencioso Administrativo de Primeira Instância da Letônia deu provimento ao recurso e determinou que a polícia entregasse as informações relativas ao número de identificação e ao endereço do passageiro.

Essa decisão foi objeto de recurso ao Tribunal de Apelação da Letônia, que decidiu suspender a decisão e submeter à CJUE a seguinte questão: a polícia nacional seria obrigada a revelar à empresa de bondes os dados pessoais solicitados para a propositura de uma ação cível, com base no artigo 7, alínea f, da Diretiva, referente ao legítimo interesse?

Na concepção da Corte esse dispositivo expressa uma faculdade de efetuar o tratamento de dados, como a comunicação a um terceiro de dados necessários para a realização de um interesse legítimo por ele perseguido. Para haver o tratamento com base nesse dispositivo, a Corte mencionou a existência de três requisitos cumulativos. O primeiro é a persecução de interesses legítimos do responsável pelo tratamento ou do terceiro a quem os dados sejam comunicados; o segundo é a necessidade do tratamento de dados para a realização do interesse legítimo; e, o terceiro é que não prevaleçam os direitos e liberdades do titular dos dados.

No que se refere ao primeiro requisito, a Corte entendeu não haver dúvidas de que o interesse de um terceiro em obter uma informação de ordem pessoal sobre uma pessoa que danificou os seus bens para ajuizar uma ação constitui interesse legítimo. No que se refere ao requisito da necessidade do tratamento dos dados, a Corte ratificou que as derrogações e as restrições ao princípio da proteção dos dados pessoais devem ocorrer na estrita medida do necessário. De acordo com as informações do caso, a comunicação somente do nome e sobrenome da pessoa, que teria sido a culpada pelo dano, não permite identificá-la para ajuizar uma ação contra ela. Logo, afigura-se necessário, para esse efeito, que a empresa de bondes obtenha o endereço e o número de identificação do passageiro do taxi. Por fim, nesse caso, não parecia ser justificado recusar a uma parte lesada a comunicação dos dados do causador do dano para o ajuizamento de ação judicial.

A Corte de Justiça, após a interpretação minuciosa do artigo 7º, f, ao caso concreto, concluiu pela existência do legítimo interesse da empresa de bondes, Rigas Satiksme, mas pela ausência de obrigação da polícia local de comunicar esses dados. A declaração do Tribunal foi que esse dispositivo deve ser interpretado no sentido de que não há obrigação de comunicar os dados pessoais a um terceiro, a fim de lhe permitir instaurar uma ação de indenização num tribunal cível por um dano causado pela pessoa interessada na proteção desses dados. Ou seja, há legítimo interesse, mas não há obrigação do controlador de comunicar esses dados a terceiro.

Essa decisão, além de fixar a existência de três requisitos para verificar a caracterização do legítimo interesse, esclareceu, em certa medida, que o sistema de proteção de dados não resolve tudo; que o sistema de proteção de dados está inserido em um complexo de normas que também devem ser observadas. Assim, ainda que a empresa de bondes possuísse um legítimo interesse para acesso aos dados do passageiro do taxi, isso, por si só, não autoriza polícia local a comunicá-los, em razão de normas e procedimentos específicos.

Ainda que os casos acima mencionados se refiram à Diretiva de Proteção de Dados de 1995 (95/46/CE), seu texto não foi profundamente alterado no Regulamento Geral de Proteção de Dados da União Europeia; logo, as decisões mencionadas são base importante para a interpretação dos fundamentos do legítimo interesse.[84] Prova dessa importância é que o teste para a aplicação do legítimo interesse, mencionado no caso Rigas, foi adotado pela ICO (*Information Commissioner's Office*), uma autoridade independente do Reino Unido criada para defender os direitos de informação no interesse público, promovendo a abertura por parte dos organismos públicos e da privacidade de dados para os indivíduos.[85]

Em suma, os casos mencionados nesta parte objetivaram demonstrar parte do desafio que será a aplicação do legítimo interesse no Brasil e que, se não houver um posicionamento firme quanto ao modo de interpretação do instituto, sua aplicação tenderá a ser insatisfatória, tal como ocorreu com a Diretiva de Proteção de Dados de 1995 (95/46/CE).

3.2 A ponderação de interesses: os testes Europeus e as perspectivas do tratamento de dados com base no legítimo interesse na LGPD

Diante da apresentação de dois casos que foram paradigmáticos para a compreensão e aplicação do legítimo interesse no âmbito europeu, cumpre analisar suas consequências para a delimitação e concreção do instituto. Além disso, pretende-se refletir sobre as perspectivas da concreção do legítimo interesse no Brasil, após a entrada em vigor da LGPD.

O julgamento do caso ASNEF e FECEMED foi citado no Parecer 6 do Grupo de Trabalho do artigo 29,[86] para registrar a necessidade de aplicação harmonizada em todo território europeu do legítimo interesse, não podendo haver restrições ou alargamentos indevidos do instituto. Esse caso ilustrou a aplicação insatisfatória das disposições de proteção de dados, especialmente do legítimo interesse, razão pela qual

---

84. KAMARA, Irene. HERT, Paul De. Understanding the balancing act behind the legitimate interest of the controller ground: a pragmatic approach. *Brussels Privacy Hub. Working Paper*, v. 4, n. 12, August, 2018, p. 26.
85. UK INFORMATION COMMISSIONER OFFICE. *Guide to the general data protection regulation* (GDPR).
86. GRUPO DE TRABALHO DO ARTIGO 29. PARA PROTEÇÃO DE DADOS. *Parecer 06/2014 sobre o conceito de interesses legítimos do responsável pelo tratamento dos dados na acepção do artigo 7º da Diretiva 95/46/CE*, 2014.

no referido Parecer foi elaborado um teste multifatorial a fim de direcionar a aplicação do legítimo interesse.

O teste elaborado possui quatro fases principais para verificar a existência do legítimo interesse, havendo um total de 7 etapas para a sua realização. A primeira etapa consiste em verificar quais são os fundamentos potencialmente aplicáveis que legitimam o tratamento de dados. Sendo a base legal o legítimo interesse, passa-se à etapa dois do teste. Na segunda etapa, deve-se qualificar o interesse como legítimo ou ilegítimo.[87] Na terceira, impõe-se verificar se o tratamento é necessário para ao servir o interesse perseguido; isto é, se há outros meios menos invasivos para alcançar a finalidade definida e pretendida pelo controlador ou terceiro.[88]

Após, na quarta etapa, deve-se estabelecer um equilíbrio provisório entre os interesses ou os direitos fundamentais da pessoa em causa, o titular, e o interesse do controlador, ou terceiro, responsável pelo tratamento de dados. Aqui, é essencial analisar a natureza dos interesses do responsável pelo tratamento, se há algum direito fundamental ou algum interesse público, por exemplo; e se o responsável pelo tratamento ou a comunidade em geral serão prejudicados se o tratamento não for realizado. Além disso, deve-se identificar os direitos fundamentais do titular e analisar as suas expectativas legítimas.[89]

Na quinta etapa, estabelece-se um equilíbrio definitivo considerando garantias complementares, decorrentes do dever de cuidado e diligências, como a utilização de técnicas de anonimização e de avaliações de impacto na privacidade e proteção dos dados dos titulares. Posteriormente, na próxima etapa, o controlador, ou o terceiro, responsável pelo tratamento de dados deve demonstrar o cumprimento das etapas anteriores e garantir a transparência no tratamento, informando as pessoas em causa das razões pelas quais o equilíbrio lhe é favorável e mantendo a documentação à disposição das autoridades regulatórias e fiscalizadoras.[90]

Por fim, o teste prevê uma última etapa referente ao direito de oposição do titular dos dados. Ocorrendo oposição, o responsável pelo tratamento de dados deve assegurar que essa escolha seja respeitada, de modo que o controlador ou o terceiro interrompam o tratamento dos dados.[91] Todas essas etapas são desenvolvidas detalhadamente no Parecer 6 do Grupo de Trabalho do artigo 29, havendo, inclusive, exemplos práticos de sua aplicação. Ou seja, diante das dificuldades de aplicação no território europeu, o Parecer pretendeu ser um guia completo para orientar a interpretação do legítimo interesse.

---

87. GRUPO DE TRABALHO DO ARTIGO 29. *Parecer 06/2014 sobre o conceito de interesse legítimo do responsável pelo tratamento de dados na acepção do artigo 7º da Diretiva 95/46/CE*. Adotado em 9 de abril de 2014. p. 87.
88. GRUPO DE TRABALHO DO ARTIGO 29. *Parecer 06/2014 sobre o conceito de interesse legítimo do responsável pelo tratamento de dados na acepção do artigo 7º da Diretiva 95/46/CE*. Adotado em 9 de abril de 2014, p. 88.
89. GRUPO DE TRABALHO DO ARTIGO 29. *Parecer 06/2014 sobre o conceito de interesse legítimo do responsável pelo tratamento de dados na acepção do artigo 7º da Diretiva 95/46/CE*. Adotado em 9 de abril de 2014, p. 88.
90. GRUPO DE TRABALHO DO ARTIGO 29. *Parecer 06/2014 sobre o conceito de interesse legítimo do responsável pelo tratamento de dados na acepção do artigo 7º da Diretiva 95/46/CE*. Adotado em 9 de abril de 2014, p. 89.
91. GRUPO DE TRABALHO DO ARTIGO 29. *Parecer 06/2014 sobre o conceito de interesse legítimo do responsável pelo tratamento de dados na acepção do artigo 7º da Diretiva 95/46/CE*. Adotado em 9 de abril de 2014, p. 90.

Mencionado teste deu origem a diversos outros, elaborados por diferentes entidades.[92] Um desses decorreu do julgamento do caso Rigas Satiksme e foi adotado pela organização ICO.[93] O objetivo deste teste foi estabelecer uma espécie de *check list* para os controladores ou outros responsáveis pelo tratamento verificar em cada caso se o legítimo interesse pode ser a base legal para fundamentar o tratamento lícito dos dados.

No documento elaborado pela ICO, constou que a grande mudança da Diretiva para o Regulamento foi prever a necessidade de demonstrar *compliance* de acordo com o *accountability principle*.[94] Ademais, registrou que a escolha pelo tratamento com base no legítimo interesse tem como consequência uma maior responsabilidade do controlador, ou do terceiro, para garantir que os direitos e interesses dos titulares sejam considerados e protegidos.[95] Ou seja, esclareceu que a flexibilidade fornecida por esta base traz consigo uma carga de reponsabilidade em grau elevado. Por esta razão, impõe-se aos controladores e terceiros responsáveis pelo tratamento comprovar o cumprimento do teste elaborado em três partes: teste de finalidade, de necessidade e de proporcionalidade. Cada uma dessas três partes é formada por diversos questionamentos que devem ser respondidos pelos responsáveis.

A título exemplificativo cita-se que na primeira parte, no teste de finalidade, o controlador deve responder a razão pela qual quer realizar o processamento de dados, o que está visando atingir, quais benefícios ele terá com esse processamento. No teste de necessidade as perguntas são relacionadas à razoabilidade do tratamento. Por fim no teste de proporcionalidade os questionamentos referem-se à natureza dos interesses em jogo, os impactos do tratamento e as garantias disponíveis aos titulares.[96]

No Brasil, a LGPD, conforme já exposto, também prevê a exigência de realização de um teste de ponderação no caso concreto para verificar se há a prevalência ou dos interesses legítimos do controlador (ou de terceiro) ou os direitos e liberdades fundamentais do titular.[97] Assim, Bruno Bioni, a partir da interpretação sistemática dos artigos 6º, X, 10 e 37 da LGPD, sob influência do Regulamento Geral de Proteção de dados Europeu, apresenta um teste de proporcionalidade formado por quatro fases.

---

92. Cita-se exemplificativamente: DATA PROTECTION NETWORK. *Guidance on the use of legitimate interests under the EU Geral Data Protection Regulation*. Disponível em: https://iapp.org/media/pdf/resource_center/DPN-Guidance-A4-Publication.pdf. Acesso em: 16.12.2019. Universidades se preocuparam em estabelecer guias "próprios": UNIVERSITY COLLEGE LONDON. *Legitimate interest as a lawful basis*. Disponível em: https://www.ucl.ac.uk/data-protection/guidance-staff-students-and-researchers/practical-data-protection-guidance-notices/legitimate. Acesso em: 15 dez 2019; UNIVERSITY OF EDINBURGH. *Guidance – determining 'legitimate interest'*. Disponível em: https://www.ed.ac.uk/files/atoms/files/guidancelegitimateinterestv3.pdf. Acesso em 15.12.2019.
93. UK INFORMATION COMMISSIONER OFFICE. *Guide to the general data protection regulation* (GDPR).
94. UK INFORMATION COMMISSIONER OFFICE. *Guide to the general data protection regulation* (GDPR), p. 3. Disponível em: https://ico.org.uk/for-organisations/guide-to-data-protection/guide-to-the-general-data-protection-regulation-gdpr/lawful-basis-for-processing/legitimate-interests/. Acesso em: 11.12.2019.
95. UK INFORMATION COMMISSIONER OFFICE. *Guide to the general data protection regulation* (GDPR), p. 4. Disponível em: https://ico.org.uk/for-organisations/guide-to-data-protection/guide-to-the-general-data-protection-regulation-gdpr/lawful-basis-for-processing/legitimate-interests/. Acesso em: 11.12.2019.
96. UK INFORMATION COMMISSIONER OFFICE. *Guide to the general data protection regulation* (GDPR), p. 4. Disponível em: https://ico.org.uk/for-organisations/guide-to-data-protection/guide-to-the-general-data-protection-regulation-gdpr/lawful-basis-for-processing/legitimate-interests/. Acesso em: 11.12.2019.
97. Lei 13.709/2018, art. 7º, IX.

A primeira é verificar a legitimidade do interesse a partir da finalidade legítima, se tal interesse está articulado e se há uma situação concreta.[98] A segunda é a realização do teste de necessidade, isto é, se os dados são realmente necessários ou se há outras bases legais para o tratamento. Após, há a principal fase do teste, em que é realizado o sopesamento entre os interesses envolvidos; se há o respeito às legítimas expectativas do titular e de que forma os direitos do titular são impactados. Por fim, na quarta etapa, impõe-se salvaguardar o dever de transparência, objetivando franquear ao titular a opção de se opor ao tratamento de dados e mitigando os riscos do titular dos dados.[99]

De forma geral, independentemente do teste a ser adotado, ressalta-se haver um núcleo duro: identificar o que, de acordo com o ordenamento jurídico brasileiro, será considerado interesse legítimo; verificar a necessidade e a finalidade do processamento de dados e ponderar com os direitos e liberdades do titular. Por esta razão, a interpretação dos termos utilizados em nossa lei no início do artigo é tão importante. É a partir disso que será possível identificar a existência do legítimo interesse do controlador e verificar em cada caso concreto quais interesses e direitos irão prevalecer.

Sendo assim, os testes criados no contexto europeu não devem ser simplesmente transportados ao nosso direito, porque foram originários de uma situação própria europeia, tendo sido extraídos de uma regulação diferente da nossa. É preciso conhecê-los, mas não necessariamente importá-los, pois a nossa lei e nosso sistema jurídico preveem mecanismo próprio de identificação do legítimo interesse e de ponderação no caso concreto, como já exposto na primeira parte deste trabalho.

Ainda, em uma leitura sistemática da LGPD, verifica-se que o legítimo interesse, bem como as demais bases para o tratamento de dados, sujeita-se aos princípios do artigo 6º, em especial ao da necessidade, finalidade e responsabilização e prestação de contas. Desta forma, somente poderá haver o uso mínimo dos dados para a finalidade pretendida, esta que deve ser legítima, específica e informada ao titular;[100] devendo o controlador manter o registro das operações de tratamento de dados que realizar.[101]

Ainda que de forma semelhante ao Regulamento Geral de Proteção de Dados da União Europeia, a LGPD estabeleceu critérios e nortes para a aplicação do instituto, não sendo necessário aprioristicamente aplicar testes externos, que deixam de considerar, por exemplo, o princípio da necessidade e da finalidade tal como postos em nossa legislação.

4. CONCLUSÃO

O legítimo interesse como base para o tratamento de dados é uma hipótese bastante ampla e maleável, cuja aplicação futura será desafiadora, assim como o foi e permanece sendo na Europa. Lá, esse mecanismo flexibilizou o tratamento de dados, possibilitando

---

98. BIONI, Bruno Ricardi. *Proteção de dados pessoais: a função e os limites do consentimento.* Rio de Janeiro: Forense, 2018, p. 253.
99. BIONI, Bruno Ricardi. *Proteção de dados pessoais: a função e os limites do consentimento.* Rio de Janeiro: Forense, 2018, p. 254-255.
100. Lei 13.709/2018, art. 6, I e III.
101. Lei 13.709/2018, art. 6, X e art. 37.

o desenvolvimento e aprimoramento das tecnologias. No entanto, essa flexibilização teve um custo: a insegurança jurídica na aplicação do instituto a cada caso. Mais do que isso, o legítimo interesse abriu ampla discricionariedade ao responsável pelo tratamento de dados, retirando do titular o controle direto sobre alguns de seus dados.

Tendo em vista a experiência europeia, este artigo objetivou compreender como o instituto foi inserido em nossa lei, bem como propor mecanismo de interpretação das palavras-chaves "interesse", "legitimidade", "necessidade" e "finalidade", que são núcleos duros da previsão do legítimo interesse na LGPD.

Ademais, constatou-se ser essa previsão um conceito jurídico indeterminado, pois as consequências jurídicas já estão dispostas em nossa lei, e porque não há o reenvio e abertura à entrada de novos valores. Há, entretanto, a necessidade de concreção e realização de teste de proporcionalidade, entre os interesses do controlador (princípio da livre iniciativa) e os direito do titular (direito fundamental à privacidade). Por esta razão, independentemente do teste que vier a ser adotado no Brasil, a lição de Robert Alexy deverá ser considerada.

5. REFERÊNCIAS

ALEXY, Robert. *Teoria dos direitos fundamentais*. Trad. Virgílio Afonso da Silva. São Paulo: Malheiros Editores, 2011.

ÁVILA, Humberto. Subsunção e concreção na aplicação do direito. In: MEDEIROS, Antônio Paulo Cachapuz de (Org.). *Faculdade de Direito da PUC-RS: o ensino jurídico no limiar do novo milênio*. Porto Alegre: Edipuc-RS, 1997. p. 413-465.

BALBONI, Paolo. COOPER, Daniel. IMPERIALI, Rosario. MACENAITE, Milda. Legitimate interest of the data controller. New data protection paradigm: legitimacy grounded on appropriate protection. *International Data Privacy Law*, 2013.

BERBERET, Lúcia. *"Interesse legítimo" supera "consentimento" no tratamento de dados pessoais pelas empresas*. Disponível em: http://www.telesintese.com.br/interesse-legitimo-supera-consentimento-no-tratamento-de-dados-pelas-empresas/.

BIONI, Bruno Ricardi. *Proteção de dados pessoais*: a função e os limites do consentimento. Rio de Janeiro: Forense, 2018.

BUCAR, Daniel; VIOLA, Mario. Tratamento de dados pessoais por "legítimo interesse do controlador": primeiras questões e apontamentos. In: FRAZÃO, Ana; TEPEDINO, Gustavo; OLIVA, Milena Donato (Coord.). *Lei Geral de Proteção de Dados e suas repercussões no Direito Brasileiro*. São Paulo: Thomson, 2019.

CARNELUTTI, Francesco. *Teoria Geral do direito*. São Paulo: Saraiva, 1940.

CRESPO, Danilo Leme; RIBEIRO FILHO, Dalmo. A evolução legislativa brasileira sobre a proteção de dados pessoais: a importância da promulgação da Lei Geral de Proteção de Dados Pessoais. *Revista de Direito Privado*, v. 98/2019, p. 161 – 186, Mar – Abr, 2019.

DATA PROTECTION NETWORK'S. *Guidance on the use of Legitimate Interests under the EU General Data Protection Regulation*, 2018.

DONEDA, Danilo. Direito Fundamental à proteção de dados pessoais. In: MARTINS, Guilherme Magalhães; LONGHI, João Victor Rozatti (Coord.). *Direito digital*. Direito privado e internet. 2. ed. Indaiatuba: Foco, 2019.

ENGISCH, Karl. *Introdução ao pensamento jurídico*. Trad.de J. Baptista Machado. Lisboa: Fundação Calouste Gulbenkian, 1996.

FERRETTI, Federico. Data protection and legitimate interest of data controllers: much ado about nothing or the winter of rights? *Common Market Law Review* 51, 1-26, 2014.

GOOGLE. *Políticas de Privacidade*. Disponível em: https://policies.google.com/privacy?hl=pt-BR#whycollect. Acesso em: 20.12.2019.

GRUPO DE TRABALHO DO ARTIGO 29. PARA PROTEÇÃO DE DADOS. *Parecer 06/2014 sobre o conceito de interesses legítimos do responsável pelo tratamento dos dados na acepção do artigo 7º da Diretiva 95/46/CE*, 2014.

INTERNET LAB. São Paulo: InternetLab Pesquisa em Direito e Tecnologia. *InternetLab Reporta 17 – Debate Público de Proteção de Dados Pessoais*. Disponível em:https://www.internetlab.org.br/pt/internetlab-reporta/internetlab-reporta-no-17-debate-publico-de-protecao-de-dados-pessoais/.

JHERING, Rudolf Von. *El fin en el derecho*. Buenos Aires: Editorial Atalaya, 1946.

KAMARA, Irene. HERT, Paul. Understanding the balancing act behind the legitimate interest of the controller ground: a pragmatic approach. *Brussels Privacy Hub. Working Paper*, v. 4, n. 12, August, 2018.

LIMA, Caio César Carvalho. Capítulo II. Do tratamento de dados pessoais. MALDONADO, Viviane Nóbrega; BLUM, Ronaldo Opice Blum (Coord.). *Lei Geral de Proteção de Dados Comentada*. São Paulo: Thomson Reuters, 2019.

MARTINS-COSTA, Judith. *A boa-fé no direito privado*: critérios para a sua aplicação. São Paulo: Marcial Pons, 2015.

MARTINS-COSTA, Judith. Autoridade e utilidade da doutrina: a construção dos modelos doutrinários. In: MARTINS-COSTA, Judith. *Modelos de Direito Privado*. São Paulo: Marcial Pons, 2014.

MAYER-SCHÖNBERGER, Viktor. Generational Development of data protection in Europe. In: AGRE, Philip E.; ROTENBERG, Marc. *Technology and privacy: the new landscape*. Cambridge: The Mit Press, 2001.

MENDES, Laura Schertel; DONEDA, Danilo. Reflexões iniciais sobre a nova lei geral de proteção de dados. *Revista Direito do Consumidor*, v. 120, 2018, p. 469-483.

MENEZES CORDEIRO, A. Barreto. O tratamento de dados pessoais fundado em interesses legítimos. *Revista Direito e Tecnologia*, v. 1, 2019, n. 1, 1-31, p. 15

MENKE, Fabiano. A interpretação das cláusulas gerais. A subsunção e a concreção dos conceitos. *Revista de Direito do Consumidor*. v. 50/2004, p. 9-35.

MIRAGEM, Bruno. A Lei Geral de Proteção de dados e o direito do consumidor. *Revista dos Tribunais*, v. 1009/2019.

NOVAES FRANÇA, Erasmo Valladão Azevedo e. *Conflito de interesses nas assembleias de S.A.* São Paulo: Malheiros Editores, 2014.

OLIVEIRA, Marco Aurélio Bellizze. LOPES, Isabela Maria Pereira. Os princípios norteadores da proteção de dados pessoais no Brasil e sua otimização pela Lei 13.709/2018. In: FRAZÃO, Ana; TEPEDINO, Gustavo; OLIVA, Milena Donato. (Coord.). *Lei Geral de Proteção de dados pessoais e suas repercussões no direito brasileiro*. São Paulo: Thomson Reuters Brasil, 2019.

REALE, Miguel. *História do Novo Código Civil*. São Paulo: Ed. RT, 2005.

SIQUEIRA, Antônio Henrique Albani. Capítulo I. In: FEIGELSON, Bruno; SIQUEIRA, Antônio Henrique Albani (Coord.). *Comentários à Lei Geral de Proteção de Dados*. São Paulo: Thomson Reuters Brasil, 2019.

UK INFORMATION COMMISSIONER OFFICE. *Guide to the general data protection regulation* (GDPR).

UNIVERSITY COLLEGE LONDON. *Legitimate interest as a lawful basis*. Disponível em: https://www.ucl.ac.uk/data-protection/guidance-staff-students-and-researchers/practical-data-protection-guidance-notices/legitimate.

UNIVERSITY OF EDINBURGH. *Guidance – determining 'legitimate interest'*. Disponível em: https://www.ed.ac.uk/files/atoms/files/guidancelegitimateinterestv3.pdf.

O LEGÍTIMO INTERESSE DO CONTROLADOR NO TRATAMENTO DE DADOS PESSOAIS E O TESTE DE PROPORCIONALIDADE EUROPEU: DESAFIOS E CAMINHOS PARA UMA APLICAÇÃO NO CENÁRIO BRASILEIRO[1]

Marcela Joelsons

Mestranda em Direito Europeu e Alemão pela Universidade Federal do Rio Grande do Sul. Especialista em Direito Civil Aplicado pela Universidade Federal do Rio Grande do Sul. Especialista em Direito Processual Civil pela Pontifícia Universidade Católica do Rio Grande do Sul. Pesquisadora Grupo de Pesquisa CNPq Mercosul, Direito do Consumidor e Globalização. Advogada. marcela@scaadvocacia.com.br.

Sumário: 1. Introdução. 2. O uso do legítimo interesse do controlador como base legal para o tratamento de dados pessoais no âmbito da União Europeia. 2.1 O teste de proporcionalidade oriundo do Parecer 06/2014 do Grupo de Trabalho do Artigo 29º para Proteção de Dados. 2.2 Novas propostas de sistematização do teste de proporcionalidade e as controvérsias acerca do uso do legítimo interesse como fundamento para o tratamento de dados. 3. O uso do legítimo interesse do controlador como base legal para o tratamento de dados pessoais no ordenamento jurídico brasileiro. 3.1 Primeiras impressões sobre a interpretação da base legal e o uso do legítimo interesse do controlador no Brasil. 3.2 Caminhos para aplicação do teste de proporcionalidade no âmbito nacional. 4. Referências.

1. INTRODUÇÃO

O advento, o desenvolvimento e o uso da internet como uma ferramenta básica e amplamente difundida na sociedade contemporânea caracterizaram a transformação da organização social para uma sociedade essencialmente constituída sob a acumulação e circulação de informações.[2]

Os dados pessoais são valiosos no mercado de informação, sendo extremamente vantajoso para o empresário possuir essas informações, uma vez que, conhecendo as preferências e as necessidades de seus clientes ou clientes em potencial, da forma mais detalhada possível, pode tomar decisões a respeito de seus ambientes competitivos, aumentar a eficiência de seu processo produtivo, diminuir o risco de suas operações e assim direcionar seus investimentos.[3]

---

1. Texto originalmente publicado na *Revista de Direito e as Novas Tecnologias*, São Paulo, v. 8, jul./set. 2020.
2. DIVINO, Sthefano Bruno Santos. A aplicabilidade do Código de Defesa do Consumidor nos contratos eletrônicos de tecnologias interativas: o tratamento de dados como modelo de remuneração. *Revista de Direito do Consumidor*, São Paulo, v. 118, p. 221-245, jul./ago. 2018.
3. PARCHEN, Charles Emannuel; FREITAS, Cinthia Obladen de Almadra; MEIRELES, Jussara Maria Leal de. Vício do consentimento através do *neuromarketing* nos contratos da era digital. *Revista de Direito do Consumidor*, São Paulo, v. 115, p. 331-356, jan./fev. 2018.

O êxito dos algoritmos e sistemas de captação de dados e de rastreio de movimentação *online* dos usuários da internet se deu em consonância com o avanço da tecnologia e das redes sociais. Atualmente, estes espaços virtuais tornaram-se uma espécie de extensão da vida do internauta e, através deles, são divulgados seus dados pessoais, a história, os pensamentos, os gostos. Por meio das redes sociais, o usuário também recebe informações e interage neste mundo virtual paralelo e totalmente personalizável, adequado aos seus interesses, em troca da especificação cada vez mais cirúrgica da publicidade e do aumento das chances de sucesso das empresas detentoras destas informações.[4]

Em agosto de 2018 foi promulgada a Lei 13.709 conhecida como Lei Geral de Proteção de Dados (LGPD)[5], para dispor sobre a proteção de dados pessoais na sociedade brasileira, que entraria em vigor em agosto de 2020.[6] Esta legislação vem sendo objeto de estudos e especulações desde sua promulgação, sendo notório que um dos pontos mais sensíveis da nova lei é o legítimo interesse do controlador como base legal para o tratamento de dados pessoais dos cidadãos, que se distingue por não surgir sustentado no direito à autodeterminação informacional.

Uma previsão semelhante existente tanto na Diretiva 95/46/CE do Parlamento Europeu e do Conselho (Diretiva 95/46/CE)[7] como no Regulamento Geral sobre a Proteção de Dados da União Europeia (RGPD)[8] já havia sido questionada no passado uma vez que a subjetividade, amplitude e maleabilidade da terminologia poderia acabar por constituir

---

4. VERBICARO, Dennis; MARTINS, Ana Paula Pereira. A contratação eletrônica de aplicativos virtuais no Brasil e a nova dimensão da privacidade do consumidor. *Revista de Direito do Consumidor*, São Paulo, v. 116, p. 269-391, mar./abr. 2018.
5. BRASIL. Lei n. 13.709 de 14 de agosto 2018. Lei Geral de Proteção de Dados Pessoais. Disponível em: http://www.planalto.gov.br/ccivil_03/_ato2015-2018/2018/lei/L13709.htm. Acesso em: 12.08.2020.
6. A vigência inicial da LGPD era prevista para março de 2020 e restou alterada pela MP 869/2018 para agosto de 2020. Após, a MP 959/2020 determinou o adiamento da vigência da LGPD para maio de 2021, e em paralelo o Projeto de Lei 1.179/2020 foi sancionado prorrogando a *vacatio legis* até janeiro de 2021, com aplicações das sanções a partir de agosto de 2021. Em 25 de agosto de 2020 a Câmara dos Deputados votou a Lei em Conversão da MP 959/2020 no sentido de postergar a entrada em vigor da LGPD até 31 de dezembro de 2020, todavia, em 26 de agosto o Senado Federal rejeitou a parte da Medida Provisória 959/2020 que tratava sobre a postergação da vigência da LGPD. Logo após a decisão do Senado, uma questão importante foi levantada por alguns operadores de direito: como não houve tecnicamente apreciação e aprovação dessa matéria específica na Lei em Conversão, teria ocorrido uma caducidade parcial, com efeitos imediatos, e a consequente entrada em vigor da LGPD imediatamente. Da mesma forma, um grupo defendia a necessidade de sanção presidencial. O Senado, para pôr fim à discussão, divulgou uma nota de esclarecimento afirmando que a LGPD não entra em vigor imediatamente, mas somente após sanção ou veto do restante do projeto de Lei de Conversão pelo Presidente da República, nos exatos termos do §12 do art. 62 da Constituição Federal. Assim, até a data de envio deste artigo temos as seguintes datas de entrada em vigor: (i) 28 de dezembro de 2018 para os artigos 55-A, 55-B, 55-C, 55-D, 55-E, 55-F, 55-G, 55-H, 55-I, 55-J, 55-K, 55-L, 58-A e 58-B; (ii) 1º de agosto de 2021 para os arts. 52, 53 e 54 (de acordo com a Lei 14.010/2020) e (iii) imediatamente após a sanção ou veto dos demais dispositivos da Lei em Conversão da MP 959/2020 pelo presidente da república, o que deverá ocorrer em até 15 dias úteis após o recebimento da lei na casa civil. A estimativa é que isto ocorra até o dia 18 de setembro de 2020.
7. UNIÃO EUROPEIA. *Diretiva 95/46/EC do Parlamento Europeu e do Conselho de 24 de outubro de 1995 relativa à proteção das pessoas singulares no que diz respeito ao tratamento de dados pessoais e à livre circulação desses dados*. Disponível em: https://eur-lex.europa.eu/legal-content/PT/TXT/PDF/?uri=CELEX:31995L0046&from=PT. Acesso em: 12 ago. 2020.
8. UNIÃO EUROPEIA. *Regulamento (EU) 2016/679 do Parlamento e do Conselho Europeu de 27 de abril de 2016 relativo à proteção das pessoas singulares no que diz respeito ao tratamento de dados pessoais e à livre circulação desses dados e que revoga a Diretiva 95/46/CE* (Regulamento Geral sobre a Proteção de Dados). Disponível em: https://eur-lex.europa.eu/legal-content/PT/TXT/PDF/?uri=CELEX:32016R0679&from=PT. Acesso em: 12.08.2020.

verdadeira brecha na legislação, vindo a mitigar por completo, aquela que deveria ser a regra no tratamento de dados, o consentimento do titular.[9]

Independentemente desta base legal constituir ou não uma lacuna na lei, ela acabou sendo a alternativa mais utilizada no âmbito europeu, superando inclusive o consentimento, já que aproximadamente 70% (setenta por cento) das empresas europeias utilizam a alínea f do artigo 6º do RGPD para justificar o tratamento de dados pessoais, de acordo com dados trazidos por Marcel Leonardi em palestra proferida no seminário internacional Lei Geral de Proteção de Dados, promovido pelo Superior Tribunal de Justiça.[10]

Como assinalado por Federico Ferretti, a confiança e a confiabilidade do sistema tornam-se a porta de entrada da garantia de participação das pessoas em uma sociedade democrática para que seja possível o livre desenvolvimento da personalidade, bem como o uso seguro das novas tecnologias da informação.[11]

Por isso a importância do correto uso da base legal do legítimo interesse no ordenamento jurídico brasileiro, já que sem a confiança dos cidadãos na forma como seus dados serão tratados pelos controladores, não será plausível o desenvolvimento sustentável da economia brasileira, que é cada vez mais orientada para a informação.[12]

Assim, o presente artigo visa realizar um estudo comparado entre a União Europeia e o Brasil, através da análise do desenvolvimento teórico, doutrinário e legislativo do direito à proteção de dados pessoais no contexto da Europa, considerando a Diretiva 95/46/CE e o RGPD, especificamente acerca da base legal do legítimo interesse do controlador para o tratamento de dados pessoais e o teste de proporcionalidade que vem sendo aplicado, para que sirvam como paradigma no cenário brasileiro.

2. O USO DO LEGÍTIMO INTERESSE DO CONTROLADOR COMO BASE LEGAL PARA O TRATAMENTO DE DADOS PESSOAIS NO ÂMBITO DA UNIÃO EUROPEIA

2.1 O teste de proporcionalidade oriundo do Parecer 06/2014 do Grupo de Trabalho do Artigo 29º para Proteção de Dados

Inicialmente, para aprofundamento e devida compreensão da terminologia "interesses legítimos do controlador ou de terceiros", bem como visando o estudo da correta utilização desta base legal para tratamento de dados pessoais no Brasil, propõe-se revisar os textos legais da Diretiva 95/46/CE, de 1995, e do RGPD, de 2016, tendo em vista haver

---

9. FERRETTI, Federico. Data Protection and the legitimate interest of data controllers: much ado about nothing or the winter of rights? *Commom Market Law Review*, United Kingdom, v. 51, p. 843-868, 2014.
10. BERBERT, Lucia. "Interesse legítimo" supera "consentimento" no tratamento de dados pessoais pelas empresas. *Tele Síntese*, [S. l.], 27 maio 2019. Disponível em: http://www.telesintese.com.br/interesse-legítimo-supera-consentimento-no-tratamento-de-dados-pelas-empresas/. Acesso em: 20.10.2019.
11. FERRETTI, Federico. Data protection and legitimate interest of data controllers: much ado about nothing or the winter of rights? *Commom Market Law Review*, United Kingdom, v. 51, p. 843-868, 2014.
12. GENCARELLI, Bruno. Apresentação. *In*: DONEDA, Danilo; *Da Privacidade à Proteção de Dados Pessoais*: elementos da formação da Lei geral de proteção de dados. 2. ed. rev. e atual. São Paulo: Thomson Reuters Brasil, 2019, p.13-14.

uma influência direta do processo legislativo europeu na lei brasileira, devido ao longo processo de construção de um consenso transnacional acerca dos princípios básicos que regem a matéria de proteção de dados pessoais.[13]

Em relação à Diretiva 95/46/CE, a previsão do legítimo interesse é trazida pelo legislador tanto no preambulo da norma, em seu considerando 30, como na Seção II, art. 7º, f, intitulada "princípios relativos à legitimidade do tratamento de dados".[14]

Como se observa, esta legislação não trouxe em seu bojo detalhes sobre como se daria a análise da correta aplicação dos interesses legítimos em casos concretos, o que gerou aplicações divergentes desta base legal nos estados membros da União Europeia, uma vez que a diretiva necessitava ser transposta por cada estado membro da União Europeia para ser vinculante, assim, a implementação do artigo 7º, alínea *f* divergiu substancialmente de um estado para outro.[15]

Foi justamente esta situação que levou à realização de estudos pelo Grupo de Trabalho do Artigo 29º (GT Art. 29º), órgão consultivo europeu independente em matéria de proteção de dados e privacidade, que por sua vez confirmaram a falta de harmonização na interpretação e no uso do legítimo interesse. Logo, passou-se a defender a necessidade de criação de uma orientação adicional para uso entre os países membros da União Europeia, especialmente considerando que o interesse legítimo poderia suplantar os direitos e liberdades fundamentais dos titulares dos dados.[16]

---

13. MENDES, Laura Shertel; BIONI, Bruno Ricardo. O regulamento europeu de proteção de dados pessoais e a lei geral de proteção de dados brasileira: mapeando convergências na direção de um nível de equivalência. *Revista de Direito do Consumidor*, São Paulo, v.124, jul./ago. 2019.
14. [...] (30) Considerando que, para ser lícito, o tratamento de dados pessoais deve, além disso, ser efetuado com o consentimento da pessoa em causa ou ser necessário para a celebração ou execução de um contrato que vincule a pessoa em causa, ou para o cumprimento de uma obrigação legal, ou para a execução de uma missão de interesse público ou para o exercício da autoridade pública, ou ainda para a realização do interesse legítimo de uma pessoa, desde que os interesses ou os direitos e liberdades da pessoa em causa não prevaleçam; que, em especial, para assegurar o equilíbrio dos interesses em causa e garantir ao mesmo tempo uma concorrência real, os Estados-membros são livres de determinar as condições em que os dados pessoais podem ser utilizados e comunicados a terceiros no âmbito de atividades legítimas de gestão corrente das empresas e outros organismos; que, do mesmo modo, podem precisar as condições em que a comunicação a terceiros de dados pessoais pode ser efetuada para fins de mala direta ou de prospecção feita por uma instituição de solidariedade social ou outras associações ou fundações, por exemplo de carácter político, desde que respeitem as disposições que permitem à pessoa em causa opor-se, sem necessidade de indicar o seu fundamento ou de suportar quaisquer encargos, ao tratamento dos dados que lhe dizem respeito; [...] Artigo 7º Os Estados-membros estabelecerão que o tratamento de dados pessoais só poderá ser efetuado se: [...] f) O tratamento for necessário para prosseguir interesses legítimos do responsável pelo tratamento ou do terceiro ou terceiros a quem os dados sejam comunicados, desde que não prevaleçam os interesses ou os direitos e liberdades fundamentais da pessoa em causa, protegidos ao abrigo do n. 1 do artigo 1º (UNIÃO EUROPEIA. Diretiva 95/46/EC do Parlamento Europeu e do Conselho de 24 de outubro de 1995 relativa à *proteção das pessoas singulares no que diz respeito ao tratamento de dados pessoais e à livre circulação desses dados*. Disponível em: https://eur-lex.europa.eu/legal-content/PT/TXT/PDF/?uri=CELEX:31995L0046&from=PT. Acesso em: 12.08.2020).
15. BALBONI, Paolo; COOPER, Daniel; IMPERIALI, Rosario; MACENAITE; Milda. Legitimate interest of the data controller: New Data protection paradigm: legitimacy grounded on appropriate protection. *International Data Privacy Law*, Oxford, v. 3, n. 4, p. 244-261, 2013.
16. BALBONI, Paolo; COOPER, Daniel; IMPERIALI, Rosario; MACENAITE; Milda. Legitimate interest of the data controller: New Data protection paradigm: legitimacy grounded on appropriate protection. *International Data Privacy Law*, Oxford, v. 3, n. 4, p. 244–261, 2013.

Neste sentido, em 09 de abril de 2014, o GT Art. 29º divulgou um estudo, compilado no documento intitulado como Parecer 06/2014[17], o qual traçou diretrizes e orientações para aplicação dos interesses legítimos como fundamento para tratamento de dados pessoais. A partir do documento foi apresentada uma definição sobre o legítimo interesse, nos seguintes termos:

> O conceito de "interesse" está estreitamente relacionado com o conceito de "finalidade" referido no artigo 6º da diretiva, embora se trate de conceitos distintos. Em matéria de proteção de dados, a "finalidade" é a razão específica pela qual os dados são tratados: o objetivo ou a intenção do tratamento de dados. Por outro lado, um interesse é o objetivo mais abrangente que o responsável pelo tratamento pode ter no tratamento, ou o benefício que o responsável pelo tratamento retira – ou que a sociedade pode retirar – do tratamento.

Em suma, o Parecer 06/2014 propôs que, inicialmente, fosse verificado se existiriam, de fato, interesses legítimos em jogo. Esses interesses deveriam ser reais e atuais, não sendo admitidos interesses demasiados vagos e especulativos. Convencidos de que se estaria diante de interesses legítimos, passar-se-ia então à aplicação do chamado *balancing test* ou teste de proporcionalidade entre os interesses legítimos do responsável pelo tratamento (ou terceiros) e os interesses ou direitos e liberdades fundamentais do titular dos dados. O documento inclusive trouxe um guia para realização deste teste em um fluxo de avaliação do caso concreto, o qual é válido analisar mais de perto, etapa por etapa, para melhor compreensão.

A etapa 1, consistiria em verificar quais os fundamentos jurídicos potencialmente aplicáveis ao caso em análise. Neste sentido, nos termos da Diretiva 95/45/CE, o tratamento de dados só poderia ser concretizado caso ao menos um dos seis fundamentos previstos na legislação fosse aplicável ao incidente, sendo eles o consentimento inequívoco, a execução de contrato, o cumprimento de obrigação legal, a proteção de interesses vitais do titular, a execução de missão de interesse público ou o exercício da autoridade pública, e ainda, os interesses legítimos do responsável pelo tratamento ou do terceiro ou terceiros a quem os dados sejam comunicados. Sendo este último o fundamento jurídico que o controlador desejasse utilizar, deveria prosseguir com a realização do teste.[18]

Na etapa 2, seria então necessário qualificar um interesse como "legítimo" ou "ilegítimo". Para ser considerado legítimo, o interesse deveria primeiramente ser lícito, o que significa que deveria respeitar o direito da União Europeia e o direito nacional do país em questão. Ainda, este interesse lícito deveria ser definido e concreto de forma suficientemente clara para permitir a realização do teste da ponderação em relação aos interesses e aos direitos fundamentais do titular dos dados, bem como deveria representar

---

17. GRUPO DE TRABALHO DO ARTIGO 29º DA DIRETIVA 95/46/CE. *Parecer 06/2014 sobre o conceito de interesses legítimos do responsável pelo tratamento dos dados da aceção do artigo 7º da Diretiva 95/46/CE*. Disponível em: https://www.gpdp.gov.mo/uploadfile/2015/0803/20150803050042662.pdf. Acesso em: 24.08.2019. p. 37.

18. GRUPO DE TRABALHO DO ARTIGO 29º DA DIRETIVA 95/46/CE. *Parecer 06/2014 sobre o conceito de interesses legítimos do responsável pelo tratamento dos dados da aceção do artigo 7º da Diretiva 95/46/CE*. Disponível em: https://www.gpdp.gov.mo/uploadfile/2015/0803/20150803050042662.pdf. Acesso em: 24.08.2019. p. 87.

um interesse real e atual do controlador. Sendo, então, lícito o interesse, seguiria para a próxima fase.[19]

Na etapa 3, o objetivo seria determinar se o tratamento seria de fato necessário para servir ao interesse visado. Para cumprir este requisito, deveria ser então verificada a existência de outros meios menos invasivos para alcançar a finalidade definida para o tratamento e servir o interesse legítimo do responsável pelo tratamento. Não existindo outros meios, passar-se-ia ao próximo estágio.[20]

Na etapa 4, o foco seria estabelecer um equilíbrio provisório, verificando se os interesses ou os direitos fundamentais do titular dos dados prevalecem sobre o interesse do responsável pelo tratamento de dados. Este equilíbrio seria estabelecido através da análise de uma série de fatores como a natureza dos interesses do responsável pelo tratamento, o eventual prejuízo sofrido pelo responsável pelo tratamento, por terceiros ou pela comunidade em geral se o tratamento não for efetuado, a posição fática e jurídica do titular dos dados e do responsável pelo tratamento, considerando as desigualdades existentes. Em prosseguimento, identifica-se os direitos fundamentais e os interesses do titular dos dados que podem ser afetados, analisando ainda as expectativas razoáveis dos titulares dos dados, bem como avaliando os impactos na pessoa em causa e comparar com o benefício que o responsável pelo tratamento dos dados espera retirar do tratamento.[21]

Neste sentido, o GT Art. 29º esclareceu que a natureza do interesse poderia variar, podendo estes serem preponderantes benéficos para a sociedade em geral, como o interesse da impressa em publicar informações sobre corrupção governamental, ou menos proeminentes para a sociedade geral, como o interesse econômico de uma empresa em ter a maior quantidade de informações possíveis sobre seus potenciais clientes para melhor direcionar a publicidade de seus produtos e serviços. O parecer ainda apresentou uma lista exemplificativa de interesses legítimos, os quais ainda deveriam passar pelo teste de ponderação:[22]

– Exercício de direito à liberdade de expressão ou de informação, nomeadamente nos meios de comunicação social e nas artes.

– *Marketing* direto convencional e outras formas de *marketing* e publicidade.

– Mensagens não comerciais não solicitadas, nomeadamente relativas a campanhas políticas ou atividades de angariação de fundos para fins de beneficência.

– Execução de créditos, incluindo a cobrança de dívidas através de processos não judiciais.

– Prevenção da fraude, utilização abusiva de serviços ou branqueamento de capitais.

---

19. GRUPO DE TRABALHO DO ARTIGO 29º DA DIRETIVA 95/46/CE. *Parecer 06/2014 sobre o conceito de interesses legítimos do responsável pelo tratamento dos dados da aceção do artigo 7º da Diretiva 95/46/CE.* Disponível em: https://www.gpdp.gov.mo/uploadfile/2015/0803/20150803050042662.pdf. Acesso em: 24.08.2019. p. 87-88.
20. GRUPO DE TRABALHO DO ARTIGO 29º DA DIRETIVA 95/46/CE. *Parecer 06/2014 sobre o conceito de interesses legítimos do responsável pelo tratamento dos dados da aceção do artigo 7º da Diretiva 95/46/CE.* Disponível em: https://www.gpdp.gov.mo/uploadfile/2015/0803/20150803050042662.pdf. Acesso em: 24.08.2019. p. 88.
21. GRUPO DE TRABALHO DO ARTIGO 29º DA DIRETIVA 95/46/CE. *Parecer 06/2014 sobre o conceito de interesses legítimos do responsável pelo tratamento dos dados da aceção do artigo 7º da Diretiva 95/46/CE.* Disponível em: https://www.gpdp.gov.mo/uploadfile/2015/0803/20150803050042662.pdf. Acesso em: 24.08.2019. p. 89.
22. GRUPO DE TRABALHO DO ARTIGO 29º DA DIRETIVA 95/46/CE. *Parecer 06/2014 sobre o conceito de interesses legítimos do responsável pelo tratamento dos dados da aceção do artigo 7º da Diretiva 95/46/CE.* Disponível em: https://www.gpdp.gov.mo/uploadfile/2015/0803/20150803050042662.pdf. Acesso em: 24.08.2019. p. 39.

– Monitoramento de atividade de trabalhadores para fins de segurança ou de gestão.
– Sistemas de denúncias.
– Segurança física, tecnológica de informação e segurança das redes.
– Tratamentos para fins históricos, científicos ou estatísticos.
– Tratamento para fins de investigação (nomeadamente pesquisas de mercado).

Na avaliação do impacto do tratamento, segundo o órgão consultivo, deveria ter-se em conta quer as consequências positivas e as negativas, que podem incluir potenciais decisões ou ações futuras por parte de terceiros, situações nas quais o tratamento possa conduzir à exclusão ou à discriminação de pessoas e à difamação ou, de forma mais abrangente, situações nas quais exista o risco de prejudicar a reputação, o poder de negociação ou a autonomia da pessoa em causa, ponderando que dados aparentemente inócuos, quando tratados em grande escala e combinados com outros dados, podem dar azo a inferências sobre dados mais sensíveis.[23]

Ademais, foi apresentada orientação no sentido que se os interesses e os direitos fundamentais do titular dos dados podem se sobrepor aos interesses do controlador quando os dados pessoais sejam tratados em circunstâncias em que seus titulares já não esperam um tratamento adicional, de acordo com o princípio das limitações da finalidade.[24]

Já na etapa 5, o escopo seria de estabelecer um equilíbrio final tendo em conta as garantias complementares e assim identificar e implementar garantias complementares adequadas decorrentes do dever de cuidado e de diligência, tais como a minimização dos dados, medidas técnicas e organizativas para assegurar que os dados não possam ser utilizados para tomar decisões ou outras medidas em relação às pessoas, a utilização de técnicas de anonimização, agregação de dados, tecnologias para reforçar a proteção da privacidade, privacidade desde a concepção, avaliações de impacto na privacidade e na proteção de dados, e maior transparência, direito generalizado e incondicional de oposição, portabilidade dos dados e medidas afins para capacitar os titulares dos dados.[25]

Na etapa 6, deveria ser demonstrado o cumprimento e garantir a transparência através da elaboração de relatórios que demonstram o cumprimento das etapas 1 a 5 para justificar o tratamento antes de este ter início, os quais devem estar à disposição das autoridades, bem como da informação aos titulares dos dados das razões pelas quais se considera que o equilíbrio é favorável ao responsável pelo tratamento.[26]

---

23. GRUPO DE TRABALHO DO ARTIGO 29º DA DIRETIVA 95/46/CE. *Parecer 06/2014 sobre o conceito de interesses legítimos do responsável pelo tratamento dos dados da aceção do artigo 7º da Diretiva 95/46/CE*. Disponível em: https://www.gpdp.gov.mo/uploadfile/2015/0803/20150803050042662.pdf. Acesso em: 24.08.2019. p. 58-59.
24. GRUPO DE TRABALHO DO ARTIGO 29º DA DIRETIVA 95/46/CE. *Parecer 06/2014 sobre o conceito de interesses legítimos do responsável pelo tratamento dos dados da aceção do artigo 7º da Diretiva 95/46/CE*. Disponível em: https://www.gpdp.gov.mo/uploadfile/2015/0803/20150803050042662.pdf. Acesso em: 24.08.2019. p. 58-59.
25. GRUPO DE TRABALHO DO ARTIGO 29º DA DIRETIVA 95/46/CE. *Parecer 06/2014 sobre o conceito de interesses legítimos do responsável pelo tratamento dos dados da aceção do artigo 7º da Diretiva 95/46/CE*. Disponível em: https://www.gpdp.gov.mo/uploadfile/2015/0803/20150803050042662.pdf. Acesso em: 24.08.2019. p. 89.
26. GRUPO DE TRABALHO DO ARTIGO 29º DA DIRETIVA 95/46/CE. *Parecer 06/2014 sobre o conceito de interesses legítimos do responsável pelo tratamento dos dados da aceção do artigo 7º da Diretiva 95/46/CE*. Disponível em: https://www.gpdp.gov.mo/uploadfile/2015/0803/20150803050042662.pdf. Acesso em: 24.08.2019. p. 89.

Finalmente, na etapa 7, que consiste em garantir a existência de um mecanismo adequado e de fácil utilização para que o titular possa exercer o seu direito de oposição ao tratamento de seus dados.[27]

O estudo do GT Art. 29º destacou que dentre os direitos e as liberdades fundamentais consagrados na Carta dos Direitos Fundamentais da União Europeia e na Convenção Europeia dos Direitos do Homem, há vários que podem entrar em conflito com o direito ao respeito pela vida privada e o direito à proteção de dados pessoais, tais como: a liberdade de expressão e de informação, a liberdade das artes e das ciências, o direito de acesso aos documentos, bem como, por exemplo, o direito à liberdade e à segurança, a liberdade de pensamento, de consciência e de religião, a liberdade de empresa, o direito de propriedade, o direito à ação e a um tribunal imparcial ou a presunção de inocência e os direitos de defesa. Portanto, foi definido que para prevalecimento do interesse legítimo do controlador, o tratamento de dados deveria ser necessário e proporcional, de forma a possibilitar o exercício do direito fundamental em causa.[28]

A importância do Parecer 06/2014 é inegável tendo em vista que posteriormente, o próprio RGPD o utilizou como base e internalizou grande parte do vocabulário e das orientações relativas ao legítimo interesse e ao teste de proporcionalidade no preâmbulo da norma, em seus considerandos 47, 48 e 49, bem como no Capítulo II, art. 6º, 1, f, intitulado "Licitude do tratamento".[29]

---

27. GRUPO DE TRABALHO DO ARTIGO 29º DA DIRETIVA 95/46/CE. *Parecer 06/2014 sobre o conceito de interesses legítimos do responsável pelo tratamento dos dados da aceção do artigo 7º da Diretiva 95/46/CE*. Disponível em: https://www.gpdp.gov.mo/uploadfile/2015/0803/20150803050042662.pdf. Acesso em: 24.08.2019. p.90.
28. GRUPO DE TRABALHO DO ARTIGO 29º DA DIRETIVA 95/46/CE. *Parecer 06/2014 sobre o conceito de interesses legítimos do responsável pelo tratamento dos dados da aceção do artigo 7º da Diretiva 95/46/CE*. Disponível em: https://www.gpdp.gov.mo/uploadfile/2015/0803/20150803050042662.pdf. Acesso em: 24.08.2019.
29. [...] (47) Os interesses legítimos dos responsáveis pelo tratamento, incluindo os dos responsáveis a quem os dados pessoais possam ser comunicados, ou de terceiros, podem constituir um fundamento jurídico para o tratamento, desde que não prevaleçam os interesses ou os direitos e liberdades fundamentais do titular, tomando em conta as expectativas razoáveis dos titulares dos dados baseadas na relação com o responsável. Poderá haver um interesse legítimo, por exemplo, quando existir uma relação relevante e apropriada entre o titular dos dados e o responsável pelo tratamento, em situações como aquela em que o titular dos dados é cliente ou está ao serviço do responsável pelo tratamento. De qualquer modo, a existência de um interesse legítimo requer uma avaliação cuidada, nomeadamente da questão de saber se o titular dos dados pode razoavelmente prever, no momento e no contexto em que os dados pessoais são recolhidos, que esses poderão vir a ser tratados com essa finalidade. Os interesses e os direitos fundamentais do titular dos dados podem, em particular, sobrepor-se ao interesse do responsável pelo tratamento, quando que os dados pessoais sejam tratados em circunstâncias em que os seus titulares já não esperam um tratamento adicional. Dado que incumbe ao legislador prever por lei o fundamento jurídico para autorizar as autoridades a procederem ao tratamento de dados pessoais, esse fundamento jurídico não deverá ser aplicável aos tratamentos efetuados pelas autoridades públicas na prossecução das suas atribuições. O tratamento de dados pessoais estritamente necessário aos objetivos de prevenção e controlo da fraude constitui igualmente um interesse legítimo do responsável pelo seu tratamento. Poderá considerar-se de interesse legítimo o tratamento de dados pessoais efetuado para efeitos de comercialização direta. (48) Os responsáveis pelo tratamento que façam parte de um grupo empresarial ou de uma instituição associada a um organismo central poderão ter um interesse legítimo em transmitir dados pessoais no âmbito do grupo de empresas para fins administrativos internos, incluindo o tratamento de dados pessoais de clientes ou funcionários. Os princípios gerais que regem a transmissão de dados pessoais, no âmbito de um grupo empresarial, para uma empresa localizada num país terceiro mantêm-se inalterados. (49) O tratamento de dados pessoais, na medida estritamente necessária e proporcionada para assegurar a segurança da rede e das informações, ou seja, a capacidade de uma rede ou de um sistema informático de resistir, com um dado nível de confiança, a eventos acidentais ou a ações maliciosas ou ilícitas que comprometam a disponibilidade, a autenticidade, a integridade e a confidencialidade dos dados pessoais conservados ou transmitidos, bem como a segurança dos serviços conexos oferecidos ou acessíveis através destas redes e sistemas, pelas autoridades

Como é possível observar, em que pese haver, no considerando 47 e 49, uma maior densificação do que seria o interesse legítimo do responsável pelo tratamento dos dados, no Regulamento Europeu não há uma definição concreta do que tornaria um interesse legítimo. Constata-se, ainda, ser muito difícil fugir da casuística a fim de encontrar regras gerais, pois os elementos de interpretação apresentados não têm o condão de estabelecer com precisão em todos os casos de tratamento de dados o que seria legítimo interesse, o que deixou margens para controvérsias.

2.2 Novas propostas de sistematização do teste de proporcionalidade e as controvérsias acerca do uso do legítimo interesse como fundamento para o tratamento de dados

Diante do que foi anteriormente exposto, fica evidente que o teste de proporcionalidade permanece longe de ser uma avaliação fácil, e sua aplicação requer um alto nível de expertise legal, que os controladores de dados muitas vezes não possuem. Ademais, os responsáveis pelo controle de dados na maioria das situações encontram-se em posição de claro conflito de interesses, o que poderia tornar o teste altamente questionável.[30]

Por tais razões, o teste de ponderação proposto pelo GT Art. 29° suscitou algumas reservas pela doutrina em relação à sistematização oferecida, de forma que outras propostas de sistematização foram criadas por acadêmicos e estudiosos do tema, bem como por organizações e entidades independentes.

A entidade independente Britânica ICO – *Information Comissioner's Office*, propõe um teste divido em três etapas, que se difere do anteriormente mencionado, e foi baseado na abordagem do legítimo interesse realizada pela Corte de Justiça da União Europeia no caso Rigas (C-13/16, de maio de 2017), ainda no âmbito da Diretiva 95/46/EC, e é divido em três subtestes – o do propósito, o da necessidade e o da ponderação.[31]

No primeiro, relativo ao proposito, deve ser identificado o legítimo interesse e decidido sobre sua efetiva legitimidade, impondo-se ao controlador que responda perguntas

---

públicas, equipas de intervenção em caso de emergências informáticas (CERT), equipas de resposta a incidentes no domínio da segurança informática (CSIRT), fornecedores ou redes de serviços de comunicações eletrónicas e por fornecedores de tecnologias e serviços de segurança, constitui um interesse legítimo do responsável pelo tratamento. Pode ser esse o caso quando o tratamento vise, por exemplo, impedir o acesso não autorizado a redes de comunicações eletrónicas e a distribuição de códigos maliciosos e pôr termo a ataques de «negação de serviço» e a danos causados aos sistemas de comunicações informáticas e eletrónicas. [...] Artigo 6° Licitude do tratamento. 1. O tratamento só é lícito se e na medida em que se verifique pelo menos uma das seguintes situações: [...] f) O tratamento for necessário para efeito dos interesses legítimos prosseguidos pelo responsável pelo tratamento ou por terceiros, exceto se prevalecerem os interesses ou direitos e liberdades fundamentais do titular que exijam a proteção dos dados pessoais, em especial se o titular for uma criança. O primeiro parágrafo, alínea f), não se aplica ao tratamento de dados efetuado por autoridades públicas na prossecução das suas atribuições por via eletrônica. (UNIÃO EUROPEIA. *Regulamento (EU) 2016/679 do Parlamento e do Conselho Europeu de 27 de abril de 2016 relativo à proteção das pessoas singulares no que diz respeito ao tratamento de dados pessoais e à livre circulação desses dados e que revoga a Diretiva 95/46/CE* (Regulamento Geral sobre a Proteção de Dados). Disponível em: https://eur-lex.europa.eu/legal-content/PT/TXT/PDF/?uri=CELEX:32016R0679&from=PT. Acesso em: 12.08.2020).

30. FERRETTI, Federico. Data Protection and the legitimate interest of data controllers: much ado about nothing or the winter of rights? *Commom Market Law Review*, United Kingdom, v. 51, p. 843-868, 2014.

31. INFORMATION COMISSIONER'S OFFICE. *Lawful basis for processing Legitimate interests*. Disponível em: http://ico.org.uk/for-organisations/guide-to-data-protection/guide-to-the-general-data-protection-regulation-gdpr/legitimate-interests. Acesso em: 24.08.2019.

sobre seus objetivos, possíveis benefícios para si e para terceiros, sobre possíveis impactos para o caso de não prosseguimento ao tratamento, resultados esperados aos titulares dos dados, e o cumprimento de códigos de conduta da empresa.[32]

No teste da necessidade, o controlador deve considerar se o processamento dos dados é realmente necessário para o proposito identificado na etapa anterior, devendo responder questionamentos acerca de como o tratamento em questão lhe auxilia a alcançar seus propósitos e se seria possível a utilização de métodos mais óbvios e menos invasivos aos titulares dos dados[33]

Na terceira e última etapa, é então realizado o teste de ponderação, onde o controlador deve considerar os interesses, os direitos e liberdades dos titulares dos dados, e se estes se sobrepõem ao legítimo interesse identificado. Neste momento são levados em consideração a natureza dos dados pessoais, as legitimas expetativas e o impacto do tratamento para os titulares, devendo ser respondidas indagações acerca da natureza dos dados. Ademais, deve ser observado com cautela quando o tratamento pretendido for sobre informações de crianças ou outros indivíduos vulneráveis, sobre a preexistência de uma relação prévia com o titular dos dados, sobre as finalidades previamente informadas a estes para processamento dos dados, sobre possíveis expectativas destes, considerando-se ainda eventuais mudanças tecnológicas.[34]

Constantin Herfurth, da Universidade de Kassel, na Alemanha, pesquisador focado no RGPD, por sua vez, estruturou um modelo de ponderação em três dimensões: dados pessoais, partes e tratamento.[35]

Na primeira dimensão do teste de ponderação, que é focada nos dados pessoais a serem tratados, o intérprete deve analisar o tipo ou a natureza dos dados pessoais; o grau de identificabilidade do titular dos dados; a quantidade de dados objeto de tratamento; a origem dos dados, e, a qualidade dos dados.[36]

Na segunda dimensão, que é direcionada para a avaliação das partes, o intérprete deve analisar o titular dos dados, sua natureza e características; o número de titulares afetados pelo tratamento; o número de entidades envolvidas no tratamento; a natureza da relação existente entre o titular e o controlador; as expectativas dos titulares em relação a finalidade do tratamento; e ainda, eventual participação de responsáveis ou terceiros de que sejam de origem de país não integrante da União Europeia no tratamento.[37]

---

32. INFORMATION COMISSIONER'S OFFICE. *Lawful basis for processing Legitimate interests*. Disponível em: http://ico.org.uk/for-organisations/guide-to-data-protection/guide-to-the-general-data-protection-regulation-gdpr/legitimate-interests. Acesso em: 24.08.2019. p. 36. (tradução nossa).
33. INFORMATION COMISSIONER'S OFFICE. *Lawful basis for processing Legitimate interests*. Disponível em: http://ico.org.uk/for-organisations/guide-to-data-protection/guide-to-the-general-data-protection-regulation-gdpr/legitimate-interests. Acesso em: 24.08.2019. p. 37. (tradução nossa).
34. INFORMATION COMISSIONER'S OFFICE. *Lawful basis for processing Legitimate interests*. Disponível em: http://ico.org.uk/for-organisations/guide-to-data-protection/guide-to-the-general-data-protection-regulation-gdpr/legitimate-interests. Acesso em: 24.08.2019. p. 38-40. (tradução nossa).
35. HERFURTH, Constantin. Interessenabwägung nach art. 6 Abs. 1 lit. f DS-GVO: Nachvollziehbare Ergebnisse anhand von 15 Kriterien mit dem sog. 3x5 Modell. *Zeitschrift für Datenschutz*, München, p. 514-520, 2018.
36. HERFURTH, Constantin. Interessenabwägung nach art. 6 Abs. 1 lit. f DS-GVO: Nachvollziehbare Ergebnisse anhand von 15 Kriterien mit dem sog. 3x5 Modell. *Zeitschrift für Datenschutz*, München, p. 514-520, 2018.
37. HERFURTH, Constantin. Interessenabwägung nach art. 6 Abs. 1 lit. f DS-GVO: Nachvollziehbare Ergebnisse anhand von 15 Kriterien mit dem sog. 3x5 Modell. *Zeitschrift für Datenschutz*, München, p. 514-520, 2018.

Na terceira e última dimensão, relativa ao tratamento propriamente dito, incumbiria ao intérprete analisar o modo como o tratamento será realizado; o tipo de tratamento realizado; a duração do tratamento; a frequência do tratamento; os propósitos do tratamento; e o impacto do tratamento na esfera jurídica do titular.[38]

Cumpre referir que, embora o teste de proporcionalidade não seja obrigatório de acordo com o Regulamento Europeu de Proteção de Dados, ele constitui uma ferramenta metodológica fundamental para o correto uso do legítimo interesse pelo controlador, devido ao natural e inevitável conflito de interesses e direitos havidos. Ou seja, é muito difícil que o controlador consiga cumprir suas obrigações sem realizar um teste que avalie seus legítimos interesses em perspectiva das legítimas expectativas, direitos e liberdades do titular dos dados.

Por outro lado, devido a já apontada complexidade e incerteza na utilização do instrumento, é possível compreender o motivo pelo qual a doutrina europeia segue em debate quanto a base legal do legítimo interesse, discutindo-se inclusive a prevalência do consentimento, para que a normativa europeia não seja eivada de ausência de efetividade.

Segundo Federico Ferretti, a base legal do legítimo interesse possui aplicação vaga e por isso pode ser facilmente utilizada de forma abusiva pelo controlador dos dados. Assim, constitui uma ferramenta para o esvaziamento da proteção jurídica oferecida ao titular dos dados pessoais, bem como uma lacuna na proteção dos valores estabelecidos pela legislação, enfraquecendo o sistema legal europeu de proteção de dados.[39]

O autor ainda aponta ainda como preocupação o fato de que o próprio controlador de dados que realiza a avaliação do teste de ponderação entre os seus interesses e os direitos fundamentais do titular dos dados.[40]

Para Antonio Barreto Menezes Cordeiro[41], a solução coloca o titular dos dados em uma situação de fragilidade uma vez que é o responsável e interessado pelo uso dos dados decide se deve realizar ou não realizar este tratamento e em que moldes esta atividade irá ocorrer, o que abre portas para tratamentos de dados pessoais com consequências imprevisíveis.

Por outro lado, Irene Kamara e Paul De Hert discordam desta avaliação negativa e afirmam que o legítimo interesse não constitui uma brecha na lei, mas sim, uma base legal igualmente importante para o tratamento de dados, aduzindo que somente se ela for mal interpretada ou aplicada de má-fé poderá ser vista como excessivamente permissiva ou falha.[42]

---

38. HERFURTH, Constantin. Interessenabwägung nach art. 6 Abs. 1 lit. f DS-GVO: Nachvollziehbare Ergebnisse anhand von 15 Kriterien mit dem sog. 3x5 Modell. *Zeitschrift für Datenschutz*, München, p. 514-520, 2018.
39. FERRETTI, Federico. Data Protection and the legitimate interest of data controllers: much ado about nothing or the winter of rights? *Commom Market Law Review*, United Kingdom, v. 51, p. 843-868, 2014.
40. FERRETTI, Federico. Data Protection and the legitimate interest of data controllers: much ado about nothing or the winter of rights? *Commom Market Law Review*, United Kingdom, v. 51, p. 843-868, 2014.
41. CORDEIRO, Antônio Barreto Menezes. O tratamento de dados pessoais fundado em legítimos interesses. *Revista de Direito e Tecnologia*, Lisboa, v. 1, n. 1, p. 1-31, 2019.
42. KAMARA, Irene; DE HERT, Paul. Understanding the balancing act behind the legitimate interest of the controller ground. In E. Selinger, J. Polonestsky, O. Tene (Ed.). *The Cambridge Handbook of Consumer Privacy*. Cambridge,

O problema reside justamente na má interpretação e na aplicação de má-fé desta base legal, assim como foi realizado pelo Google, em que pese suas condições fáticas, técnicas e financeiras de realizar as devidas alterações de suas políticas de privacidade e uso de dados dos usuários dos serviços. O Google não utilizava o consentimento do titular, mas sim o legítimo interesse para executar seus serviços, melhorá-los, desenvolver novos e se proteger legalmente. De acordo com a ampla interpretação do legítimo interesse e uma avaliação realizada pela própria empresa, o fato de o Google ser um buscador de informações acessível a todos os usuários da internet seria uma justificativa aceitável para uso da base legal objeto deste estudo.

Mas o GT Art. 29º não concordou com esta avaliação e por isso, em março de 2012 enviou uma notificação para a companhia alertando que as operações de dados envolvendo os usuários da plataforma não estariam sendo realizadas a partir de uma base legal válida, uma vez que seus usuários não estariam cientes da extensão exata da combinação de dados que era realizada. Assim, o fundamento jurídico do legítimo interesse não poderia ser aplicado, sendo recomendado para remediar essa situação, que Google solicitasse o consentimento dos titulares para fornecer controles adicionais aos usuários sobre essas combinações.[43]

Todavia, o Google deixou de realizar as alterações recomendadas, o que levou à várias autoridades de dados da União Europeia a adotarem medidas coercivas contra a empresa por violação da lei do estado membro, o que deu origem a um primeiro conjunto de ações pelas autoridades.[44]

No ano de 2014 foi descoberto que o Google estava processando informações nas contas do Gmail dos usuários para fins comportamentais publicidade usando cookies e participando de outras atividades de criação de perfil em para criar anúncios segmentados, o que deu origem a um segundo conjunto de ações de imposição mudanças de política foram instituídas pelo DPA italiano em 2014 e ordenou que o Google fornecesse mais "informações efetivas" aos usuários e obter consentimento prévio de seus usuários para a processamento de suas informações pessoais. Isso incluiu usuários de Gmail e Pesquisa do Google. O pedido também estabeleceu prazos para que o Google respondesse às solicitações de exclusão de dados por usuários de contas do Google, nas quais o usuário solicitou a exclusão de suas contas dados de acordo com a lei de proteção de dados.[45]

Ainda em 2014, o DPA de Hamburgo, atuando na Alemanha, também emitiu uma ordem, observando as violações do Google à lei alemã de proteção de dados com relação a suas atividades de processamento de dados e criação de perfil de usuário, como o uso das

---

Cambridge University Press, p. 321-352, 2018.
43. GRUPO DE TRABALHO DO ARTIGO 29º DA DIRETIVA 95/46/CE. *Letter to Google*. Disponível em: https://ec.europa.eu/justice/article-29/documentation/other-document/files/2012/20121016_letter_to_google_en.pdf. Acesso em: 19.10.2019.
44. HOUSER, Kimberly A.; VOSS, Gregory W. GDPR: The end of Google and Facebook or a new paradigm in Data Privacy. *The Richmond Journal of Law and Technology*, Richmond, v. 25, n. 1, 2018.
45. HOUSER, Kimberly A.; VOSS, Gregory W. GDPR: The end of Google and Facebook or a new paradigm in Data Privacy. *The Richmond Journal of Law and Technology*, Richmond, v. 25, n. 1, 2018.

informações substanciais que o Google coleta sobre os hábitos dos usuários combinados com outras informações que o Google obtém, como dados de localização.[46]

Mesmo depois de todas estas ocorrências, o Google não realizou as adequações necessárias para viabilizar o uso adequado e lícito dos dados de seus usuários e em 2019, a empresa acabou multada em €50.000.000,00 (cinquenta milhões de euros) pela Comissão Nacional de Informações e Liberdade (CNIL), órgão regulador da França. A multa é a maior já aplicada desde que o RGPD entrou em vigor. O CNIL aplicou a sanção alegando "falta de transparência, informação insuficiente e falta de consentimento válido sobre personalização de anúncios".[47]

Os reguladores franceses dizem que não é suficiente que os usuários do Google possam modificar suas configurações de privacidade quando eles criam suas contas, em parte porque as configurações padrão servem para o Google apresentar anúncios personalizados para seus usuários. Ao mesmo tempo, o Google exige de seus usuários que concordem com seus termos e condições de forma integral para criarem suas contas, uma forma de consenso que, para a CNIL, é falha uma vez que exige que usuários concordem com tudo para usar o serviço. A mesma denúncia recaiu sob outras plataformas gigantes da big data como o YouTube, Netflix, Spotify, Apple e Amazon em uma lista apresentada pela Autoridade Austríaca de Proteção de Dados.

Diante deste cenário é trazida a seguinte questão: se a Europa, que possui regramento sobre proteção de dados desde 1995 ainda tem problemas na interpretação e aplicação da base legal do legítimo interesse, o que se pode esperar para o Brasil?

3. O USO DO LEGÍTIMO INTERESSE DO CONTROLADOR COMO BASE LEGAL PARA O TRATAMENTO DE DADOS PESSOAIS NO ORDENAMENTO JURÍDICO BRASILEIRO

3.1 Primeiras impressões sobre a interpretação da base legal e o uso do legítimo interesse do controlador no Brasil

A promulgação da Lei Geral de Proteção de Dados (LGPD) em 14 de agosto de 2018 constitui importante passo no caminho para a proteção constitucional do cidadão brasileiro na sociedade da informação, em resposta aos novos desafios propostos pelas redes sociais, as tecnologias de vigilância, o marketing comportamental, a transferência internacional de dados e tantas outras, por meio das quais poderão ser obtidos benefícios econômicos e sociais advindos da revolução tecnológica, tanto na liberdade de controle das informações pessoais, como na tutela contra sua utilização discriminatória.[48]

---

46. HOUSER, Kimberly A.; VOSS, Gregory w. GDPR: The end of Google and Facebook or a new paradigm in Data Privacy. *The Richmond Journal of Law and Technology*, Richmond, v. 25, n. 1, 2018.
47. MEIO E MENSAGEM. Multa aplicada ao Google é emblemática para a GDPR. Disponível em: https://www.meioemensagem.com.br/home/midia/2019/01/22/multa-aplicada-ao-google-e-divisor-de-aguas-para-a-gdpr.html. Acesso em: 19.10.2019.
48. MENDES, Laura Schertel. O direito fundamental à proteção de dados. *Revista do Direito do Consumidor*, São Paulo, v. 7, p. 45-81, jul./set. 2011.

O ponto de gravitação desta nova lei é a pessoa, os dados pessoais são o objeto e a sua finalidade é a proteção da personalidade, assegurando assim a privacidade, a liberdade, a igualdade e o livre desenvolvimento da personalidade em vista do tratamento de dados pessoais. Ao regular o tratamento dos dados pessoais, o legislador, levando em conta os âmbitos da tecnologia e da inovação, que estão em constante mudança, e o risco de desatualização da norma, optou por estabelecer regras específicas, mas também estabeleceu princípios, que orientam toda a sua disciplina e que precisam ser atendidos nos limites dos direitos fundamentais, assegurando assim às pessoas a dignidade, a paridade, a não discriminação e a liberdade.[49]

De acordo com a LGPD as atividades de tratamento devem seguir a boa-fé, bem como os princípios da finalidade, da adequação, da necessidade, do livre acesso, da transparência, da segurança, da prevenção, da não discriminação, e da responsabilização e prestação de contas, nos termos dos incisos do artigo 6º, sendo de suma importância o tratamento individual de cada um deles para o completo entendimento da matéria.

Um dos pressupostos fundamentais da Lei é que o tratamento de dados não poderá ser realizado sem que haja uma base normativa que o autorize. Ao total, são previstas dez hipóteses autorizativas para o tratamento de dados pessoais, dentre elas, o consentimento do titular; o cumprimento de obrigação legal ou regulatória pelo controlador dos dados; a execução de contrato ou de procedimentos contratuais preliminares; o exercício regular de direito em processo judicial, administrativo ou arbitral; para a proteção da vida ou da incolumidade física do titular ou de terceiros; para a tutela da saúde, exclusivamente, em procedimento realizado por profissionais de saúde, serviços de saúde ou autoridade sanitária; para a proteção do crédito; pela administração pública, para a execução de políticas públicas previstas em leis e regulamentos; e finalmente, para atendimento de interesses legítimos do controlador ou de terceiros.

O legítimo interesse do controlador ou de terceiros é trazido pelo legislador no capítulo II da Lei Geral de Proteção de Dados, intitulado "do tratamento de dados pessoais", na seção I, denominada "dos requisitos para o tratamento de dados pessoais", que traz esta hipótese autorizativa para o tratamento de dados no inciso IX do artigo 7º, e depois, no artigo 10º e incisos, tece mais observações.[50]

---

49. COTS, Márcio; OLIVEIRA, Ricardo. *Lei geral de proteção de dados pessoais comentada*. São Paulo: Thomson Reuters Brasil, 2018. p. 99-100.

50. Art. 7º O tratamento de dados pessoais somente poderá ser realizado nas seguintes hipóteses: [...] IX – quando necessário para atender aos interesses legítimos do controlador ou de terceiros, exceto no caso de prevalecerem direitos e liberdades fundamentais do titular que exijam a proteção dos dados pessoais;

[...] Art. 10. O legítimo interesse do controlador somente poderá fundamentar tratamento de dados pessoais para finalidades legítimas, consideradas a partir de situações concretas, que incluem, mas não se limitam a: I – apoio e promoção de atividades do controlador; e II – proteção, em relação ao titular, do exercício regular de seus direitos ou prestação de serviços que o beneficiem, respeitadas as legítimas expectativas dele e os direitos e liberdades fundamentais, nos termos desta Lei. § 1º Quando o tratamento for baseado no legítimo interesse do controlador, somente os dados pessoais estritamente necessários para a finalidade pretendida poderão ser tratados. § 2º O controlador deverá adotar medidas para garantir a transparência do tratamento de dados baseado em seu legítimo interesse. § 3º A autoridade nacional poderá solicitar ao controlador relatório de impacto à proteção de dados pessoais, quando o tratamento tiver como fundamento seu interesse legítimo, observados os segredos comercial e industrial. (BRASIL. Lei 13.709 de 14 de agosto 2018. Lei Geral de Proteção de Dados Pessoais. Disponível em: http://www.planalto.gov.br/ccivil_03/_ato2015-2018/2018/lei/L13709.htm. Acesso em: 12.08. 2020).

Antes de avançar no tema, importante ressaltar que não há na LGPD nenhuma definição do que vem a ser este "legítimo interesse", constituindo assim esta base legal para o tratamento de dados pessoais um dos pontos mais sensíveis da nova legislação.

Uma previsão semelhante existente tanto da Diretiva Europeia 95/46/CE como no RGPD, como já visto, também foi questionada no passado, uma vez que a subjetividade, amplitude e maleabilidade da terminologia poderia constituir verdadeira brecha na legislação, vindo a mitigar por completo, aquela que deveria ser a regra no tratamento de dados, o consentimento do titular.[51]

Todavia, importante destacar que este hiato conceitual foi trazido de forma proposital pelas autoridades legislativas, visando manter a fundamentação jurídica do legítimo interesse do controlador com significado amplo, flexível, e com aplicação concreta. O intuito desta previsão legal é, justamente, manter seu caráter casuístico e maleável para que possa abarcar situações infindáveis que não poderiam ser previstas uma a uma na lei.[52]

Segundo Laura Schertel Mendes, esta base legal se afigura como uma espécie de cláusula geral, na qual opera-se um teste de proporcionalidade entre os interesses na utilização dos dados pessoais, que são do controlador ou de terceiros, e os direitos do titular, sendo de fato um dos pontos mais delicados da nova legislação.[53]

Importante observar que na primeira versão do projeto da lei brasileira, o legítimo interesse não constava no rol das hipóteses legais para o tratamento de dados. Foi então na segunda consulta pública que ocorreu um debate entre o setor empresarial e a sociedade civil e acadêmicos sobre a necessidade de se trazer a base legal do legítimo interesse para a lei, como uma hipótese mais flexível e pertinente ao cenário de uso intensivo de dados. Por outro lado, houve uma preocupação de que o legítimo interesse viesse acompanhado de requisitos para a sua aplicação.

Assim, a LGPD trouxe como requisitos que o tratamento de dados realizado com base legal do legítimo interesse não viole direitos e liberdades fundamentais do titular dos dados e que medidas para garantir a transparência de tal tratamento sejam adotadas. O diploma ainda trouxe duas situações exemplificativas que podem ser entendidas como legítimo interesse: (i) apoio e promoção de atividades do controlador; e (ii) proteção do exercício regular de direito do titular ou prestação de serviço que o beneficie.[54]

Como se pode observar, a hipótese enseja um duplo desafio: compreender o que pode ser considerado legítimo interesse do controlador ou de terceiros, e avaliar em que medida esse legítimo interesse pode ser alegado diante dos direitos e liberdades fundamentais do titular.

---

51. FERRETTI, Federico. Data Protection and the legitimate interest of data controllers: much ado about nothing of the winter of rights? *Commom Market Law Review*, United Kingdom, v. 51, p. 843–868, 2014.
52. MALDONADO, Viviane Nobrega; BLUM, Renato Opice (Coord.). *Lei Geral de Proteção de Dados*: Lei Geral de Proteção de Dados comentada. São Paulo: Thomson Reuters Brasil, 2019. p. 194.
53. MENDES, Laura Schertel; DONEDA, Danilo. Marco jurídico para a cidadania digital: uma análise do projeto de Lei 5.276/2016. *Revista de Direito Civil Contemporâneo*, v. 9, p. 35-48, out./dez. 2016.
54. BIONI, Bruno Ricardo. *Proteção de dados pessoais*: a função e os limites do consentimento. Rio de Janeiro: Forense, 2019. p. 250.

Ocorre que a própria LGPD não resolve eventuais conflitos, na medida em que não prevê a prevalência prioritária dos direitos dos titulares de dados, mas somente daqueles em relação aos quais a situação concreta exigir a proteção. Com o desenfreado desenvolvimento tecnológico, o fundamento dos interesses legítimos acaba por alcançar uma ampla gama de atividades de processamento de dados que podem surgir ao longo do tempo, por força dos avanços de inovação que estão em constante ascensão [55]

Tendo em vista a ausência de orientação, há uma preocupação sobre qual tipo de interesse se qualifica como legítimo a ponto de sobrepor-se ao direito fundamental à proteção de dados e à liberdade do usuário. Isto torna-se particularmente relevante a partir do momento em que de acordo com a legislação, é o próprio controlador de dados que realiza a avaliação do teste de ponderação entre os seus interesses e os direitos fundamentais do titular dos dados.[56]

Veja-se que o "apoio e promoção das atividades do controlador" constitui expressão ampla, o que poderá servir de brecha legislativa para justificar todo e qualquer tratamento de dados que não possua outra base legal autorizadora. Embora útil e necessário, apoiar o tratamento de dados pessoais com base no argumento de interesses legítimos é extremamente desafiador e não pode ser considerada uma autorização genérica. Muito pelo contrário, sua aplicação deve ser rígida e muito bem justificada e balizada, sob pena de serem cometidos abusos e invasão da privacidade dos titulares, o que tornará inócuas as disposições da lei.[57]

Segundo Daniel Bucar e Mario Viola, a LGPD reconheceu outros valores além da proteção dos dados pessoais, entre eles, a livre-iniciativa, a livre concorrência, e o desenvolvimento tecnológico e econômico, sinalizando que estes interesses deverão conviver com a tutela da privacidade e eventualmente confrontá-la.[58]

Para os autores, essa hermenêutica é reforçada pelo tratamento de dados na hipótese do legítimo interesse do controlador, uma vez que o inciso IX do artigo 7º da LGPD fixaria uma espécie de regra de ponderação ao se referir à prevalência de direitos, motivo pelo qual trazem como sugestão a utilização de um método civil-constitucional.[59]

Independentemente do método a ser utilizado, a concretização do legítimo interesse na conjuntura da nova lei dependerá da ponderação entre a promoção das atividades do

---

55. COSTA, Dayana Caroline. Interesses legítimos e o tratamento de dados pessoais sem permissão do usuário. *Revista Consultor Jurídico*, 2018. Disponível em: https://www.conjur.com.br/2018-mai-07/dayana-costa-tratamento-da-dos-pessoais-aval-usuario. Acesso em: 24.08.2019.
56. FERRETTI, Federico. Data Protection and the legitimate interest of data controllers: much ado about nothing or the winter of rights? *Commom Market Law Review*, United Kingdom, v. 51, p. 843-868, 2014.
57. COSTA, Dayana Caroline. Interesses legítimos e o tratamento de dados pessoais sem permissão do usuário. *Revista Consultor Jurídico*, 2018. Disponível em: https://www.conjur.com.br/2018-mai-07/dayana-costa-tratamento-da-dos-pessoais-aval-usuario. Acesso em: 24.08.2019.
58. BUCAR, Daniel; VIOLA, Mario. Tratamento de dados pessoais pelo legítimo interesse do controlador. In: TEPEDINO, Gustavo; FRAZÃO, Ana; OLIVA, Milena Donato (Coord.). *Lei Geral de Proteção de Dados e suas repercussões no Direito Brasileiro*. São Paulo: Thomson Reuters Brasil, 2019. p. 465-484.
59. BUCAR, Daniel; VIOLA, Mario. Tratamento de dados pessoais pelo legítimo interesse do controlador. In: TEPEDINO, Gustavo; FRAZÃO, Ana; OLIVA, Milena Donato (Coord.). *Lei Geral de Proteção de Dados e suas repercussões no Direito Brasileiro*. São Paulo: Thomson Reuters Brasil, 2019. p. 465-484.

controlador e os direitos e liberdades fundamentais do titular dos dados, à semelhança da regra da legislação europeia.[60]

3.2 Caminhos para aplicação do teste de proporcionalidade no âmbito nacional

A dificuldade a ser enfrentada no Brasil está na busca de uma solução eficaz para proteção dos dados pessoais, que consiga englobar a proteção da privacidade do titular dos dados e, ao mesmo tempo, permita a circulação das informações que são essenciais para o mercado econômico. Para tanto, a doutrina deverá estabelecer critérios para o balanceamento dos interesses que estão jogo.[61]

O artigo 7° inciso IX da LGPD traz uma espécie de regra de ponderação, pois refere a "prevalência de direitos" para sindicar a aplicação do legítimo interesse, mas nada traz sobre a técnica que deverá ser utilizada pelo intérprete da lei.[62]

De forma análoga à Diretiva 95/46/CE e o RGPD, é possível apurar que, por tratar-se o legítimo interesse de um conceito indeterminado, o intérprete deverá aplicar ao fato concreto o elemento semanticamente vago[63], que se trata do amplo espectro fático que pode ser considerado como legítimo interesse do controlador e de terceiro, o qual deverá ser interpretado sob a axiologia unitária do ordenamento, a partir da análise dos princípios constitucionais norteadores, sendo indispensável o uso da ponderação.[64]

Neste ponto, cabe recorrer às concretizações doutrinárias existentes acerca do princípio da proporcionalidade e como ponderar os conflitos de interesses. Muitos autores desenvolveram teorias sobre o tema, mas não pode-se deixar de mencionar o jurista Robert Alexy, que em sua obra Teoria dos Direitos Fundamentais, traz importante lição sobre a aplicação de princípios, sustentando que estes "são normas que ordenam que algo seja realizado na maior medida possível dentro das possibilidades jurídicas e fáticas existentes", através da máxima da proporcionalidade.[65]

Para Alexy, a dita máxima da proporcionalidade decorre do caráter principiológico dos direitos fundamentais e possui três máximas parciais, da adequação, da necessidade e da proporcionalidade em sentido estrito, que definem aquilo que deve ser compreendido por otimização em relação aos princípios colidentes. Sua doutrina explica que a otimização é idêntica à lei do sopesamento que dita o seguinte: "Quanto maior for o grau de não

---

60. BIONI, Bruno Ricardo. *Proteção de dados pessoais*: a função e os limites do consentimento. Rio de Janeiro: Forense, 2019. p. 253.
61. DONEDA, Danilo. *Da privacidade à proteção de dados pessoais*: elementos da formação da Lei geral de proteção de dados. 2. ed. rev. e atual. São Paulo: Thomson Reuters Brasil, 2019, p. 296.
62. BUCAR, Daniel; VIOLA, Mario. Tratamento de dados pessoais pelo legítimo interesse do controlador. In: TEPEDINO, Gustavo; FRAZÃO, Ana; OLIVA, Milena Donato (Coord.). *Lei Geral de Proteção de Dados e suas repercussões no Direito brasileiro*. São Paulo: Thomson Reuters Brasil, 2019. p. 465-484.
63. MARTINS-COSTA, Judith. *A boa-fé no direito privado*: critérios para a sua aplicação. São Paulo: Marcial Pons, 2015, p. 143.
64. BUCAR, Daniel; VIOLA, Mario. Tratamento de dados pessoais pelo legítimo interesse do controlador. In: TEPEDINO, Gustavo; FRAZÃO, Ana; OLIVA, Milena Donato (Coord.). *Lei Geral de Proteção de Dados e suas repercussões no Direito Brasileiro*. São Paulo: Thomson Reuters Brasil, 2019. p. 465-484.
65. ALEXY, Robert. *Teoria dos Direitos Fundamentais*. 2. ed. São Paulo: Malheiros, 2015. p. 588.

satisfação ou de afetação de um princípio, tanto maior terá que ser a importância da satisfação do outro".[66]

Ainda, o doutrinador ensina que a lei do sopesamento pode ser dividida em três passos, sendo que no primeiro é avaliado o grau de não satisfação ou afetação de um dos princípios; no segundo passo, avalia-se a importância da satisfação do princípio colidente; e em um terceiro passo, deve ser avaliado se a importância da satisfação do princípio colidente justifica a afetação ou a não satisfação do outro princípio.[67]

Desta forma, segunda a teoria do jurista, no caso de aplicação de princípios colidentes, um dos princípios deve ser superado, sem que isso signifique que o princípio expulso é inválido, conceito que possui grande utilidade na interpretação do legítimo interesse do controlador na LGPD como já mostrou a experiencia europeia.[68]

Daniel Bucar e Mario Viola, autores nacionais, sugerem aplicar o legítimo interesse do controlador conforme axiologia constitucional que revela uma tutela da privacidade não como direito absoluto, mas sim funcionalizado considerando o livre desenvolvimento da personalidade através da autodeterminação informativa.[69]

Por outro lado, tão importante quanto aferir se há um legítimo interesse é verificar se as legítimas expectativas de privacidade do indivíduo na situação concreta análise da violação serão respeitadas, o que deve ser feito à luz da boa-fé.

Claudia Lima Marques ensina que o princípio da boa-fé objetiva possui muitas funções na formação e na execução das obrigações, tais como ser fonte de novos deveres especiais de conduta durante o vínculo contratual, os chamados deveres anexos; ser causa limitadora do exercício, antes lícito, hoje abusivo, dos direitos subjetivos; e ainda na concreção e interpretação dos contratos.[70]

Na definição de Judith Martins-Costa, a boa-fé objetiva é regra de conduta e pode ser entendida como "modelo de conduta social, arquétipo ou standard jurídico, segundo o qual cada pessoa deve ajustar a própria conduta a esse arquétipo, obrando como obraria um homem reto: com honestidade, lealdade, probidade".[71]

Tal princípio impõe não apenas mera intenção, mas como objetivo primordial de conduta, exigência de respeito, lealdade, cuidado com a integridade física, moral e patrimonial, devendo prevalecer deste a formação inicial da relação de consumo. Além de limitar práticas abusivas, a boa-fé gera deveres secundários de conduta, que impõe as partes comportamentos necessários, ainda que não previstos expressamente nos con-

---

66. ALEXY, Robert. *Teoria dos Direitos Fundamentais*. 2. ed. São Paulo: Malheiros, 2015. p. 593.
67. ALEXY, Robert. *Teoria dos Direitos Fundamentais*. 2. ed. São Paulo: Malheiros, 2015. p. 594.
68. KAMARA, Irene; DE HERT, Paul. Understanding the balancing act behind the legitimate interest of the controller ground. In E. Selinger, J. Polonestsky, O. Tene (Ed.). *The Cambridge Handbook of Consumer Privacy*. Cambridge, Cambridge University Press, p. 321-352, 2018.
69. BUCAR, Daniel; VIOLA, Mario. Tratamento de dados pessoais pelo legítimo interesse do controlador. *In*: TEPEDINO, Gustavo; FRAZÃO, Ana; OLIVA, Milena Donato (Coord.). *Lei Geral de Proteção de Dados e suas repercussões no Direito Brasileiro*. São Paulo: Thomson Reuters Brasil, 2019. p. 465-484.
70. MARQUES, Claudia Lima. *Contratos no Código de Defesa do Consumidor*: o novo regime das relações contratuais. 8. ed. rev. atual. ampl. São Paulo: Ed. RT, 2016. p. 221.
71. MARTINS-COSTA, Judith. *A boa-fé no direito privado*. São Paulo: Ed. RT, 1999. p. 24.

tratos, que devem ser obedecidos a fim de permitir a realização das justas expectativas surgidas em razão da celebração e da execução do contrato.[72]

Refere-se àquela conduta que se espera das partes contratantes, com base na lealdade, de sorte que toda cláusula que infringir esse princípio é considerada abusiva. Sob o signo da boa-fé a relação entre os contratantes ganha "conteúdo novo", devendo ser pautada pelos valores da lealdade e cooperação, privilegiando-se o respeito à confiança e as expectativas legítimas da contraparte.[73]

Assim, como a boa-fé possui um papel relevante no tratamento dos dados pessoais, seus efeitos incidem nas relações jurídicas que versem sobre o tema, uma vez que tem fundo contratual, com destaque para o consentimento. Por isso, para a análise da legitimidade do tratamento de dados deve levar em conta a boa-fé objetiva, as expectativas legítimas do titular dos dados, bem como os impactos e os riscos do tratamento de dados pessoais para o sujeito.[74]

O processamento de dados deve ser realizado de forma transparente e de acordo com a boa-fé, levando-se em conta os riscos para a personalidade do cidadão, as suas legítimas expectativas e a sua liberdade de escolha, devendo ser compatível com a finalidade e o contexto nos quais os dados foram coletados.

Afinal, é de se levar em conta, na análise de uma eventual violação do direito à proteção de dados, por exemplo, monitoramento de e-mails, em que há grande expectativa de confidencialidade de seu conteúdo, ou da coleta de dados postados em uma rede social. No caso das redes sociais, pode não haver uma expectativa do usuário de confidencialidade em relação aqueles dados; há, contudo, uma expectativa de que os dados não sejam utilizados em contexto completamente diverso daquele em que ele foi gerado.[75]

Como já visto, aplicar o teste de ponderação constitui tarefa árdua, complexa e muitas vezes subjetiva, pois leva em conta uma série de fatores que isoladamente já dariam ensejo um estudo aprofundado e extenso. Na ausência de regulamento específico no Brasil, para reduzir a subjetividade da aplicação dessa hipótese de tratamento, recomenda-se tomar como base, neste primeiro momento, as diretrizes interpretativas e exemplificativas colocadas pelo Parecer 06/2014 do GT Art. 29º, cabendo as competentes adaptações à realidade brasileira.[76]

Ademais, o controlador deverá oferecer mecanismos eficazes para que o titular possa exercer seu direito à autodeterminação informativa através de controles de pri-

---

72. MARQUES, Claudia Lima. Proteção do consumidor no comércio eletrônico e a chamada nova crise do contrato: por um direito do consumidor aprofundado. *Doutrinas Essenciais de Direito do Consumidor*, São Paulo, v. 2, p. 827-884, abr. 2006.
73. PEIXOTO, Ester Lopes. O princípio da boa-fé no direito civil brasileiro. *Revista de Direito do Consumidor*, São Paulo, v. 45, p. 140-171, jan./mar. 2003.
74. MENDES, Laura Schertel. O direito básico do consumidor à proteção de dados Pessoais. *Revista de Direito do Consumidor*, v. 95, p. 53-75, set./out. 2014.
75. MENDES, Laura Schertel. O direito básico do consumidor à proteção de dados Pessoais. *Revista de Direito do Consumidor*, v. 95, p. 53-75, set./out. 2014.
76. COSTA, Dayana Caroline; OLIVEIRA, Deborah Siqueira de; CAPERELLI, Fernando Bousso, Mariana de Souza Cruz; CAMPOS, Raphael Dutra da Costa; LERNER, Vanessa Pareja. O interesse legítimo como justificativa para o tratamento de dados pessoais. *Lex Machine*. Disponível em: https://www.lexmachinae.com/2019/08/02/interesse-legítimo-justificativa-tratamento-de-dados-pessoais/. Acesso em: 20.12.2019.

vacidade ou por meio do direito à oposição no tratamento dos dados, conhecido como direito ao *opt-out*. Autorizar o titular a se opor contra o tratamento realizado é essencial demonstrar o respeito aos direitos e liberdades do titular, nos termos da lei e do que já foi sedimentado pela experiencia europeia.[77]

Importante referir que o uso do legítimo interesse impõe ao controlador um ônus significativo de assegurar que o teste de proporcionalidade tenha sido realizado de forma adequada uma vez que que tal avaliação poderá ser a qualquer tempo questionada Autoridade Nacional da Proteção de Dados (ANDP), sendo recomendado que o controlador documente através do Relatório de Impacto à Proteção de Dados o teste de proporcionalidade entre o seu interesse legítimo e os direitos e liberdades individuais dos titulares afetados pelo tratamento.[78]

De acordo com o artigo 38, parágrafo único, da LGPD, o relatório deverá conter, no mínimo, a descrição dos tipos de dados coletados, a metodologia utilizada para a coleta e para a garantia da segurança das informações e a análise do controlador com relação a medidas, salvaguardas e mecanismos de mitigação de risco adotados.[79]

Neste sentido, a ANDP terá papel fundamental na implementação da LGPD, pois irá garantir a aplicação da lei às circunstâncias fáticas com segurança jurídica, elaborando normas, regulamentos e orientações sobre a interpretação da nova legislação. Além disso, poderá estabelecer parâmetros para aplicação da Lei em cada setor ou mercado em respeito as características e diferenciais de cada atividade, objetivando que as ações sejam mais eficazes e respeitem os direitos fundamentais dos titulares e dos agentes econômicos.[80]

Considerando-se a desproporção entre a vontade do titular dos dados e toda a estrutura de mercado existente dirigida para a coleta destes dados, a ANDP também terá um papel de garantia institucional, encontrando respostas eficazes para assegurar a igualdade, o balanceamento dos interesses e a proteção dos direitos fundamentais que são caros à nossa Constituição Federal.[81]

A Autoridade Nacional brasileira deverá garantir a desburocratização e o esclarecimento sobre a existência do legítimo interesse do controlador em casos concretos e de acordo com os setores e players que utilizam comumente os dados em suas atividades empresariais, de modo célere e desjudicializado. Caberá também a este órgão a verificação

---

77. COSTA, Dayana Caroline; OLIVEIRA, Deborah Siqueira de; CAPERELLI, Fernando Bousso, Mariana de Souza Cruz; CAMPOS, Raphael Dutra da Costa; LERNER, Vanessa Pareja. O interesse legítimo como justificativa para o tratamento de dados pessoais. *Lex Machine*. Disponível em: https://www.lexmachinae.com/2019/08/02/interesse-legítimo-justificativa-tratamento-de-dados-pessoais/. Acesso em: 20.12.2019.
78. COSTA, Dayana Caroline; OLIVEIRA, Deborah Siqueira de; CAPERELLI, Fernando Bousso, Mariana de Souza Cruz; CAMPOS, Raphael Dutra da Costa; LERNER, Vanessa Pareja. O interesse legítimo como justificativa para o tratamento de dados pessoais. *Lex Machine*. Disponível em: https://www.lexmachinae.com/2019/08/02/interesse-legítimo-justificativa-tratamento-de-dados-pessoais/. Acesso em: 20.12.2019.
79. COSTA, Dayana Caroline; OLIVEIRA, Deborah Siqueira de; CAPERELLI, Fernando Bousso, Mariana de Souza Cruz; CAMPOS, Raphael Dutra da Costa; LERNER, Vanessa Pareja. O interesse legítimo como justificativa para o tratamento de dados pessoais. *Lex Machine*. Disponível em: https://www.lexmachinae.com/2019/08/02/interesse-legítimo-justificativa-tratamento-de-dados-pessoais/. Acesso em: 20.12.2019.
80. DONEDA, Danilo. *Da privacidade à proteção de dados pessoais*: elementos da formação da Lei geral de proteção de dados. 2. ed. rev. e atual. São Paulo: Thomson Reuters Brasil, 2019, p. 316.
81. DONEDA, Danilo. *Da privacidade à proteção de dados pessoais*: elementos da formação da Lei geral de proteção de dados. 2. ed. rev. e atual. São Paulo: Thomson Reuters Brasil, 2019, p. 320-321.

da ocorrência de abusos de direito e contrariedade aos valores maiores do ordenamento jurídico, com a aplicação das competentes sanções.[82]

Conforme ensina Danilo Doneda "é esse equilíbrio a ser realizado, que vai além da mera consideração do direito e tecnologia como lados opostos a serem harmonizados, na verdade, no mais das vezes, que são determinadas consequências das tecnologias que devem ser submetidas a ajustes, eventualmente até com o auxílio da própria tecnologia."[83]

4. CONSIDERAÇÕES FINAIS

A experiência Europeia, que acumulou decisões e boas práticas desde a implementação da Diretiva 95/46/EC, possui um papel importante numa época em que existe um crescente desequilíbrio na capacidade de informação, em que, quer governos, quer organizações empresariais, vêm acumulando volumes sem precedentes de dados sobre as pessoas e têm cada vez mais condições para elaborar perfis pormenorizados que permitem prever os seus comportamentos.

Ainda que seja inegável a influência do Regulamento Geral da União Europeia sobre a Lei Geral de Proteção de Dados do Brasil no que tange a base legal do legítimo interesse, há diferenças substâncias do estado atual da arte nos dois cenários, que muito se difere, seja pelos níveis de desenvolvimento ou pelas peculiaridades, o que impõe adaptações no uso dessa base legal em nosso ordenamento jurídico.[84]

Em relação à concretização do legítimo interesse do controlador, conforme demonstrado, em ambas as leis se constitui do mais complexo e incerto fundamento legal para o tratamento de dados, devido a necessidade de ponderar uma multiplicidade de fatores e a ausência de elementos concretizadores que guiam o intérprete aplicador da tarefa.[85]

A LGPD reconheceu outros valores constitucionais além da proteção da privacidade do indivíduo, o direito à livre concorrência e ao desenvolvimento tecnológico e econômico, interesses que poderão entrar em conflito com a tutela da privacidade. Nessas situações, a aplicação da lei deverá ser guiada em última análise pela proteção da pessoa humana, valor máximo e guiador da Constituição Brasileira.[86]

Desta forma, o legítimo interesse do controlador dos dados deve ser utilizado com cautela, balanceando os interesses do titular das informações e dos agentes de tratamento, com o uso de um teste de proporcionalidade já adotado pelo padrão europeu, que

---

82. BUCAR, Daniel; VIOLA, Mario. Tratamento de dados pessoais pelo legítimo interesse do controlador. In: TEPEDINO, Gustavo; FRAZÃO, Ana; OLIVA, Milena Donato (Coord.). *Lei Geral de Proteção de Dados e suas repercussões no Direito Brasileiro*. São Paulo: Thomson Reuters Brasil, 2019. p. 465-484.
83. DONEDA, Danilo. *Da privacidade à proteção de dados pessoais*: elementos da formação da Lei geral de proteção de dados. 2. ed. rev. e atual. São Paulo: Thomson Reuters Brasil, 2019, p. 320-327.
84. LEMOS, Ronaldo. Prefácio. In: COTS, Márcio; OLIVEIRA, Ricardo. *Lei geral de proteção de dados pessoais comentada*. São Paulo: Thomson Reuters Brasil, 2018. p. 12-13.
85. CORDEIRO, Antônio Barreto Menezes. O tratamento de dados pessoais fundado em legítimos interesses. *Revista de Direito e Tecnologia*, Lisboa, v. 1, n. 1, p. 1-31, 2019.
86. BUCAR, Daniel; VIOLA, Mario. Tratamento de dados pessoais pelo legítimo interesse do controlador. In: TEPEDINO, Gustavo; FRAZÃO, Ana; OLIVA, Milena Donato (Coord.). *Lei Geral de Proteção de Dados e suas repercussões no Direito Brasileiro*. São Paulo: Thomson Reuters Brasil, 2019. p. 465-484.

visa aferir se há um legítimo interesse do controlador, e se a boa-fé objetiva, as legítimas expectativas do cidadão, bem como e seus direitos fundamentais.

Por tal motivo, o estudo dessas relações modernas da sociedade tecnológica passa a ter tamanha relevância, com raiz na dogmática e sempre à luz constitucional, pois somente com a observância dos princípios protegidos por nossa Carta Magna é que a Lei Geral de Proteção de Dados atingirá a eficiência para a preservação dos direitos dos cidadãos brasileiros.

Aprende-se com o vigente modelo europeu de proteção de dados pessoais, que o legítimo interesse do controlador dos dados deverá ser sempre ponderado, obedecendo as máximas da necessidade, finalidade, adequação, transparência, não discriminação e proporcionalidade, de forma a possibilitar o exercício do direito fundamental à autodeterminação informacional do cidadão.

5. REFERÊNCIAS

ALEXY, Robert. *Teoria dos Direitos Fundamentais*. 2. ed. São Paulo: Malheiros, 2015.

BALBONI, Paolo; COOPER, Daniel; IMPERIALI, Rosario; MACENAITE; Milda. Legitimate interest of the data controller: New Data protection paradigm: legitimacy grounded on appropriate protection. *International Data Privacy Law*, Oxford, v. 3, n. 4, p. 244–261, 2013.

BERBERT, Lucia. "Interesse legítimo" supera "consentimento" no tratamento de dados pessoais pelas empresas. *Tele Síntese*, [S. l.], 27 maio 2019. Disponível em: http://www.telesintese.com.br/interesse--legítimo-supera-consentimento-no-tratamento-de-dados-pelas-empresas/. Acesso em: 20.10.2019.

BIONI, Bruno Ricardo. *Proteção de dados pessoais*: a função e os limites do consentimento. Rio de Janeiro: Forense, 2019.

BRASIL. Lei n. 13.709 de 14 de agosto 2018. Lei Geral de Proteção de Dados Pessoais. Disponível em: http://www.planalto.gov.br/ccivil_03/_ato2015-2018/2018/lei/L13709.htm. Acesso em: 12.08.2020.

BUCAR, Daniel; VIOLA, Mario. Tratamento de dados pessoais pelo legítimo interesse do controlador. In: TEPEDINO, Gustavo; FRAZÃO, Ana; OLIVA, Milena Donato (Coord.). *Lei Geral de Proteção de Dados e suas repercussões no Direito Brasileiro*. São Paulo: Thomson Reuters Brasil, 2019.

CORDEIRO, Antônio Barreto Menezes. O tratamento de dados pessoais fundado em legítimos interesses. *Revista de Direito e Tecnologia*, Lisboa, v. 1, n. 1, p. 1-31, 2019.

COSTA, Dayana Caroline. Interesses legítimos e o tratamento de dados pessoais sem permissão do usuário. *Revista Consultor Jurídico*, 2018. Disponível em: https://www.conjur.com.br/2018-mai-07/dayana-costa-tratamento-dados-pessoais-aval-usuario. Acesso em: 24.08.2019.

COSTA, Dayana Caroline; OLIVEIRA, Deborah Siqueira de; CAPERELLI, Fernando Bousso, Mariana de Souza Cruz; CAMPOS, Raphael Dutra da Costa; LERNER, Vanessa Pareja. O interesse legítimo como justificativa para o tratamento de dados pessoais. *Lex Machine*. Disponível em: https://www.lexmachinae.com/2019/08/02/interesse-legítimo-justificativa-tratamento-de-dados-pessoais/. Acesso em: 20.12.2019.

COTS, Márcio; OLIVEIRA, Ricardo. *Lei geral de proteção de dados pessoais comentada*. São Paulo: Thomson Reuters Brasil, 2018.

DIVINO, Sthefano Bruno Santos. A aplicabilidade do Código de Defesa do Consumidor nos contratos eletrônicos de tecnologias interativas: o tratamento de dados como modelo de remuneração. *Revista de Direito do Consumidor*, São Paulo, v. 118, p. 221-245, jul./ago. 2018.

DONEDA, Danilo. *Da privacidade à proteção de dados pessoais*: elementos da formação da Lei geral de proteção de dados. 2. ed. rev. e atual. São Paulo: Thomson Reuters Brasil, 2019.

FERRETTI, Federico. Data protection and legitimate interest of data controllers: much ado about nothing or the winter of rights? *Commom Market Law Review*, United Kingdom, v. 51, p. 843-868, 2014.

GENCARELLI, Bruno. Apresentação. In: DONEDA, Danilo. *Da privacidade à proteção de dados pessoais*: elementos da formação da Lei geral de proteção de dados. 2. ed. rev. e atual. São Paulo: Thomson Reuters Brasil, 2019.

GRUPO DE TRABALHO DO ARTIGO 29º DA DIRETIVA 95/46/CE. *Letter to Google*. Disponível em: https://ec.europa.eu/justice/article-29/documentation/other-document/files/2012/20121016_letter_to_google_en.pdf. Acesso em: 19.10.2019.

GRUPO DE TRABALHO DO ARTIGO 29º DA DIRETIVA 95/46/CE. *Parecer 06/2014 sobre o conceito de interesses legítimos do responsável pelo tratamento dos dados da aceção do artigo 7º da Diretiva 95/46/CE*. Disponível em: https://www.gpdp.gov.mo/uploadfile/2015/0803/20150803050042662.pdf. Acesso em: 24.08.2019.

HERFURTH, Constantin. Interessenabwägung nach art. 6 Abs. 1 lit. f DS-GVO: Nachvollziehbare Ergebnisse anhand von 15 Kriterien mit dem sog. 3x5 Modell. *Zeitschrift für Datenschutz*, München, p. 514-520, 2018.

HOUSER, Kimberly A.; VOSS, Gregory w. GDPR: The end of Google and Facebook or a new paradigm in Data Privacy. *The Richmond Journal of Law and Technology*, Richmond, v. 25, n. 1, 2018.

INFORMATION COMISSIONER'S OFFICE. *Lawful basis for processing Legitimate interests*. Disponível em: http://ico.org.uk/for-organisations/guide-to-data-protection/guide-to-the-general-data-protection-regulation-gdpr/legitimate-interests. Acesso em: 24.08.2019.

KAMARA, Irene; DE HERT, Paul. Understanding the balancing act behind the legitimate interest of the controller ground. In: E. SELINGER, J. POLONESTSKY, O. TENE (Ed.). *The Cambridge Handbook of Consumer Privacy*. Cambridge, Cambridge University Press, 2018.

LEMOS, Ronaldo. Prefácio. In: COTS, Márcio; OLIVEIRA, Ricardo. *Lei geral de proteção de dados pessoais comentada*. São Paulo: Thomson Reuters Brasil, 2018.

MALDONADO, Viviane Nobrega; BLUM, Renato Opice (Coord.). *LGPD: Lei Geral de Proteção de Dados comentada*. São Paulo: Thomson Reuters Brasil, 2019.

MARQUES, Claudia Lima. *Contratos no Código de Defesa do Consumidor*: o novo regime das relações contratuais. 8. ed. rev. atual. ampl. São Paulo: Ed. RT, 2016.

MARQUES, Claudia Lima. Proteção do consumidor no comércio eletrônico e a chamada nova crise do contrato: por um direito do consumidor aprofundado. *Doutrinas Essenciais de Direito do Consumidor*, São Paulo, v. 2, p. 827-884, abr. 2006.

MARTINS-COSTA, Judith. *A boa-fé no direito privado*. São Paulo: Ed. RT, 1999.

MARTINS-COSTA, Judith. *A boa-fé no direito privado*: critérios para a sua aplicação. São Paulo: Marcial Pons, 2015.

MEIO E MENSAGEM. *Multa aplicada ao Google é emblemática para a GDPR*. Disponível em: https://www.meioemensagem.com.br/home/midia/2019/01/22/multa-aplicada-ao-google-e-divisor-de-aguas--para-a-gdpr.html. Acesso em: 19.10.2019.

MENDES, Laura Schertel. O direito básico do consumidor à proteção de dados Pessoais. *Revista de Direito do Consumidor*, v. 95, p. 53-75, set./out. 2014.

MENDES, Laura Schertel. O direito fundamental à proteção de dados. *Revista do Direito do Consumidor*, São Paulo, v. 7, p. 45-81, jul./set. 2011.

MENDES, Laura Schertel; DONEDA, Danilo. Marco jurídico para a cidadania digital: uma análise do projeto de Lei 5.276/2016. *Revista de Direito Civil Contemporâneo*, São Paulo, v. 9, p. 35-48, out./dez. 2016.

MENDES, Laura Shertel; BIONI, Bruno Ricardo. O regulamento europeu de proteção de dados pessoais e a lei geral de proteção de dados brasileira: mapeando convergências na direção de um nível de equivalência. *Revista de Direito do Consumidor*, São Paulo, v.124, jul./ago. 2019.

PARCHEN, Charles Emannuel; FREITAS, Cinthia Obladen de Almadra; MEIRELES, Jussara Maria Leal de. Vício do consentimento através do neuromarketing nos contratos da era digital. *Revista de Direito do Consumidor*, São Paulo, v. 115, p. 331-356, jan./fev. 2018.

PEIXOTO, Ester Lopes. O princípio da boa-fé no direito civil brasileiro. *Revista de Direito do Consumidor*, São Paulo, v. 45, p. 140-171, jan./mar. 2003.

UNIÃO EUROPEIA. *Diretiva 95/46/EC do Parlamento Europeu e do Conselho de 24 de outubro de 1995 relativa à proteção das pessoas singulares no que diz respeito ao tratamento de dados pessoais e à livre circulação desses dados*. Disponível em: https://eur-lex.europa.eu/legal-content/PT/TXT/PDF/?uri=-CELEX:31995L0046&from=PT. Acesso em: 12.08.2020.

UNIÃO EUROPEIA. *Regulamento (EU) 2016/679 do Parlamento e do Conselho Europeu de 27 de abril de 2016 relativo à proteção das pessoas singulares no que diz respeito ao tratamento de dados pessoais e à livre circulação desses dados e que revoga a Diretiva 95/46/CE (Regulamento Geral sobre a Proteção de Dados)*. Disponível em: https://eur-lex.europa.eu/legal-content/PT/TXT/PDF/?uri=CELEX:32016R0679&from=PT. Acesso em: 12.08.2020.

VERBICARO, Dennis; MARTINS, Ana Paula Pereira. A contratação eletrônica de aplicativos virtuais no Brasil e a nova dimensão da privacidade do consumidor. *Revista de Direito do Consumidor*, São Paulo, v. 116, p. 269-391, mar./abr. 2018.

ZANON, João Carlos. *Direito à proteção de dados pessoais*. São Paulo: Ed. RT, 2013.

SISTEMATIZAÇÃO DOS DIREITOS DOS TITULARES E INTENSIFICAÇÃO DO CONTROLE SOBRE OS DADOS PESSOAIS

Cristian Duarte Bardou

Mestrando em Direito Civil e Empresarial pela Universidade Federal do Rio Grande do Sul (UFRGS). Graduado em Direito pela Universidade Federal de Pelotas (UFPel). Especialista em Direito Civil e Empresarial pela Faculdade Damásio de Jesus. Especialista em Direito do Trabalho e Processo do Trabalho pela Faculdade Damásio. Advogado.

Sumário: 1. Introdução. 2. Atribuição de direitos aos titulares de dados pessoais no contexto da LGPD brasileira. 2.1 Apontamentos gerais sobre os direitos dos titulares. 2.2 Análise sistemática dos direitos dos titulares. 3. Incremento do controle dos dados por meio dos direitos à portabilidade, explicação e oposição frente às decisões totalmente automatizadas. 3.1 Direitos de explicação e de oposição frente às decisões totalmente automatizadas. 3.2 Direito à portabilidade de dados pessoais: uma análise comparada entre a LGPD brasileira e o RGPD europeu. 4. Conclusões. 5. Referências.

1. INTRODUÇÃO

A nossa Lei Geral de Proteção de Dados assegura às pessoas naturais a titularidade de seus dados pessoais e lhes reconhece uma série de direitos. Diante da necessidade de aprofundar o estudo do tema, o objeto da presente pesquisa é traçar um panorama descritivo dos principais aspectos dos direitos dos titulares de dados pessoais, tratando do tema a partir da LGPD e em atenção ao Regulamento Geral sobre a Proteção de Dados da União Europeia.

Ademais, pretende-se focar designadamente na análise dos direitos à portabilidade, explicação e oposição frente às decisões totalmente automatizadas, buscando evidenciar que a necessária eficácia e correta interpretação de tais direitos conduz à intensificação do controle dos dados por parte de seus titulares.

Assim, o primeiro capítulo da exposição tem por objetivo realizar uma análise sistemática dos direitos atribuídos aos titulares de dados pessoais no contexto da Lei Geral de Proteção de Dados brasileira, tratando inicialmente de uma série de direitos que podem ser extraídos da interpretação dos dispositivos constantes do capítulo I e II da lei, bem como do rol de direitos especificamente previstos nos incisos[1] e parágrafos[2] do artigo 18 da LGPD, assim como do direito de não retribuição, previsto no respectivo artigo 21.

---

1. Confirmação da existência de tratamento; Acesso aos dados; Correção de dados incompletos, inexatos ou desatualizados; Anonimização, bloqueio ou eliminação de dados desnecessários, excessivos ou tratados em desconformidade com o disposto nesta Lei; Eliminação dos dados pessoais tratados com o consentimento do titular; Informação das entidades públicas e privadas com as quais o controlador realizou uso compartilhado de dados; Informação sobre a possibilidade de não fornecer consentimento e sobre as consequências da negativa; Revogação do consentimento.
2. Petição; Oposição; Gratuidade de requisição.

Outrossim, a primeira parte do segundo capítulo do presente ensaio dedica-se ao exame dos direitos de explicação e de oposição frente às decisões totalmente automatizadas, os quais encontram previsão respectivamente no § 1º e no caput do artigo 20 da Lei Geral de proteção de dados. Já na segunda parte do capítulo, o presente artigo focará na apreciação do Direito à portabilidade de dados pessoais a outro fornecedor de serviço ou produto, fazendo uma análise comparada entre o RGPD europeu e a LGPD brasileira.

Por último, a partir das análises realizadas, estarão postas as conclusões alcançadas acerca da importância da correta compreensão da real dimensão dos direitos dos titulares de dados pessoais. Assim, feitos esses comentários iniciais passemos à análise dos tópicos propostos.

2. ATRIBUIÇÃO DE DIREITOS AOS TITULARES DE DADOS PESSOAIS NO CONTEXTO DA LGPD BRASILEIRA

A recentemente publicada Lei Geral de Proteção de Dados brasileira elenca como um de seus objetivos a proteção dos direitos fundamentais de liberdade, privacidade e livre desenvolvimento da pessoa natural[3], e nesse contexto, a exemplo do Regulamento Geral sobre a Proteção de Dados da União Europeia, dedica o seu Capítulo III aos direitos dos titulares de dados pessoais.

Entretanto, antes de abordar especificamente cada um dos dispositivos elencados no mencionado capítulo da Lei Geral de Proteção de Dados, é necessário fazer algumas ressalvas importantes as quais contribuirão para a correta compreensão da amplitude dos direitos dos titulares de dados pessoais.

Primeiramente é indispensável deixar claro o fato de que a Lei Geral de Proteção de Dados sistematiza e harmoniza um conjunto composto por diversas normas que de certa forma já regulavam, direta ou indiretamente, a proteção da privacidade e dos dados pessoais no Brasil, e das quais se extrai um extenso rol de direitos e remédios voltados ao titular[4].

Muito embora essas disposições anteriores não tenham sido revogadas, a abordagem de todas essas situações extrapola o escopo do presente trabalho, que tem o seu foco voltado à LGPD[5].

---

3. LGPD. Artigo 1º: Esta Lei dispõe sobre o tratamento de dados pessoais, inclusive nos meios digitais, por pessoa natural ou por pessoa jurídica de direito público ou privado, com o objetivo de proteger os direitos fundamentais de liberdade e de privacidade e o livre desenvolvimento da personalidade da pessoa natural.
4. MONTEIRO, Renato Leite. Existe um direito à explicação na Lei Geral de Proteção de Dados Pessoais? Instituto Igarapé, Artigo Estratégico 39, Dezembro de 2018. Disponível em: https://igarape.org.br/wp-content/uploads/2018/12/Existe-um-direito-a-explicacao-na-Lei-Geral-de-Protecao-de-Dados-no-Brasil.pdf. Acesso em: 24.07.2020.
5. Entretanto, acerca da existência de regramento esparso sobre Proteção de Dados em nosso ordenamento, imperioso colacionar a seguinte citação: "Em matéria de dados pessoais, a atuação legislativa no Brasil tem sido fragmentada e bastante controvertida. Dentre as principais normas sobre o tema, vale destacar: a pioneira disciplina proposta pelo CDC aos bancos de dados e cadastros de consumidores (arts. 43-44); a Lei 12.527/2011, que trata do acesso à informação em face de entes públicos, em regulamentação da garantia estabelecida pelo art. 5º, XXXIII, da Constituição Federal; a Lei 12.737/2012, muito criticada pela abordagem exclusivamente criminal de ilícitos cibernéticos, bem como por refletir uma resposta legislativa "de ocasião" (tendo o diploma ficado conhecido como Lei Carolina Dieckmann após caso de repercussão nacional envolvendo a atriz). Também, editada pouco

Ademais, o tema dos direitos dos titulares, dentro da nossa Lei Geral de Proteção de Dados, não deve ser pensado exclusivamente com base nos dispositivos elencados em seu Capítulo III, o qual acaba retomando uma série de previsões e de conceitos já estabelecidos anteriormente no texto legal.

Em realidade, a lei traça um robusto conjunto de direitos e garantias nos seus capítulos anteriores, razão pela qual somente com a visão conjunta e sistemática da LGPD é que se pode compreender a exata dimensão dos direitos dos titulares[6].

Dessa forma, muito embora o objeto de estudo do presente artigo tenha sido delimitado à análise dos direitos específicos dos titulares conforme previstos nos artigos 17º ao 22º da LGPD, mostra-se necessário destacar algumas das previsões anteriormente constantes do referido texto legal.

2.1 Apontamentos gerais sobre os direitos dos titulares

Nessa perspectiva, e igualmente a título de sistematização, a interpretação da Lei Geral de Proteção de Dados brasileira (Lei 13.709, de 14 de agosto de 2018) nos permite encontrar aos menos três distintas ordens de direitos dos titulares de dados pessoais ao longo do texto legal.

Com o objetivo de melhor elucidar essa tentativa de classificação, serão abaixo apresentados alguns breves comentários que nos permitem ter uma noção geral de cada uma das suscitadas classes.

Inicialmente, é fundamental elencar os direitos gerais dos titulares extraídos da interpretação dos artigos 1º[7] e 2º[8] da LGPD, dentre os quais merecem destaque: liberdade; livre desenvolvimento da personalidade; privacidade e intimidade; liberdade de expressão, de informação, de comunicação e de opinião; autodeterminação informativa; honra e imagem[9].

Em realidade, muito embora estejam aqui tratados como direitos dos titulares de dados pessoais, cumpre esclarecer que os incisos constantes do artigo 2º da LGPD tra-

---

tempo depois, a Lei 12.965/2014, que instituiu o Marco Civil da Internet, igualmente controverso, em particular pela proteção deficitária que seu art. 19 conferiu às vítimas de conteúdos lesivos postados por terceiros, visto que substituiu o sistema de notice and take down, que até então era aplicado pela jurisprudência em hipóteses semelhantes..." (SOUZA, Eduardo Nunes de; SILVA, Rodrigo da Guia. Tutela da pessoa humana na lei geral de proteção de dados pessoais: entre a atribuição de direitos e a enunciação de remédios. Pensar – *Revista de Ciências Jurídicas*, Fortaleza, v. 24, jul./set. 2019, p. 2).

6. FRAZÃO, Ana. *Nova LGPD*: direitos dos titulares de dados pessoais. Disponível em: www.jota.info/opiniao-e-analise/colunas/constituicao-empresa-e-mercado/nova-lgpd-direitos-dostitulares-de-dados-pessoais-24102018/. Acesso em: 23.07.2020.
7. Vide nota n. 4.
8. LGPD. Artigo 2º: A disciplina da proteção de dados pessoais tem como fundamentos: I – o respeito à privacidade; II – a autodeterminação informativa; III – a liberdade de expressão, de informação, de comunicação e de opinião; IV – a inviolabilidade da intimidade, da honra e da imagem; V – o desenvolvimento econômico e tecnológico e a inovação; VI – a livre-iniciativa, a livre concorrência e a defesa do consumidor; e VII – os direitos humanos, o livre desenvolvimento da personalidade, a dignidade e o exercício da cidadania pelas pessoas naturais.
9. FRAZÃO, Ana. Nova LGPD: os direitos dos titulares de dados pessoais. Disponível em: [www.jota.info/opiniao-e-analise/colunas/constituicao-empresa-e-mercado/nova-lgpd-os-direitosdos-titulares-de-dados-pessoais-17102018/]. Acesso em: 23.07.2020.

tam-se dos fundamentos sobre os quais está calcada a disciplina da proteção de dados pessoais no Brasil.

Nesse cenário se faz necessário mencionar que a Lei Geral de Proteção de Dados complementa e reforça a disciplina dos direitos do consumidor, dos direitos humanos e do direito à cidadania dos titulares de dados pessoais, de forma que possibilita a necessária harmonização legal de nosso sistema jurídico.

Em um segundo momento, ainda que em breves linhas, é de se destacar que diversos direitos dos titulares decorrem diretamente dos princípios que a LGPD contempla nos incisos de seu artigo 6º[10], os quais podem ser sintetizados da seguinte forma: princípio da finalidade; princípio da adequação; princípio da necessidade; princípio do livre acesso; princípio da qualidade dos dados; princípio da transparência; princípio da segurança; princípio da prevenção; princípio da não discriminação; princípio da responsabilização e prestação de contas.

Por último, é essencial tratar acerca dos direitos específicos dos titulares, os quais podem ser subdivididos entre aqueles extraídos dos artigos 7º ao 16º da LGPD, e aqueles constantes do capítulo específico da lei sobre os direitos dos titulares, nos seus artigos 17º ao 22º.

Nessa toada, cumpre destacar que os direitos específicos dos titulares de dados pessoais previstos nos Capítulo I e II da Lei Geral de Proteção de Dados são oriundos da cumulação interpretativa entre diversos dispositivos do texto legal, razão pela qual a pretensão da presente análise não é exaurir completamente tal disciplina, mas sim realizar uma releitura sistemática de alguns dispositivos selecionados em razão de suas relevâncias.

Assim, a partir das previsões contidas no caput e parágrafo 2º do artigo 8º[11], bem como no inciso I do artigo 7º[12] da LGPD, é possível concluir que os titulares de dados pessoais têm o direito de condicionar o tratamento de tais dados ao seu prévio consen-

---

10. LGPD. Artigo 6º: As atividades de tratamento de dados pessoais deverão observar a boa-fé e os seguintes princípios: I – finalidade: realização do tratamento para propósitos legítimos, específicos, explícitos e informados ao titular, sem possibilidade de tratamento posterior de forma incompatível com essas finalidades; II – adequação: compatibilidade do tratamento com as finalidades informadas ao titular, de acordo com o contexto do tratamento; III – necessidade: limitação do tratamento ao mínimo necessário para a realização de suas finalidades, com abrangência dos dados pertinentes, proporcionais e não excessivos em relação às finalidades do tratamento de dados; IV – livre acesso: garantia, aos titulares, de consulta facilitada e gratuita sobre a forma e a duração do tratamento, bem como sobre a integralidade de seus dados pessoais; V – qualidade dos dados: garantia, aos titulares, de exatidão, clareza, relevância e atualização dos dados, de acordo com a necessidade e para o cumprimento da finalidade de seu tratamento; VI – transparência: garantia, aos titulares, de informações claras, precisas e facilmente acessíveis sobre a realização do tratamento e os respectivos agentes de tratamento, observados os segredos comercial e industrial; VII – segurança: utilização de medidas técnicas e administrativas aptas a proteger os dados pessoais de acessos não autorizados e de situações acidentais ou ilícitas de destruição, perda, alteração, comunicação ou difusão; VIII – prevenção: adoção de medidas para prevenir a ocorrência de danos em virtude do tratamento de dados pessoais; IX – não discriminação: impossibilidade de realização do tratamento para fins discriminatórios ilícitos ou abusivos; X – responsabilização e prestação de contas: demonstração, pelo agente, da adoção de medidas eficazes e capazes de comprovar a observância e o cumprimento das normas de proteção de dados pessoais e, inclusive, da eficácia dessas medidas.".
11. LGPD. Artigo 8º, § 2º: "Cabe ao controlador o ônus da prova de que o consentimento foi obtido em conformidade com o disposto nesta Lei".
12. LGPD. Artigo 7º: "O tratamento de dados pessoais somente poderá ser realizado nas seguintes hipóteses: I – mediante o fornecimento de consentimento pelo titular; ...".

timento expresso, inequívoco e informado, além de possuir o direito à inversão do ônus da prova quanto ao respectivo consentimento.

Ademais, o parágrafo 5º do artigo 8º[13] da LGPD é expresso ao prever o direito do titular de revogar o seu consentimento previamente manifestado, a qualquer tempo, mediante manifestação expressa por procedimento gratuito e facilitado.

Por seu turno o artigo 9º da nossa Lei Geral de Proteção de Dados prevê expressamente o direito do titular de ter acesso facilitado ao tratamento de seus dados, cujas informações devem ser disponibilizadas de forma clara, adequada e ostensiva acerca da finalidade específica, forma e duração do tratamento, bem como da identificação e obtenção do contato do controlador, além das informações acerca do uso compartilhado de dados pelo controlador e a sua respectiva finalidade, assim como as informações sobre as responsabilidades dos agentes que realizarão o tratamento e dos direitos do titular.

Por sua vez, o parágrafo 3º do artigo 9º[14] da LGPD prevê que o titular dos dados tem o direito de ser informado, com destaque, sempre que o tratamento de dados pessoais for condição para o fornecimento de produto ou de serviço ou para o exercício de direito, o que se estende à informação sobre os meios pelos quais o titular poderá exercer seus direitos.

Além disso, necessário destacar que o titular detém o direito de ser informado sobre a utilização de seus dados pessoais pela administração pública, para os fins autorizados pela lei e para a realização de estudos por órgão de pesquisa, conforme disposição dos incisos III e IV do artigo 7º da LGPD[15]. Nessa lógica, o parágrafo 3º do artigo 7º traz previsão expressa acerca do direito de que o tratamento de dados pessoais, de cujo acesso seja público, esteja adstrito à finalidade estrita, à boa-fé e ao interesse público que justificaram sua respectiva disponibilização.

Noutra senda o parágrafo 5º do artigo 7º da LGPD[16] explicita o direito do titular de condicionar a novo e específico consentimento o compartilhamento de seus dados, em detrimento de determinado controlador que já obteve seu anterior consentimento.

Por sua vez o artigo 10º da LGPD traz relevantes disposições acerca dos direitos dos titulares, dentre as quais merece destaque o direito do titular de ter o tratamento de seus dados limitado ao estritamente necessário para a finalidade pretendida, sempre que

---

13. LGPD. Artigo 8º, § 5º: "O consentimento pode ser revogado a qualquer momento mediante manifestação expressa do titular, por procedimento gratuito e facilitado, ratificados os tratamentos realizados sob amparo do consentimento anteriormente manifestado enquanto não houver requerimento de eliminação, nos termos do inciso VI do caput do art. 18 desta Lei.".
14. LGPD. Artigo 9º, § 3º: Quando o tratamento de dados pessoais for condição para o fornecimento de produto ou de serviço ou para o exercício de direito, o titular será informado com destaque sobre esse fato e sobre os meios pelos quais poderá exercer os direitos do titular elencados no art. 18 desta Lei.
15. LGPD. Artigo 7º: O tratamento de dados pessoais somente poderá ser realizado nas seguintes hipóteses: ... III – pela administração pública, para o tratamento e uso compartilhado de dados necessários à execução de políticas públicas previstas em leis e regulamentos ou respaldadas em contratos, convênios ou instrumentos congêneres, observadas as disposições do Capítulo IV desta Lei; IV – para a realização de estudos por órgão de pesquisa, garantida, sempre que possível, a anonimização dos dados pessoais;...
16. LGPD. Artigo 7º, § 5º: O controlador que obteve o consentimento referido no inciso I do caput deste artigo que necessitar comunicar ou compartilhar dados pessoais com outros controladores deverá obter consentimento específico do titular para esse fim, ressalvadas as hipóteses de dispensa do consentimento previstas nesta Lei.

o tratamento for baseado no legítimo interesse do controlador[17], bem como o direito à transparência do tratamento realizado com base no legítimo interesse do controlador[18].

De igual forma o artigo 11 da LGPD elenca previsão de importantes direitos garantidos aos titulares de dados pessoais, com destaque para o direito à anonimização dos dados pessoais sensíveis na realização de estudos por órgão de pesquisa[19], bem como no que se refere ao direito outorgado ao titular de ser devidamente informado quanto às hipóteses de dispensa de consentimento[20] para o tratamento de dados pessoais sensíveis, e ao direito de impedir a comunicação ou o uso compartilhado entre controladores de dados pessoais sensíveis referentes à saúde, com objetivo de obter vantagem econômica, exceto nos casos de portabilidade de dados quando consentido pelo titular.

Por seu turno, o artigo 15 da Lei Geral de Proteção de Dados versa sobre o direito dos titulares ao término do tratamento de dados quando verificado que: a finalidade foi alcançada ou que os dados deixaram de ser necessários ou pertinentes ao alcance da finalidade específica almejada; houve o fim do período de tratamento, houve comunicação do titular, resguardado o interesse público; ou por determinação da autoridade nacional, quando houver violação ao disposto na LGPD.

Além disso, o artigo 15 sob análise, positiva o direito do titular à eliminação ou ao apagamento dos dados, no âmbito e nos limites técnicos das atividades, autorizada a conservação somente nas exceções legais.

Destarte, feitos esses comentários em linhas gerais acerca de alguns dos direitos dos titulares extraídos da interpretação dos artigos 7º ao 16º da LGPD, e diante da limitação temática e metodológica delineada para a presente pesquisa, necessário adentrar na última subdivisão outrora mencionada, referente aos artigos 17 ao 22 da LGPD, os quais passarão a ser objeto de aprofundamento.

2.2 Análise sistemática dos direitos dos titulares

Uma vez realizadas as ressalvas iniciais supra, forçoso proceder à análise sistemática dos direitos dos titulares previstos no concernente capítulo específico de nossa Lei Geral de Proteção de Dados, conforme previamente proposto.

O artigo 17 inaugura o capítulo da LGPD que versa especificamente sobre os direitos dos titulares, e estabelece que toda pessoa natural tem assegurada a titularidade de seus dados pessoais e garantidos os direitos fundamentais de liberdade, de intimidade e de privacidade.

---

17. LGPD. Artigo 10, § 1º: Quando o tratamento for baseado no legítimo interesse do controlador, somente os dados pessoais estritamente necessários para a finalidade pretendida poderão ser tratados.
18. LGPD. Artigo 10, § 2º: O controlador deverá adotar medidas para garantir a transparência do tratamento de dados baseado em seu legítimo interesse.
19. LGPD. Artigo 11: O tratamento de dados pessoais sensíveis somente poderá ocorrer nas seguintes hipóteses: ... II – sem fornecimento de consentimento do titular, nas hipóteses em que for indispensável para: ... c) realização de estudos por órgão de pesquisa, garantida, sempre que possível, a anonimização dos dados pessoais sensíveis...
20. LGPD. Artigo 11, § 2º: Nos casos de aplicação do disposto nas alíneas "a" e "b" do inciso II do *caput* deste artigo pelos órgãos e pelas entidades públicas, será dada publicidade à referida dispensa de consentimento, nos termos do inciso I do caput do art. 23 desta Lei.

A redação não deixa margem de dúvida para a conclusão de que os dados pessoais são sempre de titularidade[21] da pessoa natural a quem dizem respeito e nunca de eventuais agentes de tratamento, os quais somente poderão submeter esses dados pessoais a uma atividade de tratamento[22] quando estiverem autorizados por uma das bases legais previstas na LGPD[23].

Por outro lado, é de se apontar que o suscitado artigo apenas repete alguns dos direitos anteriormente já previstos na Lei Geral de Proteção de Dados, com a desvantagem de não se referir expressamente a todos eles, razão pela qual a doutrina[24] considera que tal descrição é meramente exemplificativa e precisa ser interpretada em conformidade com os dispositivos anteriores da LGPD, mormente no que diz respeito ao livre desenvolvimento da personalidade, à autodeterminação informativa, e à dignidade da pessoa humana.

Por sua vez, o artigo 18 da LGPD sistematiza diversos direitos do titular que podem ser exercidos, por meio de requisição em relação ao controlador. Mas antes de adentrar especificamente no rol desses direitos, algumas observações são necessárias.

A primeira delas se relaciona com a previsão de que o exercício de tais direitos será realizado mediante requisição, pelo que não é permitido ao controlador se opor ao atendimento da requisição, com ressalva ao disposto no § 4º do artigo 18, nas hipóteses em que não for o agente de tratamento de dados, ou quando indicar razões de fato ou de direito que impedem a adoção imediata da providencia requerida, pelo que essa última hipótese não se trata de recusa, mas tão somente de esclarecimento da demora de retorno ao titular[25].

Ademais, conforme previsão do § 5º, tais requisições do titular devem ser atendidas sem custos, e respeitando prazos e termos a serem definidos em regulamento. A questão aqui incipiente guarda relação com a necessidade de criação do concernente regulamento específico por parte da Autoridade Nacional de Proteção de Dados. Sob essa perspectiva, parte da doutrina[26] dita que, não obstante a falha em condicionar o exercício dos direitos à futura regulamentação, uma vez que tais direitos foram de fato reconhecidos e que o referido regulamento versará apenas sobre prazos e termos, nada impediria que o titular se socorresse de outros meios para buscar a tutela pretendida.

---

21. Nesse contexto, cabe precisar que esse conceito de titularidade não demonstra tão somente a noção de poder e controle sobre um bem jurídico, mas também o sentido de atribuição, e consequentemente dos modos de utilização e disposição dos dados pessoais. Dessa forma, a opção legislativa manifestada no artigo 17 da LGPD, denota que o exercício do direito ali descrito se dará de modo direto e imediato. (MAIA, Roberta Mauro Medina. A titularidade de dados pessoais prevista no art. 17 da LGPD: direito real ou pessoal? In: FRAZÃO, Ana; TEPEDINO, Gustavo; OLIVA, Milena Donato (Coord.). *Lei Geral de Proteção de Dados Pessoais e suas repercussões no direito brasileiro*. São Paulo: RT Brasil, 2019, pp. 149-153).
22. LGPD. Artigo 5º: Para os fins desta Lei, considera-se: [...] X – tratamento: toda operação realizada com dados pessoais, como as que se referem a coleta, produção, recepção, classificação, utilização, acesso, reprodução, transmissão, distribuição, processamento, arquivamento, armazenamento, eliminação, avaliação ou controle da informação, modificação, comunicação, transferência, difusão ou extração.
23. CUNTO, Raphael de; GALIMBERTI, Larissa; LEONARDI, Marcel. Direitos dos titulares de dados pessoais. In: BRANCHER, Paulo Marcos Rodrigues; BEPPU, Ana Claudia (Coord.). Proteção de dados pessoais no Brasil: uma nova visão a partir da Lei 13.709/2018. Belo Horizonte: Fórum, 2019, p. 90.
24. FRAZÃO, Ana. Nova LGPD: direitos dos titulares de dados pessoais. Disponível em: www.jota.info/opiniao-e-analise/colunas/constituicao-empresa-e-mercado/nova-lgpd-direitos-dostitulares-de-dados-pessoais-24102018/. Acesso em: 23.07.2020.
25. COTS, Márcio; OLIVEIRA, Ricardo. *Lei Geral de Proteção de Dados Pessoais Comentada*. 2. ed. São Paulo: Thomson Reuters Brasil, 2019, p. 125-128.
26. Aqui mais uma vez exemplificada por Márcio Cots e Ricardo Oliveira (Ibidem, p. 124).

Outro aspecto interessante de ser ressaltado é o de que os direitos dos titulares, em nossa LGPD, são expressamente direcionados ao controlador, o que vem sendo considerado uma falha técnica por parte da doutrina, ao entender que vários desses direitos seriam também oponíveis aos operadores e encarregados. Assim, conforme leciona a Professora Ana Frazão[27], seria melhor que o legislador brasileiro tivesse seguido o exemplo do Regulamento europeu, identificando como titular dos deveres os responsáveis pelo tratamento de dados, categoria mais ampla que abrange, mas não se restringe, ao controlador.

Entretanto, dita falha acaba sendo parcialmente remediada pelo § 3º, do próprio artigo 18, o qual prevê que os direitos elencados em tal dispositivo serão exercidos, por meio de requerimento expresso do titular ou de seu representante legalmente constituído, a agente de tratamento[28]. Ou seja, além de prever a hipótese de representação do titular, resta aberto ao último a possibilidade de direcionar sua pretensão aos agentes de tratamento, categoria que engloba controladores e operadores, conforme definição positivada no artigo 5º da LGPD.

Uma vez realizados esses apontamentos iniciais, cumpre adentrar na análise específica dos direitos dos titulares previstos por meio do artigo 18 da Lei Geral de Proteção de Dados.

Nesse contexto, nossa legislação reconhece tanto os tradicionais direitos "ARCO" (Acesso; Retificação; Cancelamento e Oposição), já consolidados desde a origem da proteção de dados no cenário europeu, quanto outros mais específicos e recentemente reconhecidos em função da onipresença da tecnologia no cotidiano, com especial destaque para a portabilidade e a revisão de decisões automatizadas, os quais serão abordados em capítulo específico do presente estudo.

É possível observar uma grande convergência entre a LGPD e o Regulamento europeu, no qual esses direitos também estão previstos no capítulo terceiro, a partir do seu artigo 12. Mas apesar da semelhança na previsão de grande parte dos direitos do titular, há algumas divergências importantes[29] que serão destacadas adiante.

Ademais, é de se observar que praticamente todos os direitos listados nos incisos do artigo 18 da LGPD, com exceção da portabilidade, já haviam sido tratados e definidos ao longo da lei, pelo que tal dispositivo não traz propriamente um caráter inovador, mas sim apresenta uma importante função sistematizadora[30].

---

27. FRAZÃO, Ana. Nova LGPD: direitos dos titulares de dados pessoais. Disponível em: www.jota.info/opiniao-e-analise/colunas/constituicao-empresa-e-mercado/nova-lgpd-direitos-dostitula res-de-dados-pessoais-24102018/. Acesso em: 23.07.2020.
28. Pertinente expor a ressalva feita por Eduardo Souza e Rodrigo Silva, nos seguintes termos: "A previsão de que os "direitos" previstos no art. 18 devem ser exercidos mediante requerimento expresso do titular (art. 18, § 3º) não afasta o dever dos agentes que realizam tratamento de dados de adotarem todas as práticas necessárias para respeitarem tais garantias, independentemente de provocação, nem impede que o titular interessado formule reclamações não contempladas no dispositivo normativo, nem afasta a legitimidade do Ministério Público ou de entidades voltadas à tutela de interesses supraindividuais em peticionarem em favor de grupos determinados, ou não, de titulares de dados." (SOUZA, Eduardo Nunes de; SILVA, Rodrigo da Guia, op. cit., p. 17).
29. BIONI, Bruno Ricardo; MENDES, Laura Schertel. Regulamento Europeu de proteção de dados pessoais e a Lei Geral De Proteção De Dados brasileira: mapeando convergências na direção de um nível de equivalência. *Revista de Direito do Consumidor*, São Paulo, v. 120, p. 157-180, jul./ago. 2019.
30. FRAZÃO, Ana. *Nova LGPD*: direitos dos titulares de dados pessoais. Disponível em: www.jota.info/opiniao-e-analise/colunas/constituicao-empresa-e-mercado/nova-lgpd-direitos-dostitula res-de-dados-pessoais-24102018/. Acesso em: 23.07.2020.

Nessa toada, inicialmente é de se ressaltar que os incisos I e II do suscitado artigo trazem a previsão do direito à confirmação da existência do tratamento de dados pessoais e do direito de acesso, ambos guardando estreita relação com os princípios do livre acesso, da transparência e da qualidade dos dados, previstos no artigo 6º da Lei Geral de Proteção de Dados[31].

A simples menção ao direito à confirmação da existência do tratamento de dados é autoexplicativa acerca de seu conteúdo. Já o direito de acesso aos dados garante ao titular receber informações amplas e completas acerca dos dados que lhe são referentes, compreendendo a origem, quais os entes receptores, e o objetivo do armazenamento[32].

Cabe enfatizar que o direito ao acesso deve ser tutelado em toda e qualquer relação, seja em face de agentes particulares ou de agentes públicos, diante da eficácia horizontal e vertical do direito fundamental ao controle dos dados pessoais, buscando assim uma concepção unitária do ordenamento jurídico[33].

Por sua vez, o Regulamento europeu também reconhece esses direitos ao titular dos dados, o que faz a partir de seu artigo 15 ao elencar o direito de obter do responsável pelo tratamento, a confirmação de que os dados pessoais que lhe digam respeito são ou não objeto de tratamento e, se for o caso, o direito de aceder aos seus dados pessoais e a uma série de outras informações[34].

Retornando ao âmbito da LGPD, é importante destacar que seu artigo 9º[35] já havia reconhecido o direito do titular ao acesso facilitado às informações sobre o tratamento de seus dados, as quais devem ser disponibilizadas de forma clara, adequada e ostensiva.

Ademais, a previsão de ambos esses direitos já abordados é complementada pela disposição do artigo 19 da LGPD, o qual garante o acesso imediato do titular, à confirmação da existência ou acesso a dados pessoais, em formato simplificado; ou, aplicando-se o prazo de quinze dias quando as informações solicitadas forem prestadas por meio de

---

31. CUNTO, Raphael de; GALIMBERTI, Larissa; LEONARDI, Marcel, op. cit., p. 91.
32. BECKER, Daniel; RODRIGUES, Roberta de Brito. Direitos do Titular. In: FEIGELSON, Bruno; SIQUEIRA, Antonio Henrique Albani (Coord.). *Comentários à Lei Geral De Proteção De Dados – Lei 13.709/2018*. São Paulo: Thomson Reuters Brasil, 2019, p. 122.
33. Relevante citar a precisa lição de Carlos Edison do Rego Monteiro Filho e Diana Paiva de Castro: "Note-se que o advento da Lei 13.709/2018 não elimina a tutela conferida pela Lei 12.527/2011, como, inclusive, a própria Lei Geral de Proteção de Dados ressalva em seus artigos 23, §§ 2º e 3º, 26, § 1º, I, e 52, § 3º. A interpretação das normativas deve ser sistemática, promovendo-se o diálogo com fins de tutela do direito à privacidade em duas frentes: (i) uma primeira, que assegura o direito de acesso do titular (que pode ser representado legalmente ou substituído processualmente) para controlar os dados que lhe pertencem e (ii) uma segunda, que, ao mesmo tempo em que assegura o direito à informação, restringe o acesso de terceiros quando a informação for de natureza pessoal e pertencer a outrem, nos referidos termos da lei." (MONTEIRO FILHO, Carlos Edison do Rego; CASTRO, Diana Paiva de. Potencialidades do direito de acesso na nova Lei Geral de Proteção de Dados (Lei 13.709/2018). In: FRAZÃO, Ana; TEPEDINO, Gustavo; OLIVA, Milena Donato (Coord.). *Lei Geral de Proteção de Dados Pessoais e suas repercussões no direito brasileiro*. São Paulo: Thomson Reuters Brasil, 2019, p. 341-342).
34. LGPD. Artigo 15: Direito de acesso do titular dos dados 1. O titular dos dados tem o direito de obter do responsável pelo tratamento a confirmação de que os dados pessoais que lhe digam respeito são ou não objeto de tratamento e, se for esse o caso, o direito de aceder aos seus dados pessoais...".
35. LGPD. Artigo 9º: "O titular tem direito ao acesso facilitado às informações sobre o tratamento de seus dados, que deverão ser disponibilizadas de forma clara, adequada e ostensiva acerca de, entre outras características previstas em regulamentação para o atendimento do princípio do livre acesso ...".

declaração completa, que indique a origem dos dados, a existência de registro, os critérios utilizados e a finalidade do tratamento.

Já os §§ 1º e 2º do referido dispositivo explicitam a intenção de facilitar o acesso aos dados, seja com relação ao armazenamento ou sobre os modos de disponibilização, que poderão se dar de forma impressa ou em meio eletrônico, por meio de mídias digitais.

Ainda, no caso específico do tratamento de dados decorrente de consentimento ou de contrato, o § 3º do artigo 19 assegura ao titular o direito de solicitar cópia eletrônica integral de seus dados pessoais em formato que permita a sua utilização subsequente, inclusive em outras operações de tratamento[36]. Trata-se de direito que, como se verá mais adiante, ajuda a operacionalizar o direito à portabilidade dos dados.

Retornando ao rol de direitos do artigo 18 da LGPD, seu inciso III traz a previsão do direito à correção de dados, estabelecendo uma espécie de devido processo legal em relação aos dados pessoais, conforme terminologia utilizada pela Professora Ana Frazão[37], que possibilita aos titulares a correção de erros, inexatidões ou desatualizações que possam lhes gerar prejuízos[38]. Tal direito guarda estreita relação com o princípio da qualidade dos dados, já mencionado anteriormente.

No âmbito do Regulamento europeu o direito à correção encontra disciplina em seu artigo 16, sob a nomenclatura de direito de retificação, por meio do qual "O titular tem o direito de obter, sem demora injustificada, do responsável pelo tratamento, a retificação dos dados pessoais inexatos que lhe digam respeito", permitindo-se ainda que os dados pessoais incompletos sejam completados por meio de uma declaração adicional."

Por sua vez, o inciso IV do artigo 18 da LGPD, trata do direito à anonimização, bloqueio ou eliminação de dados desnecessários, excessivos ou tratados em desconformidade com os ditames de nossa Lei Geral de Proteção de Dados. Nesse aspecto, a sistematização desses direitos se encontra em harmonia com uma série de outras disposições da lei no sentido de que, quando possível, haja a anonimização dos dados utilizados em pesquisas, assim como a eliminação dos dados após o término do tratamento[39].

Nesse prisma, uma questão incidental vem sendo levantada pela doutrina: trata-se de qual das ações deverá ser tomada, e mais, se caberia ao titular a escolha de qual das medidas deverá ser adotada.

---

36. CUNTO, Raphael de; GALIMBERTI, Larissa; LEONARDI, Marcel, op. cit., p. 92.
37. FRAZÃO, Ana. Nova LGPD: direitos dos titulares de dados pessoais. Disponível em: www.jota.info/opiniao-e-analise/colunas/constituicao-empresa-e-mercado/nova-lgpd-direitos-dostitulares-de-dados-pessoais-24102018/. Acesso em: 23.07.2020.
38. Interessante ressalva é feita na obra organizada pelos professores Paulo Brancher e Ana Beppu, acerca de erros que foram posteriormente corrigidos, mas que tenham relevância justamente para que se entenda o histórico de determinada situação e o erro não seja repetido. É citado como exemplo o erro inicial no diagnóstico de um paciente, onde se prefere a manutenção tanto do diagnóstico inicialmente equivocado, como do diagnóstico posterior correto, justamente com o objetivo de evitar erros similares no futuro (CUNTO, Raphael de; GALIMBERTI, Larissa; LEONARDI, Marcel, op. cit., p. 93).
39. FRAZÃO, Ana. Nova LGPD: direito de anonimização, bloqueio ou eliminação de dados. Disponível em: https://www.jota.info/opiniao-e-analise/colunas/constituicao-empresa-e-mercado/nova-lgpd-direito-de-anonimizacao--bloqueio-ou-eliminacao-de-dados-31102018. Acesso em: 24.07.2020.

Na lição de Márcio Cots e Ricardo Oliveira[40] o titular não teria conhecimento técnico para tomar tal decisão, cabendo ao agente de tratamento adotar a medida que promova o direito do titular, e que também atenda aos seus interesses, assim, por exemplo, a anonimização será mais benéfica ao agente de tratamento do que a eliminação, acaso haja interesse nos dados estatísticos.

Quanto à anonimização, conforme ensinam Daniel Becker e Roberta Rodrigues[41], a grande questão se refere ao grau de segurança e confiança na irreversibilidade de tal medida, uma vez que diversos estudos vêm mostrando a facilidade em identificar pessoas a partir de alguns determinados atributos e pelo cruzamento de dados, o que permitiria a reidentificação dos dados anonimizados. Assim, ao fim e ao cabo, o direito à anonimização depende da avaliação das alternativas técnicas e da concernente implementação de padrões aceitáveis de segurança, sem o qual tal direito não tem como atingir a eficácia almejada pelos ditames do texto legal que lhe dá supedâneo.

Por seu turno, o bloqueio trata-se de medida definida nos termos do inciso XIII do artigo 5º da LGPD como "... suspensão temporária de qualquer operação de tratamento, mediante guarda do dado pessoal ou do banco de dados...".

Já a eliminação trata-se de medida definitiva, definida como a "... exclusão de dado ou de conjunto de dados armazenados em banco de dados..."[42], devendo ser aplicada às hipóteses de tratamento ilícito, ou término de tratamento em conformidade com as disposições do artigo 16 da LGPD[43].

Ademais, como se pôde observar, os três direitos e as medidas deles decorrentes têm em comum a utilização dos dados em desconformidade com as hipóteses trazidas pela lei, cuja utilização afronta diretamente o princípio da necessidade, previsto no artigo 6º da LGPD[44].

Ainda no que se refere à eliminação, o inciso VI do artigo 18 traz importante reforço aos direitos do titular ao prever a hipótese de eliminação dos dados pessoais tratados com base na obtenção do consentimento. Essa hipótese não se confunde com a obrigação de eliminação de dados anteriormente tratada, já que guarda estreita relação com a possibilidade de revogação do consentimento com base no § 5º do artigo 8º da LGPD[45], o qual prevê que o consentimento pode ser revogado a qualquer momento mediante

---

40. COTS, Márcio; OLIVEIRA, Ricardo, op. cit., p.125.
41. BECKER, Daniel; RODRIGUES, Roberta de Brito, op. cit., p. 123.
42. Conforme dita o Artigo 5º, inciso XIV, da LGPD.
43. LGPD. Artigo 16: "Os dados pessoais serão eliminados após o término de seu tratamento, no âmbito e nos limites técnicos das atividades, autorizada a conservação para as seguintes finalidades: I – cumprimento de obrigação legal ou regulatória pelo controlador; II – estudo por órgão de pesquisa, garantida, sempre que possível, a anonimização dos dados pessoais; III – transferência a terceiro, desde que respeitados os requisitos de tratamento de dados dispostos nesta Lei; ou IV – uso exclusivo do controlador, vedado seu acesso por terceiro, e desde que anonimizados os dados".
44. BECKER, Daniel; RODRIGUES, Roberta de Brito, op. cit., p. 124.
45. Nesse sentido, importante destacar a lição de Eduardo Nunes de Souza e Rodrigo da Guia Silva, os quais ditam que "A possibilidade de revogação das manifestações de vontade é considerada ínsita a todo tipo de exercício de autonomia existencial. A faculdade prevista pela lei, portanto, há de ser interpretada como parte do conteúdo do direito extrapatrimonial à privacidade, o que contribuiu para balizar os limites ao seu exercício." (SOUZA, Eduardo Nunes de; SILVA, Rodrigo da Guia, op. cit., p. 12).

manifestação expressa do titular, e que a exclusão dos dados já tratados depende de requerimento específico.

Em outras palavras, a revogação do consentimento pelo titular não implica, por si só, na eliminação dos dados pessoais tratados com base no consentimento anteriormente manifestado, essa eliminação depende de requisição expressa do titular, nos termos do direito ora em análise.

Aqui a influência do RGPD europeu parece clara, uma vez que ao tratar do direito ao apagamento ou ao esquecimento[46], em seu artigo 17, o regulamento faz menção não somente às hipóteses em que os dados pessoais deixaram de ser necessários para a finalidade que motivou a sua coleta ou tratamento, mas também, dentre outras, àquelas nas quais o titular retira o seu consentimento, ou se opõe sem que haja interesses legítimos que justifiquem o tratamento, bem como na hipótese de os dados pessoais terem sido tratados ilicitamente[47].

Contudo, assim como ocorre com o direito à anonimização, a efetividade do direito à eliminação de dados depende da utilização de técnicas que possibilitem que o resultado seja assegurado e não possa ser revertido. Por essa razão, também em relação a tal direito, é fundamental a discussão sobre a idoneidade das metodologias e medidas de segurança a serem utilizadas.

É importante ressaltar que, nos termos do § 6º do art. 18 da LGPD, o responsável deverá informar, de maneira imediata, aos agentes de tratamento com os quais tenha realizado uso compartilhado de dados[48], a correção, a eliminação, a anonimização ou o bloqueio dos dados, para que esses repitam idêntico procedimento, garantindo assim completa eficácia aos referidos direitos.

E ainda no que se refere ao compartilhamento, a nossa Lei Geral de Proteção de Dados, por meio do inciso VII do artigo 18, assegura ao titular o direito de saber com quais entidades públicas e privadas o controlador realizou o compartilhamento de dados. Tal direito decorre diretamente dos princípios do livre acesso e da transparência[49].

Essa previsão reforça a importância de que o titular tenha pleno conhecimento da extensão de qualquer tipo de compartilhamento de seus dados, incluindo a qualificação das entidades com as quais houve o compartilhamento, pois, do contrário o titular poderia perder o controle sobre o uso de seus dados pessoais, razão pela qual parte da

---

46. Acerca da temática, e defendendo a existência do direito ao esquecimento no âmbito da LGPD, são brilhantes os apontamentos de Anderson Schreiber no artigo intitulado Direito ao Esquecimento e Proteção de Dados Pessoais na Lei 13.709/2018: distinções e potenciais convergências (SCHREIBER, Anderson. Direito ao Esquecimento e Proteção de Dados Pessoais na Lei 13.709/2018: distinções e potenciais convergências. In: FRAZÃO, Ana; TEPEDINO, Gustavo; OLIVA, Milena Donato (Coord.). *Lei Geral de Proteção de Dados Pessoais e suas repercussões no direito brasileiro*. São Paulo: Thomson Reuters Brasil, 2019, p. 367-384). Não obstante tal posicionamento, cabe salientar que, em 11/02/2021, por decisão majoritária do Tribunal Pleno do Supremo Tribunal Federal (STF) concluiu como incompatível com a Constituição Federal a existência de um direito ao esquecimento que possibilite impedir eventual divulgação de fatos ou dados verídicos em meios de comunicação. (RECURSO EXTRAORDINÁRIO 1.010.606/RJ; Relator: MIN. DIAS TOFFOLI).
47. FRAZÃO, Ana. Nova LGPD: direito de anonimização, bloqueio ou eliminação de dados. Disponível em: https://www.jota.info/opiniao-e-analise/colunas/constituicao-empresa-e-mercado/nova-lgpd-direito-de-anonimizacao--bloqueio-ou-eliminacao-de-dados-31102018. Acesso em: 24.07.2020.
48. CUNTO, Raphael de; GALIMBERTI, Larissa; LEONARDI, Marcel, op. cit., p. 96.
49. BECKER, Daniel; RODRIGUES, Roberta de Brito, op. cit., p. 124-125.

doutrina[50] entende que nem mesmo o segredo de negócio ou industrial seria suficiente para afastar o fornecimento de tais informações ao titular.

Já os últimos incisos do artigo 18 guardam relação com o consentimento. Enquanto o inciso IX reitera a existência de direito de revogação do consentimento, o inciso VIII pode ser considerado uma especificação do direito à informação[51] vinculada ao princípio da transparência. Diante da importância do consentimento do titular como a regra geral para a utilização dos seus dados pessoais, a lei traz o direito à informação sobre a possibilidade de não fornecer consentimento e sobre as consequências de tal negativa.

Mas ainda, dos parágrafos do artigo 18 da LGPD, é possível extrair mais dois direitos do titular. Primeiramente o § 1º trata do que vem sendo considerado como um direito de petição do titular em relação aos seus dados pessoais contra o controlador e perante a autoridade nacional, o que deixa claro que o órgão responsável por receber eventuais queixas ou denúncias formuladas pelos titulares de dados pessoais é a Autoridade Nacional de Proteção de dados[52]. Ademais, o § 8º amplia esse direito de petição, determinando que o mesmo também poderá ser exercido perante organismos de defesa do consumidor.

Aqui uma ressalva precisa ser feita: essa disposição não permite que órgãos de defesa do consumidor exerçam competências reservadas à Autoridade Nacional de proteção de dados, e sim que, pela facilitação do exercício de direitos, o titular pode peticionar perante esses organismos, cuja função será limitada a receber a petição e encaminhá-la à Autoridade Nacional[53].

Ainda no que diz respeito ao direito de petição, o artigo 22 da LGPD prevê, mesmo que exageradamente, que a defesa dos interesses e dos direitos dos titulares de dados poderá ser exercida em juízo, individual ou coletivamente[54].

Assim, conforme conclusão da Professora Ana Frazão[55], são assegurados ao titular de dados, diante da violação de seus direitos, quatro caminhos distintos: (i) pleitear a sua observância diretamente junto aos agentes de tratamento, (ii) peticionar diretamente perante a autoridade nacional, (iii) peticionar perante os órgãos de defesa do consumidor ou (iv) obter a tutela judicial por meio de ações individuais ou coletivas.

Por fim, o último dos direitos que pode ser extraído do artigo 18, da LGPD encontra-se na norma do seu § 2º, o qual dita que os titulares de dados pessoais podem se

---

50. COTS, Márcio; OLIVEIRA, Ricardo, op. cit., p. 126.
51. FRAZÃO, Ana. Nova LGPD: demais direitos previstos no art. 18. Disponível em: https://www.jota.info/opiniao--e-analise/colunas/constituicao-empresa-e-mercado/nova-lgpd-demaisdireitos-previstos-no-art-18-28112018. Acesso em: 24.07.2020.
52. CUNTO, Raphael de; GALIMBERTI, Larissa; LEONARDI, Marcel, op. cit., p. 97.
53. Ibidem, p. 98.
54. Imperioso também colacionar a conclusão de Eduardo Souza e Rodrigo Silva, nos seguintes termos: "Nesse sentido, o "direito" de petição do titular de dados pessoais, contra o controlador, perante a recém-criada autoridade nacional ou perante organismos de defesa do consumidor (art. 18, §§ 1º e 8º), não pode ser lido como a exclusão legal da possibilidade de peticionamento direto ao próprio operador ou controlador (previsto pelo próprio caput do art. 18) ou de qualquer outro agente responsável pelo tratamento de dados que, não tendo sido abrangido pela lei, mostre-se relevante para a tutela dos dados pessoais do interessado" (SOUZA, Eduardo Nunes de; SILVA, Rodrigo da Guia, op. cit., p. 17).
55. FRAZÃO, Ana. Nova LGPD: demais direitos previstos no art. 18. Disponível em: https://www.jota.info/opiniao--e-analise/colunas/constituicao-empresa-e-mercado/nova-lgpd-demaisdireitos-previstos-no-art-18-28112018. Acesso em: 24.07.2020.

opor ao tratamento realizado com fundamento em uma das hipóteses de dispensa de consentimento, em caso de descumprimento ao disposto na LGPD.

Nesses casos, em outras palavras, pode o titular se opor ao tratamento dos seus dados independentemente da adoção de medidas corretivas ou imposição de penalidades, exigindo a imediata interrupção de qualquer atividade de tratamento. Muito embora tal previsão seja considerada uma consequência natural da ilegalidade do tratamento de dados, a sua referência expressa ressalta a importância do direito à oposição[56].

Além dos já tratados direitos dos titulares positivados por meio do artigo 18 da LGPD, cumpre explicitar no presente momento que, da leitura do artigo 21 da LGPD pode se extrair uma espécie de direito à não retribuição. A redação do artigo é um tanto confusa, mas da previsão de que "... os dados pessoais referentes ao exercício regular de direitos pelo titular não podem ser utilizados em seu prejuízo" surgem duas correntes interpretativas.

De um lado defende-se que o dispositivo visa impedir que o titular seja prejudicado ao exercer os direitos decorrentes da LGPD[57]; e de outro estão aqueles que defendem a aplicação de tal artigo nos casos em que ocorra a divulgação de dados pessoais do titular que exerça regularmente quaisquer de seus direitos, impondo-se limitação ao tratamento desses dados. Um exemplo disso seria a criação de cadastros de pessoas que ajuizaram reclamatórias trabalhistas contra ex-empregadores, com a finalidade de evitar a contratação[58].

Assim sendo, essas breves linhas tiveram por objetivo condensar a sistematização de grande parte dos direitos dos titulares previstos em nossa Lei Geral de Proteção de Dados, explicitando que o nosso legislador dotou os titulares de dados pessoais de uma série de ferramentas que lhes possibilita um maior controle sobre o uso de seus dados pessoais.

No entanto, mesmo após concluído o presente tópico, restam ser tratados dois direitos do rol previsto no capítulo III da LGPD: a portabilidade e a explicação e revisão das decisões automatizadas, temas que, em razão de sua relevância para o incremento do controle dos titulares sobre seus dados pessoais, passam a ser objeto de aprofundamento no capítulo a seguir.

3. INCREMENTO DO CONTROLE DOS DADOS POR MEIO DOS DIREITOS À PORTABILIDADE, EXPLICAÇÃO E OPOSIÇÃO FRENTE ÀS DECISÕES TOTALMENTE AUTOMATIZADAS

Em razão da indiscutível importância, e em face da necessidade de apontar algumas inovações, bem como destacar algumas particularidades relevantes, optou-se por aprofundar o estudo dos direitos de explicação e de oposição frente às decisões totalmente automatizadas, assim como do direito à portabilidade de dados pessoais a outro fornecedor de serviço ou produto, em capítulo específico do presente estudo.

---

56. Ibidem.
57. CUNTO, Raphael de; GALIMBERTI, Larissa; LEONARDI, Marcel, op. cit., p. 99-100.
58. COTS, Márcio; OLIVEIRA, Ricardo, op. cit., p. 131.

Assim, uma vez que já fora elucidado o panorama geral das previsões da LGPD acerca dos direitos dos titulares, bem como sua concernente análise sistemática, passemos à apreciação particular dos aludidos direitos pendentes de estudo.

3.1 Direitos de explicação e de oposição frente às decisões totalmente automatizadas

Pois bem. Com o desenvolvimento tecnológico, ferramentas de inteligência artificial têm sido cada vez mais empregadas na tomada de decisões[59]: algoritmos classificatórios definem a oferta de crédito, o valor de seguros e os escolhidos para vagas de emprego; sistemas de recomendação sugerem amigos nas redes sociais, o que comprar e que rota escolher; algoritmos de *data mining* prometem descobrir padrões relevantes para o comércio, e até mesmo sobre questões de saúde.

No Tribunal de Contas da União, os robôs Alice, Sofia e Monica vêm sendo usados para examinar editais de licitação e atas de preços em busca de fraudes e irregularidades[60].

A Procuradoria-Geral do Distrito Federal criou a Dra. Luzia, a primeira robô-advogada do Brasil, que tem a missão de analisar o andamento de processos de execução fiscal, sugerindo possíveis soluções e indicando informações dos executados[61].

O Supremo Tribunal Federal anunciou a criação de um sistema de inteligência artificial desenhado para analisar todos os recursos extraordinários remetidos ao STF e identificar os vinculados a temas de repercussão geral[62].

Esses exemplos ilustram a tendência do emprego de inteligência artificial para substituir e auxiliar na tomada de decisões privadas e públicas. Nada há de irregular em procedimentos unicamente automatizados de tomada de decisões, mas esse contexto evidencia a necessidade de garantia dos direitos à explicação e à revisão das decisões automatizadas.

O direito à explicação diz respeito à prerrogativa do titular dos dados de receber informações suficientes e inteligíveis que lhe permitam entender a lógica e os critérios utilizados no tratamento de seus dados pessoais para uma ou várias finalidades. Por sua vez, o direito à revisão das decisões automatizadas compreende o direito do titular de requisitar a revisão de uma decisão totalmente automatizada que possa ter um impacto nos seus interesses[63].

A seu turno, o direito à explicação surge da necessidade de resolver o problema da opacidade da tomada de decisões automatizadas e das graves consequências sociais que

---

59. FERRARI, Isabela; BECKER, Daniel. O direito à explicação sobre decisões automatizadas: Uma análise comparativa entre União Europeia e Brasil. *Revista de Direito e as Novas Tecnologias*, São Paulo, v. 1, out./dez. 2018, p. 635-655.
60. GOMES, Helton Simões. Como as robôs Alice, Sofia e Monica ajudam o TCU a caçar irregularidades em licitações. G1, 18 de março de 2018. Disponível em: https://g1.globo.com/economia/tecnologia/noticia/como-as-robos-alice-sofia-e-monica-ajudam-o-tcu-a-cacar-irregularidades-em-licitacoes.ghtml. Acesso em: 24.07.2020.
61. SERAPIÃO, Fábio. Dra. Luiza. Folha de São Paulo. 18 mai. 2018. Disponível em: https://politica.estadao.com.br/blogs/fausto-macedo/dra-luzia/. Acesso em: 24.07.2020.
62. SUPREMO TRIBUNAL FEDERAL. Projeto VICTOR do STF é apresentado em congresso internacional sobre tecnologia. Disponível em: http://www.stf.jus.br/portal/cms/verNoticiaDetalhe.asp?idConteudo=390818&tip=UN. Acesso em: 24.07.2020.
63. MONTEIRO, Renato Leite, op. cit.

podem ser ocasionadas a partir de suas falhas[64]. Nesse cenário, o que se busca é entender as razões ou justificativas que levaram a determinado resultado, e não a simples prestação de informações ou códigos computacionais.

No âmbito da União Europeia, o RGPD coloca a transparência como um dos princípios do tratamento de dados, princípio esse considerado como a base do direito à explicação. Conforme ensina Renato Monteiro, no Regulamento europeu, a existência ou não de um direito à explicação sobre a lógica por detrás de decisões automatizadas é fonte de discussões[65].

De um lado se argumenta que a ausência do termo "explicação" no texto do RGPD não permitiria afirmar categoricamente a existência de um direito à explicação. De outro lado, está o argumento de que tal direito pode ser inferido das referências ao dever de fornecer informações significativas sobre a lógica envolvida na tomada de decisões automatizadas, visando assim dar sentido à intenção do legislador, e buscar a conformidade com as necessidades oriundas dos atuais modelos de negócio.

Entre aqueles que entendem que há previsão de um direito à explicação no RGPD, existe um consenso de que ele seria extraído das previsões dos artigos 13, 14, 15, os quais contêm normas relacionadas à transparência de decisões automatizadas e de perfilamento, prevendo expressamente que o titular dos dados tem direito de obter, do responsável pelo tratamento, informações relativas à existência de decisões automatizadas, assim como informações úteis relativas à lógica subjacente, à importância, e às consequências de tal tratamento[66].

Ao abordar o tema afeto à explicação da lógica subjacente às decisões automatizadas no direito estrangeiro Alexandre Veronese[67] leciona que a preocupação do legislador europeu se deu no sentido de permitir que os titulares possam ter maior controle sobre os seus dados pessoais.

Por sua vez, o direito à revisão de decisões totalmente automatizadas resulta das preocupações decorrentes da crescente utilização de algoritmos para realização de julgamentos, estimativas, conclusões e avaliações sobre as pessoas, dos quais dependerá o acesso delas a uma série de bens, serviços ou mesmo direitos. O problema agrava-se pela opacidade das decisões algorítmicas que não permitem assegurar a objetividade

---

64. FERRARI, Isabela; BECKER, Daniel, op. cit., p. 635-655.
65. Nesse sentido, cabe trazer a acertada explanação do referido autor: "No contexto da GDPR, Selbst e Powles, defendem a existência efetiva de tal direito na nova regulamentação europeia e afirmam que, apesar de não haver uma previsão textual específica na norma, esse direito não seria ilusório. Em claro contraponto a outros autores que defendem a sua inexistência, afirmam categoricamente que a GDPR, ao estabelecer direitos de informação sobre a lógica de processos de decisões automatizadas, confere claramente o direito à explicação, e este deve ser interpretado de modo a permitir ao titular dos dados o exercício de seus direitos previstos na GDPR e no ordenamento jurídico." (MONTEIRO, Renato Leite, op. cit.).
66. GRUPO DE TRABALHO DO ARTIGO 29º PARA A PROTEÇÃO DE DADOS. Orientações sobre as decisões individuais automatizadas e a definição de perfis para efeitos do Regulamento (UE) 2016/679. Out. 2017. Disponível em: https://www.cnpd.pt/bin/rgpd/docs/wp251rev01_pt.pdf. Acesso em: 20.10.2020.
67. VERONESE, Alexandre. Os direitos de explicação e de oposição frente às decisões totalmente automatizadas: comparando o RGPD da União Europeia com a LGPD brasileira. In: FRAZÃO, Ana; TEPEDINO, Gustavo; OLIVA, Milena Donato (Coord.). *Lei Geral de Proteção de Dados Pessoais e suas repercussões no direito brasileiro*. São Paulo: Thomson Reuters Brasil, 2019, p. 406.

que delas se espera; na verdade, tais decisões podem ser bastante destorcidas e refletirem diversos tipos de preconceitos[68].

Nesse contexto, imperioso rememorar que Frank Pasquale, em seu livro "*The black box society: The secret algorithms that control money and information*"[69] já aludia à chamada "caixa preta dos algoritmos", advertindo dos riscos da criação de uma sociedade comandada por decisões automatizadas de nenhum ou pouco controle.

O Regulamento europeu mostra-se extremamente sensível à questão das decisões automatizadas, tanto que dispõe que o tratamento automatizado de dados deve ser excepcional, sendo admitido tão somente nas exceções legais, ressalvado sempre o direito à revisão humana.

Dessa forma, o artigo 22, do RGPD dita que, nos casos em que admitido o tratamento automatizado, é permitido que o usuário se recuse a ser submetido a decisões exclusivamente automatizadas, desde que elas produzam efeitos na sua esfera jurídica ou que o afetem significativamente de forma similar[70].

Mais adiante, o mesmo suscitado artigo outorga ao titular dos dados pessoais a faculdade de pedir a revisão da decisão automatizada a ser realizada por uma pessoa humana a fim de que essa esboce sua opinião. Dessa forma, o dispositivo autoriza a intervenção de um ser humano no processo decisório automatizado para referendar a decisão ou ajustar eventuais erros por parte do algoritmo[71].

A mais acertada interpretação do artigo 22 do Regulamento Geral de Proteção de Dados europeu deve se dar de acordo com o seu Considerando de n. 71[72], o qual, entre

---

68. FRAZÃO, Ana. O direito à explicação e à oposição diante de decisões totalmente automatizadas. Disponível em: https://www.jota.info/opiniao-e-analise/colunas/constituicao-empresa-e-mercado/o-direito-a-explicacao-e-a--oposicao-diante-de-decisoes-totalmente-automatizadas-05122018. Acesso em: 25.07.2020.
69. PASQUALE, Frank. *The black box society*. The secret algorithms that control money and information. Cambridge: Harvard University Press, 2015.
70. Grupo de Trabalho do Artigo 29º para a proteção de dados, op. cit.
71. FRAZÃO, Ana. Controvérsias sobre direito à explicação e à oposição diante de decisões automatizadas. Disponível em: https://www.jota.info/opiniao-e-analise/colunas/constituicao-empresa-e-mercado/controversias-sobre-direito-a-explicacao-e-a-oposicao-diante-de-decisoes-automatizadas-12122018. Acesso em: 24.07.2020.
72. RGPD. Considerando 71: "O titular dos dados deverá ter o direito de não ficar sujeito a uma decisão, que poderá incluir uma medida, que avalie aspetos pessoais que lhe digam respeito, que se baseie exclusivamente no tratamento automatizado e que produza efeitos jurídicos que lhe digam respeito ou o afetem significativamente de modo similar, como a recusa automática de um pedido de crédito por via eletrónica ou práticas de recrutamento eletrónico sem qualquer intervenção humana. Esse tratamento inclui a definição de perfis mediante qualquer forma de tratamento automatizado de dados pessoais para avaliar aspetos pessoais relativos a uma pessoa singular, em especial a análise e previsão de aspetos relacionados com o desempenho profissional, a situação económica, saúde, preferências ou interesses pessoais, fiabilidade ou comportamento, localização ou deslocações do titular dos dados, quando produza efeitos jurídicos que lhe digam respeito ou a afetem significativamente de forma similar. No entanto, a tomada de decisões com base nesse tratamento, incluindo a definição de perfis, deverá ser permitida se expressamente autorizada pelo direito da União ou dos Estados-Membros aplicável ao responsável pelo tratamento, incluindo para efeitos de controlo e prevenção de fraudes e da evasão fiscal, conduzida nos termos dos regulamentos, normas e recomendações das instituições da União ou das entidades nacionais de controlo, e para garantir a segurança e a fiabilidade do serviço prestado pelo responsável pelo tratamento, ou se for necessária para a celebração ou execução de um contrato entre o titular dos dados e o responsável pelo tratamento, ou mediante o consentimento explícito do titular. Em qualquer dos casos, tal tratamento deverá ser acompanhado das garantias adequadas, que deverão incluir a informação específica ao titular dos dados e o direito de obter a intervenção humana, de manifestar o seu ponto de vista, de obter uma explicação sobre a decisão tomada na sequência dessa avaliação e de contestar a decisão. Essa medida não deverá dizer respeito a uma criança. A fim de assegurar um tratamento equitativo e transparente no que diz respeito ao titular dos dados, tendo em conta a especificidade das

outros provimentos, recomenda que o responsável pelo tratamento dos dados use procedimentos matemáticos ou estatísticos apropriados, implemente medidas para corrigir imprecisões de dados e minimize o risco de seleções adversas por parte da tomada decisões automatizadas[73].

Necessário explicitar que a revisão de decisões algorítmicas por humanos é bastante debatida na doutrina estrangeira a ponto de ter sido suscitada a existência de um "direito a uma intervenção humana" ("*right to a human in the loop*"), havendo considerável produção doutrinária sobre o tema.

Conforme ensinam Isabela Ferrari e Daniel Becker[74], de um lado, defende-se que a intervenção humana é imprescindível para proteger a dignidade do usuário, cujos dados são utilizados para alimentar os algoritmos de tomada de decisões, e mitigar seus efeitos deletérios. E de outro lado, doutrinadores acreditam que a inserção de uma pessoa natural poderia contaminar o processo decisório com vieses humanos subjetivos.

Quanto ao sistema jurídico brasileiro, o Código de Defesa do Consumidor e a Lei do Cadastro Positivo já regulamentavam o direito à explicação e à revisão de decisões automatizadas no âmbito das relações de consumo, mais especificamente quando envolvem a concessão de crédito e cálculo de risco de inadimplência[75].

Ocorre que diante da insuficiência da mencionada proteção setorial, a LGPD busca instaurar um sistema geral, que expande esses direitos, abrangendo o tratamento de dados pessoais, independentemente do contexto, setor e mercado.

Dessa forma, o artigo 20[76] da LGPD estabelece que o titular dos dados pessoais tem direito a solicitar a revisão de decisões tomadas unicamente com base em tratamento automatizado de dados pessoais que afetem seus interesses, incluídas as decisões destinadas a definir o seu perfil pessoal, profissional, de consumo e de crédito ou os aspectos de sua personalidade[77].

---

circunstâncias e do contexto em que os dados pessoais são tratados, o responsável pelo tratamento deverá utilizar procedimentos matemáticos e estatísticos adequados à definição de perfis, aplicar medidas técnicas e organizativas que garantam designadamente que os fatores que introduzem imprecisões nos dados pessoais são corrigidos e que o risco de erros é minimizado, e proteger os dados pessoais de modo a que sejam tidos em conta os potenciais riscos para os interesses e direitos do titular dos dados e de forma a prevenir, por exemplo, efeitos discriminatórios contra pessoas singulares em razão da sua origem racial ou étnica, opinião política, religião ou convicções, filiação sindical, estado genético ou de saúde ou orientação sexual, ou a impedir que as medidas venham a ter tais efeitos. A decisão e definição de perfis automatizada baseada em categorias especiais de dados pessoais só deverá ser permitida em condições específicas".

73. FRAZÃO, Ana. Nova LGPD: ainda sobre a eficácia do direito à explicação e à oposição. Disponível em: https://www.jota.info/paywall?redirect_to=//www.jota.info/opiniao-e-analise/colunas/constituicao-empresa-e-mercado/nova-lgpd-ainda-sobre-a-eficacia-do-direito-a-explicacao-e-a-oposicao-26122018. Acesso em: 24.07.2020.
74. FERRARI, Isabela; BECKER, Daniel, op. cit., p. 635-655.
75. MONTEIRO, Renato Leite, op. cit.
76. LGPD. Artigo 20: "O titular dos dados tem direito a solicitar a revisão de decisões tomadas unicamente com em tratamento automatizado de dados pessoais que afetem seus interesses, incluídas as decisões destinadas a definir o seu perfil pessoal, profissional, de consumo e de crédito ou os aspectos de sua personalidade".
77. RODRIGUES, Yuri Gonçalves dos Santos; FERREIRA, Keila Pacheco. A privacidade no ambiente virtual: avanços e insuficiências da Lei Geral De Proteção de Dados no Brasil (Lei 13.709/18). *Revista de Direito do Consumidor*, São Paulo, v. 122, mar./abr. 2019, p. 181-202.

Já os parágrafos[78] do referido artigo determinam que o controlador deverá fornecer, sempre que solicitadas, informações claras e adequadas a respeito dos critérios e dos procedimentos utilizados para a tomada da decisão automatizada, observados os segredos comercial e industrial, e que, no caso de não oferecimento de tais informações, a Autoridade Nacional poderá realizar auditoria[79] para verificação de aspectos discriminatórios no tratamento automatizado de dados pessoais.

Primeiramente, é de se destacar que a Lei 13.853/2019, que converteu a Medida Provisória 869/2018, manteve a exclusão do trecho que previa a revisão das decisões automatizadas por pessoa natural na redação do caput do artigo 20, assim como o veto ao § 3º do referido dispositivo, o qual previa que "A revisão de que trata o caput deverá ser realizada por pessoa natural, conforme previsto em regulamentação da autoridade nacional, que levará em consideração a natureza e o porte da entidade ou o volume de operações de tratamento de dados".

Diante de tais assertivas, fica evidenciado o desalinhando, neste ponto, entre a LGPD brasileira e o Regulamento Geral de Proteção de Dados europeu.

É interessante notar que no âmbito da União Europeia o direito à intervenção humana tem contornos tão fortes que o Grupo de Trabalho de Proteção de Dados do artigo 29 (da Diretiva 95/46/CE) publicou nas "Orientações sobre as decisões individuais automatizadas e a definição de perfis"[80] uma advertência de que não se pode afastar a aplicação do RGPD por meio do que chama de *fabricação de intervenção humana mínima no processo decisório*", ou seja, a aparência de intervenção humana que, na prática, não se mostra realmente ativa e eficaz[81].

Não obstante essa tradição do direito comparado, a revisão por pessoa natural foi suprimida em nossa LGPD. Com isso, essa revisão deixa de ser uma obrigatoriedade e passa a ser mera faculdade, o que se mostra preocupante, visto que parte da doutrina[82] vem defendo até mesmo que o próprio direito à revisão teria perdido eficácia com a alteração, ou ao menos que houve considerável fragilização do dispositivo.

Independente desse descompasso para com o Regulamento europeu, o artigo 20 da LGPD pretende criar uma espécie de devido processo legal para proteger os cidadãos

---

78. LGPD. Artigo 20: "§ 1º O controlador deverá fornecer, sempre que solicitadas, informações claras e adequadas a respeito dos critérios e dos procedimentos utilizados para a decisão automatizada, observados os segredos comercial e industrial. § 2º Em caso de não oferecimento de informações de que trata o § 1º deste artigo baseado na observância de segredo comercial e industrial, a autoridade nacional poderá realizar auditoria para verificação de aspectos discriminatórios em tratamento automatizado de dados pessoais.".
79. Acerca da menciona auditoria: "Mostra-se muito bem-vinda, nesse sentido, a previsão do art. 20, § 2º, segundo a qual, em caso de negativa fundada no sigilo comercial ou industrial, "a autoridade nacional poderá realizar auditoria para verificação de aspectos discriminatórios em tratamento automatizado de dados pessoais". A previsão, que visa a coibir negativas abusivas, deve ser estendida analogicamente a todos os casos de negativa fundada em tais alegações, e não apenas aqueles contemplados pelo art. 20 ("decisões tomadas unicamente com base em tratamento automatizado de dados pessoais")." (SOUZA, Eduardo Nunes de; SILVA, Rodrigo da Guia, op. cit., p. 18).
80. Grupo de trabalho do artigo 29º para a proteção de dados, op. cit.
81. FRAZÃO, Ana. Controvérsias sobre direito à explicação e à oposição diante de decisões automatizadas. Disponível em: https://www.jota.info/opiniao-e-analise/colunas/constituicao-empresa-e-mercado/controversias-sobre-direito-a-explicacao-e-a-oposicao-diante-de-decisoes-automatizadas-12122018. Acesso em: 24.07.2020.
82. CUNHA, Juliana Falci Sousa Rocha. Direito à proteção de dados pessoais: a recente evolução legislativa brasileira. *Revista de Propriedade Intelectual – Direito Constitucional e Contemporâneo*, Aracajú, v. 13, Jul. 2019, p. 134 e 140.

contra julgamentos automatizados, conforme ensina a Professora Ana Frazão. Para tal fim, foi positivado um verdadeiro bloco de direitos, cujos principais desdobramentos consistem no: (i) direito de acesso e informação em relação a respeito dos critérios e procedimentos utilizados para a decisão automatizada, (ii) no direito de oposição quanto à decisão automatizada (iii) no direito de obtenção da revisão da decisão automatizada e (iv) no direito de petição à autoridade nacional para a realização de auditoria, em caso da não prestação das informações[83].

E pela análise realizada, se observa que tais direitos decorrem não apenas da autodeterminação informativa do cidadão e do controle que a lei lhe atribui sobre os seus dados pessoais, mas principalmente de grande parte dos princípios da LGPD, dentre os quais: o livre acesso; a qualidade e a clareza dos dados; a prevenção de danos, a não discriminação, a responsabilização e prestação de contas, e a transparência.

Especificamente acerca desse último, embora pareça improvável que se alcance a transparência absoluta, certo é que tanto o Regulamento europeu como a LGPD exigem grau de transparência que torne a decisão inteligível e compreensível ao titular dos dados[84]. Em outras palavras, o titular, ao pedir explicação sobre decisões automatizadas, não deseja receber o código-fonte do algoritmo, mas entender os critérios que foram utilizados, por meio de informações consistentes e compreensíveis que lhe permitam contestar a decisão automatizada[85].

Assim, muito mais do que apenas um direito exclusivo do titular, o direito à explicação impacta a programação, a prototipagem e a utilização de sistemas de processamento de dados. Por isso, deve-se pensar em técnicas para garantir a compreensão e transparência ou, ainda, um conceito de "explicação por design" ou "explicação por padrão" desde a concepção das aplicações.

Mas em que pese a inegável importância dos direitos previstos no art. 20 da LGPD, persistem grandes controvérsias acerca de sua eficácia, principalmente pelo fato de estarem subordinados à conciliação com o segredo comercial ou industrial[86].

Ademais, conforme a doutrina de Alexandre Veronese[87], a eficácia de tais direitos encontra duas barreiras: a primeira possui caráter técnico, já que auditar algoritmos é uma empreitada muito complexa e que exige um claro dispêndio de recursos; a segunda barreira tem natureza jurídica, em razão de que todas as avaliações e auditorias devem que ser realizadas dentro de um contexto de proteção dos direitos da propriedade intelectual sobre os *softwares* e algoritmos.

---

83. FRAZÃO, Ana. O direito à explicação e à oposição diante de decisões totalmente automatizadas. Disponível em: https://www.jota.info/opiniao-e-analise/colunas/constituicao-empresa-e-mercado/o-direito-a-explicacao-e-a--oposicao-diante-de-decisoes-totalmente-automatizadas-05122018. Acesso em: 25.07.2020.
84. FRAZÃO, Ana. Controvérsias sobre direito à explicação e à oposição diante de decisões automatizadas. Disponível em: https://www.jota.info/opiniao-e-analise/colunas/constituicao-empresa-e-mercado/controversias-sobre-direito-a-explicacao-e-a-oposicao-diante-de-decisoes-automatizadas-12122018. Acesso em: 24.07.2020.
85. FERRARI, Isabela; BECKER, Daniel, op. cit., p. 635-655.
86. FRAZÃO, Ana. O direito à explicação e à oposição diante de decisões totalmente automatizadas. Disponível em: https://www.jota.info/opiniao-e-analise/colunas/constituicao-empresa-e-mercado/o-direito-a-explicacao-e-a--oposicao-diante-de-decisoes-totalmente-automatizadas-05122018. Acesso em: 25.07.2020.
87. VERONESE, Alexandre, op. cit., p. 406.

Apesar de menos detalhada do que o Regulamento Geral europeu, a LGPD possui a clara intenção de produzir um paralelo legal, entretanto, é importante ressaltar que ambas as legislações não definem, de forma clara e objetiva[88], os pressupostos básicos para a compreensão dos direitos ora discutidos, pelo que permanecem diversos questionamentos[89]: o que se considera como uma decisão totalmente automatizada? Quais delas poderiam afetar a esfera jurídica dos titulares? Qual o grau de transparência e explicação exigível quando do exercício dos direitos de explicação e revisão?

Dentre diversos outros que se poderia fazer, tais questionamentos evidenciam o surgimento de certas dificuldades interpretativas em torno desses direitos, o que certamente fomentará a doutrina a elaborar e desenvolver modelos dogmáticos adequados, e para lograr êxito em tal empreitada é crucial manter em vista os estudos das experiências estrangeiras de proteção de dados.

Mesmo diante dessas dificuldades interpretativas, certo é que as previsões específicas acerca dos direitos de explicação e de oposição frente às decisões totalmente automatizadas têm o condão de prover aos titulares instrumentos que lhes possibilitem um maior e mais efetivo controle sobre seus dados pessoais, contribuindo para o exercício da autodeterminação informativa, bem como dos direitos fundamentais de liberdade, de intimidade e de privacidade.

3.2 Direito à portabilidade de dados pessoais: uma análise comparada entre a LGPD brasileira e o RGPD europeu

Há de se reprisar a concepção jurídica de que a pessoa natural é, e sempre será, titular de seus dados[90] pessoais[91]. Nesse cenário, as normas referentes à proteção de dados buscam empoderar o usuário de serviços do mercado digital, entretanto, seria ineficaz dotar os titulares de diversos direitos, sem permitir e facilitar a livre migração entre os prestadores de serviços. A partir dessa simples, porém importante, concepção deriva o direito à portabilidade, o qual passa a ser objeto de enfoque no presente estudo.

Conforme ensina Daniela Cravo, o direito à portabilidade de dados surge "... como um instituto de fomento e de estímulo às migrações e ao livre trânsito dos consumidores entre diferentes serviços ou produtos no mercado digital. A portabilidade, dessa forma, apresenta uma dupla essência: além de permitir que os indivíduos exercitem o seu direito à autodeterminação informacional, busca promover a concorrência em um mercado caracterizado por grandes vencedores monopolistas...".[92]

---

88. FERRARI, Isabela; BECKER, Daniel, op. cit., p. 635-655.
89. Nesse contexto, Alexandre Veronese menciona que: "A tarefa de proteger os cidadãos contra os usos mal-intencionados dos seus dados pessoais parece hercúlea. Mesmo no caso do RGPD, que emerge de um contexto social e institucional no qual já existiam normas jurídicas específicas ... residem dúvidas sobre a sua aplicabilidade plena" (VERONESE, Alexandre, op. cit., p. 411).
90. LGPD. Artigo 5º: Para os fins desta Lei, considera-se: I – dado pessoal: informação relacionada a pessoa natural identificada ou identificável ...".
91. COTS, Márcio; OLIVEIRA, Ricardo, op. cit., p.125.
92. CRAVO, Daniela Copetti. O direito à portabilidade na lei de proteção de dados. In: FRAZÃO, Ana; TEPEDINO, Gustavo; OLIVA, Milena Donato (Coord.). *Lei geral de proteção de dados pessoais e suas repercussões no Direito Brasileiro*. São Paulo: Thomson Reuters Brasil, 2019, p. 347.

No contexto brasileiro, a portabilidade ingressa em nosso sistema jurídico com a qualificação de direito do titular (acompanhando a tendência inaugurada pelo RGPD europeu) conforme disposição do inciso V do artigo 18 da LGPD, o qual garante ao titular dos dados pessoais o direito de obter do controlador[93], a qualquer momento, a portabilidade dos seus dados pessoais a outro fornecedor de serviço ou produto, mediante requisição expressa e observados os segredos comercial e industrial, de acordo com a regulamentação do órgão controlador.

Com o objetivo de regular a eficácia de tal direito, a Lei Geral de Proteção de Dados dispõe, em seu artigo 40 que a Autoridade Nacional de Proteção de Dados (ANPD)[94] "... poderá dispor sobre padrões de interoperabilidade para fins de portabilidade, livre acesso aos dados e segurança, assim como sobre o tempo de guarda dos registros, tendo em vista especialmente a necessidade e a transparência".

Necessário apontar ainda que, conforme o § 7º do artigo 18, a nossa Lei Geral de Proteção de dados dita que o exercício do direito à portabilidade dos dados pessoais não inclui dados que já tenham sido anonimizados pelo controlador. Assim, acaso o controlador já tenha concluído o processo de anonimização dos dados pessoais antes de receber a suscitada requisição de portabilidade do respectivo titular desses dados, não estará obrigado a tomar as providências relativas ao processo de portabilidade[95].

Esses comentários inicialmente realizados resumem as previsões da LGPD acerca do direito à portabilidade. Assim, com o objetivo de proceder na análise comparativa entre as regulamentações europeia e brasileira, faz-se necessário direcionar o presente estudo à apreciação do direito à portabilidade conforme previsto no RGPD.

Inicialmente, é de se ressaltar que a portabilidade, não obstante o fato de tratar-se de uma normatização inovadora, já era uma realidade existente em nível europeu. De tal modo, tomando por base os objetivos de reforçar a proteção dos titulares e o impulsionamento da economia digital europeia, o direito à portabilidade de dados pessoais ("*right to data portability*" ou "*RtDP*") previsto no RGPD almeja incrementar o controle dos dados pessoais por parte de seus respectivos titulares[96].

Nesse contexto, a norma do artigo 20 do Regulamento Geral de Proteção de Dados europeu prevê que, nos casos em que o tratamento de dados for automatizado, quando decorrer do consentimento do titular ou quando for necessário para o cumprimento de um contrato[97] "O titular dos dados tem o direito de receber os dados pessoais que lhe

---

93. BERGSTEIN, Laís. Direito à portabilidade na lei geral de proteção de dados. *Revista dos Tribunais*, São Paulo, v. 1003, maio 2019, p. 433-439.
94. LGPD. Artigo 55-A: "Fica criada, sem aumento de despesa, a Autoridade Nacional de Proteção de Dados (ANPD), órgão da administração pública federal, integrante da Presidência da República".
95. CUNTO, Raphael de; GALIMBERTI, Larissa; LEONARDI, Marcel, op. cit., p. 95.
96. Conforme ensina Vítor Palmela Fidalgo: "Um dos antecedentes diz respeito à portabilidade do número de telefone, que veio permitir ao utilizador de telefone (fixo ou móvel) a conservação do mesmo número quando decida mudar de operadora de telecomunicações." (FIDALGO, Vitor Palmela. O direito a portabilidade de dados pessoais. *Revista de Direito e Técnologia*, Lisboa, v.1, 2019, p. 91-92).
97. Nesse ponto específico, imperioso reproduzir a conclusão alcançada pela professora Ana Frazão, no seguinte sentido: "Conclui-se, portanto, que, no âmbito europeu, o direito à portabilidade incide quando o tratamento de dados for automatizado, quando decorrer do consentimento do titular ou quando for necessário para o cumprimento de um contrato. Todas as demais hipóteses estão fora do seu alcance, o que inclui aquelas em que o tratamento decorrer de obrigações legais a que o controlador esteja vinculado." (FRAZÃO, Ana. Nova LGPD: direito à portabilidade.

digam respeito e que tenha fornecido a um responsável pelo tratamento, num formato estruturado, de uso corrente e de leitura automática, e o direito de transmitir esses dados a outro responsável pelo tratamento sem que o responsável a quem os dados pessoais foram fornecidos o possa impedir".

Ademais, o referido dispositivo dita ainda que o titular que exercer seu direito à portabilidade pode exigir que os dados pessoais sejam transmitidos diretamente entre os responsáveis pelo tratamento, sempre que tal medida seja tecnicamente possível.

Por fim, é de se ressaltar que o RGPD traz previsão expressa de que, em nenhum caso, o exercício do direito à portabilidade, por parte do titular, pode prejudicar os direitos de terceiras pessoas.

Dessa forma, é possível concluir que, no âmbito do Regulamento Geral de Proteção de Dados europeu, a disciplina do direito à portabilidade de dados pessoais subdivide-se, assim, em dois direitos (ou poderes) específicos: o primeiro deles trata-se do direito de obter cópia dos dados pessoais por parte do responsável pelo tratamento de dados pessoais; e o segundo versa sobre o direito do titular de que os seus dados pessoais sejam transferidos diretamente entre os responsáveis pelo tratamento[98]. Tal conclusão, frise-se desde já, pode ser igualmente aplicada no contexto da Lei Geral de Proteção de Dados brasileira[99].

Cabe enfatizar que o suscitado artigo 20 do RGPD deve ser interpretado à luz do que dispõe o seu considerando de 68[100], por meio do qual resta clara a necessidade de se assegurar

---

Disponível em: https://www.jota.info/opiniao-e-analise/colunas/constituicao-empresa-e-mercado/nova-lgpd-direito-a-por tabilidade-07112018. Acesso em: 28.07.2020).
98. FIDALGO, Vitor Palmela, op. cit., p. 103.
99. Esse é o entendimento de Raphael de Cunto, Larissa Galimberti e Marcel Leonardi, conforme abaixo explicitado: "A portabilidade prevista na LGPD assegura aos titulares dois direitos distintos: (i) receber os dados pessoais que forneceram a um controlador de modo estruturado, normalmente em formato interoperável ou de uso corriqueiro e que possa ser lido automaticamente por computadores (machine-readable), para que possam ser utilizados por outro fornecedor de serviço ou produto; e/ou (ii) exigir a transferência direta desses dados pessoais a outro fornecedor de serviço ou produto, igualmente em formato que possibilite a utilização dos dados pelo novo fornecedor". (CUNTO, Raphael de; GALIMBERTI, Larissa; LEONARDI, Marcel, op. cit., p. 95).
100. RGPD. Considerando 68: Para reforçar o controle sobre os seus próprios dados, sempre que o tratamento de dados pessoais for automatizado, o titular dos dados deverá ser autorizado a receber os dados pessoais que lhe digam respeito, que tenha fornecido a um responsável pelo tratamento num formato estruturado, de uso corrente, de leitura automática e interoperável, e a transmiti-los a outro responsável. Os responsáveis pelo tratamento de dados deverão ser encorajados a desenvolver formatos interoperáveis que permitam a portabilidade dos dados. Esse direito deverá aplicar-se também se o titular dos dados tiver fornecido os dados pessoais com base no seu consentimento ou se o tratamento for necessário para o cumprimento de um contrato. Não deverá ser aplicável se o tratamento se basear num fundamento jurídico que não seja o consentimento ou um contrato. Por natureza própria, esse direito não deverá ser exercido em relação aos responsáveis pelo tratamento que tratem dados pessoais na prossecução das suas atribuições públicas. Por conseguinte, esse direito não deverá ser aplicável quando o tratamento de dados pessoais for necessário para o cumprimento de uma obrigação jurídica à qual o responsável esteja sujeito, para o exercício de atribuições de interesse público ou para o exercício da autoridade pública de que esteja investido o responsável pelo tratamento. O direito do titular dos dados a transmitir ou receber dados pessoais que lhe digam respeito não deverá implicar para os responsáveis pelo tratamento a obrigação de adotar ou manter sistemas de tratamento que sejam tecnicamente compatíveis. Quando um determinado conjunto de dados pessoais disser respeito a mais de um titular, o direito de receber os dados pessoais não deverá prejudicar os direitos e liberdades de outros titulares de dados nos termos do presente regulamento. Além disso, esse direito também não deverá prejudicar o direito dos titulares dos dados a obter o apagamento dos dados pessoais nem as restrições a esse direito estabelecidas no presente regulamento e, nomeadamente, não deverá implicar o apagamento dos dados pessoais relativos ao titular que este tenha fornecido para execução de um contrato, na medida em que e enquanto os dados pessoais forem necessários para a execução do referido contrato. Sempre que seja tecnicamente possível, o titular dos dados deverá ter o direito a que os dados pessoais sejam transmitidos diretamente entre os responsáveis pelo tratamento.".

a compatibilidade entre o direito à portabilidade e o direito ao apagamento ou esquecimento, bem como o fato de que o direito à portabilidade implica em uma espécie de encorajamento à interoperabilidade[101], mas não institui específica e expressamente a obrigação de que os agentes de tratamento criem ou mantenham sistemas interoperáveis entre si[102].

Entretanto, ainda que o Considerando 68 do RGPD tão somente encoraje os responsáveis pelo tratamento a desenvolveram formatos interoperáveis que permitam a portabilidade, no caso específico de transmissão dos dados diretamente ao titular, o responsável pelo tratamento fica obrigado a adotar uma espécie de formatação interoperável, sob pena de descumprir a norma do artigo 20 do RGPD. Em outras palavras, a limitação à portabilidade que se refere à possibilidade técnica[103] apenas existe no caso da transmissão direta dos dados entre responsáveis pelo tratamento, mas não se aplica ao fornecimento dos dados diretamente ao titular[104].

Quanto ao ponto que guarda relação com o suscitado mero encorajamento à interoperabilidade, imperioso citar o entendimento da professora Ana Frazão, no sentido de que tal previsão coloca em discussão a própria viabilidade do direito à portabilidade, uma vez que a eficácia desse depende necessariamente do devido equacionamento da interoperabilidade entre o controlador que irá enviar os dados e o novo controlador que irá recebê-los[105].

Por essa razão, o Grupo de Trabalho de Proteção de Dados do artigo 29 (da Diretiva 95/46/CE) publicou nas *"Orientações sobre as decisões individuais automatizadas e a definição de perfis"*[106] posição no sentido de que, sem *standards* que levem à interoperabilidade, o direito à portabilidade é destinado a permanecer mais como uma declaração de princípio do que um real e efetivo instrumento para a autodeterminação individual no ambiente digital[107].

---

101. Relembra-se que artigo 20 do RGPD em sua primeira parte, estabelece que os dados devam ser transmitidos "num formato estruturado, de uso corrente e de leitura automática". Tal previsão objetiva permitir que os dados possam ser reutilizados, facilitando sua exportação para outros responsáveis pelo tratamento.
102. FRAZÃO, Ana. Nova LGPD: direito à portabilidade. Disponível em: https://www.jota.info/opiniao-e-analise/colunas/constituicao-empresa-e-mercado/nova-lgpd-direito-a-portabilidade-07112018. Acesso em: 28.07.2020.
103. Por sua vez, a segunda parte do artigo 20 do RGPD, coloca limitação à transmissão de dados, ao referir que o prestador de serviços apenas está obrigado a transmitir os dados quando "for tecnicamente possível", sendo esse o ponto fraco do direito à portabilidade, já que trata de um conceito indeterminado, que pode gerar altos custos de transmissão ao titular dos dados (FIDALGO, Vitor Palmela, op. cit., p. 107).
104. Ibidem, p. 105-106.
105. FRAZÃO, Ana. Nova LGPD: direito à portabilidade. Disponível em: https://www.jota.info/opiniao-e-analise/colunas/constituicao-empresa-e-mercado/nova-lgpd-direito-a-portabilidade-07112018. Acesso em: 28.07.2020.
106. GRUPO DE TRABALHO DO ARTIGO 29º PARA A PROTEÇÃO DE DADOS. *Orientações sobre o direito à portabilidade dos dados*. Dez. 2016. Disponível em: https://www.cnpd.pt/bin/rgpd/docs/wp242rev01_pt.pdf. Acesso em: 20.07.2020.
107. Necessário apontar novamente a conclusão alcançada pela Professora Ana Frazão (jurista de cujas diversas obras foram utilizadas em grande parte da cognição estrutural do presente artigo) no sentido de que "...as expressões relacionadas a como os dados devem ser enviados no exercício do direito à portabilidade são, na verdade, meras especificações para meios em relação aos quais o resultado desejado é a interoperabilidade. Entretanto, sem que se saiba o que efetivamente se pode cobrar dos controladores, fica difícil delimitar o alcance de tal direito. Sob essa premissa, as exigências a serem importas aos controladores para atender a pedidos dos titulares de dados devem ser razoáveis e pertinentes, havendo até discussões sobre o direito do controlador de se opor à portabilidade ou mesmo de cobrar pelo atendimento do direito sempre que o pedido envolver providências que se mostrem manifestamente excessivas ou desproporcionais." (FRAZÃO, Ana. Nova LGPD: direito à portabilidade. Disponível em: https://www.jota.info/opiniao-e-analise/colunas/constituicao-empresa-e-mercado/nova-lgpd-direito-a-portabilidade-07112018. Acesso em: 28.07.2020).

Dessa forma, é possível concluir que a real abrangência da eficácia do artigo 20 do RGPD varia proporcionalmente ao que for tecnicamente possível de ser exigido dos agentes de tratamento de dados. E aqui, mais uma vez, as digressões direcionadas ao Regulamento Geral europeu podem ser igualmente aplicadas à LGPD brasileira, mormente em razão da evidente atenção que nosso texto legal dispende à razoabilidade dos meios técnicos. Ademais, no caso brasileiro, há de se aguardar pela já mencionada regulamentação a ser implementada pela autoridade nacional, a partir do previsto no artigo 40 da LGPD, sobre os concernentes padrões de interoperabilidade.

Noutro sentido, ainda no contexto europeu, parte da doutrina estrangeira enxerga no direito à portabilidade quatro principais objetivos distintos. Entretanto, em razão da clara inspiração principiológica da LGPD brasileira em relação ao RGPD, as conclusões a seguir expostas também são aplicáveis ao direito à portabilidade no contexto pátrio.

É fato notório que a portabilidade permite aos titulares obter ou transmitir seus dados pessoais, do contrário, sem a possibilidade de exercer tal direito, haveria uma grande, senão intransponível, barreira à alteração do prestador de serviço original por um novo, gerando o aprisionamento dos usuários em razão dos altos custos de troca. Tal fenômeno de enclausuramento é conhecido como efeito *"lock-in"*[108], e um dos grandes objetivos da positivação do direito à portabilidade é minorar sua ocorrência.

Ademais, um segundo ponto de relevância acerca do direito à portabilidade está no objetivo de dotar os titulares de dados pessoais de instrumentos que lhes possibilitem um maior e mais efetivo controle sobre seus dados, concorrendo assim, para o exercício do direito à autodeterminação informativa, e por sua vez garantindo que o titular não se torne um mero objeto de transação, e sim que possa se beneficiar justamente desse reforço do controle e reutilização de seus dados pessoais[109].

Nesse seguimento, o próprio Grupo de Trabalho do artigo 29 para a Proteção dos Dados refere que: *"O novo direito a portabilidade dos dados visa dar mais poderes aos titulares dos dados em relação aos seus próprios dados pessoais, viabilizando a sua capacidade para transferir, copiar ou transmitir facilmente dados pessoais de um ambiente informático para outro"*[110].

Por conseguinte, o direito à portabilidade obriga os responsáveis pelo tratamento de dados a prestar um melhor e diferenciado serviço aos seus consumidores, uma vez que, ao ficar insatisfeito, o titular tem o direito de solicitar a transferência para um concorrente, o que acaba por balancear a relação entre os titulares dos dados e os prestadores de serviços que se beneficiam com o tratamento[111].

---

108. O artigo publicado por Markus Eurich, Michael Burtscher permite ao leitor o devido aprofundamento acerca do efeito *"lock in"* em relação aos consumidores dependes de um específico fornecedor de serviço (EURICH, Markus; BURTSCHER, Michael. *The Business-to-Consumer Lock-in Effect*. University of Cambridge, Cambridge, 2014).
109. FIDALGO, Vitor Palmela, op. cit., p. 99.
110. Grupo de trabalho do artigo 29º para a proteção de dados. *Orientações sobre o direito à portabilidade dos dados*. Dez. 2016. Disponível em: https://www.cnpd.pt/bin/rgpd/docs/wp242rev01_pt.pdf. Acesso em: 20.07.2020.
111. Este seria o terceiro grande objetivo do direito à portabilidade, conforme ensinamento de Vitor Fidalgo (FIDALGO, Vitor Palmela, op. cit., p. 99).

Assim, o direito à portabilidade acaba por promover uma nova espécie de economia digital, a qual acaba por fomentar diretamente a concorrência[112] entre os prestadores de serviços, assim como a criação de novos formatos de dados interoperáveis, em razão da emergente necessidade de acompanhar o livre trânsito de dados no mercado, pela maior possibilidade de escolhas à disposição dos consumidores[113].

Sob o ângulo das implicações concorrenciais da portabilidade, a professora Ana Frazão destaca que por meio de tal direito se possibilita o ingresso de novos fornecedores no mercado, além de estimular a competição entre fornecedores já existentes, "... *evitando que o acúmulo de dados por apenas um ou determinado players possa ser uma verdadeira barreira à entrada ou fator que comprometa a rivalidade com agentes menores.*"[114].

Outro ponto que merece destaque guarda relação com a necessidade de se estabelecer quais os dados pessoais estariam abrangidos pelo conceito "fornecidos pelo titular", previsto no texto do artigo 20 do RGPD. Nesse ponto, para fins interpretativos e hermenêuticos, levando-se em conta a origem dos dados, identificam-se três correntes distintas, as quais serão abaixo brevemente abordadas.

Inicialmente destaca-se uma interpretação mais restrita, por meio da qual somente poderiam ser objeto de portabilidade aqueles dados disponibilizados de forma ativa pelo seu titular.

Em um segundo momento, merece menção uma corrente interpretativa intermediária, por meio da qual poderiam ser portados também os dados disponibilizados de forma indireta pelo titular, ou seja, aqueles dados derivados da utilização e da interação do titular com determinado plataforma, e que foram obtidos pelo agente de tratamento por intermédio da simples observação de comportamentos do utilizador[115].

Por fim, há de se ressaltar a existência de uma corrente interpretativa ampla, a qual também permitiria a portabilidade dos dados pessoais produzidos pelo agente de tratamento por meio do tratamento analítico dos respectivos dados[116].

Fato é que, inobstante a existência de tais divergências doutrinário-interpretativas, a adoção de uma ou outra corrente tem implicação direta na extensão do direito à portabilidade. Entretanto, há de se ter em mente que adotar uma concepção demasiadamente ampla acerca dos dados a serem objeto de portabilidade pode vir a causar perniciosas consequências à concorrência no mercado digital, implicando até mesmo no decrésci-

---

112. Ademais, tal observação também pode ser extraída dos ensinamentos de Daniela Cravo em recente obra acerca do Direito à portabilidade (CRAVO, Daniela Copetti. *Direito à portabilidade de dados Interface entre defesa da concorrência, do consumidor e proteção de dados*. Rio de Janeiro: Lumen Juris, 2018).
113. Conforme ensina Daniela Cravo: "Trata-se da tutela do consumidor, manejada por meio do direito da concorrência, reforçando e dando aplicabilidade aos princípios da Ordem Econômica." (CRAVO, Daniela Copetti, 2019, p. 347).
114. FRAZÃO, Ana. Nova LGPD: direito à portabilidade. Disponível em: https://www.jota.info/opiniao-e-analise/colunas/constituicao-empresa-e-mercado/nova-lgpd-direito-a-portabilidade-07112018. Acesso em: 28.07.2020.
115. FIDALGO, Vitor Palmela, op. cit., p. 111.
116. Nesse particular faz-se necessário citar a cristalina explanação de Daniela Cravo acerca dos dados inferidos analiticamente e perfilamento: "Com o apoio de tecnologias específicas, é possível traçar o perfil de cada um desses cidadãos, que poderão ser utilizados de maneira extremamente útil pelos agentes econômicos. Trata-se da técnica de profiling, que é o processo de inferir um conjunto de características (geralmente behavioural ou comportamental) sobre um indivíduo ou uma entidade e, na sequência, tratar essa pessoa à luz do perfil traçado com essas características." (CRAVO, Daniela Copetti, 2018, p. 14).

mo de investimentos em inovação, em face da possibilidade de determinado agente de tratamento ficar obrigado a repassar todas as informações ao seu concorrente.

Por tal razão Vitor Fidalgo[117] leciona que a concepção ampla tem sido rejeitada no âmbito europeu, inclusive pelo já mencionado Grupo de Trabalho do Artigo 29, referindo que os dados pessoais fornecidos pelo titular deverão dizer respeito apenas àqueles fornecidos de forma ativa e consciente e os que resultem da observação dos dados fornecidos em resultado da utilização do serviço prestado.

Assim, conforme conclusão da Professora Ana Frazão, "o objeto do direito à portabilidade deveria abranger todos os dados que foram gerados de forma ativa e consciente pelo titular de dados, excluindo-se apenas aqueles que foram inferidos pelo controlador a partir dos seus instrumentos próprios, salvo nos casos de decisões automatizadas, que estão expressamente incluídas no objeto do direito à portabilidade por força do art. 20, 1, *b*, do GDPR."[118].

Nesse particular é de se rememorar que, diferente do RGPD europeu, a LGPD, brasileira não limita a portabilidade aos *"dados fornecidos pelo titular"*, mencionando apenas que o titular tem direito a obter do controlador a portabilidade *"em relação aos dados por ele tratados"*. Tal disposição, que leva ao entendimento pela adoção da suscitada corrente ampla[119], permite que sejam abarcados pela portabilidade, além dos dados disponibilizados de forma direta e indireta pelo titular, também os dados pessoais resultantes da análise e do tratamento analítico dos dados por parte do agente de tratamento, o que pode levar ao já explicitado desestímulo à inovação.

Por derradeiro, é de se apontar que o Grupo de Trabalho do artigo 29 estabelece que, na existência de um conflito com direitos de terceiros, direitos referentes a segredos comerciais ou direitos afetos à propriedade intelectual, não se pode obstar a transmissão de todas as informações ao sujeito titular dos dados, entretanto, a execução do direito à portabilidade não permite a esse titular o direito de usar, abusivamente, de tais informações, de forma que possa configurar violação aos suscitados direitos[120].

---

117. Nesse sentido: "Em suma, refere o Grupo de Trabalho do Artigo 29º que "os dados «fornecidos pelo» titular devem igualmente incluir os dados pessoais que sejam observados a partir das atividades dos utilizadores, tais como os dados brutos tratados por um contador inteligente ou por outros tipos de objetos conectados, os registos das atividades e os históricos da utilização de um sítio Web ou das pesquisas realizadas"." (FIDALGO, Vitor Palmela, op. cit., p. 112.).
118. FRAZÃO, Ana. Nova LGPD: ainda sobre o direito à portabilidade. Disponível em: https://www.jota.info/opiniao--e-analise/colunas/constituicao-empresa-e-mercado/nova-lgpd-ainda-sobre-o-direito-a-portabilidade-14112018. Acesso em: 28.07.2020.
119. Indispensável novamente colacionar a conclusão de Daniela Cravo, no seguinte sentido: "Ainda, enquanto o RGDP limitou a abrangência da portabilidade aos dados pessoais "fornecidos", o que representa significativa mudança do texto final com relação ao projeto inicial, a lei brasileira acabou abarcando no âmbito de proteção quaisquer "dados tratados", dando uma amplitude enorme à portabilidade, o que pode tornar esse direito muito oneroso e pouco factível na prática" (CRAVO, Daniela Copetti, 2019, p. 360).
120. É de se rememorar que o Considerando 68 do RGPD, estabelece que "... quando um determinado conjunto de dados pessoais disser respeito a mais de um titular, o direito de receber os dados pessoais não deverá prejudicar os direito e liberdades de outros titulares de dados nos termos do presente regulamento ...", junto a isso, deve ser também observado o Considerando 63, que aborda o direito ao acesso a dados pessoais, e que estipula que o mesmo "não deverá prejudicar os direitos ou as liberdades de terceiros, incluindo o segredo comercial ou a propriedade intelectual e, particularmente, o direito de autor que protege o software".

Feitos esses apontamentos, ainda que em linhas gerais, já se torna possível concluir que a LGPD define o direito à portabilidade mais sucintamente em relação às previsões do RGPD europeu, mormente em razão dos esclarecimentos elencados pelos já mencionados Considerandos do texto legal estrangeiro.

Reprise-se que, não obstante o fato de a LGPD não mencionar especificamente o direito do titular de receber os dados, nossa mais acertada doutrina defende que o mesmo alcance também pode ser dado à portabilidade no Brasil[121].

Outro ponto de necessária ênfase refere-se aos dados anonimizados. Nesse sentido, tanto a LGPD como o RGPD mantiveram fora do alcance do direito à portabilidade os dados anonimizados, mas em ambos os casos defende-se que nas hipóteses de dados pseudonimizados, ou sempre que for possível identificar o titular dos respectivos dados, esses devem ser objeto de portabilidade[122].

Noutro ensejo, necessário salientar um ponto de confluência entre as legislações brasileira e europeia, relativo ao direito ao apagamento dos dados. Nesse contexto ambos os textos legais deixam de relacionar a portabilidade com o necessário apagamento, o qual necessita ser expressamente requisitado pelo titular.

Como se viu, até o presente momento restam em aberto inúmeras questões relativas ao alcance e eficácia do direito à portabilidade positivado em nosso sistema jurídico por meio da LGPD, até mesmo em razão de que o texto legal aprovado mostrou-se perceptivelmente menos aprofundado do que aquele do RGPD europeu, no qual fora inspirado.

Por conseguinte, a partir da exposição realizada, não obstante seja indubitável a importância do direito à portabilidade de dados pessoais, o eficaz exercício de tal direito guarda estreita relação com uma série de discussões de cunho técnico e jurídico, motivo pelo qual é de suma importância manter o paralelo comparativo entre a LGPD brasileira e o RGPD europeu, buscando sopesar até que ponto a suscitada experiência jurídica estrangeira pode ser utilizada como paradigma interpretativo para a legislação brasileira quanto ao direito à portabilidade.

Contudo, assim como concluído quando abordado o tema acerca dos direitos de explicação e de oposição frente às decisões totalmente automatizadas, mesmo diante das dificuldades interpretativas expostas, não há dúvidas de que a positivação do direito à portabilidade de dados pessoais em nosso sistema jurídico tem a capacidade de prover aos titulares mais ferramentas na busca de um maior e mais efetivo controle sobre seus

---

121. Importante complementar que "... o direito à portabilidade, como um consectário da proteção de dados que é direcionada a pessoas físicas, pode ser resumido por meio de três diferentes componentes, como apresentam Paul Hert: (i) o direito de receber os dados pessoais que foram fornecidos pelo titular desses; (ii) o direito de transmissão desses dados a outro controlador, sem quaisquer obstáculos; e (iii) o direito de ter os dados transmitidos diretamente de um controlador a outro. Esse direito, deve-se afirmar, é titularizado pela pessoa física." (CRAVO, Daniela Copetti, 2018, p. 129).
122. Nesse sentido: "No caso brasileiro, uma delas é expressa no § 7º do art. 18, segundo o qual "A portabilidade dos dados pessoais a que se refere o inciso V do caput deste artigo não inclui dados que já tenham sido anonimizados pelo controlador." Daí por que, em princípio, não se afastaria o direito diante de dados pseudonimizados, ainda que isso possa gerar algumas dificuldades operacionais" (FRAZÃO, Ana. Nova LGPD: considerações finais sobre o direito à portabilidade. Disponível em: https://www.jota.info/paywall?redirect_to=//www.jota.info/opiniao-e--analise/colunas/constituicao-empresa-e-m ercado/nova-lgpd-consideracoes-finais-sobre-o-direito-a-portabilidade-21112018. Acesso em: 28.07.2020).

dados pessoais, contribuindo para o exercício da autodeterminação informativa, bem como dos direitos dos consumidores, por meio do estímulo à concorrência.

4. CONCLUSÕES

Destarte, conforme diretriz estabelecida no início deste estudo, tivemos a oportunidade de realizar uma análise sistemática dos direitos dos titulares de dados pessoais, com base na Lei Geral de Proteção de Dados brasileira, e tomando como paradigma comparativo o regramento constante do Regulamento Geral de Proteção de Dados europeu.

Em um primeiro momento, foram expostas algumas linhas acerca dos direitos dos titulares previstos a partir da interpretação dos artigos 1º, 2º, 6º e 7º ao 16º da LGPD, oportunidade na qual fora possível verificar que nossa Lei Geral de Proteção de Dados complementa e reforça a disciplina dos direitos fundamentais dos cidadãos, os direitos dos consumidores, bem como os direitos humanos e à cidadania dos titulares de dados pessoais, de forma que possibilita a necessária harmonização legal de nosso sistema jurídico.

Noutro ensejo, procedeu-se na análise sistemática dos direitos dos titulares previstos no capítulo III de nossa Lei Geral de Proteção de Dados, ocasião na qual se constatou que o nosso legislador, a exemplo da experiência europeia, dotou os titulares de dados pessoais de uma série de ferramentas que lhes possibilita um maior controle sobre o uso de seus dados pessoais.

Nesse contexto, buscou-se aprofundar o estudo dos direitos de explicação e de oposição frente às decisões totalmente automatizadas, assim como do direito à portabilidade de dados pessoais a outro fornecedor de serviço ou produto, com o objetivo de evidenciar suas especiais características de complementar a eficácia dos demais direitos dos titulares previstos na LGPD, incrementando o controle dos titulares sobre os dados pessoais que lhes dizem respeito.

Constatou-se, assim, que o eficaz exercício de tais direitos guarda estreita relação com uma série de discussões de cunho técnico e jurídico, motivo pelo qual é de suma importância manter o paralelo comparativo entre a LGPD brasileira e o RGPD europeu, buscando sopesar até que ponto a suscitada experiência jurídica estrangeira pode ser utilizada como paradigma solucionar as questões afetas à legislação brasileira.

Contudo, reitera-se que mesmo diante das apontadas dificuldades, certo é que a expressa positivação do bloco de direitos dos titulares de dados pessoais ora analisada é essencial ao eficaz exercício dos direitos fundamentais ao livre desenvolvimento da personalidade e à dignidade da pessoa humana, além de reforçar o respeito à autodeterminação informativa dos titulares e seus concernentes direitos enquanto consumidores, resultando também em estímulo à concorrência de mercado.

5. REFERÊNCIAS

BECKER, Daniel; RODRIGUES, Roberta de Brito. *Direitos do Titular*. In: FEIGELSON, Bruno; SIQUEIRA, Antonio Henrique Albani (Coord.). Comentários à Lei Geral De Proteção De Dados – Lei 13.709/2018. São Paulo: Thomson Reuters Brasil, 2019.

BERGSTEIN, Laís. Direito à portabilidade na lei geral de proteção de dados. *Revista dos Tribunais*, São Paulo, v. 1003, p. 433 – 439, maio 2019.

BIONI, Bruno Ricardo. *Proteção de dados pessoais: a função e os limites do consentimento*. Rio de Janeiro: Forense, 2019.

BIONI, Bruno Ricardo; OLIVEIRA GOMES, Maria Cecília; MONTEIRO, Renato Leite. *GDPR matchup: Brazil's General Data Protection Law*. Disponível em: https://iapp.org/news/a/gdpr-matchup-brazil-s-general-data-protection-law/. Acesso em: 24.07.2020.

BIONI, Bruno Ricardo; MENDES, Laura Schertel. Regulamento Europeu de proteção de dados pessoais e a Lei Geral De Proteção De Dados brasileira: mapeando convergências na direção de um nível de equivalência. *Revista de Direito do Consumidor*, São Paulo, v. 120, p. 157-180, jul./ago. 2019.

BIONI, Bruno Ricardo. *Xeque-mate*: o tripé da proteção de dados pessoais no jogo de xadrez das iniciativas legislativas no Brasil. São Paulo: GPoPAI/USP, 2015.

BUCAR, Daniel. *Controle temporal de dados: o direito ao esquecimento*. Civilistica.com, ano 2, n. 3, 2013. Disponível em: http://civilistica.com/wp-content/uploads/2013/10/Direito-aoesquecimento-civilistica.com-a.2.n.3.2012.pdf. Acesso em: 24.07.2020.

COTS, Márcio; OLIVEIRA, Ricardo. *Lei Geral de Proteção de Dados Pessoais comentada*. 2. ed. São Paulo: Thomson Reuters Brasil, 2019.

CRAVO, Daniela Copetti. *Direito à portabilidade de dados* Interface entre defesa da concorrência, do consumidor e proteção de dados. Rio de Janeiro: Lumen Juris, 2018.

CRAVO, Daniela Copetti. O direito à portabilidade na lei de proteção de dados. In: FRAZÃO, Ana; TEPEDINO, Gustavo; OLIVA, Milena Donato (Coord.). *Lei geral de proteção de dados pessoais e suas repercussões no Direito Brasileiro*. São Paulo: Thomson Reuters Brasil, 2019.

CUNHA, Juliana Falci Sousa Rocha. Direito à proteção de dados pessoais: a recente evolução legislativa brasileira. *Revista de Propriedade Intelectual – Direito Constitucional e Contemporâneo*. Aracajú, v. 13, p. 115-145, Jul. 2019.

CUNTO, Raphael de; GALIMBERTI, Larissa; LEONARDI, Marcel. Direitos dos titulares de dados pessoais. In: BRANCHER, Paulo Marcos Rodrigues; BEPPU, Ana Claudia (Coord.). *Proteção de dados pessoais no Brasil*: uma nova visão a partir da Lei 13.709/2018. Belo Horizonte: Fórum, 2019.

DONEDA, Danilo. *Da privacidade à proteção de dados*. Rio de Janeiro: Editora Renovar, 2005.

DONEDA, Danilo; MENDES, Laura Schertel. Comentário à nova Lei de Proteção de Dados (lei 13.709/2018): o novo paradigma da proteção de dados no Brasil. *Revista de Direito do Consumidor*, São Paulo, v. 120, p. 555-587, nov./dez. 2018.

DONEDA, Danilo.; MENDES, Laura Schertel. Reflexões iniciais sobre a nova Lei Geral de Proteção de Dados. *Revista de Direito do Consumidor*, São Paulo, v. 120, p. 469-483, nov./dez. 2018.

DZHAIN, Nikita. *Impact of switching costs and network effects on adoption of mobile plataforms*. Dissertação (Mestrado em Sistemas da Informação). Aalto University School of Business, Helsinque, Finlândia, 2014.

ENGELS, Barbara. Data portability among online plataforms. *Internet Policy Review*, 5 (2), 2016.

EURICH, Markus; BURTSCHER, Michael. The Business-to-Consumer Lock-in Effect. *University of Cambridge*, Cambridge, 2014.

FERRARI, Isabela; BECKER, Daniel. O direito à explicação sobre decisões automatizadas: Uma análise comparativa entre União Europeia e Brasil. *Revista de Direito e as Novas Tecnologias*, São Paulo, v. 1, out./dez. 2018.

FERRARI, Isabela; BECKER, Danie; WOLKART, Erik Navarro. Arbitrium ex machina: panorama, risco e a necessidade de regulação das decisões formadas por algoritmos. *Revista dos Tribunais*, São Paulo, v. 995, p. 635-655, set./2018.

FIDALGO, Vitor Palmela. O direito a portabilidade de dados pessoais. *Revista de Direito e Técnologia*, Lisboa, v.1, p. 89-135, 2019.

FRAZÃO, Ana. *Capitalismo de vigilância e black box society*. Disponível em: https://www.jota.info/opiniao-e-analise/colunas/constituicao-empresa-e-mercado/capitalismo-de-vigilancia-e-black-box-society-28022019. Acesso em: 26.07.2020.

FRAZÃO, Ana. *Controvérsias sobre direito à explicação e à oposição diante de decisões automatizadas*. Disponível em: https://www.jota.info/opiniao-e-analise/colunas/constituicao-empresa-e-mercado/controversias-sobre-direito-a-explicacao-e-a-oposicao-diante-de-decisoes-automatizadas-12122018. Acesso em: 24.07.2020.

FRAZÃO, Ana. *Nova LGPD*: ainda sobre o direito à portabilidade. Disponível em: https://www.jota.info/opiniao-e-analise/colunas/constituicao-empresa-e-mercado/nova-lgpd-ainda-sobre-o-direito-a-portabilidade-14112018. Acesso em: 28.07.2020.

FRAZÃO, Ana. *Nova LGPD*: demais direitos previstos no art. 18. Disponível em: https://www.jota.info/opiniao-e-analise/colunas/constituicao-empresa-e-mercado/nova-lgpd-demais-direitos-previstos-no-art-18-28112018. Acesso em: 24.07.2020.

FRAZÃO, Ana. *Nova LGPD*: considerações finais sobre o direito à portabilidade. Disponível em: https://www.jota.info/paywall?redirect_to=//www.jota.info/opiniao-e-analise/colunas/constituicao-empresa-e-mercado/nova-lgpd-consideracoes-finais-sobre-o-direito-a-portabilidade-21112018. Acesso em: 28.07.2020.

FRAZÃO, Ana. *Nova LGPD*: direito à portabilidade. Disponível em: https://www.jota.info/opiniao-e-analise/colunas/constituicao-empresa-e-mercado/nova-lgpd-direito-a-portabilidade-07112018. Acesso em: 28.07.2020.

FRAZÃO, Ana. *Nova LGPD*: direito de anonimização, bloqueio ou eliminação de dados. Disponível em: https://www.jota.info/opiniao-e-analise/colunas/constituicao-empresa-e-mercado/nova-lgpd-direito-de-anonimizacao-bloqueio-ou-eliminacao-de-dados-31102018. Acesso em: 24.07.2020.

FRAZÃO, Ana. *Nova LGPD*: direitos dos titulares de dados pessoais. Disponível em: www.jota.info/opiniao-e-analise/colunas/constituicao-empresa-e-mercado/nova-lgpd-direitos-dostitulares-de-dados-pessoais-24102018/. Acesso em: 23.07.2020.

FRAZÃO, Ana. *Nova LGPD*: os direitos dos titulares de dados pessoais. Disponível em: www.jota.info/opiniao-e-analise/colunas/constituicao-empresa-e-mercado/nova-lgpd-os-direitosdos-titulares-de-dados-pessoais-17102018/. Acesso em: 23.07.2020.

FRAZÃO, Ana. *O direito à explicação e à oposição diante de decisões totalmente automatizadas*. Disponível em: https://www.jota.info/opiniao-e-analise/colunas/constituicao-empresa-e-mercado/o-direito-a-explicacao-e-a-oposicao-diante-de-decisoes-totalmente-automatizadas-05122018. Acesso em: 25.07.2020.

GOMES, Helton Simões. *Como as robôs Alice, Sofia e Monica ajudam o TCU a caçar irregularidades em licitações*. G1, 18 de março de 2018. Disponível em: https://g1.globo.com/economia/tecnologia/noticia/como-as-robos-alice-sofia-e-monica-ajudam-o-tcu-a-cacar-irregularidades-em-licitacoes.ghtml. Acesso em: 24.07.2020.

GRUPO DE TRABALHO DO ARTIGO 29º PARA A PROTEÇÃO DE DADOS. *Orientações sobre as decisões individuais automatizadas e a definição de perfis para efeitos do Regulamento (UE) 2016/679*. Out. 2017. Disponível em: https://www.cnpd.pt/bin/rgpd/docs/wp251rev01_pt.pdf. Acesso em: 20.07.2020.

GRUPO DE TRABALHO DO ARTIGO 29º PARA A PROTEÇÃO DE DADOS. *Orientações sobre o direito à portabilidade dos dados*. Dez. 2016. Disponível em: https://www.cnpd.pt/bin/rgpd/docs/wp242rev01_pt.pdf. Acesso em: 20.07.2020.

JANAL, Ruth. *Data Portability*: a tale of two concepts. 8/1 JIPITEC, p. 59-69, 2017.

KUPCIK, Jan. *Why real big data may not matter that much and why data portability is crucial*. Disponível em: https://ec.europa.eu/competition/information/digitisation_2018/contributions/jan_kupcik.pdf. Acesso em: 05.07.2020.

MACHADO, Diego; DONEDA, Danilo. Proteção de dados pessoais e criptografia: tecnologias criptográficas entre anonimização e pseudonimização de dados. Revista dos Tribunais. São Paulo, v. 998. *Caderno Especial*. p. 99-128, Dez. 2018.

MAIA, Roberta Mauro Medina. A titularidade de dados pessoais prevista no art. 17 da LGPD: direito real ou pessoal? In: FRAZÃO, Ana; TEPEDINO, Gustavo; OLIVA, Milena Donato (Coord.). *Lei Geral de Proteção de Dados Pessoais e suas repercussões no direito brasileiro*. São Paulo: Thomson Reuters Brasil, 2019.

MENDES, Laura Schertel. *Privacidade, proteção de dados e defesa do consumidor*: linhas gerais de um novo direito fundamental. São Paulo: Saraiva, 2014.

MENDES, Laura Schertel. O direito básico do consumidor à proteção de dados pessoais. *Revista de Direito do Consumidor*, São Paulo, v. 95, p. 53-75, Set./Out. 2014.

MIRAGEM, Bruno Nubens. A Lei Geral de Proteção de Dados (Lei 13.709/2018) e o direito do consumidor. *Revista dos Tribunais*, São Paulo, v. 1009, p. 173-222, nov./2019.

MONTEIRO FILHO, Carlos Edison do Rego; CASTRO, Diana Paiva de. Potencialidades do direito de acesso na nova Lei Geral de Proteção de Dados (Lei 13.709/2018). In: FRAZÃO, Ana; TEPEDINO, Gustavo; OLIVA, Milena Donato (Coord.). *Lei Geral de Proteção de Dados Pessoais e suas repercussões no direito brasileiro*. São Paulo: Thomson Reuters Brasil, 2019.

MONTEIRO, Renato Leite. *Existe um direito à explicação na Lei Geral de Proteção de Dados Pessoais?* Instituto Igarapé, Artigo Estratégico 39, Dezembro de 2018. Disponível em: https://igarape.org.br/wp-content/uploads/2018/12/Existe-um-direito-a-explicacao-na-Lei-Geral-de-Protecao-de-Dados--no-Brasil.pdf. Acesso em: 24.07.2020.

MULHOLLAND, Caitlin Sampaio. Dados pessoais sensíveis e a tutela de direitos fundamentais: uma análise à luz da lei geral de proteção de dados (LEI 13.709/18). *Revista de Direitos e Garantias Fundamentais*, Vitória, v. 19, p. 159-180, set./dez. 2018.

PASQUALE, Frank. *The black box society. The secret algorithms that control money and information*. Cambridge: Harvard University Press, 2015.

PINHEIRO, Patrícia Peck Garrido. Nova lei brasileira de proteção de dados pessoais (LGPD) e o impacto nas instituições públicas e privadas. *Revista dos Tribunais*, São Paulo, v. 1000, p. 309-323, fev. 2019.

RODOTÀ, Stefano. *A vida na sociedade de vigilância*: privacidade hoje, Rio de Janeiro: Renovar, 2008.

RODRIGUES, Yuri Gonçalves dos Santos; FERREIRA, Keila Pacheco. A privacidade no ambiente virtual: avanços e insuficiências da Lei Geral De Proteção de Dados no Brasil (LEI 13.709/18). *Revista de Direito do Consumidor*, São Paulo, v. 122, p. 181-202, mar./abr. 2019.

SCHREIBER, Anderson. Direito ao Esquecimento e Proteção de Dados Pessoais na Lei 13.709/2018: distinções e potenciais convergências. In: FRAZÃO, Ana; TEPEDINO, Gustavo; OLIVA, Milena Donato (Coord.). *Lei geral de proteção de dados pessoais e suas repercussões no Direito Brasileiro*. São Paulo: Thomson Reuters Brasil, 2019.

SERAPIÃO, Fábio. Dra. Luiza. *Folha de São Paulo*. 18 maio 2018. Disponível em: https://politica.estadao.com.br/blogs/fausto-macedo/dra-luzia/. Acesso em: 24.07.2020.

SILVA, Paula Jaeger da. Direito ao Esquecimento: Aumento da Problemática com o Advento da Internet. *Revista Jurídica*, Porto Alegre, v.67, p.51-76, set. 2018.

SOUZA, Eduardo Nunes de; SILVA, Rodrigo da Guia. Tutela da pessoa humana na lei geral de proteção de dados pessoais: entre a atribuição de direitos e a enunciação de remédios. *Pensar – Revista de Ciências Jurídicas*, Fortaleza, v. 24, p. 1-22, jul./set. 2019.

SUPREMO TRIBUNAL FEDERAL. *Projeto VICTOR do STF é apresentado em congresso internacional sobre tecnologia*. Disponível em: http://www.stf.jus.br/portal/cms/verNoticiaDetalhe.asp?idConteudo=390818&tip=UN. Acesso em: 24.07.2020.

THALER, Richard H. *Comportamento inadequado*. A construção da economia comportamental. Coimbra: Conjuntura Actual Editora, 2015.

TONETTO, Leandro Miletto; KALIL, Lisiane Lindenmeyer; MELO, Wilson Vieira; SCHNEIDER, Daniela Di Giorgio; STEIN, Lilian Milnitsky. *O papel das heurísticas no julgamento e na tomada de decisão sob incerteza*. Disponível em: https://www.researchgate.net/publication/250050966_O_papel_das_heuristicas_no_julgamento_e_na_tomada_de_decisao_sob_incerteza. Acesso em: 25.07.2020.

VERONESE, Alexandre. Os direitos de explicação e de oposição frente às decisões totalmente automatizadas: comparando o RGPD da União Europeia com a LGPD brasileira. In: FRAZÃO, Ana; TEPEDINO, Gustavo; OLIVA, Milena Donato (Coord.). *Lei Geral de Proteção de Dados Pessoais e suas repercussões no direito brasileiro*. São Paulo: Thomson Reuters Brasil, 2019.

YOSIFON, David. Consumer lock-in and the theory of the firm. *Seatle University Law Review*, v. 35:1429, p. 1452, 2012.

ZANFIR, Gabriela. The right to data portability in the context of the EU data protection reform. *International Data Privacy Law*, 2012.

ZEITER, Anna. *The New General Data Protection Regulation of the EU and its Impact on IT Companies in the U.S.* Disponível em: https://law.stanford.edu/publications/no-20-the-new-general-data-protection-regulation-of-the-eu-and-its-impact-on-it-companies-in-the-u-s/. Acesso em: 24.07.2020.

DIREITO À PORTABILIDADE DE DADOS PESSOAIS E A SUA RELAÇÃO COM A PROTEÇÃO DO CONSUMIDOR E DA CONCORRÊNCIA PELA PERSPECTIVA DA *BEHAVIORAL LAW AND ECONOMICS*[1]

Daniela Seadi Kessler

Mestranda em Direito na Universidade Federal do Rio Grande do Sul (UFRGS). Pós-graduada (L.L.M) em Direito dos Negócios pela Universidade do Vale do Rio dos Sinos (UNISINOS). Graduada em Direito pela Pontifícia Universidade Católica do Rio Grande do Sul (PUCRS), com intercâmbio acadêmico na Universidade Autónoma de Madrid (UAM). Professora convidada para ministrar aulas para Graduação e Pós-graduação em Universidades nacionais. Palestrante em Congressos nacionais e internacionais. Advogada.

Sumário: 1. Introdução. 2. Direito à portabilidade: uma análise comparada do RGPD e da LGPD. 2.1 O direito à portabilidade de dados pessoais no Regulamento Geral de Proteção de Dados europeu. 2.2 A portabilidade na Lei Geral de Proteção de Dados em comparação com o RGPD. 3. A relação entre portabilidade, direito do consumidor e concorrência: uma abordagem econômico-comportamental. 3.1 Fundamentos da *Behavioral law and economics*. 3.2 Análise econômico-comportamental aplicada aos custos de troca (*switching costs*). 4. Considerações finais. 5. Referências.

1. INTRODUÇÃO

O direito de portar os dados surge em um contexto no qual o avanço tecnológico tornou possível a coleta e uso massivo dos dados pessoais, de forma que os tradicionais mecanismos de acesso, retificação, cancelamento e oposição não são mais suficientes para proteger os titulares dos dados, fazendo-se necessário o desenvolvimento de ferramentas de reforço do controle dos indivíduos sobre os seus próprios dados[2].

O direito à portabilidade, dessa forma, tem como finalidade a incrementação do controle dos dados pessoais pelo seu titular[3], atribuindo-lhe o poder de escolher a quem

---

1. O presente artigo trata-se da primeira versão dos artigos que vieram a compor a obra "Direito á Portabilidade na Lei Geral de Proteção de Dados", 2020, da Editora Foco, escrita em conjunto com Rafael de Freitas Valle Dresch e Daniela Copetti Cravo.
2. FERNÁNDEZ-SAMANIEGO, Javier; FERNÁNDEZ-LONGORIA, Paula. El derecho de la portabilidade de los datos. In: MANÁS, Jose Luis Piñas (Dir.). CARO, Maria Alvarez; GAYO, Miguel Recio (Coord.). *Reglamento General de Protección de datos*: hacia un nuevo modelo europeo de privacidad. Madrid: Réus, 2016, p. 257-274.
3. FIDALGO, Vitor Palmela. O direito à portabilidade de dados pessoais. *Revista de Direito e Tecnologia*, v. 1, n. 1., 2019, p. 89-135.

confiar suas informações, de mudar de ideia a qualquer tempo e, assim, de facilmente mover os seus dados para outro prestador de seu interesse.[4]

Todavia, considerando a novidade desse direito tanto no Regulamento Geral de Proteção de Dados europeu – RGPD –, como na Lei Geral de Proteção de Dados brasileira – LGPD –, verifica-se uma carência de maiores esclarecimentos acerca do seu conteúdo, abrangência e delimitações, para que possa ser corretamente aproveitado pelos seus titulares, bem como para que seja adequadamente executado e respeitado pelos responsáveis pelo tratamento de dados pessoais.

Busca-se, então, com o presente artigo, em um primeiro momento, realizar-se uma análise do direito à portabilidade no âmbito do RGPD – Regulamento Geral de Proteção de Dados –, uma vez que naquele regulamento encontra seu alvor, para então proceder-se a uma análise comparada e pormenorizada da Lei Geral de Proteção de Dados brasileira. Em um segundo momento, objetiva-se, por meio de uma abordagem econômico-comportamental, verificar a relação do direito à portabilidade com a proteção do consumidor e da concorrência no mercado digital.

2. DIREITO À PORTABILIDADE: UMA ANÁLISE COMPARADA DO RGPD E DA LGPD

O direito à portabilidade dos dados foi uma das grandes novidades tanto no Regulamento Geral de Proteção de Dados europeu, como na Lei Geral de Proteção de Dados brasileira, amplamente inspirada na lei europeia. Todavia, apesar da evidente influência do direito comunitário europeu, a LGPD é muito mais sucinta que o RGPD, que apresenta extensos *Considerandos* (173 no total) que dão importantes pistas interpretativas para aquela legislação. Assim, muitas das perspectivas relativas ao direito à portabilidade no Brasil vão depender de interpretação jurídica e regulatória e da sua interação com outras áreas do direito.

Por tais razões, e mormente por trata-se de uma ferramenta fundamental e indispensável posta à disposição dos titulares dos dados para incrementar o controle dos mesmos sobre seus dados, é que se torna de suma importância a realização de uma análise pormenorizadas desse direito, especialmente onde as discussões encontram-se já mais avançadas – no âmbito europeu –, para que possa ser corretamente aproveitado pelos titulares dos dados no âmbito pátrio, bem como para que seja adequadamente executado e respeitado pelos responsáveis pelo tratamento de dados pessoais.

2.1 O direito à portabilidade de dados pessoais no Regulamento Geral de Proteção de Dados europeu

O direito à portabilidade dos dados foi uma das grandes novidades do Regulamento Geral de Proteção de Dados da União Europeia, antes não previsto na Diretiva Europeia

---

4. BUTTARELLI, Giovanni. *One giant leap for digital rights*. 2016. Disponível em: https://edps.europa.eu/press-publications/press-news/blog/one-giant-leap-digital-rights_en. Acesso em: 10.12.2019.

95/46/CE[5] que restou suplantada pelo novo regulamento. Esse novo direito autônomo do titular dos dados restou positivado no art. 20º do diploma legal europeu vigente sobre proteção de dados, acompanhado do extenso Considerando 68, do qual se extrai sua motivação, que visa reforçar ainda mais o controle dos titulares sobre os seus dados pessoais.[6]

Todavia, assim como no Brasil[7], a *portabilidade* como possibilidade de transferência de dados de um serviço a outro não era uma novidade na união europeia, já que em ambos contextos era permitida a portabilidade do número de telefone para outra operadora de serviço de telefonia, sem que fosse necessária a alteração dos dígitos telefônicos.[8] Contudo, como bem descrevia o Considerando 40[9], da Diretiva 2002/22/CE do Parlamento Europeu e do Conselho, respeitante ao serviço universal e aos direitos dos utilizadores em matéria de redes e serviços de comunicação eletrônica, a *portabilidade* inserta no âmbito dos serviços de telefonia destinava-se à facilitação da concorrência e da escolha dos consumidores, e não ao empoderamento dos indivíduos na tutela de seus dados pessoais, como ocorre no direito à portabilidade previsto no RGPD.[10]

A teleologia subjacente ao direito à portabilidade previsto no RGPD está centralizada no indivíduo, tendo como principal objetivo a atribuição ao titular dos dados pessoais de um mecanismo de maior controle sobre os seus próprios dados.[11] Trata-se de uma ferramenta posta à disposição dos titulares dos dados para incrementar o controle dos mesmos sobre seus dados de uma *forma ativa*, concorrendo, dessa forma, para o exercício

---

5. Conforme Javier Fernández-Samaniego e Paula Fernández-Longoria: "Es cierto que el marco legal impuesto por la Directiva 95/46/CE ya preveía la necesidad de que los responsables del tratamiento pusieran a disposición de los interesados, a solicitud de éstos, una relación de los datos personales que tratan (el ya conocido derecho de acceso) y que algunas legislaciones nacionales (como la española) fueron más allá del mandato general de la Directiva y desarrollaron el derecho de acceso determinando los formatos en que la información debía entregarse al interesado (aunque la libertad de elección queda supeditada finalmente a la configuración o implantación material del fichero o de la naturaleza del tratamiento). Ahora bien, en esas disposiciones no se concretaba – como ahora hace el Reglamento – el derecho para el interesado (y obligación para el responsable) de entregar los datos tanto al interesado como a un tercer responsable en formatos estructurados, de uso común y lectura mecánica e interoperable." (El derecho de la portabilidad de los datos. In: MANÃS, Jose Luis Piñas (Dir.); CARO, Maria Alvarez; GAYO, Miguel Recio (Coord.). *Reglamento general de protección de datos*: hacia un nuevo modelo europeo de privacidad. Madrid: Reus, 2016, p. 257-274).
6. FERNÁNDEZ-SAMANIEGO, Javier; FERNÁNDEZ-LONGORIA, Paula. El derecho de la portabilidad de los datos. In: MANÃS, Jose Luis Piñas (Dir.). CARO, Maria Alvarez; GAYO, Miguel Recio (Coord.). *Reglamento general de protección de datos*: hacia un nuevo modelo europeo de privacidad. Madrid: Reus, 2016, p. 257-274, p. 261.
7. BIONI, Bruno Ricardo. *Xeque-mate*: o tripé da proteção de dados pessoais no jogo de xadrez das iniciativas legislativas no Brasil. São Paulo: GPoPAI/ USP, 2015.
8. FIDALGO, Vitor Palmela. O direito à portabilidade de dados pessoais. *Revista de Direito e Tecnologia*, v. 1, n. 1., 2019, p. 89-135.
9. "(40) A portabilidade dos números é um factor essencial para facilitar a escolha dos consumidores e a concorrência efectiva num ambiente de telecomunicações concorrencial, de modo que os utilizadores que o solicitem possam manter o(s) seu(s) número(s) na rede telefónica pública, independentemente da organização que oferece o serviço. A oferta deste recurso entre ligações à rede telefónica pública em locais fixos e não fixos não é abrangida pela presente directiva. No entanto, os Estados-Membros podem aplicar disposições destinadas a assegurar a portabilidade dos números entre redes que fornecem serviços fixos e redes móveis." Disponível em: https://eur-lex.europa.eu/legal-content/PT/TXT/PDF/?uri=CELEX:32002L0022&from=EN. Acesso em: 09.12.2019.
10. FIDALGO, Vitor Palmela. O direito à portabilidade de dados pessoais. *Revista de Direito e Tecnologia*, v. 1, n. 1., 2019, p. 89-135.
11. DUARTE, Diogo Pereira; GUSEINOV, Alexandra. O direito de portabilidade de dados pessoais. In: CORDEIRO, Antônio Menezes; OLIVEIRA, Ana Perestrelo; DUARTE, Diogo Pereira Duarte (Coord.). *FinTechII*: Novos estudos sobre tecnologia financeira. Coimbra: Almedina, 2019, p. 105-127.

da *autodeterminação informativa*, ou seja, o controle das informações que lhes digam respeito, evitando que os dados se tornem um mero objeto de transação. Além disso, essa nova ferramenta visa permitir que seus titulares também possam se beneficiar da nova economia movida a dados.[12]

O direito à portabilidade, como instrumento para garantir o controle dos dados pelos titulares e a efetividade do *direito fundamental a proteção de dados pessoais* – considerado pela Comissão Europeia como parte desse direito fundamental previsto no art. 8º, da Carta de Direitos Fundamentais da UE[13]-[14] constitui um direito irrenunciável, não sujeito a caducidade. A sua derrogação convencional não será possível, nem mesmo parcialmente. Ao contrário disso, o conteúdo desse direito poderá ser aumentado, aplicando-se a dados pessoais semiautomatizados. O titular que solicita a portabilidade não terá que apresentar uma justificação, sendo os requisitos para o direito à portabilidade de índole objetiva.[15]

Dentro dessa perspectiva, os *objetivos* principais concernentes à implementação do direito à portabilidade no âmbito da UE seriam os seguintes: 1) Minoração do efeito *lock in*[16]; 2) Reforço do controle e reutilização de dados pessoais por parte dos seus titulares; 3) Equilíbrio da relação entre os titulares dos dados pessoais e as entidades que se beneficiam com o tratamento dos mesmos; 4) Promoção da concorrência no mercado digital.[17]

O efeito *lock-in* ocorre quando a alteração de um prestador de serviço a outro se torna excessivamente onerosa, em virtude dos altos custos de troca (*switching costs*), gerando o aprisionamento do titular dos dados ao prestador original, e possibilitando, inclusive, a prática de atos abusivos por esse prestador. Nesse contexto, o direito à portabilidade tem um impacto significativo para fins de evitar os efeitos "lock-in" e os "switching costs" (custos de troca) para os consumidores.[18]

O objetivo de reforço do controle e reutilização dos dados pelos titulares denota-se da expressa referência feita pelo Grupo de Trabalho do Art. 29 para a Proteção dos Dados, que estabelece o seguinte: "*O novo direito à portabilidade dos dados visa dar mais poderes aos titulares dos dados em relação aos seus próprios dados pessoais, dado que viabiliza a sua*

---

12. FIDALGO, Vitor Palmela. O direito à portabilidade de dados pessoais. *Revista de Direito e Tecnologia*, v. 1, n. 1., 2019, p. 89-135.
13. Carta de Direitos Fundamentais da União Europeia. (2012/C 326/02). Disponível em: https://eur-lex.europa.eu/legal-content/PT/TXT/PDF/?uri=CELEX:12012P/TXT&from=EN. Acesso em: 19.12.2019.
14. GRAEF, Inge, HUSOVEC, Martin Husovec, PURTOVA, Nadezhda. Data portability and data control: lessons for an emerging concept in eu law. *German Law Journal 2018*, v. 19 n. 6, 2017, p. 1359-1398.
15. FIDALGO, Vitor Palmela. O direito à portabilidade de dados pessoais. *Revista de Direito e Tecnologia*, v. 1, n. 1., 2019, p. 89-135.
16. Eurich e Burtscher esclarecem que "The *lock-in effect* refers to a situation in which consumers are dependent on a single manufacturer or supplier for a specific service, and cannot move to another vendor without substantial costs or inconvenience" (*The Business-to-Consumer Lock-in Effect*. Cambridge Service Alliance 2014, University of Cambridge, 2014. Disponível em: https://cambridgeservicealliance.eng.cam.ac.uk/resources/Downloads/Monthly%20Papers/2014AugustPaperBusinesstoConsumerLockinEffect.pdf. Acesso em: 15.12.2019).
17. FIDALGO, Vitor Palmela. O direito à portabilidade de dados pessoais. *Revista de Direito e Tecnologia*, v. 1, n. 1., 2019, p. 89-135.
18. VANBERG, Aysem Diker; ÜNVER, Mehmet Bilal. The right to data portability in the GDPR and EU competition law: odd couple or dynamic duo? *European Journal of Law and Technology*, v. 8, n. 1, 2017.

capacidade para transferir, copiar ou transmitir facilmente dados pessoais de um ambiente informático para outro".[19]

No que diz respeito ao objetivo de equilibrar as relações, considerando a importância dos dados no mercado digital, torna-se necessária a criação de *confiança digital* por parte dos seus titulares, ou seja, dotar os titulares de ferramentas que lhes permitam um controle mais efetivo dos dados, de forma que também se beneficiem dessa economia. Além disso, a previsão do direito à portabilidade dos dados acaba resultando em um esforço por parte do responsável pelo tratamento em prestar um melhor serviço, sob pena de o titular solicitar a transferência para um concorrente e eventualmente ainda pedir o apagamento dos dados.[20]

Por fim, o direito à portabilidade visa à promoção de uma nova economia digital, na medida em que o livre trânsito e migrações dos dados entre diferentes prestadores de serviços e produtos estimula a concorrência[21], ao que se soma a criação de formatos interoperáveis, que permitirão uma maior circulação no mercado.

Ainda que dentre as inúmeras emendas legislativas o direito à portabilidade tenha chegado a estar inserido, no âmbito europeu, dentro do *direito ao acesso*,[22] certo é que com o mesmo não se confunde, sendo o direito à portabilidade um passo mais adiante.[23] Isso porque, o direito de acesso não assegura a reutilização dos dados por outro responsável pelo tratamento, necessidade primária para a consagração desse novo direito, uma vez que no *acesso* o formato desses dados é escolhido pelo próprio responsável. Como previsto na Diretiva 95/46/EC, ao titular dos dados era permitido o acesso a todos os dados a si relacionado, porém ficava limitado ao formato escolhido pelo controlador dos dados. O novo direito à portabilidade, por sua vez, visa ao *empoderamento* dos sujeitos com relação aos seus dados pessoais.[24] Nesse ponto é possível perceber a relevância da interoperabilidade para o exercício desse direito, e as razões da previsão expressa, no

---

19. ARTICLE 29 DATA PROTECTION WORKING PARTY. *Guidelines on the right to data portability*. Brussels: European Commission, 2016.
20. FIDALGO, Vitor Palmela. O direito à portabilidade de dados pessoais. *Revista de Direito e Tecnologia*, v. 1, n. 1., 2019, p. 89-135.
21. CRAVO, Daniela Copetti. O direito à portabilidade na lei geral de proteção de dados. In: FRAZÃO, Ana; TEPEDINO, Gustavo; OLIVA, Milena Donato (Coord.). *Lei geral de proteção de dados pessoais e suas repercussões no direito brasileiro*. São Paulo: Thomson Reuters Brasil, 2019, p. 347-363.
22. GRAEF, Inge, HUSOVEC, Martin Husovec, PURTOVA, Nadezhda. Data portability and data control: lessons for an emerging concept in eu law. *German Law Journal 2018*, v. 19 no. 6, 2017, p. 1359-1398.
23. Segundo Graef, Husovez e Purtova, "The scope of the RtDP goes beyond access in some aspects – for instance in what is provided to the data subject and in what format – and in others falls short – for instance in the limited range of situations in which it is applicable. While the right of access grants only a right to receive a confirmation of data processing and a copy of data undergoing processing "in a commonly used electronic form," data portability enables the data subject to receive a copy for own use and to transmit the data to another controller in a "structured, commonly used and machine-readable" format, making data portability especially suitable for the digital context. At the same time, compared to the right of access which is of general application, the broader data portability right is applicable only in a reduced number of situations. It can be invoked only regarding the data "provided" by the data subject to the controller, and only when processing is automated 31 and based on consent or on a contract." (Data portability and data control: lessons for an emerging concept in eu law. *German Law Journal 2018*, v. 19 n. 6, 2017, p. 1359-1398, p. 1367).
24. MARTINELLI, Silvia. Sharing data and privacy in the platform economy: the right to data portability and "porting rights". In: REINS L. (Eds) Regulating New Technologies in Uncertain Times. *Information Technology and Law Series*, v. 32, T.M.C Asser Press, The Hague, 2019.

caput do art. 20º, do RGPD, do dever de disponibilização dos dados em um *formato estruturado*, de *uso corrente* e *leitura automática*, visando facilitar o movimento, cópia ou transmissão entre diferentes sistemas.[25]

Quanto ao *conteúdo* do direito à portabilidade no RGPD, o mesmo atribui ao interessado titular dos dados uma dupla faculdade[26], ou seja, subdivide-se em dois direitos-poderes: a) o direito-poder de receber cópia dos dados; b) o direito-poder de exigir ao responsável dos dados a transmissão direta desses dados para outro responsável pelo tratamento.[27]

No que tange ao direito de *receber* os dados que tenham sido fornecidos a um responsável pelo tratamento, o RGPD prevê padrões mínimos[28] que possibilitem a efetivação do direito albergado, quais sejam, que os dados estejam em um *formato estruturado* (de maneira a permitir que possam ser reutilizados, parcial ou totalmente, e que facilite sua exportação para outros responsáveis pelo tratamento), de *uso corrente* (como cada setor de atividade pode ter um formato, devem ser excluídos aqueles que sejam inalteráveis) e de *leitura automática* (que seja facilmente possível identificar, reconhecer e extrair dele dados específicos).[29] Esses padrões mínimos de formatação, ainda que não amplamente esclarecidos pelo RGPD, estão diretamente relacionados à ideia de interoperabilidade constante do Considerando 68[30], que estabelece que "*os responsáveis pelo tratamento de dados deverão ser encorajados a desenvolver formatos interoperáveis que permitam a portabilidade dos dados*".

O que se busca é que os dados sejam entregues ao titular de maneira que permita sua *reutilização*, o que implica na relevância e necessidade de ser o seu formato interoperável, ainda que não exista a obrigação de os responsáveis pelo tratamento adotarem e manterem *sistemas* que sejam *tecnicamente compatíveis*.[31]

O conceito de formato *interoperável*, encontra sua definição no art. 2º, alínea "a", da Decisão n.º 922/2009/CE do Parlamento Europeu e do Conselho, que estabelece o seguinte:

---

25. DUARTE, Diogo Pereira; GUSEINOV, Alexandra. O direito de portabilidade de dados pessoais. In: CORDEIRO, Antônio Menezes; OLIVEIRA, Ana Perestrelo; DUARTE, Diogo Pereira Duarte (Coord.). *FinTechII*: Novos estudos sobre tecnologia financeira. Coimbra: Almedina, 2019, p. 105-127.
26. FERNÁNDEZ-SAMANIEGO, Javier; FERNÁNDEZ-LONGORIA, Paula. El derecho de la portabilidad de los datos. In: MANÃS, Jose Luis Piñas (Dir.); CARO, Maria Alvarez; GAYO, Miguel Recio (Coord.). *Reglamento general de protección de datos*: hacia un nuevo modelo europeo de privacidad. Madrid: Réus, 2016, p. 257-274.
27. FIDALGO, Vitor Palmela. O direito à portabilidade de dados pessoais. *Revista de Direito e Tecnologia*, v. 1, n. 1., 2019, p. 89-135.
28. Conforme Diego P. Duarte e Alexandra Guseinov: "(...) são padrões mínimos que possibilitam a troca de dados entre sistemas de informação e comunicação para a adequada reutilização dos dados pessoais no contexto de um diferente sistema informático." (O direito de portabilidade de dados pessoais. In: CORDEIRO, Antônio Menezes; OLIVEIRA, Ana Perestrelo; DUARTE, Diogo Pereira Duarte (Coord.). FinTechII: Novos estudos sobre tecnologia financeira. Coimbra: Almedina, 2019, p. 105-127. p. 119)
29. FIDALGO, Vitor Palmela. O direito à portabilidade de dados pessoais. *Revista de Direito e Tecnologia*, v. 1, n. 1., 2019, p. 89-135.
30. Considerando 68: "(...) *Sempre que seja tecnicamente possível, o titular dos dados deverá ter o direito a que os dados pessoais sejam transmitidos diretamente entre os responsáveis pelo tratamento.*"
31. PUCCINELLI, Oscar Raúl. El derecho a la portabilidad de los datos personales. Orígenes, sentido y alcances. *Pensamiento Constitucional*, v. 22, n. 22, Gale Onefile: Informe Académico, 2017, p. 203-228.

a) Interoperabilidade, a capacidade de organizações díspares e diversas interagirem com vistas à consecução de objetivos comuns com benefícios mútuos, definidos de comum acordo e implicando a partilha de informações e conhecimentos entre as organizações, no âmbito dos processos administrativos a que dão apoio, mediante o intercâmbio de dados entre os respectivos sistemas TIC.[32]

A norma ISO/IEC 2382-1:1993, a seu turno, também traz a definição de interoperabilidade como sendo "a capacidade para comunicar, executar programas ou transferir dados entre várias unidades funcionais de um modo que requer ao utilizador pouco ou nenhum conhecimento das características específicas dessas unidades."

Importa salientar que nos casos de transmissão ou recebimento dos dados pelo próprio titular, o responsável pelo tratamento deve *necessariamente* adotar uma formatação interoperável, levando em conta o atual estado da técnica, sob pena de descumprimento. A faculdade quanto à interoperabilidade diz respeito tão somente aos casos de transmissão direta dos dados entre responsáveis pelo tratamento, quando então a interoperabilidade poderá deixar de ser exigida caso não seja *tecnicamente possível*.[33] Nesse caso, questiona-se acerca da própria viabilidade da portabilidade, uma vez que sua eficácia fica atrelada à questão da interoperabilidade entre o responsável pelo tratamento que irá enviar os dados e o novo responsável que irá recebê-los. Nesse mote, buscando amenizar futuro problema já previsto, as *Guidelines on the right to data portability*[34] atestaram acerca da necessidade de *standards* que levem à interoperabilidade, sob pena de inocuidade do direito à portabilidade, tornando-se não mais que uma declaração de princípio, ao invés de um efetivo instrumento para a autodeterminação individual no ambiente digital.[35]

Por sua vez, o direito que os dados sejam *transmitidos diretamente* entre responsáveis, previsto no n. 2, do art. 20, do RGPD, estabelece que o atual responsável pelo tratamento apenas está obrigado a transmitir os dados diretamente a outro responsável quando for "tecnicamente possível", limitando, assim, o escopo do direito à portabilidade. Tal ponto mostra-se bastante problemático, na medida em que o RGPD não esclarece o que estaria abrangido pela expressão "tecnicamente possível", tratando-se de conceito indeterminado, que pode acarretar altos custos de transmissão ao titular dos dados, pois dá margem aos controladores que não desejam transmitir os dados de negar a transmissão em razão de eventual impossibilidade técnica.[36] Contudo, parece não haver dúvidas de que para realizar a negativa, terá o responsável que provar a dificuldade técnica, de maneira que não estará obrigado à transmissão tão somente nos casos em que se mostrar impossível

---

32. DECISÃO n. 922/2009/CE DO PARLAMENTO EUROPEU E DO CONSELHO de 16 de Setembro de 2009 sobre soluções de interoperabilidade para as administrações públicas europeias (ISA). Disponível em: https://eur-lex.europa.eu/legal-content/PT/TXT/PDF/?uri=CELEX:32009D0922&from=ES. Acesso em: 20.12.2019.
33. FIDALGO, Vitor Palmela. O direito à portabilidade de dados pessoais. *Revista de Direito e Tecnologia*, v. 1, n. 1., 2019, p. 89-135.
34. ARTICLE 29 DATA PROTECTION WORKING PARTY. *Guidelines on the right to data portability*. Brussels: European Commission, 2016.
35. FRAZÃO, Ana. Nova LGPD: direito à portabilidade. Disponível em: https://www.jota.info/paywall?redirect_to=//www.jota.info/opiniao-e-analise/colunas/constituicao-empresa-e-mercado/nova-lgpd-direito-a-portabilidade-07112018. Acesso em: 14.12.2019.
36. VANBERG, Aysem Diker; ÜNVER, Mehmet Bilal. The right to data portability in the GDPR and EU competition law: odd couple or dynamic duo? *European Journal of Law and Technology*, v. 8, n. 1, 2017.

ou demasiadamente onerosa, considerando o atual estado da técnica, e sempre por uma perspectiva objetiva.[37]

Vale notar que o RGPD subordina o exercício do direito à portabilidade a três requisitos, quais sejam: a) Que os dados pessoais tenham sido fornecidos pelo próprio titular; b) Que o tratamento dos dados pessoais se baseie no consentimento ou em um contrato e; c) Que o tratamento dos dados pessoais seja realizado por meios automatizados.

No que tange a esses três requisitos, necessária especial atenção ao primeiro deles – "a" –, uma vez que trata de um dos pontos mais controvertidos no que diz respeito ao direito à portabilidade de dados. Isso porque, o n. 1, "a", do art. 20º, do RGPD, prevê que o direito à portabilidade dos dados pessoais poderá exercer-se unicamente com respeito aos dados pessoais que o titular *tenha fornecido* a um responsável pelo tratamento, sem, todavia, esclarecer o sentido da expressão "tenha fornecido", que remanesceu em aberto.[38]

Surge, então, a necessidade de se estabelecer quais dados pessoais estariam abrangidos no conceito de dados *fornecidos* pelo titular. Assim, para fins de interpretação desse conceito, identificam-se três diferentes concepções que levam em conta a origem dos dados, sendo elas as seguintes: restrita, intermediária e ampla.[39]

De acordo com a concepção mais *restrita*, estariam abrangidos dentro da expressão "dados fornecidos" apenas aqueles dados voluntariamente ou ativamente disponibilizados pelo seu titular – por exemplo, os dados submetidos a formulários online- nome, CPF, idade, e-mail etc.[40] Os chamados dados *fornecidos* (*provided data*) em sentido estrito.[41]

A concepção *intermediária*, por sua vez, inclui também os dados disponibilizados de forma indireta ou passiva pelo titular, ou seja, aqueles dados captados por meio do uso e da interação do titular com a plataforma, obtidos através da observação de comportamentos do utilizador com o serviço fornecido pelo controlador.[42] Esses seriam os chamados dados *observados* (*observed data*).[43]

Por fim, dentro da concepção *ampla*, além dos dados disponibilizados de forma direta pelo titular e os obtidos de forma indireta pela interação do titular com a plataforma,

---

37. FIDALGO, Vitor Palmela. O direito à portabilidade de dados pessoais. *Revista de Direito e Tecnologia*, v. 1, n. 1., 2019, p. 89-135.
38. DUARTE, Diogo Pereira; GUSEINOV, Alexandra. O direito de portabilidade de dados pessoais. In: CORDEIRO, Antônio Menezes; OLIVEIRA, Ana Perestrelo; DUARTE, Diogo Pereira Duarte (Coord.). *FinTechII*: Novos estudos sobre tecnologia financeira. Coimbra: Almedina, 2019, p. 105-127.
39. FIDALGO, Vitor Palmela. O direito à portabilidade de dados pessoais. *Revista de Direito e Tecnologia*, v. 1, n. 1., 2019, p. 89-135.
40. GRAEF, Inge, HUSOVEC, Martin Husovec, PURTOVA, Nadezhda. Data portability and data control: lessons for an emerging concept in eu law. *German Law Journal 2018*, v. 19 no. 6, 2017, p. 1359-1398, p. 1372.
41. MARTINELLI, Silvia. Sharing data and privacy in the platform economy: the right to data portability and "porting rights". In: REINS L. (Eds). Regulating New Technologies in Uncertain Times. *Information Technology and Law Series*, v. 32, T.M.C Asser Press, The Hague, 2019.
42. FIDALGO, Vitor Palmela. O direito à portabilidade de dados pessoais. *Revista de Direito e Tecnologia*, v. 1, n. 1., 2019, p. 89-135.
43. MARTINELLI, Silvia. Sharing data and privacy in the platform economy: the right to data portability and "porting rights". In: REINS L. (Eds). Regulating New Technologies in Uncertain Times. *Information Technology and Law Series*, v. 32, T.M.C Asser Press, The Hague, 2019.

estariam abarcados no conceito de "fornecidos" também os dados pessoais *produzidos* ou *processados* pelo responsável pelo tratamento que resultam da análise e do tratamento analítico dos mesmos. Se incluiriam aqui, por exemplo, as preferências musicais de um prestador de serviços de streaming, ou o perfil de risco criado por uma empresa do setor financeiro.[44] Esses seriam, então, os dados *inferidos (inferred data)*.[45]

A adoção de uma ou outra corrente tem implicação direta na *extensão e abrangência* do direito à portabilidade, sendo de suma relevância seu estabelecimento, mormente porque, se um dos objetivos desse direito é a dinamização do mercado digital e o fomento da concorrência, ampliar demasiadamente a portabilidade pode acabar gerando incentivos perversos que resultariam no decréscimo de inovação e investimento, ante a possibilidade de ter o responsável pelo tratamento que passar todas as informações ao seu concorrente.[46]

Por tais razões, o Grupo de Trabalho do Art. 29 rejeitou a concepção ampla, e filiou-se à intermediária, referindo que os "dados fornecidos" seriam aqueles ativamente fornecidos, de forma consciente, e os dados observados em virtude do uso da plataforma, esclarecendo que dentro da interpretação do termo "fornecido" devem ser excluídos os dados *inferidos e derivados*[47], ou seja, aqueles criados pelo responsável pelo tratamento por meio da análise dos dados fornecidos.[48] De qualquer maneira, mesmo essa interpretação ainda tem gerado dúvidas.

Outro ponto com relação ao direito à portabilidade que importa salientar é que, de acordo com o art. 20, n. 3, do RGPD, o direito de portar os dados não prejudica o direito ao apagamento dos dados. Tratam-se de direitos independentes[49], e que devem ser exercidos separadamente. Dessa forma, salvo se solicitado expressamente o apagamento dos dados, nos termos do art. 17.º, n.º 1, do RGPD, os dados poderão seguir sendo tratados pelo controlador originário, mesmo após o pedido de portabilidade, fazendo evidenciar a ideia desenvolvida pela doutrina alemã de que o direito à portabilidade de dados pessoais, mais do que proporcionar uma transferência dos dados, tem como principal efeito primário o de estabelecer um *segundo "lar digital"*, já que os dados pessoais con-

---

44. FIDALGO, Vitor Palmela. O direito à portabilidade de dados pessoais. *Revista de Direito e Tecnologia*, v. 1, n. 1., 2019, p. 89-135.
45. MARTINELLI, Silvia. Sharing data and privacy in the platform economy: the right to data portability and "porting rights". In: REINS L. (Eds). Regulating New Technologies in Uncertain Times. *Information Technology and Law Series*, v. 32, T.M.C Asser Press, The Hague, 2019.
46. FIDALGO, Vitor Palmela. O direito à portabilidade de dados pessoais. *Revista de Direito e Tecnologia*, v. 1, n. 1., 2019, p. 89-135.
47. De acordo com Graef, Husovec e Purtova "The experts then distinguished data that is provided, observed, derived, and inferred; the difference between the last two was that derived data was created in a "mechanical" way "to detect patterns ... and create classifications" in a manner "not based on probabilistic reasoning," while inferred data was "product of probability-based analytic processes." The World Economic Forum adopted the classification merging the last two categories into one, "inferred", to raise awareness as to the scale of personal data processing, and the various types of personal data that area processed." (Data portability and data control: lessons for an emerging concept in eu law. *German Law Journal 2018*, v. 19, n. 6, 2017, p. 1359-1398, p. 1373).
48. GRAEF, Inge, HUSOVEC, Martin Husovec, PURTOVA, Nadezhda. Data portability and data control: lessons for an emerging concept in eu law. *German Law Journal 2018*, v. 19, n. 6, 2017, p. 1359-1398, p. 1372.
49. MARTINELLI, Silvia. Sharing data and privacy in the platform economy: the right to data portability and "porting rights". In: REINS L. (Eds.). Regulating New Technologies in Uncertain Times. *Information Technology and Law Series*, v. 32, T.M.C Asser Press, The Hague, 2019.

tinuarão a ser armazenados e tratados pelo responsável pelo tratamento que procedeu à transferência dos mesmos.[50]

Por fim, ponto problemático que se verifica do RGPD com relação à portabilidade são as limitações quanto aos direitos de terceiros, os segredos comerciais e a propriedade intelectual. Para análise da questão, juntamente com o Considerando 68, deve ser também observado o Considerando 63 do RGPD, que trata do direito ao acesso a dados pessoais, e estipula que tal direito *"não deverá prejudicar os direitos ou as liberdades de terceiros, incluindo o segredo comercial ou a propriedade intelectual e, particularmente, o direito de autor que protege o software"*.

Quanto à eventual prejuízo a direitos de terceiros – como pode ocorrer no caso de transmissão de dados nas redes sociais envolvendo fotos ou comentários de outros titulares de dados – o Grupo de Trabalho do art. 29 propõe como solução que os dados do terceiro fiquem sob o domínio unicamente do requerente que solicitou a portabilidade, para tratamento apenas *"no âmbito de atividades exclusivamente pessoais ou domésticas"*. Isso porque, o controlador não pode se negar a entregar os dados respeitantes ao titular. O titular dos dados, por sua vez, deve ter em vista que os direitos que o terceiro detinha antes da portabilidade devem manter-se inalterados, de maneira que não deve processar os dados para qualquer finalidade que possa afetar esses direitos e liberdades.[51] O novo responsável, por sua vez, ainda que tenha sua atuação fundamentada em um *interesse legítimo*, não pode utilizar os dados para finalidade diversa daquela baseada na execução do contrato com o portador dos dados.[52]

No que tange a propriedade intelectual, o Grupo de Trabalho do Art. 29 não se aprofundou no ponto, limitando-se a enunciar duas regras orientadoras: 1) que os direitos de propriedade intelectual, ainda que devam ser tomados em consideração, não obstam a que se transmitam todas as informações ao titular dos dados; 2) Que a portabilidade não dará ao titular o direito de utilizar de forma abusiva a informação que foi transmitida, que possa configurar uma violação de direito de propriedade intelectual. Ainda acrescenta, quanto ao primeiro ponto, que os responsáveis pelo tratamento dos dados poderão *"transmitir os dados pessoais fornecidos pelos titulares dos dados através de um método que acautele a divulgação de informações abrangidas pelo segredo comercial ou por direitos de propriedade intelectual"*.[53]

Por fim, no que diz respeito aos segredos comerciais[54] dos responsáveis pelo tratamento dos dados, que podem vir a ser transmitidos em razão do exercício do art. 20, do

---

50. FIDALGO, Vitor Palmela. O direito à portabilidade de dados pessoais. *Revista de Direito e Tecnologia*, v. 1, n. 1., 2019, p. 89-135.
51. MARTINELLI, Silvia. Sharing data and privacy in the platform economy: the right to data portability and "porting rights". In: REINS L. (Eds). Regulating New Technologies in Uncertain Times. *Information Technology and Law Series*, v. 32, T.M.C Asser Press, The Hague, 2019.
52. DUARTE, Diogo Pereira; GUSEINOV, Alexandra. O direito de portabilidade de dados pessoais. In: CORDEIRO, Antônio Menezes; OLIVEIRA, Ana Perestrelo; DUARTE, Diogo Pereira Duarte (Coord.). *FinTechII*: Novos estudos sobre tecnologia financeira. Coimbra: Almedina, 2019, p. 105-127.
53. FIDALGO, Vitor Palmela. O direito à portabilidade de dados pessoais. *Revista de Direito e Tecnologia*, v. 1, n. 1., 2019, p. 89-135.
54. De acordo com a Diretiva (UE) n. 2016/943 do Parlamento Europeu e do Conselho, de 8 de junho de 2016, relativa à proteção do know-how de informações comerciais confidenciais e o Código de Propriedade Industrial da

RGPD, volta-se à questão acerca da necessidade de delimitação da extensão do conceito de "dados fornecidos", constante do n.1, do art. 20. Isso porque, ao se excluir a *concepção ampla*, evita-se que os dados *inferidos*[55] sejam transmitidos, mitigando o risco de serem atingidos segredos comerciais do responsável pelo tratamento. O Grupo de Trabalho do art. 29, nesse ponto, estabelece para os segredos comerciais as mesmas diretrizes do direito à propriedade intelectual.[56]

Após realizado os estudos dos pontos mais relevantes do direito à portabilidade de dados pessoais no âmbito do RGPD, é possível proceder-se a uma análise comparada do mesmo com a atual Lei Geral de Proteção de Dados brasileira, que foi amplamente inspirada na lei europeia.

2.2 A portabilidade na Lei Geral de Proteção de Dados em comparação com o RGPD

Claramente inspirada no *modelo europeu de proteção de dados*, que se ampara na Convenção do Conselho da Europa 108 de 1981, na Diretiva 46/95/CE e no Regulamento Geral de Proteção de Dados que entrou em vigor em maio de 2018 (Regulamento 2016/679), a Lei Geral de Proteção de Dados brasileira (Lei 13.709/18[57]) tem como objetivo atribuir maior poder de controle do fluxo dos dados aos seus titulares, de forma a possibilitar o desenvolvimento da nova economia de dados com segurança, confiança e valor.[58]

Todavia, apesar da evidente influência do direito comunitário europeu, a LGPD mostrou-se muito mais enxuta e desprovida dos extensos *Considerandos* (173) que compõem o RGPD e dão importantes pistas interpretativas para a legislação europeia, de maneira que, enquanto o RGPD seria um código de proteção de dados, a LGPD seria uma lei mais sucinta, desprovida de linhas de interpretação dadas pelo legislador.[59]

Com relação aos direitos dos titulares, que estão previstos no capítulo 3, arts. 18 a 22, da LGPD, denota-se uma convergência entre ambas legislações, brasileira e europeia, tanto com relação aos direitos consolidados desde o princípio, quais sejam, o acesso, a

---

UE, segredo comercial é toda a informação que seja secreta, que tenha valor econômico pelo fato de ser secreta e, ainda, que tenham sido realizadas diligências razoáveis para mantê-las em segredo. (FIDALGO, Vitor Palmela. O direito à portabilidade de dados pessoais. *Revista de Direito e Tecnologia*, v. 1, n. 1., 2019, p. 89-135, p. 125-126).

55. Dados criados pelo controlador como parte do processamento de dados fornecidos e observados, através da utilização de algoritmos complexos oriundos do trabalho intelectual de um provedor de serviços digitais (MARTINELLI, Silvia. *Sharing data and privacy in the platform economy*: the right to data portability and "porting rights". In: REINS L. (Eds). Regulating New Technologies in Uncertain Times. *Information Technology and Law Series*, v. 32, T.M.C Asser Press, The Hague, 2019).

56. FIDALGO, Vitor Palmela. O direito à portabilidade de dados pessoais. *Revista de Direito e Tecnologia*, v. 1, n. 1., 2019, p. 89-135.

57. *Lei 13.709, de 14 de agosto de 2018. Lei Geral de Proteção de Dados Pessoais (LGPD)*. Disponível em: http://www.planalto.gov.br/ccivil_03/_ato2015-2018/2018/lei/L13709.htm. Acesso em: 21.12.2019.

58. DONEDA, Danilo; MENDES, Laura Schertel. Reflexões iniciais sobre a nova lei de proteção de dados. *Revista de Direito do Consumidor*, São Paulo, v. 120, p. 469-483, nov./dez. 2018.

59. BIONI, Bruno. O regulamento europeu de proteção de dados pessoais e a lei geral de proteção de dados brasileira: mapeando convergências na direção de um nível de equivalência. *Revista de Direito do Consumidor*, v. 124, p. 157-180, jul/ago, 2019.

notificação, a retificação e o cancelamento[60], bem como quanto à novidade introduzida nas duas leis de proteção de dados no que diz respeito ao *direito à portabilidade*.[61]

O novo direito à portabilidade de dados, no Brasil, não estava presente nos primeiros Projetos de Lei, de maneira que só veio a compor o PL n. 5.276-2016. Foi então que, com a aprovação do PL n. 400-2012, ao qual estava apenso o projeto que previa o direito à portabilidade, e a transformação do mesmo na Lei n. 13.709/2018 – LGPD –, que esse direito restou positivado no atual art. 18, inciso V, surgindo dentre os direitos do titular dos dados pessoais como o direito pelo qual o titular possa alterar de fornecedor de serviço ou produto levando consigo seus dados pessoais.[62] Porém, seguindo a linha geral da LGPD, que tem se mostrado mais reduzida em detalhamento se comparada ao RGPD, a lei brasileira define o direito à portabilidade de maneira bastante sucinta, fazendo com que as perspectivas relativas a esse direito no Brasil dependam de interpretação jurídica e regulatória e da sua interação com outras áreas do direito.[63]

No âmbito da LGPD, enquanto os demais direitos dos titulares dos dados pessoais vêm tratados ao longo da lei em inúmeros dispositivos legais, de forma bem definida, tendo sido, então, sistematizados no art. 18, da legislação, o direito à portabilidade vai aparecer pela *primeira vez* no art. 18, da LGPD,[64] mais precisamente no seu inciso V, complementado pelo parágrafo 7º, que assim prevê:

> Art. 18. O titular dos dados pessoais tem direito a obter do controlador, em relação aos dados do titular por ele tratados, a qualquer momento e mediante requisição:
>
> (...)
>
> V – portabilidade dos dados a outro fornecedor de serviço ou produto, mediante requisição expressa, de acordo com a regulamentação da autoridade nacional, observados os segredos comercial e industrial;
>
> (...)
>
> § 7º A portabilidade dos dados pessoais a que se refere o inciso V do caput deste artigo não inclui dados que já tenham sido anonimizados pelo controlador.[65]

Como se pode observar, a lei brasileira, assim como ocorrido no RGPD, buscou munir o titular dos dados de ferramenta que lhe possibilitasse efetivar um maior con-

---

60. Segundo Becker e Rodrigues: "Na sistemática europeia do GDPR, tais direito são conhecidos como "ARCO": acesso (access), retificação (rectification), cancelamento (cancellation) e oposição (opposition). (Direitos do titular. In: FEIGELSON, Bruno; SIQUEIRA, Antonio Henrique Albani (Coord.). *Comentários a Lei Geral de Proteção de Dados* – Lei 13.709/2018. São Paulo: Thomson Reuters Brasil, 2019, p. 119).
61. BIONI, Bruno. O regulamento europeu de proteção de dados pessoais e a lei geral de proteção de dados brasileira: mapeando convergências na direção de um nível de equivalência. *Revista de Direito do Consumidor*, v. 124, p. 157-180, jul/ago, 2019.
62. BIONI, Bruno Ricardo. *Xeque-mate*: o tripé da proteção de dados pessoais no jogo de xadrez das iniciativas legislativas no Brasil. São Paulo: GPoPAI/ USP, 2015.
63. FRAZÃO, Ana. Nova LGPD: direito à portabilidade. Disponível em: https://www.jota.info/paywall?redirect_to=// www.jota.info/opiniao-e-analise/colunas/constituicao-empresa-e-mercado/nova-lgpd-direito-a-portabilidade-07112018. Acesso em: 14.12.2019.
64. FRAZÃO, Ana. Nova LGPD: direito à portabilidade. Disponível em: https://www.jota.info/paywall?redirect_to=// www.jota.info/opiniao-e-analise/colunas/constituicao-empresa-e-mercado/nova-lgpd-direito-a-portabilidade-07112018. Acesso em: 14.12.2019.
65. *Lei 13.709, de 14 de agosto de 2018. Lei Geral de Proteção de Dados Pessoais (LGPD)*. Disponível em: http://www.planalto.gov.br/ccivil_03/_ato2015-2018/2018/lei/L13709.htm. Acesso em: 21.12.2019.

trole sobre os seus dados, objetivando seu *empoderamento* mediante a possibilidade de gerenciamento e reutilização dos seus próprios dados, contribuindo de forma direta para a realização da *autodeterminação informativa*. Além disso, o direito de portar os dados de um prestador de serviços a outro viabiliza a migração dos titulares entre serviços concorrentes, evitando o aprisionamento do consumidor ao prestador original, de maneira que o direito à portabilidade não se limita ao âmbito do indivíduo, mas, também, tem implicações diretas no direito da concorrência e do consumidor, visando ao desenvolvimento equilibrado do mercado digital.

Para que seja possível o alcance dos objetivos visados pela implementação do direito à portabilidade, buscou o legislador brasileiro tornar esse direito de *fácil* e *simples execução*. Dessa forma, a LGPD não exige qualquer *justificação* para sua realização, podendo o direito à portabilidade ser exercido a qualquer momento e mediante *requisição expressa* (não necessitando ser por escrito, nos termo do art. 18, inciso V e § 3º, da LGPD), de modo *gratuito* (art. 18, § 5º, da LGPD) e por lei *assegurado*, sendo de caráter objetivo os requisitos para seu exercício, e não sendo lícito ao controlador exigir do titular a apresentação de um *legítimo interesse*.[66] Assim, fica garantida a eficiência e segurança na usabilidade dos dados,[67] de maneira a facilitar a migração dos titulares de um responsável pelo tratamento a outro, e atribuindo os ônus procedimentais a esses responsáveis, desonerando os titulares dos dados, que tem garantido o fácil exercício do seu direito por *simples requisição*.[68]

No que diz respeito ao *conteúdo* do direito à portabilidade na LGPD, pode-se observar que o dispositivo que trata do tema não prevê de forma expressa o direito de *receber* cópia dos dados, como visto no RGPD, mas tão somente a *transmissão* dos dados a outro fornecedor de produtos ou serviços. Todavia, é pacífico na doutrina que a portabilidade no direito brasileiro deve ter o mesmo alcance daquela prevista no RGPD, de forma que não se pode afastar do titular o direito de obter cópia de seus dados diretamente do responsável pelo tratamento e gerenciá-los pessoalmente.[69]

Ainda que tenha sido levantado tal debate, já que parece ter a lei brasileira se limitado a disciplinar como forma de exercício desse direito apenas a transmissão direta dos dados de um controlador para outro, não seria exatamente essa a interpretação.[70] Mediante uma leitura atenta dos artigos que compõe o capítulo III da LGPD, denota-se da redação do §3º, do art. 19, do LGPD, referente ao *direito ao acesso*, a expressa faculdade do titular, nos casos em que tratamento tiver origem no *consentimento* ou em um *contrato*,

---

66. FIDALGO, Vitor Palmela. O direito à portabilidade de dados pessoais. *Revista de Direito e Tecnologia*, v. 1, n. 1., 2019, p. 89-135.
67. FRAZÃO, Ana. Nova LGPD: direito à portabilidade. Disponível em: https://www.jota.info/paywall?redirect_to=//www.jota.info/opiniao-e-analise/colunas/constituicao-empresa-e-mercado/nova-lgpd-direito-a-portabilidade-de-07112018. Acesso em: 14.12.2019.
68. BIONI, Bruno Ricardo. *Xeque-mate*: o tripé da proteção de dados pessoais no jogo de xadrez das iniciativas legislativas no Brasil. São Paulo: GPoPAI/USP, 2015.
69. FRAZÃO, Ana. *Nova LGPD: ainda sobre o direito à portabilidade*. Disponível em: https://www.jota.info/paywall?redirect_to=//www.jota.info/opiniao-e-analise/colunas/constituicao-empresa-e-mercado/nova-lgpd-ainda-sobre-o--direito-a-portabilidade-14112018. Acesso em: 22.12.2019.
70. CRAVO, Daniela Copetti. O direito à portabilidade na lei de proteção de dados. In: FRAZÃO, Ana; TEPEDINO, Gustavo; OLIVA, Milena Donato (Coord.). *Lei geral de proteção de dados pessoais e suas repercussões no direito brasileiro*. São Paulo: Thomson Reuters Brasil, 2019, p. 347-363.

de solicitar *cópia* eletrônica integral de seus dados pessoais, e inclusive em formato que permita sua *utilização subsequente* – a reutilização dos dados –, até mesmo para outras operações de tratamento – dentre as quais pode se incluir a *transmissão* ou *transferência* dos dados, como se vê do inciso X, do art. 5º, da LGPD. O legislador brasileiro, portanto, diferentemente do legislador comunitário europeu, optou por incluir esse direito-poder de recebimento de cópia dos seus dados pessoais como um dos *conteúdos* do *direito ao acesso*, e não da portabilidade. E a despeito de não ter estabelecido os contornos do que estaria abrangido em possível "utilização subsequente", nem tampouco na expressão "outras operações subsequentes", claramente não excluiu a possibilidade de que esses dados acessados pelo titular por meio do recebimento de cópia sejam reutilizados, mas bem ao contrário, *garantiu* esse direito.

Ademais, o legislador pátrio buscou solucionar, dentro da própria redação do dispositivo, eventuais problemas que pudessem impossibilitar posterior transferência desses dados a outro responsável pelo tratamento. Sabe-se que, como explicado anteriormente, o direito de acesso não assegura a reutilização dos dados por outro responsável pelo tratamento, na medida em que no *acesso* o formato dos dados é escolhido pelo próprio responsável.[71] Assim, para garantir a viabilidade de posterior portabilidade dos dados recebidos por meio de cópia, prevê expressamente o mencionado §3º, do art. 19, da LGPD, que o titular poderá solicitar cópia eletrônica integral de seus dados pessoais em *formato* que permita a sua reutilização subsequente, inclusive em outras operações de tratamento. Assim, para ver garantido tal direito, importante que conste da requisição do titular ao controlador a intenção de utilização subsequente desses dados e para qual ou quais operações de tratamento. Ainda, em caso de impossibilidade de portabilidade ou transferência dos dados pelo titular para um novo responsável pelo tratamento em razão da cópia recebida não estar em formato interoperável, a insurgência contra o controlador originário deve ser realizada no âmbito do direito ao acesso, e não do direito à portabilidade.

Quanto aos dados anonimizados, a LGPD, assim como o RGPD (Considerando 26), conforme expressa redação do § 7º[72], do art. 18, deixou de fora a possibilidade de portabilidade de tais dados. Todavia, defende-se em ambos contextos que, uma vez sendo possível identificar o titular dos dados, ou seja, em caso de dados pseudonimizados, os mesmos deverão ser abrangidos pela portabilidade.[73]

No que diz respeito à *extensão* do direito à portabilidade no contexto brasileiro, verifica-se que a LGPD, de forma muito mais abrangente e menos minuciosa que o regulamento europeu, ao tratar do *objeto* da portabilidade, a exceção dos dados anonimizados acima referidos, não traz qualquer outra limitação, prevendo apenas que o titular tem direito a obter do controlador *em relação aos dados por ele tratados*, ou seja, aparentemente

---

71. GRAEF, Inge, HUSOVEC, Martin Husovec, PURTOVA, Nadezhda. Data portability and data control: lessons for an emerging concept in eu law. *German Law Journal 2018*, v. 19 no. 6, 2017, p. 1359-1398.
72. Art. 18. (...) § 7º A portabilidade dos dados pessoais a que se refere o inciso V do caput deste artigo não inclui dados que já tenham sido anonimizados pelo controlador.
73. CRAVO, Daniela Copetti. O direito à portabilidade na lei de proteção de dados. In: FRAZÃO, Ana; TEPEDINO, Gustavo; OLIVA, Milena Donato (Coord.). *Lei geral de proteção de dados pessoais e suas repercussões no direito brasileiro*. São Paulo: Thomson Reuters Brasil, 2019, p. 347-363.

"quaisquer" ou "todos" os dados, a portabilidade, apenas devendo observar os segredos comercial e industrial – os segredos de empresa[74].[75]

Não se denota da lei pátria uma delimitação de quais dados estariam abrangidos no conceito "dados do titular por ele (controlador) tratados". Logo, tal disposição pode levar a crer que a lei brasileira teria adotado a *concepção ampla* quanto aos dados que serão alvo da portabilidade, ou seja, além dos dados disponibilizados de forma direta pelo titular (*fornecidos stricto sensu*) e daqueles disponibilizados de forma indireta, obtidos através da análise da interação e comportamento dos titulares junto à plataforma (*observados*), também estariam abarcados pela portabilidade os dados *inferidos* e *derivados*, traduzidos naqueles dados produzidos ou criados pelo responsável pelo tratamento por meio da análise dos dados *fornecidos* e *observados*.[76]

Ocorre que, como mencionado em ponto anterior do presente artigo, se levada a efeito essa extensão ampla do direito à portabilidade dos dados, analisando-se a situação pela perspectiva do responsável pelo tratamento, o resultado poderá ter o efeito contrário ao fomento da concorrência e desenvolvimento do mercado digital, que são objetivos buscados por esse novo direito. A sujeição dos responsáveis pelo tratamento à portabilidade de *todos* os dados ao concorrente, a qualquer momento, incluindo aqueles por eles mesmos *inferidos*, pode acarretar em um desincentivo a inovação e ao investimento, afetando o desenvolvimento do mercado digital e o próprio interesse da sociedade em geral[77], além de aumentar o risco de transferência de segredos comerciais e afetar direitos de propriedade intelectual dos responsáveis originários.[78] A lei brasileira, nesse sentido, parece não ter se atentado ao enfrentamento dos possíveis problemas que podem advir de uma redação extremamente abrangente do dispositivo legal, de forma que, se não for alterada, restará ao intérprete delimitar a extensão desse direito.

Uma vez superada a questão respeitante à extensão do direito de portabilidade, restaria ainda o problema relativo à *interoperabilidade*, ou seja, a necessidade de que os dados sejam transmitidos pelos controladores em formato interoperável para fins de viabilizar sua portabilidade de um para outro responsável pelo tratamento, já que a LGPD, diferentemente do RGPD, não estabelece padrões de formatação mínimos para os dados que serão alvo da portabilidade. Ainda assim, não há como distanciar-se daquilo

---

74. CRAVO, Daniela Copetti. A observância do segredo de empresa na portabilidade de dados. In: KESSLER, Daniela Seadi; CRAVO, Daniela Copetti; DRESCH, Rafael de Freitas Valle. *Direito à portabilidade na lei geral de proteção de dados*. São Paulo: Editora Foco, 2020.
75. CRAVO, Daniela Copetti. O direito à portabilidade na lei de proteção de dados. In: FRAZÃO, Ana; TEPEDINO, Gustavo; OLIVA, Milena Donato (Coord.). *Lei geral de proteção de dados pessoais e suas repercussões no direito brasileiro*. São Paulo: Thomson Reuters Brasil, 2019, p. 347-363.
76. GRAEF, Inge, HUSOVEC, Martin Husovec, PURTOVA, Nadezhda. Data portability and data control: lessons for an emerging concept in eu law. *German Law Journal 2018*, v. 19 no. 6, 2017, p. 1359-1398, p. 1372.
77. FIDALGO, Vitor Palmela. O direito à portabilidade de dados pessoais. *Revista de Direito e Tecnologia*, v. 1, n. 1., 2019, p. 89-135.
78. MARTINELLI, Silvia. Sharing data and privacy in the platform economy: the right to data portability and "porting rights". In: REINS L. (Eds.). Regulating New Technologies in Uncertain Times. *Information Technology and Law Series*, v. 32, T.M.C Asser Press, The Hague, 2019.

que prevê a lei europeia, de forma que a transmissão direta dos dados de um controlador a outro estará restrita ao que for tecnicamente possível de ser exigido.[79]

Nesse sentido, já esclarece o parágrafo 4º c/c parágrafo 3º, ambos do art. 18, da LGPD, que não sendo possível a adoção da providência requerida pelo titular dos dados, é legítimo ao controlador o envio de resposta ao titular informando a impossibilidade de adoção imediata da solicitação, *desde que* indique, de maneira clara e inteligível, as razões de fato ou de direito que o impedem. Portanto, fica o controlador *condicionado* a informar, e, sempre que necessário ou requerido, a comprovar a impossibilidade técnica de realização do pedido de portabilidade. Em qualquer caso, se levado à análise, a legitimidade da recusa do controlador em portar os dados do titular solicitante a outro responsável pelo tratamento deve sempre levar em conta o atual estado da técnica para averiguação da impossibilidade de realização.

De qualquer forma, ante a preocupação que orbita em torno da questão relativa à interoperabilidade, considerando sua extrema relevância para fins de viabilização do direito à portabilidade, restou previsto no art. 40[80], da LGPD, que a Autoridade Nacional poderá estabelecer padrões de interoperabilidade, visando à portabilidade dos dados.

Outro ponto que merece destaque é aquele atinente ao *apagamento* ou *eliminação* dos dados. Isso porque, assim como no RGPD, na LGPD brasileira o direito à portabilidade e o direito à eliminação são *independentes*, de forma que o pedido de portabilidade não implica na consequente eliminação dos dados[81], não vinculando sua realização pelo responsável pelo tratamento. Tratam-se de direitos autônomos entre si, não estando o responsável originário impedido de seguir tratando esses dados, mesmo após ter sido requerida a portabilidade dos dados, e tendo os mesmos sido transmitidos de um responsável pelo tratamento a outro, se não requerida expressamente sua eliminação pelo titular ou não ocorridas as hipóteses de término de tratamento previstas no art. 15, da LGPD.

Denota-se, ainda, que o art. 16, da LGDP, que prevê as exceções ao direito de eliminação, estabelece que os dados pessoais serão eliminados após o *término do seu tratamento*, cujas hipóteses estão previstas no art. 15, da LGPD, e dentre as quais não está abarcada a portabilidade. Todavia, ainda que ocorrida alguma das hipóteses de término de tratamento, como se observa do inciso III, do referido art. 16, da LGPD, é lícita a manutenção dos dados para fins de transferência a terceiro, ou seja, sua portabilidade, por se tratar de uma das exceções legais.

Quanto aos *limites* do direito à portabilidade, a LGPD parece ter avançado em relação ao RGPD ao prever expressamente na redação do dispositivo legal – inciso V[82],

---

79. FRAZÃO, Ana. *Nova LGPD: ainda sobre o direito à portabilidade*. Disponível em: https://www.jota.info/paywall?redirect_to=//www.jota.info/opiniao-e-analise/colunas/constituicao-empresa-e-mercado/nova-lgpd-ainda-sobre-o-direito-a-portabilidade-14112018. Acesso em: 27.12.2019.
80. Art. 40. A autoridade nacional poderá dispor sobre padrões de interoperabilidade para fins de portabilidade, livre acesso aos dados e segurança, assim como sobre o tempo de guarda dos registros, tendo em vista especialmente a necessidade e a transparência.
81. Conforme inciso VI, do art. 18, da LGPD, o titular dos dados tem direito à eliminação dos seus dados tratados com seu consentimento, com exceção às hipóteses previstas no artigo 16 da Lei.
82. Art. 18. (...) V – portabilidade dos dados a outro fornecedor de serviço ou produto, mediante requisição expressa, de acordo com a regulamentação da autoridade nacional, observados os segredos comercial e industrial.

do art. 18 – a observância aos *segredos comerciais* e *industriais*[83] quando do pedido de portabilidade, porém dá um passo atrás ao permanecer silente quanto aos direitos de propriedade intelectual. Como se vê, o direito à portabilidade encontra seus limites no segredo industrial e comercial. Todavia, os contornos desses limites devem se dar de forma que, na existência de um conflito, não se obste sejam transmitidas todas as informações ao sujeito titular dos dados – aqui retorna-se à questão acerca da *extensão* do direito à portabilidade, ou seja, quais dados estariam abarcados por esse direito dentro das concepções restrita, intermediária e ampla, antes discutidas –, ao mesmo passo que não se permita ao titular dos dados, na execução do direito à portabilidade, usar, abusivamente, a informação que possa configurar violação de segredos comerciais ou industriais e aos direito de propriedade intelectual.

Por fim, importa referir que nos casos de descumprimento por parte do controlador ou não atendimento ao requerimento do titular para portar seus dados, sem prejuízo do direito de ação (art. 5º, XXXV, Constituição), tem o titular dos dados o direito de peticionar contra o controlador perante a Autoridade Nacional ou os organismos de defesa do consumidor (art. 18, § 1º e § 8º, LGPD).[84]

Dados os contornos do direito à portabilidade de dados na LGPD brasileira em comparação com o RGPD europeu, importa agora verificar a relação desse novo direito com outras áreas sobre as quais tem implicações diretas, com o direito do consumidor e a concorrência.

3. A RELAÇÃO ENTRE PORTABILIDADE, DIREITO DO CONSUMIDOR E CONCORRÊNCIA: UMA ABORDAGEM ECONÔMICO-COMPORTAMENTAL

O direito à portabilidade, além de gerar uma maior proteção e poder de controle ao titular dos dados, tem relação direta com outras áreas do direito, mais especificamente com o direito concorrencial e do consumidor. Tal fato denota-se pois o direito de portar os dados pessoais facilita a migração dos consumidores entre diferentes prestadores de serviços ou produtos, evitando seu *aprisionamento* em razão dos altos *custos de troca*, e assim propiciando um ambiente mais competitivo, com melhoria de qualidade e maior gama de ofertas. E por ser o direito à portabilidade um mecanismo que fomenta a concorrência no mundo digital, para alguns autores esse direito estaria muito mais próximo do direito do consumidor ou da concorrência, do que de uma perspectiva individual.[85]

---

83. No inciso XI, do art. 195, da Lei 9.279/1996, é possível encontrar disposição expressa acerca do *segredo industrial* e *comercial*, com a previsão de crime de concorrência desleal por aquele que divulga, explora ou utiliza-se de dados confidenciais, utilizáveis na indústria ou no comércio, no seguinte sentido:
    Art. 195. Comete crime de concorrência desleal quem:
    XI – divulga, explora ou utiliza-se, sem autorização, de conhecimentos, informações ou dados confidenciais, utilizáveis na indústria, comércio ou prestação de serviços, excluídos aqueles que sejam de conhecimento público ou que sejam evidentes para um técnico no assunto, a que teve acesso mediante relação contratual ou empregatícia, mesmo após o término do contrato;
84. BERGSTEIN, Laís. Direito à portabilidade na lei geral de proteção de dados. *Revista dos Tribunais*, v. 1003, 2019, p. 433-439.
85. Vide CRAVO, Daniela Copetti. *Direito à potabilidade de dados*. Interface entre defesa da concorrência, do consumidor e proteção de dados. Rio de Janeiro: Lumen Juris, 2018, p. 52.

A *economia comportamental*, dentro dessa realidade, lança luz sobre os fatores que afetam o comportamento dos consumidores nas etapas de acesso, avalição e ação com relação à aquisição de produtos e serviços no mercado digital movido a dados [86], auxiliando na compreensão dos custos inerentes a esses processos, que acabam dificultando ou mesmo impedindo a mudança dos consumidores de um prestador se serviços ou produtos para outro.[87] Assim, o estudo por meio da análise econômico-comportamental traz uma maior clareza acerca das razões pelas quais o direito à portabilidade é ferramenta imprescindível para possibilitar a livre concorrência e a proteção dos direitos dos consumidores nesse novo mercado.[88]

3.1 Fundamentos da *Behavioral law and economics*

A portabilidade, como visto, tem relação direta com a concorrência e com o comportamento do consumidor no mercado digital. Isso porque, em uma economia na qual os dados são seu combustível, a coleta massiva desses dados pelas empresas acaba gerando vantagens competitivas, na medida em que possibilita a prestação de melhores serviços em virtude do conhecimento das preferências dos usuários consumidores. Da mesma forma, não possuir nenhum dado dos usuários pode ser uma barreira de entrada para novos prestadores nesse novo mercado.[89]

O desenvolvimento da tecnologia permitiu aos fornecedores de produtos e serviços *online* realizarem um registro meticuloso das suas transações com os consumidores e personalizar os aspectos dessa interação, explorando as vulnerabilidades dos consumidores oriundas de vieses comportamentais. A tecnologia permite que se recolham dados e informações dos consumidores em tempo real e na maioria das vezes de forma imperceptível – desde sites visitados, pesquisas realizadas e tempo despendido, localização geográfica, quantidade de compras por dias, dentre outras –, permitindo a confecção de padrões comportamentais individuais, e assim a criação de perfis psicocomportamentais pessoalizados.[90]

E dentro desse novo contexto, as empresas carecem de incentivos para a transmissão de dados a seus competidores e, até onde for possível, buscarão adotar estratégias para evitar compartilhar esses dados, especialmente mediante a criação de custos de troca (*switching costs*) que tornem especialmente onerosa a mudança para um novo prestador,

---

86. The Netherlands Authority for Consumers and Markets (ACM). *Behavioural economics and its impact on competition policy*. A practical assessment with illustrative examples from financial services. Disponível em: https://www.acm.nl/sites/default/files/old_publication/bijlagen/11586_oxera-behavioural-economics-competition-policy.pdf. Acesso em: 20.12.2019.
87. ESRC Centre for Competition Policy. Behavioural Economics in Competition and Consumer Policy. University of East Anglia. Disponível em: http://competitionpolicy.ac.uk/documents/8158338/8193541/CCP+economics+book+Final+digital+version+-+colour.pdf/30214557-cace-4b0b-8aac-a801bbde87bc. Acesso em: 28.12.2019.
88. ZANFIR, Gabriela. The right to data portability in the context of the EU data protection reform. *International Data Privacy Law*, p. 1-14, 2012.
89. FERNÁNDEZ-SAMANIEGO, Javier; FERNÁNDEZ-LONGORIA, Paula. El derecho de la portabilidad de los datos. In: MANÁS, Jose Luis Piñas (Dir.). CARO, Maria Alvarez; GAYO, Miguel Recio (Coord.). *Reglamento General de Protección de datos*: hacia un nuevo modelo europeo de privacidad. Madrid: Reus, 2016, p. 257-274.
90. FERNÁNDEZ-SAMANIEGO, Javier; FERNÁNDEZ-LONGORIA, Paula. El derecho de la portabilidad de los datos. In: MANÁS, Jose Luis Piñas (Dir.). CARO, Maria Alvarez; GAYO, Miguel Recio (Coord.). *Reglamento General de Protección de datos*: hacia un nuevo modelo europeo de privacidad. Madrid: Reus, 2016, p. 257-274.

gerando o efeito do aprisionamento (*lock-in effect*) do consumidor ao prestador original. Esses custos de troca, ainda que muitas vezes não sejam explícitos, representam um papel significativo na política concorrencial, pois os fornecedores de serviços e produtos utilizam-se desses custos estratégicos para proteger seu mercado e criar barreiras à entrada de novos competidores. Acaba que para os consumidores é mais custoso mudar de prestador do que suportar, muitas vezes, preços mais altos ou qualidade inferior de produtos e serviços.[91]

A constatação de que as empresas introduzem custos de troca, e mesmo de pesquisa e de diferenciação de produtos para fins de atenuar a concorrência não é um novidade para a economia.[92] Porém, o valor da *economia comportamental* para análise desse fenômeno vai além da literatura já existente, pois adiciona conhecimento e lança luz sobre os fatores que geram esses custos e a forma como acabam afetando o comportamento do consumidor em cada etapa de acesso, avalição e ação com relação à aquisição de produtos e serviços.[93]

A *análise econômica*, de modo geral, estuda o comportamento dos indivíduos quando da tomada de decisões sob incerteza, partindo do princípio de que os recursos disponíveis são escassos, enquanto os desejos humanos são infinitos, de forma que tomar decisões é um processo necessário. É, assim, de forma sucinta, o estudo da forma como os recursos escassos existentes são alocados entre as opções alternativas, oferecendo uma teoria geral sobre o comportamento e tomada de decisão por indivíduos, em função dos incentivos gerados, e as consequências dessas decisões.[94] Dessa forma, a análise econômica comportamental pode auxiliar a explicar as vulnerabilidades cognitivas dos consumidores perante os custos da mudança e as razões pelas quais, frente a tais custos, acabam não tomando as melhores decisões.

A *economia comportamental* realiza uma análise realista do comportamento dos indivíduos em situações de tomada de decisão, levando em consideração a capacidade cognitiva das pessoas[95], de forma que interessa sobremaneira tal análise para o direito consumerista, para fins de buscar soluções que levem a resultados efetivos para proteção do consumidor e obtenção de um melhor bem-estar.[96] Os behavioristas reconhecem que as pessoas não fazem escolhas que maximizam seu bem-estar quando insertas em

---

91. FOURBERG, Niklas. Let's lock them in: Collusion under Consumer Switching Costs. *Annual Conference 2017 (Vienna)*: Alternative Structures for Money and Banking 168097, Verein für Socialpolitik, German Economic Association, 2017.
92. O comportamento relutante do consumidor em mudar de prestador de serviços já havia sido estudado no mercado da telecomunicação – descobertas estabelecidas em economia e comportamento do consumidor para localizar possíveis barreiras à concorrência efetiva e identificar possíveis fontes de prejuízo para o consumidor. (LUNN, Peter. *Telecommunications Consumers*: A Behavioural Economic Analysis. Disponível em: http://www.tara.tcd.ie/bitstream/handle/2262/63857/WP417.pdf;sequence=1. Acesso em: 15.12.2019.
93. The Netherlands Authority for Consumers and Markets (ACM). *Behavioural economics and its impact on competition policy*. A practical assessment with illustrative examples from financial services. Disponível em: https://www.acm.nl/sites/default/files/old_publication/bijlagen/11586_oxera-behavioural-economics-competition-policy.pdf. Acesso em: 20.12.2019.
94. ULEN, Thomas; COOTER, Robert. *Direito e economia*. 5 ed. Porto Alegre: Bookman, 2010, p. 35.
95. REISCH, Lucia A.; ZHAO, Min. Behavioural economics, consumer behaviour and consumer policy: state of the art. *Cambridge University Press*, 190-206, 2017, p. 191.
96. Ibidem, p. 191.

contextos nos quais lhes falta *experiência, informação e feedback rápido,* como ocorre no mercado do consumo.[97]

A *behavioral economics* constatou que os seres humanos possuem uma racionalidade limitada, ou seja, sofrem de erros cognitivos, traduzidos em *heurísticas* – atalhos mentais – que acabam ocasionando *vieses* comportamentais – desvio da racionalidade perfeita – que fazem com que, ainda quando dotados de toda a informação necessária, não optem pela alterativa que lhes proporcionaria maior bem-estar, tomando, assim, decisões *subótimas*.[98]

As heurísticas são atalhos mentais utilizados pelas pessoas quando precisam realizar um julgamento ou uma decisão sob incerteza. Esses atalhos mentais reduzem a complexidade da tarefa de verificação de probabilidades e de predição de valores a um simples julgamento, apresentando, assim, como vantagem, a redução do tempo e dos esforços empreendidos para que ao final se chegue a julgamentos e decisões razoavelmente boas.[99] Tratam-se de *regras gerais* para analisar probabilidades e tomar decisões, que na maioria das vezes são *simples e rápidas*.[100] As heurísticas simplificam o processamento cognitivo de julgar e decidir alternativas incertas, mediante a substituição de elementos que não se tem conhecimento por outros que sejam de domínio prévio.[101]

Ainda que as heurísticas sejam geralmente úteis para facilitar o processo decisório, elas podem levar a erros severos e sistemáticos, traduzidos em "vieses" (ou "desvios") na racionalidade perfeita. Conforme avaliado por estudos de psicologia cognitiva, os principais vieses com implicações nas decisões relacionadas ao consumo são: o viés do *otimismo* e *excesso de confiança (overconfidence bias)*, o viés do *status quo*, o efeito da dotação, dentre outros que serão posteriormente analisados. No mercado de consumo o indivíduo é orientado por inúmeros vieses e heurísticas que o leva sistematicamente a consequências negativas[102] e oportunizam que os vendedores tirem vantagem dos consumidores.

E dentro desse contexto, a análise econômica comportamental, mediante experimentos empíricos, contribui para demonstrar quais os efeitos oriundos da racionalidade limitada dos indivíduos (efeito da dotação, desconto hiperbólico, efeito *sunk-cost*, viés do *status quo*, dentre outros) recaem sobre os consumidores no momento da tomada de

---

97. THALER, Richard H.; SUNSTEIN, Cass R. *Nudge.* Como tomar decisões sobre saúde, dinheiro e felicidade. Rio de Janeiro: Objetiva, 2019, p. 18.
98. SANTOLIM, Cesar Viterbo de Matos. Behavioral law and economics e a teoria dos contratos. *Revista Jurídica Luso-Brasileira*, v. 3, p. 407-430, 2015, p. 408.
99. TONETTO, Leandro Miletto; KALIL, Lisiane Lindenmeyer; MELO, Wilson Vieira; SCHNEIDER, Daniela Di Giorgio; STEIN, Lilian Milnitsky. *O papel das heurísticas no julgamento e na tomada de decisão sob incerteza.* Disponível em: https://www.researchgate.net/publication/250050966_O_papel_das_heuristicas_no_julgamento_e_na_tomada_de_decisao_sob_incerteza. Acesso em: 25.04.2019, p. 182.
100. THALER, Richard H.; SUNSTEIN, Cass R. *Nudge.* Como tomar decisões sobre saúde, dinheiro e felicidade. Rio de Janeiro: Objetiva, 2019, p. 33.
101. TONETTO, Leandro Miletto; KALIL, Lisiane Lindenmeyer; MELO, Wilson Vieira; SCHNEIDER, Daniela Di Giorgio; STEIN, Lilian Milnitsky. *O papel das heurísticas no julgamento e na tomada de decisão sob incerteza.* Disponível em: https://www.researchgate.net/publication/250050966_O_papel_das_heuristicas_no_julgamento_e_na_tomada_de_decisao_sob_incerteza. Acesso em: 25.04.2019, p. 183.
102. SANTOLIM, Cesar Viterbo de Matos. Behavioral law and economics e a teoria dos contratos. *Revista Jurídica Luso-Brasileira*, v. 3, p. 407-430, 2015, p. 423.

decisão para uma mudança de prestador de serviços ou produtos – "análise econômica comportamental da *troca*" –, fazendo com que tomem decisões que ao final reduzem seu bem-estar.[103]

Considerando que as empresas passaram a compreender as limitações cognitivas dos consumidores e explorar suas fragilidades, colocando os consumidores em uma situação de maior vulnerabilidade, a criação de mecanismos legais de proteção e empoderamento dos usuários consumidores se tornam imprescindíveis[104], inclusive para fins de gerar confiança por parte dos usuários perante o novo mercado digital.

Assim, ante a flagrante necessidade de um equilíbrio entre regulamentação, aplicação da política de concorrência, e proteção dos consumidores, é que surge o *direito à portabilidade*, atribuindo maior poder de controle dos usuários consumidores sobre seus dados, possibilitando seu movimento de um prestador de serviços ou fornecedor de produtos a outro sem incorrer em maiores dificuldades ou custos indevidos e muitas vezes proibitivos, que geram uma tomada de decisão redutora de bem-estar. Um ambiente competitivo saudável exige que os consumidores possam transferir seus dados de forma fácil e barata de um prestador a outro, uma vez que a retenção dos dados traduz-se em uma barreira à troca.[105]

Dessa forma, mostra-se necessária uma análise econômica comportamental dos custos que incorrem os consumidores no momento da troca de prestadores de serviços e fornecedores de produtos, bem como as razões pelas quais esses custos acabam afetando a concorrência no atual mercado movido a dados.

3.2 Análise econômico-comportamental aplicada aos custos de troca (*switching costs*)

Existem custos no mercado que criam barreiras ao livre trânsito dos consumidores entre as opções disponíveis de serviços e produtos, e acabam impedindo que eles exerçam seu direito de escolha. Esses custos, dentre os quais podem ser citados os custos de procura (*searching costs*) e os custos de troca (*switching costs*), quando muito elevados acarretam o aprisionando do consumidor a um prestador de serviços ou produtos, na medida em que dificultam ou até mesmo impossibilitam a sua migração para outro prestador, gerando o chamado efeito de aprisionamento ou *lock-in effect* – expressão utilizada pela ciência econômica comportamental para explicar o comportamento de um agente que toma as decisões que lhe parecem mais eficientes, tendo em conta os elevados custos da mudança ou troca (high switching costs), mas que em termos econômicos tem efeitos nefastos.[106]

---

103. LUNN, Peter. *Telecommunications consumers: a behavioural economic analysis*. Disponível em: http://www.tara.tcd.ie/bitstream/handle/2262/63857/WP417.pdf;sequence=1. Acesso em: 22.12.2019.
104. CRAVO, Daniela Copetti. *Direito à potabilidade de dados*. Interface entre defesa da concorrência, do consumidor e proteção de dados. Rio de Janeiro: Lumen Juris, 2018, p. 17.
105. *Vide* discurso de Joaquín Almunia, Comissário Europeu da Concorrência de fevereiro de 2010 a novembro de 2014, sobre Concorrência e Proteção de Dados Pessoais no evento "Privacy Platform event: Competition and Privacy in Markets of Data", ocorrido em Bruxelas, em 26 de novembro de 2012. Disponível em: https://ec.europa.eu/commission/presscorner/detail/en/SPEECH_12_860. Acesso em: 22.12.2019.
106. FIDALGO, Vitor Palmela. O direito à portabilidade de dados pessoais. *Revista de Direito e Tecnologia*, v. 1, n. 1., 2019, p. 89-135.

A prática de retenção dos consumidores dá-se desde a primeira abordagem dos fornecedores de serviços e produtos até o último momento da relação criada. Isso pode ser percebido quando os fornecedores oferecem preços atraentes a novos consumidores – por exemplo, uma redução de valor nos três primeiros meses, ou mesmo o teste inicial de um ou mais meses gratuito, típico dos serviços no mundo digital –, porém, na medida em que essa relação avança, os preços aumentam, muitas vezes para fins de compensar o valor inicial mais baixo. A partir do momento em que o consumidor "desavisado" opta por um prestador e com ele realiza o negócio, já começa então o investimento, por parte da empresa, em *custos de troca*, de forma a se tornar excessivamente oneroso a esse consumidor mudar para outro fornecedor, gerando o *efeito do aprisionamento*.[107]

A causa principal do aprisionamento em razão dos custos de troca é a tendência psicológica generalizada dos seres humanos de atribuir maior peso aos ganhos e aos custos no presente do que aos ganhos e *custos no futuro*. Trata-se do fenômeno denominado pelos economistas comportamentais como *desconto hiperbólico*.[108] Esse viés ocorre porque as pessoas descontam hiperbolicamente os valores futuros – sua taxa de desconto é muito mais extrema do que se poderia esperar de alguém que efetivamente tivesse realizado esse desconto de forma racional ou prudente –, ou seja, os seres humanos são relativamente bons em ver e pensar sobre os custos e desejos que estão bem à sua frente, mas têm mais dificuldade em avaliar custos e desejos no futuro, de maneira que tomam regularmente decisões das quais mais tarde se arrependerão. O maior problema disso em relação ao *efeito do aprisionamento* é que os consumidores não tem consciência da sua inaptidão em prever o futuro, e acabam falhando em antecipar o impacto dos custos que incorrerão mais adiante. Padrões de consumo na *internet* revelam que mesmo custos de troca mais baixos podem induzir a um aprisionamento imprevisto.[109] Somado a isso, os consumidores também sofrem com outro erro no seu autocontrole, identificado pelos behavioristas como "viés do otimismo" (*overconfidence bias*). Esse viés, bastante comum no comportamento humano, trata da tendência dos indivíduos em subestimar a probabilidade de que resultados ou eventos ruins aconteçam consigo no futuro, de forma que assumem maiores riscos, gerando muitas vezes escolhas impulsivas pela falta de autocontrole.[110]

Entre os *custos*[111] que não são devidamente avaliados pelos consumidores quando da escolha acerca de produtos e serviços no mercado digital, e que acabam sendo subestimados em razão do desconto hiperbólico e do viés do otimismo, estariam os *custos de procura*, traduzidos no tempo e esforço despendidos pelo consumidor em buscas e

---

107. CRAVO, Daniela Copetti. *Direito à potabilidade de dados*. Interface entre defesa da concorrência, do consumidor e proteção de dados. Rio de Janeiro: Lumen Juris, 2018, p. 67.
108. WRIGHT, Joshua D.; GINSBURG, Douglas H. Behavioral law and economics: its origins, fatal flaws, and implications for liberty. *Northwestern University Law Review*, v. 106, n. 3, 2012, p. 11.
109. YOSIFON, David G. Consumer Lock-In and the Theory of the Firm. *Seattle University Law Review*, v. 35, 2012, p. 1452.
110. WRIGHT, Joshua D.; GINSBURG, Douglas H. Op. cit., p. 11.
111. No âmbito da econômica, dizer que algo tem um custo não implica em afirmar que tenha um valor pecuniário. (GICO JR., Ivo T. Introdução à análise econômica do direito. *In*: RIBEIRO, Marcia Carla Pereira; KLEIN, Vinicius (Coord.). *O que é análise econômica do direito: uma introdução*. 2. ed. Belo Horizonte: Fórum, 2016, p. 17-26). Esse é o conceito de custo que deve ser observado pelo leitor do presente artigo.

pesquisas sobre as alternativas disponíveis antes da tomada de decisão. De acordo com a economia comportamental, o tempo e o esforço investidos pelos consumidores no processo de escolha do produto ou serviço, e que não tem mais como recuperar, gera o denominado efeito "*sunk cost*" ou *efeito dos custos irrecuperáveis-incorridos*. Esse efeito ocorre, pois os consumidores não desejam perder mais tempo ou envidar novos esforços na troca ou na escolha de produtos ou serviços alternativos.[112] Assim, se não for simples e fácil a *troca* para outro fornecedor, os consumidores não vão querer incorrer em novos custos, permanecendo retidos ao fornecedor atual.

Além dos custos de procura, os *custos de troca* também estão entre os custos subavaliados pelos consumidores quando da aquisição de produtos ou serviços, e contribuem sobremaneira para o efeito *lock-in*. Esses custos apenas surgem perante o desejo de mudança do fornecedor atual para um novo, e se justificam em razão da confiança gerada pelo fornecedor originário, do apego a marca, do investimento já realizado, da comodidade, da habitualidade e familiarização, ou mesmo do desejo de não perder o *status* adquirido.[113] Até porque, como demonstrado pelos behavioristas, os indivíduos sofrem com o viés do *status quo*, que está intimamente ligado à *aversão a perda*[114], ou seja, a *behavioral economics* reconhece que as pessoas apresentam uma tendência geral a se manter em sua situação atual. As opções-padrão ou aquela a que já estamos acostumados agem como *incentivos* poderosos para que não alteremos nossas escolhas.[115]

Daniela Cravo identificou seis categorias *custos de troca* incorridos pelo consumidor quando da intenção de troca de fornecedor e que acabam gerando consequências no seu comportamento, acionando *heurísticas* e *vieses cognitivos* que fazem com que acabem tomando decisões subótimas, que são os seguintes:

(a) Os custos de transação, onde se inclui os custos de oportunidade de procurar um novo fornecedor; (b) os contratuais, entre os quais se encontram os programas de fidelidade, que induzem o consumidor a não mudar de fornecedor, sob pena de perder futuros descontos; (c) os informativos, fazendo parte desses os de aprendizagem quanto ao uso de um novo produto; (d) os de compatibilidade, que impedem a utilização de um produto e serviço em combinação com os de um concorrente, situação recorrente no mercado tecnológico e em diferentes plataformas; (e) os de incerteza, já que não se sabe se o produto ou serviço novo irá ou não agradar, bem como cumprir a oferta; (f) os psicológicos, uma vez que o uso frequente do consumidor por um produto ou serviço pode gerar um valor sentimental.[116]

Os *custos psicológicos* mencionados na alínea "f" estão intimamente ligados ao *efeito da dotação*, ou *endowment effect*, assim denominado pelos economistas comportamentais

---

112. REISCH, Lucia A.; ZHAO, Min. *Behavioural economics, consumer behaviour and consumer policy*: state of the art. Cambridge University Press, 190-206, 2017, p. 194-195.
113. CRAVO, Daniela Copetti. *Direito à potabilidade de dados*. Interface entre defesa da concorrência, do consumidor e proteção de dados. Rio de Janeiro: Lumen Juris, 2018, p. 70-71.
114. De acordo com Philip Corr e Anke Plagnol: "loss aversion refers to the stronger tendency to prefer avoiding losses than achieving gains of the same magnitude". (*Behavioural Economics: the basics*. UK: Routledge, 2019, p. 90).
115. FAURE, Michael; LUTH, Hanneke. *Behavioural Economics in Unfair Contract Terms Cautions and Considerations*. Rotterdam: 2011, p. 8.
116. CRAVO, Daniela Copetti. *Direito à potabilidade de dados*. Interface entre defesa da concorrência, do consumidor e proteção de dados. Rio de Janeiro: Lumen Juris, 2018, p. 17.

para explicar que os indivíduos valorizam muito mais um item que possuem do que o mesmo item caso este não faça parte da sua dotação.[117]

Por outro lado, além dos mencionados custos de procura e os custos de troca, que, como se viu, acabam gerando o aprisionamento do consumidor, também devem ser levados em conta no mercado digital os *efeitos de rede* (*network effects*), uma vez que a intersecção desses efeitos com os custos de troca geram o *network lock-in*.[118] Assim, são dois os principais problemas identificados no mercado digital em virtude dos *efeitos de rede*: 1) o primeiro diz respeito ao alto custo da troca de prestador pelo usuário, em razão da perda dos dados; e 2) o segundo é relativo à dificuldade de ingresso de novos competidores nesse mercado.

No que tange ao alto custo da troca, ocorre que, na medida em que mais usuários utilizam-se do serviço e o alimentam com seus dados, torna-se cada vez mais difícil deixar a rede, mormente se não for possível levar consigo todos os dados lançados durante longo período de uso da plataforma. Sem a possibilidade de portabilidade dos dados, os mesmos não poderão ser extraídos quando os usuários desejarem migrar para um concorrente, de forma que a mudança de plataforma apresenta o custo *proibitivo* da perda de todos os dados. A *aversão à perda* (*loss aversion*) antes mencionada apresenta-se aqui como fator comportamental crucial e impeditivo da mudança, já que as pessoas comprovadamente têm a tendência de preferir evitar perdas do que adquirir ganhos equivalentes.[119] Assim, mesmo que os benefícios oferecidos pelo novo prestador sejam maiores, os mesmo não compensariam a "dor da perda" dos dados abastecidos por longo tempo, de forma que a possibilidade de *portabilidade* dos dados de maneira simples e fácil, como autoriza a nova LGPD, exerce um papel fundamental para evitar que o usuário fique aprisionado a um serviço e sujeito a preços e condições inferiores. Esse caso representa a configuração do aprisionamento em que os custos de troca estão diretamente relacionados com a retenção de dados.[120]

Por outro lado, a dificuldade de ingresso de novos competidores nesse mercado ocorre porque o aumento do número de usuários consumidores que utilizam determinada rede está diretamente vinculado ao crescimento da utilidade dessa rede, pois será essa *rede* que se forma trará valor e relevância a plataforma. E também, quanto mais usuários utilizarem determinada rede, mais dados poderão ser coletados, o que incrementa os serviços de publicidade e gera uma relevante vantagem competitiva nesse mercado – a chamada "big data advantage" –,[121] aumentando cada vez mais o poder da plataforma sobre seus usuários consumidores e dificultado o ingresso de novos concorrentes.

Fato é que sem o direito à portabilidade ou sendo esse direito de difícil exercício, caso o usuário deseje trocar de plataforma ou serviço, precisará realizar investimentos

---

117. THALER, Richard. *Comportamento inadequado*. A construção da economia comportamental. Coimbra: ACTUAL, 2015, p. 34.
118. CRAVO, Daniela Copetti. Op. cit., p. 75.
119. CORR, Philip; PLAGNOL, Anke. *Behavioural Economics: the basics*. UK: Routledge, 2019, p. 90.
120. CRAVO, Daniela Copetti. *Direito à potabilidade de dados*. Interface entre defesa da concorrência, do consumidor e proteção de dados. Rio de Janeiro: Lumen Juris, 2018, p. 78.
121. MARTINELLI, Silvia. Sharing data and privacy in the platform economy: the right to data portability and "porting rights". In: REINS L. (Eds.). Regulating New Technologies in Uncertain Times. *Information Technology and Law Series*, v. 32, T.M.C Asser Press, The Hague, 2019.

complementares e elevados para fornecer todos os seus dados novamente, já que perderá todo seu "histórico", ou seja, sua interação e reputação, muitas vezes construída durante largo período de tempo. Esse alto custo de troca acaba gerando o efeito *lock-in* nessas plataformas de rede (*plataform lock-in* ou *network lock-in*).[122] E como consequência da dificuldade dos usuários em moverem-se para uma nova plataforma, é que tornar-se especialmente difícil para novas plataformas ingressarem nesse mercado e competirem com as plataformas operantes.[123] Por essas razões a portabilidade é fundamental no que se refere ao mercado digital, possibilitando a salvaguardo dos direitos do consumidor contra possíveis abusos dos prestadores, bem como incrementando e a livre concorrência digital.

De qualquer forma, não devem ser desconsiderados os efeitos adversos que podem resultar de se levar a portabilidade demasiadamente longe, como seria o caso de se portar, além dos dados voluntariamente fornecidos e os dados observados, também aqueles dados inferidos, o que poderia gerar o receio das empresas em realizar grandes investimentos de longo prazo, ante a iminência e probabilidade de que os consumidores mudem para outro fornecedor assim que um novo competidor atraente ingressar no mercado.[124] Dentro dessa concepção, pode ocorrer um decréscimo de inovação, que inevitavelmente acabará afetando o desenvolvimento do mercado digital e, ao final, prejudicará os consumidores.[125] Além disso, os atuais concorrentes dominantes podem ser desmotivados, em certa medida, a coletar mais dados individuais, sob o risco de realizarem o serviço para outros concorrentes que podem obter esses dados via portabilidade, o que acabaria ocasionando uma queda na qualidade dos serviços ofertados.[126]

A promoção da concorrência e proteção do consumidor apenas se torna possível por meio da redução dos custos de troca (*switching costs*) e, portanto, do efeito *lock-in*, que serão alcançados por meio da garantia do exercício efetivo do direito à portabilidade. Assim, ainda que possa haver efeitos colaterais da portabilidade, a lei deve fornecer salvaguardas contra o aprisionamento dos consumidores, garantindo a mobilidade dos agentes no mercado. Ademais, os benefícios resultantes do direito à portabilidade, especialmente no que se refere ao bem-estar do consumidor, são muito superiores a eventuais efeitos adversos que dele possam ser gerados, cabendo aos concorrentes lutarem por dados individuais, oferecendo melhores serviços, e assim os obterem por mérito.

4. CONSIDERAÇÕES FINAIS

Como foi possível verificar ao longo do presente estudo, a portabilidade é ferramenta fundamental e indispensável, posta à disposição dos titulares dos dados, para incrementar o controle dos indivíduos sobre seus dados, não mais apenas de uma forma passiva, mas

---

122. MARTINELLI, Silvia. Sharing data and privacy in the platform economy: the right to data portability and "porting rights". In: REINS L. (Eds.). Regulating New Technologies in Uncertain Times. *Information Technology and Law Series*, v. 32, T.M.C Asser Press, The Hague, 2019.
123. Ibid.
124. ENGELS, Barbara. *Data portability among online plataforms*. Internet Policy Review. 5 (2), 2016.
125. FIDALGO, Vitor Palmela. O direito à portabilidade de dados pessoais. *Revista de Direito e Tecnologia*, v. 1, n. 1., 2019, p. 89-135.
126. KUPCIK, Jan. *Why real big data may not matter that much and why data portability is crucial*. Disponível em: https://ec.europa.eu/competition/information/digitisation_2018/contributions/jan_kupcik.pdf. Acesso em: 30.12.2019.

também de forma ativa, de maneira que se beneficiem da atual economia de dados que se encontra em expressivo e célere desenvolvimento. O direito à portabilidade, assim, concorre para o exercício da *autodeterminação informativa*, evitando que os dados se tornem um mero objeto de transação.

Além disso, esse novo direito trouxe um maior equilíbrio de poder entre os titulares dos dados e os responsáveis pelo tratamento, como prestadores de serviços e produtos, que agora precisarão envidar esforços para conquistar e manter seus consumidores, sob pena de perdê-los para seus concorrentes.

Cria-se, então, a partir do direito à portabilidade, uma maior *confiança digital* por parte dos titulares dos dados, que passam a também beneficiar-se da nova economia movida a dados, mediante um controle mais efetivo das suas próprias informações.[127]

Por fim, como demonstrado através de uma abordagem econômico-comportamental, o direito à portabilidade reduz os custos incorridos pelos consumidores no mercado digital quando da intenção de troca de prestadores de serviços e produtos, resultando na promoção da economia digital, por meio do livre trânsito e migrações dos dados entre diferentes prestadores de serviços e produtos, estimulando a concorrência[128], e evitando comportamentos ineficientes e práticas abusivas contra os consumidores. Sem a possibilidade de portar os dados, seria extremamente custoso aos titulares se moverem dentro do mercado digital, o que geraria decisões redutoras de bem-estar. Um ambiente competitivo saudável exige que os consumidores possam transferir seus dados de forma fácil e barata de um prestador a outro, uma vez que a retenção dos dados configura uma barreira à troca.[129]

Assim, o *direito à portabilidade* surge como o *fator essencial* e de suma relevância para a promoção da eficiência e do *equilíbrio* entre todos os participantes no mercado digital, de forma que equaliza a posição dos titulares dos dados, dos prestadores de serviços e fornecedores de produtos na sociedade da informação, e promove a proteção dos consumidores e da concorrência.

5. REFERÊNCIAS

ALMUNIA, Joaquín, Discurso sobre Concorrência e Proteção de Dados Pessoais no evento "Privacy Platform event: Competition and Privacy in Markets of Data", ocorrido em Bruxelas, em 26 de novembro de 2012. Disponível em: https://ec.europa.eu/commission/presscorner/detail/en/SPEECH_12_860. Acesso em: 22.12.2019.

ARTICLE 29 DATA PROTECTION WORKING PARTY. *Guidelines on the right to data portability*. Brussels: European Commission, 2016.

---

127. FIDALGO, Vitor Palmela. O direito à portabilidade de dados pessoais. *Revista de Direito e Tecnologia*, v. 1, n. 1., 2019, p. 89-135.
128. CRAVO, Daniela Copetti. O direito à portabilidade na lei geral de proteção de dados. In: FRAZÃO, Ana; TEPEDINO, Gustavo; OLIVA, Milena Donato (Coord.). *Lei geral de proteção de dados pessoais e suas repercussões no direito brasileiro*. São Paulo: Thomson Reuters Brasil, 2019, p. 347-363.
129. Vide discurso de Joaquín Almunia, Comissário Europeu da Concorrência de fevereiro de 2010 a novembro de 2014, sobre Concorrência e Proteção de Dados Pessoais no evento "Privacy Platform event: Competition and Privacy in Markets of Data", ocorrido em Bruxelas, em 26 de novembro de 2012. Disponível em: https://ec.europa.eu/commission/presscorner/detail/en/SPEECH_12_860. Acesso em: 22.12.2019.

BECKER, Daniela; RODRIGUES, Roberta Brito. Direitos do titular. In: FEIGELSON, Bruno; SIQUEIRA, Antonio Henrique Albani (Coord.). *Comentários a Lei Geral de Proteção de Dados – Lei 13.709/2018*. São Paulo: Thomson Reuters Brasil, 2019.

BERGSTEIN, Laís. Direito à portabilidade na lei geral de proteção de dados. *Revista dos Tribunais*, v. 1003, 2019, p. 433-439.

BIONI, Bruno Ricardo. *Xeque-mate: o tripé da proteção de dados pessoais no jogo de xadrez das iniciativas legislativas no Brasil*. São Paulo: GPoPAI/ USP, 2015.

BIONI, Bruno. O regulamento europeu de proteção de dados pessoais e a lei geral de proteção de dados brasileira: mapeando convergências na direção de um nível de equivalência. *Revista de Direito do Consumidor*, v. 124, p. 157-180, jul/ago, 2019.

BUTTARELLI, Giovanni. *One giant leap for digital rights*. 2016. Disponível em: https://edps.europa.eu/press-publications/press-news/blog/one-giant-leap-digital-rights_en. Acesso em: 10.12.2019.

Carta de Direitos Fundamentais da União Europeia. (2012/C 326/02). Disponível em: https://eurlex.europa.eu/legalcontent/PT/TXT/PDF/?uri=CELEX:12012P/TXT&from=EN. Acesso em: 19.12.2019.

CORR, Philip; PLAGNOL, Anke. *Behavioural Economics: the basics*. Reino Unido: Routledge, 2019.

CRAVO, Daniela Copetti. *Direito à potabilidade de dados*. Interface entre defesa da concorrência, do consumidor e proteção de dados. Rio de Janeiro: Lumen Juris, 2018.

CRAVO, Daniela Copetti. O direito à portabilidade na lei geral de proteção de dados. In: FRAZÃO, Ana; TEPEDINO, Gustavo; OLIVA, Milena Donato (Coord.). Lei geral de proteção de dados pessoais e suas repercussões no direito brasileiro. São Paulo: Thomson Reuters Brasil, 2019, p. 347-363.

CSERES, Kati. The impact of consumer protection on competition law. The case of deregulated market. *Amsterdam Center of Law & Economics Working Paper*, n. 5, p. 4, 2006.

DECISÃO n. 922/2009/CE DO PARLAMENTO EUROPEU E DO CONSELHO de 16 de Setembro de 2009 sobre soluções de interoperabilidade para as administrações públicas europeias (ISA). Disponível em: https://eur-lex.europa.eu/legal-content/PT/TXT/PDF/?uri=CELEX:32009D0922&from=ES. Acesso em: 20.12.2019.

DONEDA, Danilo; MENDES, Laura Schertel. Reflexões iniciais sobre a nova lei de proteção de dados. *Revista de Direito do Consumidor*, São Paulo, v. 120, p. 469-483, nov./dez. 2018.

DUARTE, Diogo Pereira; GUSEINOV, Alexandra. O direito de portabilidade de dados pessoais. In: CORDEIRO, Antônio Menezes; OLIVEIRA, Ana Perestrelo; DUARTE, Diogo Pereira Duarte (Coord.). *FinTechII*: Novos estudos sobre tecnologia financeira. Coimbra: Almedina, 2019.

ENGELS, Barbara. Data portability among online plataforms. *Internet Policy Review*. 5 (2), 2016.

ESRC Centre for Competition Policy. *Behavioural Economics in Competition and Consumer Policy*. University of East Anglia. Disponível em: http://competitionpolicy.ac.uk/documents/8158338/8193541/CCP+economics+book+Final+digital+version+-+colour.pdf/30214557-cace-4b0b-8aac-a801bb-de87bc. Acesso em: 28.12.2019.

EURICH, Markus; BURTSCHER, Michael. *The Business-to-Consumer Lock-in Effect*. Cambridge Service Alliance 2014, University of Cambridge, 2014. Disponível em: https://cambridgeservicealliance.eng.cam.ac.uk/resources/Downloads/Monthly%20Papers/2014AugustPaperBusinesstoConsumerLockinEffect.pdf. Acesso em: 15.12.2019.

FAURE, Michael; LUTH, Hanneke. *Behavioural Economics in Unfair Contract Terms Cautions and Considerations*. Rotterdam: 2011.

FERNÁNDEZ-SAMANIEGO, Javier; FERNÁNDEZ-LONGORIA, Paula. El derecho de la portabilidade de los datos. In: MANÃS, Jose Luis Piñas (Dir.); CARO, Maria Alvarez; GAYO, Miguel Recio (Coord.). *Reglamento General de Protección de datos*: hacia un nuevo modelo europeo de privacidad. Madrid: Réus, 2016.

FIDALGO, Vitor Palmela. O direito à portabilidade de dados pessoais. *Revista de Direito e Tecnologia*, v. 1, n. 1., 2019, p. 89-135.

FOURBERG, Niklas. *Let's lock them in: Collusion under Consumer Switching Costs*. Annual Conference 2017 (Vienna): Alternative Structures for Money and Banking 168097, Verein für Socialpolitik / German Economic Association, 2017.

FRAZÃO, Ana. *Nova LGPD: ainda sobre o direito à portabilidade*. Disponível em: https://www.jota.info/paywall?redirect_to=//www.jota.info/opiniao-e-analise/colunas/constituicao-empresa-e-mercado/nova-lgpd-ainda-sobre-o-direito-a-portabilidade-14112018. Acesso em: 22.12.2019.

FRAZÃO, Ana. *Nova LGPD: direito à portabilidade*. Disponível em: https://www.jota.info/paywall?redirect_to=//www.jota.info/opiniaoanalise/colunas/constituicao-empresa-e-mercado/nova-lgpd-direito-a-portabilidade-07112018. Acesso em: 14.12.2019.

GRAEF, Inge, HUSOVEC, Martin Husovec, PURTOVA, Nadezhda. Data portability and data control: lessons for an emerging concept in eu law. *German Law Journal 2018*, v. 19, n. 6, 2017, p. 1359-1398.

KESSLER, Daniela Seadi; CRAVO, Daniela Copetti; DRESCH, Rafael de Freitas Valle. *Direito à portabilidade na lei geral de proteção de dados*. São Paulo: Foco, 2020.

KUPCIK, Jan. *Why real big data may not matter that much and why data portability is crucial*. Disponível em: https://ec.europa.eu/competition/information/digitisation_2018/contributions/jan_kupcik.pdf. Acesso em: 30.12.2019.

LORENZETTI, Ricardo L. *Comercio electrónico*. Buenos Aires: ABELEDO-PERROT, 2001.

LUNN, Peter. *Telecommunications Consumers: a behavioural economic analysis*. Disponível em: http://www.tara.tcd.ie/bitstream/handle/2262/63857/WP417.pdf;sequence=1. Acesso em: 20.12.2019.

MARTINELLI, Silvia. Sharing data and privacy in the platform economy: the right to data portability and "porting rights". In: REINS L. (Eds.). Regulating New Technologies in Uncertain Times. *Information Technology and Law Series*, v. 32, T.M.C Asser Press, The Hague, 2019.

PUCCINELLI, Oscar Raúl. El derecho a la portabilidad de los datos personales. Orígenes, sentido y alcances. *Pensamiento Constitucional*, v. 22, n. 22, Gale Onefile: Informe Académico, 2017, p. 203-228.

REISCH, Lucia A.; ZHAO, Min. *Behavioural economics, consumer behaviour and consumer policy: state of the art*. Cambridge University Press, 190-206, 2017, p. 194-195.

SANTOLIM, Cesar Viterbo de Matos. Behavioral law and economics e a teoria dos contratos. *Revista Jurídica Luso-Brasileira*, v. 3, p. 407-430, 2015.

THALER, Richard H.; SUNSTEIN, Cass R. *Nudge*. Como tomar decisões sobre saúde, dinheiro e felicidade. Rio de Janeiro: Objetiva, 2019, p. 33.

THALER, Richard. *Comportamento inadequado*. A construção da economia comportamental. Coimbra: ACTUAL, 2015.

The Netherlands Authority for Consumers and Markets (ACM). *Behavioural economics and its impact on competition policy*. A practical assessment with illustrative examples from financial services. Disponível em: https://www.acm.nl/sites/default/files/old_publication/bijlagen/11586_oxera-behavioural-economics-competition-policy.pdf. Acesso em: 20.12.2019.

TONETTO, Leandro Miletto; KALIL, Lisiane Lindenmeyer; MELO, Wilson Vieira; SCHNEIDER, Daniela Di Giorgio; STEIN, Lilian Milnitsky. *O papel das heurísticas no julgamento e na tomada de decisão sob incerteza*. Disponível em: https://www.researchgate.net/publication/250050966_O_papel_das_heuristicas_no_julgamento_e_na_tomada_de_decisao_sob_incerteza. Acesso em: 25.04.2019.

VANBERG, Aysem Diker; Ünver, Mehmet Bilal. The right to data portability in the GDPR and EU competition law: odd couple or dynamic duo? *European Journal of Law and Technology*, v. 8, n. 1, 2017.

WRIGHT, Joshua D.; GINSBURG, Douglas H. Behavioral law and economics: its origins, fatal flaws, and implications for liberty. *Northwestern University Law Review*, v. 106, n. 3, 2012.

YOSIFON, David G. Consumer Lock-In and the Theory of the Firm. *Seattle University Law Review*, v. 35, 2012, p. 1452.

ZANFIR, Gabriela. *The right to data portability in the contexto of the EU data protection reform*. International Data Privacy Law, p. 1-14, 2012.

RESPONSABILIDADE CIVIL NA LEI GERAL DE PROTEÇÃO DE DADOS: UMA ANÁLISE DO NEXO DE IMPUTAÇÃO

Victoria Dickow Paganella

Mestranda em Direito pela UFRGS, vinculado ao Centro de Estudos Europeus e Alemães (CDEA). Bacharela em Ciências Jurídicas e Sociais pela UFRGS, com láurea acadêmica. Advogada. paganellavictoria@gmail.com.

Sumário: 1. Introdução. 2. Tratamento irregular de dados pessoais. 2.1 Aspectos gerais. 2.2 Inobservância da legislação. 2.3 Falta de segurança legitimamente esperada. 3. Nexo de imputação da responsabilidade civil na LGPD. 3.1 Correntes doutrinárias: objetivista e subjetivista. 3.1.1 Responsabilidade civil objetiva e a noção de risco. 3.1.2 Responsabilidade civil subjetiva e a noção de culpa. 3.2 Uma responsabilidade *sui generis*? 4. Considerações finais. 5. Referências.

1. INTRODUÇÃO

O vertiginoso avanço da tecnologia – por meio da utilização de algoritmos, inteligência artificial, técnicas de *profiling*, *data mining* e tantas outras formas de processamento de dados – incrementou a sociedade de riscos com o mercado informacional. Nesse contexto, passa-se a atentar para danos que ocorrem no âmbito de uma nova esfera dos direitos da personalidade, que é a proteção de dados. Para tanto, a Lei Geral de Proteção de Dados (LGPD) estabelece as regras relativas à responsabilidade civil, na Seção III, do Capítulo VI, nos artigos 42 a 45, atribuindo a responsabilidade pelos danos decorrentes do exercício de atividade de tratamento de dados pessoais ao controlador e ao operador. A significativa divergência na doutrina acerca dessa nova previsão de responsabilidade civil justifica o objeto desta pesquisa, que visa a dirimir o dissenso a respeito do fundamento da referida responsabilidade.

Assim, o objetivo deste estudo é investigar, a partir da noção de culpa, de risco e das características do tratamento irregular, qual o fundamento (nexo de imputação) da responsabilidade civil prevista pela LGPD. Como hipóteses a serem verificadas, tem-se que a responsabilidade civil prevista na LGPD pode ser considerada (a) uma responsabilidade subjetiva, (b) uma responsabilidade objetiva e (c) uma responsabilidade *sui generis*.

Para tanto, busca-se, inicialmente, assimilar o significado da irregularidade no tratamento de dados pessoais previsto pela LGPD, examinando as hipóteses de inobservância à legislação e de não fornecimento de segurança legitimamente esperada, a fim de compreender a (in)compatibilidade de suas características com as noções de culpa e de risco.

Posteriormente, serão apresentados os argumentos utilizados pela doutrina favorável à responsabilidade fundada na culpa, bem como aqueles usados pela doutrina para justificar a adoção do risco como fundamento da responsabilidade civil, perquirindo sua pertinência ao regime de responsabilidade civil da LGPD.

A metodologia empregada nesta pesquisa foi o estudo dedutivo da responsabilidade civil prevista na LGPD, utilizando-se das técnicas de pesquisa bibliográfica e de análise legislativa brasileira e europeia (Regulamento Geral de Proteção de Dados – RGPD).

2. TRATAMENTO IRREGULAR DE DADOS PESSOAIS

Para compreender o nexo de imputação adotado pela LGPD, é preciso examinar as características da responsabilidade descrita pelo legislador. Assim, nesta primeira parte do estudo, será desenvolvido o conceito do pressuposto de tratamento irregular de dados pessoais, a fim de investigar sua (in)compatibilidade com a culpa ou com o risco.

2.1 Aspectos gerais

Antes de adentrar na interpretação do significado de tratamento irregular de dados pessoais, é preciso traçar, brevemente, o objeto de tutela da responsabilidade civil no âmbito da proteção de dados, bem como os sujeitos envolvidos nessa relação.

Apesar da nomenclatura adotada, a proteção de dados não tem como objeto de tutela os dados em si, mas sim a proteção do titular relacionado a esses dados, como um direito de personalidade.[1] Conforme descreve Albers, a complexidade dessa matéria não deve ser analisada sob uma abordagem individualista, mas sim a partir de uma "compreensão multidimensional dos direitos fundamentais", considerando a "socialidade do indivíduo".[2] Ademais, outra característica que deve ser destacada é a assimetria existente entre o titular de dados e toda a cadeia de tratamento de dados do "mercado informacional", denotando a vulnerabilidade técnica e informacional do titular frente a esses atores.[3]

Os danos[4] que decorrem do tratamento irregular de dados pessoais podem ser individuais ou coletivos e patrimoniais ou morais (art. 42, *caput*, LGPD), mas, ainda assim,

---

1. Sobre a natureza jurídica da proteção de dados, vide exposição acerca da inadequação do regime de propriedade aplicado ao direito da proteção de dados em MENKE, Fabiano. A proteção de dados e o novo direito fundamental à garantia da confidencialidade e da integridade dos sistemas técnico-informacionais no direito alemão. In: MENDES, Gilmar Ferreira; SARLET, Ingo Wolfgang; COELHO, Alexandre Zavaglia P. (Coord.). *Direito, inovação e tecnologia*. São Paulo: Saraiva, 2015, p. 205-230.
2. ALBERS, Marion. *A complexidade da proteção de dados*. Direitos Fundamentais e Justiça, ano 10, n. 35, jul.-dez., 2016, p. 19-45.
3. BIONI, Bruno Ricardo. *Proteção de dados pessoais*: a função e os limites do consentimento. Rio de Janeiro: Forense, 2019, p. 162,164-167.
4. O Considerando n. 85 do RGPD ilustra danos que decorrem da violação de dados pessoais: "(...) perda de controlo sobre os seus dados pessoais, a limitação dos seus direitos, a discriminação, o roubo ou usurpação de identidade, perdas financeiras, a inversão não autorizada da pseudonimização, danos para a reputação, a perda de confidencialidade de dados pessoais protegidos por sigilo profissional (...)". Assim, os danos podem estar relacionados a sensação de medo ou angústia, a outros direitos da personalidade, a perdas financeiras decorrentes de fraudes ou "identity theft" (MENKE, Fabiano; GOULART, Guilherme Damasio. *Segurança da informação e vazamento de dados*. 2019, Prelo).

enfrentam dificuldades[5] para serem conhecidos pelos titulares de dados e reconhecidos pelos aplicadores do direito. Sua ocorrência também pode ser visualizada no âmbito das mais variadas relações jurídicas: entre consumidores e fornecedores,[6] entre empregados e empregadores,[7] entre cidadão e Poder Público etc.

Em relação aos sujeitos envolvidos, tem-se, de um lado, aquele que sofreu o dano ("outrem", segundo art. 42, *caput*, LGPD), de modo que a vítima "não se resume aos titulares de dados", mas a qualquer pessoa que sofreu danos decorrentes de violação à legislação,[8] assemelhando-se ao RGPD.[9] De outro lado, o artigo 42 da LGPD atribui a responsabilidade decorrente da atividade de tratamento irregular de dados aos agentes de tratamento (art. 5º, inciso IX, LGPD), expressão que reúne, por definição, o controlador (aquele que decide as questões relacionadas ao tratamento de dados pessoais, conforme art. 5º, inciso VI, LGPD) e o operador (aquele que realiza o tratamento de dados pessoais, conforme art. 5º, inciso VII, LGPD). Haverá solidariedade entre controladores diretamente envolvidos no tratamento,[10] bem como entre o controlador e o operador, quando este descumprir as obrigações da legislação ou quando não seguir as instruções do controlador (art. 42, § 1º, LGPD). Por fim, destaca-se que, apesar do relevante papel de comunicação entre controlador, titulares e Autoridade Nacional de Proteção de Dados (ANPD) exercido pelo encarregado (art. 5º, inciso VIII, LGPD), não há menção expressa na LGPD no que tange à sua responsabilidade civil.[11]

Cumpre ainda mencionar regra processual referente ao ônus probatório, que poderá ser invertido em favor do titular quando houver (a) verossimilhança nas alegações, (b) hipossuficiência para produção de provas ou (c) excessiva onerosidade para produção probatória (art. 42, § 2º, LGPD). Ademais, salienta-se que, embora seja admissível a convenção das partes quanto ao ônus probatório, direitos indisponíveis

---

5. Enquanto um objeto furtado pode existir apenas em um lugar, os dados pessoais podem existir em diversos locais com diversos controladores diferentes, conforme: "Whereas a stolen piece of physical property can only exist in one location at a time, information can exist in many different hands simultaneously, all of which can spread it further." (SOLOVE, Daniel J. The new vulnerability: data security and personal information. In: CHANDER, Anupam; GELMAN, Lauren; RADIN, Margaret Jane (edit.). *Securing privacy in the internet age*, 2008, p. 111-136).
6. É no âmbito das relações de consumo que, provavelmente, se verifica a maioria dos casos de violações de dados pessoais. Atento a essa realidade, o legislador assegurou, no artigo 45, da LGPD, a sujeição das "hipóteses de violação do direito do titular no âmbito das relações de consumo" às regras de responsabilidade civil do Código de Defesa do Consumidor (CDC).
7. Destaca-se a filiação a sindicato, por exemplo, é considerada dado pessoal sensível (art. 5º, II, LGPD).
8. BODIN DE MORAES, Maria Celina. QUEIROZ, João Quinelato de. Autodeterminação informativa e responsabilização proativa: novos instrumentos de tutela da pessoa humana na LGPD. *Cadernos Adenauer* – Proteção de dados pessoais: privacidade versus avanço tecnológico. Rio de Janeiro: Fundação Konrad Adenauer, 2019, ano XX, n. 3, p. 113-135.
9. O autor destaca que, no âmbito do RGPD, há divergência doutrinária quanto ao alcance da expressão "qualquer pessoa que tenha sofrido danos", isto é, se inclui (a) pessoas físicas e jurídicas, (b) apenas pessoas físicas ou (c) apenas titulares dos dados. (CORDEIRO, A. Barreto Menezes. Repercussões do RGPD sobre a responsabilidade civil. In: FRAZÃO, Ana; TEPEDINO, Gustavo; OLIVA, Milena Donato (Coord.). *Lei Geral de Proteção de Dados e suas repercussões no Direito Brasileiro*. São Paulo: Thomson Reuters Brasil, 2019, p. 777-795).
10. Sobre controle conjunto, simultâneo, paralelo ou sucessivo de mais de um controlador, vide BARBOSA, Mafalda Miranda. Data controllers e data processors: da responsabilidade pelo tratamento de dados à responsabilidade civil. *Revista de Direito Comercial*, 2018.
11. DRESCH, Rafael de Freitas Valle; FALEIROS JÚNIOR, José Luiz de Moura. Reflexões sobre a responsabilidade civil na Lei Geral de Proteção de Dados (Lei 13.709/2018). In: ROSENVALD, Nelson; DRESCH, Rafael de Freitas Valle; WESENDONCK, Tula (Coord.). *Responsabilidade civil: novos riscos*. Indaiatuba: Editora Foco, 2019.

– como é o caso da proteção de dados enquanto direito de personalidade – não podem ser objeto de negócio jurídico processual (art. 373, § 3º, inciso I, Código de Processo Civil – CPC).[12]

Compreendidas essas noções preliminares, adentra-se no pressuposto do tratamento irregular de dados pessoais. O significado do termo "tratamento" é bastante amplo, pois compreende "toda operação realizada com dados pessoais" (artigo 5º, inciso X, LGPD),[13] alcançando, assim, desde o momento da coleta de dados até a sua eliminação, com o término do tratamento. Salienta-se ainda que as operações elencadas pelo referido dispositivo compõem rol exemplificativo, permitindo que outras operações realizadas com dados pessoais possam ser consideradas no conceito de "tratamento".

Nesse sentido, o *caput* do artigo 42 parece, num primeiro momento, admitir a incidência da responsabilidade civil em qualquer hipótese de dano ocorrido no exercício da atividade de tratamento de dados pessoais. No entanto, percebe-se que a atividade desenvolvida pelos agentes de tratamento é adjetivada pela irregularidade, de modo que não é todo e qualquer dano decorrente de tratamento de dados pessoais que ensejará a incidência da responsabilidade civil, mas apenas os danos decorrentes de tratamento *irregular* de dados pessoais.[14]

Nesse sentido, cumpre aprofundar o que a LGPD estabelece como "irregularidade" no âmbito da proteção de dados. Como parâmetros, a lei estabelece (a) a inobservância da legislação e (b) a segurança legitimamente esperada pelos titulares (art. 44, *caput*, LGPD).[15]

2.2 Inobservância da legislação

A inobservância da legislação, ou também "violação à legislação" (art. 42, *caput*, LGPD), configura uma das hipóteses em que há tratamento irregular de dados pessoais. Como já descrito pela própria nomenclatura, quando uma norma relativa à proteção de dados não for respeitada pelos agentes de tratamento e ocasionar danos,[16] poderá incidir a responsabilidade civil.

---

12. Art. 373. O ônus da prova incumbe: (...) § 3º A distribuição diversa do ônus da prova também pode ocorrer por convenção das partes, salvo quando: I – recair sobre direito indisponível da parte; (...).
13. Art. 5º Para os fins desta Lei, considera-se: (...) X – tratamento: toda operação realizada com dados pessoais, como as que se referem a coleta, produção, recepção, classificação, utilização, acesso, reprodução, transmissão, distribuição, processamento, arquivamento, armazenamento, eliminação, avaliação ou controle da informação, modificação, comunicação, transferência, difusão ou extração; (...)
14. Trata-se de técnica legislativa semelhante àquela adotada pelo Código de Defesa do Consumidor (CDC). Assim como nas relações de consumo, não são todos os danos causados por produtos e serviços que ensejam a responsabilidade civil, mas apenas aqueles provocados por um produto ou serviço defeituoso. Benjamin explica que o CDC "não estabelece um sistema de segurança absoluta para os produtos e serviços. O que se requer é uma segurança dentro dos padrões da expectativa legítima dos consumidores. (...)" (BENJAMIN, Antonio Herman V.; MARQUES, Claudia Lima; BESSA, Leonardo Roscoe. *Manual de Direito do Consumidor*. 7. ed. rev., atual. e ampl. São Paulo: Ed. RT, 2016, p. 180).
15. Art. 44. O tratamento de dados pessoais será irregular quando deixar de observar a legislação ou quando não fornecer a segurança que o titular dele pode esperar, consideradas as circunstâncias relevantes, entre as quais: (...)
16. Ressalta-se que a mera violação da legislação pode sujeitar os agentes de tratamento a sanções administrativas, tanto na LGPD quanto no RGPD. Sobre as multas aplicadas no RGPD, vide: BERGT, Matthias. *Sanktionierung von Verstößen gegen die Datenschutz-Grundverordnung*. Datenschutz und Datensicherheit, 2017.

Cumpre referir que o termo "legislação" não se restringe à LGPD, mas ao conjunto de normas que versem sobre a proteção de dados.[17] Nesse sentido, as normas que serão editadas no futuro pela Autoridade Nacional de Proteção de Dados (ANPD) estarão abarcadas pelo termo "legislação" e poderão ensejar responsabilidade civil, se o seu descumprimento acarretar danos.

A hipótese da inobservância da legislação é um dos exemplos que ilustra a forte influência que o RGPD exerceu sobre a LGPD. Isso porque a regra de responsabilidade civil no RGPD adota o mesmo pressuposto. Segundo o artigo 82 do RGPD, haverá responsabilidade para reparar danos decorrentes de "uma violação do presente regulamento",[18] incluindo também as normas nacionais dos Estados-Membros que executam o RGPD.[19] Outras influências do RGPD na legislação brasileira estão relacionadas à regra de solidariedade e aos sujeitos aos quais a responsabilidade é atribuída (agentes de tratamento).[20]

A noção de violação às normas de proteção de dados já estava presente no artigo 23 da Diretiva 95/46/CE,[21] substituída pelo RGPD. A interpretação desse pressuposto passou a ser mais alargada com o RGPD, abrangendo "tratamentos ilícitos, bem como violações de direitos, de obrigações ou de proibições legais" relacionadas às atividades dos responsáveis pelo tratamento e dos subcontratantes.[22] Assim, o RGPD considera, como pressupostos da responsabilidade civil (a) a violação do regulamento; (b) os danos e prejuízos sofridos[23] e (c) a causalidade entre o dano sofrido e a violação.[24] De qualquer forma, ainda há divergências doutrinárias em relação à natureza das obrigações impostas ao responsável pelo tratamento e ao subcontratante e, consequentemente, quanto às hipóteses que permitem afastar a responsabilidade desses sujeitos.[25]

---

17. Trata-se de raciocínio adotado pelo artigo 96, do Código Tributário Nacional que parece aplicável à LGPD.
18. Art. 82°. (1) Qualquer pessoa que tenha sofrido danos materiais ou imateriais devido a uma violação do presente regulamento tem direito a receber uma indenização do responsável pelo tratamento ou do subcontratante pelos danos sofridos. (...)
19. Considerando 146. p. 5. Do RGPD.
20. O artigo 82, do RGPD também estabelece que há solidariedade entre o responsável pelo tratamento (correspondente ao controlador na LGPD) e o subcontratante (correspondente ao operador na LGPD).
21. Artigo 23° Responsabilidade 1. Os Estados-membros estabelecerão que qualquer pessoa que tiver sofrido um prejuízo devido ao tratamento ilícito de dados ou a qualquer outro acto incompatível com as disposições nacionais de execução da presente directiva tem o direito de obter do responsável pelo tratamento a reparação pelo prejuízo sofrido. 2. O responsável pelo tratamento poderá ser parcial ou totalmente exonerado desta responsabilidade se provar que o facto que causou o dano lhe não é imputável.
22. CORDEIRO, A. Barreto Menezes. Repercussões do RGPD sobre a responsabilidade civil. In: FRAZÃO, Ana; TEPEDINO, Gustavo; OLIVA, Milena Donato (Coord.). *Lei Geral de Proteção de Dados e suas repercussões no Direito Brasileiro*. São Paulo: Thomson Reuters Brasil, 2019, p. 777-795.
23. A novidade do RGPD em relação à Diretiva 95/46/CE diz respeito à inclusão de previsão expressa dos danos imateriais como ressarcíveis, ao lado dos danos materiais. (VAN ALSENOY, Brendan. *Liability under EU Data Protection Law*: From Directive 95/46 to the General Data Protection Regulation, 7 (2016) JIPITEC 271 para 1).
24. PUIG, Antoni Rúbi. *Daños por infracciones del derecho a la protección de datos personales*: el remedio indemnizatorio del artículo 82 RGPD. Revista de Derecho Civil, v. V, n. 4, out.-dez., 2018.
25. Sobre essa discussão, vide: BUSSCHE, Axel von dem; VOIGT, Paul. *The EU General Data Protection Regulation (GDPR)*: a pratical guide. Springer, 2017. E-book; VAN ALSENOY, Brendan. *Liability under EU Data Protection Law*: From Directive 95/46 to the General Data Protection Regulation, 7 (2016) JIPITEC 271 para 1.; WOLTERS, Pieter. *The security of personal data under the GDPR*: a harmonized duty or a shared responsibility? International Data Privacy Law, n. 3, v. 7, 2017.

Ainda que não tenha sido aplicada a LGPD na jurisprudência,[26] é possível projetar algumas situações que possam acarretar danos pela inobservância da legislação de proteção de dados.

Como exemplo de inobservância da legislação, é possível pensar no término do tratamento de dados, previsto pelos artigos 15 e 16, ambos da LGPD. Via de regra, os dados pessoais devem ser eliminados após o término do tratamento de dados. Entretanto, se esses dados pessoais não forem eliminados, mesmo após o término de seu tratamento (art. 15, LGPD), não incidindo nenhuma das hipóteses de autorização da sua conservação (art. 16, LGPD), resta caracterizada uma inobservância da legislação, que poderá conduzir à responsabilidade civil, desde que presentes os demais pressupostos.[27]

Outros exemplos seriam a inobservância dos direitos dos titulares (art. 18, LGPD) e a violação dos princípios elencados no artigo 6º, da LGPD, sobretudo o princípio da finalidade e o princípio da não discriminação, por prática ilícita ou abusiva.[28]

2.3 Falta de segurança legitimamente esperada

O segundo parâmetro para identificação de um tratamento irregular é a ausência de segurança legitimamente esperada pelo titular (art. 44, *caput*, LGPD). Neste ponto, é preciso explorar a (a) noção de segurança prevista como um "dever geral",[29] (b) as circunstâncias relevantes a serem consideradas no caso concreto, bem como (c) a noção de boa-fé associada às expectativas legítimas do titular.

Observa-se que o artigo 44, da LGPD, apresenta técnica legislativa bastante semelhante ao artigo 14, § 1º, do Código de Defesa do Consumidor (CDC),[30] que versa sobre a responsabilidade pelo fato de serviço defeituoso. Verifica-se que, em ambos dispositivos, há menção ao não fornecimento de uma "segurança esperada" pelo titular ou pelo consumidor, respectivamente. Também se constata que as circunstâncias relevantes

---

26. É possível encontrar, no TJRS, diversos julgados referentes a pedidos de indenização por dano moral por vazamento de dados de alunos de Universidade do Vale do Rio dos Sinos (UNISINOS), com fulcro no art. 927, *caput*, CC. Os casos foram julgados improcedentes por ausência de configuração do dano. Vide: Recurso Cível 71004371027, Primeira Turma Recursal Cível, Turmas Recursais, Relator: Marta Borges Ortiz, Julgado em: 26-11-2013; Apelação Cível 70064160468, Décima Câmara Cível, Tribunal de Justiça do RS, Relator: Marcelo Cezar Muller, Julgado em: 05-11-2015; Apelação Cível 70074855610, Quinta Câmara Cível, Tribunal de Justiça do RS, Relator: Isabel Dias Almeida, Julgado em: 27-09-2017; Apelação Cível 70079314035, Nona Câmara Cível, Tribunal de Justiça do RS, Relator: Eugênio Facchini Neto, Julgado em: 18-12-2018.
27. GUEDES, Gisela Sampaio da Cruz; MEIRELES, Rose Melo Vencelau. Término do tratamento de dados. In: FRAZÃO, Ana; TEPEDINO, Gustavo; OLIVA, Milena Donato (Coord.). *Lei Geral de Proteção de Dados e suas repercussões no Direito Brasileiro*. São Paulo: Thomson Reuters Brasil, 2019, p. 219-241.
28. A autora descreve o caso de *social scoring* na China como exemplo de violação de ambos os princípios (dados pessoais utilizados para finalidade diversa pela qual foram coletados, discriminando o acesso a direitos fundamentais), bem como o caso da *Standard Inovation* como exemplo de violação do princípio da finalidade por ato ilícito, já que dados sensíveis relativos aos hábitos sexuais dos consumidores eram coletados a partir da utilização do produto sem consentimento. (MULHOLLAND, Caitlin Sampaio. *Dados pessoais sensíveis e a tutela de Direitos Fundamentais*: uma análise à luz da Lei Geral de Proteção de Dados (Lei 13.709/18). Estado de Direito e Tecnologia. FDV Publicações, set.-dez., 2018, v. 19).
29. DRESCH, Rafael de Freitas Valle; FALEIROS JÚNIOR, José Luiz de Moura. Reflexões sobre a responsabilidade civil na Lei Geral de Proteção de Dados (Lei 13.709/2018). In: ROSENVALD, Nelson; DRESCH, Rafael de Freitas Valle; WESENDONCK, Tula (Coord.). *Responsabilidade civil: novos riscos*. Indaiatuba: Editora Foco, 2019.
30. MIRAGEM, Bruno. A Lei Geral de Proteção de Dados Pessoais (Lei n. 13.709/2018) e o direito do consumidor. *Revista dos Tribunais*, v. 1009, nov. 2019.

para determinar se o tratamento é irregular ou se o serviço é defeituoso são semelhantes, diferindo-se apenas para se adequar à relação jurídica em que estão inseridas.

Na verdade, trata-se de mais uma influência do direito europeu, já que a redação da responsabilidade pelo fato do produto e do serviço no CDC foi inspirada na Diretiva 85/374/CEE, que estabelece a responsabilidade objetiva pelos produtos defeituosos colocados em circulação.[31] Cumpre destacar, porém, que o CDC inovou ao estender o mesmo regime de responsabilidade delineado para produtos defeituosos aos serviços defeituosos, diferindo-se da referida diretiva europeia.

Por outro lado, a noção de segurança na LGPD apresenta algumas características próprias, sendo delineada pelo princípio da segurança (art. 6º, VII, LGPD) e pelos dispositivos do Capítulo VII (arts. 46 e seguintes). A segurança na LGPD está relacionada à vulnerabilidade de sistemas informáticos das atividades que tratam dados pessoais, preocupando-se com os atributos da confidencialidade, integridade, disponibilidade e resiliência.[32] Conforme explica Daniel Solove,[33] a segurança, em proteção de dados, pode ser entendida como uma questão de "arquitetura da segurança", ou seja, está relacionada à forma pela qual as informações são armazenadas, protegidas e a quem pode ter acesso ou não a qual(is) informação(ões). Solove defende que o enfoque das legislações deve ser a insegurança, pois esta constitui a "base" da "pirâmide de abuso de dados", que também é formada pelo uso indevido de dados e pelo vazamento de dados no topo e no nível intermediário da pirâmide, respectivamente.

Ainda em relação à segurança, pode-se considerar a própria *adoção das medidas de segurança* como uma circunstância relevante para caracterizar o tratamento irregular (art. 44, parágrafo único, LGPD).[34] As medidas de segurança a serem adotadas pelos agentes de tratamento são descritas no Capítulo VII (da segurança e das boas práticas), sobretudo no artigo 46.[35] Assim, a expressão "medidas de segurança" abarca tanto me-

---

31. Sobre a Diretiva 85/374/CEE, vide: SILVA, João Calvão. *Responsabilidade civil do produtor*. Coimbra: Almedina, 1990; WESENDONCK, Tula. *O regime da responsabilidade civil pelo fato dos produtos postos em circulação*: uma proposta de interpretação do artigo 931 do Código Civil sob a perspectiva do direito comparado. Porto Alegre: Livraria do Advogado, 2015; WUYTS, Daily. *The Product Liability Directive* – More than two decades of defective products in Europe, 5, JETL 1, 2014.
32. Conforme os autores, a confidencialidade está relacionada à limitação e à autorização de acessos e usos a determinadas informações; a integridade, à garantia de ausência de alteração da informação ao longo do seu ciclo de vida; a disponibilidade, à garantia de acesso à informação quando necessário. (MENKE, Fabiano; GOULART, Guilherme Damasio. *Segurança da Informação e vazamento de dados*. In: BIONI, Bruno et al. (coord). Tratado de Proteção de Dados Pessoais. Rio de Janeiro: Grupo GEN, 2020 (ebook), n.p.). Esses atributos também estão presentes no artigo 32/1 (b) do RGPD.
33. SOLOVE, Daniel J. The new vulnerability: data security and personal information. In: CHANDER, Anupam; GELMAN, Lauren; RADIN, Margaret Jane (edit.). *Securing privacy in the internet age*, 2008, p. 111-136.
34. Art. 44. O tratamento de dados pessoais será irregular quando deixar de observar a legislação ou quando não fornecer a segurança que o titular dele pode esperar, consideradas as circunstâncias relevantes, entre as quais: (...) Parágrafo único. Responde pelos danos decorrentes da violação da segurança dos dados o controlador ou o operador que, ao deixar de adotar as medidas de segurança previstas no art. 46 desta Lei, der causa ao dano.
35. Art. 46. Os agentes de tratamento devem adotar medidas de segurança, técnicas e administrativas aptas a proteger os dados pessoais de acessos não autorizados e de situações acidentais ou ilícitas de destruição, perda, alteração, comunicação ou qualquer forma de tratamento inadequado ou ilícito.
§ 1º A autoridade nacional poderá dispor sobre padrões técnicos mínimos para tornar aplicável o disposto no caput deste artigo, considerados a natureza das informações tratadas, as características específicas do tratamento e o estado atual da tecnologia, especialmente no caso de dados pessoais sensíveis, assim como os princípios previstos no caput do art. 6º desta Lei.

didas técnicas, quanto medidas administrativas, as quais devem ser aptas[36] a proteger os dados pessoais. Essas medidas de segurança visam a evitar os chamados "incidentes de segurança",[37] ou seja, (a) acessos não autorizados, (b) situações acidentais e (c) situações ilícitas, envolvendo qualquer tipo de tratamento de dados pessoais.

A redação do referido artigo denota inspiração no conceito de "violação de dados pessoais" disposto no RGPD, que, a definiu, em seu artigo 4º/12, como "violação da segurança que provoque, de modo acidental ou ilícito, a destruição, a perda, a alteração, a divulgação ou o acesso, não autorizados, a dados pessoais transmitidos, conservados ou sujeitos a qualquer outro tipo de tratamento.".

É neste ponto que temos como exemplos o vazamento de dados, a atuação de *hackers*, de *ransomware* etc. A atuação de *hackers* pode ser considerada tanto como um acesso não autorizado aos dados pessoais, quanto como uma comunicação ilícita, na qual o *hacker* expõe dados pessoais resultantes de vazamento.[38] Por sua vez, as invasões em sistemas de bancos de dados por ataques *ransomware* são cada vez mais frequentes e podem ser entendidas como um ataque perpetrado "por meio de vírus que afetam redes de computadores e tornam as informações ali presentes inacessíveis, exigindo, para liberar o acesso, o pagamento de resgate."[39] É possível pensar ainda em situações acidentais de destruição ou perda de dados por desastres naturais, bem como em situação ilícita de alteração de dados pessoais por atuação de fraudador.[40] Todas essas situações representam violação a um dos atributos da segurança anteriormente referidos (confidencialidade, integridade, disponibilidade, resiliência).

Os incisos do artigo 44 estabelecem, em um rol exemplificativo ("entre as quais"), três circunstâncias relevantes a serem consideradas para avaliar se a segurança fornecida estava em conformidade com as expectativas legítimas do titular ou não, a saber: (a) o

---

§ 2º As medidas de que trata o caput deste artigo deverão ser observadas desde a fase de concepção do produto ou do serviço até a sua execução.

36. As "medidas aptas" a proteger os dados pessoais podem ser consideradas conceito jurídico indeterminado, tendo em vista que acompanham consequência legal de indenização, desde que presentes demais pressupostos. (MENKE, Fabiano; GOULART, Guilherme Damasio. *Segurança da Informação e vazamento de dados*. In: BIONI, Bruno et al. (coord). Tratado de Proteção de Dados Pessoais. Rio de Janeiro: Grupo GEN, 2020 (ebook), n.p.; MENKE, Fabiano. *A interpretação das cláusulas gerais: a subsunção e a concreção dos conceitos*. Revista de Direito do Consumidor. v. 50, abr.-jun., 2004, p. 9-35).

37. PEREIRA DE SOUZA, Carlos Affonso. Segurança e sigilo dos dados pessoais: primeiras impressões à luz da Lei 13.709/2018. In: FRAZÃO, Ana; TEPEDINO, Gustavo; OLIVA, Milena Donato (Coord.). *Lei Geral de Proteção de Dados e suas repercussões no Direito Brasileiro*. São Paulo: Thomson Reuters Brasil, 2019, p. 417-441.

Destaca-se que todas as violações de dados pessoais são incidentes de segurança, mas nem todos os incidentes de segurança implicam necessariamente violação de dados pessoais (GRUPO DE TRABALHO DO ARTIGO 29 PARA PROTEÇÃO DE DADOS. *Orientações sobre a notificação de uma violação de dados pessoais ao abrigo do Regulamento (UE) 2016/679*. Fev. 2018. Disponível em: https://ec.europa.eu/newsroom/article29/item-detail.cfm?item_id=612052. Acesso em: 17.10.2019).

38. JIMENE, Camilla do Vale. Capítulo VII Da Segurança e das boas práticas. In: BLUM, Renato Opice; MALDONADO, Viviane Nóbrega (Coord.). *Lei Geral de Proteção de Dados comentada*. São Paulo: Thomson Reuters Brasil Revista dos Tribunais, 2019, p. 329-354.

39. PEREIRA DE SOUZA, Carlos Affonso. Segurança e sigilo dos dados pessoais: primeiras impressões à luz da Lei 13.709/2018. In: FRAZÃO, Ana; TEPEDINO, Gustavo; OLIVA, Milena Donato (Coord.). *Lei Geral de Proteção de Dados e suas repercussões no Direito Brasileiro*. São Paulo: Thomson Reuters Brasil, 2019, p. 417-441.

40. JIMENE, Camilla do Vale. Capítulo VII Da Segurança e das boas práticas. In: BLUM, Renato Opice; MALDONADO, Viviane Nóbrega (Coord.). *Lei Geral de Proteção de Dados comentada*. São Paulo: Thomson Reuters Brasil Revista dos Tribunais, 2019, p. 329-354.

modo pelo qual o tratamento é realizado; (b) o resultado e os riscos que razoavelmente se esperam do tratamento e (c) as técnicas de tratamento de dados disponíveis à época em que o tratamento foi realizado.

Em relação ao *modo pelo qual o tratamento é realizado*, pode-se dizer que tal circunstância se refere, por um lado, às informações fornecidas[41] pelos agentes de tratamento,[42] refletindo, assim, o que prega o princípio da transparência (art. 6º, VI, LGPD); por outro lado, tal circunstância pode se referir também às técnicas de tratamento utilizadas para determinada operação com dados pessoais, como a pseudononimização e a criptografia.[43]

No que tange aos *resultados e aos riscos que razoavelmente se espera do tratamento de dados pessoais*, deve-se levar em consideração para determinar se houve falha na segurança não apenas os resultados e os riscos pensados pelos agentes de tratamento e especialistas em segurança, mas também a segurança que os titulares esperam que seja fornecida e alcançada pelo tratamento de dados. É esperado, por exemplo, que um hospital compartilhe os dados sensíveis do paciente com a equipe médica responsável pelos seus cuidados e com a sua seguradora de saúde, mas não é esperado que essas informações sejam compartilhadas com seguradoras diversas da contratada pelo titular.

Por fim, a terceira circunstância relevante apontada pela LGPD diz respeito às *técnicas de tratamento de dados disponíveis à época em que o tratamento foi realizado*. Pode-se dizer que se trata de uma referência à questão dos danos decorrentes de riscos do desenvolvimento, isto é, situação em que um produto ou um serviço que apresenta um defeito não conhecido pelo fornecedor é colocado em circulação no mercado – em observância a todas as técnicas, medidas e procedimentos de segurança cientificamente conhecidos naquela época – e, após certo período de uso, apresenta riscos à saúde ou à segurança de consumidores e/ou terceiros, causando-lhe danos.[44]

Cumpre explicar que o artigo 12, § 1º, do CDC[45] apresenta circunstâncias relevantes para determinar se um produto é defeituoso ou não, incluindo, no inciso III,

---

41. Pode-se pensar aqui no caso dos bancos de dados, que constituem um "serviço oferecido no mercado de consumo, serviço remunerado pelos fornecedores e 'gratuito' para o consumidor", de modo que a inobservância do dever de aviso, de informação ou de registro correto ensejam dano moral *in re ipsa* ao consumidor, ora titular. (BENJAMIN, Antonio Herman V.; MARQUES, Claudia Lima; MIRAGEM, Bruno. *Comentários ao código de defesa do consumidor*. 5. ed. rev., atual. e ampl. São Paulo: Ed. RT, 2013, p. 482).
42. ALVIM, Arruda; ALVIM, Thereza; ALVIM, Eduardo Arruda; MARINS, James. *Código do consumidor comentado*. 2. ed. rev. e ampl. São Paulo: Ed. RT, 1995, p. 138.
43. Criptografia é uma "escrita secreta" que visa a "esconder o significado de uma mensagem", sendo concebida para "resguardar a confidencialidade das informações trocadas entre emissor e destinatário não somente de sujeitos externos, como também do próprio intermediário, provedor de serviço de internet – e.g., WhatsApp e Facebook Messenger (...)". (DONEDA, Danilo; MACHADO, Diego. Proteção de dados pessoais e criptografia: tecnologias criptográficas entre anonimização e pseudonimização de dados. *Caderno Especial* – A Regulação da Criptografia no Direito Brasileiro, v. 1, dez., 2018, p. 99-128).
44. Sobre os riscos do desenvolvimento, vide: SILVA, João Calvão da. *Responsabilidade civil do produtor*. Coimbra: Almedina, 1990; WESENDONCK, Tula. *O regime da responsabilidade civil pelo fato dos produtos postos em circulação*: uma proposta de interpretação do artigo 931 do Código Civil sob a perspectiva do direito comparado. Porto Alegre: Livraria do Advogado, 2015; PASQUALOTTO, Adalberto de Souza. A responsabilidade civil do fabricante e os riscos do desenvolvimento. In: MARQUES, Claudia Lima (Coord.). *Estudos sobre a proteção do consumidor no Brasil e no Mercosul*. Porto Alegre: Livraria do Advogado, 1994; CALIXTO, Marcelo Junqueira. *A responsabilidade civil do fornecedor de produtos pelos riscos do desenvolvimento*. Rio de Janeiro: Renovar, 2004.
45. Art. 12. O fabricante, o produtor, o construtor, nacional ou estrangeiro, e o importador respondem, independentemente da existência de culpa, pela reparação dos danos causados aos consumidores por defeitos decorrentes de

circunstância relativa à época em que o produto foi colocado em circulação. Tal redação ainda divide os entendimentos doutrinários: alguns autores consideram que os riscos do desenvolvimento não estão abarcados pelo CDC em razão do inciso em questão,[46] enquanto outros autores defendem que os riscos do desenvolvimento configuram defeito do produto/serviço, não estão elencados como excludente de responsabilidade, além de estar em consonância com todo o sistema de normas consumeristas, incluindo o art. 12, § 1º, III, CDC.[47]

É possível afirmar, então, que o legislador, a fim de evitar um novo debate doutrinário como o que se estabeleceu em torno do art. 12, § 1º, III, CDC, modificou a redação do inciso, explicitando que o estado da arte deve ser observado. Assim, o titular somente poderá esperar uma segurança em conformidade com as técnicas de armazenamento, de transferência, de anonimização e demais operações realizadas com dados pessoais à luz do estado da arte do conhecimento científico no momento em que o tratamento de dados é realizado.

Reforça esse entendimento o teor do artigo 46, § 1º, LGPD, em que "as características específicas do tratamento e o estado atual da tecnologia" devem ser considerados pela ANPD para estabelecer "padrões técnicos mínimos" de segurança em suas eventuais normas de regulamentação. A adoção de um padrão mínimo de medidas técnicas de segurança, contudo, não pode ser entendido necessariamente como suficiente para caracterizar um tratamento regular. Ou seja, a observância de normas técnicas e regulamentares relativas às medidas de segurança a serem adotadas pelo agentes de tratamento correspondem a uma presunção de tratamento regular de dados pessoais, pois correspondem às "legítimas expectativas do público"; não excluem, porém, a observância do *standard* do estado da ciência e da técnica, que poderão, no caso concreto, "complementar ou suplantar" as normas existentes, tendo em vista que os *standards* prescritos em normas não devem ficar *aquém* daqueles conhecidos pela ciência.[48]

Nesse sentido, para determinar se o tratamento é irregular ou não, deve-se observar a técnica utilizada no tratamento. Essa técnica deve ser comparada apenas com outras técnicas que existiam no momento em que o tratamento foi realizado, o que nem sempre corresponde com o momento em que o dano ocorre. Se os danos decorrentes de tratamento pudessem ser evitados por uma técnica existente, há configuração de irregularidade no tratamento e, consequentemente, de responsabilidade civil. Dito de outro modo, se nesse momento o tratamento de dados oferecia a segurança que o "grande público" de

---

projeto, fabricação, construção, montagem, fórmulas, manipulação, apresentação ou acondicionamento de seus produtos, bem como por informações insuficientes ou inadequadas sobre sua utilização e riscos. § 1º O produto é defeituoso quando não oferece a segurança que dele legitimamente se espera, levando-se em consideração as circunstâncias relevantes, entre as quais: (...) III – a época em que foi colocado em circulação. (...)

46. Doutrina que entende que os riscos do desenvolvimento configuram causa excludente de responsabilidade, vide: STOCO, Rui. Defesa do consumidor e responsabilidade pelo risco do desenvolvimento. *Revista dos Tribunais*, São Paulo, v. 96, n. 855, p. 46-53, jan. 2007; ALVIM, Arruda; ALVIM, Thereza; ALVIM, Eduardo Arruda; MARINS, James. *Código do consumidor comentado*. 2. ed. rev. e ampl. São Paulo: Ed. RT, 1995, p. 108-116.
47. Doutrina que considera que os danos decorrentes de riscos do desenvolvimento estão sujeitos à reparação e configuram defeito do produto, vide: Tula Wesendonck, Paulo de Tarso Vieira Sanseverino, Antonio Herman V. Benjamin, Marcelo Junqueira Calixto.
48. SILVA, João Calvão da. *Responsabilidade civil do produtor*. Coimbra: Almedina, 1990, p. 651-652.

titulares podia esperar, não haverá irregularidade, ainda que tal técnica seja posteriormente aperfeiçoada pelos agentes de tratamento.[49]

A *expectativa legítima em relação à segurança do tratamento de dados pessoais* expressa a noção de boa-fé, a qual, inclusive, é elencada pela LGPD de forma destacada dos demais princípios (art. 6º, *caput*, LGPD). No âmbito da responsabilidade civil, a expectativa legítima do titular dos dados pessoais pode ser considerada como um conceito jurídico indeterminado.[50] Nesse contexto, temos uma frustração da expectativa legítima, quando um sujeito causa danos a outro por ter gerado neste uma expectativa legítima de agir em determinado sentido, mas adota conduta oposta ou diversa de forma abrupta ou desleal.[51] Assim, os titulares têm confiança de que seus dados serão adequadamente protegidos pelos agentes de tratamento, que deverão assegurar tal proteção.[52]

Pode-se dizer, por exemplo, que os agentes de tratamento, frequentemente, procuram criar confiança para os titulares de dados, indicando que o consentimento para o fornecimento de dados, por meio dos seus termos de uso e de suas políticas de privacidade, se destina a "melhorar a experiência" do titular de dados. Nesse sentido, estabelecida a confiança e autorizado o tratamento de dados pessoais com fundamento no legítimo interesse do controlador (art. 10, II, LGPD), há igualmente uma expectativa do titular de que o controlador não se comportará de "modo contraditório", respeitando "a vinculação à finalidade de utilização informada originalmente" no momento do consentimento.[53] Essas expectativas, geradas numa relação à distância, massificada e desmaterializada,[54] legitimam a ideia de que os dados coletados serão utilizados apenas para a finalidade informada originalmente. Assim, uma utilização para finalidade diversa, além de violar o princípio da finalidade, é conduta contrária à boa-fé, por frustrar as expectativas legítimas do titular.

Outro ponto que merece destaque no teor do artigo 46 diz respeito ao § 2º, o qual estabelece que as medidas de segurança (técnicas e administrativas) "devem observar desde a fase de concepção do produto ou do serviço até a sua execução", permitindo inferir que se trata de referência à noção de *privacy by design*.[55]

---

49. SILVA, João Calvão da. *Responsabilidade civil do produtor*. Coimbra: Almedina, 1990, p. 644-646.
50. A "segurança esperada pelo titular" traz vagueza semântica relacionada aos valores das expectativas legítimas decorrentes da boa-fé objetiva, acompanhada também da consequência legalmente previstas (obrigação de indenizar, desde que presentes demais pressupostos). Sobre conceitos jurídicos indeterminados, vide: MENKE, Fabiano. *A interpretação das cláusulas gerais*: a subsunção e a concreção dos conceitos. Revista de Direito do Consumidor. v. 50, abr.-jun., 2004, p. 9-35.
51. MARTINS-COSTA, Judith. *A boa-fé no direito privado*: critérios para sua aplicação. 2. ed. São Paulo: Saraiva, 2018, p. 460.
52. MENKE, Fabiano; GOULART, Guilherme Damasio. *Segurança da Informação e vazamento de dados*. In: BIONI, Bruno et al. (coord). Tratado de Proteção de Dados Pessoais. Rio de Janeiro: Grupo GEN, 2020 (ebook), n.p.
53. MIRAGEM, Bruno. A Lei Geral de Proteção de Dados Pessoais (Lei n. 13.709/2018) e o direito do consumidor. *Revista dos Tribunais*, v. 1009, nov. 2019.
54. BARBOSA, Fernanda Nunes. *Informação*: direito e dever nas relações de consumo. São Paulo: Ed. RT, 2008, p. 94.
55. Trata-se de conceito desenvolvido por Ann Cavoukian que reflete a ideia de que a privacidade deve ser garantida não apenas pela *compliance* e pelo cumprimento legal, mas também deve ser desenvolvida como modo de operação padrão de organização de produtos e serviços. A noção de *privacy by design* é explicada por meio de sete princípios fundacionais (CAVOUKIAN, Ann. *Privacy by Design*: The 7 Foundational Principles. Disponível em: https://www.ipc.on.ca/wp-content/uploads/Resources/7foundationalprinciples.pdf. Acesso em: 05.01.2020).

3. NEXO DE IMPUTAÇÃO DA RESPONSABILIDADE CIVIL NA LGPD

Compreendidas as principais características do pressuposto do tratamento irregular que enseja a responsabilidade civil no âmbito da LGPD, cumpre perquirir, afinal, qual seria o nexo de imputação refletido na sistemática da LGPD anteriormente descrita. Adianta-se que se trata de tema controvertido na doutrina, que tem se esforçado para explicar a natureza dessa responsabilidade especial. Assim, serão analisados os argumentos doutrinários favoráveis à responsabilidade civil objetiva, bem como aqueles em defesa da responsabilidade civil subjetiva.

Como é sabido, o Código Civil (CC) adota, como regra geral, a responsabilidade culposa (art. 186[56] e art. 927, *caput*,[57] ambos do CC). Excepcionalmente, admite-se a responsabilidade independente de culpa em duas situações (art. 927, parágrafo único, CC)[58]: (a) quando houver especificação em lei ou (b) quando a natureza da atividade implicar riscos para direitos de outrem.

3.1 Correntes doutrinárias: objetivista e subjetivista

3.1.1 *Responsabilidade civil objetiva e a noção de risco*

Neste tópico, serão analisados os argumentos apontados pela doutrina[59] em favor de uma responsabilidade objetiva na LGPD, a saber (a) atividade de tratamento de dados como uma atividade de risco; (b) ausência de exigência da demonstração de dolo ou de culpa; (c) defeito como nexo de imputação.

Em relação à consideração da atividade de tratamento de dados como atividade de risco, é possível compreender, a partir do entendimento de Danilo Doneda e de Laura Schertel Mendes, que a regulação da proteção de dados, por meio da LGPD, teve como objetivo a diminuição dos riscos decorrentes do tratamento de dados, já que este "apresenta risco intrínseco aos seus titulares".[60] Os autores consideram, assim, que a obrigação de reparar o dano está vinculada ao exercício de atividade de tratamento de dados pessoais (art. 42, *caput*, LGPD), a qual geraria intrinsecamente riscos aos titulares de dados.

Pouco é explorado, contudo, quais seriam os riscos intrinsecamente relacionados à atividade de tratamento de dados pessoais. No âmbito do Código Civil (CC), a noção de risco costuma enfrentar controvérsias, de modo que a doutrina majoritária adota a teoria do risco criado, a qual atribui a obrigação de reparar os danos àquele que criou

---

56. Art. 186. Aquele que, por ação ou omissão voluntária, negligência ou imprudência, violar direito e causar dano a outrem, ainda que exclusivamente moral, comete ato ilícito.
57. Art. 927. Aquele que, por ato ilícito (arts. 186 e 187), causar dano a outrem, fica obrigado a repará-lo. (...)
58. Art. 927. (...) Parágrafo único. Haverá obrigação de reparar o dano, independentemente de culpa, nos casos especificados em lei, ou quando a atividade normalmente desenvolvida pelo autor do dano implicar, por sua natureza, risco para os direitos de outrem.
59. São defensores da responsabilidade objetiva Bruno Miragem, Danilo Doneda, Laura Schertel Mendes, José Luiz de Moura Faleiros Júnior e Rafael de Freitas Valle Dresch.
60. DONEDA, Danilo; MENDES, Laura Schertel. Reflexões iniciais sobre a nova Lei Geral de Proteção de Dados. *Revista de Direito do Consumidor*, v. 120, nov.-dez., 2018, p. 469-483.

o risco ao exercer determinada atividade.[61] Relembra-se que a interpretação restritiva conferida à noção de risco introduzida pela cláusula geral de responsabilidade objetiva no artigo 927, parágrafo único, do Código Civil não alcança qualquer atividade (já que toda atividade empresarial envolve riscos), mas apenas atividades que "por sua natureza intrínseca" provoquem riscos e causem danos.[62]

É questionável, portanto, se o risco é o nexo de imputação mais adequado para fundamentar a responsabilidade no âmbito da proteção de dados.[63] Por um lado, constata-se o crescente potencial de cruzamento e processamento automatizados de dados pessoais permitido pela tecnologia, denotando, igualmente, um crescente risco de violação de direitos da personalidade. Por outro lado, tal risco relacionado ao desenvolvimento da tecnologia é inevitável, cabendo questionar se tal inevitabilidade é suficiente para ser enquadrada na noção de risco criado estipulada pelo CC. No âmbito do direito europeu, encontra-se, por exemplo, a noção de risco associada ao *compliance*, no sentido de que "quanto mais reduzido o *compliance*, maiores as consequências sobre os direitos dos titulares de dados".[64]

No que se refere ao argumento da ausência de exigência de demonstração de dolo ou culpa para justificar a responsabilidade objetiva, Bruno Miragem explica que "não se deve perquirir se a falha se dá por dolo ou culpa, senão que apenas sua constatação é suficiente para atribuição da responsabilidade, (...)".[65] Para o autor, a responsabilidade incide com o preenchimento de apenas dois pressupostos: (a) identificação de uma violação às normas que disciplinam o tratamento de dados pessoais e (b) existência de dano patrimonial ou extrapatrimonial.

Trata-se de perspectiva que desconsidera o pressuposto do nexo de causalidade entre a violação da legislação e o dano causado. Muito embora o estabelecimento do nexo

---

61. PEREIRA, Caio Mário da Silva. *Instituições de Direito Civil*: contratos. 17. ed. Rio de Janeiro: Forense, 2013, v. III, p. 521-524. Interessante notar que, ao adotar o risco como fundamento da responsabilidade objetiva, se desenvolveram diversas teorias, as quais buscam delinear o alcance desse risco (teoria do risco profissional, teoria do risco excepcional, teoria do risco integral, teoria do risco criado, teoria do risco proveito). Essas teorias podem ser assimiladas como modalidades de risco, tendo em vista que não há consenso quanto a qual dessas teorias seria adotada no ordenamento brasileiro. Ao contrário, percebe-se que a teoria do risco varia, conforme o artigo ou a lei que estabelece responsabilidade objetiva. Sobre as teorias do risco, vide KIRCHNER, Felipe. A responsabilidade civil objetiva no art. 927, parágrafo único, do CC/2002. *Revista dos Tribunais*, v. 871, maio, 2008, p. 36-66; BODIN DE MORAES, Maria Celina. Risco, solidariedade e responsabilidade objetiva. *Revista dos Tribunais*, v. 854, dez., 2006, p. 11-37.
62. MENKE, Fabiano. Apontamentos sobre o comércio eletrônico no direito brasileiro. In: COELHO, Fábio Ulhoa; RIBEIRO, Maria de Fátima (Coord.). *Questões de direito comercial no Brasil e em Portugal*. São Paulo: Saraiva, 2014, p. 347-375.
63. Gisela Sampaio da Cruz Guedes, defensora da responsabilidade subjetiva na LGPD, refere que seria possível interpretar que o tratamento de dados sensíveis se submete à cláusula geral de responsabilidade objetiva do art. 927, parágrafo único, CC: "Assim, excepcionalmente, é possível que, dependendo do tipo de tratamento e dos dados a serem tratados (dados sensíveis), a atividade venha a ser considerada de risco." (GUEDES, Gisela Sampaio da Cruz; MEIRELES, Rose Melo Vencelau. Término do tratamento de dados. In: FRAZÃO, Ana; TEPEDINO, Gustavo; OLIVA, Milena Donato (Coord.). *Lei Geral de Proteção de Dados e suas repercussões no Direito Brasileiro*. São Paulo: Thomson Reuters Brasil, 2019, p. 219-241).
64. Tradução livre de "the lower the compliance the higher the consequences upon the data subjects' rights" (GELLERT, Raphaël. Understanding the notion of risk in General Data Protection Regulation. Computer Law & Security Review, 2018, v. 34, n. 2).
65. MIRAGEM, Bruno. A Lei Geral de Proteção de Dados Pessoais (Lei n. 13.709/2018) e o direito do consumidor. *Revista dos Tribunais*, v. 1009, nov. 2019.

de causalidade no âmbito da proteção de dados seja um desafio a ser enfrentado, a sua desconsideração pode permitir que qualquer tipo de violação à legislação seja suficiente para reparar o dano ocasionado, ainda que sem qualquer conexão entre eles.

Ademais, o fato de a legislação não referir a necessidade de perquirir dolo ou culpa não significa, necessariamente, que a responsabilidade será objetiva. Ao contrário, ainda que se visualize uma ampliação das situações em que a cláusula geral de responsabilidade objetiva (art. 927, parágrafo único, CC) é cabível, esta não é considerada a regra geral no Direito Civil brasileiro.

Quanto à defesa de um regime especial de responsabilidade objetiva fundado no defeito, Dresch e Faleiros Júnior argumentam que o artigo 46 da LGPD consagrou um "dever geral de segurança", cuja violação deve ser demonstrada, sem deixar o âmbito de uma responsabilidade objetiva, como se vê no seguinte trecho:

"(...) o legislador (...) adotou a governança como parâmetro expresso – embora não obrigatório – para a delimitação dos contornos do nexo de causalidade em eventos de mau tratamento de dados, abrindo espaço para a discussão acerca da criação de um novo regime de responsabilidade que, ao fim e ao cabo, se realmente existir, não surge atrelado a uma nova dogmática, mas à condensação de aspectos inter-relacionais para a formatação do elemento nuclear da teoria objetiva. Tem-se, em essência, um dever geral de cautela desdobrado da consagração de um regime de imputação baseado na verificação e demonstração do defeito na prestação de serviço relacionado aos processos de coleta, tratamento e armazenagem de dados."[66]

Trata-se de perspectiva mais aproximada das particularidades da responsabilidade civil prevista na LGPD, uma vez que apresenta elementos da governança e de uma "imputação baseada na verificação e na demonstração" do tratamento irregular.

Diante dos primeiros apontamentos apresentados pela doutrina em favor da responsabilidade objetiva, subsiste dúvida quanto à razão pela qual o legislador, apesar de adotar técnica legislativa tão semelhante à do CDC, não mencionou, de forma expressa, se tratar de responsabilidade independente de culpa.

3.1.2 Responsabilidade civil subjetiva e a noção de culpa

Contrapondo os defensores da responsabilidade objetiva na LGPD, há também doutrina expressiva apontando em sentido oposto ao anteriormente descrito, isto é, diversos autores sustentam uma responsabilidade subjetiva na LGPD.[67] Como argumentos, são comumente apontados (a) o histórico da tramitação legislativa; (b) a criação de deveres pela LGPD aos agentes de tratamento e (c) a demonstração da observância da legislação como excludente de responsabilidade.

---

66. DRESCH, Rafael de Freitas Valle; FALEIROS JÚNIOR, José Luiz de Moura. Reflexões sobre a responsabilidade civil na Lei Geral de Proteção de Dados (Lei 13.709/2018). In: ROSENVALD, Nelson; DRESCH, Rafael de Freitas Valle; WESENDONCK, Tula (Coord.). *Responsabilidade civil: novos riscos*. Indaiatuba: Editora Foco, 2019.
67. São defensores da responsabilidade subjetiva: Gisela Sampaio da Cruz Guedes, Rose Melo Vencelau Meireles, Maria Celina Bodin de Moraes, João Quinelato de Queiroz e Marcos Gomes da Silva Bruno.

O histórico da tramitação legislativa, embora não seja um argumento jurídico que justifique a adoção de um ou outro nexo de imputação pela perquirição de uma "vontade legislativa", permite estabelecer o raciocínio desenvolvido para aprovação da LGPD. Sob essa perspectiva, Marcos Gomes da Silva Bruno comenta que versões anteriores ao Projeto de Lei (PL) que originou a LGPD foram incluídas "disposições que conceituavam a atividade de tratamento de dados pessoais como atividade de risco", mas que essas foram retiradas ao longo do processo legislativo.[68] Nessa linha, Gisela Sampaio da Cruz Guedes e Rose Melo Vencelau Meireles apontam o artigo 35 do PL 5.276,[69] que trazia previsão de responsabilidade objetiva, a qual foi suprimida pelo texto legal atual, indicando que o legislador teria optado pela responsabilidade objetiva.[70]

No entanto, é preciso destacar que o referido artigo 35 do PL 5.276, que foi apensado ao PL 4060/2012, tratava apenas da responsabilidade entre cedente e cessionário na transferência internacional de dados pessoais, o que não interfere e não deve ser confundido com o artigo 42, da LGPD, que versa sobre a responsabilidade civil. O artigo 42, LGPD também sofreu algumas alterações no decorrer do processo legislativo, mas tais modificações diziam respeito aos responsáveis ("todo aquele que", em seguida "responsável ou operador" até chegar à versão final "controlador e operador") e à inclusão do trecho "em violação à legislação de proteção de dados pessoais", que não constava no PL 5.276.

No que se refere aos deveres de segurança e de adoção de boas práticas criados pela LGPD, esses indicariam o estabelecimento de um "*standard* de conduta que deve ser seguido pelos agentes de tratamento de dados", aproximando-se do modelo de responsabilidade fundado na culpa. Isso porque "não se investiga mais o direcionamento da vontade do agente para o descumprimento da ordem jurídica em termos abstratos, mas, sim, a sua adequação (ou não) ao padrão de comportamento esperado naquelas circunstâncias concretas."[71]

Por um lado, tal percepção apresenta um conceito de culpa mais objetivado, estabelecendo um *standard* de conduta para os agentes de tratamento.[72] Salienta-se que, no âmbito do CC (art. 186, CC), a culpa *lato sensu* envolve tanto dolo quanto a culpa *stricto sensu* (negligência, imprudência, imperícia), indicando, assim, "o descumprimento de um dever de diligência que o agente devia e podia observar, seja por ação, seja por omis-

---

68. BRUNO, Marcos Gomes da Silva. Capítulo VI Dos agentes de tratamento de dados pessoais. In: BLUM, Renato Opice; MALDONADO, Viviane Nóbrega (Coord.). *Lei Geral de Proteção de Dados comentada*. São Paulo: Thomson Reuters Brasil Revista dos Tribunais, 2019, p. 323.
69. Art. 35. O cedente e o cessionário respondem solidária e objetivamente pelo tratamento de dados, independentemente do local onde estes se localizem, em qualquer hipótese.
70. GUEDES, Gisela Sampaio da Cruz; MEIRELES, Rose Melo Vencelau. Término do tratamento de dados. In: FRAZÃO, Ana; TEPEDINO, Gustavo; OLIVA, Milena Donato (Coord.). Lei Geral de Proteção de Dados e suas repercussões no Direito Brasileiro. São Paulo: Thomson Reuters Brasil, 2019, p. 219-241.
71. GUEDES, Gisela Sampaio da Cruz; MEIRELES, Rose Melo Vencelau. Término do tratamento de dados. In: FRAZÃO, Ana; TEPEDINO, Gustavo; OLIVA, Milena Donato (Coord.). *Lei Geral de Proteção de Dados e suas repercussões no Direito Brasileiro*. São Paulo: Thomson Reuters Brasil, 2019, p. 219-241.
72. Trata-se da concepção de uma "culpa objetiva" ou "culpa normativa", a qual é aferida "como desconformidade a um padrão geral e abstrato de comportamento. (SCHREIBER, Anderson. *Novos paradigmas da responsabilidade civil*: da erosão dos filtros da reparação à diluição dos danos. 5. ed. São Paulo: Atlas, 2013, p. 34-38).

são.".[73] Por outro lado, a adoção de um padrão de conduta não é característica exclusiva da responsabilidade subjetiva, já que também se fala em um *standard* de segurança e de qualidade de produtos e serviços a ser garantido pelos fornecedores no âmbito do CDC, por exemplo, em que a responsabilidade é objetiva.

Outro ponto que provoca divergências quanto à subjetividade dessa responsabilidade civil se encontra em uma das excludentes de responsabilidade elencadas nos incisos do artigo 43, LGPD. A redação do referido artigo denota, mais uma vez, a influência da técnica legislativa do CDC, já que seu *caput* refere que "os agentes de tratamento só não serão responsabilizados quando provarem", substituindo os "fornecedores" do CDC pelos "agentes de tratamento" da LGPD.

O inciso I prevê que a responsabilidade será afastada quando houver prova de que o controlador e o operador não realizaram nenhum tipo de tratamento, o que afasta, na verdade, o pressuposto da ação/omissão da responsabilidade civil, referindo-se também ao dever dos agentes de tratamento de manutenção de registro das operações (art. 37, LGPD).[74] Por sua vez, o inciso III estabelece que a responsabilidade civil será afastada na hipótese de restar demonstrada a culpa exclusiva do titular dos dados (o que não elide a responsabilização no caso de culpa concorrente do titular e dos agentes de tratamento) ou de terceiro.

O inciso II traz maiores controvérsias, visto que, segundo o referido inciso, não há incidência da responsabilidade civil quando, realizado tratamento de dados, não houver violação à legislação. Por um lado, isso significaria dizer que, se os agentes de tratamento conseguirem provar o cumprimento dos deveres impostos pela LGPD, pela adoção de "medidas de segurança recomendadas (cumprindo programas, políticas internas, procedimentos, mecanismos de supervisão, internos e externos, padrões técnicos etc.)", então não incidirá a responsabilidade, denotando um esforço para demonstrar a ausência de culpa pela conduta diligente e prudente.[75] Trata-se, na verdade, de caso em que não houve irregularidade nesse tratamento de dados. Por inexistir irregularidade, o tratamento realizado expressa exercício regular de direito,[76] o qual também é previsto no artigo 188, inciso I, CC.

Nessa linha de demonstração do cumprimento da legislação, Maria Celina Bodin de Moraes e João Quinelato de Queiroz entendem que a LGPD estabelece um novo sistema de responsabilidade civil: a "responsabilidade ativa" ou "responsabilidade proativa".[77] A

---

73. MARTINS-COSTA, Judith. *Comentários ao novo Código Civil*, v. 5, t. II: do inadimplemento das obrigações. Rio de Janeiro: Forense, 2009, p. 190.
74. DRESCH, Rafael de Freitas Valle; FALEIROS JÚNIOR, José Luiz de Moura. Reflexões sobre a responsabilidade civil na Lei Geral de Proteção de Dados (Lei 13.709/2018). In: ROSENVALD, Nelson; DRESCH, Rafael de Freitas Valle; WESENDONCK, Tula (Coord.). *Responsabilidade civil: novos riscos*. Indaiatuba: Editora Foco, 2019.
75. GUEDES, Gisela Sampaio da Cruz; MEIRELES, Rose Melo Vencelau. Término do tratamento de dados. In: FRAZÃO, Ana; TEPEDINO, Gustavo; OLIVA, Milena Donato (Coord.). *Lei Geral de Proteção de Dados e suas repercussões no Direito Brasileiro*. São Paulo: Thomson Reuters Brasil, 2019, p. 219-241. –
76. DRESCH, Rafael de Freitas Valle; FALEIROS JÚNIOR, José Luiz de Moura. Reflexões sobre a responsabilidade civil na Lei Geral de Proteção de Dados (Lei 13.709/2018). In: ROSENVALD, Nelson; DRESCH, Rafael de Freitas Valle; WESENDONCK, Tula (Coord.). *Responsabilidade civil: novos riscos*. Indaiatuba: Editora Foco, 2019.
77. BODIN DE MORAES, Maria Celina. QUEIROZ, João Quinelato de. Autodeterminação informativa e responsabilização proativa: novos instrumentos de tutela da pessoa humana na LGPD. *Cadernos Adenauer* – Proteção de

concepção dos autores é extraída do princípio da responsabilização e prestação de contas (art. 6º, inciso X, LGPD), segundo o qual os agentes de tratamento devem conseguir demonstrar não apenas que observam e cumprem a legislação, mas também a eficácia das medidas adotadas. Trata-se, assim, da exigência de uma postura mais proativa e diligente dos agentes de tratamento, sendo condizente com a noção de culpa, isto é, há inobservância ou falta em relação a um dever que poderia ser observado[78] pelos agentes de tratamento.

3.2 Uma responsabilidade *sui generis*?

Indubitavelmente, a divergência doutrinária é veemente. Observa-se, contudo, que a adoção da culpa ou do risco como nexo de imputação da responsabilidade civil na LGPD pode trazer incoerências, tendo em vista a ambígua redação legislativa,[79] bem como a natureza do direito de proteção de dados a ser tutelado. Por essa razão, entende-se que a irregularidade do tratamento de dados pessoais pode ser compreendida como o nexo de imputação desse regime de responsabilidade civil especial.

Como é sabido, o nexo de imputação é um pressuposto da responsabilidade civil que revela o fundamento pelo qual a responsabilidade por determinado ato ou fato é atribuída a alguém.[80] A adoção da culpa como nexo de imputação não reflete adequadamente as características da relação jurídica, isto é, a assimetria existente entre o titular e os agentes de tratamento associada ao distanciamento e ao tratamento automatizado e massivo de dados pessoais. Por sua vez, a adoção do risco como nexo de imputação não reflete de forma adequada as características da atuação diligente exigida pela LGPD.

A partir da noção de contato social,[81] é possível explicar os variados fundamentos da responsabilidade civil. Ou seja, quanto mais próximas as partes e quanto mais forte

---

dados pessoais: privacidade versus avanço tecnológico. Rio de Janeiro: Fundação Konrad Adenauer, 2019, ano XX, n. 3, p. 113-135.

78. ALVIM, Agostinho. *Da inexecução das obrigações e suas consequências*. São Paulo: Saraiva, 1949, p. 160.

79. Por um lado, o legislador impõe a demonstração da regularidade do tratamento de dados pelo princípio da *accountability* e pelo art. 43, inicso II, LGPD, o que se aproxima da noção de presunção de culpa. Por outro lado, o legislador inclui no alcance da responsabilidade civil as situações ilícitas e acidentais, indicando que, mesmo que adote todas as diligências possíveis, ainda assim, em razão do risco inerente da tecnologia, um acesso de terceiro (*hacker*) que provoque danos, está incluído no âmbito de proteção da norma, como um fortuito interno, aproximando-se da concepção de responsabilidade objetiva, em que o dano sempre será reparado, independentemente da culpa do sujeito.

80. "Nexo de imputação é o fundamento, ou a razão de ser da atribuição da responsabilidade a uma determinada pessoa, pelos danos ocasionados ao patrimônio ou à pessoa de outra, em consequência de um determinado fato antijurídico. É o elemento que aponta o responsável, estabelecendo a ligação entre do fato danoso com este." (NORONHA, Fernando. *Direito das obrigações*: fundamentos do direito das obrigações: introdução à responsabilidade civil. 2. ed. rev. e atual. São Paulo: Saraiva, 2007, v. 1, p. 471). Nesse sentido também: SANSEVERINO, Paulo de Tarso Vieira. *Responsabilidade civil no código do consumidor e a defesa do fornecedor*. 3. ed. São Paulo: Saraiva, 2010, p. 109.

81. A noção sociológica de contato social foi introduzida no âmbito jurídico por Clóvis do Couto e Silva, a fim de explicar uma fonte geral das relações obrigacionais, sobretudo os casos de culpa *in contrahendo* (responsabilidade pré-negocial). Sobre o contato social, vide: COUTO E SILVA, Clóvis V. *Principes Fondamentaux de la responsabilité civile en droit brésilien et comparé*. Cours fait à la Faculyé de Droit et Aciences Politiques de St, Maur (Paris XII), 1988, p. 3, 9-18; MARTINS-COSTA, Judith. *A boa-fé no direito privado*: critérios para sua aplicação. 2. ed. São Paulo: Saraiva, 2018, p. 261-269.

seu vínculo e seu contato social, mais próximo se está do nexo de imputação da culpa, como os casos de responsabilidade negocial.[82] Quanto mais distante a relação entre as partes e mais distante o contato social, mais próximo se está dos casos de responsabilidade extranegocial e também do risco como nexo de imputação. É o caso da responsabilidade civil por danos nucleares (art. 21, inciso XXIII, alínea "d", Constituição Federal – CF) e da responsabilidade ambiental (art. 14, § 1º, Lei n. 6.938/1981) por exemplo. Tanto a culpa quanto o risco admitem nuances:[83] culpa *in elegendo*, culpa *in contrahendo*, culpa *in vigilando* e risco criado, risco proveito, risco administrativo, risco profissional, risco integral. Também é possível visualizar outros fundamentos além da culpa e do risco,[84] como é o caso do defeito, na responsabilidade civil pelo fato no CDC, e o caso da boa-fé, nas hipóteses de responsabilidade pré-contratual. Nesse sentido, o tratamento de dados pessoais poderia ser considerado um ato-fato jurídico (ato existencial), pois envolve "relações obrigacionais massificadas e caracterizadas pela assimetria estrutural de poderes entre os agentes".[85]

Outro ponto que parece contribuir para o entendimento de uma responsabilidade *sui generis* embasada no nexo de imputação do tratamento irregular – além de talvez permitir compreender as razões para tamanha divergência doutrinária – diz respeito à natureza das obrigações dos agentes de tratamento.[86] A natureza da obrigação apresenta relevância para determinar a quem é atribuído o ônus probatório: "nas obrigações de resultado, *presume-se a culpa* sempre que o resultado não é alcançado", enquanto que "nas obrigações de meio, *não há presunção de culpa*", cabendo ao credor provar a culpa.[87]

---

82. Adotou-se nomenclatura de "responsabilidade negocial" ao invés de "responsabilidade contratual" para evitar confusões quanto à sua abrangência, já que a expressão "responsabilidade contratual" "ignora a existência de obrigações nascidas de negócios jurídicos unilaterais". (NORONHA, Fernando. *Responsabilidade civil*: uma tentativa de ressistematização – responsabilidade civil em sentido estrito e responsabilidade negocial; responsabilidade subjetiva e objetiva; responsabilidade subjetiva comum ou normal, e restrita a dolo ou culpa grave; responsabilidade objetiva normal e agravada. Doutrinas Essenciais de Responsabilidade Civil, v. 1, out., 2011, p. 145-195). Ver também: MARTINS-COSTA, Judith. *Comentários ao novo Código Civil*, v. 5, t. II: do inadimplemento das obrigações. Rio de Janeiro: Forense, 2009, p. 148-164.
83. Conforme explica Ernst Karner, haveria uma "ampla zona cinzenta" entre a responsabilidade subjetiva e a responsabilidade objetiva: "(...) fault-based and strict liability appear to be a classical pair of opposites. In fact, however, there is a broad grey area between the two (...) Hence, fault-based and strict liability are not two separate categories of liability but rather, in their pure form, the two extremes in a chain of grounds for imputation, all of which are joined together unbroken." (KARNER, Ernst. The Function of the Burden of Proof in Tort Law. In: KOZIOL, Helmut; STEININGER, Barbara C. (Eds.). *European Tort Law 2008*. Springer, 2009, p. 76-77).
84. Lorenzetti refere a superação da culpa por fatores objetivos de imputação de responsabilidade, como risco criado, a garantia e o abuso de direito: "El principio de que no hay responsabilidad sin culpa fue superado por la explosión de numerosos factores objetivos de atribución: el riesgo creado, la garantía, el abuso de derecho, la equidad etc.". (LORENZETTI, Ricardo Luís. La responsabilidade civil. *Revista de Direito do Consumidor*, v. 46, abr.-jun., 2003, p. 41-76).
85. MARTINS-COSTA, Judith. *A boa-fé no direito privado*: critérios para sua aplicação. 2. ed. São Paulo: Saraiva, 2018, p. 268-269.
86. A previsão de obrigações de resultado e de meio também se verifica no âmbito do RGPD. Há imposição, por exemplo, da mesma forma que a LGPD, de um dever de implementar medidas técnicas e organizacionais de segurança adequadas (aptas), nos termos do artigo 32/1, RGPD. Sobre a natureza das obrigações no RGPD, vide: VAN ALSENOY, Brendan. *Liability under EU Data Protection Law*: From Directive 95/46 to the General Data Protection Regulation, 7 (2016) JIPITEC 271 para 1.; WOLTERS, Pieter. *The security of personal data under the GDPR*: a harmonized duty or a shared responsibility? International Data Privacy Law, n. 3, v. 7, 2017.
87. MARTINS-COSTA, Judith. *Comentários ao novo Código Civil*, v. 5, t. II: do inadimplemento das obrigações. Rio de Janeiro: Forense, 2009, p. 192-193.

Observa-se que a LGPD estabeleceu, simultaneamente, obrigações de diversas naturezas (obrigações de resultado e de meios)[88] aos agentes de tratamento. O dever dos agentes de tratamento de manter registro das operações de tratamento de dados pessoais realizadas (art. 37, LGPD) pode ser considerada uma obrigação de resultado. Da mesma forma, o dever do operador de seguir as instruções fornecidas pelo controlador também pode ser considerada uma obrigação de resultado (art. 39, LGPD). Por outro lado, o dever dos agentes de tratamento de adotar as medidas de segurança aptas a proteger os dados pessoais pode ser considerada uma obrigação de meio (art. 46, LGPD). Sendo assim, a adoção da culpa como nexo de imputação poderia acarretar discussões a respeito da determinação daquele incumbido de sua demonstração.

Ainda em relação às obrigações, cumpre referir que, embora o tratamento de dados possa vir a ser objeto principal de um contrato entre agentes de tratamento, esse tratamento, na maioria dos casos, não é o objeto principal da prestação, mas sim acompanha a prestação dos mais variados serviços (bancários, de saúde, públicos etc.) ou fornecimento de produtos (consumo), admitindo-se, assim, a aplicação dos deveres anexos e de proteção decorrentes da boa-fé,[89] bem como eventual reparação por danos decorrentes de sua violação.

Nesse sentido, pode-se pensar que a LGPD pretendeu conferir, à luz da noção do contato social, um tratamento unitário para todas essas obrigações,[90] independentemente da natureza ou da origem destas. Sob essa perspectiva, seriam pressupostos da responsabilidade civil na LGPD (a) tratamento irregular de dados pessoais, (b) dano e (c) nexo de causalidade entre o dano e o tratamento irregular.

Assim, caberia aos lesados demonstrar, ao menos, uma verossimilhança entre os danos e o nexo causal. Por sua vez, os agentes de tratamento demonstrariam a regularidade do tratamento de dados pessoais realizado,[91] o que se justifica em razão de dois aspectos. O primeiro diz respeito ao princípio da responsabilização e prestação de contas (art. 6º, inciso X, LGPD) – que traduz a noção da responsabilidade "proativa".[92] O segundo

---

88. As obrigações de resultado se caracterizam por garantir a "produção de certo resultado em benefício do credor ou de terceiro" (ANTUNES VARELA, João de Matos. *Das obrigações em geral*. 7. ed. Coimbra: Almedina, 1997, v.2, p. 73), como é o caso de obrigação de transporte de pessoa ou objeto a determinado destino, quantidade de mercadoria a ser entregue para comercialização, compra e venda em que o vendedor não entrega o bem etc. (MARTINS-COSTA, Judith. *Comentários ao novo Código Civil*, v. 5, t. II: do inadimplemento das obrigações. Rio de Janeiro: Forense, 2009, p. 192-193).
    As obrigações de meio se caracterizam por prometer "apenas realizar determinado esforço ou diligência para que tal resultado se obtenha", como é o caso, via de regra, de profissionais liberais (médicos não se obrigam a curar o doente, mas apenas a tratar a doença) (ANTUNES VARELA, João de Matos. *Das obrigações em geral*. 7. ed. Coimbra: Almedina, 1997, v.2, p. 73).
89. MENKE, Fabiano; GOULART, Guilherme Damasio. *Segurança da Informação e vazamento de dados*. In: BIONI, Bruno et al. (coord). Tratado de Proteção de Dados Pessoais. Rio de Janeiro: Grupo GEN, 2020 (ebook), n.p.
90. É possível dizer que essa tentativa de conferir um tratamento unitário a uma complexa rede de sujeitos e de obrigações não é uma novidade no ordenamento jurídico brasileiro, assemelhando-se à responsabilidade presente no CDC.
91. Os autores mencionam elementos da governança e de uma "imputação baseada na verificação e na demonstração" do tratamento irregular (DRESCH, Rafael de Freitas Valle; FALEIROS JÚNIOR, José Luiz de Moura. Reflexões sobre a responsabilidade civil na Lei Geral de Proteção de Dados (Lei 13.709/2018). In: ROSENVALD, Nelson; DRESCH, Rafael de Freitas Valle; WESENDONCK, Tula (Coord.). *Responsabilidade civil: novos riscos*. Indaiatuba: Editora Foco, 2019).
92. BODIN DE MORAES, Maria Celina. QUEIROZ, João Quinelato de. Autodeterminação informativa e responsabilização proativa: novos instrumentos de tutela da pessoa humana na LGPD. *Cadernos Adenauer* – Proteção de dados pessoais: privacidade versus avanço tecnológico. Rio de Janeiro: Fundação Konrad Adenauer, 2019, ano XX, n. 3, p. 113-135.

aspecto se refere ao teor do artigo 43, inciso II, LGPD, o qual estabelece que os agentes de tratamento "só não serão responsabilizados quando provarem" que não houve violação à legislação de proteção de dados, o que pode ser entendido como uma "presunção de irregularidade do tratamento". Tal presunção é adequada por considerar que são os agentes de tratamento que detêm melhores condições de demonstrar tal irregularidade.

4. CONSIDERAÇÕES FINAIS

Como se buscou destacar, os dispositivos relacionados à responsabilidade civil na LGPD apresentam forte influência do RGPD – em relação à noção de segurança e à violação da legislação como pressuposto de ato antijurídico para reparação dos danos –, bem como do CDC – em relação à técnica legislativa e à noção de boa-fé.

Nessa linha, a responsabilidade civil decorrente de tratamento irregular pode ser entendida a partir da inobservância à legislação que acarrete danos a pessoas naturais, bem como a partir da segurança esperada pelo titular de dados, alcançando, assim, tanto os danos decorrentes de incidentes de segurança, quanto danos decorrentes da frustação de uma expectativa legítima de que os dados pessoais estariam protegidos pelos agentes de tratamento.

A compreensão desses aspectos relacionados ao tratamento irregular no âmbito da proteção de dados contribui para a identificação do nexo de imputação que fundamenta a responsabilidade civil. Como visto, a doutrina ainda é bastante dividida quanto à adoção de uma responsabilidade objetiva ou subjetiva.

A dificuldade de identificação percebida pela doutrina pode ser dirimida ao conceber a responsabilidade civil prevista na LGPD como uma responsabilidade especial *sui generis*, a qual adotaria como fundamento o tratamento irregular de dados pessoais. Essa posição se justifica em razão de particularidades do direito de proteção de dados a ser tutelado, porquanto é possível considerar que (a) o tratamento de dados pessoais envolve ato massificado e padronizado, o que revela um contato social mais distante da noção de culpa e que (b) o tratamento irregular como nexo de imputação confere tratamento unitário às obrigações dos agentes de tratamento.

5. REFERÊNCIAS

ALBERS, Marion. *A complexidade da proteção de dados*. Direitos Fundamentais e Justiça, ano 10, n. 35, jul.-dez., 2016, p. 19-45.

ALVIM, Agostinho. *Da inexecução das obrigações e suas consequências*. São Paulo: Saraiva, 1949.

ALVIM, Arruda; ALVIM, Thereza; ALVIM, Eduardo Arruda; MARINS, James. *Código do consumidor comentado*. 2. ed. rev. e ampl. São Paulo: Ed. RT, 1995.

ANTUNES VARELA, João de Matos. *Das obrigações em geral*. 7. ed. Coimbra: Almedina, 1997, v.2.

BARBOSA, Fernanda Nunes. *Informação*: direito e dever nas relações de consumo. São Paulo: Ed. RT, 2008.

BARBOSA, Mafalda Miranda. Data controllers e data processors: da responsabilidade pelo tratamento de dados à responsabilidade civil. *Revista de Direito Comercial*, 2018.

BENJAMIN, Antonio Herman V.; MARQUES, Claudia Lima; BESSA, Leonardo Roscoe. *Manual de Direito do Consumidor*. 7. ed. rev., atual. e ampl. São Paulo: Ed. RT, 2016.

BENJAMIN, Antonio Herman V.; MIRAGEM, Bruno; MARQUES, Claudia Lima. *Comentários ao código de defesa do consumidor*. 5. ed. rev., atual. e ampl. São Paulo: Ed. RT, 2013.

BERGT, Matthias. *Sanktionierung von Verstö en gegen die Datenschutz-Grundverordnung*. Datenschutz und Datensicherheit, 2017.

BIONI, Bruno Ricardo. *Proteção de dados pessoais: a função e os limites do consentimento*. Rio de Janeiro: Forense, 2019.

BODIN DE MORAES, Maria Celina. Risco, solidariedade e responsabilidade objetiva. *Revista dos Tribunais*, v. 854, dez., 2006, p. 11-37.

BODIN DE MORAES, Maria Celina. QUEIROZ, João Quinelato de. Autodeterminação informativa e responsabilização proativa: novos instrumentos de tutela da pessoa humana na LGPD. *Cadernos Adenauer – Proteção de dados pessoais: privacidade versus avanço tecnológico*. Rio de Janeiro: Fundação Konrad Adenauer, 2019, ano XX, n. 3, p. 113-135.

BRUNO, Marcos Gomes da Silva. Capítulo VI Dos agentes de tratamento de dados pessoais. In: BLUM, Renato Opice; MALDONADO, Viviane Nóbrega (Coord.). *Lei Geral de Proteção de Dados comentada*. São Paulo: Thomson Reuters Brasil Revista dos Tribunais, 2019.

BUSSCHE, Axel von dem; VOIGT, Paul. *The EU General Data Protection Regulation (GDPR)*: a pratical guide. Springer, 2017. E-book.

CALIXTO, Marcelo Junqueira. *A responsabilidade civil do fornecedor de produtos pelos riscos do desenvolvimento*. Rio de Janeiro: Renovar, 2004.

CAVOUKIAN, Ann. *Privacy by Design*: The 7 Foundational Principles. Disponível em: https://www.ipc.on.ca/wp-content/uploads/Resources/7foundationalprinciples.pdf. Acesso em: 05.01.2020.

CORDEIRO, A. Barreto Menezes. Repercussões do RGPD sobre a responsabilidade civil. In: FRAZÃO, Ana; TEPEDINO, Gustavo; OLIVA, Milena Donato (Coord.). *Lei Geral de Proteção de Dados e suas repercussões no Direito Brasileiro*. São Paulo: Thomson Reuters Brasil, 2019.

COUTO E SILVA, Clóvis V. do. *Principes Fondamentaux de la responsabilité civile en droit brésilien et comparé*. Cours fait à la Faculyé de Droit et Aciences Politiques de St, Maur (Paris XII), 1988.

DONEDA, Danilo; MACHADO, Diego. Proteção de dados pessoais e criptografia: tecnologias criptográficas entre anonimização e pseudonimização de dados. *Caderno Especial – A Regulação da Criptografia no Direito Brasileiro*, v. 1, dez., 2018, p. 99-128.

DONEDA, Danilo; MENDES, Laura Schertel. Reflexões iniciais sobre a nova Lei Geral de Proteção de Dados. *Revista de Direito do Consumidor*, v. 120, nov.-dez., 2018, p. 469-483.

DRESCH, Rafael de Freitas Valle; FALEIROS JÚNIOR, José Luiz de Moura. Reflexões sobre a responsabilidade civil na Lei Geral de Proteção de Dados (Lei 13.709/2018). In: ROSENVALD, Nelson; DRESCH, Rafael de Freitas Valle; WESENDONCK, Tula (Coord.). *Responsabilidade civil*: novos riscos. Indaiatuba: Editora Foco, 2019.

GELLERT, Raphaël. *Understanding the notion of risk in General Data Protection Regulation*. Computer Law & Security Review, 2018, v. 34, n. 2.

GRUPO DE TRABALHO DO ARTIGO 29 PARA PROTEÇÃO DE DADOS. *Orientações sobre a notificação de uma violação de dados pessoais ao abrigo do Regulamento (UE) 2016/679*. Fev. 2018. Disponível em: https://ec.europa.eu/newsroom/article29/item-detail.cfm?item_id=612052. Acesso em: 17.10.2019.

GUEDES, Gisela Sampaio da Cruz; MEIRELES, Rose Melo Vencelau. Término do tratamento de dados. In: FRAZÃO, Ana; TEPEDINO, Gustavo; OLIVA, Milena Donato (Coord.). *Lei Geral de Proteção de Dados e suas repercussões no Direito Brasileiro*. São Paulo: Thomson Reuters Brasil, 2019.

JIMENE, Camilla do Vale. Capítulo VII Da Segurança e das boas práticas. In: BLUM, Renato Opice; MALDONADO, Viviane Nóbrega (Coord.). *Lei Geral de Proteção de Dados comentada*. São Paulo: Thomson Reuters Brasil Revista dos Tribunais, 2019.

KARNER, Ernst. The Function of the Burden of Proof in Tort Law. In: KOZIOL, Helmut; STEININGER, Barbara C. (Eds.). *European Tort Law 2008*. Springer, 2009, p. 76-77.

KIRCHNER, Felipe. A responsabilidade civil objetiva no art. 927, parágrafo único, do CC/2002. *Revista dos Tribunais*, v. 871, maio, 2008, p. 36-66.

LORENZETTI, Ricardo Luís. La responsabilidade civil. *Revista de Direito do Consumidor*, v. 46, abr.-jun., 2003, p. 41-76.

MARTINS-COSTA, Judith. *A boa-fé no direito privado*: critérios para sua aplicação. 2. ed. São Paulo: Saraiva, 2018.

MARTINS-COSTA, Judith. *Comentários ao novo Código Civil*, v. 5, t. II: do inadimplemento das obrigações. Rio de Janeiro: Forense, 2009.

MENKE, Fabiano. A proteção de dados e o novo direito fundamental à garantia da confidencialidade e da integridade dos sistemas técnico-informacionais no direito alemão. In: MENDES, Gilmar Ferreira; SARLET, Ingo Wolfgang; COELHO, Alexandre Zavaglia P. (Coord.). *Direito, inovação e tecnologia*. São Paulo: Saraiva, 2015.

MENKE, Fabiano. A interpretação das cláusulas gerais: a subsunção e a concreção dos conceitos. *Revista de Direito do Consumidor*. v. 50, abr.-jun., 2004, p. 9-35.

MENKE, Fabiano. Apontamentos sobre o comércio eletrônico no direito brasileiro. In: COELHO, Fábio Ulhoa; RIBEIRO, Maria de Fátima (Coord.). *Questões de direito comercial no Brasil e em Portugal*. São Paulo: Saraiva, 2014, p. 347-375.

MENKE, Fabiano; GOULART, Guilherme Damasio. *Segurança da Informação e vazamento de dados*. In: BIONI, Bruno et al. (coord). Tratado de Proteção de Dados Pessoais. Rio de Janeiro: Grupo GEN, 2020 (ebook).

MIRAGEM, Bruno. A Lei Geral de Proteção de Dados Pessoais (Lei n. 13.709/2018) e o direito do consumidor. *Revista dos Tribunais*, v. 1009, nov. 2019.

MULHOLLAND, Caitlin Sampaio. *Dados pessoais sensíveis e a tutela de Direitos Fundamentais*: uma análise à luz da Lei Geral de Proteção de Dados (Lei 13.709/18). Estado de Direito e Tecnologia. FDV Publicações, set.-dez., 2018, v. 19.

NORONHA, Fernando. *Direito das obrigações*: fundamentos do direito das obrigações: introdução à responsabilidade civil. 2. ed. rev. e atual. São Paulo: Saraiva, 2007, v. 1.

NORONHA, Fernando. *Responsabilidade civil*: uma tentativa de ressistematização – responsabilidade civil em sentido estrito e responsabilidade negocial; responsabilidade subjetiva e objetiva; responsabilidade subjetiva comum ou normal, e restrita a dolo ou culpa grave; responsabilidade objetiva normal e agravada. Doutrinas Essenciais de Responsabilidade Civil, v. 1, out., 2011, p. 145-195.

PASQUALOTTO, Adalberto de Souza. A responsabilidade civil do fabricante e os riscos do desenvolvimento. In: MARQUES, Claudia Lima (Coord.). *Estudos sobre a proteção do consumidor no Brasil e no Mercosul*. Porto Alegre: Livraria do Advogado, 1994.

PEREIRA, Caio Mário da Silva. *Instituições de Direito Civil*: contratos. 17. ed. Rio de Janeiro: Forense, 2013. v. III.

PEREIRA DE SOUZA, Carlos Affonso. Segurança e sigilo dos dados pessoais: primeiras impressões à luz da Lei 13.709/2018. In: FRAZÃO, Ana; TEPEDINO, Gustavo; OLIVA, Milena Donato (Coord.).

Lei Geral de Proteção de Dados e suas repercussões no Direito Brasileiro. São Paulo: Thomson Reuters Brasil, 2019.

PUIG, Antoni Rúbi. *Daños por infracciones del derecho a la protección de datos personales*: el remedio indemnizatorio del artículo 82 RGPD. Revista de Derecho Civil, v. V, n. 4, out.-dez., 2018.

SANSEVERINO, Paulo de Tarso Vieira. *Responsabilidade civil no código do consumidor e a defesa do fornecedor.* 3. ed. São Paulo: Saraiva, 2010.

SCHREIBER, Anderson. *Novos paradigmas da responsabilidade civil*: da erosão dos filtros da reparação à diluição dos danos. 5. ed. São Paulo: Atlas, 2013.

SILVA, João Calvão da. *Responsabilidade civil do produtor*. Coimbra: Almedina, 1990.

SOLOVE, Daniel J. The new vulnerability: data security and personal information. In: CHANDER, Anupam; GELMAN, Lauren; RADIN, Margaret Jane (edit.). *Securing privacy in the internet age*, 2008.

STOCO, Rui. Defesa do consumidor e responsabilidade pelo risco do desenvolvimento. *Revista dos Tribunais*, São Paulo, v. 96, n. 855, p. 46-53, jan. 2007.

VAN ALSENOY, Brendan. *Liability under EU Data Protection Law*: From Directive 95/46 to the General Data Protection Regulation, 7 (2016) JIPITEC 271 para 1.

WESENDONCK, Tula. *O regime da responsabilidade civil pelo fato dos produtos postos em circulação*: uma proposta de interpretação do artigo 931 do Código Civil sob a perspectiva do direito comparado. Porto Alegre: Livraria do Advogado, 2015.

WOLTERS, Pieter. *The security of personal data under the GDPR*: a harmonized duty or a shared responsibility? International Data Privacy Law, n. 3, v. 7, 2017.

WUYTS, Daily. *The Product Liability Directive* – More than two decades of defective products in Europe, 5, JETL 1, 2014.

RESPONSABILIDADE CIVIL NA LEI GERAL DE PROTEÇÃO DE DADOS: A VIOLAÇÃO AO SIGILO QUANTO À FILIAÇÃO A SINDICATO

Rafael Saltz Gensas

Mestrando em Direito do Trabalho pela UFRGS; Especialista em Direito e Processo do Trabalho pela PUCRS. Bacharel em Ciências Jurídicas e Sociais pela UFRGS, com láurea acadêmica. Advogado em TozziniFreire Advogados. E-mail: rs.gensas@gmail.com.

Sumário: 1. Introdução. 2. Fundamentos da Responsabilidade Civil na LGPD. 2.1 Do regramento legal. 2.2 O tratamento de dados pessoais sensíveis. 3. Estudo de caso: filiação a sindicato. 3.1 Filiação a sindicato como dado pessoal sensível. 3.2 Possibilidade de configuração de conduta antissindical. 3.3 Hipóteses de responsabilização. 4. Considerações finais. 5. Referências.

1. INTRODUÇÃO

Desde sua aprovação, a Lei Geral de Proteção de Dados – LGPD (Lei 13.709/18) tem gerado inúmeros debates. Tal se constitui em um reflexo natural do profundo impacto que a referida legislação trará (e vem trazendo desde já) ao ordenamento jurídico brasileiro quando de sua entrada em vigor.

Em especial, um dos temas que mais tem despertado debate é o da possibilidade de responsabilização por tratamento irregular de dados. A LGPD destina uma série de artigos sobre o tema, havendo também produção doutrinária sobre a matéria (muito embora ainda em estágio inicial ou, ao menos, intermediário, dada a recente aprovação da lei).

Assim, inicialmente, o presente estudo busca analisar o regulamento contido na LGPD acerca da responsabilidade civil por tratamento irregular de dados.

Na sequência, destaca-se o tratamento diferenciado que a lei buscou dar aos dados pessoais considerados como sensíveis. Em especial, aborda-se a inclusão em dita categoria dos dados relativos à filiação a sindicato.

Busca-se, por meio do estudo do conceito de conduta antissindical, destacar a fundamental relevância da proteção dos dados pessoais relativos à filiação e ao envolvimento em atividade sindical. Demonstra-se que tal medida se mostra fundamental como um instrumento para a tutela da liberdade sindical e de associação, direitos constitucionalmente assegurados. Ademais, ao final, discutem-se possibilidades de responsabilização por conta de tratamento irregular de dados pessoais ligados à filiação a sindicato, tomando por base as disposições contidas na LGPD.

O presente estudo tem por objetivo inicial, portanto, a análise do regramento contido na LGPD acerca da responsabilidade civil. Após, pretende-se destacar a fundamental importância dos dados pessoais ligados à filiação a sindicato, tidos inclusive como sensíveis. Por fim, ao final, aponta-se a possibilidade de responsabilização oriunda dos ditames da LGPD para o caso de tratamento irregular de dados ligados à filiação a sindicato, tomando por base o conceito de conduta antissindical.

Ademais, parte-se da hipótese de que a tutela dos dados pessoais ligados à filiação a sindicato se mostra pertinente, cabendo a responsabilização nos casos de violação, inclusive como forma de tutela da liberdade de associação constitucionalmente assegurada.

2. FUNDAMENTOS DA RESPONSABILIDADE CIVIL NA LGPD

Com a aprovação da Lei Geral de Proteção de Dados Pessoais (Lei 13.709/18), buscou-se trazer ao ordenamento jurídico pátrio a previsão expressa de uma estruturação para a proteção de dados pessoais.

Muito embora ainda se aguarde pela vigência integral para a avaliação do resultado prático das novas disposições legais, já há significativo debate acerca das referidas normas. E um dos temas que mais têm preocupado os atores sociais envolvidos na questão é o da responsabilidade civil decorrente de eventuais violações às regras de proteção de dados pessoais.

Como será posteriormente delineado, a LGPD trouxe uma série de regramentos no tocante à responsabilização por danos causados à pessoa física titular de dados. Cabe destacar desde já, porém, que a importância da Lei não se resume ao novo regramento para reparação de danos, mas, sim, traz consigo também uma nova perspectiva de proteção aos cidadãos, garantindo-lhes a tutela de seus direitos de personalidade inclusive no meio ambiente digital.

Como bem destacam Colombo e Facchini, o novo mundo digital trouxe a possibilidade praticamente ilimitada de acesso a todo e qualquer tipo de informação, constituindo-se em verdadeira revolução na vida individual e social dos cidadãos. Todavia, tais benesses vieram acompanhadas de perigo, qual seja, a maior facilidade para se violar a privacidade e a imagem alheias. Em face de referido perigo, então, deverá haver a tutela do direito fundamental à privacidade[1].

Nesse novo cenário, mostra-se fundamental a proteção de uma série de direitos do indivíduo. Valle Dresch e Faleiros Júnior, tratando da questão, destacam:

> Nitidamente inspirada no Regulamento Geral de Proteção de Dados da Europa, em seu artigo 2º, a Lei Geral de Proteção de Dados estabelece como fundamentos o respeito à privacidade, a autodeterminação informativa, a liberdade de expressão, de informação, de comunicação e de opinião, a inviolabilidade da intimidade, da honra e da imagem, o direito ao livre desenvolvimento da personalidade, o desenvolvimento econômico e tecnológico, a livre iniciativa, a livre concorrência e a defesa do consumidor[2].

O que se vê, portanto, é que com as transformações que vivemos, em especial aquelas que estão ligadas ao mundo digital, tem-se um novo paradigma de necessidade de proteção

---

1. COLOMBO, Cristiano; FACCHINI NETO, Eugênio. Violação dos direitos de personalidade no meio ambiente digital: a influência da jurisprudência europeia na fixação da jurisdição/competência dos tribunais brasileiros. civilistica.com: *revista eletrônica de direito civil*, v. 8, n. 1, p. 1-25, 28 abr. 2019.
2. DRESCH, Rafael de Freitas Valle; FALEIROS JÚNIOR, José Luiz de Moura. Reflexões sobre a responsabilidade civil na Lei Geral de Proteção de Dados (Lei 13.709/2018). In: ROSENVALD, Nelson; DRESCH, Rafael de Freitas Valle; WESENDONCK, Tula. (Org.). *Responsabilidade civil: novos riscos*. Indaiatuba: Foco, 2019, v. 1, p. 65-90.

dos cidadãos. Vivendo em rede, com seus dados disponíveis no mundo conectado, os indivíduos necessitam de apoio do Estado para que haja o tratamento adequado desses dados, os quais, muitas vezes, estão disponíveis a terceiros.

A importância da tutela desses dados se dá, justamente, porque como afirma Ascensão, "o cruzamento das informações respeitantes a cada pessoa desvela o retrato de toda a sua vida"[3]. Assim, tendo em vista tal perspectiva, analisar-se-á o regramento trazido pela Lei Geral de Proteção de Dados no tocante à matéria da Responsabilidade Civil.

2.1 Do regramento legal

A Lei Geral de Proteção de Dados Pessoais traz uma série de artigos específicos acerca da possibilidade de responsabilização do controlador e até mesmo do operador de dados por violações a direitos individuais dos titulares de dados.

Inicialmente, em seu artigo 42, a Lei destaca que o controlador ou o operador que, em decorrência do exercício da atividade de tratamento de proteção de dados pessoais, causar dano a outrem, será obrigado a repará-lo[4]. Em especial, destaca-se que o *caput* do referido artigo 42 traz a possibilidade expressa de reparação dos danos causados e que tenham natureza patrimonial ou moral, bem como tenham caráter individual ou coletivo. Tal previsão demonstra a intenção de garantir uma tutela ampla dos direitos dos titulares de dados, resguardando-os em diversos aspectos.

Na sequência, a disposição legal traz uma série de regramentos quanto à efetivação da responsabilidade civil, facultando a responsabilização solidária do operador de dados na hipótese de descumprimento da legislação ou de inobservância das instruções do controlador. Ademais, traz duas hipóteses que serão de significativa relevância na hipótese de busca judicial pela tutela dos direitos eventualmente violados: a possibilidade de inversão do ônus da prova a favor do titular de dados e a faculdade de que ações para reparação por danos coletivos sejam exercidas coletivamente em juízo.

---

3. ASCENÇÃO, José de Oliveira. *Estudos sobre direito da internet e da sociedade da informação.* Coimbra: Almedina, 2001, p. 264.
4. LGPD – Art. 42: "O controlador ou o operador que, em razão do exercício de atividade de tratamento de dados pessoais, causar a outrem dano patrimonial, moral, individual ou coletivo, em violação à legislação de proteção de dados pessoais, é obrigado a repará-lo.
§ 1º A fim de assegurar a efetiva indenização ao titular dos dados:
I – o operador responde solidariamente pelos danos causados pelo tratamento quando descumprir as obrigações da legislação de proteção de dados ou quando não tiver seguido as instruções lícitas do controlador, hipótese em que o operador equipara-se ao controlador, salvo nos casos de exclusão previstos no art. 43 desta Lei;
II – os controladores que estiverem diretamente envolvidos no tratamento do qual decorreram danos ao titular dos dados respondem solidariamente, salvo nos casos de exclusão previstos no art. 43 desta Lei.
§ 2º O juiz, no processo civil, poderá inverter o ônus da prova a favor do titular dos dados quando, a seu juízo, for verossímil a alegação, houver hipossuficiência para fins de produção de prova ou quando a produção de prova pelo titular resultar-lhe excessivamente onerosa.
§ 3º As ações de reparação por danos coletivos que tenham por objeto a responsabilização nos termos do *caput* deste artigo podem ser exercidas coletivamente em juízo, observado o disposto na legislação pertinente.
§ 4º Aquele que reparar o dano ao titular tem direito de regresso contra os demais responsáveis, na medida de sua participação no evento danoso".

Ainda, importante destacar que, em seu art. 43[5], a LGPD elenca os possíveis excludentes de responsabilidade por parte dos agentes de tratamento de dados. São destacadas as possibilidades de que o agente não tenha realizado o tratamento que lhe é atribuído, de que não tenha havido violação à legislação de proteção de dados e de que o dano decorra exclusivamente de culpa exclusiva do titular de dados ou de terceiro[6].

Após, em seu art. 44, a LGPD destaca que o tratamento de dados pessoais será irregular, acarretando, portanto, a responsabilidade do agente de tratamento, quando não observar a legislação ou quando não fornecer a segurança que dele o titular de dados esperar. Para avaliar dita questão, deverão ser analisados o modo como se deu o tratamento, o resultado e o risco que razoavelmente dele se esperam e as técnicas disponíveis à época em que foi realizado[7]. Não tendo sido adotadas ditas medidas de segurança e havendo dano ao titular dos dados, haverá o direito à reparação. Por fim, traz a Lei a regra de que a violação a direitos do titular dos dados no âmbito das relações de consumo permanece sujeita às regras de responsabilidade previstas na legislação específica[8].

O que se observa é que a LGPD traz uma regulamentação específica acerca da responsabilidade civil decorrente do tratamento irregular de dados. Se as normas não são extensas, pode-se afirmar que são significativamente complexas, trazendo consigo inúmeros debates que, na doutrina, são ainda incipientes (tendo em vista o pouco tempo transcorrido desde a aprovação). Já na jurisprudência, não é difícil prever que, com a entrada em vigor da Lei, as discussões também serão significativas.

Ainda quanto ao presente tópico, mostra-se fundamental referir que o Regulamento Geral sobre a Proteção de Dados, o qual influenciou fortemente a legislação brasileira, traz regra bastante semelhante quanto à matéria. Em seu artigo 82, o RGPD refere expressamente o direito à reparação dos danos decorrentes de violações às disposições protetivas que ele próprio traz, atribuindo ao responsável pelo tratamento ou ao subcontratante a responsabilidade[9].

---

5. LGPD – Art. 43: "Os agentes de tratamento só não serão responsabilizados quando provarem:
   I – que não realizaram o tratamento de dados pessoais que lhes é atribuído;
   II – que, embora tenham realizado o tratamento de dados pessoais que lhes é atribuído, não houve violação à legislação de proteção de dados; ou
   III – que o dano é decorrente de culpa exclusiva do titular dos dados ou de terceiro".
6. Neste sentido, relevante a lição de Rubí Puig, o qual afirma que "La producción de un daño derivado de un tratamiento de datos personales permitirá al afectado ejercer, en función de las características de cada caso, varias acciones para su resarcimiento". RUBÍ PUIG, Antoni. Daños por infracciones del derecho a la protección de datos personales. El remedio indemnizatorio del artículo 82 RGPD. *Revista de Derecho Civil*, v. 5, n. 4 (outubro-dezembro, 2018), p. 55.
7. LGPD – Art. 44: "O tratamento de dados pessoais será irregular quando deixar de observar a legislação ou quando não fornecer a segurança que o titular dele pode esperar, consideradas as circunstâncias relevantes, entre as quais:
   I – o modo pelo qual é realizado;
   II – o resultado e os riscos que razoavelmente dele se esperam;
   III – as técnicas de tratamento de dados pessoais disponíveis à época em que foi realizado.
   Parágrafo único. Responde pelos danos decorrentes da violação da segurança dos dados o controlador ou o operador que, ao deixar de adotar as medidas de segurança previstas no art. 46 desta Lei, der causa ao dano".
8. LGPD – Art. 45: "As hipóteses de violação do direito do titular no âmbito das relações de consumo permanecem sujeitas às regras de responsabilidade previstas na legislação pertinente".
9. RGPD – Art. 82: "Direito de indemnização e responsabilidade
   1. Qualquer pessoa que tenha sofrido danos materiais ou imateriais devido a uma violação do presente regulamento tem direito a receber uma indemnização do responsável pelo tratamento ou do subcontratante pelos danos sofridos.

Ainda, consta do art. 82 do RGPD a responsabilidade solidária de todos os envolvidos no tratamento irregular de dados, a excludente de responsabilidade para o caso de o responsável pelo tratamento ou o subcontratante não serem responsáveis pelo evento que deu origem aos danos e o direito de regresso de um dos responsáveis em face dos demais, caso tenha arcado de forma integral com a indenização arbitrada. Por fim, o RGPD traz uma série de regramentos quanto ao procedimento judicial para a busca do reconhecimento da responsabilidade pelo tratamento irregular de dados e do arbitramento da indenização correspondente[10].

Como se pode constatar, a regulamentação da responsabilidade decorrente do tratamento irregular de dados possui significativa semelhança no Brasil e na Europa, sendo clara a influência desta naquele. Em ambas, pode-se observar que a matéria, muito embora tratada em poucos artigos, apresenta-se altamente complexa e controversa, com discussões práticas que, ao menos no Brasil, ainda deverão ser aprofundadas pela Jurisprudência e pelo órgão regulador que deverá tratar da matéria[11].

Acerca da complexidade supra referida, Valle Dresch e Faleiros Júnior destacam que "o contexto de proteção da Lei Geral de Proteção de Dados em relação à responsabilização dos agentes (operadores e controladores) suscita dúvidas, impondo minuciosa averiguação à luz dos fundamentos essenciais destacados"[12].

Ainda, destacam referidos autores que o legislador buscou consagrar um dever geral de segurança. De tal medida decorre que não apenas se busca tutelar a responsabilidade civil decorrente da violação ao dever de proteção dos dados pessoais, mas também que se buscou estabelecer um critério geral de imputação lastreado na verificação e demonstração do defeito, consubstanciado no rompimento de legítimas

---

2. Qualquer responsável pelo tratamento que esteja envolvido no tratamento é responsável pelos danos causados por um tratamento que viole o presente regulamento. O subcontratante é responsável pelos danos causados pelo tratamento apenas se não tiver cumprido as obrigações decorrentes do presente regulamento dirigidas especificamente aos subcontratantes ou se não tiver seguido as instruções lícitas do responsável pelo tratamento.
3. O responsável pelo tratamento ou o subcontratante fica isento de responsabilidade nos termos do n. 2, se provar que não é de modo algum responsável pelo evento que deu origem aos danos.
4. Quando mais do que um responsável pelo tratamento ou subcontratante, ou um responsável pelo tratamento e um subcontratante, estejam envolvidos no mesmo tratamento e sejam, nos termos dos n. 2 e 3, responsáveis por eventuais danos causados pelo tratamento, cada responsável pelo tratamento ou subcontratante é responsável pela totalidade dos danos, a fim de assegurar a efetiva indemnização do titular dos dados.
5. Quando tenha pago, em conformidade com o n. 4, uma indemnização integral pelos danos sofridos, um responsável pelo tratamento ou um subcontratante tem o direito de reclamar a outros responsáveis pelo tratamento ou subcontratantes envolvidos no mesmo tratamento a parte da indemnização correspondente à respetiva parte de responsabilidade pelo dano em conformidade com as condições previstas no n. 2.
6. Os processos judiciais para exercer o direito de receber uma indemnização são apresentados perante os tribunais competentes nos termos do direito do Estado-Membro a que se refere o artigo 79, n. 2".
10. Em especial, tal pode ser observado no Capítulo VIII do referido Regulamento.
11. Inúmeros temas que envolvem a responsabilidade civil decorrente do tratamento irregular de dados têm acarretado debates na doutrina. Como exemplos, muito embora não sejam os tópicos específicos ora em estudo, citam-se a discussão quanto à natureza contratual ou extracontratual da responsabilidade e, também, o debate acerca de esta ter natureza subjetiva ou objetiva.
12. DRESCH, Rafael de Freitas Valle; FALEIROS JÚNIOR, José Luiz de Moura. Reflexões sobre a responsabilidade civil na Lei Geral de Proteção de Dados (Lei 13.709/2018). In: ROSENVALD, Nelson; DRESCH, Rafael de Freitas Valle; WESENDONCK, Tula. (Org.). *Responsabilidade civil: novos riscos*. Indaiatuba: Foco, 2019, v. 1, p. 65-90.

expectativas quanto à segurança do processo de coleta, tratamento e armazenagem dos dados[13].

Desta breve análise, pode ser observado que o regramento acerca da responsabilidade civil decorrente do descumprimento dos deveres de segurança associados à proteção de dados pessoais traz inúmeras consequências para todos os envolvidos nos processos digitais.

O temor da responsabilização, espera-se, deverá acarretar um comportamento proativo das empresas, dos controladores e dos operadores de dados no sentido de observar o cumprimento da legislação e, ao final, dar o adequado tratamento aos dados pessoais que lhes estão disponíveis.

Em especial, porém, entende-se ser de fundamental importância destacar certos tipos de dados que merecem tratamento especial. Inclusive porque, sob a perspectiva da responsabilidade civil, poderão acarretar consequências mais significativas na hipótese de ocorrência de infrações. Trata-se dos dados sensíveis.

2.2 O tratamento de dados pessoais sensíveis

Como referido, a LGPD busca trazer uma proteção aos dados pessoais, em especial no meio ambiente digital. Para tal fim, em seu art. 5º, conceitua dado pessoal como sendo a "informação relacionada a pessoa natural identificada ou identificável", enquanto o titular desses seria a "pessoa natural a quem se referem os dados pessoais que são objeto de tratamento". Todavia, no mesmo art. 5º, a LGPD destaca que há certos dados que merecem proteção especial, pela sua importância. Trata-se dos dados pessoais sensíveis, que são definidos da seguinte forma:

> Art. 5º, II – dado pessoal sensível: dado pessoal sobre origem racial ou étnica, convicção religiosa, opinião política, filiação a sindicato ou a organização de caráter religioso, filosófico ou político, dado referente à saúde ou à vida sexual, dado genético ou biométrico, quando vinculado a uma pessoa natural;

Moraes, por sua vez, afirma que dados sensíveis são aqueles "associados às opções e características basilares da persona e, portanto, aptos a gerar situações de discriminação e desigualdade"[14].

Cabe destacar que a proteção mais específica a tais dados acima elencados tem fundamento na própria Constituição Federal. Muitos dos dados ali elencados podem ser compreendidos, de forma genérica, como componentes da "dignidade da pessoa humana", salvaguardada como fundamento da República nos termos do art. 1º da Constituição.

---

13. Afirmam os autores: "O ponto fundamental dessa constatação é evidenciado pela consagração de um dever geral de segurança, extraído do artigo 46 da lei. Significa dizer que, mais que tutelar a responsabilidade civil pelos danos decorrentes da violação aos deveres de zelar pela segurança dos dados, o que fez o legislador foi estabelecer um critério geral de imputação lastreado na verificação e demonstração do defeito, manifestado na quebra de legítimas expectativas quanto à segurança dos processos de coleta, tratamento e armazenagem de dados". Op. cit. p. 84.
14. MORAES, Maria Celina Bodin de (Org.). Apresentação do autor e da obra. In: RODOTÀ, Stefano. A vida na sociedade de vigilância: A privacidade hoje. Trad. Danilo Doneda e Luciana Cabral Doneda. Rio de Janeiro: Renovar, 2008. p. 1-12.

De forma mais específica, exemplificativamente, pode-se ver que a proteção à origem racial ou étnica está tutelada no art. 3º, IV, que determina como objetivo da República a promoção do bem de todos, sem discriminação de origem e raça, dentre outros[15]. Inclusive, no art. 5º, consta expressamente a imposição de sanções legais a qualquer discriminação atentatória dos direitos e liberdades fundamentais.

Da mesma forma, no próprio preâmbulo da Constituição se encontra a previsão de que a sociedade brasileira deverá ser "fraterna, pluralista e sem preconceitos", o que busca evitar tanto a discriminação étnica e racial como a religiosa, dentre outras. A liberdade religiosa, por sua vez, também conta com proteção constitucional específica, nos termos do art. 5º, VI e VIII[16]. Este último, ainda, consagra de forma expressa a proteção à opinião política, também tratada como dado sensível nos termos da LGPD.

Ainda, refere-se que, no RGPD, também há destaque expresso para dados pessoais que são considerados como tendo natureza sensível. Dentre as disposições gerais do Regulamento, inclusive, consta:

> 51) Merecem proteção específica os dados pessoais que sejam, pela sua natureza, especialmente sensíveis do ponto de vista dos direitos e liberdades fundamentais, dado que o contexto do tratamento desses dados poderá implicar riscos significativos para os direitos e liberdades fundamentais.

Ainda, o referido Regulamento traz, em seu artigo 9º, rol de dados pessoais "especiais" que é bastante semelhante àquele constante do art. 5º, II, da LGPD:

> É proibido o tratamento de dados pessoais que revelem a origem racial ou étnica, as opiniões políticas, as convicções religiosas ou filosóficas, ou a filiação sindical, bem como o tratamento de dados genéticos, dados biométricos para identificar uma pessoa de forma inequívoca, dados relativos à saúde ou dados relativos à vida sexual ou orientação sexual de uma pessoa.

Quanto a tais referidos dados sensíveis, justamente por sua elevada relevância social e para o próprio titular, afirma Mulholland que "deve-se visar a um tratamento limitado desses dados, para evitar o seu eventual uso para propósitos que não atendam aos fundamentos republicanos do Estado Democrático de Direito"[17].

Porém, dentre as categorias de dados que são elencados como "sensíveis" ou "especiais", este estudo buscará dar destaque a uma específica: a filiação a sindicato.

---

15. Constituição – Art. 3º: "Constituem objetivos fundamentais da República Federativa do Brasil (...)
    IV – promover o bem de todos, sem preconceitos de origem, raça, sexo, cor, idade e quaisquer outras formas de discriminação".
16. Constituição – Art. 5º: "Todos são iguais perante a lei, sem distinção de qualquer natureza, garantindo-se aos brasileiros e aos estrangeiros residentes no País a inviolabilidade do direito à vida, à liberdade, à igualdade, à segurança e à propriedade, nos termos seguintes: (...)
    VI – é inviolável a liberdade de consciência e de crença, sendo assegurado o livre exercício dos cultos religiosos e garantida, na forma da lei, a proteção aos locais de culto e a suas liturgias;
    (...)
    VIII – ninguém será privado de direitos por motivo de crença religiosa ou de convicção filosófica ou política, salvo se as invocar para eximir-se de obrigação legal a todos imposta e recusar-se a cumprir prestação alternativa, fixada em lei;".
17. MULHOLLAND, Caitlin. Dados pessoais sensíveis e a tutela de direitos fundamentais: uma análise à luz da lei geral de proteção de dados (Lei 13.709/18). *Revista de Direitos e Garantias Fundamentais*, v. 19, 2018, p. 159-180.

3. ESTUDO DE CASO: FILIAÇÃO A SINDICATO

3.1 Filiação a sindicato como dado pessoal sensível

Para compreender a fundamental importância do respeito à privacidade quanto à filiação a ente sindical, mostra-se necessário um breve estudo acerca da liberdade sindical, direito consagrado na Constituição em seu artigo 8º[18].

Delgado[19], tratando da liberdade sindical, define-a como a liberdade de criação de sindicatos e de sua autoextinção. Afirma ainda que tal direito abrange também a prerrogativa individual de livre associação a sindicato, bem como de livre desfiliação. Garcia, por sua vez, afirma que a liberdade de associação, consagrada no art. 8º da Constituição, significa o direito de as pessoas se unirem, de forma duradoura, tendo em vista a existência de objetivos comuns, dando origens a grupos organizados (as associações, como os sindicatos).

Já quanto à liberdade de filiação sindical, afirma dito autor que essa pode ter caráter positivo, ou seja, assegurando a associação ao ente sindical, ou negativo, no sentido de garantir o direito de não se filiar ou de se desfiliar a qualquer momento. Ademais, a liberdade de filiação se aplica aos próprios sindicatos, que podem optar por se filiar (ou não) a outro ente sindical superior, de caráter nacional ou internacional[20].

Mario de la Cueva destaca que "la doctrina sostiene uniformemente que el derecho sindical personal consiste en la libertad para ingresar a una asociación ya existente o para constituir una nueva, en unión, claro está, de otros trabajadores"[21]. Afirma ainda que "la libertad personal de asociación (...) es um derecho originário de cada trabajador"[22].

Tem-se, portanto, um direito consagrado constitucionalmente de liberdade para os trabalhadores optarem por se associar ou não a ente sindical que lhes represente[23].

Tal direito, porém, muito embora de fundamental relevância (inclusive assegurado constitucionalmente), pode ser entendido como um muito fundamental instrumento. De fato, a liberdade conferida aos trabalhadores já configura, por si, uma tutela de um

---

18. Constituição – Art. 8º: "É livre a associação profissional ou sindical, observado o seguinte:
    (...)
    V – ninguém será obrigado a filiar-se ou a manter-se filiado a sindicato;"
19. DELGADO, Mauricio Godinho. *Curso de direito do trabalho*. 15. ed. São Paulo: LTr, 2016. p. 1450.
20. Aqui o autor traz um importante esclarecimento: por um lado, para ser filiado a sindicato, exige-se manifestação expressa de vontade do empregado ou, no caso de sindicato patronal, da empresa. Trata-se de consequência da liberdade de filiação. Por outro lado, para pertencer à categoria econômica ou profissional (e, portanto, ser representado pelo sindicato), não se exige manifestação expressa, bastando o fato do trabalho (no caso dos empregados) ou da caracterização (no caso da empresa) de atividade econômica preponderante inserida em dada área territorial. GARCIA, Gustavo Filipe Barbosa. *Curso de Direito do Trabalho*. 11. ed. Rio de Janeiro: Forense, 2017, p. 1284.
21. DE LA CUEVA, Mário. *El Nuevo Derecho Mexicano del Trabajo*, v. II. Editora Porrúa, 15. ed. Mexico, 2014, p. 300.
22. Op. Cit. p. 301.
23. Sabe-se, todavia, que essa liberdade não é, de forma alguma, absoluta, havendo limitações como, em especial, a unicidade sindical. Nesse sentido, destaca-se a não ratificação pelo Brasil da Convenção 87 da OIT, a qual trata também da matéria de liberdade sindical, em especial no seu art. 2º, que dispõe: "Art. 2 – Os trabalhadores e os empregadores, sem distinção de qualquer espécie, terão direito de constituir, sem autorização prévia, organizações de sua escolha, bem como o direito de se filiar a essas organizações, sob a única condição de se conformar com os estatutos das mesmas". Disponível em: https://www.ilo.org/brasilia/convencoes/WCMS_239608/lang--pt/index.htm. Acesso em: 10.01.2020.

direito fundamental. Porém, em uma visão mais ampla, pode-se compreender que os direitos assegurados aos sindicatos e aos trabalhadores na esfera do direito coletivo do trabalho têm como objetivo final a busca por melhores condições de trabalho e por uma existência mais digna, estes sim os fins do direito laboral[24].

Por consequência, a fim de instrumentalizar a referida liberdade sindical, a legislação estabelece uma série de proteções concretas aos trabalhadores. Podem-se citar como exemplos a estabilidade conferida aos dirigentes sindicais desde a inscrição de chapa em eleição até um ano após o término do mandato[25] e a (recente) liberdade individual para decidir se deseja ou não contribuir financeiramente com o ente sindical[26].

O que a Lei Geral de Proteção de Dados Pessoais trouxe, em seu art. 5º, II, foi outra modalidade de proteção à liberdade sindical dos trabalhadores: o direito ao sigilo quanto à filiação a ente sindical.

Tal garantia se mostra fundamental, uma vez que não é de interesse do empregador a opção livre e individual de cada trabalhador por sindicalizar-se ou não. Compete a cada trabalhador a manifestação de vontade acerca de tal opção, e a interferência indevida do empregador, pelo acesso a listagens de filiação sindical, por exemplo, pode configurar conduta antissindical.

3.2 Possibilidade de configuração de conduta antissindical

Para compreender a disposição da LGPD no sentido de tutelar o direito à privacidade quanto à filiação a ente sindical, mostra-se de fundamental importância a compreensão do conceito de conduta ou prática antissindical.

Delgado afirma que práticas antissindicais são aquelas que implicam sistemáticas de desestímulo à sindicalização e desgaste à atuação dos sindicatos, entrando em choque com o princípio da liberdade sindical[27].

Luciano Martinez, por sua vez, traz a seguinte definição:

> As condutas antissindicais, na condição de ilícitos civis, podem ser entendidas, a partir do seu caráter onicompreensivo, como qualquer ato jurídico estruturalmente atípico, positivo ou negativo, comissivo ou omissivo, simples ou complexo, continuado ou isolado, concertado ou não concertado, estatal ou privado, normativo ou negocial, que, extrapolando os limites do jogo normal das relações coletivas de trabalho, lesione o conteúdo essencial de direitos de liberdade sindical[28].

---

24. Considerando que, como destacam Dorneles e Oliveira, os trabalhadores se encontram em uma posição de vulnerabilidade técnica, econômica e negocial face ao empregador, o Direito do Trabalho busca a proteção desses e a melhoria de sua condição social. DORNELES, Leandro do Amaral Dorneles de; OLIVEIRA, Cinthia Machado de. *Direito do Trabalho*. 2. ed. Porto Alegre: Verbo Jurídico, 2013, p.17-23.
25. Conforme dispõe o art. 543, § 3º da CLT: "Fica vedada a dispensa do empregado sindicalizado ou associado, a partir do momento do registro de sua candidatura a cargo de direção ou representação de entidade sindical ou de associação profissional, até 1 (um) ano após o final do seu mandato, caso seja eleito inclusive como suplente, salvo se cometer falta grave devidamente apurada nos termos desta Consolidação."
26. Conforme artigos 545, 578, 579 e outros da CLT.
27. DELGADO, Mauricio Godinho. *Curso de direito do trabalho*. 15. ed. São Paulo: LTr, 2016. p. 1450-1453. Inclusive, destaca o autor que não há qualquer antinomia entre a fixação de plena liberdade e autonomia aos sindicatos e a implementação de garantias legais assecuratórias de larga e transparente representatividade sindical.
28. MARTINEZ, Luciano. *Curso de Direito do Trabalho*. 9. ed. São Paulo: Saraiva, 2018, p. 908.

Ainda, referido autor cita como exemplos de condutas antissindicais a postura do empregador no sentido de estimular seus empregados a não contribuir com o sindicato que representa a categoria profissional. Ademais, como exemplo de conduta estatal, cita a decisão de Magistrado que, em face de movimento grevista, determina a manutenção de atividades em contingente mínimo de dimensão incompatível com os objetivos que se busca por meio da greve[29]. Ermida Uriarte, por fim, afirma:

> O alcance objetivo ou âmbito de aplicação objetiva da proteção da atividade sindical deve ser amplo e incluir todo ato ou conduta que prejudique a causa da atividade sindical ou que a limite além daquilo que surge do jogo normal das relações coletivas de trabalho[30].

Como exemplo clássico de condutas que se configuram como antissindicais, temos a inclusão nos contratos de trabalho de cláusulas como a de "yellow dog", a qual veda a sindicalização por parte do empregado. Da mesma forma, há cláusulas que acarretam a sindicalização forçada, o que também viola a liberdade de associação, como as de "union shop", "closed shop" e "agency shop"[31] em normas coletivas ou em contratos individuais de trabalho[32].

No Brasil, o Tribunal Superior do Trabalho manifestou-se em sentido contrário a cláusulas de preferência para contratação de trabalhadores sindicalizados, por violarem a liberdade de filiação em seu viés negativo. Nesse sentido dispõe a Orientação Jurisprudencial 20 da Seção de Dissídios Coletivos do referido Tribunal:

> Viola o art. 8º, V, da CF/1988 cláusula de instrumento normativo que estabelece a preferência, na contratação de mão de obra, do trabalhador sindicalizado sobre os demais.

Pois bem, pode-se observar que o direito do trabalho, não apenas no Brasil, posiciona-se no sentido de tutelar a liberdade de filiação e de garantir aos trabalhadores o direito de, em conjunto pleitear melhores condições de trabalho e de vida. E é exatamente como instrumento para a busca por tais direitos que a disposição do art. 5º, II, da LGPD se mostra fundamental.

Ao se caracterizar a filiação a ente sindical como dado pessoal sensível, transmite-se a ela uma maior proteção em face do tratamento de dados. O controlador, o operador e todos os demais membros envolvidos na operação terão de adotar maior cautela quanto

---

29. MARTINEZ, Luciano. *Curso de Direito do Trabalho*. 9. ed. São Paulo: Saraiva, 2018, p. 909.
30. URIARTE, Oscar Ermida. *A proteção contra os atos antissindicais*. Trad. Irany Ferrari. São Paulo: LTr, 1989, p. 59.
31. Definidas por Magano nos seguintes termos: "Closed shop resulta de cláusulas que exigem filiação ao sindicato como condição de emprego; a union shop surge de cláusulas que impõem a filiação como condição à continuidade do emprego; e a agency shop advém de cláusulas que apenas exigem a obrigatoriedade de contribuição, mas não de filiação". MAGANO, Octávio Bueno. *Organização sindical brasileira*. São Paulo: Ed. RT, 1982, p. 59.
32. Nesse sentido, o National Labor Relations Act – NLRA caracteriza como "Unfair Labor Practices":
"Sec. 8. [§ 158.] (a) [Unfair labor practices by employer] It shall be an unfair labor practice for an employer: (...) (3) by discrimination in regard to hire or tenure of employment or any term or condition of employment to encourage or discourage membership in any labor organization."
Já a National Labor Relations Board se posicionou no sentido de que "It is unlawful to discourage (or encourage) union activities or sympathies "by discrimination in regard to hire or tenure of employment or any term or condition of employment." For example, employers may not discharge, lay off, or discipline employees, or refuse to hire job applicants, because they are pro-union". Disponível em: https://www.nlrb.gov/rights-we-protect/whats-law/employers/discriminating-against-employees-because-their-union. Acesso em: 21.12.2019.

aos dados relativos à filiação a ente sindical, uma vez que, como será demonstrado na sequência, eventuais violações poderão acarretar responsabilização.

Ademais, de forma concreta, ao se preservar o sigilo dos dados relativos à filiação a ente sindical, evita-se a circulação da referida informação e com isso protegem-se os empregados em face de possíveis condutas antissindicais de empregadores. Se uma empresa que está promovendo processo seletivo para vaga de emprego não tem acesso a listagens de sindicalização, terá maiores dificuldades para adotar medidas discriminatórias em face de empregados sindicalizados[33].

Evidentemente, a empresa poderá, na prática, questionar o empregado em uma entrevista acerca de sua condição de filiado ou não a sindicato. Todavia, em nossa opinião, tal conduta seria ilícita, uma vez que, como bem estipulado pela LGPD, trata-se de dado pessoal sensível e que, também, não é de interesse do potencial empregador, não devendo influenciar na escolha por um ou outro candidato à vaga.

Assim, o ordenamento jurídico visa a tutelar o sigilo da informação relativa à filiação a sindicato como instrumento para evitar condutas antissindicais. Com isso, busca-se garantir maior liberdade sindical e, por consequência, permitir a atuação dos sindicatos (e dos próprios trabalhadores) na busca por melhores condições de trabalho e por uma existência mais digna.

Todavia, sabe-se que, no cotidiano das relações de trabalho, há inúmeras violações às garantias ora referidas. Em especial tendo em vista as disposições da LGPD abordadas no tópico anteriores, buscar-se-á discutir quais são as possibilidades de responsabilização das empresas pelo tratamento inadequado de dados pessoais ligados à filiação a ente sindical.

3.3 Hipóteses de responsabilização

Conforme positivado no art. 42 da LGPD, o operador ou o controlador que, em razão do tratamento de dados, causarem a outrem dano de natureza patrimonial, moral, individual ou coletiva, em violação à lei, deverão repará-lo. Aplicando-se tal disposição ao caso ora em estudo, qual seja, o tratamento irregular de dados relativos à filiação a ente sindical, observa-se, inicialmente, que o trabalhador poderá sofrer uma série de danos decorrentes da conduta do empregador, inclusive em processo seletivo ou em fase pós-contratual.

Pensemos no seguinte exemplo: o trabalhador A prestou serviços por anos na empresa B. Durante todo o período, fora filiado e atuante no sindicato que representa sua categoria profissional, fato de que o seu então empregador tinha plena ciência, uma vez que realizava, licitamente, desconto em folha de valores relativos às contribuições confederativa e sindical.

Findo o contrato de emprego, o trabalhador A realiza entrevista em processo seletivo na empresa C, a qual contata a empresa B para questionar acerca do candidato. A

---

33. Ou, até mesmo, em face de empregados não sindicalizados, em especial quando o sindicato da categoria profissional tem atuação integrada aos interesses da empresa ("company union").

empresa B, então, repassa à C dados pessoais do trabalhador, inclusive o fato de que este sempre fora sindicalizado[34].

O trabalhador A, após, é comunicado de que não foi aprovado no processo seletivo da empresa C, vindo a ter ciência, posteriormente, de que tal se deveu à informação (repassada por B) de que era atuante na esfera sindical, o que não teria agradado o potencial empregador.

Há, nesse caso, um evidente tratamento irregular de dados pessoais sensíveis pela empresa B, a qual disponibilizou dados do trabalhador a terceiros sem o seu expresso consentimento. E tal conduta, ao final, acabou por causar significativo prejuízo ao titular dos dados.

Pode-se vislumbrar no presente caso uma responsabilidade da empresa B pelo tratamento irregular e da empresa C por uso ilícito e discriminatório de tais dados, configurando evidente conduta antissindical[35]. O tratamento irregular de dados e a não contratação por motivo de discriminação, como pela inclusão em "lista suja" de sindicalizados, de trabalhadores que movem reclamações trabalhistas, dentre outros, gera abalo moral indenizável ao trabalhador[36], o qual, com fundamento também nos termos do art. 42 da LGPD, poderá buscar a responsabilização das empresas pelo dano moral sofrido.

---

34. Questão que, inclusive, sequer deveria ser questionada ao trabalhador (ou a terceiros), uma vez que ser filiado a sindicato não obsta, de forma alguma, a prestação de serviços, bem como não é justificativa legítima para a preterição de um candidato à vaga de emprego. Nesse sentido refere Apostólides: "o empregador não tem legitimidade para perguntar ou, através de outros mecanismos, informar-se sobre as circunstâncias que, embora apresentem relevância para a formação da sua vontade contratual, só de forma remota se conexionam com a prestação da atividade laboral". APOSTÓLIDES, Sara Costa. *Do dever pré-contratual de informação e da sua aplicabilidade na formação do contrato de trabalho*. Coimbra: Almedina, 2008, p. 226.
35. Inclusive porque, como refere Apostólides (op. cit. p. 209), "a proteção dos direitos fundamentais em perigo na fase da formação do contrato (em especial o direito à reserva da vida privada e o direito a um tratamento igual e não discriminatório) passa por soluções que invertam o desequilíbrio de poder negocial entre trabalhador e empregador. O dever pré-contratual de informação apresenta uma especial vocação para a realização desta tarefa".
36. Nesse sentido, exemplificativamente, citam-se as seguintes decisões do Tribunal Superior do Trabalho:
"[...] II – Recurso de revista. Indenização por danos morais pós contratual. Informação prestada a terceiros interessados sobre ajuizamento de ação trabalhista. Dano *in re ipsa*. O Tribunal Regional, na condição de última instância avaliadora da prova, foi expresso ao registrar que "é possível inferir que a ré, ao ser indagada por representante de outra empresa acerca da vida laboral da autora, respondeu apenas que esta moveu uma ação trabalhista". Ainda que não haja na Lei proibição acerca das informações desabonadoras, é certo que determinados limites do poder potestativo devem ser observados. O comportamento de informar a terceiros que o autor ajuizou reclamação trabalhista se assemelha à formação de listas negras, ou à situação da anotação na Carteira de Trabalho no sentido de que o empregado teria sido demitido por justa causa. Resulta evidenciado o caráter ilícito do ato praticado pela reclamada, revelando-se o dano moral *in re ipsa*, passível de indenização, nos moldes dos arts. 5º, X, da Constituição Federal e 927 do Código Civil. Recurso de revista conhecido e provido" (TST – RR – 1769-64.2014.5.12.0011, Relatora Ministra: Maria Helena Mallmann, Data de Julgamento: 08.05.2018, 2ª Turma, Data de Publicação: DEJT 11/05/2018)".
"Recurso de revista interposto pela primeira reclamada e pelo reclamante. Análise conjunta. 1. Danos morais. Prescrição. Marco inicial. Não conhecimento. (Recurso da primeira reclamada) (...). 2. Compensação por danos morais. Inclusão do nome da empregada em "lista negra". Ocorrência. Não conhecimento. (recurso da primeira reclamada) A egrégia Corte Regional, com base na ampla análise do quadro fático probatório produzido nos autos consignou que a reclamada possuía um banco de dados com nomes de antigos trabalhadores que apresentaram ações trabalhistas ou que serviram de testemunhas nestas ações e que era utilizado com o objetivo de obstar acesso ao emprego ou de impedir contratações por outras empresas. Neste contexto, para se abarcar a tese da reclamada de que tal banco de dados era sigiloso e que tinha destinação diversa, necessária seria a análise do suporte fático probatório dos autos, procedimento defeso nesta esfera recursal pelo que dispõe a Súmula 126. Também não há falar em falta de comprovação de ato ilícito, pois a divulgação de lista com nomes de empregados "marcados"

Ademais, caso comprovado prejuízo patrimonial em decorrência da conduta das empresas, poderá o trabalhador igualmente pleitear reparação. Nesse caso, porém, terá o ônus de comprovar o efetivo prejuízo, como, por exemplo, por ter se demitido de emprego anterior pela legítima expectativa de obter a vaga ora em disputa, ou por ter tido gastos por conta do processo seletivo, como com viagens, materiais ou até mesmo advogados para negociar o contrato de emprego.

Trata-se, na hipótese acima, de dano com natureza individual. Porém, da mesma forma, como destacado no art. 42 da LGPD, o dano poderá ter natureza coletiva, como quando, por exemplo, o tratamento irregular de dados expuser inúmeros trabalhadores da mesma empresa ou categoria profissional.

Nesse caso, nos termos do art. 42, § 3º, poderá ser promovida ação coletiva pelo ente sindical buscando a reparação dos danos causados, atuando esse como substituto processual dos trabalhadores. Repisa-se que, conforme disposição do art. 8º, III, da Constituição, "ao sindicato cabe a defesa dos direitos e interesses coletivos ou individuais da categoria, inclusive em questões judiciais ou administrativas".

Da mesma forma, havendo violação a direitos coletivos, caberá a atuação do Ministério Público do Trabalho, ao qual incumbe, conforme art. 83, III, da Lei Complementar 75/93, "promover a ação civil pública no âmbito da Justiça do Trabalho, para defesa de interesses coletivos, quando desrespeitados os direitos sociais constitucionalmente garantidos". No caso, o tratamento irregular de dados pessoais relativos à filiação a ente sindical implicaria violação às liberdades sindical e de filiação, direitos sociais garantidos no art. 8º da Constituição, atraindo, portanto, a atuação do *Parquet*.

Fundamental destacar também alguns aspectos relevantes trazidos pela LGPD no tocante ao procedimento para busca da reparação dos danos pelos titulares dos dados. No art. 42, § 2º, faculta-se ao julgador a inversão do ônus da prova a favor do titular dos dados, se for verossímil a alegação e se houver hipossuficiência para fins de produção de prova ou se esta for excessivamente onerosa ao titular.

Muito embora o referido texto legal trate expressamente do processo civil, parece-nos diretamente aplicável ao processo do trabalho, uma vez que, neste, é usual a inversão do ônus da prova em prol da parte hipossuficiente da relação. Tal decorre do princípio da aptidão para a prova[37], o qual, no caso concreto, implicaria a atribuição ao empregador

---

para não serem contratados gera, sem dúvida, ofensa a vários artigos constitucionais, dentre eles, 1º, III, 5º, X, 7º, XXX, XXXIII e 170, VIII. (...) Assim, tenho que o valor ora fixado – de R$ 8.000,00 (oito mil reais) –, a título de compensação por dano moral, revela-se consentâneo com os princípios e parâmetros acima referidos. Recursos de revista dos quais não se conhece". (TST – RR-583-80.2010.5.09.0091, 5ª Turma, Relator Ministro Guilherme Augusto Caputo Bastos, DEJT 19/08/2016).

37. Nesse sentido, destaca-se a lição de Bezerra Leite nos seguintes termos: "O fundamento para a aplicação do princípio da aptidão está na justiça distributiva aliada ao princípio da igualdade, cabendo a cada parte aquilo que normalmente lhe resulta mais fácil. O critério será o da proximidade real e de facilidade do acesso às fontes de prova. Indiscutivelmente, o princípio será aplicado todas as vezes em que o empregado não puder fazer a prova a não ser através de documento ou coisa que a parte contrária detenha. Partindo do princípio da boa-fé, que informa a conduta processual dos litigantes, todas as vezes que o documento, por seu conteúdo, for comum às partes, haverá também a inversão do ônus da prova, competindo ao empregador colacioná-lo, sob pena de serem admitidas como verdadeiras as alegações feitas pelo empregado. LEITE, Carlos Henrique Bezerra. *Curso de Direito Processual do Trabalho*. 6. ed. São Paulo: LTr, 2008, p. 90.

do ônus de comprovar que o tratamento dos dados (em especial dos sensíveis) tenha sido regular.

Ainda, cabe destacar que a competência para discutir possíveis danos decorrentes do tratamento irregular de dados na esfera da relação de emprego será da Justiça do Trabalho. Tal se dá porque a matéria, como dito, decorre da relação de trabalho, ainda que em fase pré ou pós-contratual, o que atrai a competência dessa Justiça Especializada, nos termos do art. 114, I e VI da Constituição[38].

O processo negocial para a contratação de um empregado, bem como o tratamento dado por uma empresa quanto a dados pessoais obtidos em decorrência de relação de emprego dizem respeito à seara juslaboral, e eventuais danos que deles decorram deverão ser apreciados pela Justiça especializada nesta área de atuação.

Por fim, quanto ao responsável pela reparação ao dano, a LGPD, em seu art. 42, atribui ao controlador e/ou ao operador a obrigação de reparar o dano causado, cabendo eventual direito de regresso em caso de solidariedade.

No caso das relações de trabalho, porém, muito embora se mantenha a responsabilidade do controlador e do operador, há de se atribuir também ao empregador o dever de indenizar, caso tenha havido dano ao trabalhador, uma vez que, nos termos do art. 932 do código civil, é também responsável pela reparação civil "III – o empregador ou comitente, por seus empregados, serviçais e prepostos, no exercício do trabalho que lhes competir, ou em razão dele".

Caso mais de uma empresa tenha concorrido para causar o dano ao trabalhador, todas poderão ser responsabilizadas, individualmente ou de forma coletiva[39], na proporção do dano que tenham causado.

---

38. Nesse sentido, exemplificativamente, citam-se os seguintes julgados:
"Competência da justiça do trabalho. Compensação por dano moral. Inclusão do reclamante em "lista negra" dos trabalhadores que ajuizaram ação contra a reclamada. Ação atual ajuizada contra a tomadora de serviços. Ação anterior condenando subsidiariamente a reclamada. Reponsabilidade pós-contratual. Provimento.
Na hipótese dos autos, o egrégio Tribunal Regional consignou expressamente que carece de competência para processar e julgar a presente demanda, pois o reclamante ajuizou a presente demanda apenas contra a empresa tomadora de serviços, na qual pretende que seja condenada ao pagamento de compensação por dano moral em razão da inclusão do seu nome em uma "lista negra" com o nome dos trabalhadores que litigaram contra a reclamada, o que impediria sua contratação com outras empresas. Ocorre que a causa de pedir da petição inicial diz respeito ao dano surgido após a condenação subsidiária da reclamada em ação anteriormente ajuizada pelo reclamante. Assim, o exame da alegada inclusão do reclamante em uma "lista negra" dos trabalhadores que promoveram ação contra a reclamada, traduz hipótese jurídica que se insere no rol de competências da Justiça do Trabalho, por se tratar de reponsabilidade pós-contratual de empresa tomadora de serviços condenada subsidiariamente em ação trabalhista anterior. Precedentes. Recurso de revista conhecido e provido. (TST – RR-144800-55.2010.5.23.0051, 5ª Turma, Relator Ministro Guilherme Augusto Caputo Bastos, DEJT 08/05/2015)".
"Agravo de instrumento. Competência da justiça do trabalho. Lista negra. Está demonstrada a viabilidade do conhecimento do recurso de revista por possível violação do art. 114, VI, da CF/1988. Agravo de instrumento a que se dá provimento. II – Recurso de revista. Competência da justiça do trabalho. Dano moral pós-contratual. Lista discriminatória para impedir contratação de ex-empregado. Art. 114, VI, da CF. Precedentes. É competente a Justiça do Trabalho para pedido de indenização por danos morais decorrente da relação de trabalho, nos termos do art. 114, VI, da CF, como no caso, a alegada inserção na chamada lista negra. Recurso de revista conhecido e provido" (RR-142400-68.2010.5.23.0051, 6ª Turma, Relatora Ministra Kátia Magalhães Arruda, DEJT 19/04/2013)
39. Evidentemente, as peculiaridades do caso concreto irão definir como deverá se dar o procedimento judicial para busca de reparação de direitos. Tratando-se de empresas componentes do mesmo grupo econômico, por exemplo, a responsabilidade solidária entre essas será consequência possível. Todavia, não havendo grupo econômico e

Por fim, quanto às possibilidades de isenção de responsabilidade previstas no art. 43 da LGPD, são também aplicáveis ao processo do trabalho, com a ressalva de que, no direito laboral, os riscos do empreendimento são do empregador, nos termos do art. 2º da CLT[40], o que torna menos usuais as possibilidades de afastamento (ao menos integral) da responsabilidade patronal.

Evidentemente, porém, havendo hipótese em que o dano tenha decorrido exclusivamente de culpa do próprio trabalhador (quando o próprio houver repassado os dados a terceiro, por exemplo), não haverá responsabilidade da empresa, podendo também haver hipóteses de concausa.

O que se observa, portanto, é que as hipóteses de responsabilidade civil previstas na LGPD são, de forma direta, aplicáveis às relações de trabalho. Por evidência, deve-se observar as peculiaridades desta área, porém a regulamentação que veio para proteger o titular dos dados tem, como demonstrado, muito a agregar na proteção dos trabalhadores e dos seus dados pessoais usuais e, ainda mais, sensíveis.

4. CONSIDERAÇÕES FINAIS

No presente estudo, buscou-se inicialmente analisar o regramento trazido pela Lei Geral de Proteção de Dados quanto à responsabilidade civil. Ademais, destacou-se a proteção conferida aos dados pessoais tidos como sensíveis, em especial aqueles ligados à filiação a sindicato. Após, destacaram-se as possibilidades de responsabilização decorrentes do tratamento irregular de dados ligados à filiação a sindicato, em especial com base no conceito de conduta antissindical.

Pretendeu-se, por meio da análise doutrinária e jurisprudencial, demonstrar a aplicabilidade concreta da LGPD às relações de trabalho, considerando o quadro de hipossuficiência do trabalhador e seu direito à tutela de dados pessoais, em especial quanto àqueles tidos como sensíveis.

No âmbito das relações de trabalho e, em especial, de emprego, o empregador tem acesso a diversos dados relativos aos trabalhadores. Deverá, portanto, adotar medidas que visem ao resguardo de tais informações, não apenas durante o período contratual, mas também em casos de negociações ou entrevistas de emprego (período pré-contratual) ou de referências posteriores (período pós-contratual).

Cabe destacar que também incumbirá ao trabalhador manter sigilo quanto a dados confidenciais a que tenha acesso por conta da relação estabelecida, podendo haver responsabilização em caso de infração.

Ademais, destaca-se que a proteção dos dados pessoais, impedindo a prática de condutas antissindicais, configura-se também em instrumento de tutela da liberdade sindical e de associação. Torna-se, portanto, instrumento para a tutela de direitos

---

havendo atuações distintas e responsabilidades delimitadas de cada empresa por fatos distintos, eventualmente a reclamação poderá ser movida individualmente contra cada uma.

40. CLT – Art. 2º: "Considera-se empregador a empresa, individual ou coletiva, que, assumindo os riscos da atividade econômica, admite, assalaria e dirige a prestação pessoal de serviço".

constitucionalmente assegurados. Dita relevância justifica também a possibilidade e a importância da responsabilização em caso de tratamento irregular.

O que se observa, portanto, é que se mostra pertinente a regulamentação trazida pela LGPD quanto à responsabilidade civil. Em especial na sua aplicabilidade às relações de trabalho, entende-se que as novas normas, quando de sua vigência, trarão uma proteção necessária e positiva, cabendo, porém, fiscalizar e demandar seu efetivo cumprimento por todas as partes envolvidas.

5. REFERÊNCIAS

ASCENÇÃO, José de Oliveira. *Estudos sobre direito da internet e da sociedade da informação*. Coimbra: Almedina, 2001.

BRASIL. Constituição (1988). Constituição da República Federativa do Brasil de 1988. Brasília, DF: Presidência da República. Disponível em: http://www.planalto.gov.br/ccivil_03/Constituicao/Constituicao.htm. Acesso em: 13.01.2020.

BRASIL. Decreto-Lei 5.452, de 1º de maio de 1943. Brasília, DF: Planalto. Disponível em: http://www.planalto.gov.br/ccivil_03/decreto-lei/Del5452.htm. Acesso em: 13.01.2020.

BRASIL. Lei 13.709, de 14 de agosto de 2018. Brasília, DF: Planalto. Disponível em: http://www.planalto.gov.br/ccivil_03/_ato2015-2018/2018/lei/L13709.htm. Acesso em: 18.12.2019.

BRASIL. Tribunal Superior do Trabalho. Orientação Jurisprudencial 20 da Seção de Dissídios Coletivos. "Empregados sindicalizados. Admissão preferencial. Condição violadora do art. 8º, v, da CF/88". DEJT: 16, 17 e 18/11/2010. Disponível em: http://www3.tst.jus.br/jurisprudencia/OJ_SDC/n_bol_01.html#TEMA17. Acesso em: 13.01.2020.

BRASIL. Tribunal Superior do Trabalho. Recurso de Revista 1769-64.2014.5.12.0011. Relatora Min. Maria Helena Mallman, DEJT 11/05/2018.

BRASIL. Tribunal Superior do Trabalho. Recurso de Revista 583-80.2010.5.09.0091. Relator Min. Guilherme Augusto Caputo Bastos, DEJT 19/08/2016.

BRASIL. Tribunal Superior do Trabalho. Recurso de Revista 144800-55.2010.5.23.0051. Relator Min. Guilherme Augusto Caputo Bastos, DEJT 08/05/2015.

BRASIL. Tribunal Superior do Trabalho. Recurso de Revista 142400-68.2010.5.23.0051. Relatora Min. Kátia Magalhães Arruda, DEJT 19/04/2013.

COLOMBO, Cristiano.; FACCHINI NETO, Eugênio. Violação dos direitos de personalidade no meio ambiente digital: a influência da jurisprudência europeia na fixação da jurisdição/competência dos tribunais brasileiros. civilistica.com: *revista eletrônica de direito civil*, v. 8, n. 1, p. 1-25, 28 abr. 2019.

DE LA CUEVA, Mário. *El Nuevo Derecho Mexicano del Trabajo*, v. II, 15. Ed. Cidade do México: Porrúa, 2014.

DELGADO, Mauricio Godinho. *Curso de direito do trabalho*. 15. ed. São Paulo: LTr, 2016.

DORNELES, Leandro do Amaral Dorneles de; OLIVEIRA, Cinthia Machado de. *Direito do Trabalho*. 2. ed. Porto Alegre: Verbo Jurídico, 2013.

DRESCH, Rafael de Freitas Valle; FALEIROS JÚNIOR, José Luiz de Moura. Reflexões sobre a responsabilidade civil na Lei Geral de Proteção de Dados (Lei 13.709/2018). In: ROSENVALD, Nelson; DRESCH, Rafael de Freitas Valle; WESENDONCK, Tula. (Org.). *Responsabilidade civil: novos riscos*. Indaiatuba: Foco, 2019, v. 1, p. 65-90.

GARCIA, Gustavo Filipe Barbosa. *Curso de Direito do Trabalho*. 11. ed. Rio de Janeiro: Forense, 2017.

LEITE, Carlos Henrique Bezerra. *Curso de Direito Processual do Trabalho*. 6. ed. São Paulo: LTr, 2008.

MAGANO, Octávio Bueno. *Organização sindical brasileira*. São Paulo: Ed. RT, 1982.

MARTINEZ. Luciano. *Curso de Direito do Trabalho*. 9. ed. São Paulo: Saraiva, 2018.

MORAES, Maria Celina Bodin de (Org.). Apresentação do autor e da obra. In: RODOTÀ, Stefano. *A vida na sociedade de vigilância*: a privacidade hoje. Trad. Danilo Doneda e Luciana Cabral Doneda. Rio de Janeiro: Renovar, 2008. p. 1-12.

MULHOLLAND, Caitlin. Dados pessoais sensíveis e a tutela de direitos fundamentais: uma análise à luz da lei geral de proteção de dados (Lei 13.709/18). *Revista de Direitos e Garantias Fundamentais*, v. 19, 2018, p. 159-180.

ORGANIZAÇÃO INTERNACIONAL DO TRABALHO. *Convenção sobre a Liberdade Sindical e Proteção ao Direito de Sindicalização* – n. 87, 1948. Disponível em https://www.ilo.org/brasilia/convencoes/WCMS_239608/lang--pt/index.htm. Acesso em: 10.01.2020.

RUBÍ PUIG, Antoni. Daños por infracciones del derecho a la protección de datos personales. El remedio indemnizatorio del artículo 82 RGPD. *Revista de Derecho Civil*, v. 5, n. 4 (outubro-dezembro), 2018.

URIARTE, Oscar Ermida. *A proteção contra os atos antissindicais*. Trad. Irany Ferrari. São Paulo: LTr, 1989.

A RESPONSABILIDADE CIVIL DECORRENTE DO VAZAMENTO DE DADOS PESSOAIS

Juliano Madalena

Doutorando e Mestre em Direito pela Universidade Federal do Rio Grande do Sul. Professor na Faculdade de Direito do Ministério Público (FMP). Advogado.

Sumário: 1. Introdução. 2. O dever de indenizar pelo descumprimento do dever jurídico de segurança. 3. Considerações finais. 4. Referências.

1. INTRODUÇÃO

Com praticamente nenhuma dificuldade a doutrina brasileira conclui que os *dados pessoais* pertencem aos direitos da personalidade. De todo modo, ao nosso ver, resta organizar o objeto jurídico na classificação pretendida, assim como as consequências advindas para melhor compreender a responsabilidade civil aplicável. Nesse particular, em razão da sua natureza puramente subjetiva, impõe-se ao intérprete pormenorizar as inúmeras facetas pertencentes ao gênero *dados pessoais* para verificar a resposta jurídica adequada em caso de exposição dos mesmos.

O avanço da premissa idealizadora no que concerne ao pertencimento dos dados pessoais aos direitos da personalidade, ao nosso ver, deve ser conjurada, inobstante, como dito, tenha a doutrina ligeiramente reconhecido essa situação. Interessa, pois, insistir no porquê dessa configuração, sob pena de reduzir-se o reconhecimento dos dados pessoais como direitos da personalidade à mero bordão retórico. Em uma visão de sistema, a classificação, mais do que didática, propõe-se ao reconhecimento de direitos para garanti-los e, inclusive, tutela-los. E assim, distinguem-se os direitos da personalidade em face aos direitos reais, por exemplo. Portanto, se compreendemos serem os dados pessoais fruto da personalidade humana, há razão e consequências jurídicas particulares para tanto.

Com efeito, os direitos da personalidade são ínsitos à condição humana. Em tal assertiva residiu o apelo para o reconhecimento desses direitos, assim como a dificuldade em reconhece-los. Discutiu-se, inclusive, na doutrina, se poderia existir direitos do homem sobre si mesmo. Superadas as tensões deontológicas, a vinculação dos direitos da personalidade à condição de pessoa humana subsiste no seu feitio físico, mental e moral.

A vinculação desses direitos à condição humana consiste na concepção naturalista de direitos, pela qual são inatos os direitos da personalidade e cabe ao Estado, apenas, o seu reconhecimento. Observa-se, portanto, a importância dada à matéria: há direito, inobstante a existência do Estado. Para tanto, basta existir condição humana, segundo observa Carlos Alberto Bittar, para quem a codificação dos direitos da personalidade, seja na constituição ou nos microssistemas privados, não lhes atribui existência, apenas confere-lhes proteção específica[1]. Não nos cabe discorrer acerca da já superada dicotomia entre o direito natural e o positivo, outrossim identificar que ambos atuam em caráter complementar. Tem-se, assim, a positivação de direitos intrínsecos ao homem o signo da regulamentação específica da matéria, como ocorre na lei geral de proteção de dados.

Nessa toada, adotando a classificação de Bittar, os direitos da personalidade estão distribuídos em físicos, psíquicos e morais. Quanto aos primeiros, trata-se preservação e manutenção dos direitos relativos aos "componentes materiais da estrutura humana". Assim, distinguem-se dos demais por versaram acerca da integridade corporal, bem como a imagem ou efígie. Aos psíquicos, residem os elementos intrínsecos da personalidade. Sob essa classificação está o direito a liberdade, a intimidade e ao sigilo. Por fim, aos morais subsistem os direitos relativos à pessoa na sociedade, como a identidade, a honra e as manifestações do intelecto.

Com efeito, o desafio que se impõe reside na correta correlação dos dados pessoais à conhecida classificação. Ocorre que a LGPD adotou critérios subjetivos para conceituar os dados pessoais, entregando ao operador do direito a tarefa final de preencher o suporte fático previsto na norma. Na nossa visão, a norma não poderia prever de forma diversa, uma vez que, justamente, em razão da velocidade de avanço da tecnologia da informação, os *fatos sociais* atraídos pela LGPD se transformam com intensa frequência. É dizer, ao versarmos sobre direito e tecnologia, ou direito digital, a matéria fática possui elevado protagonismo.

Assim, prevê a LGPD a conceituação de dado pessoal no inciso I do art. 5º como toda informação relacionada a pessoa natural identificada ou identificável. Ao seu turno, o inciso II do mesmo art. 5ª exemplifica, em rol não taxativo, os dados pessoais sensíveis como aqueles sobre origem racial ou étnica, convicção religiosa, opinião política, filiação a sindicato ou a organização de caráter religioso, filosófico ou político, dado referente à saúde ou à vida sexual, dado genético ou biométrico. Observa-se, com isso, o esforço interpretativo entregue ao operador da norma.

Para avançarmos, importa, outrossim, identificar os contornos semânticos da expressão "dados pessoais". A norma, como se verifica, aproxima os conceitos de dado pessoal ao de informação. Em virtude da alta carga tecnológica de interação com a LGPD, confunde-se os dados pessoais, com informação e, ainda, os dados técnicos.

Ao nosso ver, os dados pessoais são componentes dos direitos da personalidade que se desdobram do seu titular, mantendo a ele estreita vinculação passível de identificação e individualização. Aqui reside o mesmo desafio proposto pela norma, dada a amplitude conceitual e a sua natureza subjetiva. É por essa razão que os esforços de classificação dos direitos são alvissareiros.

Por informação, tem-se o produto do labor, automatizado ou não, que qualifica e dá forma à um dado técnico ou pessoal. Quanto aos dados técnicos, próprios da tecnologia da informação, correspondem aos substratos gerados por operações computacionais. Esses substratos *podem ou não* conter elementos passíveis de individualização de um sujeito. De todo modo, a atribuição dos dados técnicos decorre de operações técnicas, porquanto os dados pessoais se originam com a personalidade, facilitando-se, em assim

---

1. BITTAR, Carlos Alberto. *Os direitos da personalidade*. São Paulo: Saraiva, 2015. p. 39.

sendo, a sua distinção. Como se observa, os três gêneros expostos podem, facilmente, distanciarem-se dos direitos da personalidade como a doutrina construiu.

Nesse diapasão, cumpre-nos discorrer acerca do sistema de responsabilidade civil aplicável em caso de exposição de dados pessoais, assim como verificar se há diferenças nesse sistema decorrente da posição ocupada pelo dado vazado na classificação anteriormente aventada.

2. O DEVER DE INDENIZAR PELO DESCUMPRIMENTO DO DEVER JURÍDICO DE SEGURANÇA

A LGPD insculpiu no art. 42 a responsabilidade civil em casos de danos advindos do descumprimento da norma, nos termos: "*o controlador ou o operador que, em razão do exercício de atividade de tratamento de dados pessoais, causar a outrem dano patrimonial, moral, individual ou coletivo, em violação à legislação de proteção de dados pessoais, é obrigado a repará-lo*". Assim, tem-se a escolha pela responsabilidade civil aquiliana para responder aos danos advindos pelo descumprimento da LGPD.

Nessa senda, a LGPD também aponta causa direta de ilicitude do tratamento dos dados pessoais em seu art. 44, prevendo que o tratamento de dados pessoais será irregular quando deixar de observar a legislação ou quando não fornecer a segurança que o titular dele pode esperar, consideradas as circunstâncias relevantes. Ainda, o parágrafo único do art. 44 dispõe que o controlador ou o operador respondem pelos danos decorrentes da violação da segurança dos dados ao deixar de adotar as medidas de segurança previstas no art. 46 desta Lei, der causa ao dano.

Com efeito, em uma abordagem sistemática da aplicação do sistema da responsabilidade civil para os danos advindos pelo descumprimento do dever de segurança da LGPD, é importante delimitar alguns conceitos inerentes ao tema da responsabilidade civil no direito brasileiro.

Desse modo, se faz necessária a observância de suas linhas gerais quanto aos pressupostos básicos da responsabilidade civil, ainda que não seja a nossa pretensão exaurir a matéria. É importante aduzir, sobretudo, que a disciplina da responsabilidade civil sofre grandes mudanças dogmáticas como um todo. A crise da responsabilidade civil decorre, invariavelmente, de mudanças sociais ocorridas nos últimos anos. A preocupação com a reparação das vítimas de acidentes de consumo e de danos ambientais e a exposição a riscos agravados pela sociedade da informação desafiam o sistema da responsabilidade civil, situação que possibilita a inclusive inversão do ônus da prova na LGPD.

Podemos antecipar que a responsabilidade civil se originará pelo descumprimento ou cumprimento defeituoso de uma obrigação contratual (responsabilidade contratual), bem como pela promoção de ato ilícito que venha onerar terceiro (responsabilidade extracontratual ou aquiliana). As distinções de modelos coadunam com a bifurcação advinda de sua própria natureza, qual seja: subjetiva ou objetiva[2]. Assim, o que importa

---

2. Luciano Timm faz interessante estudo sobre os modelos de responsabilidade civil no direito privado. No estudo do autor, a responsabilidade civil subjetiva corresponde ao modelo liberal em face dos seus próprios requisitos.

ao jurista é identificar a violação da obrigação contraída ou oriunda da norma. No caso da LGPD, há previsão expressa quanto o dever jurídico de segurança.

Nessa senda Jorge Mosset Iturraspe leciona que a ação antijurídica ocorrerá quando for infligido os mandamentos e disposições do ordenamento jurídico. O autor ressalva, que a manifestação antijurídica decorrerá da violação de uma norma destinada a proteção de interesses, sendo que o julgador levará em conta as consequências legais oriundas da lei, da ordem pública e a boa-fé[3].

Nesse contexto, considerando que a LGPD dispõe sobre um modelo de responsabilidade civil subjetiva, devemos identificar a existência do dano oriundo de um ato ilícito promovido por um agente (controlador ou operador), assim como o nexo causal[4] entre estes, nos termos do art. 186 do Código Civil de 2002 (CC/02). Trata-se de uma resposta da sociedade ao causador do dano[5], que diante de ato ilícito cometido não poderá se furtar da obrigação de repará-lo, consoante dispõe o art. 927 do CC/02.

Desse modo a noção de culpa[6] é inerente à responsabilidade civil da LGPD, que deverá ser comprovada e atribuída ao controlador ou operador. Quando violado dever jurídico de segurança de forma voluntária[7] que venha a gerar um dano umbilicalmente relacionado com a culpa através do nexo causal, ocorrerá o dever de indenizar. Trata-se da cláusula geral de responsabilidade subjetiva, prevista no art. 42 da norma que determina ao agente a obrigação de reparar, pois sua conduta gerou um ato ilícito que, por sua vez, resultou em dano a outrem.

À vista disso, consideramos que a responsabilidade civil subjetiva promove um dever geral de abstenção de praticar atos lesivos a terceiros, e a conduta do agente é imprescindível para qualificação da obrigação de indenizar. O objetivo da responsabilidade civil na LGPD é claramente o de sancionar a conduta do agente ofensor.

Com efeito, assim como a grande maioria dos casos de responsabilidade civil, os danos advindos pela exposição de dados pessoais poderão ser de natureza moral ou

---

Nesse caso, a lei estabelece o critério da responsabilidade subjetiva para coibir as condutas contrárias ao sistema jurídico. Daí decorre a noção de culpa abstrata verificada no caso concreto e imprescindível para a aplicação da norma. Todavia, a concepção liberal não se mostrou suficiente para a tutela das diversas angularizações que a abordagem do tema sofreu com o progresso social do Estado moderno. Com isso, o Direito Francês desenvolveu a responsabilidade objetiva, qual seja, o modelo social com o intuito de amparar as vítimas dos riscos provenientes das atividades mercantis. O modelo social reconheceu a desnecessidade de culpa, e passou a valorizar a reparação do dano. Cf. TIMM, Luciano Benetti. Os grandes modelos de responsabilidade civil no Direito Privado: da culpa ao risco. *Revista de Direito do Consumidor*. v. 55, p. 149 e ss, 2005.

3. ITURRASPE, Jorge Mosset. *Responsabilidad por daños*. Buenos Aires: Ediar, 1971. p. 37. Tomo I.
4. Se trata do liame que vincula a conduta do agente ao dano. VENOSA, Sílvio de Salvo. *Direito Civil. Responsabilidade Civil.* v. 4. 12. ed. São Paulo: Atlas, 2012. p. 53. Todavia, o nexo causal é discutível na nova responsabilidade civil que se funda no Direito de Danos. Sob essa perspectiva, não se direciona o foco da responsabilidade civil para a possível causa do agente agressor, mas sim para o resultado ocorrido. Veja: MULLHOLLAND, Caitlin Sampaio. *A responsabilidade civil por presunção de causalidade*. Rio de Janeiro: GZ ED., 2010.
5. Veja: MELO, Albertino Daniel de. Estudo sobre o fundamento da responsabilidade civil. *Doutrinas Essenciais de Direito Civil.* v. 4, p. 543, 2010.
6. Sobre a culpa, o art. 944 do CC/02 possibilita a modulação da graduação de culpa. Nas palavras de Miguel Kfouri Neto, à luz da equidade o magistrado poderá se valer de maior autonomia para aproximar a noção de justiça ao caso concreto. A dificuldade será de interpretar e conceituar a equidade para o caso, pois é onde sua aplicação exigirá maior esforço hermenêutico tendo em vista ser um conceito que supera a simples noção de justiça. Cf. NETO, Miguel Kfouri. Graus da culpa e redução equitativa da indenização. *Revista dos Tribunais*, v. 839, p. 47, 2005.
7. CAVALIERI FILHO, Sergio. *Programa de Responsabilidade Civil.* 9. ed. rev. ampl. São Paulo: Atlas, 2010. p. 17.

extrapatrimonial e material. O dano material concretiza-se pelo prejuízo econômico ou financeiro, que poderá resultar nos lucros cessantes e danos emergentes. Na lição de Clóvis V. do Couto e Silva, quanto a natureza moral, esta decorrerá da ofensa direta a um direito de personalidade[8]. Aqui, versa o já reiterado entendimento de que nem todo dano poderá prescindir do moral, pois nem todo sofrimento ou abalo emocional possui o condão de configurá-lo[9]. O dano moral para ser reparado deve ser injusto. Entretanto, considerando a natureza jurídica dos dados pessoais, como anteriormente referido, tem-se que a exposição dos dados pessoais por si só possui o condão de gerar dano.

De todo modo, consideramos que a responsabilidade civil subjetiva promove um dever geral de abstenção de praticar atos lesivos a terceiros, e a conduta do agente é imprescindível para qualificação da obrigação de indenizar. O objetivo da responsabilidade civil na LGPD é claramente o de sancionar a conduta do agente ofensor.

Na regência dos arts. 186 e 927 do CC/02, aplicável em compasso com art. 42 e ss. da LGPD, o sistema da responsabilidade civil impõe a possibilidade de dois requisitos para a equalização, qual seja, a culpa e o risco. Pela culpa, entende-se a necessidade de exigência do dolo ou de ação negligente, imprudente ou com imperícia do agente causador do ato ilícito[10].

A culpa[11], portanto, é o pilar fundamental da obrigação de indenizar, pois nem todo comportamento do operador ou controlador desenvolverá a capacidade reparatória. Será necessária a comprovação de que estes agirão com culpa sob pena de não se lograr êxito em reparar os prejuízos enfrentados pelo titular dos dados.

Por sua vez, a conduta culposa será o resultado de uma vontade expressada em um ato promovido pela intenção humana e que poderá ser graduada. Não se trata de um ato inanimado, onde não houve qualquer intenção ou parcela de pensamento que o conduziu a um resultado lesivo. Nesse sentido, Cavalieri Filho leciona a culpa: "Chegamos, desta forma, à noção de culpa, que tem, aqui, sentido amplo (*lato sensu*), abrangente de toda espécie de comportamento contrário ao Direito, seja intencional, como no caso de dolo, ou tencional, como na culpa"[12].

---

8. SILVA, Clóvis V. do Couto e. O conceito de dano no direito brasileiro e comparado. *Revista dos Tribunais*. v. 667, p. 7, 1991.
9. Segundo a interpretação do Enunciado 159 da III Jornada de Direito Civil do Conselho da Justiça Federal: "O dano moral, assim compreendido todo o dano extrapatrimonial, não se caracteriza quando há mero aborrecimento inerente a prejuízo material".
10. Cumpre aduzir que o ato ilícito se distingue em duas hipóteses: absoluto e relativos. O primeiro deriva da responsabilidade extracontratual (aquiliana). Por sua vez, o ato ilícito relativo deriva das relações contratuais e estão previstos no CC/02 na parte destinada às obrigações. MIGUEL, Alexandre. A responsabilidade civil no novo código civil: algumas considerações. *Revista dos Tribunais*. v. 809, p. 11, 2003.
11. Como foi ressalvado no início do presente tópico, não se desconhece a turbulência estrutural que a responsabilidade civil passa atualmente. Desse modo, sobre a culpa há importante tese de Marcos Catalan que avança estruturalmente na atenção doutrinária da culpa na responsabilidade contratual, onde defende o processo de mutação do conceito. Na visão de Catalan, o sistema binário da configuração atual da responsabilidade contratual não mais pode existir, pois é extremamente insuficiente para a solução dos problemas que orbitam a realidade obrigacional contemporânea. CATALAN, Marcos. *A morte da culpa na responsabilidade contratual*. São Paulo: Editora Revista dos Tribunais, 2013.
12. CAVALIERI FLHO, Sergio. Ibid. p. 30.

Com efeito, em se tratando de LGPD, a culpa caracteriza-se pelo não atendimento a linha mestre do dever de cuidado ou a diligência média[13]. Esse dever de cuidado decorre de uma análise subjetiva do operador ou controlador no que concerne ao atendimento do chamado dever de segurança. Entretanto, por si só, o dever de segurança impõe grandes desafios. O primeiro é o que o conceito de práticas disponíveis no mercado é extremamente vago, bem como a carência de normas reguladoras que padronizem um *standard* mínimo a ser adotado para segurança da informação.

Nesse diapasão, o dever de segurança na LGPD possui contornos próprios. Dentre tantos momentos, a inserção do dever de segurança está prevista, inclusive, nas próprias causas de exclusão de responsabilidade, consoante prevê o *caput* do art. 44: "*o tratamento de dados pessoais será irregular quando deixar de observar a legislação ou quando não fornecer a segurança que o titular dele pode esperar, consideradas as circunstâncias relevantes, entre as quais*", bem como no inciso III deste dispositivo que prevê a exceção do dever de indenizar para aquele que utiliza as técnicas de tratamento de dados pessoais disponíveis à época em que o tratamento foi realizado.

Portanto, tomando como base o cumprimento do dever de segurança, o agente deverá auferir qual é a melhor conduta a ser praticada para que este fim seja atingido sem a promoção de um evento ilícito. Nas condições em que se encontra e para o fim que almeja, é necessário manejar um estado de atenção e prevenção.

Por conseguinte, deve-se valorar os conhecimentos, a capacidade e aptidão do agente em promover maior ou menor grau de atenção em sua conduta social. Cavalieri Filho leciona que esse acontecimento "exprime um juízo de reprovabilidade sobre a conduta do agente, por ter violado o dever de cuidado quando, em face das circunstâncias específicas do caso, deveria e poderia ter agido de outro modo"[14]. Diz-se, que a noção atual de culpa não se vincula à moral, mas atua na atribuição de um dever de diligência social média que deve ser esperado do agente[15].

Nesse quadro figura a possibilidade de conduta dolosa do agente, que vislumbra a ação intencional para o resultado lesivo, qual seja a exposição de dados pessoais. O dolo representa o saber da ilicitude. Em seu interior é sabido que a sua conduta provocará um dano a um terceiro e, mesmo assim, o agente o persegue em seu ímpeto, ainda que calcule a possibilidade de agir de forma diversa à pretendida. Essas distinções são provenientes do direito romano, que as classificou a primeira, a culpa, como uma negligência, imprudência, ou imperícia. De igual modo, o dolo seria a violação intencional de uma norma de conduta através de uma ação consciente[16]. Independente do núcleo da culpa ou do dolo os efeitos para o direito serão semelhantes: o dever de reparar.

Resta-nos, entretanto, compreender o conceito de *culpa* aplicável ao descumprimento do dever de segurança. Assim, termos do art. 186 do CC/02, a culpa é auferida através da comutação de dois requisitos: a negligência e a imprudência. O legislador

---
13. DUARTE, Ronnie Preuss. *Doutrinas Essenciais de Responsabilidade Civil*. v. 1, p. 429, 2011.
14. Ibid. p. 33.
15. VENOSA, Silvio de Salvo. *Direito Civil. Responsabilidade Civil*. v. 4. 12. ed. São Paulo: Atlas, 2012. p. 25.
16. RIZZARDO, Arnaldo. *Responsabilidade Civil*. Rio de Janeiro: Forense, 2009. p. 3.

buscou, ao insculpir a culpa no art. 186, definir um ato ilícito, pois a própria classificação e conceituação de culpa é sem dúvidas imprecisa e discutível na doutrina.

Em decorrência da amplitude de classificações, a imperícia, negligência, imprevisão e imprudência, poderão se confundir no caso concreto. Na visão de Arnaldo Rizzardo, por imperícia, poderíamos definir como a falta de habilidade na ação realizada pelo agente[17]. Quanto à negligência, consistiria na ausência de diligência e prevenção quando deveria-se seguir as normas da, já mencionada, diligência média. A imprudência se revela próxima da previsibilidade.

Além disso, a ideia central das classificações é a de que estas não se esgotam e, muitas vezes, se confundem. Nesse sentido, a doutrina, de um modo geral, classifica a culpa da seguinte forma: culpa *in eligendo*, culpa *in vigilando,* culpa *in comitendo*, culpa *in omitendo*, culpa *in custodiendo* e culpa grave ou *lata*. Sobre a primeira, há uma escolha errada tomada pelo agente ao iniciar uma ação. Quanto à segunda, se verifica uma ausência de cuidados e fiscalização do responsável ou proprietário da coisa ou de terceiro. Ao tratarmos da culpa *in omitendo* existe a presunção de dever do agente em uma ação positiva ao direito e a boa-fé, que não o faz. Por último classifica-se a culpa grave ou lata que, leve e levíssima que atua tanto no ato positivo quanto negativo da ação nuclear do agente. Por essa modalidade de culpa, o agente atua sem atenção e cuidado[18].

A noção de culpabilidade remete à satisfação dos requisitos do sistema da responsabilidade civil da LGPD, estruturado no dever de segurança, e é de extrema importância para o presente estudo, quanto à criação do liame fundamental que posteriormente resulta no dever de indenizar.

A vista disso, consideramos que o sistema da responsabilidade civil, em sentido amplo, busca a reparação dos danos sofridos através da obrigação de indenizar. Todavia, com o avanço da sociedade e as mudanças das relações entre os indivíduos, surgiu a segunda modalidade de responsabilidade que temos no atual Código Civil. Nas lições de Venosa, a responsabilidade objetiva baseada no risco é fruto da atual fase pós-moderna do direito[19]. O mesmo na esteira de Miguel Reale, que demonstra a importância dos princípios da eticidade e socialidade para a nova visão da responsabilidade civil no CC/02[20].

Com efeito, questiona-se se o melhor modelo para responder aos danos advindos do vazamento de dados seria o da responsabilidade objetiva. Nesse aspecto, na responsabilidade objetiva, o que se considera é a potencialidade da conduta ou atividade do agente em provocar danos. Desse modo, se verifica a existência de perigo na atividade desenvolvida pelo causador e, principalmente, por sua natureza[21].

Constata-se, por conta disso, que aquele que desenvolve atividade que expõe as pessoas à um risco deve promover todos os cuidados necessários para a consecução de seus fins sem atingir seus usuários. Trata-se de uma avanço e quebra de paradigma na

---

17. Ibid. p. 4.
18. RIZZARDO, Arnaldo., Ibid., p. 4.
19. VENOSA, Silvio de Salvo., Ibid., p. 11.
20. REALE, Miguel. Visão geral do novo Código Civil. *Doutrinas Essenciais de Direito Civil.* v. 2, p. 11 e ss, 2003.
21. Ibid. p. 10.

responsabilidade civil[22], quando se transformou seu sistema pensando em uma sociedade voltada ao indivíduo. Abandonou-se, portanto, o critério da culpa e intenção da ação positiva ou omissiva do sujeito frente ao ato praticado. O direito brasileiro recepcionou a teoria da responsabilidade objetiva através do Código de Defesa do Consumidor (CDC) e posteriormente no CC/02, onde a insculpiu no parágrafo único do art. 927.

Nessa concepção, um dos principais argumentos para a não aplicação do sistema da responsabilidade civil objetiva ao caso de exposição de dados pessoais é que as atividades de tratamento não são dotadas do *risco* insculpido nesse sistema. A sociedade contemporânea está apoiada em relações sociais fundadas na digitalização, desde o surgimento comercial desse fenômeno no pós-guerra. Os mecanismos sociais, econômicos e jurídicos utilizam de intensos fluxos de dados hodiernamente.

Dentre tantos *players*, o sistema financeiro mundial organizou-se em processos computacionais sendo que o tratamento de dados pessoais é atividade intrínseca às suas operações. Diante disso, entre a atividade bancária em meio físico ou virtual, qual destas possui o maior elevado grau de risco ao consumidor e titular de dados pessoais? Em ambos os casos haverá risco, mas todos possuem a capacidade de mitigação e, principalmente, gerenciamento. Na doutrina de Luiza Moreira Petersen, o risco está vinculado à incerteza quanto ao futuro e eventos adversos[23]. A essa ideia, de difícil conceituação, aproxima-se a indeterminação quanto a eventos futuros. Nesse diapasão, podemos asseverar que os riscos advindos do descumprimento do dever de segurança da LGPD são conhecidos: a exposição de dimensões personalíssimas do titular dos dados. Naturalmente, os desdobramentos em cadeia causal desse fenômeno, assim como de todos os eventos danosos, são de impossível meditação.

Contudo, há na ciência da computação tecnologia suficiente para gerenciar e reduzir os riscos das operações de tratamento às margens da tecnologia. O que se observa nos rotineiros vazamentos noticiados é uma inobservância de princípios básicos de segurança, bem como o não estabelecimento de estruturas dessa natureza. Ambas situações, por serem decorrentes de desídia, omissão ou imperícia estão afeitas aos conceitos de culpa e não de risco criado ou proveito.

A responsabilidade objetiva, ao seu turno, vincula-se aos danos ambientais, nucleares e aqueles com previsões expressa na lei. Pela ótica do risco, poderia o legislador e a doutrina ter pensado a responsabilidade objetiva fundada no risco com base em uma tecnologia ainda não desenvolvida ou empregada em larga escala na sociedade? Considerando que a lei é a representação da sociedade, não poderia o legislador prever que, eventualmente, o tratamento de dados pessoais preenchesse o suporte fático da norma quanto ao risco. Por essa razão é que nos valemos da máxima de que o tratamento de dados pessoais não possui risco em sua natureza e tão pouco cria situação de risco por *per se*.

---

22. A responsabilidade civil quebrou o paradigma da culpa, o que apequenava a possibilidade de reparação no século XVIII. O risco criado por um empreendimento era suportado pela sociedade e não pelo empreendedor. Em compasso com: FREITAS, Arystóbulo de Oliveira. Responsabilidade civil objetiva no Código de Defesa do Consumidor. *Doutrinas Essenciais de Responsabilidade Civil*. v. 4, p. 495, 2011.
23. PETERSEN, Luiza Moreira. *O risco no contrato de seguro*. São Paulo: Roncarati, 2018. P. 72.

Sem a pretensão de exaurir a matéria, nos valemos da doutrina de Carlos Roberto Gonçalves, que conceitua a teoria do risco da seguinte forma: "Para esta teoria, toda pessoa que exerce alguma atividade cria um risco de dano para terceiros. E deve ser obrigado a repará-lo, ainda que sua conduta seja isenta de culpa."[24]. A decorrência legal é a de responsabilidade sem a existência de culpa para determinados agentes e em situações particulares. Assim sendo verificado o risco da atividade desenvolvida pelo agente, é desnecessária a comprovação da existência de culpa, pois a responsabilidade está lastrada pelo risco. A culpa poderá existir, mas não guardará importância para a posterior obrigação de indenizar.

Ocorra que, a intenção da responsabilidade objetiva é a de adequar o sistema da reparação dos danos sociais à nova realidade social através de uma norma aberta. Essa noção visa ampliar os princípios da responsabilidade civil para dar conta da demanda social, uma vez percebido que apenas a responsabilidade subjetiva baseada na culpa demonstrava-se insuficiente.

Consequentemente, sem prejuízo da importância da responsabilidade subjetiva no ordenamento jurídico brasileiro, como vimos, o CC/02 adotou, no parágrafo único do art. 927, a responsabilidade objetiva. Isso implica dizer, que o CC/02 recebeu a corrente principiológica da Constituição de 1988 que pautada na dignidade da pessoa humana permitiu a valorização do ressarcimento da vítima decorrente de um ato ilícito, reforçando o juízo de justiça e paz social.

Sobre a conduta do agente, haverá a predominância da intenção em desenvolver sua atividade fundamentalmente para beneficiar a si. Por isso, cria-se o que a doutrina conceitua de risco-proveito, pelo qual se repara o dano em face da atividade realizada pelo agente que, por sua natureza, expôs a vítima ao dano (risco criado)[25]. Observa-se, que não há um abandono total da culpa na responsabilidade objetiva. Nas lições de Caio Mário, a regra é que se deva perquirir a culpa, mas quando não alcançá-la, cumpre ao direito promover mecanismos de reparação sem que haja esse requisito[26].

Outrossim, a estrutura da LGPD está apoiada no conceito de licitude. O tratamento de dados é lícito, desde que cumpra os preceitos legais. Em assim sendo, o descumprimento do dever de segurança ou de outros deveres previstos na LGPD tornará o tratamento ilícito. Essa premissa contribui com a tese ventilada: a responsabilidade civil pelo descumprimento do dever de segurança exige a perseguição da conduta do agente de tratamento. Ao nosso ver, a tese da responsabilidade civil subjetiva não reduz os direitos dos titulares, pelo contrário. O agente sempre agirá com culpa quando deixar de conduzir os meios técnicos, gerências e de governanças disponíveis no momento

---

24. GONÇALVES, Carlos Roberto. *Responsabilidade civil*. 15. ed. São Paulo: Saraiva, 2014. p. 59.
25. Ricardo Waldman demonstra com grande êxito as variações da teoria do risco. Tem-se na doutrina a distinção entre teoria do risco integral, profissional, proveito e criado. Para a teoria do risco integral, o foco é a reparação onde as medidas e possibilidades devem vigorar na norma. Quanto ao risco profissional se vislumbra pelo dever do empregador indenizar os danos causados por seu empregado, conforme se estabelece na vigência do art. 932, III, do CC/02. A teoria do risco proveito admite a responsabilização daquele que tira proveito de uma determinada atividade, que se aproxima da teoria do risco criado fundada na responsabilização em razão de atividade econômica ou profissão. WALDMAN, Ricardo Libel. *Doutrinas Essenciais de Responsabilidade Civil*. v. 2, p. 183, 2005.
26. PEREIRA, Caio Mário da Silva Pereira., Ibid., p. 507 e ss.

do tratamento. Nesse sentido, se em alguma etapa do tratamento o agente descumpriu com alguma dessas premissas e causou dano, terá o dever de indenizar, inclusive com a possibilidade de inversão do ônus da prova.

3. CONSIDERAÇÕES FINAIS

O presente texto objetivou perquirir o sistema de responsabilidade civil aplicável ao caso de inobservância do dever de segurança da LGPD. Viu-se, com efeito, que a escolha do legislador foi pelo sistema da responsabilidade civil subjetiva, fundada na culpa. Assim, positivou no art. 42 da norma que responderá pelos danos causados o *controlador ou o operador que, em razão do exercício de atividade de tratamento de dados pessoais, causar a outrem dano patrimonial, moral, individual ou coletivo, em violação à legislação de proteção de dados pessoais.*

Em assim sendo, a responsabilidade pelo descumprimento do dever de segurança possui previsão expressa no art. 44 da mesma norma, que refere a responsabilidade do controlador ou operador pela violação da segurança dos dados. Daí, nesse diapasão, o art. 46 prevê que os agentes de tratamento devem adotar medidas de segurança, técnicas e administrativas aptas a proteger os dados pessoais de acessos não autorizados e de situações acidentais ou ilícitas de destruição, perda, alteração, comunicação ou qualquer forma de tratamento inadequado ou ilícito.

Portanto, a LGPD ao escolher o sistema da responsabilidade civil subjetiva funda o dever de indenizar na *culpa* e mitiga os efeitos adversos da sua escolha com a possibilidade de inversão do ônus da prova, também prevista no CDC. Entretanto, ao nosso ver, o dano causado pela exposição dos direitos da personalidade é *in re ipsa*: o fato de descumprir com culpa o dever de segurança e gerar dano faz com que se origine o dever de indenizar.

4. REFERÊNCIAS

ACENSÃO, José de Oliveira. *Direito Civil teoria geral*. Coimbra: Coimbra editora, 2002. v.3.

ACENSÃO, José de Oliveira. *Direito Civil*: teoria geral, ações e fatos jurídicos. 3. ed. São Paulo: Saraiva, 2010. v.2.

ACENSÃO, José de Oliveira. *Direito Civil*: teoria geral, introdução. As pessoas. Os bens. 3. ed. São Paulo: Saraiva, 2010. v.1.

ACENSÃO, José de Oliveira. *Direito Civil*: teoria geral, relações e situações jurídicas. 2ª ed. São Paulo: Saraiva, 2010. v.3.

AGOSTINI, Kátia Rovaris de. *Responsabilidade do fornecedor nas relações de consumo*: Distinção entre vício de insegurança e de inadequação do produto. Porto Alegre, Nuria Fabris: 2014.

ALMEIDA, Francisco de Paula Lacerda. *Obrigações*. Rio de Janeiro: Ed. RT, 1916.

ALPA, Guido. Les nouvelles frotières du droit des contrats. *Revue Internationale de Droit Comparé*, Paris, v.50, n.4, p. 1015-1030, 1998.

ALVES, Joes Figueirêdo; DELGADO, Mário Luiz. *Questões controvertidas*: série grandes temas de direito privado. São Paulo: Método, 2006. v. 5.

AMARAL, Luiz Otavio de Oliveira. *Teoria geral do direito do consumidor*. São Paulo: Revista dos tribunais, 2010.

ANDRIGHI, Fátima Nancy (Org.); GUARIENTO, Daniel Bittencourt. *A responsabilidade civil das redes sociais virtuais pelo conteúdo das informações veiculadas*. São Paulo: Atlas, 2014.

ARIAS, José. *Contratos Civiles*. Buenos Aires: Campañía Argentina de Editores, 1939.

ÁVILA, Humberto. *Teoria dos princípios*: da definição à aplicação dos princípios jurídicos. 15. ed. São Paulo: Malheiros, 2014.

AZEVEDO, Álvaro Villaça. *Código Civil comentado*. São Paulo: Atlas, 2003.

BANCHIO, Enrique Carlos. *Responsabilidad obligacional indireta*: hechos de los representantes y auxiliares del deudor en el cumprimento de las obgligaciones. Buenos Aires: Astrea, 1973.

BARBOSA MOREIRA, José Carlos. O direito em tempos de globalização. *Revista Brasileira de Direito Comparado*. Rio de Janeiro: Instituto de Direito Comparado Luso-Brasileiro, 1982.

BARROSO, Lucas Abreu (Org.). *Introdução crítica ao Código Civil*. Rio de Janeiro.

BAUMAN, Zygmunt. *Identidade*. Rio de Janeiro: Zahar, 2005.

BAUMAN, Zygmunt. *Modernidade líquida*. Rio de Janeiro: Zahar, 2001.

BERDAGUER, Jaime. *Fundamentos del derecho civil*. Montevideo: FCU, 2005. t. I.

BESSA, Leonardo Roscoe. *Relação de consumo e aplicação do Código de Defesa do Consumidor*. 2. ed. São Paulo: Ed. RT, 2009.

BETTI, Emilio. *Cours de droit civil comparé des obligations*. Milano: Giuffrè, 1958.

BETTI, Emílio. *Teoria generale delle obbligazioni*: fonti e vicende dell' obbligazione. Milano: Giuffrè, 1954.

BINICHESKI, Paulo Roberto. *Responsabilidade civil dos provedores de internet*: direito comparado e perspectivas de regulamentação no direito brasileiro. Curitiba: Juruá Editora, 2011.

BITTAR, Carlos Alberto. *Responsabilidade civil*. Belo Horizonte: Del Rey, 2005.

CABANA, Roberto (Org.). *Responsabilidad civil por acidentes*. Buenos Aires: Abeledo-Perrot, 1998.

CALIXTO, Marcelo Junqueira. *A culpa na responsabilidade civil*. Estrutura e função. Rio de Janeiro: Renovar, 2008.

CALIXTO, Marcelo Junqueira. *A responsabilidade civil do fornecedor de produtos pelos riscos do desenvolvimento*. Rio de Janeiro: Renovar, 2004.

LISBOA, Roberto Senise. *Responsabilidade civil nas relações de consumo*. 3 ed. São Paulo: Saraiva, 2012.

CAORSI, Juan J. Benítez. *Solidaridad Contractual. Noción posmoderna del contrato*. Madrid: Ubijus, 2013.

CARDOSO, Alenilton da Silva. *Princípio da solidariedade: o paradigma ético do direito contemporâneo*. São Paulo: Juarez de Oliveira, 2010.

CARVALHO, Francisco Ortêncio de. *Direito do consumidor e crise da autonomia da vontade: de homo faber a homo economicus*. Porto Alegre: Núria Fabris, 2014.

CASTELLS, Manuel. *Communication power*. USA: Oxford University Press Inc., 2009.

CATALAN, Marcos. *A morte da culpa na responsabilidade contratual*. São Paulo: Editora Revista dos Tribunais, 2013.

CATALAN, Marcos. *A morte da culpa na responsabilidade contratual*. São Paulo: Editora Revista dos Tribunais, 2013.

CAVALIERI FILHO, Sérgio; DIREITO, Carlos Alberto Menezes. *Comentários ao novo código civil*: da responsabilidade civil das preferências e privilégios creditórios. Rio de Janeiro: Forense, 2004. V. XIII. Falta coordenador: Sálvio de figueiredo Teixeira.

CAVALIERI FILHO, Sergio. *Programa de Responsabilidade Civil*. 9ª ed. rev. ampl. São Paulo: Editora Atlas, 2010.

CHAVES, Antônio. *Lições de Direito Civil*. São Paulo: Bushatsky, 1972.

COELHO, Fábio Ulhoa. *Curso de direito comercial*. São Paulo: Saraiva.

COMPARATO, Fábio Konder. A proteção ao consumidor na Constituição Brasileira de 1988. *Doutrinas Essenciais de Direito do Consumidor*. v. 2. São Paulo: Ed. RT, 2011.

COULDRI, Nick. *Media, Society, World*: Social theory and digital media practice. USA: Polity Press, 2012.

COUTO E SILVA, Clóvis V. *A obrigação como processo*. Rio de Janeiro: FGV, 2006.

COUTO E SILVA, Clóvis V. *A obrigação como processo*. São Paulo, 1976.

CRUZ, Guilherme Ferreira da. *Teoria geral das relações de consumo*. São Paulo: Saraiva, 2014.

DAVIS, Stan; MEYER, Christopher. *Riscos e oportunidades na e-economia*. Rio de Janeiro: Campus, 2000.

DENSA, Roberta. *Direito do consumidor*. 9. ed. São Paulo: Atlas, 2014.

DIAS, José de Aguiar. *Da responsabilidade civil*. 8. ed. Rio de Janeiro: Forense, 1987. v. 1.

DONEDA, Danilo. *Da privacidade à proteção de dados pessoais*. Rio de Janeiro: Renovar, 2006.

DUARTE, Ronnie Preuss. *Doutrinas Essenciais de Responsabilidade Civil*. 2011. v. 1.

FACHIN, Luiz Edson Fachin. Análise crítica, construtiva e de índole constitucional da disciplina dos direitos de personalidade no código civil brasileiro: fundamentos, limites e transmissibilidade. *Revista Jurídica*: órgão nacional de doutrina, jurisprudência, legislação e crítica judiciária, Porto Alegre, n. 362, p. 45, 2007.

FACHIN, Luiz Edson. A "reconstitucionalização" do direito civil brasileiro: lei nova e velhos problemas à luz de dez desafios. *Revista Jurídica*, Porto Alegre, n. 324, 2004.

FACHIN, Luiz Edson. Direito civil e dignidade da pessoa humana: um diálogo constitucional contemporâneo. *Revista Forense*. v. 392. Rio de Janeiro: Forense, 2006.

FAGGIONI, Alejandro Alvarez. *Estudio de las obligaciones en el derecho civil ecuatoriano*. Guayaquil: Editorial de la Universidad de Guayaquil, 1991.

FREITAS, Arystóbulo de Oliveira. Responsabilidade civil objetiva no Código de Defesa do Consumidor. *Doutrinas Essenciais de Responsabilidade Civil*. v. 4, p. 495, 2011.

FREITAS, Arystóbulo de Oliveira. Responsabilidade civil objetiva no Código de Defesa do Consumidor. *Doutrinas Essenciais de Responsabilidade Civil*. v. 4, p. 495, 2011.

FROTA, Pablo Malheiros da Cunha. *Os deveres contratuais gerais nas relações civis e de consumo*. Curitiba: Juruá, 2011.

GALGANO, Francesco. *La globalización en el espejo del derecho*. 1. ed. Santa Fe: Rubinzal-Culzoni, 2005.

GAMARRA, Jorge. *Tratado de derecho civil uruguayo*. Montevideo: FCU, 1987. t. XV.

GHERSI, Carlos A. *Modernos conceptos de responsabilidad civil*. Mendoza: Ediciones jurídicas cuyo, 1995.

GHERSI, Carlos Alberto. *Contratos Civiles y comerciales*: parte general y especial. Buenos Aires: Lavalle, 1992. Tomo 2.

GHERSI, Carlos; ROSSELLO, Gabriela; HISE, Mónica. *Derecho y reparación de daños*: tendencia jurisprudencial anotada y sistematizada. Buenos Aires: Editorial Universidad, 1998.

GILLES, Lipovetsky. *Os tempos hipermodernos*. São Paulo: Editora Barcelona, 2004.

GOLDSMITH, Jack; WU, Tim. *Who controls the internet?* Illusions of a borderless world. New York: Oxford University Press, 2008.

GOMES, Orlando. *Ensaios de direito civil e direito do trabalho*. Rio de Janeiro: Aide, 1986.

GOMES, Orlando. *Novos temas de direito civil*. Rio de Janeiro: Forense, 1983.

GOMES, Orlando. *Teoria geral dos contratos*. 1ª parte. Rio de Janeiro: Forense, 1978.

GONÇALVES, Carlos Roberto. *Responsabilidade civil*. 15. ed. São Paulo: Saraiva, 2014.

HARVEY, David. *Condição pós-moderna*. São Paulo: Loyola, 2012.

HERMAN V., Benjamin. O direito do consumidor. *Revista de Direito dos Tribunais*. V. 670. São Paulo: Ed. RT, 1991.

HIRONAKA, Giselda Maria Fernandes Novaes. Contrato: estrutura milenar de fundação do direito privado. Superando a crise e renovando princípios, no início do vigésimo primeiro século, ao tempo da transição legislativa civil brasileira. In: BARROSO, Lucas Abreu (Org.). *Introdução crítica ao Código Civil*. Rio de Janeiro: Forense, 2006.

ITURRASPE, Jorge Mosset; PIEDECASAS, Miguel A. *La revisión del contrato*. Santa Fe: Rubinzal Culzoni, 2008.

ITURRASPE, Jorge Mosset. *La revisión del contrato*. Santa Fe: Rubinzal-Culzoni, 2008.

ITURRASPE, Jorge Mosset. *Contratos*. Buenos Aires: Ediar, 1995.

ITURRASPE, Jorge Mosset. *Derecho civil constitucional*. Santa Fe: Rubinzal – Culzoni, 2011.

ITURRASPE, Jorge Mosset. *Responsabilidad de los Professionales*. Buenos Aires: Rubinzal – Culzoni Editores, 2001.

ITURRASPE, Jorge Mosset. *Responsabilidad por daños*: parte general. Buenos Aires: Ediar, 1971. Tomo I.

JAMIN, Christophe; MAZEAUD, Denis. (Org.). La nouvelle crise du contrat. Paris: Dalloz, 2003.

KARAM, Munir. O processo de codificação do direito civil: inovações da parte geral e do direito das obrigações. *Revista dos Tribunais*. v. 757.

KFOURI, Miguel. Graus da culpa e redução equitativa da indenização. *Revista dos Tribunais*, v. 839, p. 47, 2005.

KLEE, Antonia Espíndola. *Comércio eletrônico*. São Paulo: Ed RT, 2014.

LARENZ, Karl. *O estabelecimento de relações obrigacionais por meio de comportamento social típico*. Trad. Alessandro Hirata. Revista de Direito GV. v. 2, n. 1.

LEAL, Odina Fachel; HVNNEMANN, Rebeca; SOUZA, Vergara De. (Org.). *Do regime de propriedade intelectual*: estudos antropológicos. Porto Alegre: Tomo Editorial, 2010.

LEONARDI, Marcel. *Tutela e privacidade na internet*. São Paulo: Saraiva, 2012.

LESSIG, Lawrence. Code 2.0. New York: Basic Books, 2006.

LÉVY, Pierre. O que é o virtual? São Paulo: Editora 34.

LIMBERGER, Têmis; SARLET, Ingo Wolfgang (Org.). *Direitos fundamentais, informática e comunicação*. Porto Alegre: Livraria do Advogado, 2007.

LIMBERGER, Têmis. *O direito à intimidade na era da informática*: a necessidade de proteção dos dados pessoais. Porto Alegre: Livraria do Advogado Editora, 2007.

LISBOA, Roberto Senise. *Responsabilidade civil nas relações de consumo*. 3 ed. São Paulo: Saraiva, 2012.

LORENZETTI, Ricardo Luis. *Teoria da decisão judicial*: fundamentos de direito. Trad. Bruno Miragem. São Paulo: Ed. RT, 2004.

LORENZETTI, Ricardo. *Comércio eletrônico*. Trad. Fabiano Menke. São Paulo: Ed. RT, 2001.

LOTUFO, Renan. Da oportunidade de codificação civil. *Revista do Advogado*, São Paulo, n. 68, 2002.

LOUREIRO, Luiz Guilherme. *Teoria geral dos contratos*. São Paulo: Método, 2002.

MACEDO JR. *Contratos relacionales y defensa del consumidor*. 1. ed. Buenos Aires: La Ley, 2006.

MACEDO JR.; Ronaldo Porto. *Contratos relacionais e defesa do consumidor*. São Paulo: Max Limonad, 1998.

MACHADO, Yuri Restano. Breves apontamentos acerca da evolução histórica do contrato no direito romano à crise da modernidade. *Revista dos Tribunais*. v. 864.

MARINONI, Luiz Guilherme. A tutela específica do consumidor. *Revista de Direito do Consumidor*. v. 50. São Paulo: Ed. RT, 2004.

MARQUES, Claudia Lima (Org.). *A nova crise do contrato*: estudos sobre a nova teoria contratual. São Paulo: Ed. RT, 2007.

MARQUES, Claudia Lima; MIRAGEM, Bruno. *O novo direito privado e a proteção dos vulneráveis*. 2. ed. São Paulo: Ed. RT, 2014.

MARQUES, Claudia Lima. *Confiança no comércio eletrônico e a proteção do consumidor*: um estudo dos negócios jurídicos de consumo no comércio eletrônico. São Paulo: Ed. RT, 2004.

MARQUES, Claudia Lima. *Contratos no Código de Defesa do Consumidor*. O novo regime das relações contratuais. 7. ed. rev., atual. e ampl. São Paulo: Ed. RT, 2014.

MARQUES, Claudia Lima; HERMAN V., Benjamin; MIRAGEM, Bruno. *Comentários ao Código de Defesa do Consumidor*. 3. ed. São Paulo: Ed. RT, 2010.

MARTINS-COSTA, Judith. *A noção de contrato na história dos pactos*. Uma vida dedicada ao direito: homenagem a Carlos Henrique de Carvalho, o editor dos juristas. São Paulo: LTR, 1995.

MARTINS, Guilherme Magalhães. *Responsabilidade civil por acidente de consumo na Internet*. São Paulo: Ed. RT, 2008.

MAZEAUD, Denis. La confiance legitime et l'estoppel. Revue Internationale de Droit Compare; v. 58, n. 2, p. 363-392, avril/juin, 2006.

MAZEAUD, Denis. Diritto dei contratti: la riforma all'orizzonte! *Rivista Di Diritto Civile*, Padova, v.60, n.4, p. 800-816, luglio/ag. 2014.

MAZEAUD, Henri. *Traité théorique et pratique de la responsabilité civile, délictuelle et contractuelle*. 4.ed. Paris: Recueil Sirey, 1947-50. 3v.

MCLUHAN, Marshall. *Os meios de comunicação como extensões do homem*. São Paulo: Editora Cultrix, 2012.

MELGARÉ, Plinio (Org.). *O direito das obrigações na contemporaneidade*: estudos em homenagem ao Ministro Ruy Rosado Aguiar Júnior. Porto Alegre: Livraria do advogado, 2014.

MELO DE, Nehemias Domingos. *Dano moral nas relações de consumo*: doutrina e jurisprudência. São Paulo: Saraiva, 2012.

MELO, Albertino Daniel de. Estudo sobre o fundamento da responsabilidade civil. *Doutrinas Essenciais de Direito Civil*. v. 4, p. 543, 2010.

MENDES, Laura Schertel. *Privacidade, proteção de dados e defesa do consumidor*. Linhas gerais de um novo direito fundamental. São Paulo: Saraiva, 2014.

MENDONÇA, Manoel Ignacio Carvalho de. *Contractos no direito civil brazileiro*. 4. ed. 2v. Rio de Janeiro: Forense, 1957.

MIGUEL, Alexandre. A responsabilidade civil no novo Código Civil: algumas considerações. *Revista dos Tribunais*. v. 809, p. 11, 2003.

MIRAGEM, Bruno. A responsabilidade por danos na sociedade de informação e proteção do consumidor: desafios atuais da regulação jurídica da internet. *Revista de Direito do Consumidor*. v. 70, p. 41, 2009.

MIRAGEM, Bruno. Abuso de direito: ilicitude objetiva no direito privado brasileiro. *Revista dos Tribunais*. v. 842, p. 11, 2005.

MIRAGEM, Bruno. *Curso de direito do Consumidor*. São Paulo: Ed. RT, 2013.

MIRAGEM, Bruno. O direito do consumidor como direito fundamental – consequências jurídicas de um conceito. *Revista de Direito do Consumidor*. v. 43. São Paulo: Ed. RT, 2002.

MORAES, Maria Celina Bodin. A causa dos contratos. *Revista Trimestral de direito civil*, Rio de Janeiro, v. 21, 2005.

MORAES, Maria Celina Bodin. *Danos à pessoa humana*. Uma leitura civil-constitucional dos danos morais. Rio de Janeiro: Renovar, 2013.

MORAGAS, Miquel (Ed.); BEALE, Ashley; DAHLGREN, Peter; ECO, Umberto; FITCH, Tecumseh; GASSER, Urs; MAJÓ, Joan. *La comunicación de los orígenes a internet*. Barcelona: Gedisa, 2012.

MOYA, Federico Arnau. *Lecciones de Derecho Civil II*. Obligaciones y contratos. Espanha: Publicacions de la Universitat Jaume I, 2009.

MULHOLLAND, Caitlin Sampaio. *A responsabilidade civil por presunção de causalidade*. Rio de Janeiro: GZ Ed., 2010.

MULHOLLAND, Caitlin Sampaio. *A responsabilidade civil por presunção de causalidade*. Rio de Janeiro: GZ ED., 2010.

NERY JUNIOR, Nelson; NERY, Rosa Maria de Andrade (Coord.). *Manual de direito civil: obrigações*. São Paulo: Ed. RT, 2013.

NERY JUNIOR, Nelson. Os princípios gerais do Código Brasileiro de Defesa do Consumidor. *Revista de Direito do Consumidor*. v. 3. São Paulo: Ed. RT, 1992.

NETO, Miguel Kfouri. Graus da culpa e redução equitativa da indenização. *Revista dos Tribunais*, v. 839, p. 47, 2005.

OPPETIT, Bruno. *Droit et modernité*. Paris: Presses Universitaires de France, 1998.

PEREIRA, Caio Mário da Silva. *Direito civil*: Alguns aspectos da sua evolução. Rio de Janeiro: Forense, 2001.

PERES, Fábio Henrique. *Cláusulas contratuais excludentes e limitativas do dever de indenizar*. São Paulo: Quartier Latin, 2009.

PIZARRO, Ramón Daniel; VALLESPINOS, Carlos Gustavo. *Instituciones de derecho privado*: Obligaciones. Buenos Aires: Hammurabi, 2006. v. 2 e 3.

POTHIER, Robert Joseph. *Tratado de las obligaciones*. Buenos Aires: Heliasta, 1978.

PONTES DE MIRANDA, Francisco Cavalcanti. *Tratado de direito privado*. Direito das obrigações: obrigações e suas espécies. Fontes e espécies de obrigações. 2. ed. Rio de Janeiro: Borsoi, 1958. t. 22.

REALE, Miguel. Visão geral do novo Código Civil. *Doutrinas Essenciais de Direito Civil*. v. 2, p. 11 e ss., 2003.

REALE, Miguel. Visão geral do novo Código Civil. *Doutrinas Essenciais de Direito Civil*. v. 2, p. 11 e ss., 2003.

REQUIÃO, Maurício. Autonomia e suas limitações. *Revista de Direito Privado*. v. 60, p. 85 e ss., 2014.

REZABAKHSH, Behrang; BORNEMANN, Daniel; SCHRADER, Ulf. Consumer power: a comparision of the old economy and the internet economy. *Journal of Consumer Policy*. v. 29. n. 1. Springer: p. 3-36.

REZZÓNICO, Juan Carlos. *Principios fundamentales de los contratos*. Buenos Aires: Editorial Astrea, 1999.

RÍOS, Aníbal Sierralta. *Negociaciones y teoria de los juegos*. 1. ed. Buenos Aires: Abeledo Perrot, 2011.

RIZZARDO, Arnaldo. Responsabilidade Civil. Rio de Janeiro: Forense, 2009.

ROBERTO, Wilson Furtado. *Dano transnacional e internet*: direito aplicável e competência internacional. Curitiba: Juruá, 2010.

ROBERTO, Wilson Furtado. *Dano Transnacional e internet*: Direito aplicável e competência internacional. Curitiba: Juruá, 2010.

ROPPO, Vincenzo. *Il contratto del duemila*. Torino: G. Giappichelli Editore, 2002.

SANSEVERINO, Paulo de Tarso Vieira. *Princípio da reparação integral*. São Paulo: Saraiva, 2010.

SANTANA, Héctor Valverde. *Dano moral no direito do consumidor*. São Paulo: Revista dos tribunais, 2009.

SANTOLIM, Cesar Viterbo Matos. *Formação e eficácia probatória dos contratos por computador*. São Paulo: Saraiva, 1995.

SCHMIDT, Eric; COHEN, Jared. *The new digital age*: reshaping the future of people, nations and business. New York: ALFRED A. KNOPF, 2013.

SCHÖNBERGER-VIKTOR, Mayer; CUKIER, Kenneth. *Big data*: a revolution that will transform how we live, work and think. Nova York: Eamon Dolar Book, 2013.

SEN, Amartya; KLIKSBERG, Bernardo. *As pessoas em primeiro lugar*: a ética do desenvolvimento e os problemas do mundo globalizado. Trad. Bernardo Ajzemberg e Carlos Eduardo Lins da Silva. São Paulo: Companhia das Letras, 2010.

SEVCENKO, Nicolau. *A corrida para o século XXI*: no loop da montanha-russa. São Paulo: Companhia das Letras, 2001.

SILVA, Clóvis V. do Couto e. O conceito de dano no direito brasileiro e comparado. *Revista dos Tribunais*. v. 667, p. 7, 1991.

SILVA, Regina Beatriz Tavares da; SANTOS, Manoel J. Pereira dos. *Responsabilidade civil na internet e nos demais meios de comunicação*. 2. ed. São Paulo: Saraiva, 2012.

SZAFIR, Dora. *Daño moral*. Montevideo: FCU, 2014.

TELLINI, Denise Estrella. *Regime de direito internacional privado na responsabilidade civil dos provedores de internet*. Porto Alegre: Sergio Antonio Fabris Editor, 2006.

TEPEDINO, Gustavo. *Temas de Direito Civil*. 3. ed. Rio de Janeiro: Renovar, 2004.

TIMM, Luciano Benetti. Os grandes modelos de responsabilidade civil no Direito Privado: da culpa ao risco. *Revista de Direito do Consumidor*. v. 55, p. 149 e ss., 2005.

USTÁRROZ, Daniel. *A compensação dos danos provocados por atos lícitos no direito civil brasileiro (a partir da doutrina solidarista)*. 20013. Tese. Doutorado em Direito. UFRGS, Porto Alegre, 2013.

VASCONCELOS, Fernando Antônio De. *Responsabilidade do profissional liberal nas relações de consumo.* Curitiba: Juruá, 2002.

VENOSA, Silvio de Salvo. *Direito civil.* Responsabilidade civil. vol. 4. 12. ed. São Paulo: Atlas, 2012.

WADA, Ricardo Morishita; OLIVEIRA, Fabiana Luci De. *Direito do consumidor*: os 22 anos de vigência do CDC. Rio de Janeiro: Elsevier, 2012.

WALD, Arnoldo. O contrato no Código Civil de 2002. *Revista Magister de Direito Civil e Processual Civil.* v. 1.

WALDMAN, Ricardo Libel. *Doutrinas Essenciais de Responsabilidade Civil.* v. 2, p. 183, 2005.

WEBER, Ricardo Henrique. *Defesa do consumidor*: o direito fundamental nas relações privadas. Curitiba: Juruá Editora, 2013.

WEINGARTEN, Celia. *La confianza en el sistema jurídico*: Contratos y derecho de daños. Mendoza: 2002.

ZAGO, Jorge Alberto. *El consentimento en los contratos y la teoria de la lesión.* Buenos Aires: Universidad, 1981.

A SEGURANÇA DOS DADOS: O CONTEÚDO DO DEVER E OS EFEITOS DOS INCIDENTES DE SEGURANÇA

Andréa Bodanese

Mestranda em Direito Civil pela Universidade Federal do Rio Grande do Sul. Advogada em direito empresarial e contratos.

Thyessa Junqueira Gervásio Vieira

Doutoranda em Direito Privado pela Universidade Federal do Rio Grande do Sul. Mestre em Direito Civil e Empresarial pela UFRGS. Assessora de Juiz de Direito.

Sumário: 1. Introdução. 2. Antecedentes históricos da segurança e do sigilo de dados na legislação brasileira. 3. O conteúdo do dever e a segurança no tratamento dos dados pessoais. 4. A segurança dos dados e os conceitos de *Privacy by Design* e *Privacy by Default*. 5. Os incidentes de segurança na LGPD e no GDPR. 6. Conceito de incidente de segurança. 7. Comunicação dos incidentes de segurança. 8. Os requisitos e as consequências dos comunicados de incidentes de segurança. 9. Considerações finais. 10. Referências.

1. INTRODUÇÃO

Com o advento da Lei 13.709/2018, a "Lei Geral de Proteção de Dados", vários conceitos foram propostos a serem exaustivamente explorados pela doutrina e jurisprudência, sendo um deles a segurança. A segurança é um dos principais elementos atrelados à proteção dos dados, perfazendo-se em uma preocupação recorrente tanto dos usuários quanto dos controladores no que se refere ao tratamento dos dados pessoais.

Com efeito, se a referida lei trata de proteção de dados, não há falar em proteção sem tocar na questão da segurança e do sigilo. Rotineiramente, os canais midiáticos suscitam a temática da proteção quando divulgam matérias relacionadas ao vazamento de dados, colocando em pauta a urgência da discussão sobre o comportamento de quem os trata e de que maneira serão os usuários protegidos quando do vazamento desses dados.

A análise da segurança como elemento essencial da informação está atrelada, neste estudo, à construção baseada em antecedentes históricos da legislação brasileira. Normas legais como o Código de Defesa do Consumidor, desde seu advento, procuram validar a cultura da proteção dos usuários e consumidores, cultura esta que, na LGPD, será permeada pela visibilidade das situações falhas como um incentivador para criação de medidas de segurança e de sigilo de dados.

Do mesmo modo, apresentam-se os incidentes de segurança como desdobramentos para a proteção dos titulares de dados, sendo necessária a comunicação de incidente de segurança ao titular e à autoridade nacional, sob pena de incidir as sanções previstas na referida lei. O legislador almejou ampliar o elemento segurança consignando que os agentes de tratamento deverão possuir políticas e metodologias adequadas para evitar ou superar os incidentes de segurança, caso ocorram.

Assim, busca-se examinar o contexto da segurança no tratamento dos dados pessoais, identificando o conteúdo do dever e os efeitos trazidos pelos incidentes de segurança. Objetiva-se traçar um panorama sobre como, efetivamente, realizar a proteção dos dados. Em um primeiro momento, apresenta-se os antecedentes históricos da legislação brasileira e quais dispositivos legais os elementos de segurança e sigilo da LGPD foram influenciados, abordando, inclusive, a questão do conteúdo do dever e a segurança no tratamento dos dados pessoais. No segundo ponto, aborda-se a questão dos incidentes de segurança na LGDP e no GDPR, enfatizando conceitos, requisitos e as consequências dos comunicados de incidentes de segurança.

2. ANTECEDENTES HISTÓRICOS DA SEGURANÇA E DO SIGILO DE DADOS NA LEGISLAÇÃO BRASILEIRA

A segurança e o sigilo dos dados pessoais são disciplinados pelo Capítulo VII da Lei 13.709/2018, sendo intitulado "Da segurança e das boas práticas", dispostos nos artigos 46 a 49. Sendo, então, o ponto em que aborda o estabelecimento de políticas e medidas de segurança a serem tomadas pelos agentes de tratamento, permeia o capítulo a questão central de como os dados serão efetivamente protegidos.

Propõe-se o presente ponto a analisar os antecedentes históricos na legislação brasileira no que concerne à segurança e ao sigilo de dados, referenciando os principais dispositivos legais na construção dos elementos das boas práticas do tratamento de dados. De fato, a lei 13.709/2018 tem como elemento primordial a proteção, sendo uma das inquietações fundamentais da proteção de dados *"a de que o indivíduo não seja manipulado por informações que os seus interlocutores (sejam eles entes estatais ou privados) tenham sobre a sua pessoa, sem que ele saiba disso".*[1]

Cumpre referir que a Lei Geral de Proteção de Dados não é a única norma legal a dispor sobre a proteção dos dados pessoais. Em que pese tenha a LGPD inovado acerca da abrangência dos conceitos da proteção de dados, suscitando princípios, sanções e responsabilidades, dentre os antecedentes históricos sobre a temática, podem ser citados o Código Civil, a Constituição Federal, o Código de Defesa do Consumidor e o Marco Civil da Internet.

No Código Civil, a questão da proteção de dados encontra-se disposta no artigo 21[2]. O referido artigo, assim como disciplina Carlos Affonso de Souza, *"determina que o juiz pode tomar medidas para prevenir ou fazer cessar dano à privacidade."*[3] Destarte, o artigo

---

1. Menke, Fabiano. A proteção de dados e o direito fundamental à garantia da confidencialidade e da integridade dos sistemas técnico-informacionais no direito alemão. *Revista Jurídica Luso-Brasileira*. Ano 5 (2019), n. 1, 781-809. Lisboa, 2019, p. 788.
2. Disponível em: http://www.planalto.gov.br/ccivil_03/leis/2002/l10406.htm. Acesso em: 18.01.2020.
3. SOUZA, Carlos Affonso Pereira de. Segurança e sigilo dos dados pessoais: primeiras impressões à luz da Lei 13.709/2018. In: FRAZÃO, Ana; TEPEDINO, Gustavo; OLIVA, Milena Donato. *Lei Geral de Proteção de Dados Pessoais e suas repercussões no direito brasileiro*. São Paulo: Thomson Reuters Brasil, 2019, p. 420.

21 dispõe sobre a inviolabilidade da vida privada da pessoa natural, pois que, pode o juiz, somente a pedido de quem é interessado, tomar medidas necessárias e adequadas para o impedimento de ato contrário a esta norma.

Do mesmo modo, analisam-se os dispositivos da Constituição Federal que detalham a aplicação da proteção de dados em três incisos do artigo 5º[4], quais sejam, os incisos X, XII e LXXII. O primeiro deles refere-se a inviolabilidade da intimidade, da vida privada, a honra e da imagem das pessoas, sendo assegurado o direito a indenização pelo dano decorrente de sua violação, perfazendo-se, assim, em uma estreita relação entre os elementos da abrangência da proteção de dados, principalmente no que tange à responsabilidade pela violação. Quanto ao inciso XII, é disciplinado o sigilo das correspondências, das comunicações telegráficas, de dados e das comunicações telefônicas. Por fim, o inciso LXXII dispõe sobre o *habeas data*, permitindo a retificação de dados, de maneira a assegurar o conhecimento de informações relativas àquele que busca o ponto almejado.

No Código de Defesa do Consumidor são inúmeros os dispositivos relacionados à temática da segurança, trazendo como marca da proteção do consumidor sua *"presunção de vulnerabilidade"*[5], podendo ser citados os artigos 4º, III e o 43. Quanto ao art. 43, Carlos Affonso salienta sobre a comunicação do consumidor que deve ser dada por escrito *"sobre a abertura de bases de dados, tendo direito a acessar e a retificar os seus dados ali registrados.*[6]*"*

Já no que se refere ao art. 4º, inciso III, do CDC a disciplina encontra-se exatamente pautada na boa-fé, princípio esse também disciplinado na Lei Geral de Proteção de Dados em seu artigo 6º, e no fato de harmonizar os interesses dos participantes da relação de consumo e compatibilizar a proteção do vulnerável *"com a necessidade de desenvolvimento econômico e tecnológico, de modo a viabilizar os princípios nos quais se funda a ordem econômica (art. 170, da Constituição Federal), sempre com base na boa-fé e equilíbrio nas relações entre consumidores e fornecedores."* [7]

Por fim, o Marco Civil da Internet, Lei 12.965/2014, afirma a segurança e proteção dos dados no seu artigo 7º, inciso VI, em que a *"necessidade do fornecimento de 'informações claras e completas' acerca do regime de proteção dos registros de conexão e acesso a aplicações."*[8]

Desse modo, após referenciados os principais antecedentes históricos da legislação pátria acerca da segurança e sigilo dos dados, passa-se ao próximo ponto, no qual pretende-se abordar o conteúdo do dever de segurança quando do tratamento dos dados pessoais, relacionando-o com a problemática prática acerca da informação e proteção desses dados.

---

4. Disponível em: http://www.planalto.gov.br/ccivil_03/constituicao/constituicao.htm. Acesso em: 18.01.2020.
5. MENKE, Fabiano; GOULART, Guilherme Damasio. *Segurança da informação e vazamento de dados*. 2019, Prelo, p. 3.
6. SOUZA, Carlos Affonso Pereira de. Segurança e sigilo dos dados pessoais: primeiras impressões à luz da Lei 13.709/2018. In: FRAZÃO, Ana; TEPEDINO, Gustavo; OLIVA, Milena Donato. *Lei Geral de Proteção de Dados Pessoais e suas repercussões no direito brasileiro*. São Paulo: Thomson Reuters Brasil, 2019, p. 420.
7. Disponível em: http://www.planalto.gov.br/ccivil_03/leis/l8078.htm. Acesso em: 20.01.2020.
8. MENKE, Fabiano; GOULART, Guilherme Damasio. *Segurança da informação e vazamento de dados*. 2019, Prelo, p. 4.

3. O CONTEÚDO DO DEVER E A SEGURANÇA NO TRATAMENTO DOS DADOS PESSOAIS

O enfrentamento das inquietudes jurídicas relacionadas com a operabilidade entre sistemas e com a segurança e tratamento dos dados torna-se inevitável nos tempos atuais. A dicotomia entre o amplo acesso à internet e a proteção de dados, disciplinados pela LGPD, fez surgir indagações e a necessidade de delimitação de temáticas para uma melhor aplicação da lei.

O artigo 46 da LGPD disciplina a abrangência das obrigações dos agentes de tratamento, os quais *"devem adotar medidas de segurança, técnicas e administrativas aptas a proteger os dados pessoais de acessos não autorizados e de situações acidentais ou ilícitas de destruição, perda, alteração, comunicação ou qualquer forma de tratamento inadequado ou ilícito."*[9] Além da análise acometida pela doutrina acerca da disposição sobre quais seriam as referidas medidas acima elencadas, inquieta-se a doutrina, também, acerca do conteúdo do dever de segurança.

As práticas relacionadas aos sistemas de informações ou outros indivíduos e plataformas que podem vir a realizar o tratamento dos dados pessoais devem ser seguidas por uma disciplina relacionada à segurança da informação. Assim, são três os atributos de sistemas e de dados, cuja disciplina busca sua proteção: a confidencialidade, a integridade e a disponibilidade[10].

De fato, cumpre referir que o conteúdo de dever e as medidas a serem adotadas são direcionados para os agentes de tratamento, sendo esses os responsáveis pelo tratamento de dados e que podem ser *"controladores de dados (a quem competem as decisões referentes ao tratamento de dados pessoais) ou operadores (que realizam o tratamento de dados pessoais em nome do controlador)."*[11] Assim, os controladores e os operadores são designados agentes de tratamento, assim como disposto do artigo 46 da LGPD.

Considerando de maneira exemplificativa e problemática a questão do conteúdo do dever de segurança, toma-se como referência o regime jurídico da informação de saúde em Portugal. Percebe-se a inquietude da temática do tratamento de dados relacionados à saúde, sendo alvo de grandes debates em todas as áreas, inclusive, da lei de proteção de dados brasileira. A lei portuguesa promove uma mudança paradigmática relativamente à titularidade dos dados pessoais de saúde, uma vez que, em seu artigo 3.º, o legislador adota o *"conceito de informação de saúde, em detrimento dos dados de saúde, e consagra essa informação como sendo 'propriedade' da pessoa a quem os dados dizem respeito."*[12]

Com efeito, algumas medidas a serem tomadas pelos próprios usuários podem contribuir para a aplicação da lei brasileira, ajudando a descobrir práticas ilegais. De fato, a

---

9. Disponível em: http://www.planalto.gov.br/ccivil_03/_ato2015-2018/2018/lei/L13709.htm. Acesso em: 20.01.2020.
10. MENKE, Fabiano; GOULART, Guilherme Damasio. *Segurança da informação e vazamento de dados*. 2019, Prelo, p. 7.
11. SOUZA, Carlos Affonso Pereira de. Segurança e sigilo dos dados pessoais: primeiras impressões à luz da Lei 13.709/2018. In: FRAZÃO, Ana; TEPEDINO, Gustavo; OLIVA, Milena Donato. *Lei Geral de Proteção de Dados Pessoais e suas repercussões no direito brasileiro*. São Paulo: Thomson Reuters Brasil, 2019, p. 423.
12. SARLET, Gabrielle Bezerra Sales; CALDEIRA, Cristina. O consentimento informado e a proteção de dados pessoais de saúde na internet: uma análise das experiências legislativas de Portugal e do Brasil para a proteção integral da pessoa humana. *Revista Civilística*. Ano 8, n. 1, 2019, p. 14.

publicidade comercial, ao estar sujeita a uma série de regras de proteção ao consumidor, e consequentemente de seus usuários, possibilita que os canais midiáticos exponham os vazamentos de dados pessoais. Assim, a publicidade do vazamento desses dados pode permitir que os usuários pesquisem proativamente as violações dessas regras.[13]

4. A SEGURANÇA DOS DADOS E OS CONCEITOS DE *PRIVACY BY DESIGN* E *PRIVACY BY DEFAULT*

Ao tratar sobre privacidade e segurança dos dados pessoais, imprescindível que seja explorado, ainda, os conceitos de *privacy by design* e de *privacy by default*.

O conceito de *privacy by design* foi elaborado por Ann Cavoukian, ao final do século passado. O termo surge da constatação de que o futuro da privacidade não pode depender exclusivamente do cumprimento das obrigações legais, sendo necessário que a privacidade esteja enraizada na metodologia de operações das organizações.[14] Seu conteúdo, portanto, deve ser orientado por tecnologias que auxiliem a proteção dos dados pessoais,[15] de modo que as ferramentas utilizadas pelos agentes de tratamento é de extrema relevância, garantindo mais direitos e transparência ao titular.[16]

A fim de melhor esclarecer o que seria, de fato, o *privacy by design*, Ann Cavoukian estabelece sete princípios fundamentais, sendo estes: (i) proatividade e prevenção, antecipando e prevendo eventos danosos antes que aconteçam; (ii) privacidade como um padrão, de modo que não seja necessária nenhuma conduta por parte do usuário, pois a privacidade estará dentro do sistema por padrão; (iii) privacidade incorporada ao design e arquitetura dos sistemas de proteção e de práticas do negócio; (iv) funcionalidade integral, sendo possível que privacidade e segurança coexistam; (v) segurança de ponta a ponta, ou seja, durante todo o ciclo de vida da informação; (vi) visibilidade e transparência, assegurando que os procedimentos possam ser verificados; e (vii) respeito à privacidade do usuário, mantendo os interesses dos indivíduos como prioridade.[17]

A compreensão deste conceito se torna ainda mais relevante quando a LGPD, em seu art. 46, § 2º, afirma que "*as medidas de que trata o caput deste artigo deverão ser*

---

13. LEERSSEN, Paddy et al. *Platform ad archives: promises and pitfalls*. Internet Policy Review. Volume 8, Issue 4. October, 2019, p. 6. Tradução livre: "Ad archives can contribute to law enforcement by helping to uncover unlawful practices. Although online political advertising is not (yet) regulated as extensively as its mass media counterparts, it may still violate e.g., disclosure rules and campaign finance regulations. And, as discussed previously, new rules may soon be coming. Commercial advertising, for its part, may be subject to a range of consumer protection rules, particularly in Europe, and also to competition law, unfair commercial practice law and intellectual property law. Ad archives can allow users to proactively search for violations of these rules."
14. CAVOUKIAN, Ann. *Privacy by design*: the 7 foundational principles. Disponível em: https://www.ipc.on.ca/wp-content/uploads/resources/7foundationalprinciples.pdf. Acesso em 23.11.2019.
15. BIONI, Bruno Ricardo. *Proteção de dados pessoais*: a função e os limites do consentimento. Rio de Janeiro: Forense, 2019, p. 176.
16. SOUZA, Carlos Affonso Pereira de. Segurança e sigilo dos dados pessoais: primeiras impressões à luz da Lei 13.709/2018. In: FRAZÃO, Ana; TEPEDINO, Gustavo; OLIVA, Milena Donato. *Lei Geral de Proteção de Dados Pessoais e suas repercussões no direito brasileiro*. São Paulo: Thomson Reuters Brasil, 2019, p. 428.
17. CAVOUKIAN, Ann. *Privacy by design*: the 7 foundational principles. Disponível em: https://www.ipc.on.ca/wp-content/uploads/resources/7foundationalprinciples.pdf. Acesso em 23.11.2019.

observadas desde a fase de concepção do produto ou do serviço até a sua execução". Ainda que o termo "privacy by design" não seja expressamente mencionado pela legislação, percebe-se, ao se interpretar referido artigo, que é justamente a ideia estabelecida na lei.[18] Ao indicar que as medidas de segurança deverão ser seguidas em todos os momentos, evidente que o legislador utilizou-se da essência do conceito explorado por Ann Cavoukian.

Além do *privacy by design*, existe, ainda, o conceito de *privacy by default*, que pode ser considerado uma decorrência daquele. Como seu próprio nome indica, o *privacy by default* significa que uma vez que o produto ou serviço seja lançado ao público, as mais estritas configurações de segurança devem ser aplicadas por padrão, não sendo necessário que o usuário, de forma manual, o configure para assegurar a maior privacidade possível.[19] Desejando menos privacidade, caberá ao próprio usuário desativar as configurações padrão – que deverão sempre ser as mais protetivas. Ademais, os dados coletados somente devem ser tratados pelo tempo necessário e de acordo com a real necessidade para uso do produto ou do serviço.

Desse modo, após abordar o conteúdo do dever de segurança e o tratamento dos dados pessoais, passa-se a analisar a questão dos incidentes de segurança, conceituando-os e traçando seus requisitos e consequências.

5. OS INCIDENTES DE SEGURANÇA NA LGPD E NO GDPR

Apesar de a legislação impor o dever de segurança aos agentes de tratamento, é ilusória a ideia de que apenas o *compliance* das empresas será o suficiente para impedir que violações aos dados aconteçam[20]. Neste sentido, Daniel Solove[21] destaca que embora muitas vezes se atribua à tecnologia grande parte dos abusos relacionados ao mal-uso dos dados, os problemas são, em verdade, causados pelo próprio Direito, uma vez que este permitiu a construção e uso de processos digitais sem haver regulações específicas sobre segurança da informação[22]. Cabe ao Direito, portanto, modificar a forma como encaramos a segurança e os eventuais incidentes que ocorrerem, determinando, de maneira clara, quem são os responsáveis em cada caso, bem como as formas de remediar os danos causados aos dados e aos usuários[23].

O que se verifica atualmente é que não apenas o vazamento dos dados por *hackers* torna-se cada vez mais frequente, mas também há a constante possibilidade de incidentes

---

18. Diferentemente da legislação brasileira, o GDPR, em seu art. 25, expressamente menciona os termos "privacy by design" e "privacy by default".
19. Disponível em: https://www.ics.ie/news/what-is-privacy-by-design-a-default. Acesso em: 23.11.2019.
20. SOUZA, Carlos Affonso Pereira de. Segurança e sigilo dos dados pessoais: primeiras impressões à luz da Lei 13.709/2018. In: FRAZÃO, Ana; TEPEDINO, Gustavo; OLIVA, Milena Donato. *Lei Geral de Proteção de Dados Pessoais e suas repercussões no direito brasileiro*. São Paulo: Thomson Reuters Brasil, 2019
21. SOLOVE, Daniel J. *The new vulnerability*: Data security and personal information. 2008.
22. Nas palavras do autor: "However, technology is not the root cause of many abuses of personal information. The shift to a digital environment certainly facilitates information misuse, but at the core, the problem stems from a set of business and government practices. The problem is caused in significant part by the law, which has allowed the construction and use of digital dossiers without adequately regulating the practices by which companies keep them secure."
23. SOLOVE, Daniel J. The new vulnerability: Data security and personal information. 2008.

ocorrerem através da conduta humana ou falhas nos sistemas[24]. Desta forma, um dos elementos fundamentais da segurança dos dados é que seja possível prevenir os danos e, caso estes aconteçam, a reação seja em um tempo razoável, mitigando os prejuízos e os mapeando a ponto de evitar que se repitam.[25]

Embora a necessidade de segurança se mantenha relevante ao longo dos anos e ainda ganhe ainda mais destaque com os avanços tecnológicos, o que se entende como adequado para garantir essa segurança está em constante adaptação – tanto para os usuários quanto para os agentes de tratamento, especialmente. Por esta razão, senhas com determinado número de caracteres e a utilização de firewalls deixaram de ser o suficiente para evitar ataques ao conteúdo armazenado, devendo ser adotado um método de prevenção, possibilitando a detecção, de maneira ágil, de ameaças, ou, ainda, respostas velozes aos incidentes constatados[26]. O que se verifica, portanto, é que o dever de segurança deve sempre se moldar às tecnologias do momento, não podendo ser algo estagnado, pois isto gera grande risco aos dados tratados.

6. CONCEITO DE INCIDENTE DE SEGURANÇA

Inicialmente, é necessário compreender o que é um incidente de segurança. Apesar do incidente mais popular e difundido ser o vazamento dos dados, as possibilidades não se restringem a isto. Deste modo, a compreensão de alguns conceitos – muitos deles interdisciplinares – são essenciais.

Para a Tecnologia da Informação, os incidentes de segurança não são um tópico novo, já que os seus efeitos são estudados há anos[27]. Com o objetivo de servir como diretriz às respostas eficientes aos incidentes de segurança, o NIST[28] possui um Guia de Tratamento de Incidentes de Segurança de Computadores, onde define os incidentes de segurança como uma violação ou uma iminente ameaça de violação às políticas de segurança do computador, às políticas de uso ou às práticas de segurança[29]. Como mencionado acima, os incidentes de segurança não se resumem aos vazamentos de dados, pois abrangem, também, o compartilhamento indevido entre usuários, a indisponibilidade do serviço por ataques maliciosos e o envio de malwares através de e-mails[30].

---

24. De acordo com pesquisa realizada pelo IBM, em 2019 a chance de uma empresa experienciar um incidente de segurança é de 29.6%, enquanto em 2018 tal percentual era de 27.9%. Disponível em: https://databreachcalculator.mybluemix.net/executive-summary. Acesso em: 10.01.2020.
25. Guidelines on personal data breach notification under Regulation 2016/679. Disponível em: https://ec.europa.eu/newsroom/article29/item-detail.cfm?item_id=612052. Acesso em: 23.11.2019.
26. Disponível em: https://www2.deloitte.com/ch/en/pages/risk/articles/gdpr-security-and-breach-notification.html. Acesso em: 10.01.2020.
27. Ainda que incidentes de segurança sejam reportados desde a década de 90, quando os computadores e a internet passaram a ser mais utilizados, a partir da última década os incidentes passaram a ser cada vez mais frequentes. Disponível em: https://www.cert.br/docs/palestras/certbr-cindacta2009.pdf. Acesso em: 10.01.2020.
28. National Institute of Standards and Technology, instituto norte-americano responsável por elaborar guias relacionados à segurança da informação.
29. Tradução livre de: "A computer security incident is a violation or imminent threat of violation1 of computer security policies, acceptable use policies, or standard security practices". Disponível em: https://nvlpubs.nist.gov/nistpubs/SpecialPublications/NIST.SP.800-61r2.pdf. Acesso em 10/01/2020.
30. Disponível em: https://nvlpubs.nist.gov/nistpubs/SpecialPublications/NIST.SP.800-61r2.pdf, p. 06. Acesso em: 10.01.2020.

Definições de incidentes de segurança podem igualmente ser encontradas em legislações mais recentes acerca do tema, uma vez que a preocupação e necessidade de estabelecer o que caracteriza um incidente de segurança, também para o universo jurídico, passou a ser fundamental. Neste sentido, o Regulamento Europeu traz, em seu art. 4º, item 12, a definição de incidente de segurança como "*uma quebra na segurança que acarrete, de modo acidental ou ilícito, na destruição, perda, alteração, divulgação não autorizada ou acesso aos dados transmitidos, armazenados ou de outra forma processados*"[31].

Enquanto o Regulamento menciona, de forma expressa em suas definições, o que caracteriza um incidente de segurança, a LGPD não possui, em seu art. 5º, qualquer definição sobre os incidentes. Isto não significa, contudo, que a Lei é omissa neste aspecto, uma vez que a sua definição pode ser extraída do disposto no art. 46, ao mencionar que devem ser adotadas medidas "*(...) aptas a proteger os dados pessoais de acessos não autorizados e de situações acidentais ou ilícitas de destruição, perda, alteração, comunicação ou qualquer forma de tratamento inadequado ou ilícito*". Percebe-se, com isto, que a descrição em muito se assemelha ao disposto no GDPR. Ademais, a LGPD prevê, em seu art. 44, que será irregular o tratamento de dados que "*deixar de observar a legislação ou quando não fornecer a segurança que o titular dele pode esperar*". Com isto, o ordenamento jurídico brasileiro entende que acessos não autorizados ou demais situações que afetem os dados serão considerados como uma falha na proteção dos dados tratados, devendo o agente de tratamento responder por eventuais danos e enviar comunicados quando isto ocorrer.

7. COMUNICAÇÃO DOS INCIDENTES DE SEGURANÇA

Uma vez que a LGPD surge em um contexto de compartilhamento excessivo de dados pessoais, acontecendo o tratamento, muitas vezes, sem o total conhecimento do titular, o seu principal objetivo é a proteção dos direitos à liberdade e à privacidade do titular[32]. Por esta razão, violações que acarretem danos ao titular devem ser a este informados, permitindo que esteja completamente informado acerca dos efeitos aos seus dados e eventuais violações aos seus direitos garantidos na Lei.

Embora os comunicados não sejam uma prática adotada por muitas empresas de forma voluntária, a imposição em lei demonstra-se adequada. Atualmente, o que se percebe é que os titulares obtêm conhecimento dos incidentes de segurança – especialmente o vazamento de seus dados – através de notícias na imprensa, pois não recebem qualquer informação dos agentes de tratamento, ou, então, as notificações são recebidas após

---

31. Tradução livre de "'personal data breach' means a breach of security leading to the accidental or unlawful destruction, loss, alteration, unauthorised disclosure of, or access to, personal data transmitted, stored or otherwise processed". Disponível em: https://gdpr-info.eu/. Acesso em 10.01.2020.
32. O art. 1º da LGPD dispõe: "Esta Lei dispõe sobre o tratamento de dados pessoais, inclusive nos meios digitais, por pessoa natural ou por pessoa jurídica de direito público ou privado, com o objetivo de proteger os direitos fundamentais de liberdade e de privacidade e o livre desenvolvimento da personalidade da pessoa natural.". Em seu art. 2º, a Lei permanece destacando que a privacidade dos dados deverá observar a privacidade dos titulares dos dados.

transcorrido um grande tempo desde a identificação do problema[33]. A LGPD, portanto, determina que os incidentes de segurança devem ser comunicados não apenas ao titular dos dados, mas também à autoridade nacional.[34]

Importante ressaltar que a LGPD não exige que todo e qualquer incidente de segurança seja comunicado. Do mesmo modo que o Regulamento[35], a legislação brasileira menciona que os incidentes que possam acarretar "*risco ou dano relevante aos titulares*" deverão ser notificados. Com isto, percebe-se que o legislador limitou o escopo dos incidentes que devem ser divulgados ao público, uma vez que não são todos os acontecimentos relacionados aos dados tratados que gerarão uma violação aos direitos do titular, tais como aquelas que causarão discriminação, roubo ou fraude à identidade dos usuários, perdas financeiras ou afetarão dados protegidos por sigilo profissional[36].

Tal requisito, contudo, não se demonstra tão claro na prática, de modo que a completa compreensão do que caracteriza um incidente de segurança e a fácil identificação das suas consequências são primordiais para o cumprimento deste dispositivo legal. A falta de conhecimento do que caracteriza um incidente de segurança não prejudica apenas os titulares dos dados, mas também a autoridade responsável e a própria empresa, que poderá despender grandes esforços para emitir os comunicados quando, na realidade, são desnecessários. Neste sentido, em setembro de 2018, a autoridade britânica responsável por receber os comunicados de incidentes de segurança[37] noticiou que recebe cerca de 500 ligações semanais para informar incidentes de segurança, sendo que um terço destas notificações não se qualificam como incidentes que necessitam divulgação[38]. Tal prática evidencia que as empresas, ao desejarem estar em total *compliance* com o Regulamento, optam por reportar qualquer evento que seja relacionado aos dados, mesmo que a legislação não determine a sua imediata comunicação. Isto acarreta não apenas em notificações excessivas ao órgão responsável, mas também em prejuízos à própria empresa em razão da desconfiança que os titulares dos dados passam a ter sobre os métodos utilizados na proteção de seus dados.

---

33. De acordo com a pesquisa realizada pela Rand Corporation, 44% dos participantes já estavam cientes do incidente de segurança antes do recebimento do comunicado. As principais fontes de descoberta são as redes sociais, notícias online ou televisão.
    Ver: SAUVIK DAS, Joanne Lo; DABBISH, Laura; HONG, Jason I. Breaking! A Typology of Security and Privacy News and How It's Shared. In: Proceedings of the 2018 CHI Conference on Human Factors in Computing Systems, 2018; e Consumer Attitudes Toward Data Breach Notifications and Loss of Personal Information. Disponível em: https://www.rand.org/content/dam/rand/pubs/research_reports/RR1100/RR1187/RAND_RR1187.pdf. Acesso em: 20.01.2020.
34. Em seu art. 48, a LGPD prevê que "o controlador deverá comunicar à autoridade nacional e ao titular a ocorrência de incidente de segurança que possa acarretar risco ou dano relevante aos titulares."
35. No art. 33 do GDPR, é mencionado que a notificação somente não será necessária quando "the personal data breach is unlikely to result in a risk to the rights and freedoms of natural persons", também adotando a teoria baseada no risco do incidente de segurança.
36. KARYDA, Maria; MITROU, Lilian. Data Breach Notification: Issues and Challenges for Security Management. 2016, p. 6.
37. O "Information Comissioner's Office" (ICO) é o órgão britânico criado para defender os direitos de informação relacionadas ao interesse público.
38. Informação disponível em: [https://www.nibusinessinfo.co.uk/content/ico-warns-over-reporting-data-breaches]. Acesso em: 17.11.2019.

8. OS REQUISITOS E AS CONSEQUÊNCIAS DOS COMUNICADOS DE INCIDENTES DE SEGURANÇA

Como mencionado acima, o primeiro requisito referente aos comunicados do incidente de segurança é a determinação de que as informações deverão ser prestadas não somente à autoridade nacional, mas também ao titular dos dados. Enquanto a autoridade nacional é a responsável pelas sanções, o comunicado ao titular se torna necessário já que os seus direitos previstos em lei estarão prejudicados, sendo uma decorrência do princípio da transparência e da privacidade, reiterados em diversos dispositivos legais.

Como exposto anteriormente, a LGPD surge justamente da necessidade de conferir ao titular maior poder sobre os seus dados e a forma como eles são tratados. Sendo a transparência um dos princípios da LGPD, não seria razoável admitir que ocorressem danos aos dados sem que o titular fosse informado das consequências que tal incidente pode gerar à sua privacidade, pois podem prejudicar o exercício de direitos do titular, tais como o acesso aos seus dados, a portabilidade a outro fornecedor de serviço ou produto, a correção e a eliminação dos dados.[39] Ainda, a Lei expressamente dispõe que os agentes de tratamento devem "*adotar medidas de segurança, técnicas e administrativas aptas a proteger os dados pessoais*", de modo que a comunicação dos incidentes de segurança serve, também, para demonstrar que os padrões adotados cumpriram com a Lei e com os requisitos entendidos como adequados.

O ponto inicial para o comunicado de segurança é determinar em que momento o prazo para notificação começa a correr, já que a LGPD, em seu art. 48, § 1º, menciona que "*a comunicação será feita em prazo razoável, conforme definido pela autoridade nacional*". Quando tratamos do prazo para comunicação, portanto, o primeiro desafio surge já na redação da sua cláusula: não há a previsão expressa sobre o prazo a ser observado, tampouco foi estabelecida, até o momento, a Autoridade Nacional de Proteção de Dados (ANPD), que seria a responsável por definir o que se entende por *prazo razoável* mencionado no artigo. Desta forma, há a grande possibilidade de que a Lei entre em vigor[40] sem que o prazo para notificação esteja estabelecido, permitindo que as empresas demorem para enviar notificações e, consequentemente, que os titulares não possuam pleno conhecimento de eventuais violações aos seus dados pessoais[41].

Diferentemente da legislação brasileira, o GDPR prevê de maneira expressa o prazo para comunicado, que não deverá ser superior a 72h após a ciência do incidente de segurança. O impasse na Europa, contudo, permanece. Apesar do prazo ser mais claro, não soluciona o problema acerca do momento em que a comunicação deve ser realizada, uma vez que "possuir ciência" do incidente de segurança não indica, de forma tão precisa,

---

39. Tais direitos estão elencados no art. 18, da Lei Geral de Proteção de Dados.
40. Em 26 de agosto de 2020, o art. 4º da Medida Provisória 959/2020 foi considerado prejudicado pelo Senado Federal, de modo que o adiamento da LGPD para 2021 não acontecerá. Ainda assim, as sanções previstas em lei somente serão aplicadas a partir de agosto de 2021. Neste sentido, ver https://www.congressonacional.leg.br/materias/medidas-provisorias/-/mpv/141753. Acesso em: 31.08.2020. Após a decisão do Senado Federal, foi publicado o Decreto 10.474/2020, em que foi criada a estrutura da ANPD.
41. Ao tratar sobre o vazamento de informações, o Decreto 9.936/2019, que regulamenta o cadastro positivo para histórico de crédito, estabelece, em seu art. 18, o prazo de dois dias úteis, a contar do conhecimento do incidente de segurança, para comunicação do evento.

quando o prazo terá seu início. Para solucionar esta questão, o Grupo de Trabalho do Artigo 29 Para a Proteção de Dados considera que o agente de tratamento está "ciente" a partir do momento em que possuir algum grau de certeza sobre a ocorrência de incidente de segurança que causará danos a dados pessoais[42]. Considerando que há o dever de implementar medidas aptas à proteção dos dados e que permitam a imediata constatação de violação aos dados, cria-se a obrigação do agente de tratamento se assegurar de que estará "ciente", o mais rápido possível, de quaisquer incidentes que aconteçam, cumprindo tanto com o dever de segurança quanto com a sua obrigação de notificação sem atrasos injustificados.

A ciência do agente de tratamento, contudo, dependerá também das circunstâncias específicas de cada caso. Uma vez que a legislação requer que apenas incidentes que causem danos sejam reportados, muitas vezes não estará claro o suficiente, pelo menos em um primeiro momento, se os dados foram atingidos de maneira negativa. Apesar disto, o Grupo de Trabalho do Artigo 29 Para a Proteção de Dados destaca que o foco deve ser sempre em investigar quaisquer incidentes a fim de remediar o quanto antes os possíveis danos, bem como proceder com os comunicados aos titulares e à autoridade responsável sempre que se demonstrar necessário[43].

Considerando a complexidade na identificação da raiz de alguns incidentes de segurança ou de suas consequências diretas, há a permissão para que o comunicado não seja feito de maneira completa, mencionando todas as informações mínimas definidas em lei. Embora o GDPR possua um rol de com as informações que devem constar no comunicado, há também disposição permitindo que tais informações sejam prestadas paulatinamente, de modo que a incompletude do comunicado não será considerada uma justificativa para o não cumprimento do prazo de 72 horas para envio da notificação[44].

Do mesmo modo que no GDPR, a legislação brasileira também possui requisitos mínimos que devem ser informados pelos agentes de tratamento. Em seus incisos, o art. 48 determina que as seguintes informações devem ser prestadas ao titular e à autoridade nacional: (i) a descrição dos dados afetados; (ii) informações sobre os titulares afetados; (iii) a indicação das medidas técnicas e de segurança utilizadas para a proteção dos dados; (iv) os riscos decorrentes do incidente; (v) caso a comunicação não seja imediata, o porquê da demora; (vi) as medidas que foram ou serão adotadas para reverter ou mitigar os danos. A observância destes requisitos é essencial não apenas para que o titular possa ciência do incidente, mas também para que a ANPD e agentes de tratamento avaliem se as medidas anteriormente estabelecidas são o suficiente e, não sendo, como devem ser adequadas para evitar que o incidente se repita. A comunicação à autoridade nacional é o momento em que o agente de tratamento poderá demonstrar que adotou medidas técnicas compatíveis com o tratamento de dados realizado, pois a autoridade poderá avaliar a gravidade do incidente; constatando-se a inobservância das medidas ou viola-

---

42. Neste sentido, ver grupo de trabalho do artigo 29. Para proteção de dados. Orientações sobre a notificação de uma violação de dados pessoais ao abrigo do Regulamento (UE) 2016/679. Fev. 2018. Disponível em: https://www.cnpd.pt/bin/rgpd/docs/wp250rev01_pt.pdf. Acesso em: 24.11.2019, p. 10.
43. Ibid, p. 11.
44. GDPR, a year in. Insighs from our Cyber team. Disponível em: https://bit.ly/2vb1oJD. Acesso em 10.01.2020.

ções à legislação de proteção de dados, a ANPD poderá impor sanções administrativas, conforme previsto no art. 52 da LGPD.

Deste modo, enquanto a comunicação ao titular dos dados visa a dar efetividade aos seus direitos previstos em Lei, o envio à ANPD é voltado à fiscalização do *compliance* legal, para que, em sua ausência, os agentes de tratamento em situação irregular sejam punidos[45]. Desta forma, a LGPD prevê que caberá à autoridade nacional verificar a gravidade do incidente, podendo determinar que algumas ações sejam tomadas pelo agente de tratamento, tais como a ampla divulgação do incidente nos meios de comunicação e que providências sejam tomadas para reverter ou mitigar os efeitos do incidente[46].

É comum que a análise dos incidentes de segurança se dê em três momentos distintos: o que antecede ("*ex ante*"), durante o incidente e o após o incidente ("*ex post*"). Embora o momento *ex ante* seja de extrema importância, a abordagem para mitigação dos incidentes deve examinar, especialmente, a conduta dos agentes de tratamento no momento em que o incidente de segurança é constatado e o que é feito para resolvê-lo, pois é onde os agentes de tratamento conseguem visualizar, de forma mais clara, as falhas em seus sistemas de segurança e buscar formas de prevenção.

A divisão em três momentos distintos torna-se ainda mais crucial quando analisamos os objetivos das legislações. Com a entrada em vigor do Regulamento Europeu, os olhos das autoridades supervisoras passaram a estar no momento *após* o incidente, já que isto permite um maior poder investigativo e que medidas sejam tomadas caso as respostas aos incidentes não sejam adequadas[47]. Destaca-se, contudo, que tal mudança de perspectiva no GDPR não significa que os agentes de tratamento devem focar exclusivamente no momento *ex post*, já que um equilíbrio é fundamental e garante que todos os processos envolvendo o tratamento de dados estejam sendo monitorados de maneira efetiva e capaz de evitar os incidentes de segurança, punindo os agentes de tratamento que não estiverem em conformidade.

Uma vez que um incidente de segurança foi constatado, ainda assim muitas empresas optam por não o divulgar, de modo que muitos incidentes são descobertos pelos titulares através de notícias na imprensa. Isto porque as empresas, ao avaliarem as consequências do comunicado, optam por mascará-lo, pois muitos usuários passam a desconfiar das políticas de segurança implementadas e veem com maus olhos o negócio[48]. Além disto,

---

45. Conforme determina o art. 52 da LGPD, infrações à Lei poderão sofrer sanções administrativas, tais como advertência, multas, bloqueio dos dados, eliminação dos dedos ou suspensão das atividades de tratamento de dados pessoais.
46. Art. 48, § 2º da LGPD menciona que: "§ 2º A autoridade nacional verificará a gravidade do incidente e poderá, caso necessário para a salvaguarda dos direitos dos titulares, determinar ao controlador a adoção de providências, tais como: I – ampla divulgação do fato em meios de comunicação; e II – medidas para reverter ou mitigar os efeitos do incidente.".
47. Smart Data Privacy Laws. Achieving the Right Outcomes for the Digital Age. June 2019, p. 15. Disponível em: https://www.gsma.com/publicpolicy/wp-content/uploads/2019/06/GSMA_Smart-Data-Privacy-Laws_Report_June-2019.pdf. Acesso em 10.01.2020.
48. Neste sentido, ver as estatísticas elaboradas pelo governo do Reino Unido, na Cyber Security Breaches Survey 2019 : "Among the 32 per cent of businesses recording breaches or attacks, this resulted in a negative outcome, such as a loss of data or assets, in 30 per cent of cases". Disponível em: https://assets.publishing.service.gov.uk/government/uploads/system/uploads/attachment_data/file/813599/Cyber_Security_Breaches_Survey_2019_-_Main_Report.pdf. Acesso em: 23.11.2019.

os custos envolvidos com os incidentes podem ser extremamente altos, fazendo com que as empresas não queiram lidar com todos os aspectos do incidente[49].

Considerando que a totalidade dos dispositivos da LGPD ainda não está em vigor, não há dados concretos sobre as consequências das comunicações dos incidentes de segurança. O Regulamento Europeu, contudo, está em vigor desde 2018 e possui conteúdo muito semelhante, de modo que o comportamento das empresas e dos titulares foi objeto de diversos estudos. Desde sua entrada em vigor, foi necessário que as empresas se adaptassem às novas regras impostas pelo GDPR. A mesma tendência poderá ser verificada no Brasil, uma vez que poucas são as empresas que estão em *compliance* com muitos dos artigos da LGPD[50].

Conforme os incidentes de segurança passam a ser veiculados pela mídia com uma frequência cada vez mais assustadora, os usuários percebem as empresas proporcionalmente menos seguras, de modo que apenas 9% dos usuários de cartão de crédito acreditam que as companhias têm medidas adequadas para a proteção de seus dados[51]. O número é ainda menor quando se trata de provedores de e-mail ou redes sociais, em que a porcentagem reduz para 3% e 1%, respectivamente[52].

O Regulamento, como mencionado acima, determinou o prazo de 72 horas para comunicação do incidente de segurança. Em estudo realizado pelo Pinsent Masons[53], constatou-se que apenas 53% dos incidentes foram comunicados à autoridade dentro do prazo definido em lei. A pesquisa foi capaz de identificar, ainda, que uma das razões para o não cumprimento das 72 horas é que as empresas levam, em média, nove dias para fornecer instruções ao setor jurídico, gerando atrasos na área responsável pelas respostas aos incidentes; mais surpreendentemente, 18% das empresas estariam demorando mais de 50 dias para abastecer o setor responsável de informações, atrasando não somente a comunicação à autoridade, mas também a solução para o ocorrido.

Ao analisar as mudanças que ocorreram no cenário britânico, a estatística do governo apurou que 78% das empresas consideram a segurança como uma grande prioridade para a sua organização. Dentro de cada setor foi possível, também, verificar uma diferença substancial em como a segurança dos dados é vista. Enquanto no setor de finanças e seguros 97% das empresas entende a segurança cibernética como

---

49. Em recente estudo publicado pelo IBM, verificou-se que 51% dos incidentes são causados por ataques maliciosos (hackers), enquanto 25% são causados por falhas no sistema e 24% por erros humanos. Ademais, os custos relacionados a incidentes por hackers possuem um custo 27% superior aos demais incidentes, demonstrando a dificuldade que as empresas enfrentam quando sofrem ataques deste tipo. Os custos são, principalmente, ligados à detecção do incidente, a notificação aos titulares e à autoridade reguladora, os procedimentos após o incidente e, principalmente, a perda de negócios, que representa 36.2% dos custos. Ver: https://bit.ly/2LfvPU6. Acesso em: 21.11.2019.
50. Em pesquisa elaborada pelo Serasa Experian, constataram que 85% das empresas ainda não estão prontas para as exigências da LGPD. Neste sentido, ver: https://www.serasaexperian.com.br/sala-de-imprensa/85-das-empresas-declaram-que-ainda-nao-estao-prontas-para-atender-as-exigencias-da-lei-de-protecao-de-dados-pessoais-mostra-pesquisa-da-serasa-experian. Acesso em: 21.11.2019. Ademais, este é o principal argumento utilizado por quem defende o adiamento da entrada em vigor da LGPD.
51. Disponível em: https://www.pewresearch.org/internet/2015/05/20/americans-attitudes-about-privacy-security-and-surveillance/. Acesso em: 20.01.2020.
52. Idem.
53. GDPR, a year in. Insighs from our Cyber team. Disponível em: https://bit.ly/2vb1oJD. Acesso em: 10.01.2020.

prioridade, no setor de alimentos e hospitais, apenas 62% afirma que tal segurança é uma grande prioridade.[54]

Por fim, uma pesquisa de grande expressão foi realizada pelo IBM, focando justamente no custo de cada incidente de segurança aos agentes de tratamento.[55] Enquanto nos Estados Unidos constatou-se que as empresas gastam, em média, mais de 8 milhões de dólares, o Brasil teve o custo mais baixo dentre os países estudados, sendo abaixo de 1 milhão e meio de dólares.[56] Ademais, a pesquisa constatou que ataques maliciosos representam 51% dos incidentes de segurança, enquanto falhas no sistema e erros humanos representam 25% e 24%, respectivamente. Uma das informações mais relevantes, contudo, diz respeito ao tempo transcorrido entre a identificação do incidente e o seu encerramento, concluindo-se que os incidentes de segurança têm, em média, um ciclo de 279 dias[57].

Este grande espaço de tempo entre a detecção do incidente e a sua total solução demonstra não apenas que as empresas devem possuir mecanismos mais ágeis para estes momentos, tais como a implantação de Inteligência Artificial e automação de atividades[58], como também que os dados dos titulares permanecem vulneráveis enquanto a causa do incidente não é completamente contida. A ausência de identificadores eficientes poderá desencadear em custos ainda mais elevados aos agentes de tratamento, pois estes despendem grandes valores para cumprir com a necessidade de notificação e, ainda, estarão sujeitos às sanções administrativas previstas na Lei, uma vez que esta demora poderá ser um indicativo de infração ao dever de segurança.

9. CONSIDERAÇÕES FINAIS

Notório é o objetivo da Lei 13.709/2018 quanto à disposição sobre como, efetivamente, proteger os dados pessoais. De fato, vislumbra-se ser de difícil dissociação alguns conceitos da referida lei, sendo a segurança e o sigilo uns dos principais elementos atrelados à proteção dos dados, uma vez que se perfaz em uma preocupação recorrente de todos aqueles que usam e tratam dados pessoais.

Assim, a LGPD surge da necessidade de regramentos específicos para a proteção do grande volume de dados fornecidos pelos usuários dos serviços ou produtos, sendo essencial a previsão de sanções caso os agentes de tratamento não obedeçam a padrões mínimos de segurança. Embora a lei ainda não esteja em vigor e, consequen-

---

54. Cyber Security Breaches Survey 2019. Disponível em: https://assets.publishing.service.gov.uk/government/uploads/system/uploads/attachment_data/file/813599/Cyber_Security_Breaches_Survey_2019_-_Main_Report.pdf. Acesso em: 23.11.2019.
55. Estudo disponível em: https://databreachcalculator.mybluemix.net/executive-summary. Acesso em 10.01.2020.
56. Os custos, de acordo com a pesquisa, foram analisados conforme os custos de detecção do incidente (31.1%), de notificação aos indivíduos que foram prejudicados (5.4%), respostas pós incidentes (27.3%) e negócios perdidos em razão do incidente de segurança (36.2%).
57. De acordo com o IBM, o "ciclo de vida" de um incidente de segurança é o tempo transcorrido entre a companhia ter ciência do incidente de segurança e a sua total contenção. Quando o incidente é causado por ataques maliciosos ou criminais, o seu ciclo é de 314 dias.
58. De acordo com a pesquisa, empresas que não possuem inteligência artificial e automação nas atividades arcam com custos 95% maiores quando ocorre algum incidente de segurança.

temente, as empresas não cumpram os requisitos necessários para a comunicação de incidentes, o cenário deverá mudar a partir de 2021, quando as sanções passarem a ser aplicadas[59]. Com isto, passará a ser necessário a comunicação de incidente de segurança ao titular e à autoridade nacional, sob pena de incidir as sanções previstas no art. 52 da referida lei.

Isto não significa, contudo, que os incidentes deixarão de ocorrer, mas sim que os agentes de tratamento deverão possuir políticas e metodologias adequadas para evitá-los ou, caso aconteçam, superá-los da maneira mais eficiente possível. Seguindo o espírito dos demais artigos da LGPD, o capítulo VII, referente à segurança e às boas práticas, visa a proteger os titulares e garantir que seus dados sofrerão os menores danos possíveis, permitindo que permaneçam exercendo seus direitos.

10. REFERÊNCIAS

BARBOSA, Fernanda Nunes. *Informação: direito e dever nas relações de consumo*. São Paulo: Ed. RT, 2009.

BASKERVILLE, Richard; SPAGNOLETTI, Paolo; KIM, Jongwoo. *Incident-centered information security: Managing a strategic balance between prevention and response*. Information & management, v. 51, n. 1, p. 138-151, 2014.

BEAL, Adriana. *Segurança da informação*: princípios e melhores práticas para a proteção dos ativos de informação nas organizações. São Paulo: Atlas, 2005.

BIONI, Bruno Ricardo. *Proteção de dados pessoais*: a função e os limites do consentimento.

Rio de Janeiro: Forense, 2019.

BUCHEGGER, Sonja et al. Decentralized systems for privacy preservation (Dagstuhl Seminar 13062). *Dagstuhl Reports*. Schloss Dagstuhl-Leibniz-Zentrum fuer Informatik, 2013.

BURDON, Mark; LANE, Bill; VON NESSEN, Paul. Data breach notification law in the EU and Australia – Where to now? *Computer Law &; Security Review*, v. 28, n. 3, p. 96-307, 2012. COMMISSION NATIONALE DE L' INFORMATIQUE ET DES LIBERTÉS. Guide de la sécurité des données personnelles. Disponível em: Acesso em: 15.05.2019.

COUTO E SILVA, Clóvis V. do. *A obrigação como processo*. 5. reimp. Rio de Janeiro: FGV Editora, 2006.

CUEVA, Ricardo Vilas Boas. A insuficiente proteção de dados pessoais no Brasil. *Revista de Direito Civil Contemporâneo-RDCC*: Journal of Contemporary Private Law, n. 13, p. 59-67, 2017.

DIJK, Jan van. *The Network Society*. Second Edition. Sage Publications. London: 2006.

DONEDA, Danilo. *Da privacidade à proteção de dados pessoais*. Rio de Janeiro: Renovar, 2006.

EUROPEAN UNION AGENCY FOR NETWORK AND INFORMATION SECURITY. *Handbook on security of personal data processing*. Disponível em: <https://www.enisa.europa.eu/publications/handbook-on-security-of-personal-data-processing> Acesso em: 01.11.2019.

EUROPEAN NETWORK AND INFORMATION SECURITY AGENCY. *Recommendations on technical implementation guidelines of Article 4*. Apr./2012. Disponível em: <https://www.enisa.europa.eu/publications/art4_tech> Acesso em: 01.11.2019.

---

59. Conforme mencionado acima, aguarda-se a sanção ou veto da MP 959/2020, de modo que a sua entrada em vigor depende da sanção ou veto dos demais dispositivos da Medida Provisória.

EUROPEAN NETWORK AND INFORMATION SECURITY AGENCY. *Recommendations for a methodology of the assessment of severity of personal data breaches.* Disponível em: <https://www.enisa.europa.eu/publications/dbn-severity> Acesso em: 01.11.2019.

FEDOROVA, Alena; FERRARA, Maria; FIERRO, Paolino. The General Data Protection Regulation (GDPR): From static to dynamic compliance. *Law and Economics Yearly Review*, v. 6, p. 283-302, 2017.

FRAZÃO, Ana; TEPEDINO, Gustavo; OLIVA, Milena Donato (Coord.). *Lei Geral de Proteção de Dados e suas repercussões no Direito Brasileiro.* São Paulo: Thomson Reuters Brasil, 2019.

GRUSCHKA, Nils et al. Privacy Issues and Data Protection in Big Data: A Case Study Analysis under GDPR. *2018 IEEE International Conference on Big Data (Big Data).* IEEE, 2018. p. 5027-5033.

HOUSER, Kimberly A.; VOSS, W. Gregory. GDPR: *The End of Google and Facebook or a New Paradigm in Data Privacy.* Rich. JL & Tech., v. 25, p. 1, 2018.

IBM SECURITY. *Costs of a data breach report.* Disponível em: <https://www.ibm.com/downloads/cas/ZBZLY7KL> Acesso em: 03.11.2019.

KARYDA, Maria; MITROU, Lilian. Data Breach Notification: Issues and Challenges for Security Management. *MCIS.* 2016. p. 60.

KOSTA, Eleni; STUURMAN, Kees. *Technical standards and the draft general data protection regulation.* The Law, Economics and Politics of International Standardization (Cambridge University Press, 2016), Forthcoming, 2015.

LEE, MinJae, and JinKyu Lee. *The impact of information security failure on customer behaviors:* A study on a large-scale hacking incident on the internet. Information Systems Frontiers 14.2 (2012): 375-393.

LEERSSEN, Paddy et al. Platform ad archives: promises and pitfalls. *Internet Policy Review.* Volume 8, Issue 4. October, 2019.

LYRA, Mauricio Rocha. *Governança da segurança da informação.* Edição do autor. Brasília, 2015.

MARTINS-COSTA, Judith. *A boa-fé no direito privado:* critérios para a sua aplicação. 2. ed. São Paulo: Saraiva Educação, 2018.

MENDES, Laura Schertel; DONEDA, Danilo. Reflexões iniciais sobre a nova lei geral de proteção de dados. *Revista de Direito do Consumidor*, São Paulo, v. 120, p. 469- 483, Nov.-Dez/2018.

MENDES, Laura Schertel. Segurança da Informação, proteção de dados pessoais e confiança. *Revista de Direito do Consumidor*, São Paulo, v. 90, p. 245-261, Nov.- Dez./2013.

MENEZES CORDEIRO, António Manoel da Rocha e. *Da boa-fé no direito civil.* Coimbra: Almedina, 2001.

MENKE, Fabiano. A proteção de dados e o direito fundamental à garantia da confidencialidade e da integridade dos sistemas técnico-informacionais no direito alemão. *Revista Jurídica Luso-Brasileira.* Ano 5 (2019), n. 1, 781-809. Lisboa, 2019.

MENKE, Fabiano; GOULART, Guilherme Damasio. *Segurança da informação e vazamento*

de dados. 2019, Prelo.

NIEUWESTEEG, Bernold; FAURE, Michael. An analysis of the effectiveness of the EU data breach notification obligation. *Computer Law & Security Review*, v. 34, n. 6, p. 1232-1246, 2018.

PAU, Valentin. Security Measures for Protecting Personal Data. *Int'l Conf. Educ. & Creativity for Knowledge-Based Soc'y.* 2017. p. 9.

PFLEEGER, Charles P.; PFLEEGER, Shari Lawrence; MARGULIES, Jonathan. *Security in computing.* 5. ed. 2015.

RAUL, Alan Charles, ed. *The privacy, data protection and cybersecurity law review.* Law Business Research Limited, 2018.

SARLET, Gabrielle Bezerra Sales; CALDEIRA, Cristina. O consentimento informado e a proteção de dados pessoais de saúde na internet: uma análise das experiências legislativas de Portugal e do Brasil para a proteção integral da pessoa humana. *Revista Civilistica.* Ano 8, n. 1, 2019.

SHASTRI, Supreeth; WASSERMAN, Melissa; CHIDAMBARAM, Vijay. *The Seven Sins of Personal-Data Processing Systems under GDPR.* USENIX HotCloud, 2019.

SOLOVE, Daniel J. *The new vulnerability: Data security and personal information.* 2008.

AUTORIDADE NACIONAL DE PROTEÇÃO DE DADOS: ASPECTOS INSTITUCIONAIS DA AUTORIDADE BRASILEIRA EM COMPARAÇÃO COM OS REQUISITOS ESTABELECIDOS NO REGULAMENTO EUROPEU

Amanda Rodrigues da Silva

Sumário: 1. Introdução. 2. Regulação da proteção de dados pessoais no contexto da União Europeia. 2.1 Antecedentes históricos: gerações das normas de proteção de dados e o desenvolvimento de uma autoridade supervisora de proteção. 3. Regulamento Geral de Proteção de Dados: requisitos de independência da autoridade de proteção. 4. Autoridade nacional de proteção de dados: desenho institucional brasileiro. 4.1 Modelo institucional da ANPD e independência: comparativo com o modelo europeu. 4.2 Aspectos críticos relacionados ao modelo institucional adotado e verificação da suficiência das autarquias especiais. 5. Conclusões. 6. Referências.

1. INTRODUÇÃO

A proteção de dados pessoais é uma nova questão política, elevada às agendas nacionais e internacionais, surgindo uma série instrumentos regulatórios com diferentes impactos em todo o mundo. O objetivo de regular a proteção de dados decorre de uma necessidade de equalizar a pressão do Estado em aumentar a qualidade e quantidade de informações sobre os cidadãos, bem como a pressão do mercado em face do valor econômico dos dados sobre os consumidores[1]. Nunca antes tanta informação privada foi tão amplamente compartilhada. As preocupações com a privacidade são óbvias: quem controla todos esses dados? Quem tem acesso a ele? Quais limites são impostos à sua agregação?

Os modelos de regulação da proteção de dados pessoais dos cidadãos oscilam em um espectro mais liberal, presente no ordenamento jurídico norte-americano, que valoriza a escolha individual, até uma forte regulamentação estatal dos ordenamentos jurídicos europeus[2]. Com efeito, a doutrina sinaliza uma variedade de instrumentos – internacionais, regulatórios, auto regulatórios e técnicos – como as "ferramentas" mais comuns

---

1. GEDIEL, José Antônio Peres; CORRÊA, Adriana Espíndola. Proteção jurídica de dados pessoais: a intimidade situada entre o Estado e o mercado. *Revista da Faculdade de Direito UFPR*, Curitiba, n. 47, p. 141-153, 2008, p.143.
2. Ibidem, p. 147.

inscritas em políticas, leis e práticas de um número crescente de países. Uma característica proeminente dos instrumentos regulatórios é a existência de autoridades de proteção de dados (DPA's) ou órgãos de supervisão[3]. Nesse sentido, o estudo a respeito da Autoridade Nacional de Proteção de Dados – ANPD – instituída pela nova Lei Geral de Proteção de Dados deve ser examinada nesse contexto, ou seja, como um instrumento regulatório importante na salvaguarda da proteção de dados pessoais e todas as repercussões sobre a proteção do indivíduo e da dignidade da pessoa humana.

Objetiva-se através do presente trabalho examinar aspectos institucionais relacionados à autoridade brasileira em comparação com o modelo adotado pelo Regulamento europeu de proteção de dados e verificar em que medida o desenho institucional proposto pela lei vigente em relação à independência da Autoridade Nacional de Proteção de Dados compatibiliza-se com o modelo europeu. Não se pretende aqui examinar eventual obtenção de adequação para fins de transferência internacional de dados entre o Brasil e os países do bloco, mas utilizar o regramento estabelecido pela normativa europeia como padrão para avaliar o nível de independência da autoridade brasileira em relação à legislação comunitária. Com efeito, o Regulamento Geral de Proteção de Dados traz diretrizes básicas a serem observadas nos países membros do bloco relativamente a aspectos institucionais dessa autoridade, visando dar garantia a aplicação das normas relativas à proteção de dados. E, tendo em consideração a maior experiência no desenvolvimento do tema, pode mostrar-se relevante tal apreciação comparativa.

2. REGULAÇÃO DA PROTEÇÃO DE DADOS PESSOAIS NO CONTEXTO DA UNIÃO EUROPEIA

O sistema europeu de proteção de dados pessoais tem como um dos seus pilares centrais a existência de uma autoridade independente, tendo por fundamento o art. 8(3) da Carta Fundamental de Direitos Fundamentais da União Europeia[4] e artigo 16 (2) da Tratado sobre o Funcionamento da União Europeia (TFEU)[5], sendo a considerada indispensável para a efetiva proteção dos direitos individuais e das liberdades a respeito do processamento e tratamento dos dados pessoais. Ambas normativas reconhecem a proteção de dados pessoais como um direito fundamental e afirmam que o cumprimento das regras de proteção de dados deve estar sujeito à fiscalização de uma autoridade independente.

Tal garantia resulta de uma evolução histórica no contexto da União Europeia acerca da necessidade de se estabelecer uma autoridade independente para efetivação

---

3. BENNET, Colin; RAAB, Charles. *The governance of privacy* – policy instruments in global perspective. Cambridge: The MIT Press, 2006.
4. Artigo 8(3) da Carta Fundamental de Direitos Fundamentais da União Europeia – Proteção de dados pessoais – 1. Todas as pessoas têm direito à proteção dos dados de caráter pessoal que lhes digam respeito. (..) 3. O cumprimento destas regras fica sujeito à fiscalização por parte de uma autoridade independente.
5. Artigo 16(2) do Tratado sobre o Funcionamento da União Europeia – O Parlamento Europeu e o Conselho, deliberando de acordo com o processo legislativo ordinário, estabelecem as normas relativas à proteção das pessoas singulares no que diz respeito ao tratamento de dados pessoais pelas instituições, órgãos e organismos da União, bem como pelos Estados-Membros no exercício de atividades relativas à aplicação do direito da União, e à livre circulação desses dados. A observância dessas normas fica sujeita ao controlo de autoridades independentes.

dos direitos relativos à proteção de dados e decorre de uma percepção de que abordagem individualista tende a ser ineficiente na concretização do princípio da autodeterminação informativa[6].

2.1 Antecedentes históricos: gerações das normas de proteção de dados e o desenvolvimento de uma autoridade supervisora de proteção

Assim como as próprias conotações e significados associados ao termo "proteção de dados" alteraram-se repetida e substancialmente ao longo do tempo[7], o papel das autoridades de proteção de dados sofre relevantes mudanças de acordo com o significado dado por determinada época. Diante disso, com o objetivo de compreender os contornos que a figura da autoridade de proteção de dados tem no contexto europeu, importante traçar os aspectos históricos relacionados à proteção de dados. Aqui, agrega-se a tipificação das gerações das normas de proteção de dados proposta pelo professor Mayer-Schönberger, com especial enfoque sobre o papel das autoridades de proteção (Data Protections Authorities – DPA's) em cada uma das gerações, visando perceber e identificar os diferentes contornos que essas autoridades ganharam ao longo do tempo.

Uma *primeira geração de normas de proteção de dados* surgiu na década de 70 na Europa como reação clara reação ao processamento eletrônico de dados na Administração Pública e no setor privado, bem como reação à ideia de centralização de dados em gigantes bancos de dados nacionais. Diante da possibilidade de coleta e processamento de dados através da computação, há uma euforia da burocracia – principalmente no Estado Social – em cada vez mais planejar suas políticas públicas. Foi um terreno fértil para propostas de centralização da informação a nível nacional, as quais foram minimizadas em face de legislações contrárias a essa pretensão[8]. Como exemplos dessa primeira geração de normas, destacam-se, as leis do Estado Alemão de Hesse (1970), a Lei de Dados da Suécia (1973), o Estatuto de Proteção de Dados do Estado alemão de Rheinland-Pfalz (1974) e a Lei Federal de Proteção de Dados da Alemanha (1977). Todas essas normas

---

6. A esse respeito: ERDEMOGLU, Elif. A law and economics approach to the new EU privacy regulation: Analyzing the European General Data Protection Regulation. In: ZWAAN, Jaap et al. (eds.) *Governance and Security Issues of the European Union: challenges ahead.* p. 109-126. The Hague, Netherlands: Springer, 2016; Devido a profunda assimetria informacional do titular dos dados e do controlador acerca do uso e processamento dos seus dados que mecanismos individuais (consentimento, responsabilidade civil) não são eficientes para dar cumprimento da proteção de dados. A autora descreve um estudo empírico que envolveu questionamento a 900 pessoas nos Estados Unidos, Reino Unido, Alemanha, Índia e China – sobre o nível de conscientização dos consumidores sobre o uso dos seus dados; 86% dos consumidores não sabiam que os websites coletavam histórico de acesso dos consumidores ao site; Daqueles que sabiam, 75% sabiam que o site também coletava a sua geolocalização e 97% destes declararam não se preocupar com o potencial uso indevido dessas informações por parte da empresa ou do Estado, evidenciando que os mecanismos de *enforcement* individual são poucos efetivos na consolidação da proteção de dados.
7. Em dois trabalhos seminais, o Prof. Hornung descreve como o tema da proteção dos dados pessoais sofreu mudanças na Alemanha. HORNUNG, Gerrit; SCHNABEL, Christoph. Data protection in Germany I: The population census decision and the right to information self-determination. *Computer Law & Security Report.* v. 25, n. 1, p. 84-88, 2009; HORNUNG, Gerrit; SCHNABEL, Christoph. Data protection in Germany II – Recent decisions on online-searching of computers, automatic number plate recognition and data retention. Computer Law & Security Report. v. 25, n. 2, p. 115-122, 2009.
8. MAYER-SCHONBERGER, Viktor. Generation development of data protection in Europe. In: AGRE, Philip E.; ROTENBERG, Marc. *Technology and privacy: the new landscape.* p. 219-241. Cambridge: The MIT Press, 2001, p. 222.

mostram-se como reações diretas a centralização de bancos de dados nacionais e elas se assemelhavam quanto à estrutura e à linguagem. A maioria dessas normas não focam na direta proteção do indivíduo, mas nos perigos do uso de bancos de dados nacionais e na proteção da sociedade em face desses perigos, lidando com o processamento da informação por si mesmo, e com as condições pelas quais o processamento seria permitido. Além disso, são normalizadas medidas de segurança e sigilo[9].

A legislação do Estado de Hesse (1970) inovou ao criar uma instituição independente chamada *data protection officer* (Datenschutzbeauftragerter) que tinha a responsabilidade para lidar com os dados confidenciais dos cidadãos[10]. O Estado alemão de Hesse adotou a primeira legislação a respeito da proteção de dados e foi pioneira na criação da primeira autoridade de proteção de dados.[11]

Com o surgimento dos minicomputadores, não se concretizou o temor da sociedade na criação de um banco de dados centralizado, mas as unidades organizacionais pequenas do governo e da iniciativa privada passaram a realizar o processamento de dados eletrônicos de forma descentralizada. Tal fato ocasionou a proliferação de bancos dos dados existentes e, consequentemente, expôs a fragilidade da regulamentação das normas de primeira geração[12].

Uma *segunda geração de normas de proteção de dados,* por conseguinte, tinha como função precípua a proteção de mais e diversos outros ofensores. Tais normas buscavam tratar prioritariamente do direito à privacidade, ao invés de procedimentos. O "direito de ser deixado em paz" e direitos destinados a delimitar os espaços de intimidade dos cidadãos foram assuntos que voltaram à tona. A temática da proteção de dados pessoais passa a se associar diretamente ao direito à privacidade, às liberdades negativas e à liberdade individual em geral. O temor por um banco de dados único e centralizado foi substituído pelo temor da existência de milhares de bancos de dados espalhados pelo mundo, conectados em rede. Entendeu-se, portanto, que o melhor seria que os cidadãos lutassem pela preservação de sua privacidade a partir de direitos fortes, inclusive, protegidos constitucionalmente, em alguns casos. São exemplos de normas da segunda geração as leis da Áustria, da França, da Dinamarca e da Noruega. Destaca-se, também, como consequência dessa geração de normas, a privacidade informacional que é inserida nos textos das Constituições da Áustria, Espanha e Portugal. A característica principal das normas de segunda geração reside na possibilidade de participação do indivíduo no processo de coleta e de processamento de dados, por meio de seu consentimento. Assim, dá-se ao cidadão um poder de decisão para interferir no âmbito de sua própria privacidade informacional.

Destaca-se, neste momento, uma mudança institucional significativa, na medida em que há ampliação dos poderes das autoridades administrativas encarregadas da proteção de dados, com intuito de garantir o direito à privacidade. Essas mudanças foram

---

9. MAYER-SCHONBERGER, op. cit., p. 221.
10. RULE, James B.; GREENLEAF, Graham. *Global Privacy Protection: the first generation.* Cheltenham, UK: Edward Elgar Publishing Limited, 2008, p. 202-212.
11. KOSTA, Eleni. *Consent in European Data Protection Law.* Leiden: Martinus Nijhoff, 2013, p. 45.
12. MAYER-SCHONBERGER, op. cit., p. 225.

respostas diretas à nova ênfase na aplicação de direitos individuais recém-garantidos e estendidos. Algumas instituições de segunda geração não apenas investigaram infrações à proteção de dados e aplicação controlada, mas também se transformaram em uma espécie de *ombudsman* de proteção de dados para cidadãos individuais. À medida que direitos individuais foram fortalecidos, foi necessária uma instituição para denunciar ofensas – uma instituição que de alguma forma fizesse valer os direitos individuais de proteção de dados. As autoridades foram transformadas ou criadas para se tornarem órgãos adjudicatórios que emitiram opiniões sobre como a burocracia poderia interpretar as regras de proteção de dados. Foi o caso das comissões francesa e austríaca de proteção de dados[13].

A segunda geração de normas suscita uma controvérsia bastante interessante, relacionada à efetividade do consentimento do cidadão e do real exercício de sua liberdade de escolha, em um contexto no qual a não disponibilização dos dados pode acarretar a sua exclusão social[14].

Surge, portanto, uma *terceira geração de normas de proteção de dados pessoais* que são influenciadas pelo direito à autodeterminação informativa, marcada pela decisão do Tribunal Constitucional alemão de 1983 no sentido de declarar a inconstitucionalidade da Lei do Censo[15]. Passa-se a compreender a participação do cidadão no processamento de dados como um envolvimento contínuo em todo o processo, desde a coleta, o armazenamento e a transmissão e não apenas como uma opção "tudo ou nada", operada pelo consentimento. A questão era não dizia mais respeito se o cidadão devia ou não participar do processo, mas como. São exemplos das leis de terceira geração as leis dos Estados alemães após a decisão do Tribunal Constitucional, a emenda à lei federal de proteção de dados pessoais alemã de 1990, a emenda da lei da Áustria de 1986, a alteração da lei da Noruega e a previsão constitucional da proteção de dados pessoais da Holanda.

Para permitir que os indivíduos tivessem efetivo controle e autodeterminação sobre os seus dados, o *enforcement* desses direitos individuais deveriam ser rigorosos e claros, a fim de possibilitar o exercício da autodeterminação informativa[16]. No entanto, mais uma vez, pode-se dizer que o ideal participativo dos cidadãos no controle das informações pessoais, consubstanciado na ideia de autodeterminação informativa, provou-se não ser factível no mundo real. Os cidadãos não estavam dispostos a arcar com os altos custos

---

13. MAYER-SCHONBERGER, op. cit., p. 227-228.
14. De uma perspectiva internacional, vislumbra-se que a CONVENÇÃO 108 do Conselho da Europa de 1981 e a Convenção da OECD – *Guidelines Governing the Protection of Privacy and Transborder Flows of Personal Data* tinham o objetivo de harmonizar as leis, a fim de manter um livre fluxo de dados entre os países membros, pelo que não recomendavam, nem exigiam que os países signatários estabelecessem autoridades de proteção de dados. Somente com a "*UN – Guidelines for the regulation of computerized personal data files* (Resolução 45/94 de 14 de dezembro de 1990), uma resolução mais preocupada com direitos humanos, surge a necessidade de autoridades nacionais imparciais e independentes, bem como a DIRETIVA 95/46/EC – que estipulava também a criação obrigatória de autoridades de proteção de dados. Isso foi feito principalmente para harmonizar as responsabilidades das DPA's, que eram bastante diferentes nas disposições de proteção de dados dos Estados-Membros desenvolvidas antes da Diretiva da EU (SCHÜTZ, Philip. Assessing Formal Independence of Data Protection Authorities in a Comparative Perspective. pp.45-58. 7th PrimeLife International Summer School (PRIMELIFE), Sep 2011, Trento, Italy, p. 50).
15. HORNUNG, Gerrit; SCHNABEL, Christoph. Data protection in Germany I: The population census decision and the right to information self-determination. *Computer Law & Security Report*. v. 25, n. 1, p. 84-88, 2009.
16. MAYER-SCHONBERGER, op. cit., p. 231.

relacionados ao exercício de seu direito e, por consequência, ser privado do acesso de bens e serviços ou benefícios em nome da proteção de seus dados.

Nota-se, portanto, um incremento na regulação da proteção de dados pessoais, culminando em uma *quarta geração de normas, com perspectiva holística e setorial*. Os legisladores perceberam a fraca posição que os titulares de dados detinham em face da proteção de seus direitos, e normas de quarta geração tentaram equalizar essa assimetria entre os titulares dos dados. Instrumentos regulatórios visaram fortalecer a posição dos indivíduos, tornando mais efetivo o seu autocontrole sobre os dados pessoais. Os legisladores retiram parte da liberdade participativa dada ao indivíduo nas normas de proteção de dados de segunda e terceira geração e sujeitam-na a proteção legal obrigatória. Essa abordagem reflete o entendimento de que algumas áreas relacionadas à privacidade das informações deveriam ser absolutamente protegidas e não poderiam ser negociadas individualmente. Dessa forma, certos dados pessoais passam a ser retirados da disposição do indivíduo. O processamento dos dados pessoais sensíveis passa a ser geralmente proibido, a exemplo da do §6º da Lei Norueguesa de Proteção de Dados, no §6º da Lei Finlandesa de Registro de Pessoas, nas leis dinamarquesas de proteção de dados, no Artigo 6º da Lei Belga de Proteção de Dados, na Seção 31 da Lei Francesa de Proteção de Dados e na Lei Britânica de Proteção de Dados. As leis de proteção de dados da Suíça e da Alemanha, particularmente as dos novos estados alemães, não proíbem o processamento de certos dados confidenciais, mas restringem a negociação contratual de dados individuais básicos, direitos de proteção de acesso, correção e exclusão pelo indivíduo. A Diretiva da União Europeia de 1995 sobre Proteção de Dados, da mesma forma, proíbe o processamento de dados sensíveis (raça, religião, opiniões políticas etc.), exceto em alguns casos e propósitos enumerados[17].

As normas gerais sobre a proteção de dados são complementadas com normas setoriais. Tal fato tem como finalidade ampliar a proteção do indivíduo nos diversos setores em que é possível o tratamento dos seus dados pessoais, de modo que a legislação possa contemplar as diversas especificidades setoriais existentes. Há uma consolidação de leis gerais com códigos de conduta setoriais suplementares. Na área de aplicação das leis, os estatutos de proteção de dados agora começam a estabelecer quase ombudsman de proteção de dados e quase advogados da proteção de dados, instituições de aplicação de decisão mais destacadas e imparciais[18].

Percebe-se, mais contemporaneamente, um movimento que caminha para uma regulação e participação estatal para garantia da proteção de dados pessoais e a garantia de autodeterminação informativa, com uma consequente ampliação no rol de competências das autoridades de proteção de dados[19]. Com efeito, uma característica proeminente dos instrumentos reguladores são as autoridades de proteção de dados (DPA's) ou órgãos de supervisão. Os DPA's tem sido instrumentos regulatórios cruciais, descritas com uma

---

17. MAYER-SCHONBERGER, op. cit., p. 233.
18. Ibidem, p. 233-234.
19. BENNETT, Colin; RAAB, Charles. Revisiting The Governance of Privacy Instruments in Global Perspective. *Regulation & Governance*, v. 12, n. 3, set/2018.

ampliação cada vez maior de papéis, tal como, papel de ombudsman, auditor, consultor, educador, negociador, consultor de políticas e executor[20].

Há evidências que os DPA's aumentaram suas atividades educacionais, de conscientização do público, com fornecimento de orientações e aconselhamento aos controladores de dados[21]. Contudo, a execução (elaboração de ordens, sanções, multas) tornou-se um papel de destaque, dependendo da extensão dos poderes da DPA. Outro ponto de destaque, é que as autoridades supervisoras sofrem cada vez mais em razão das suas atividades estarem dominadas por solicitações individuais e não conseguem desempenhar as amplas atribuições a elas colocadas[22]. Nesse sentido, as autoridades de proteção que se basearam no papel de ombudmans puro de investigação e resolução de queixas, em vez de poderes de execução estão sob crescente pressão para revisar esse modelo em reconhecimento das novas questões institucionais e tecnológicas que agora precisam ser regulamentadas[23].

A visibilidade internacional dos DPA's também aumentou em termos da criação de um debate de resoluções, declarações e iniciativas em conferências internacionais anuais. Destina-se a elevar o perfil da proteção de privacidade em uma série de questões atuais incluindo computação em nuvem, privacidade on-line infantil, mídia social, padronização, criação de perfis, "big data" e mecanismos de pesquisa. DPA's têm sido chamadas para resolver os desafios envolvendo novas tecnologias.[24]

Por outro lado, as novas leis de proteção de dados pessoais apostam cada vez mais na colaboração de quem está prototipando produtos e serviços para mitigar os riscos de suas próprias atividades. Há uma valorização do princípio da *accountability* diante do grande desafio regulatório que envolve a proteção dos dados pessoais. As autoridades nacionais de proteção desempenham um papel crucial nessa atividade[25].

---

20. BENNET, Colin; RAAB, Charles. *The Governance of Privacy*: policy instruments in Global Perspective. Masachusetts: MIT Press, 2006, p. 133-146.
21. Acerca da função educativa e de conscientização do público, vale apresentar exemplo do caso que envolveu a autoridade Alemã e o Citibank. O banco Citibank na Alemanha tinha intenção de expedir para os usuários de trem um cartão que combinava diversas vantagens. O cartão daria descontos de 50% sobre o valor do ticket do trem e expediriam um cartão de crédito "Visa" aos clientes sem qualquer custo. Com a medida, o banco pretendia atrair 10 milhões de usuários. Todavia, como parte do negócio, os usuários deveriam fornecer dados pessoais como renda, profissão, obrigações financeiras que seriam armazenadas e processadas nos Estados Unidos. Diante da inadequada proteção de dados que seria dada sob as leis americanas, a autoridade nacional da Alemanha interviu orientando os consumidores que eles tinham a possibilidade de comprar cartões de desconto com ou sem o cartão Visa. Aqueles consumidores que não quisessem informar seus dados financeiros poderiam, ainda assim obter, o cartão de trem. Com a medida educativa, apenas 15% dos usuários optaram por contratar o cartão Visa e o Citibank encerrou o projeto em razão da baixa procura. (RULE, James B.; GREENLEAF, Graham. *Global Privacy Protection*: the first generation. Cheltenham, UK: Edward Elgar Publishing Limited, 2008, p. 92-93).
22. HUSTINX, Peter. The Role of Data Protection Authorities. In: GUTWIRTH et al (Coord.) *Reinventing Data Protection?*, p. 175-190, Bruxelas: Springer, 2009.
23. BENNETT, Colin; RAAB, Charles, Op. cit. 2018.
24. Peter Hustinx, que é ex-membro da autoridade de proteção de dados da holandesa (1991-2003) e ex-membro da Autoridade Europeia de Proteção de Dados (2004-2014), refere que a maior parte do que está acontecendo na área de proteção de dados é invisível e muitas vezes difícil de entender ou lidar sem a necessidade de conhecimentos técnico. (HUSTINX, Peter. The Role of Data Protection Authorities. In: GUTWIRTH et al (Coord.) *Reinventing Data Protection?* p. 175-190, Bruxelas: Springer, 2009).
25. MENDES, Laura Schertel; BIONI, Bruno. O regulamento europeu de proteção de dados pessoais e a lei geral de proteção de dados brasileira: mapeando convergências na direção de um nível de equivalência. *Revista de Direito do Consumidor*, v. 124, p. 157-180, jul-ago, 2019.

3. REGULAMENTO GERAL DE PROTEÇÃO DE DADOS: REQUISITOS DE INDEPENDÊNCIA DA AUTORIDADE DE PROTEÇÃO

A partir desse contexto histórico, o Regulamento Europeu de Proteção de Dados – RGPD exsurge com o objetivo de dar mais certeza e coerência entre os sistemas legais dos 28 estados membros[26]. O arranjo institucional de uma autoridade de proteção de dados, mesmo na União Europeia, que já tem uma tradição a respeito do tema, é cercada de diferenças entre os países membros e o Regulamento Europeu, dentro uma perspectiva de homogeneização entre os países, estabelece requisitos mínimos a serem observados em relação a essa autoridade. A normativa europeia impõe algumas exigências mínimas ligadas à independência dessas autoridades e à cooperação entre elas. O capítulo VI do Regulamento Geral de Proteção de Dados, entre os artigos 51 a 67, sob a nomenclatura de "*Supervisory authorities*" ou em português "*Autoridades de Controlo*", dispõe sobre esses requisitos.

Destaca-se um número maior de regras e exigências em relação à Diretiva anterior que tratava da matéria[27], com um maior detalhamento quanto a elementos mínimos necessários para reconhecimento das autoridades nacionais. A exigência de uma autoridade supervisora da aplicação do Regulamento europeu já era estabelecida na Diretiva anterior e vem novamente estabelecido no RGPD, dessa vez com mais requisitos de independência a seres observados.

Conforme antes destacado, uma autoridade independente já era componente essencial da proteção de dados pessoais no contexto da União Europeia e consolida-se também no Regulamento, inclusive nos seus *Considerandos*.[28] A criação de mais de uma autoridade responsável no âmbito do Estado-membro é imposta pela normativa no seu artigo 51, que faculta igualmente a criação de mais de uma autoridade de proteção no âmbito de cada Estado-membro[29]. De fato, há países que possuem uma

---

26. GARRISON, Chlotia; HAMILTON, Clovia. A comparative analysis of the EU GDPR to the US's breach notifications. *Information & Communications Technology Law*, v.28, n. 1, p. 99-114, 2019, p. 100-101.
27. Diretiva 95/46/CE do Parlamento Europeu e do Conselho, de 24 de Outubro de 1995, relativa à proteção das pessoas singulares no que diz respeito ao tratamento de dados pessoais e à livre circulação desses dados.
28. "(121) *a fim de assegurar a independência* da autoridade de controlo, os *membros* que a integram deverão exercer as suas funções com integridade, *abster-se de qualquer ato incompatível com as mesmas* e, durante o seu mandato, não deverão exercer nenhuma atividade, seja ou não remunerada, que com elas seja incompatível. A *autoridade de controlo deverá dispor do seu próprio pessoal, selecionado por si mesma ou por um organismo independente criado nos termos do direito do Estado-Membro*, que deverá estar exclusivamente sujeito à orientação do membro ou membros da autoridade de controlo. [...]
 (129) A fim de assegurar o controlo e a aplicação coerentes do presente regulamento em toda a União, *as autoridades de controlo deverão ter, em cada Estado-Membro, as mesmas funções e poderes efetivos, incluindo poderes de investigação*, poderes de *correção e de sanção*, e poderes consultivos *e de autorização*, nomeadamente em caso de reclamação apresentada por pessoas singulares, sem prejuízo dos poderes das autoridades competentes para o exercício da ação penal ao abrigo do direito do Estado-Membro, tendo em vista levar as violações ao presente regulamento ao conhecimento das autoridades judiciais e intervir em processos judiciais. *Essas competências deverão incluir o poder de impor uma limitação temporário ou definitiva ao tratamento, ou mesmo a sua proibição*" (grifo nosso). (Regulamento (UE) 2016/679 do Parlamento Europeu e do Conselho, de 27 de abril de 2016, relativo à proteção das pessoas singulares no que diz respeito ao tratamento de dados pessoais e à livre circulação desses dados e que revoga a Diretiva 95/46/CE (Regulamento Geral sobre a Proteção de Dados).
29. 51(1) – Cada Estado-Membro deve *estabelecer uma ou mais autoridade públicas independentes* responsáveis para o monitoramento e aplicação desse Regulamento, a fim de defender os direitos e liberdades fundamentais das pessoas singulares relativamente ao tratamento de dados e a livre circulação desses dados na União.

organização administrativa em que há uma repartição de competências quanto à fiscalização e aplicação das normas relativas à proteção de dados pessoais. É o caso da Alemanha, por exemplo, que tem uma autoridade nacional, com competência para a fiscalização de entidades públicas de âmbito federal, e autoridades em cada estado federado, responsável pela fiscalização e aplicação das normas de proteção de dados na esfera privada e órgãos públicos estaduais.

De forma a sistematizar a análise proposta neste artigo, analisaremos os requisitos na forma como colocado pelo Regulamento, dividindo-os em: a) requisitos relacionados à independência dos membros (art. 52); b) requisitos gerais aplicáveis aos membros da autoridade de supervisão (art. 53); c) requisitos relativos à constituição da autoridade de supervisão (art. 54); d) poderes mínimos a serem conferidos às autoridades de supervisão (art. 58), na forma como nominado pelo Regulamento Geral de Proteção de Dados europeu.

Relativamente à *independência dos membros*, o artigo 52 do Regulamento impõe diversas exigências, a fim de assegurar a total independência da entidade na persecução de suas atribuições e no exercício dos poderes[30]. Os membros da autoridade supervisora não podem estar a sujeitos a influências externas, diretas ou indiretas, no desempenho das suas funções e no exercício dos seus poderes e não devem solicitar ou receber instruções de outrem[31]. Tal norma tem fundamento no julgamento da Corte Europeia que esclareceu o conceito de "completa independência" reconhecendo que "*a autoridade supervisora deve ser livre de qualquer influência, seja influência exercida por outras autoridades internas ou externas à Administração*[32]". No referido julgamento, a Alemanha restou condenada uma vez que algumas DPA's estaduais criaram agências ligadas ao governo que ficaram encarregadas da supervisão de corporações privadas. O vínculo próximo entre o governo e os órgãos de supervisão motivaram a ação da entidade de supervisão da União Europeia contra a Alemanha. A Corte Europeia reconheceu a infração à "completa independência" da autoridade, estabelecendo a Corte naquele momento o significado de completa independência, conceito que acabou transposto para a normativa comunitária.

Os membros, igualmente, devem abster-se de qualquer ato incompatível com as suas funções e, durante o mandato, não desempenhar nenhuma atividade, remunerada ou não, que com elas seja incompatível[33]. Além disso, visando igualmente a autonomia dos membros, o Regulamento impõe que os Estados-Membros assegurem que cada auto-

---

30. 52(1) – As autoridades de controlo agem com total independência na prossecução das suas atribuições e no exercício dos poderes que lhe são atribuídos nos termos do presente regulamento.
31. 52(2) – Os membros das autoridades de controlo *não estão sujeitos a influencias externas,* diretas ou indiretas, no desempenho das suas funções e no exercício dos seus poderes nos termos do presente regulamento, *e não solicitam nem recebem instruções de outrem* (grifo nosso).
32. Caso C-518/07. European Court Reports 2010 I-01885. Processo C-518/07. Comissão Europeia vs. República Federal da Alemanha "Incumprimento de Estado – Directiva 95/46/CE – Protecção das pessoas singulares no que diz respeito ao tratamento de dados pessoais e à livre circulação desses dados – Artigo 28°, n. 1 – Autoridades nacionais de controlo – Independência – Tutela administrativa exercida sobre essas autoridades".
33. 52(3) Os membros da autoridade de controlo abstêm-se de qualquer ato incompatível com as suas funções e, durante o seu mandato, não podem desempenhar nenhuma atividade, remunerada ou não, que com elas seja incompatível.

ridade de supervisão disponha dos recursos humanos, técnicos e financeiros, instalações e infraestruturas necessários à prossecução eficaz das suas atribuições e ao exercício dos seus poderes, inclusive dispondo de pessoal próprio, que deve ficar sob a direção exclusiva dos membros da autoridade interessada[34].

A doutrina aponta para a necessidade de se observar uma independência especial, na medida em que a autoridade, diferentemente do que ocorre nas agências reguladoras, em que a atuação se dá sobre os privados, as Autoridades de Proteção de Dados controlam e fiscalizam a atuação também de entidades públicas. Com efeito, uma das características distintivas das DPA's é a atribuição de fiscalizar atores privados e públicos. Isso é o contrário da atividade desempenhada por agências reguladoras que regulam o mercado financeiro, por exemplo, ou o setor de serviços públicos. As DPA's, nesse sentido, tem um aspecto interessante, uma vez que são criadas pelo Estado para controlar o mesmo. Portanto, a questão da independência, especialmente da influência governamental, requer atenção especial[35]. Apesar dos freios e contrapesos tradicionais em um estado democrático e constitucional, o monitoramento dos órgãos governamentais por uma autoridade intimamente ligada ao governo é particularmente novo no arcabouço teórico do estado regulador.[36]

No que diz respeito à autonomia financeira e orçamentária dessas entidades de supervisão, os Estados-Membros devem assegurar que cada autoridade fique sujeita a um controle financeiro que não afete a sua independência e que disponha de orçamentos anuais separados e públicos, os quais poderão estar integrados no orçamento geral do Estado ou nacional[37]. A questão relativa à independência financeira e orçamentária dessas entidades não sofre tratamento uniforme nos países membros. De fato, uma vez que cada país tem autonomia para estabelecer sua respectiva autoridade de supervisão, em face da própria soberania nacional, os Estados-membros tem diferentes estruturas administrativas envolvendo suas autoridades, que vão de uma maior ou menor autonomia orçamentária em relação ao governo[38].

O artigo 53 estabelece condições gerais aplicáveis aos membros da autoridade supervisora nacional, explicitando regras quanto a sua nomeação e retirada do cargo. A normativa estabelece que a nomeação se dê pelo Parlamento, Governo, Chefe de Estado

---

34. 52(4) Os Estados-Membros asseguram que cada autoridade de controlo disponha dos recursos humanos, técnicos e financeiros, instalações e infraestruturas necessários à prossecução eficaz das suas atribuições e ao exercício dos seus poderes, incluindo as executadas no contexto da assistência mútua, da cooperação e da participação no Comité. 52(5) – Os Estados-Membros asseguram que cada autoridade de controlo selecione e disponha do seu próprio pessoal, que ficará sob a direção exclusiva dos membros da autoridade de controlo interessada.
35. SCHUTZ, Philip. *European Data Protection: In Good Health?* S. Gutwirth et al. (eds.). Springer, 2012.
36. Ibidem, p.125-126.
37. 52 (6) – Os Estados-Membros asseguram que cada autoridade de controlo fique sujeita a um controle financeiro que não afeta a sua independência e que disponha de orçamentos anuais separados e públicos, que poderão estar integrados no orçamento geral do Estado ou nacional.
38. SCHÜTZ (2011, p. 10-11) mostra os diferentes níveis de vinculação autoridades europeias ao governo. Enquanto a autoridade polonesa, por exemplo, é vinculada ao Parlamento, tem a indicação e destituição dos membros e orçamento estabelecidos pelo Parlamento, sem qualquer vínculo com o governo, a autoridade sueca, ao contrário, tem uma vinculação muito próxima a autoridade governamental. O orçamento é definido pelo Ministério da Justiça, a indicação dos membros é feita pelo Executivo e a destituição do cargo é feita por uma comissão especial de juízes. (SCHÜTZ, Philip. Assessing Formal Independence of Data Protection Authorities in a Comparative Perspective. *7th PrimeLife International Summer School (PRIMELIFE)*, Trento, Italy. Sep 2011).

ou por um organismo independente incumbido da nomeação nos termos do direito do Estado-Membro, por meio de um procedimento transparente[39]. Exige-se que os membros possuam as habilitações, a experiência e os conhecimentos técnicos necessários, nomeadamente no domínio da proteção de dados pessoais, ao desempenho das suas funções e ao exercício dos seus poderes. E, no que se refere, a sua retirada do cargo, os membros somente podem sair nas hipóteses de fim de mandato, aposentadoria compulsória ou exoneração, este último no caso de falta grave ou se tiverem deixado de cumprir as condições exigidas para o exercício das suas funções.

A constituição dessas autoridades, segundo o RGPD, também deve observar requisitos mínimos estabelecidos no artigo 54. Deve ser estabelecida a autoridade por meio da via legislativa, onde o Estado-membro deve: a) constituir cada autoridade de supervisão, b) determinar as qualificações e as condições de elegibilidade necessárias para a nomeação dos membros de cada autoridade de controle; c) estabelecer as regras e os procedimentos de nomeação dos membros de cada autoridade de controle; d) estabelecer a duração do mandato dos membros de cada autoridade, que não poderá ser inferior a quatro anos, salvo no caso do primeiro mandato após 24 de maio de 2016, e ser mais curta quando for necessário proteger a independência da autoridade através de um procedimento de nomeações escalonadas; e) Se, e em caso afirmativo, estabelecer por quantos mandatos os membros de cada autoridade de controle podem ser renomeados; f) determinar as condições que regem as obrigações dos membros e do pessoal de cada autoridade, determinar proibições de ações, funções e benefícios que com elas são incompatíveis durante o mandato e após o seu termo e as regras que regem a cessação da relação de trabalho.

Além disso, o Regulamento estabelece que os membros e o pessoal de cada autoridade de supervisão ficam sujeitos, nos termos do direito da União ou dos Estados-Membros, à obrigação de sigilo profissional, tanto durante o mandato como após o seu termo, quanto a quaisquer informações confidenciais a que tenham tido acesso no desempenho das suas funções ou exercício dos seus poderes. Durante o seu mandato, essa obrigação de sigilo profissional aplica-se, em especial, à comunicação por pessoas singulares de violações do presente regulamento.

Outro ponto de destaque relativo à independência dessas autoridades, diz respeito aos poderes a elas conferidos. O artigo 58 enumera os *poderes mínimos a serem conferidos às autoridades,* estabelecendo três principais, quais sejam: poderes de investigação, poderes de correção e poderes consultivos e de autorização, os quais não excluem outros

---

39. Art. 53(1) Os Estados-Membros estabelecem que cada membro das respetivas autoridades de controlo seja nomeado por procedimento transparente: – pelo Parlamento, – pelo Governo, – pelo Chefe de Estado, ou – por um organismo independente incumbido da nomeação nos termos do direito do Estado-Membro. (2) Cada membro possui as habilitações, a experiência e os conhecimentos técnicos necessários, nomeadamente no domínio da proteção de dados pessoais, ao desempenho das suas funções e ao exercício dos seus poderes. (3) As funções dos membros da autoridade de controlo cessam findo o seu mandato, com a sua exoneração ou aposentação compulsiva, nos termos do direito do Estado-Membro em causa. (4) Os membros da autoridade de controlo só são exonerados se tiverem cometido uma falta grave ou se tiverem deixado de cumprir as condições exigidas para o exercício das suas funções.

poderes a ser conferidos, desde que não prejudiquem o efetivo funcionamento das normas relativas à cooperação, estabelecidas no capítulo VII do Regulamento[40].

Ao longo do capítulo que trata da autoridade de supervisão, a legislação comunitária trata de questões relativas à cooperação entre os Estados-membros, estabelecendo inclusive regras relacionadas às hipóteses de competência concorrente e regras sobre operações transnacionais conjuntas (artigos 55 e 56). De fato, com a adoção do RGPD, regras detalhadas estão colocadas a respeito da competência de cada autoridade de controle nos casos transfronteiriços. O Regulamento estabelece, por exemplo, o "one-stop-shop mechanism" e inclui previsões estabelecendo cooperação entre as diferentes autoridades nacionais[41]. Além disso, o Regulamento traz um amplo rol de atribuições designados a essas autoridades. Tendo em vista, todavia, que a análise proposta se concentra nos aspectos institucionais relacionados a independência da autoridade de supervisão, deixamos de examinar com maior profundidade esses pontos.

A realidade jurídica e política nos países da União Europeia mostra que prevalecem diversas interpretações do termo "independência completa". A configuração institucional de cada autoridade varia de país para país, pelo que a salvaguarda da autonomia e independência dessas autoridades também é um desafio.[42]

Diante do breve incurso histórico estabelecido, observa-se que as autoridades de proteção de dados no contexto europeu evoluíram na medida da compreensão do que seja proteção de dados pessoais. Ou seja, há uma evolução de entendimento de uma autoridade de controle de dados sigilosos e em proteção ao processamento de grandes bancos de dados, transformando-se em autoridades ouvidores das violações individuais, evoluindo para autoridades com amplas atribuições. A preocupação com a independências dessas autoridades no contexto europeu é algo que se reflete em capítulo próprio no Regulamento Geral, com o estabelecimento de requisitos mínimos de independência a serem observados pelos países membros. Dentro desse contexto, é que devemos discutir e pensar o arranjo institucional a ser concebido no Brasil. A LGPD traz de forma bem ampla os contornos dessa autoridade, cuja atuação deve ser densificada por regulamentos que adiante vem.

4. AUTORIDADE NACIONAL DE PROTEÇÃO DE DADOS: DESENHO INSTITUCIONAL BRASILEIRO

A existência de uma autoridade de supervisão, como se viu, é reflexo de uma evolução histórica importante evidenciada principalmente no contexto europeu a respeito dessa garantia institucional e que resta importada para o Brasil através da LGPD, que tem

---

40. 58 (6) Os Estados-Membros podem estabelecer por lei que as suas autoridades de controle terão outros poderes para além dos previstos nos n. 1, 2 e 3. O exercício desses poderes não deve prejudicar o efetivo funcionamento do capítulo VII.
41. COUNCIL OF EUROPE. *Handbook on European Data Protection Law*. Luxemburgo: Publications Office of the Europe Union, 2018, p. 197.
42. SCHÜTZ, Philip. Assessing Formal Independence of Data Protection Authorities in a Comparative Perspective. p. 45-58. 7th PrimeLife International Summer School (PRIMELIFE), Sep 2011, Trento, Italy.

forte inspiração da normativa europeia. No Brasil, a criação da Autoridade Nacional de Proteção de Dados independente perpassa diversas discussões legislativas que culminaram com o arranjo institucional estabelecido pela Lei 13.853/19 e estruturado a partir do Decreto 10.474/20. Embora o padrão de uma entidade autônoma, independente e de alta expertise técnica tenha soado um uníssono ao longo de todo o debate sobre a proteção de dados no Brasil, o fato é que tal modelo não é o único ou necessário[43], principalmente se formos analisar comparativamente com outros países da União Europeia. Além disso, a conformação da Autoridade como uma entidade autárquica, por si só, talvez não seja suficiente para garantir a necessária independência almejada para uma entidade que tem a função precípua de proteger o cidadão em face de agentes privados e públicos, já que – como analisado – a independência dessa Autoridade envolve uma especial autonomia em relação ao governo.

Diante disso, com a finalidade de agregar elementos à configuração de uma autoridade independente no Brasil propõe-se uma análise comparativa dos requisitos colocados pelo Regulamento europeu e as regras relativas ao desenho institucional estabelecido pela Lei 13.853/2019 e o Decreto 10.474/2020.

4.1 Modelo institucional da ANPD e independência: comparativo com o modelo europeu

Após um primeiro movimento do governo federal em prol de uma lei de proteção de dados no Brasil em conjunto com o debate a respeito do cadastro positivo e no impacto sobre o direito dos consumidores, o anteprojeto da lei de proteção de dados voltou à pauta do Ministério da Justiça em 2015, em razão dos movimentos internacionais a respeito do tema.[44] Naquele momento, tem-se o início do debate acerca de eventual estrutura administrativa responsável pela garantia da correta aplicação da lei de proteção de dados.[45]

O debate dentro do Poder Executivo Federal contou com mais de 50 mil visitas ao site e mais de 1.100 contribuições da sociedade civil, dando ensejo finalmente ao PL 5276/2016, que restou apresentado ao Congresso em 13 de maio de 2016. O projeto de lei não criou a Autoridade de forma explícita, nem tratou da sua composição ou de aspectos institucionais específico. Estabeleceu, todavia, a competências dessa entidade para fiscalização e implementação da lei. Embora o desenho institucional dessa nova Autoridade especializada, autônoma e independente fosse voz corrente na sociedade civil e nos defensores primários do Projeto de Lei junto ao Ministério da Justiça, inúmeros outros atores governamentais com algum protagonismo em temas conexos – caso, por exemplo, da Agência Nacional de Telecomunicações (ANATEL)

---

43. VASCONCELOS, Beto; PAULA, Felipe. A autoridade nacional de proteção de dados: origem, avanços e pontos críticos. In: TEPEDINO, Gustavo; FRAZÃO, Ana; OLIVA, Milena (Coord.). *Lei Geral de Proteção de Dados Pessoais e suas repercussões no Direito Brasileiro*. 1. ed. 2. tir. São Paulo: Ed. RT, 2019, p. 722.
44. Destacam-se os escândalos de vigilância e de vazamento de dados, que culminou com a apresentação por parte do Brasil e da Alemanha Resolução Direito à Privacidade na Era Digital à ONU (VASCONCELOS, Beto; PAULA, Felipe, op. cit., p. 725).
45. VASCONCELOS, Beto; PAULA, Felipe, op. cit., p. 725-726.

e de Gabinete de Segurança Institucional (GSI) – se colocaram como aptos a agregar as funções vindouras[46].

A indefinição sobre os aspectos institucionais da Autoridade Nacional no Projeto de Lei do Executivo se deu em razão da necessidade de se avançar com o Projeto, que tramitava há anos dentro do Executivo, mesmo que sem uma definição final do responsável pela política. A luta pela criação de nova entidade poderia prolongar o debate interno no Governo Federal, carregando riscos inerentes a eventual nova paralização do trâmite da proposta[47]. Perdeu-se, então, no desenho institucional adequado à governança da política pública, mas se avançou na construção do marco regulatório propriamente dito, na medida em que a proposição legislativa avançou para deliberação do Congresso[48].

A proposta legislativa do Executivo, que não era a única em pauta[49], foi apensada às demais proposições legislativas em discussão no Congresso Nacional, pelo que se inseriu ao texto proposto pelo Executivo o inciso XIX do art. 5º, definindo a Autoridade Nacional de Proteção de Dados como "*órgão da administração pública indireta responsável por zelar, implementar e fiscalizar o cumprimento desta lei*". Durante os debates legislativos, desenhou-se a Autoridade Nacional como integrante da administração pública federal indireta, submetida a regime autárquico especial e vinculado ao Ministério da Justiça. A gestão de seus recursos humanos foi colocada sob a égide da lei aplicável às agências reguladoras, e foram criados o Conselho Diretor e Conselho Nacional de Proteção de Dados Pessoais, com as competências e receitas, além de membros com mandatos[50].

Diante do temor de reconhecimento da inconstitucionalidade formal da criação da Autoridade por vício de iniciativa, a Lei Geral de Proteção de Dados foi sancionada e promulgada com vetos à criação da Autoridade Nacional. Em razão do projeto de lei do Executivo estar congregado com os projetos de iniciativa parlamentar, a criação da entidade de proteção dados, esbarraria na competência privativa do Presidente da República em criar órgãos e entidades, pelo que restaram vetadas as previsões referentes à Autoridade Nacional[51]. Com os vetos da lei originária (Lei 13.709/2018), em 27 de dezembro de 2018, o então Presidente da República edita a Medida Provisória 869/2018, alterando dispositivos da LGPD, criando a Autoridade com ajustes necessários, ou seja, por meio de proposição legislativa de iniciativa do Executivo. Todavia, a Medida Provisória estabeleceu – ao contrário da anterior proposta de entidade com independência,

---

46. VASCONCELOS, Beto; PAULA, Felipe, op. cit.,p. 726.
47. VASCONCELOS, Beto; PAULA, Felipe, op. cit.,p. 726.
48. Ibidem, p. 726.
49. Outros projetos de lei tramitavam tanto na Câmara dos Deputados quanto no Senado Federal (PLS 4060/2012 – Dispõe sobre o tratamento de dados pessoais e dá outras providências e o PLS 330/2013 – Dispõe sobre a proteção, o tratamento e o uso dos dados pessoais, e dá outras providências). Em especial, já tramitava o Projeto de Lei 4.060/2012 da Câmara dos Deputados, ao qual, após pedido de apensamento pelo Deputado Alexandre Leite (DEM-SP) em julho de 2016, foi apensado o Projeto do Poder Executivo bem como outras proposições.
50. VASCONCELOS, Beto; PAULA, Felipe, op. cit.,p. 727.
51. Razão do veto aos artigos referentes à ANPD (arts. 55-59 da Lei 13.709/2018: "Os dispositivos incorrem em inconstitucionalidade do processo legislativo, por afronta ao artigo 61, § 1º, II, 'e', cumulado com o artigo 37, XIX da Constituição." Essas, Senhor Presidente, as razões que me levaram a vetar os dispositivos acima mencionados do projeto em causa, as quais ora submeto à elevada apreciação dos Senhores Membros do Congresso Nacional.

autonomia técnico-administrativa e orçamentária e alta *expertise* – a criação da Autoridade com natureza de órgão da administração direta, integrante da Presidência. O texto normativo restou convertido na Lei 13.853/19, que acolheu todas as proposições relativas à Autoridade Nacional. Em 26 de agosto de 2020, finalmente, o Decreto n. 10.474/20 aprova a Estrutura Regimental e o Quadro Demonstrativo dos Cargos em Comissão e Funções de Confiança da ANPD.

Diante das pertinentes críticas por parte da doutrina[52] e da sociedade civil acerca dos aspectos institucionais colocados pela Lei 13.853/19 (que restaram consolidados pelo Decreto 10.474/2020) e dos mais variados modelos institucionais que essas autoridades de proteção têm – sobretudo, no contexto europeu, a proposta do presente artigo é analisar se a legislação brasileira cumpre os requisitos colocados pelo Regulamento Geral de Proteção de Dados europeu. Em um primeiro momento, traçaremos um quadro comparativo entre o modelo existente e as exigências europeias quanto a independência dessa autoridade para, num segundo momento, verificar em que medida a criação de uma entidade autárquica resolveria eventuais insuficiências relativas ao modelo administrativo adotado.

A legislação brasileira traz logo no início do Capítulo referente à Autoridade Nacional a subordinação dela à administração pública federal, mais especificamente à Presidência da República, na condição de órgão público[53]. Não se desconhece as pertinentes críticas quanto ao arranjo institucional adotado. Todavia, como vimos, o RGPD não faz exigências quanto ao modelo institucional específico a ser utilizado por cada país-membro, que tem autonomia para escolhê-lo. Diante disso, sem considerar todas as espécies de problematizações que a estrutura administrativa adotada, analisaremos se – ainda assim – a legislação brasileira cumpre os requisitos colocados pelo RGPD, relativo à independência da autoridade.

Os requisitos trazidos pelo Regulamento Europeu relativamente à independência da autoridade, conforme antes mencionado, podem ser divididos em: a) requisitos relacionados à *independência dos membros* (art. 52, RGPD); b) *requisitos gerais aplicáveis aos membros da autoridade de supervisão* (art. 53, RGPD); c) *requisitos relativos à constituição da autoridade de supervisão* (art. 54, RGPD); d) *poderes mínimos* a serem conferidos às autoridades de supervisão (art. 58, RGPD).

No que se refere à *independência dos membro*, estabelecendo-se um comparativo entre os regramentos, vislumbra-se que os textos normativos convergem no que tange à

---

52. Nesse sentido, posicionamento de VASCONCELOS & PAULA (2019): "Efetiva autonomia e independência, que garanta que a atividade técnica não esteja sujeita a intempéries político-orçamentárias, verifica-se também por meio de, no mínimo, (i) instituição de autarquia pública integrante da administração indireta; (ii) supervisão ministerial por parte de órgão da administração pública direta com competência institucional relacionada à matéria; (iii) modelo de responsabilidade compartilhada com indicação dos nomes do Conselho Diretor feita pelo Presidente da República e sabatina, votação e aprovação, pelo Senado Federal; (iv) competência para proposição de orçamento, conforme modelos autárquicos de outras agências reguladoras, (v) carreira própria de servidores públicos ou concurso público de carreira existente com seleção específica para ANPD, tendo em vista o perfil altamente especializado que a missão institucional requer e (vi) previsão legal de boas práticas de participação e controle social." (VASCONCELOS, Beto; PAULA, Felipe, op. cit. p. 732).
53. Art. 55-A. Fica criada, sem aumento de despesa, a Autoridade Nacional de Proteção de Dados (ANPD), órgão da administração pública federal, integrante da Presidência da República. (Incluído pela Lei 13.853, de 2019).

existência de mandato dos membros (art. 55-D, da LGPD), a previsão relativa a conflito de interesses no exercício de cargo ou emprego e impedimentos posteriores à atividade (art. 55-F da LGPD), previsão de pessoal próprio, sob a direção exclusiva dos membros da autoridade de controle interessada (art. 55-I, da LGPD), a existência de um controle financeiro que não afete a sua independência e que disponha de orçamentos anuais separados e públicos, os quais poderão estar integrados no orçamento geral do Estado ou nacional (art. 55-A, § 3º e art. 55-L).

A incompatibilidade se dá quanto à existência de recursos humanos, técnicos e financeiros, instalações e infraestruturas necessários à prossecução eficaz das suas atribuições e ao exercício dos seus poderes, pressuposto estabelecidos pelo Regulamento Europeu e que não há previsão específica na legislação brasileira. No caso brasileiro, ocorre justamente o contrário, o fato da autoridade estar constituída como um órgão vinculado à Presidência da República – apesar de uma relativa autonomia quanto aos recursos humanos – uma vez que os servidores cedidos estariam subordinados exclusivamente à Conselho Diretor da ANPD – e uma relativa autonomia financeira, ainda assim, os recursos técnicos, instalações e infraestruturas estariam subordinados à Casa Civil da Presidência da República para exercício de suas atividades, o que causaria problemas quanto à autonomia da Autoridade em face do Poder Público.

De acordo com o art. 55-G da LGPD, a ANPD receberá o apoio técnico e administrativo da Casa Civil da Presidência da República para o exercício de suas atividades e os cargos em comissão e as funções de confiança da ANPD, apesar de indicados pelo Conselho Diretor e nomeados ou designados pelo Diretor-Presidente, serão remanejados de outros órgãos e entidades do Poder Executivo federal, nomeados (Art. 55-H e art. 55-I). Tal dependência quanto aos recursos técnicos e administrativo para o desempenho de suas funções é algo que fragiliza a necessária independência e autonomia da entidade, porquanto a presença próxima do Poder Público pode interferir tanto na atuação como na agenda dessa autoridade, seja na fiscalização de agentes privados, seja na fiscalização dos próprios agentes públicos, que igualmente devem sujeitar-se à Autoridade Nacional.

Nesse sentido, no que se refere à *independência dos membros*, ainda que seja estabelecida na lei uma autonomia técnica e decisória à ANPD[54], uma efetiva autonomia quanto à indicação e nomeação de pessoal e autonomia financeira, a ausência de recursos instalações e infraestruturas necessários à prossecução eficaz das suas atribuições e ao exercício dos seus poderes é fator que fragiliza a necessária independência e autonomia técnica dessa entidade. O quadro comparativo abaixo delineado propõe um paralelo entre o regramento estabelecido na União Europeia e a Lei Geral de Proteção de Dados brasileira.

---

54. Art. 55-B. É assegurada autonomia técnica e decisória à ANPD (Incluído pela Lei 13.853, de 2019).

RGPD	LGPD
52.1. As autoridades de controlo agem com total independência na prossecução das suas atribuições e no exercício dos poderes que lhe são atribuídos nos termos do presente regulamento.	Art. 55-B. É assegurada autonomia técnica e decisória à ANPD. (Incluído pela Lei 13.853, de 2019)
52.2. Os membros das autoridades de controlo não estão sujeitos a influências externas, diretas ou indiretas no desempenho das suas funções e no exercício dos seus poderes nos termos do presente regulamento, e não solicitam nem recebem instruções de outrem.	Art. 55-D. O Conselho Diretor da ANPD será composto de 5 (cinco) diretores, incluído o Diretor-Presidente. (Incluído pela Lei 13.853, de 2019) § 1º Os membros do Conselho Diretor da ANPD serão escolhidos pelo Presidente da República e por ele nomeados, após aprovação pelo Senado Federal, nos termos da alínea 'f' do inciso III do art. 52 da Constituição Federal, e ocuparão cargo em comissão do Grupo-Direção e Assessoramento Superiores – DAS, no mínimo, de nível 5. (Incluído pela Lei 13.853, de 2019) § 2º Os membros do Conselho Diretor serão escolhidos dentre brasileiros que tenham reputação ilibada, nível superior de educação e elevado conceito no campo de especialidade dos cargos para os quais serão nomeados. (Incluído pela Lei 13.853, de 2019) § 3º O mandato dos membros do Conselho Diretor será de 4 (quatro) anos. (Incluído pela Lei 13.853, de 2019) § 4º Os mandatos dos primeiros membros do Conselho Diretor nomeados serão de 2 (dois), de 3 (três), de 4 (quatro), de 5 (cinco) e de 6 (seis) anos, conforme estabelecido no ato de nomeação. (Incluído pela Lei 13.853, de 2019) § 5º Na hipótese de vacância do cargo no curso do mandato de membro do Conselho Diretor, o prazo remanescente será completado pelo sucessor. (Incluído pela Lei 13.853, de 2019) Art. 55-E. Os membros do Conselho Diretor somente perderão seus cargos em virtude de renúncia, condenação judicial transitada em julgado ou pena de demissão decorrente de processo administrativo disciplinar. (Incluído pela Lei 13.853, de 2019)
52.3. Os membros da autoridade de controlo abstêm-se de qualquer ato incompatível com as suas funções e, durante o seu mandato, não podem desempenhar nenhuma atividade, remunerada ou não, que com elas seja incompatível.	Art. 55-F. Aplica-se aos membros do Conselho Diretor, após o exercício do cargo, o disposto no art. 6º da Lei 12.813, de 16 de maio de 2013. (Incluído pela Lei 13.853, de 2019) Parágrafo único. A infração ao disposto no caput deste artigo caracteriza ato de improbidade administrativa. (Incluído pela Lei 13.853, de 2019)
52.4. Os Estados-Membros asseguram que cada autoridade de controlo disponha dos recursos humanos, técnicos e financeiros, instalações e infraestruturas necessários à prossecução eficaz das suas atribuições e ao exercício dos seus poderes, incluindo as executadas no contexto da assistência mútua, da cooperação e da participação no Comité.	Art. 55-G. Ato do Presidente da República disporá sobre a estrutura regimental da ANPD. (Incluído pela Lei 13.853, de 2019) § 1º Até a data de entrada em vigor de sua estrutura regimental, a ANPD receberá o apoio técnico e administrativo da Casa Civil da Presidência da República para o exercício de suas atividades. (Incluído pela Lei 13.853, de 2019) § 2º O Conselho Diretor disporá sobre o regimento interno da ANPD. (Incluído pela Lei 13.853, de 2019) Art. 55-H. Os cargos em comissão e as funções de confiança da ANPD serão remanejados de outros órgãos e entidades do Poder Executivo federal. (Incluído pela Lei 13.853, de 2019) Art. 55-I. Os ocupantes dos cargos em comissão e das funções de confiança da ANPD serão indicados pelo Conselho Diretor e nomeados ou designados pelo Diretor-Presidente. (Incluído pela Lei 13.853, de 2019)
52.5. Os Estados-Membros asseguram que cada autoridade de controlo selecione e disponha do seu próprio pessoal, que ficará sob a direção exclusiva dos membros da autoridade de controlo interessada.	Art. 55-I. Os ocupantes dos cargos em comissão e das funções de confiança da ANPD serão indicados pelo Conselho Diretor e nomeados ou designados pelo Diretor-Presidente. (Incluído pela Lei 13.853, de 2019)

52.6. Os Estados-Membros asseguram que cada autoridade de controlo fique sujeita a um controlo financeiro que não afeta a sua independência e que disponha de orçamentos anuais separados e públicos, que poderão estar integrados no orçamento geral do Estado ou nacional.	55-A, §3º O provimento dos cargos e das funções necessárias à criação e à atuação da ANPD está condicionado à expressa autorização física e financeira na lei orçamentária anual e à permissão na lei de diretrizes orçamentárias. (Incluído pela Lei 13.853, de 2019) Art. 55-L. Constituem receitas da ANPD: (Incluído pela Lei 13.853, de 2019) I – as dotações, consignadas no orçamento geral da União, os créditos especiais, os créditos adicionais, as transferências e os repasses que lhe forem conferidos; (Incluído pela Lei 13.853, de 2019) II – as doações, os legados, as subvenções e outros recursos que lhe forem destinados; (Incluído pela Lei 13.853, de 2019) III – os valores apurados na venda ou aluguel de bens móveis e imóveis de sua propriedade; (Incluído pela Lei 13.853, de 2019) IV – os valores apurados em aplicações no mercado financeiro das receitas previstas neste artigo; (Incluído pela Lei 13.853, de 2019) V – (Vetado); (Incluído pela Lei 13.853, de 2019) VI – os recursos provenientes de acordos, convênios ou contratos celebrados com entidades, organismos ou empresas, públicos ou privados, nacionais ou internacionais; (Incluído pela Lei 13.853, de 2019) VII – o produto da venda de publicações, material técnico, dados e informações, inclusive para fins de licitação pública. (Incluído pela Lei 13.853, de 2019).

No que se refere aos *requisitos gerais aplicáveis aos membros da autoridade de supervisão* (art. 53 do Regulamento Europeu), a lei brasileira assemelha-se com a normativa europeia. Com efeito, os membros são nomeados por procedimento transparente e pelo Parlamento, cumprindo com a normativa europeia. De acordo com o art. 55-D, § 1º da LGPD, os membros do Conselho Diretor da ANPD serão escolhidos pelo Presidente da República e por ele nomeados, após aprovação pelo Senado Federal, nos termos da alínea 'f' do inciso III do art. 52 da Constituição Federal. A lei brasileira estabelece as habilitações, a experiência e os conhecimentos técnicos necessários, nomeadamente no domínio da proteção de dados pessoais, ao desempenho das suas funções e ao exercício dos seus poderes, nos termos do art. 55-D, § 2º da LGPD.

A LGPD também estabelece regras para o fim do mandato, em consonância com os preceitos estabelecidos na normativa europeia. O Regulamento Europeu prevê no art. 53(3) que "*as funções dos membros da autoridade de controlo cessam findo o seu mandato, com a sua exoneração ou aposentação compulsiva, nos termos do direito do Estado-Membro em causa*", bem como no art. 53(4), que "*os membros da autoridade de controlo só são exonerados se tiverem cometido uma falta grave ou se tiverem deixado de cumprir as condições exigidas para o exercício das suas funções*". A lei brasileira, por sua vez, estabelece – com uma equivalência suficiente de garantias – que "*os membros do Conselho Diretor somente perderão seus cargos em virtude de renúncia, condenação judicial transitada em julgado ou pena de demissão decorrente de processo administrativo disciplinar*", cabendo ao Ministro de Estado Chefe da Casa Civil da Presidência da República instaurar o processo administrativo disciplinar, que será conduzido por comissão especial constituída por servidores públicos federais estáveis"[55].

---

55. Art. 55-E. Os membros do Conselho Diretor somente perderão seus cargos em virtude de renúncia, condenação judicial transitada em julgado ou pena de demissão decorrente de processo administrativo disciplinar (Incluído pela Lei 13.853, de 2019).

Pode-se dizer, com isso, que há uma adequada equivalência quanto aos requisitos aplicáveis aos membros, no que diz respeito ao mandato, requisitos para nomeação, habilitações mínimas necessárias e hipóteses de afastamento mais rígidas.

Art. 53 (1) Os Estados-Membros estabelecem que cada membro das respectivas autoridades de controlo seja nomeado por procedimento transparente: – pelo Parlamento, – pelo Governo, – pelo Chefe de Estado, ou – por um organismo independente incumbido da nomeação nos termos do direito do Estado-Membro.	Art. 55-D – § 1º Os membros do Conselho Diretor da ANPD serão escolhidos pelo Presidente da República e por ele nomeados, após aprovação pelo Senado Federal, nos termos da alínea 'f' do inciso III do art. 52 da Constituição Federal, e ocuparão cargo em comissão do Grupo-Direção e Assessoramento Superiores – DAS, no mínimo, de nível 5. (Incluído pela Lei 13.853, de 2019)
Art. 53 (2) Cada membro possui as habilitações, a experiência e os conhecimentos técnicos necessários, nomeadamente no domínio da proteção de dados pessoais, ao desempenho das suas funções e ao exercício dos seus poderes.	Art. 55-D, § 2º Os membros do Conselho Diretor serão escolhidos dentre brasileiros que tenham reputação ilibada, nível superior de educação e elevado conceito no campo de especialidade dos cargos para os quais serão nomeados. (Incluído pela Lei 13.853, de 2019)
Art. 53 (3) As funções dos membros da autoridade de controlo cessam findo o seu mandato, com a sua exoneração ou aposentação compulsiva, nos termos do direito do Estado-Membro em causa.	Art. 55-E. Os membros do Conselho Diretor somente perderão seus cargos em virtude de renúncia, condenação judicial transitada em julgado ou pena de demissão decorrente de processo administrativo disciplinar. (Incluído pela Lei 13.853, de 2019) § 1º Nos termos do caput deste artigo, cabe ao Ministro de Estado Chefe da Casa Civil da Presidência da República instaurar o processo administrativo disciplinar, que será conduzido por comissão especial constituída por servidores públicos federais estáveis. (Incluído pela Lei 13.853, de 2019) § 2º Compete ao Presidente da República determinar o afastamento preventivo, somente quando assim recomendado pela comissão especial de que trata o § 1º deste artigo, e proferir o julgamento. (Incluído pela Lei 13.853, de 2019)
Art. 53 (4) Os membros da autoridade de controlo só são exonerados se tiverem cometido uma falta grave ou se tiverem deixado de cumprir as condições exigidas para o exercício das suas funções.	Art. 55-E. Os membros do Conselho Diretor somente perderão seus cargos em virtude de renúncia, condenação judicial transitada em julgado ou pena de demissão decorrente de processo administrativo disciplinar. (Incluído pela Lei 13.853, de 2019) § 1º Nos termos do caput deste artigo, cabe ao Ministro de Estado Chefe da Casa Civil da Presidência da República instaurar o processo administrativo disciplinar, que será conduzido por comissão especial constituída por servidores públicos federais estáveis. (Incluído pela Lei 13.853, de 2019) § 2º Compete ao Presidente da República determinar o afastamento preventivo, somente quando assim recomendado pela comissão especial de que trata o § 1º deste artigo, e proferir o julgamento. (Incluído pela Lei 13.853, de 2019)

§ 1º Nos termos do caput deste artigo, cabe ao Ministro de Estado Chefe da Casa Civil da Presidência da República instaurar o processo administrativo disciplinar, que será conduzido por comissão especial constituída por servidores públicos federais estáveis (Incluído pela Lei 13.853, de 2019).

§ 2º Compete ao Presidente da República determinar o afastamento preventivo, somente quando assim recomendado pela comissão especial de que trata o § 1º deste artigo, e proferir o julgamento (Incluído pela Lei 13.853, de 2019).

No que tange aos *requisitos relativos à constituição da autoridade de supervisão*, estabelecido no artigo 54 do Regulamento Europeu, a lei brasileira atende àqueles requisitos, na medida em que: a) constitui a autoridade por via legislativa[56]; b) estabelece qualificações e as condições de elegibilidade necessárias para a nomeação dos membros de cada autoridade de controle[57]; c) estabelece regras e os procedimentos de nomeação dos membros da autoridade de controle[58]; d) estabelece duração do mandato dos membros, e obedece a exigência de que este não será inferior a quatro anos, salvo no caso do primeiro mandato após 24 de maio de 2016, e ser mais curta quando for necessário proteger a independência da autoridade de controlo através de um procedimento de nomeações escalonadas[59]; e) estabelece as condições que regem as obrigações dos membros e do pessoal de cada autoridade de controle, a proibição das ações, funções e benefícios que com elas são incompatíveis durante o mandato e após o seu termo e as regras que regem a cessação da relação de trabalho[60]; f) estabelece regras quanto ao sigilo profissional[61].

A única divergência no que se refere aos requisitos *relativos à constituição da autoridade de supervisão*, diz respeito à expressa referência às **regras de renomeação dos mandatos**. A LGPD foi omissa nesse ponto, tendo sido, todavia, complementada pelo art. 6º do Anexo I do Decreto 10.474/20, que estabelece: *"O mandato dos membros do Conselho Diretor é de quatro anos, prorrogável, uma vez, por igual período."*

1. Os Estados-Membros estabelecem, por via legislativa: a) A constituição de cada autoridade de controlo;	Art. 55-A. Fica criada, sem aumento de despesa, a Autoridade Nacional de Proteção de Dados (ANPD), órgão da administração pública federal, integrante da Presidência da República. (Incluído pela Lei 13.853, de 2019)
b) As qualificações e as condições de elegibilidade necessárias para a nomeação dos membros de cada autoridade de controlo;	Art. 55-D, § 2º Os membros do Conselho Diretor serão escolhidos dentre brasileiros que tenham reputação ilibada, nível superior de educação e elevado conceito no campo de especialidade dos cargos para os quais serão nomeados. (Incluído pela Lei 13.853, de 2019)

---

56. Art. 55-A. Fica criada, sem aumento de despesa, a Autoridade Nacional de Proteção de Dados (ANPD), órgão da administração pública federal, integrante da Presidência da República. (Incluído pela Lei 13.853, de 2019).
57. Art. 55-D, § 2º Os membros do Conselho Diretor serão escolhidos dentre brasileiros que tenham reputação ilibada, nível superior de educação e elevado conceito no campo de especialidade dos cargos para os quais serão nomeados. (Incluído pela Lei 13.853, de 2019).
58. Art. 55-D, § 1º Os membros do Conselho Diretor da ANPD serão escolhidos pelo Presidente da República e por ele nomeados, após aprovação pelo Senado Federal, nos termos da alínea 'f' do inciso III do art. 52 da Constituição Federal, e ocuparão cargo em comissão do Grupo-Direção e Assessoramento Superiores – DAS, no mínimo, de nível 5. (Incluído pela Lei 13.853, de 2019).
59. Art. 55-D, § 3º O mandato dos membros do Conselho Diretor será de 4 (quatro) anos. (Incluído pela Lei 13.853, de 2019); § 4º Os mandatos dos primeiros membros do Conselho Diretor nomeados serão de 2 (dois), de 3 (três), de 4 (quatro), de 5 (cinco) e de 6 (seis) anos, conforme estabelecido no ato de nomeação. (Incluído pela Lei 13.853, de 2019) § 5º Na hipótese de vacância do cargo no curso do mandato de membro do Conselho Diretor, o prazo remanescente será completado pelo sucessor.
60. Art. 55-F. Aplica-se aos membros do Conselho Diretor, após o exercício do cargo, o disposto no art. 6º da Lei 12.813, de 16 de maio de 2013. (Incluído pela Lei 13.853, de 2019) Parágrafo único. A infração ao disposto no caput deste artigo caracteriza ato de improbidade administrativa. (Incluído pela Lei 13.853, de 2019).
61. Art. 55-J, § 5º No exercício das competências de que trata o caput deste artigo, a autoridade competente deverá zelar pela preservação do segredo empresarial e do sigilo das informações, nos termos da lei. (Incluído pela Lei 13.853, de 2019).

c) As regras e os procedimentos de nomeação dos membros de cada autoridade de controlo;	Art. 55-D, § 1º Os membros do Conselho Diretor da ANPD serão escolhidos pelo Presidente da República e por ele nomeados, após aprovação pelo Senado Federal, nos termos da alínea 'f' do inciso III do art. 52 da Constituição Federal, e ocuparão cargo em comissão do Grupo-Direção e Assessoramento Superiores – DAS, no mínimo, de nível 5. (Incluído pela Lei 13.853, de 2019)
d) A duração do mandato dos membros de cada autoridade de controlo, que não será inferior a quatro anos, salvo no caso do primeiro mandato após 24 de maio de 2016, e ser mais curta quando for necessário proteger a independência da autoridade de controlo através de um procedimento de nomeações escalonadas;	Art. 55-D, § 3º O mandato dos membros do Conselho Diretor será de 4 (quatro) anos. (Incluído pela Lei 13.853, de 2019) § 4º Os mandatos dos primeiros membros do Conselho Diretor nomeados serão de 2 (dois), de 3 (três), de 4 (quatro), de 5 (cinco) e de 6 (seis) anos, conforme estabelecido no ato de nomeação. (Incluído pela Lei 13.853, de 2019) § 5º Na hipótese de vacância do cargo no curso do mandato de membro do Conselho Diretor, o prazo remanescente será completado pelo sucessor.(Incluído pela Lei 13.853, de 2019)
e) Se, e em caso afirmativo, por quantos mandatos os membros de cada autoridade de controlo podem ser renomeados;	
f) As condições que regem as obrigações dos membros e do pessoal de cada autoridade de controlo, a proibição das ações, funções e benefícios que com elas são incompatíveis durante o mandato e após o seu termo e as regras que regem a cessação da relação de trabalho.	Art. 55-F. Aplica-se aos membros do Conselho Diretor, após o exercício do cargo, o disposto no art. 6º da Lei 12.813, de 16 de maio de 2013. (Incluído pela Lei 13.853, de 2019) Parágrafo único. A infração ao disposto no caput deste artigo caracteriza ato de improbidade administrativa. (Incluído pela Lei 13.853, de 2019)
2. Os membros e o pessoal de cada autoridade de controlo ficam sujeitos, nos termos do direito da União ou dos Estados-Membros, à obrigação de sigilo profissional, tanto durante o mandato como após o seu termo, quanto a quaisquer informações confidenciais a que tenham tido acesso no desempenho das suas funções ou exercício dos seus poderes. Durante o seu mandato, essa obrigação de sigilo profissional aplica-se, em especial, à comunicação por pessoas singulares de violações do presente regulamento.	Art. 55-J, § 5º No exercício das competências de que trata o caput deste artigo, a autoridade competente deverá zelar pela preservação do segredo empresarial e do sigilo das informações, nos termos da lei. (Incluído pela Lei 13.853, de 2019)

Por fim, no que se refere aos *poderes mínimos* conferidos às autoridades de supervisão (art. 58 do RGPD), a lei brasileira converge com os poderes mínimos conferidos às autoridades europeias ao outorgar à ANPD competência de investigação[62], competências para realização de auditorias[63], competência de certificação e revisão da certificação[64], competência para notificar o responsável pelo tratamento ou o subcontratante de alegadas violações à lei de proteção de dados[65], competência para obter acesso a todos os dados pessoais e a todas as informações necessárias ao exercício das suas funções, além de

---

62. IV – fiscalizar e aplicar sanções em caso de tratamento de dados realizado em descumprimento à legislação, mediante processo administrativo que assegure o contraditório, a ampla defesa e o direito de recurso.
63. XVI – realizar auditorias, ou determinar sua realização, no âmbito da atividade de fiscalização de que trata o inciso IV e com a devida observância do disposto no inciso II do *caput* deste artigo, sobre o tratamento de dados pessoais efetuado pelos agentes de tratamento, incluído o poder público (Incluído pela Lei 13.853, de 2019).
64. Art. 34, § 3º A autoridade nacional poderá designar organismos de certificação para a realização do previsto no caput deste artigo, que permanecerão sob sua fiscalização nos termos definidos em regulamento. § 4º Os atos realizados por organismo de certificação poderão ser revistos pela autoridade nacional e, caso em desconformidade com esta Lei, submetidos a revisão ou anulados.
65. IV – fiscalizar e aplicar sanções em caso de tratamento de dados realizado em descumprimento à legislação, mediante processo administrativo que assegure o contraditório, a ampla defesa e o direito de recurso (Incluído pela Lei 13.853, de 2019).

obter acesso a todas as instalações do responsável pelo tratamento e do subcontratante, incluindo os equipamentos e meios de tratamento de dados.[66]

Nota-se, também no que tange aos poderes mínimos conferidos a essas autoridades de proteção, uma equivalência entre os regramentos europeu e brasileiro, tendo a autoridade brasileira poderes suficientes para o desempenho de suas funções, de forma semelhante ao Regulamento Europeu.

1. Cada autoridade de controlo dispõe dos seguintes poderes de investigação: a) Ordenar que o responsável pelo tratamento e o subcontratante e, se existir, o seu representante, lhe forneçam as informações de que necessite para o desempenho das suas funções;	IV – fiscalizar e aplicar sanções em caso de tratamento de dados realizado em descumprimento à legislação, mediante processo administrativo que assegure o contraditório, a ampla defesa e o direito de recurso; (Incluído pela Lei 13.853, de 2019)
b) Realizar investigações sob a forma de auditorias sobre a proteção de dados;	XVI – realizar auditorias, ou determinar sua realização, no âmbito da atividade de fiscalização de que trata o inciso IV e com a devida observância do disposto no inciso II do caput deste artigo, sobre o tratamento de dados pessoais efetuado pelos agentes de tratamento, incluído o poder público; (Incluído pela Lei 13.853, de 2019)
c) Rever as certificações emitidas nos termos do artigo 42, n. 7;	Art. 34, § 3º A autoridade nacional poderá designar organismos de certificação para a realização do previsto no caput deste artigo, que permanecerão sob sua fiscalização nos termos definidos em regulamento. § 4º Os atos realizados por organismo de certificação poderão ser revistos pela autoridade nacional e, caso em desconformidade com esta Lei, submetidos a revisão ou anulados.
d) Notificar o responsável pelo tratamento ou o subcontratante de alegadas violações do presente regulamento;	IV – fiscalizar e aplicar sanções em caso de tratamento de dados realizado em descumprimento à legislação, mediante processo administrativo que assegure o contraditório, a ampla defesa e o direito de recurso; (Incluído pela Lei 13.853, de 2019)
e) Obter, da parte do responsável pelo tratamento e do subcontratante, acesso a todos os dados pessoais e a todas as informações necessárias ao exercício das suas funções;	IV – fiscalizar e aplicar sanções em caso de tratamento de dados realizado em descumprimento à legislação, mediante processo administrativo que assegure o contraditório, a ampla defesa e o direito de recurso; (Incluído pela Lei 13.853, de 2019); XI – solicitar, a qualquer momento, às entidades do poder público que realizem operações de tratamento de dados pessoais informe específico sobre o âmbito, a natureza dos dados e os demais detalhes do tratamento realizado, com a possibilidade de emitir parecer técnico complementar para garantir o cumprimento desta Lei; (Incluído pela Lei 13.853, de 2019) XVI – realizar auditorias, ou determinar sua realização, no âmbito da atividade de fiscalização de que trata o inciso IV e com a devida observância do disposto no inciso II do *caput* deste artigo, sobre o tratamento de dados pessoais efetuado pelos agentes de tratamento, incluído o poder público; (Incluído pela Lei 13.853, de 2019)

---

66. IV – fiscalizar e aplicar sanções em caso de tratamento de dados realizado em descumprimento à legislação, mediante processo administrativo que assegure o contraditório, a ampla defesa e o direito de recurso; (Incluído pela Lei 13.853, de 2019); XI – solicitar, a qualquer momento, às entidades do poder público que realizem operações de tratamento de dados pessoais informe específico sobre o âmbito, a natureza dos dados e os demais detalhes do tratamento realizado, com a possibilidade de emitir parecer técnico complementar para garantir o cumprimento desta Lei; (Incluído pela Lei 13.853, de 2019); XVI – realizar auditorias, ou determinar sua realização, no âmbito da atividade de fiscalização de que trata o inciso IV e com a devida observância do disposto no inciso II do *caput* deste artigo, sobre o tratamento de dados pessoais efetuado pelos agentes de tratamento, incluído o poder público.

f) Obter acesso a todas as instalações do responsável pelo tratamento e do subcontratante, incluindo os equipamentos e meios de tratamento de dados, em conformidade com o direito processual da União ou dos Estados-Membros.	XVI – realizar auditorias, ou determinar sua realização, no âmbito da atividade de fiscalização de que trata o inciso IV e com a devida observância do disposto no inciso II do *caput* deste artigo, sobre o tratamento de dados pessoais efetuado pelos agentes de tratamento, incluído o poder público; (Incluído pela Lei 13.853, de 2019)

Por meio da comparação estabelecida, podemos constatar que as principais fragilidades – pelo menos do ponto de vista formal – no que se refere à independência da ANPD, dizem respeito à autonomia administrativa e, por consequência, técnica em relação ao Poder Público, especialmente à Casa Civil da Presidência da República, por ser órgão integrante dessa estrutura. Além disso, em relação ao caso brasileiro, nota-se que a ANPD restou submetida à dependência administrativa e de recursos técnicos a um órgão de governo[67]. A Casa Civil da Presidência da República é uma entidade voltada ao desempenho de funções eminentemente políticas e uma vinculação próxima com tal entidade fragiliza sobremaneira a independência da ANPD sobre questões políticas envolvendo a aplicação e fiscalização de uma lei de proteção de dados.

Apesar de grande parte dos requisitos relativos à independência estabelecidos no RGPD estarem presentes na legislação brasileira, de fato, na esteira do que vem apontando as críticas da sociedade civil e da doutrina[68], o relacionamento próximo da Autoridade com o governo enfraquece sobremaneira a independência material dessa entidade. A proposta de conversão da ANPD em autarquia especial, tal como faculta o 55-A, § 1º da LGPD[69], tem sido apontada como solução para o demonstrado problema. Todavia, não existe um modelo único e predeterminado de autarquias, tampouco existe um modelo uniforme no tocante à autonomia atribuída a uma autarquia, razão pela qual cumpre realizar uma análise acerca da suficiência, em termos de garantia de independência da autoridade[70].

4.2 Aspectos críticos relacionados ao modelo institucional adotado e verificação da suficiência das autarquias especiais

A controvérsia envolvendo a maior ou menor proximidade com o Poder Público das autoridades de proteção de dados é tema de debate internacional. Nesse sentido, importante a análise do tema com maior profundidade a fim de dar continuidade ao de-

---

67. A distinção entre *função de governo e função administrativa* não é simples, especialmente porque existem elementos políticos no desempenho da função administrativa, tal como há uma carga administrativa na função política (JUSTEN FILHO, Marçal. *Curso de Direito Administrativo*. 12. ed. rev. Atual. e ampl. São Paulo: Ed. RT, 2016, p. 40).
68. Nesse sentido: COPETTI, Rafael; CELLA, José Renato Gaziero. A salvaguarda da privacidade e a autoridade nacional de proteção de dados. *Revista de Direito, Governança e Novas Tecnologias*. v. 5, n. 1, p. 44-62, jan/jun, 2019; VASCONCELOS, Beto; PAULA, Felipe. A autoridade nacional de proteção de dados: origem, avanços e pontos críticos. In: TEPEDINO, Gustavo; FRAZÃO, Ana; OLIVA, Milena (Coord.) *Lei Geral de Proteção de Dados Pessoais e suas repercussões no Direito Brasileiro*. 1. ed. 2. tir. São Paulo: Ed. RT, 2019.
69. Art. 55-A, § 1º, LGPD – A natureza jurídica da ANPD é transitória e poderá ser transformada pelo Poder Executivo em entidade da administração pública federal indireta, submetida a regime autárquico especial e vinculada à Presidência da República (Incluído pela Lei 13.853, de 2019).
70. JUSTEN FILHO, Marçal. *Curso de Direito Administrativo*. 12. ed. rev., atual. e ampl. São Paulo: Ed. RT, 2016, p. 123.

senvolvimento do tema sobre a regulação da proteção de dados e as necessárias garantias para atuação dessas autoridades de proteção.

Vislumbra-se, no quadro institucional brasileiro, uma ampla gama de instituições que – apesar de adotar modelos de entidades semelhantes – são muito diferentes entre si no que se refere à sua independência. A criação de novas entidades da Administração Pública depende (direta ou indiretamente) de lei, que, tendo a mesma hierarquia do Decreto-Lei 200/1967, pode alterar a sistemática daquele diploma. Cada entidade da Administração indireta pode, assim, ser dotada de características distintas e variadas, a depender da disciplina prevista na lei que a instituiu ou autorizou a sua criação[71].

Em relação à criação da ANPD, o debate legislativo foi marcado pela necessidade dessa entidade estabelecer-se como uma autarquia, em razão da necessária independência, autonomia técnico-administrativa e orçamentária e alta *expertise*[72]. Além disso, a necessidade de independência se dá em razão da obtenção de adequação europeia – garantindo livre fluxo de dados entre o Brasil e os países do bloco – e para o ingresso do Brasil na OCDE, razão pela qual, tão importante quanto um arcabouço normativo equivalente, a existência de um arranjo institucional que faça uma fiscalização e aplicação uniforme e eficiente da lei[73].

Como se sabe, a margem de autonomia de uma autarquia resulta também do arranjo institucional. Há determinadas autarquias que conquistam, ao longo do tempo e em virtude da sua capacidade e eficiência, uma margem de autonomia muito mais intensa do que outras dispõem[74]. A criação de uma autarquia, por si só, não gera o surgimento de uma entidade independente e soberana. A margem de autonomia da autarquia em face do ente estatal que a instituiu é variável. Existem limites mínimos e máximos de autonomia para a autarquia[75]. Diante disso, a questão que se coloca é avaliar, a suficiência da conversão da ANPD, nos termos em que facultado pela LGPD, para que se alcance a almejada independência e autonomia que uma autoridade de proteção de dados deve ter para o desempenho de suas funções.

Na esteira da indicação da doutrina brasileira, uma autoridade com efetiva autonomia e independência fiscalizatória, sancionatória e decisória, com natureza de autarquia pública deve ser estabelecida como autarquia especial[76]. De fato, uma autarquia é titular

---

71. JUSTEN FILHO, op. cit., 2016, p. 120.
72. VASCONCELOS, Beto; PAULA, Felipe., op. cit., p. 722.
73. MENDES, Laura Schertel; BIONI, Bruno. O regulamento europeu de proteção de dados pessoais e a lei geral de proteção de dados brasileira: mapeando convergências na direção de um nível de equivalência. *Revista de Direito do Consumidor*, v. 124, p. 157-180, jul-ago, 2019, p. 12.
74. JUSTEN FILHO, op. cit., 2016, p. 124.
75. JUSTEN FILHO, op. cit., 2016, p. 123.
76. Nesse sentido: MENDES, Laura Schertel; BIONI, Bruno, op. cit., p. 12-13: "Para que a autoridade possa ser caracterizada como independente, faz-se necessário a inexistência de hierarquia das suas atividades de fiscalização, aplicação de sanção e de decisão. Fundamental para a sua independência é que os membros com poder decisório na autoridade tenham mandato, de modo que possam executar suas funções de forma imparcial, técnica e sem risco de interferências políticas. Essa é a razão pela qual a LGPD, na sua versão original aprovada pelo Congresso, estabeleceu a natureza de autarquia especial à Autoridade Nacional de Proteção de Dados." e VASCONCELOS, Beto; PAULA, Felipe., op. cit., p. 732: "Efetiva autonomia e independência, que garanta que a atividade técnica não esteja sujeita a intempéries político-orçamentárias, verifica-se também por meio de, no mínimo, (i) instituição de autarquia pública integrante da administração indireta; (ii) supervisão ministerial por parte de órgão da administração pública direta com competência institucional relacionada à matéria; (iii) modelo de responsabili-

de posição jurídica própria do Estado, sendo a ela transferidas algumas das competências administrativas de titularidade eminentemente estatal. Nesse sentido, como pessoa de direito público, a autarquia é titular de competências e funções próprias do Estado, o que pode envolver inclusive o compartilhamento do monopólio da violência.[77] Tal entidade é o instrumento mais adequado para o desempenho de funções próprias e inerentes ao Estado, insuscetíveis de desempenho sob regime de direito privado[78].

A doutrina aponta para quatro dimensões jurídicas essenciais para a garantia de autonomia das autarquias[79], quais sejam: a) *patrimônio*, sendo a autarquia é uma pessoa jurídica dotada de personalidade própria, esta é titular de um patrimônio próprio. Os bens de sua titularidade não se confundem com aqueles que estão no domínio da pessoa política; b) *estruturação organizacional*, tendo estrutura administrativa distinta da Administração direta, esta é dotada de órgãos e servidores próprios, apesar dos órgãos de mais elevada hierarquia são providos por meio de decisões da Administração direta[80]; c) *competências da autarquia*, sendo a autarquia titular de competências específicas previstas na lei que a disciplina, essas competências passam a não ser mais de titularidade da pessoa política, em função do fenômeno da descentralização do poder[81]; d) *recursos financeiros para a atuação da autarquia*, que podem estar mais ou menos vinculados ao ente supervisor[82].

Ainda que a expressão autarquia especial comporte inúmeros significados, o núcleo fundamental do que sejam autarquias públicas consiste na ausência de submissão da entidade, no exercício de suas competências, à interferência de outros entes administrativos. A produção de atos de competência da autarquia não depende da aprovação prévia ou posterior da Administração direta, tal como não se verifica uma competência de revisão desses atos[83]. Maria Sylvia Zanella Di Pietro ensina que "o regime especial vem definido nas respectivas leis instituidoras, dizendo respeito, em regra, (a) à maior autonomia em relação à Administração Direta, (b) à estabilidade de seus dirigentes (..)

---

dade compartilhada com indicação dos nomes do Conselho Diretor feita pelo Presidente da República e sabatina, votação e aprovação, pelo Senado Federal; (iv) competência para proposição de orçamento, conforme modelos autárquicos de outras agências reguladoras, (v) carreira própria de servidores públicos ou concurso público de carreira existente com seleção específica para ANPD, tendo em vista o perfil altamente especializado que a missão institucional requer e (vi) previsão legal de boas práticas de participação e controle social."

77. JUSTEN FILHO, op. cit., 2016, p. 122.
78. Ibidem, p. 121.
79. Ibidem, p. 123-124.
80. É escolhido por uma autoridade da Administração Direta (ainda que se admita a possibilidade de a lei subordinar o provimento a uma aprovação do Poder Legislativo). Como regra, também cabe à mesma autoridade da Administração direta produzir o afastamento do administrador da autarquia, ressalvados os casos em que uma norma jurídica proíba a demissão sem justa causa (como se passa no âmbito das universidades públicas e das agências reguladoras, por exemplo) (JUSTEN FILHO, op. cit., 2016, p. 123).
81. A lei pode determinar que a autarquia é titular de competências privativas, sem possibilidade de interferência da Administração direta sobre as escolhas adotadas. Mas é possível outra solução, em que as decisões da autarquia sejam revisáveis e alteráveis por determinação da Administração direta. A solução adotada pela lei disciplinadora da autarquia importará maior ou menor autonomia. (JUSTEN FILHO, op. cit., 2016, p.123-124).
82. Em alguns casos, a lei prevê recursos próprios, vinculados necessariamente à autarquia. Assim se passa, por exemplo, quando a lei institui um tributo vinculado em prol da entidade. Mas há casos em que a autarquia depende de transferências de recursos do ente que se vincula, o que importa na redução da sua capacidade de formular escolhas autônomas. Em suma, a margem de autonomia de uma autarquia depende do conteúdo da lei que a disciplina. (JUSTEN FILHO, op. cit., 2016, p. 124).
83. JUSTEN FILHO, op. cit., 2016, p. 125.

e ao caráter final de suas decisões, que não são passíveis de apreciação por outros órgãos ou entidades da Administração Pública".[84]

Com a conversão da ANPD em autarquia especial resolver-se-ia a problemática envolvendo a dependência administrativa e técnica em relação ao Poder Público. A caracterização da autarquia como pessoa jurídica importa identidade subjetiva diversa em face da Administração direta, pelo que a entidade passa a ser titular de direitos e deveres em nome próprio. Tal identidade subjetiva distinta da Administração Direta importa em reconhecer, um patrimônio próprio da autarquia e, portanto, desejada autonomia administrativa a ela. Diante das garantias já estabelecidas à ANPD por meio da Lei 13.858/19, seria possível identificar reforço institucional à autonomia: agregar-se-ia o elemento relativo à impossibilidade das decisões da agência de revisão ou modificação por parte do órgão a quem cabe sua supervisão, ou mesmo do Chefe do Poder Executivo[85], o que é uma exigência essencial colocada pelo Regulamento Europeu[86].

A LGPD já consagra uma direção do órgão a ser realizada por meio de órgão colegiado, tal como o modelo de gestão adotado pelas agências reguladoras que permite maior pluralidade e dificulta eventual êxito na defesa de interesses parciais por parte de algum dos dirigentes[87].

Com efeito, apesar do ponto de vista formal, a conversão da autoridade em autarquia especial resolver os problemas apontados na seção anterior, tal fato não estabelece por si só uma independência a autonomia material em relação ao governo. De fato, embora nominalmente autônomas, as autarquias nunca deixaram de ser na experiência administrativa brasileira, de guardar acentuada subordinação e, por vezes, dependência decisória de seus dirigentes em relação à Chefia do Poder Executivo[88]. Além do mais, as relações próximas entre governo e agentes reguladores podem ensejar a captura regulatória[89].

Uma visão crítica do papel atual das agências reguladoras no direito brasileiro, conforme apontado por Miragem, pode ser sintetizada a partir das seguintes características: a) *flexibilidade da estrutura dos órgãos reguladores*; b) *dúvidas sobre a eficácia vinculativa (enforcement) das decisões do órgão regulador*; c) *flexibilização, a partir da atuação dos órgãos reguladores, da legalidade das decisões administrativas, ou sua instrumentalização em vista dos interesses de mercado*[90].

---

84. DI PIETRO. Maria Sylvia Zanella. *Parcerias na Administração Pública*: concessões, permissão, franquia, terceirização, parceria público-privada e outras formas. 9. ed. São Paulo: Atlas, 2012, p. 181.
85. MIRAGEM, Bruno. *A nova administração pública e o direito administrativo*. São Paulo: Ed. RT, 2011, p. 100-101.
86. 52(2), RGPD – Os membros das autoridades de controle não estão sujeitos a influências externas, diretas ou indiretas no desempenho das suas funções e no exercício dos seus poderes nos termos do presente regulamento, e não solicitam nem recebem instruções de outrem.
87. MIRAGEM, op. cit., p. 111.
88. MIRAGEM, op. cit., 2011, p. 110.
89. De acordo com ou *public choice* ou Teoria da Escolha Pública, a "captura regulatória" é uma das possíveis chamadas "falhas de governo" que ocorre em razão da relação entre os grupos de interesse e os órgãos reguladores, que a pretexto de atuar em nome do interesse público, acaba atuando para favorecer grupos de interesses que dominam a indústria ou o setor que estria encarregada de regular (BUCHANAN, James. *The Calculus of Consent: Foundations of Constitucional Democracy*. 3. ed. Indianopolis: Liberty Fund, 1999, p. 202-212).
90. Bruno Miragem (op. cit., 2011, p. 114) traz as preocupações manifestadas por FARIA, José Eduardo (Org.) *Regulação, direito e democracia*. São Paulo: Fundação Perseu Abramo, 2002.

A esse respeito, vale problematizar como o caráter flexível de própria atuação das autarquias, seja em relação aos modos de produção normativa ou do modelo de relacionamento de diálogo permanente entre os órgãos reguladores e os agentes econômicos regulados[91] deve se realizar quanto à regulação da proteção de dados, na medida em que a chamada *"economia dos dados"* é uma pauta nova colocada às agendas políticas. Além disso, especial relevo deve se dar quanto à compatibilização da flexibilidade decisória em relação aos regulados e a peculiar relação entre a autoridade de proteção de dados e a fiscalização dos órgãos públicos.

Apesar de ser desejável a conversão da autoridade brasileira de proteção de dados em autarquia especial, de forma a superar as fragilidades institucionais verificadas, tal alternativa, todavia, pode não ser suficiente para garantia da independência dessa entidade. Embora nominalmente autônomas, as autarquias nunca deixaram de ser na experiência administrativa brasileira, de guardar acentuada subordinação e, por vezes, dependência decisória de seus dirigentes em relação à Chefia do Poder Executivo. Além do mais, há que se considerar as possíveis relações entre os particulares e os agentes reguladores, que podem ensejar a captura regulatória. Destaca-se, ainda, o desafio de compatibilizar o caráter flexível de própria atuação das autarquias nos modos de produção normativa e diálogo permanente com agentes econômicos regulados, a fim de adequadamente regular a chamada "economia dos dados".

5. CONCLUSÕES

Uma autoridade independente, com autonomia de fato e dotada dos meios necessários para realizar suas funções é condição fundamental para as garantias presentes na LGPD sejam efetivadas. Observa-se no contexto europeu – do qual a regulamentação brasileira tem sua inspiração, uma evolução de entendimento da função de uma autoridade de proteção de dados. Contemporaneamente, as autoridades de proteção de dados são consideradas instrumentos regulatórios cruciais, descritas com uma ampliação cada vez maior de atribuições tal como, papel de *ombudsman*, auditor, consultor, educador, negociador, consultor de políticas e executor. A preocupação com a independências dessas autoridades é algo que se reflete em capítulo próprio no Regulamento Geral de Proteção de Dados Europeu, com o estabelecimento de requisitos mínimos de independência a serem observados pelos países membros

Através de uma análise comparativa entre o Regulamento Europeu e o arranjo institucional da Autoridade Nacional de Proteção de Dados brasileira dado pela Lei 13.853/19, pode-se constatar que as principais fragilidades – pelo menos do ponto de vista formal – no que se refere à independência da ANPD, dizem respeito à autonomia administrativa e, por consequência, técnica e administrativa em relação ao Poder Pú-

---

91. A esse respeito, Miragem pontua: "Um dos aspectos mais destacados em relação às tendências que informaram a reforma do Estado que deu origem ao modelo de regulação econômica foi a desregulamentação do mercado pelo Estado. Nesta noção de desregulamentação insere-se a de diminuição quantitativa de normas cogentes sobre as condutas dos agentes econômicos e do próprio caráter dessas normas, que descem de um nível de legalidade formal para a produção de normas administrativas, modo a assegurar, exatamente, maior flexibilidade e atualização das normas estatais em relação ao caráter dinâmico das relações de mercado" (MIRAGEM, op. cit., p. 114-115).

blico, especialmente à Casa Civil da Presidência da República, um órgão de governo, a estabelecer uma indevida dependência.

A proposta de conversão da ANPD em autarquia especial, tal como faculta o 55-A, § 1º da LGPD, tem sido apontada como solução para a garantia de independência da autoridade de proteção de dados. De fato, com conversão da ANPD em autarquia especial resolver-se-ia a problemática envolvendo a dependência administrativa e técnica em relação ao Poder Público, garantindo-se maior autonomia. Agregar-se-ia, ademais, o elemento relativo à impossibilidade das decisões da agência de revisão ou modificação por parte do órgão a quem cabe sua supervisão, ou mesmo do Chefe do Poder Executivo.

Há que se levar em consideração, todavia, aspectos já sinalizados pela doutrina a respeito da independência das autarquias especiais no Estado Regulador. Destaca-se o fato de que a criação de uma autarquia, por si só, não gera o surgimento de uma entidade independente e soberana, não existindo um modelo único e predeterminado de autarquias, tampouco um modelo uniforme no tocante à autonomia atribuída a uma autarquia. Uma visão crítica a respeito da independência das autarquias especiais no Estado Regulador, permite problematizar como, no contexto da regulação da proteção de dados pessoais, será possível compatibilizar a flexibilidade própria dos agentes reguladores em relação aos modos de produção normativa ou do modelo de relacionamento de diálogo permanente entre os agentes econômicos regulados. Dentro desse contexto, é que devemos discutir e pensar o arranjo institucional a ser concebido no Brasil. A LGPD traz de forma bem ampla os contornos dessa autoridade, cuja atuação deve ser densificada.

6. REFERÊNCIAS

BENNETT, Colin; RAAB, Charles. Revisiting The Governance of Privacy Instruments in Global Perspective. *Regulation & Governance*, v. 12, n. 3, set/2018.

BENNETT, Colin; RAAB, Charles. Revisiting The Governance of Privacy Instruments in Global Perspective. 2. ed. Cambridge: The MIT Press, 2006.

BIONI, Bruno Ricardo. *Proteção de dados pessoais*: a função e os limites do consentimento. Rio de Janeiro: Forense, 2019.

BIONI, Bruno. Xeque-Mate: o tripé de proteção de dados pessoais no xadrez das iniciativas legislativas no Brasil. *Grupo de pesquisa em políticas públicas para o acesso à informação da Universidade de São Paulo – GPOPAI/USP*, 2015.

BRASIL. Lei 13.853 de 8 de julho de 2019. *Altera a Lei 13.709 de 14 de agosto de 2018, para dispor sobre a proteção de dados pessoais e para criar a Autoridade Nacional de Proteção de Dados; e dá outras providências*, Brasília, DF, 8 de julho de 2019. Disponível em: http://www.planalto.gov.br/ccivil_03/_ato2019-2022/2019/lei/l13853.htm. Acesso em: 19.11.2019.

BRASIL. Lei 13.709, de 14 de agosto de 2018. *Lei Geral de Proteção de Dados*, Brasília, DF, 14 de agosto de 2018. Disponível em: http://www.planalto.gov.br/ccivil_03/_ato2015-2018/2018/ lei/L13709.htm. Acesso em: 19.11.2019.

CARTA DOS DIREITOS FUNDAMENTAIS DA UNIÃO EUROPEEIA [Jornal Oficial da União Europeia] Disponível em: https://eur-lex.europa.eu/legal-content/PT/TXT/PDF/?uri=CELEX:12012P/TXT&from=EM.

CORREIA, Pedro Miguel A. R.; JESUS, Inês O. A proteção de dados pessoais no Espaço de Liberdade, de Segurança e de Justiça na União Europeia. *Revista Brasileira de Segurança Pública*, São Paulo, v. 8, n. 2, p. 18-30, Ago/Set 2014

COTS, Márcio; OLIVEIRA, Ricardo. *Lei Geral de Proteção de Dados comentada*. São Paulo: Revista dos Tribunais, 2019;

COUNCIL OF EUROPE. *Handbook on European Data Protection Law*. Luxemburgo: Publications Office of the Europe Union, 2018.

CRESPO, Danilo Leme; RIBEIRO FILHO, Dalmo. A evolução legislativa brasileira sobre a proteção de dados pessoais: a importância da promulgação da lei geral de proteção de dados pessoais. *Revista de Direito Privado*. v. 98, p. 161-186, mar-abr, 2019.

ERDEMOGLU, Elif. A law and economics approach to the new EU privacy regulation: Analyzing the European General Data Protection Regulation. In: ZWAAN, Jaap et al. (Eds.) *Governance and Security Issues of the European Union: challenges ahead*. p. 109-126. The Hague, Netherlands: Springer, 2016.

GEDIEL, José Antônio Peres; CORRÊA, Adriana Espíndola. Proteção jurídica de dados pessoais: a intimidade situada entre o Estado e o mercado. *Revista da Faculdade de Direito UFPR*, Curitiba, n. 47, p. 141-153, 2008.

GELLMAN, Robert. Does Privacy Law Work? In: AGRE, Philip E.; ROTENBERG, Marc. *Technology and privacy*: the new landscape. (p. 193-218) Cambridge: The MIT Press, 2001.

GRANT, Hazel; CROWTHER, Hannah. How effective are fines in Enforcing Privacy? In: WRIGHT, Paul (Org.). *Enforcing Privacy*. Switzerland: Springer, 2016.

HORNUNG, Gerrit; SCHNABEL, Christoph. Data protection in Germany I: The population census decision and the right to information self-determination. *Computer Law & Security Report*. v. 25, n. 1, p. 84-88, 2009.

HUSTINX, Peter. The Role of Data Protection Authorities. In: GUTWIRTH et al (Coord.) *Reinventing Data Protection?* p. 175-190, Bruxelas: Springer, 2009.

MAYER-SCHONBERGER, Viktor. Generation development of data protection in Europe. In: AGRE, Philip E.; ROTENBERG, Marc. *Technology and privacy: the new landscape*. (p. 219-241) Cambridge: The MIT Press, 2001.

MENDES, Laura Schertel. Transparência e privacidade: violação e proteção da informação pessoal na sociedade de consumo. 158p. Dissertação (Mestrado em Direito) – *Programa de Pós- Graduação em Direito*, Universidade de Brasília, 2008.

MENDES, Laura Schertel; BIONI, Bruno. O regulamento europeu de proteção de dados pessoais e a lei geral de proteção de dados brasileira: mapeando convergências na direção de um nível de equivalência. *Revista de Direito do Consumidor*, v. 124, p. 157-180, jul-ago, 2019.

MENDES, Laura Schertel; DONEDA, Danilo. Marco jurídico para a cidadania digital: uma análise do Projeto de Lei 5.276/2016. *Revista de Direito Civil Contemporâneo*, São Paulo, v. 9, p. 35-48, 2016.

RULE, James B.; GREENLEAF, Graham. *Global Privacy Protection*: the first generation. Cheltenham, UK: Edward Elgar Publishing Limited, 2008.

SCHUTZ, Philip. Comparing formal independence of data protection authorities in selected EU Member States. Fraunofer Institute dor Systems and Innovation Reserch, Karlsruhe. *Conference Paper for the 4Biennial ECPR Standing Group for Regulatory Governance Conference*, 2012.

SOLOVE, Daniel. The New Vulnerability: Data Security and Personal Information. In: RADIN & CHANDER (Eds.). *Securing Privacy in the internet age*. Stanford: University Press, 2008. Disponível em: https://scholarship.law.gwu.edu/faculty_publications/939/.

TERWANGE, Cécile de. Is a Global Data Protection Regulatory Model Possible? In: GUTWIRTH et al (Coord.) *Reinventing Data Protection?* p. 175-190, Bruxelas: Springer, 2009.

UNIÃO EUROPEIA. Case C-518/07: Judgment of the Court (Grand Chamber) of 9 March 2010 – European Commission v Federal Republic of Germany. *EUR-lex*. Disponível em: https://eur-lex.europa.eu/legal-content/EN/TXT/?uri=CELEX%3A62007CA0518.

UNIÃO EUROPEIA. Regulamento (UE) 2016/679 do parlamento europeu e do conselho de 27 de abril de 2016. *EUR-Lex*. Disponível em: https://eur-lex.europa.eu/legal-content/PT/TXT/?qid=1574206410076&uri=CELEX:32016R0679.

UNIÃO EUROPEIA. Tratado sobre o funcionamento da União Europeeia (versão consolidada). *EUR-lex*. Disponível em: https://eur-lex.europa.eu/legal-content/PT/TXT/PDF/?uri=CELEX: 12012E/TXT&from=EM.

VASCONCELOS, Beto; PAULA, Felipe. A autoridade nacional de proteção de dados: origem, avanços e pontos críticos. In: TEPEDINO, Gustavo; FRAZÃO, Ana; OLIVA, Milena (Coord.) *Lei Geral de Proteção de Dados Pessoais e suas repercussões no Direito Brasileiro*. 2. tir. São Paulo: Thompson Reuters, 2019.

VERONESE, Alexandre; MELO, Noemy. A proposta brasileira de Proteção de Dados Pessoais em comparação ao novo Regulamento Europeu. *Revista de Direito Civil Contemporâneo*. São Paulo, v 14, p. 71-99, jan-mar, 2018.

FISCALIZAÇÃO E SANÇÕES NA LEI GERAL DE PROTEÇÃO DE DADOS

Alexandre Schmitt da Silva Mello

Mestre em Direito pela PUCRS, doutorando em Direito pela UFRGS. Advogado, especialista em Processo Civil pela UFRGS. Integrante da Comissão Especial de Proteção de Dados e Privacidade da OAB/RS.

Guilherme Spillari Costa

Mestrando em Direito pela UFRGS. Especialista em direito tributário pela UFRGS, especialista em contratos. Advogado. Integrante da Comissão Especial de Proteção de Dados e Privacidade da OAB/RS.

Sumário: 1. Introdução. 2. Conceitos de direito administrativo. 3. Da fiscalização na Lei de Proteção de Dados. 4. Das sanções. 4.1 O sujeito passivo. 4.2 Processo administrativo. 4.3 Sanções na LGPD. 5. Considerações finais. 6. Referências.

1. INTRODUÇÃO

Infelizmente, notícias a respeito de vazamento de dados pessoais são corriqueiras no nosso cotidiano. Em novembro de 2019 noticiou-se o vazamento da empresa Vivo, em que uma brecha na segurança da empresa deixou dados pessoais de clientes da operadora suscetíveis ao acesso de terceiros. Alguns sites informam que dados de 24 milhões de consumidores foram vazados – a operadora afirma que os números são menores, mas não os divulga.[1] Em outubro daquele mesmo ano, uma falha no site do Detran do Rio Grande do Norte expôs as informações pessoais de 70 milhões de pessoas.[2] Em 10 de agosto de 2020, uma falha de segurança no site da OAB nacional permitiu a exposição de dados pessoais de advogados de todo o país, revelando informações como CPF, RG, título eleitoral e endereço residencial.[3]

Mas qual é o risco do vazamento de dados pessoais? Por que existe essa preocupação? Além dos fundamentos trazidos pela Lei Geral de Proteção de Dados no seu artigo 2º, a exemplo da proteção à privacidade das pessoas e a autodeterminação informativa, a professora Têmis Limberger identifica que os dados pessoais são utilizados para (a) se fazer um perfil de usuário do consumidor, mas também para (b) a coleta de informação

---

1. GOMES, Helton Simões. CPF e endereço: falha em site da Vivo expõe dados de 24 milhões de clientes. *Uol*, 05/11/2019. Disponível em: https://bit.ly/2PGjkT9. Acesso em: 10.08.2020.
2. NAKAGAWA, Liliane. Detran vaza dados pessoais de quase 70 milhões de brasileiros. *Olhar Digital*, 08.10.2019. Disponível em: https://bit.ly/3fFkzg4. Acesso em: 10.08.2020.
3. Falha na segurança de site da OAB expôs dados pessoais de advogados. *Migalhas*, 10.08.2020. Disponível em: https://bit.ly/30MnrU1. Acesso em: 10.08.2020.

para utilização em campanhas políticas, (c) o monitoramento das declarações dos candidatos com relação ao impacto que causam no eleitorado e (d) robôs que conferem um universo de seguidores ao candidato, impactando positivamente o perfil do elegível, que passa a ter muitos seguidores, ainda que falsos.[4]

O Brasil, então, aprovou a Lei Geral de Proteção de Dados (Lei 13.709, de 15 de agosto de 2018 com a redação alterada pela Lei 13.853, de 08 de julho de 2019 – LGPD) com o objetivo de oferecer um nível adequado de proteção de direitos e liberdades individuais ligadas à proteção de dados. Assim, superficialmente, o objeto da LGPD é regular o uso do que se diz ser o maior ativo da sociedade atual: os dados pessoais.

A LGPD estabelece um marco regulatório no âmbito público e privado para o uso, proteção e transferência de dados pessoais, determinando quais são os direitos dos titulares dos dados, as responsabilidades e obrigações dos agentes de tratamento, os princípios que regem a atividade de tratamento de dados pessoais e o papel atribuído à Administração Pública no exercício da implementação e fiscalização do cumprimento da Lei.[5]

O objeto do presente artigo é analisar quais as funções do Estado como agente de proteção dos dados pessoais, seja na fiscalização (*accountability*), seja na aplicação de sanções (*enforcement*) quando houver a infração dos dispositivos previstos na LGPD.

De acordo com o artigo 55-A da LGPD, a Autoridade Nacional de Proteção de Dados (ANPD) "é órgão da administração pública federal, integrante da Presidência da República",[6] contrariando a experiência europeia e orientação doutrinária no sentido de que a autoridade deveria ser autônoma e independente.[7]

Portanto, em razão de estarmos falando da atuação estatal,[8] imprescindível a análise dos conceitos consagrados a partir do direito administrativo, como fiscalização, poder de polícia e os princípios administrativos incidentes sobre tais atividades, que, ao mesmo tempo que regulam a própria atividade do Estado, protegem a sociedade de eventuais abusos, o que será apresentado na primeira parte deste artigo.

---

4. LIMBERGER, Têmis. Informação em rede: uma comparação da lei brasileira de proteção de dados pessoais e o regulamento geral de proteção de dados europeu. In: MARTINS, Guilherme Magalhães. LONGHI, Joao Victor Rozatti. *Direito Digital.* Direito privado e internet. 2. ed. Indaiatuba: Editora Foco, 2019. p. 253-266. p. 254.
5. CARVALHAES NETO, Eduardo Hayden; COUTINHO, Karen Mentzingen. *Enforcement* da lei geral de proteção de dados e sanções. In: BRANCHER, Paulo Marcos Rodrigues; BEPPU, Ana Claudia (Coord.). *Proteção de dados pessoais no Brasil:* uma nova visão a partir da Lei 13.709/2018. Belo Horizonte: Fórum, 2019, p. 295-319.
6. Art. 55-A. Fica criada, sem aumento de despesa, a Autoridade Nacional de Proteção de Dados (ANPD), órgão da administração pública federal, integrante da Presidência da República.
7. Nesse sentido, ver BIONI, Bruno. MENDES, Laura Schertel. Regulamento Europeu de Proteção de Dados Pessoais e a Lei Geral brasileira de Proteção de Dados: mapeando convergências na direção de um nível de equivalência. In: TEPEDINO, Gustavo. FRAZÃO, Ana. OLIVA, Milena Donato. *Lei Geral de Proteção de Dados Pessoais e suas repercussões no direito brasileiro.* São Paulo: Thompson Reuters, 2019. p. 815-818. O § 1º do mesmo artigo prevê a possibilidade de a Autoridade ser transformada em autarquia, mas o fato de seguir vinculada à Presidência é alvo de críticas. V. DONEDA, Danilo. *Da privacidade à proteção de dados pessoais.* 2. ed. São Paulo: Thomson Reuters Brasil, 2019. p. 321 e 329. Segue o texto legal: Art. 55-A § 1º A natureza jurídica da ANPD é transitória e poderá ser transformada pelo Poder Executivo em entidade da administração pública federal indireta, submetida a regime autárquico especial e vinculada à Presidência da República.
8. "O Direito da proteção de dados nasceu dentro das fronteiras do Direito público" (MENEZES CORDEIRO, António Barreto. Da responsabilidade civil pelo tratamento de dados pessoais. p.49-64. In BARBOSA, Mafalda Miranda. ROSENVALD, Nelson. MUNIZ, Francisco. *Desafios da nova responsabilidade civil.* São Paulo: Editora JusPodivm, 2019. p. 49.

Na segunda parte, será tratado sobre a fiscalização. A LGPD, como será visto, prevê uma série de obrigações dos agentes de tratamento. A Lei exige transparência por parte de entidades sobre as atividades de tratamento de dados, que deverão demonstrar conformidade com a proteção de dados pessoais de forma proativa, sistemática e contínua. A essa abordagem deu-se o nome de *accountability*, traduzida na LGPD como o *princípio da responsabilização e prestação de contas*, com forte inspiração no Regulamento Geral de Proteção de Dados da União Europeia (RGPD – EU 2016/679 ou, do inglês, *General Data Protection Regulation* – GDPR) e nas Diretrizes da Organização para Cooperação e Desenvolvimento Econômico (OCDE) para Proteção da Privacidade e dos Fluxos Transfronteiriços de Dados Pessoais.[9]

Caso tais obrigações não sejam cumpridas, a Lei dispõe as hipóteses de *enforcement*, que são as proposições de sanções a serem aplicadas e serão analisadas na terceira parte.

Notoriamente a nossa Lei foi inspirada na legislação europeia,[10] sendo esta uma das razões pelas quais procuramos fazer um paralelo com o RGPD. Conforme leciona Fabiano Menke, a Europa, especificamente a Alemanha, discute a proteção de dados desde o início da década de 1970, tendo editado a primeira lei sobre o assunto em 1977.[11]

A Europa, portanto, tem uma experiência de mais de quarenta anos na matéria, enquanto o Brasil está engatinhando ainda no assunto. Devemos, então, aproveitar dos conhecimentos e ensinamentos do velho continente.

O RGPD entrou em vigor a partir de 25/05/2018, após dois anos da sua promulgação, que se deu em 04.05.2016. Conforme aduz Limberger, o "objetivo do RGPD é duplo: regular um direito (à proteção de dados) e garantir a liberdade (a livre circulação dos dados), à semelhança do que já ocorria com a Diretiva Comunitária 46/95", prevalecendo, segundo a mesma jurista, a proteção do direito fundamental sobre o interesse econômico dos responsáveis e encarregados do processamento de dados, conforme reconhecido pelo Tribunal de Justiça Europeu na decisão de 13/05/2014, em que eram partes o Google da Espanha e a Agência Espanhola de Proteção de Dados.[12]

2. CONCEITOS DE DIREITO ADMINISTRATIVO

Calixto Salomão Filho diz que é função do Direito organizar o funcionamento da sociedade e, assim, ser capaz de intervir diretamente nas estruturas econômicas e nos institutos jurídicos que as protegem, gerando inclusão e escolha para os indivíduos. A

---

9. SILVA, Ricardo Barreto Ferreira da; SILVA, Camila Taliberti Ribeiro da; IKEDA, Juliana Sene; SERRAGLIO, Lorena Pretti. *Accountability* e responsabilização sobre proteção de dados. in BRANCHER, Paulo Marcos Rodrigues; BEPPU, Ana Claudia (Coord.). *Proteção de dados pessoais no Brasil*: uma nova visão a partir da Lei 13.709/2018. Belo Horizonte: Fórum, 2019. p. 273-293.
10. DRESCH, Rafael de Freitas Valle. FALEIROS JUNIOR, José Luiz de Moura. Reflexões sobre a responsabilidade civil na lei geral de proteção de dados (Lei 13.709/2018). In: ROSENVALD, Nelson. DRESCH, Rafael de Freitas Valle. WESENDONCK, Tula. *Responsabilidade civil*. Novos riscos. Indaiatuba: Editora Foco, 2019. p. 65-89. p. 79.
11. MENKE, Fabiano. A proteção de dados e o novo direito fundamental à garantia da confidencialidade e da integridade dos sistemas técnico-informacionais no direito alemão. In: MENDES, Gilmar Ferreira. SARLET, Ingo Wolfgang. COELHO, Alexandre Zavaglia P. *Direito, inovação e tecnologia*. São Paulo: Saraiva, 2015. p. 205-230. p. 205 e ss.
12. LIMBERGER, op. cit., p. 254.

intervenção, então, pode e deve proteger valores que são instrumentos para a construção de um devido processo econômico.[13]

O Estado tem o poder de impor condutas com o objetivo de atingir determinada finalidade pública, onde reside o fundamento e a legitimidade do poder do Estado em relação aos particulares, sendo "o interesse público o objetivo da ação administrativa e o fundamento de seus atributos".[14]

O Estado brasileiro fez uma escolha ao promulgar a LGPD, a de tutelar a privacidade e as liberdades individuais,[15] mas reconhecendo a importância econômica do fluxo dos dados na sociedade da vigilância,[16] sendo o presente caso um exemplo de intervenção por direção.[17]

Desta forma, o Estado identificou uma necessidade, mesmo que com bastante atraso, e optou por intervir na esfera privada no intuito de assegurar direitos aos indivíduos, direitos estes que a doutrina propõe serem enquadrados como categoria autônoma de direito da personalidade.[18] Recentemente, em maio de 2020, o Supremo Tribunal Federal reconheceu o direito fundamental à proteção de dados ao suspender a Medida Provisória 954, que determinava o compartilhamento dos dados pessoais dos usuários de telefonia pelas empresas telefônicas ao IBGE.[19] Cabe dizer que a Europa já havia reconhecido a proteção de dados como um direito autônomo em 2000, com a Carta de Direitos Fundamentais da União Europeia.

Desta forma, afirma Celso Antônio Bandeira de Mello que "a atividade estatal de condicionar a liberdade e a propriedade ajustando-as aos interesses coletivos designa-se de poder de polícia".[20]

Conforme a doutrina consultada, o poder de polícia é exercido através de ação ora fiscalizadora, ora preventiva, ora repressiva, o que claramente se enquadra nas premissas trazidas pela LGPD, conforme será tratado nos tópicos seguintes.

Fiscalizar, segundo a clássica lição de Hely Lopes Meirelles, é "vigilar permanentemente os atos praticados pelos subordinados, com o intuito de mantê-los dentro dos padrões legais e regulamentares instituídos".[21] A fiscalização é meio de atuação do poder

---

13. SALOMÃO FILHO, Calixto. *Regulação e desenvolvimento. Novos temas*. São Paulo: Malheiros, 2012. p. 63.
14. MIRAGEM, Bruno. *A nova administração pública e o direito administrativo*. São Paulo: Ed. RT, 2011. p. 153.
15. FRAZÃO, Ana. Fundamentos da proteção dos dados pessoais – noções introdutórias para a compreensão da importância da Lei Geral de Proteção de Dados. In: TEPEDINO, Gustavo. FRAZÃO, Ana. OLIVA, Milena Donato. *Lei Geral de Proteção de Dados Pessoais e suas repercussões no direito brasileiro*. São Paulo: Thompson Reuters, 2019. p. 23-52.
16. RODOTÀ, Stefano. *A vida na sociedade da vigilância. A privacidade hoje*. Rio de Janeiro: Renovar, 2008.
17. A intervenção por direção ocorre quando "o Estado exerce pressão sobre a economia, estabelecendo mecanismos e normas de comportamento compulsório para os sujeitos da atividade econômica em sentido estrito." Conf. GRAU, Eros R. *A ordem econômica na Constituição de 1988*. 18. ed. São Paulo: Malheiros, 2017. p. 141.
18. BIONI, Bruno Ricardo. *Proteção de dados pessoais: a função e os limites do consentimento*. Rio de Janeiro: Forense, 2019. p. 92. DONEDA, op. cit., diversas passagens. DONEDA, Danilo. O direito fundamental à proteção de dados pessoais. In: MARTINS, Guilherme Magalhães; LONGHI, João Victor Rozatti (Coord.). *Direito digital. Direito privado e internet*. 2. ed. Indaiatuba: Foco, 2019. p. 52. MIRAGEM, Bruno. A lei geral de proteção de dados (Lei 13.709/2018) e o direito do consumidor. *Revista dos Tribunais*. v. 1009/2019. p. 173-222. Nov/2019. p. 176.
19. STF, ADIs 6.387, 6.388, 6.389, 6.390 e 6.393. Relatora Min. Rosa Weber. Julgado em 07.05.2020 (ainda sem publicação).
20. MELLO, Celso Antônio Bandeira de. *Curso de direito administrativo*. 13. ed. São Paulo: Malheiros, 2001. p. 688.
21. MEIRELLES, Hely Lopes. *Direito administrativo brasileiro*. 22. ed. São Paulo: Malheiros, 1997. p. 107.

de polícia, que busca verificar a normalidade da atividade policiada, no caso o tratamento dos dados, de acordo com a norma. Havendo irregularidade, o agente fiscalizador deverá lavrar o auto de infração, consignando a sanção cabível.[22]

Os limites do exercício do poder de polícia estão previstos no artigo 5º da Constituição Federal. Deve haver o equilíbrio entre o interesse social que gerou a norma interventiva e os interesses do fiscalizado, que não são somente dele, mas de toda a sociedade de forma reflexa.

É esse o entendimento do Superior Tribunal de Justiça, conforme exemplifica o julgado a seguir. No caso, que discutia uma fiscalização da Agência Nacional do Petróleo, Gás Natural e Biocombustíveis (ANP) em face uma empresa regulada, o STJ decidiu que deveriam ser respeitados os princípios da proporcionalidade e da razoabilidade para a legalidade do ato. Segue trecho do voto:

> Conquanto a referida Agência seja investida do poder de polícia fiscalizatório, sua atuação deve limitar-se aos ditames da lei, evitando, assim, abusos e desvios da finalidade do ato de fiscalização perpetrado. Desse modo, análise do caso concreto deve ser procedida sob a ótica da proporcionalidade e razoabilidade, levando em conta princípios constitucionais atinentes à espécie.[23]

O Ministro Celso de Mello, em voto proferido no RE 374.981/RS, da seguinte forma definiu o princípio da proporcionalidade:

> O princípio da proporcionalidade – que extrai a sua justificação dogmática de diversas cláusulas constitucionais, notadamente daquela que veicula a garantia do *substantive due process of law* – acha-se vocacionado a inibir e a neutralizar os abusos do Poder Público no exercício de suas funções, qualificando-se como parâmetro de aferição da própria constitucionalidade material dos atos estatais.
> A norma estatal, que não veicula qualquer conteúdo de irrazoabilidade, presta obséquio ao postulado da proporcionalidade, ajustando-se à cláusula que consagra, em sua dimensão material, o princípio do *substantive due process of law* (CF, art. 5º, LIV).
> Essa cláusula tutelar, ao inibir os efeitos prejudiciais decorrentes do abuso de poder legislativo, enfatiza a noção de que a prerrogativa de legislar outorgada ao Estado constitui atribuição jurídica essencialmente limitada, ainda que o momento de abstrata instauração normativa possa repousar em juízo meramente político ou discricionário do legislador."[24]

Deve, portanto, haver proporcionalidade entre a medida adotada pelo fiscal e a finalidade legal a ser atingida.[25]

3. DA FISCALIZAÇÃO NA LEI DE PROTEÇÃO DE DADOS

A *accountability* corresponde à responsabilização e prestação de contas das medidas decorrentes da abordagem do tratamento de dados baseada no risco (*risk-based aproach*). Superada a concepção de que o consentimento serviria de salvaguarda para proteção dos dados, uma nova concepção impõe a quem quiser utilizar dados a adoção prévia e a prestação de contas quanto às medidas protetivas. A identificação de quais medidas

---

22. Idem, p. 123.
23. STJ, AREsp 1.135.157. Min. Gurgel de Faria. DJe 17.09.2019.
24. STF, RE 374.981/RS. Min. Celso de Mello. Informativo 381 STF. RTJ 176/578-580.
25. MELLO, op. cit., p. 707.

são mais apropriadas depende da natureza, escopo, contexto e finalidade do tratamento de dados, bem como da proporcionalidade e gravidade do risco envolvido. Por isso é essencial que as organizações, antes de implementar tais medidas, realizem a avaliação de impacto de privacidade (*privacy impact assessment*), de forma a verificar o risco a que os titulares dos dados estão sujeitos, e, após, adotar políticas de proteção de dados observando critérios externos reconhecidos e estabelecer mecanismos para demonstrar e testar seu nível de responsabilização.[26]

Nesse sentido, importa citar os ensinamentos de Thiago Luís Santos Sombra:

> A *accountability* tem todas as condições para proporcionar um efetivo empoderamento do titular e controle sobre seus dados pessoais. A natureza híbrida de que pode se revestir a *accountability* é um dos principais fatores que lhe confere ampla capilaridade de controle e fiscalização, uma vez que tanto atores privados quanto públicos – os representados – estarão investidos nessa função.[27]

Como identificaram Bioni e Mendes, com a adoção por parte da LGPD dos princípios de *acountability*, igualmente previstos no RGPD, restou nítida a presunção de confiança entre as partes, conforme exemplifica o artigo 48 da nossa Lei.[28] Nas palavras dos autores: "todo o sistema é calibrado por esse voto de confiança e por uma série de ferramentas pelas quais os agentes de tratamento de dados demonstrem a eficácia das medidas tomadas para estarem em conformidade com as regras de proteção de dados pessoais".[29]

Com relação especificamente à fiscalização, cabe apontar que o legislador expressamente previu como competências da Autoridade Nacional de Proteção de Dados (ANPD):

a) "Zelar pela proteção dos dados pessoais" (art. 55-J, I);

b) "Fiscalizar e aplicar sanções em caso de tratamento de dados realizado em descumprimento à legislação" (art. 55-J, IV);

c) "Solicitar, a qualquer momento, às entidades do poder público (...) informe específico sobre o âmbito, a natureza dos dados e os demais detalhes do tratamento realizado (...)" (art. 55-J, XI);

d) "Realizar auditorias, ou determinar sua realização, no âmbito da atividade de fiscalização de que trata o inciso IV e com a devida observância do disposto no inciso II do caput deste artigo, sobre o tratamento de dados pessoais efetuado pelos agentes de tratamento, incluído o poder público;

Cabe fazer uma breve análise do inciso XI do artigo 55-J. Diante da criatividade dos nossos operadores do direito, é provável que alguém utilize como argumento de defesa, em caso de aplicação de alguma sanção por descumprimento do dever de prestar informação, que a ANPD somente poderia solicitar informações às entidades do poder público. Esta interpretação literal do inciso XI não pode ser aceita pelo Judiciário.

A interpretação deve ser mais ampla e de acordo com a realidade prática do nosso dia a dia no que tange ao uso dos dados pelos agentes econômicos. Pois é exatamente nesse sentido a lição de Karl Larenz: "ora na prática a interpretação da lei e a sua aplicação a

---

26. SILVA, SILVA, IKEDA, SERRAGLIO, op. cit., p. 273-293.
27. SOMBRA, Thiago Luís Santos. *Fundamentos da regulação da privacidade e proteção de dados pessoais*. Pluralismo jurídico e transparência em perspectiva. São Paulo: Thomson Reuters Brasil, 2019. p. 213.
28. Art. 48. O controlador deverá comunicar à autoridade nacional e ao titular a ocorrência de incidente de segurança que possa acarretar risco ou dano relevante aos titulares.
29. BIONI, MENDES, op. cit., p. 812.

dada situação de facto não são dois processos mentais completamente separados um do outro, antes se condicionam e interpenetram mutuamente".[30]

Utilizando dos métodos de interpretação sistemático[31] e finalístico[32], não há dúvida que a ANPD poderá solicitar, a qualquer momento, informações também para a iniciativa privada de modo a cumprir o objetivo da Lei de proteger a privacidade e as liberdades individuais.[33]

A nosso ver, com o disposto no art. 55-J, XI, o legislador teve o objetivo de deixar claro que os órgãos públicos deverão cooperar com a ANPD e, mais que isso, poderão sim ser fiscalizados – o que não elimina a possibilidade de ampla fiscalização à iniciativa privada. É exatamente nesse sentido o disposto no Considerando 82 e artigos do RGPD a seguir referidos.[34]

Sombra defende que se as informações de monitoramento não forem fornecidas depois de solicitadas pelas autoridades, "com base na inobservância da *accountability*, será possível a imposição de sanções, sem que para tanto seja necessário recorrer a outras regras e princípios".[35]

A nossa Lei, apesar de fazer referência à fiscalização, não dispõs como se deve dar a mesma, mas previu a possibilidade de a ANPD regular essa questão, conforme se pode interpretar da leitura do artigo 55-J, incisos III e XX. Esse formato é utilizado em outras agências reguladoras, a exemplo da Agência Nacional de Telecomunicações (ANATEL), que foi criada pela Lei 9.472/1997 e tem seus procedimentos de fiscalização previstos através de portarias, sendo a mais recente designada como Instrução de Fiscalização sobre Preparação, Execução e Conclusão de Ações de Fiscalização (Portaria 1395, de 21 de agosto de 2018).

A legislação europeia, por outro lado, não economizou previsões com relação à fiscalização da autoridade no próprio texto normativo. Nesse sentido, o RGPD, através do seu artigo 58, dispõe sobre os poderes da autoridade, sendo que o seu item 1 refere sobre os poderes de investigação.[36]

---

30. LARENZ, Karl. *Metodologia da ciência do direito*. 2. ed. Lisboa: Fundação Calouste Gulbenkian, 1969. p. 354.
31. De acordo com o método de interpretação sistemática, este consiste "em comparar o dispositivo sujeito à exegese com outros do mesmo repositório ou de leis diversas, mas referentes ao mesmo objeto" (MAXIMILIANO, Carlos. *Hermenêutica e Aplicação do Direito*. 19. ed. Rio de Janeiro: Forense, 2008. p. 104).
32. O método finalístico ou teleológico é aquele que busca a genuína razão ou espírito de uma lei ou preceito. Através dele o intérprete terá em vista o fim buscado pela norma jurídica (Maximiliano, op. cit., p. 124).
33. FRAZÃO, op. cit., p. 23-52.
34. Considerando 82. A fim de comprovar a observância do presente regulamento, o responsável pelo tratamento ou o subcontratante deverá conservar registos de atividades de tratamento sob a sua responsabilidade. Os responsáveis pelo tratamento e subcontratantes deverão ser obrigados a cooperar com a autoridade de controlo e a facultar-lhe esses registos, a pedido, para fiscalização dessas operações de tratamento.
35. SOMBRA, op. cit., p. 214.
36. Artigo 58º
    Poderes
    1. Cada autoridade de controlo dispõe dos seguintes poderes de investigação:
    a) Ordenar que o responsável pelo tratamento e o subcontratante e, se existir, o seu representante, lhe forneçam as informações de que necessite para o desempenho das suas funções;
    b) Realizar investigações sob a forma de auditorias sobre a proteção de dados;
    c) Rever as certificações emitidas nos termos do artigo 42º, n. 7;

Assim, nos termos do artigo 58, a autoridade na Europa pode requerer informações, documentos e acesso irrestrito às instalações daqueles que tratam os dados, tudo para realizar todas as análises que se façam necessárias para a verificação plena do cumprimento da norma.

Importa ainda dizer que as legislações internas consultadas dos países membros da União Europeia muito pouco diferem do Regulamento no que tange à fiscalização e sanções, talvez seguindo o disposto no Considerando 129 do RGPD, no sentido de manter a coerência da Lei nos territórios membros.[37]

A título de exemplo, a Lei portuguesa 58/2019, em seu artigo 24-A, prevê que a denominada Unidade de Inspeção poderá (a) fiscalizar a conformidade do tratamento dos dados pessoais, podendo adentrar às instalações dos responsáveis; (b) investigar o tratamento dos dados, nos termos do RGPD; e (c) realizar auditorias nos sistemas de informação europeus, nos termos da legislação europeia.

Já o Dec. Legislativo de 10 de agosto de 2018, n. 101, a norma interna da Itália, dispôs, em seu artigo 2º, item 3, g, que a realização de investigações deve ter atenção ao disposto na Lei Consolidada da Administração Pública.

De acordo com a LGPD, especialmente o §1º do artigo 52, entre os critérios de medição da responsabilização podemos elencar:

a) compromisso da organização com a adoção de políticas internas compatíveis com critérios externos;

b) mecanismos para implementar políticas de privacidade, incluindo ferramentas, treinamentos e educação;

c) sistemas para supervisão interna, revisão e verificação externa;

d) Transparência e mecanismos de participação do indivíduo; e

e) Meios para remediação e execução externa.

A *accountability* se reflete na Lei brasileira pela adoção do princípio da responsabilização e prestação de contas que consiste na demonstração, pelo agente, da adoção de medidas eficazes e capazes de comprovar a observância e o cumprimento das normas de proteção de dados pessoais e, inclusive, da eficácia dessas medidas (art. 6º, X, da LGPD) – *compliance*.

A LGPD inclusive prevê a redução de eventual sanção quando ocorra a adoção reiterada e demonstrada de mecanismos e procedimentos internos capazes de minimizar o dano, voltados ao tratamento seguro e adequado de dados, consubstanciados em medidas para reverter ou mitigar os eventuais efeitos de incidente de segurança (conf. art. 52, § 1º, VIII, e art. 48, § 2º, II, ambos da LGPD).

---

d) Notificar o responsável pelo tratamento ou o subcontratante de alegadas violações do presente regulamento;

e) Obter, da parte do responsável pelo tratamento e do subcontratante, acesso a todos os dados pessoais e a todas as informações necessárias ao exercício das suas funções;

f) Obter acesso a todas as instalações do responsável pelo tratamento e do subcontratante, incluindo os equipamentos e meios de tratamento de dados, em conformidade com o direito processual da União ou dos Estados-Membros.

37. "(129) A fim de assegurar o controlo e a aplicação coerentes do presente regulamento em toda a União, as autoridades de controlo deverão ter, em cada Estado-Membro, as mesmas funções e poderes efetivos, incluindo poderes de investigação, poderes de correção e de sanção, (...)".

O Princípio da Responsabilização e da Prestação de Contas encontra na própria LGPD os seus principais elementos de efetivação, entre os quais:

a) identificação das atribuições do Encarregado (arts. 5º, VIII, e 41)[38];
b) identificação das atribuições do Controlador (arts. 5º, VI, e 38);
c) identificação das atribuições do Operador (arts. 5º, VII, e 39);
d) a exigência de Registro das Operações de Tratamento (art. 37 e 40);
e) a adoção o conceito de *privacy by design* (art. 46, § 2º);
f) a emissão de Relatório de impacto à proteção de dados pessoais (RIPDP) (art. 5º, XVII, 32 e 38);
g) a necessidade de Comunicação de incidente de segurança (art. 48);
h) a sugestão de adoção de Programa de Governança em Privacidade (art. 50, §2º, I).[39]

Diante do cenário que se descortina para a manutenção da tutela dos dados, importa dizer que tais direitos possuem caraterísticas multifacetadas que autorizam sua concepção como direito individual, coletivo e, também, difuso. A importância de tal conclusão conduz também à efetivação da legitimidade da tutela jurisdicional do direito ofendido.

Com efeito, em se tratando de direito difuso, aquele caracterizado pela transindividualidade que ultrapassa a esfera de um único indivíduo, caracterizados por grupo de indivíduos ligados por uma circunstância de fato (p. ex. vazamento de dados de órgão público) em que os indivíduos não possuem nenhuma relação jurídica entre si, ressalvada a circunstância de fato que os uniu. Assim, também os direitos coletivos, também transindividuais, por seus titulares são identificados em razão de uma relação jurídica base, como, por exemplo, os contratantes de um determinado serviço. E, também, os direitos individuais homogêneos, mesmo que indeterminados seus titulares no momento presente, poderão ser determinados em momento futuro.

Em casos que tais, a tutela dos direitos à proteção de dados encontra ressonância no regime dos Direitos Coletivos e, portanto, autorizam a legitimação não só do indivíduo, mas, também de outros entes e associações legitimados para proposição de Ação Civil Pública, como o próprio Ministério Público.

4. DAS SANÇÕES NA LGPD

4.1 O sujeito passivo

A par da responsabilização e prestação de contas (*accountability*) encontramos o cumprimento ou execução da Lei por meio de sanções (*enforcement*). A previsão de

---

38. O papel do encarregado é fundamental para garantir *accountability* e, portanto, deve desempenhar suas funções com independência, de modo a evitar que conflitos de interesses possam influenciar negativamente as metas de segurança do controlador. Entre as responsabilidades do Encarregado encontramos: (a) aceitar reclamações e comunicações dos titulares, prestar esclarecimentos e adotar providências; (b) receber comunicações da autoridade nacional e adotar providências; (c) orientar os funcionários e os contratados da entidade a respeito das práticas a serem tomadas em relação à proteção de dados pessoais; e (d) executar as demais atribuições determinadas pelo controlador ou estabelecidas em normas complementares (art. 5º, VIII, e 41, da LGPD)(SILVA, SILVA, IKEDA, SERRAGLIO, op. cit., p. 273-293).
39. SILVA, SILVA, IKEDA, SERRAGLIO, op. cit., p. 273-293.

punição se afigura como elemento importante para a obtenção da tutela dos dados pessoais. A norma despida de consequências punitivas tem sua eficácia bastante reduzida, de modo que se afigura relevante o estudo das sanções sob o ponto de vista dissuasório, preventivo e, até mesmo, repressivo das condutas que envolvam ofensa à proteção de dados no Brasil.

Conforme exposto na primeira parte deste artigo, as sanções administrativas decorrem do exercício do Poder de Polícia, e, por consequência, se submetem ao princípio da legalidade, que determina a definição prévia e a individualizada das sanções cabíveis, deixando ao administrador a avaliação do caso concreto e a dosimetria sob a regência da proporcionalidade e razoabilidade.[40] O RGPD igualmente prevê o princípio da proporcionalidade e, ao invés da razoabilidade, fala de necessidade, como critérios, conforme exemplificam os Considerandos 156 e 170.

Com relação ao sujeito passivo, a LGPD estabelece que os agentes de tratamento de dados, em razão das infrações cometidas às normas previstas no próprio diploma legislativo, estarão sujeitos a determinadas sanções. Entretanto, o primeiro ponto que merece destaque é o sujeito passivo da sanção administrativa.

Segundo a tipificação do artigo 52, *caput*, em uma interpretação literal, poderíamos apontar que os agentes de tratamento de dados estariam submetidos à sanção legal, os quais, nos termos do inciso IX, do art. 5º, da LGPD, seriam apenas o controlador e o operador, incluída a pessoa jurídica de direito privado, grupo ou conglomerado. Poderia ser o encarregado responsabilizado?

Para uma análise mais aprofundada deste ponto, mister analisarmos brevemente as definições trazidas pela própria Lei no seu artigo 5º.

De acordo com o inciso VI, controlador é a "pessoa natural ou jurídica, de direito público ou privado, a quem competem as decisões referentes ao tratamento de dados pessoais".

Já operador é "pessoa natural ou jurídica, de direito público ou privado, que realiza o tratamento de dados pessoais em nome do controlador" (inciso VII).

A definição legal de encarregado (do inglês *data protection officer* – DPO), disposta no inciso VIII, já foi alterada duas vezes após a publicação da LGPD. No texto original, encarregado era "pessoa natural, indicada pelo controlador, que atua como canal de comunicação entre o controlador e os titulares e a autoridade nacional".

Na segunda versão, trazida pela Medida Provisória 869/2018, encarregado passou a ser definido como "pessoa indicada pelo controlador para atuar como canal de comunicação entre o controlador, os titulares dos dados e a Autoridade Nacional de Proteção de Dados".

Já a terceira e atual versão da Lei prevê que encarregado é "pessoa indicada pelo controlador e operador para atuar como canal de comunicação entre o controlador, os titulares dos dados e a Autoridade Nacional de Proteção de Dados (ANPD)".

A diferença principal entre os textos é que a figura do encarregado passou a ser possível de ser exercida por pessoa jurídica. A sua função não mudou substancialmente,

---

40. CARVALHAES NETO, COUTINHO, op. cit., p. 295-319.

mantendo desde o início a ideia de o encarregado ser um interlocutor[41] entre o controlador, a sociedade em geral (os titulares dos dados) e a ANPD.

De acordo com o § 2º do artigo 41 da LGPD, o encarregado tem como funções: I – aceitar reclamações e comunicações dos titulares, prestar esclarecimentos e adotar providências; II – receber comunicações da autoridade nacional e adotar providências; III – orientar os funcionários e os contratados da entidade a respeito das práticas a serem tomadas em relação à proteção de dados pessoais; e IV – executar as demais atribuições determinadas pelo controlador ou estabelecidas em normas complementares.

É possível perceber que o encarregado não exerce atividades de gestão, não toma decisões estratégicas e, conforme definição da própria Lei, tem a função principal de ser o canal de comunicação dos agentes de tratamento. Ora, exercendo tais funções não há como o encarregado diretamente causar dano a outrem.

Além disso, conforme constava no § 4º, III, do artigo 41 da LGPD, que acabou sendo vetado, o encarregado deveria ter a "garantia da autonomia técnica e profissional no exercício do cargo."[42] O RGPD dispõe de previsão semelhante no Considerando 97, prevendo que os "encarregados da proteção de dados, sejam ou não empregados do responsável pelo tratamento, deverão estar em condições de desempenhar as suas funções e atribuições com independência".

O elemento autonomia profissional, no caso do que previa a nossa Lei, e a independência, disposta no Regulamento europeu, separam ainda mais o vínculo do encarregado do operador e do controlador, sendo um argumento a mais para não existir a sua responsabilização direta pela ANPD.

Tendo sido a fonte de inspiração da nossa Lei, importante vermos o que diz o RGPD sobre o ponto. A norma europeia prevê a figura do encarregado nos artigos 37 a 39, sendo que neste último é que estão dispostas as suas funções, mais amplas e abrangentes do que prevê a LGPD. No entanto, de acordo com o artigo 83.3 do RGPD[43], somente o controlador e o operador podem ser responsabilizados, excluindo, portanto, a possibilidade de o encarregado responder. Esse também é o entendimento de Luis Fernando Prado Chaves, conforme vemos:

> Perceba-se, por fim, que as funções do DPO não incluem qualquer ato no sentido de garantir cumprimento ao GDPR (e demais legislações de proteção de dados aplicável), pois essa é uma obrigação exclusiva dos agentes de tratamento de dados. Portanto, não deve o DPO ser responsabilizado pelo descumprimento do GDPR por parte do respectivo responsável pelo tratamento ou subcontratante, sendo a responsabilidade pessoal do encarregado limitada ao bom exercício de sua função consultiva em matéria de proteção de dados junto àquela parte (agente de tratamento de dados) que o contratou.[44]

---

41. Tanto é que o artigo 41 da nossa lei dispõe que o controlador deverá divulgar quem é o seu encarregado, com todos os contatos.
42. O veto presidencial ocorreu em razão do que dispunha o §4º no sentido de ser exigido o conhecimento jurídico-regulatório para exercer o cargo de encarregado, não tendo nenhuma relação com a autonomia técnica e profissional.
43. 83.3. Se o responsável pelo tratamento ou o subcontratante violar, intencionalmente ou por negligência, no âmbito das mesmas operações de tratamento ou de operações ligadas entre si, várias disposições do presente regulamento, o montante total da coima não pode exceder o montante especificado para a violação mais grave.
44. CHAVES, Luis Fernando Prado. Responsável pelo tratamento, subcontratante e DPO. p. 111-138. In: MALDONADO, Viviane Nóbrega. BLUM, Renato Opice. *Comentários ao GDPR*. Regulamento Geral de Proteção de Dados da União Europeia. São Paulo: Thomson Reuters Brasil, 2018. p. 136.

É possível concluir, dessa forma, que não foi um erro do nosso legislador não atribuir responsabilidade ao encarregado, mas uma escolha. E isso decorre da grande relevância que tem o encarregado. Nesse sentido, importa a colocação de Gomes:

> Na Europa, o Article 29 Working Party definiu a figura do encarregado como "pedra angular" para a conformidade das empresas com o regulamento de proteção de dados, sendo razoável que a mesma relevância do cargo seja observada no Brasil, sobretudo diante da ausência de cultura de proteção de dados na sociedade brasileira, ao contrário do que se observa na Europa (...).[45]

Assim, considerando o princípio da responsabilização e prestação de contas que devem orientar a aplicação da Lei sob comento, havendo ato ilícito provocado pelo encarregado, responderão perante a ANPD operador e controlador, e estes poderão ajuizar ação de regresso em face do DPO de acordo com as regras de responsabilidade civil.

4.2 Processo administrativo

As sanções somente podem ser aplicadas após conclusão da Autoridade Nacional de Proteção de Dados oriunda de processo administrativo no qual seja assegurado o contraditório, a ampla defesa e o direito de recurso (art. 52, § 1º, cumulado com art. 55-J).

Por se tratar de norma federal, indica-se a lei do processo administrativo federal (Lei 9.784/99) como norma que deve servir de moldura para o futuro procedimento administrativo regulatório que será definido pela autoridade sancionadora.

Deste modo, se compreende que no processo administrativo que terá como produto a aplicação da sanção, deverão ser observados os princípios da razoabilidade e proporcionalidade (art. 2º da Lei 9.784/99). Todas as decisões de caráter administrativo que impliquem na imposição de sanções e no exercício do poder de polícia da Administração Pública devem ser penalidades aplicadas à luz do princípio da proporcionalidade, para que as penalidades não sejam excessivas e desproporcionais à conduta praticada.[46]

Assim, diante dos princípios do processo administrativo federal, o procedimento deverá abarcar as fases de autuação, citação e intimação, defesa, instrução, julgamento e recurso por meio de regulamento próprio. Todavia, alguns parâmetros que balizarão o agravamento ou a diminuição de uma sanção na fase de dosimetria já constam na própria Lei.

Com efeito, a LGPD determina que as sanções sejam aplicadas de forma gradativa, isolada ou cumulativamente, observando os seguintes parâmetros:

a) gravidade e a natureza das infrações e dos direitos pessoais afetados;

b) boa-fé do infrator;

c) vantagem auferida ou pretendida pelo infrator;

d) a condição econômica do infrator;

f) a reincidência;

---

45. GOMES, Rodrigo Dias de Pinho. Encarregado pelo tratamento de dados pessoais na LGPD. *Jota*, 02.10.2019. Disponível em: https://bit.ly/33TaHwL. Acesso em: 10.01.2020.
46. CARVALHAES NETO, COUTINHO, op. cit., p. 295-319.

g) o grau do dano;

h) a cooperação do infrator;

i) a adoção reiterada e demonstrada de mecanismos e procedimentos internos capazes de minimizar o dano, voltados ao tratamento seguro e adequado de dados, em consonância com o disposto no inciso II do § 2° do art. 48 desta Lei;

j) a adoção de política de boas práticas e governança;

k) a pronta adoção de medidas corretivas;

l) a proporcionalidade entre a gravidade da falta e a intensidade da sanção.

O grupo de trabalho do artigo 29 da Diretiva 95/46/CE,[47] que precedeu o RGPD, apontou que a aplicação de sanção deve ser precedida de considerações sobre o objetivo do tratamento de dados, bem como o número de titulares de dados afetados e o nível dos danos por eles sofridos visando graduar a sanção. Também é importante destacar o tratamento ilícito explicitamente autorizado pelos quadros superiores do responsável pelo tratamento, ou ainda, o tratamento que ignore o aconselhamento do encarregado da proteção de dados ou as políticas existentes, como por exemplo, a obtenção e tratamento de dados sobre funcionários de um concorrente para desacreditá-lo perante o mercado.

4.3 Sanções na LGPD

A LGPD traz uma série de diferentes sanções para diferentes objetivos (art. 52). A primeira delas é a advertência, que corresponde a reprovação mais branda por parte da autoridade e deve ser acompanhada de indicação de prazo para adoção de medida corretivas cabíveis. Considerando o cenário de um país em que não havia lei de proteção de dados, a advertência desempenhará papel pedagógico importante com o intuito de educar o mercado.[48]

A multa simples, por sua vez, estabeleceu um percentual máximo aplicável (até 2% do faturamento) e limitou também o valor total que não pode ser superior a cinquenta milhões de reais por infração.[49] A multa simples tem como destinatários a pessoa jurídica de direito privado,[50] grupo ou conglomerado, aos auspícios da Lei Federal 12.529/11 (Lei

---

47. *Article 29 Working Party* (WP.29). O WP.29 era um órgão consultivo europeu independente em matéria de proteção e privacidade de dados, tendo as suas funções descritas no artigo 30° da Diretiva 95/46/CE e no artigo 15° da Diretiva 2002/58/CE. O WP.29 foi substituído pela *European Data Protection Board* com a promulgação do RGPD, mas seus estudos continuam sendo utilizados como fonte de pesquisa segura.

48. CARVALHAES NETO, COUTINHO, op. cit., p. 295-319.

49. Relatório da Comissão Especial da Câmara dos Deputados destinada a proferir parecer no Projeto de Lei 4.060 de 2012, p. 43: Os limites têm referência na Lei Geral de Telecomunicações (Lei 9.472/1997) e a Lei de Sanções Penais e Administrativas Ambientais (Lei 9.605/1998), que arbitraram, há mais de vinte anos, um teto de multas de R$ 50 milhões de reais. A Lei do Sistema Brasileiro da Concorrência (Lei 12.529/11) estabelece percentuais de multas de até 20% calculados sobre o valor do faturamento bruto anual do grupo. A Lei 13.506/17, do sistema financeiro, preceitua que as multas podem variar entre 0,5% da receita de serviços ou até 2 bilhões de reais. Mais próximo ao setor, o Marco Civil da Internet prevê multa de até 10% do faturamento do grupo no país para as penalidades que determina.

50. Não faria sentido a aplicação de multa a algum órgão público na medida em que a mesma seria paga com a arrecadação de tributos pagos pela própria sociedade.

da Concorrência)[51] que possibilita impor penalidades tanto para uma sociedade infratora quanto para seu grupo ou conglomerado no caso de não se atingir financeiramente a empresa que praticou a infração. Ou, ainda, com certa discricionariedade, impor sanção em razão de a infração ter beneficiado não apenas a empresa, mas também outras empresas do grupo econômico ou mesmo o grupo todo (art. 52, § 4º, LGPD).[52]

A LGPD autoriza ainda a multa diária, para que a entidade faça cessar as violações, também observando o limite estipulado para multa prevista anteriormente, bem como as garantias processuais.

Outra sanção prevista é a publicização da infração após devidamente apurada e confirmada a sua ocorrência. Mercê do princípio da publicidade que rege a Administração Pública (art. 5º, LX, c/c art. 37 da CF), a decisão da autoridade deve ser pública, entretanto aqui se busca também a divulgação da infração imposta e, para tanto, se afigura imprescindível a regulação do procedimento para tanto, de modo que o mercado identifique o caráter sancionatório da mesma (Selo de descumpridor).[53]

Também estão previstos o bloqueio e a eliminação de dados pessoais. O primeiro apresenta um caráter temporário, tendo em vista que a medida poderá ser cessada quando ocorrer a regularização por parte do agente de dados. Já a eliminação tem caráter definitivo.

Seja para adoção de multas simples ou diária, para determinar a forma de publicização das sanções aplicadas, a autoridade deverá publicar regulamento próprio prevendo as circunstâncias e condições para aplicação das sanções administrativas e as metodologias que orientarão o cálculo do valor-base das multas.

Por fim, não se pode olvidar que a sanção não impede ou substitui a decisão tomada em processo judicial que determine também a compensação do dano, nos termos da Lei de Introdução às Normas do Direito Brasileiro[54], que autoriza a celebração de acordos e termos de compromisso.

---

51. Art. 37. A prática de infração da ordem econômica sujeita os responsáveis às seguintes penas:
    I – no caso de empresa, multa de 0,1% (um décimo por cento) a 20% (vinte por cento) do valor do faturamento bruto da empresa, grupo ou conglomerado obtido, no último exercício anterior à instauração do processo administrativo, no ramo de atividade empresarial em que ocorreu a infração, a qual nunca será inferior à vantagem auferida, quando for possível sua estimação;
    II – no caso das demais pessoas físicas ou jurídicas de direito público ou privado, bem como quaisquer associações de entidades ou pessoas constituídas de fato ou de direito, ainda que temporariamente, com ou sem personalidade jurídica, que não exerçam atividade empresarial, não sendo possível utilizar-se o critério do valor do faturamento bruto, a multa será entre R$ 50.000,00 (cinquenta mil reais) e R$ 2.000.000.000,00 (dois bilhões de reais);
    III – no caso de administrador, direta ou indiretamente responsável pela infração cometida, quando comprovada a sua culpa ou dolo, multa de 1% (um por cento) a 20% (vinte por cento) daquela aplicada à empresa, no caso previsto no inciso I do caput deste artigo, ou às pessoas jurídicas ou entidades, nos casos previstos no inciso II do caput deste artigo.
    § 1º Em caso de reincidência, as multas cominadas serão aplicadas em dobro.
    § 2º No cálculo do valor da multa de que trata o inciso I do caput deste artigo, o Cade poderá considerar o faturamento total da empresa ou grupo de empresas, quando não dispuser do valor do faturamento no ramo de atividade empresarial em que ocorreu a infração, definido pelo Cade, ou quando este for apresentado de forma incompleta e/ou não demonstrado de forma inequívoca e idônea.
52. CARVALHAES NETO, COUTINHO, op. cit., p. 295-319.
53. Idem, ibidem.
54. Art. 26. Para eliminar irregularidade, incerteza jurídica ou situação contenciosa na aplicação do direito público, inclusive no caso de expedição de licença, a autoridade administrativa poderá, após oitiva do órgão jurídico e, quando

A título de comparação, o RGPD prevê duas faixas de multa que variam de acordo com a gravidade das infrações. No caso de infrações mais leves,[55] as multas podem chegar a 10 milhões de Euros ou 2% do faturamento bruto mundial da empresa ou conglomerado no exercício fiscal anterior à instauração do processo – o que for maior.

Para infrações mais graves,[56] o valor é aumentado para 20 milhões de Euros, ou, no caso de uma empresa, até 4 % do seu faturamento bruto – o que for maior.

Com relação a sanções penais, o RGPD deixa livre que as legislações internas as prevejam, conforme Considerando 129. A Lei interna de Portugal, em seu artigo 51,[57] prevê a possibilidade de prisão do infrator, assim como a legislação italiana.[58]

---

for o caso, após realização de consulta pública, e presentes razões de relevante interesse geral, celebrar compromisso com os interessados, observada a legislação aplicável, o qual só produzirá efeitos a partir de sua publicação oficial.

§ 1º O compromisso referido no caput deste artigo:

I – buscará solução jurídica proporcional, equânime, eficiente e compatível com os interesses gerais;

II – (Vetado);

III – não poderá conferir desoneração permanente de dever ou condicionamento de direito reconhecidos por orientação geral;

IV – deverá prever com clareza as obrigações das partes, o prazo para seu cumprimento e as sanções aplicáveis em caso de descumprimento. § 2º (VETADO).

55. Art. 83. 4. A violação das disposições a seguir enumeradas está sujeita, em conformidade com o n. 2, a coimas até 10.000.000 EUR ou, no caso de uma empresa, até 2% do seu volume de negócios anual a nível mundial correspondente ao exercício financeiro anterior, consoante o montante que for mais elevado: a) As obrigações do responsável pelo tratamento e do subcontratante nos termos dos artigos 8º, 11º, 25º a 39º e 42º e 43º; b) As obrigações do organismo de certificação nos termos dos artigos 42º e 43º; c) As obrigações do organismo de supervisão nos termos do artigo 41º, n. 4;

56. Art. 83º 5. A violação das disposições a seguir enumeradas está sujeita, em conformidade com o n. 2, a coimas até 20.000.000 EUR ou, no caso de uma empresa, até 4% do seu volume de negócios anual a nível mundial correspondente ao exercício financeiro anterior, consoante o montante que for mais elevado: a) Os princípios básicos do tratamento, incluindo as condições de consentimento, nos termos dos artigos 5º, 6º, 7º e 9º; b) Os direitos dos titulares dos dados nos termos dos artigos 12º a 22º; c) As transferências de dados pessoais para um destinatário num país terceiro ou uma organização internacional nos termos dos artigos 44º a 49º; d) As obrigações nos termos do direito do Estado-Membro adotado ao abrigo do capítulo IX; e) O incumprimento de uma ordem de limitação, temporária ou definitiva, relativa ao tratamento ou à suspensão de fluxos de dados, emitida pela autoridade de controlo nos termos do artigo 58º, n. 2, ou o facto de não facultar acesso, em violação do artigo 58º, n. 1. 6. O incumprimento de uma ordem emitida pela autoridade de controlo a que se refere o artigo 58º, n. 2, está sujeito, em conformidade com o n. 2 do presente artigo, a coimas até 20.000.000 EUR ou, no caso de uma empresa, até 4% do seu volume de negócios anual a nível mundial correspondente ao exercício financeiro anterior, consoante o montante mais elevado.

57. Artigo 51º Violação do dever de sigilo.

1. Quem, obrigado a sigilo profissional nos termos da lei, sem justa causa e sem o devido consentimento, revelar ou divulgar no todo ou em parte dados pessoais é punido com pena de prisão até 1 ano ou com pena de multa até 120 dias.

2. A pena é agravada para o dobro nos seus limites se o agente:

a) For trabalhador em funções públicas ou equiparado, nos termos da lei penal;

b) For encarregado de proteção de dados;

c) For determinado pela intenção de obter qualquer vantagem patrimonial ou outro benefício ilegítimo;

d) Puser em perigo a reputação, a honra ou a intimidade da vida privada de terceiros.

3. A negligência é punível com pena de prisão até 6 meses ou com pena de multa até 60 dias.

58. At. 167. 1) Trattamento illecito di dati (reclusione da 1 a 3 anni);

2) Comunicazione e diffusione illecita di dati personali oggetto di trattamento su larga scala (reclusione da 1 a 6 anni);

3) Acquisizione fraudolenta di dati personali oggetto di trattamento su larga scala (reclusione da 1 a 4 anni);

4) Falsità nelle dichiarazioni al Garante e interruzione dell'esecuzione dei compiti o dell'esercizio dei poteri del Garante (da 6 mesi a 3 anni);

5) Inosservanza dei provvedimenti del Garante (da 3 mesi a 2 anni).

A LGPD foi sancionada com vetos à seguintes sanções:

a) suspensão parcial ou total de funcionamento de banco de dados a que se refere a infração pelo período máximo de 6 (seis) meses, prorrogáveis por igual período até a regularização da atividade de tratamento pelo responsável;

b) suspensão do exercício de atividade de tratamento de dados pessoais a que se refere a infração pelo período máximo de 6 (seis) meses, prorrogáveis por igual período;

c) proibição parcial ou total do exercício de atividades relacionadas a tratamento de dados.

Setores da sociedade civil organizada apontam que existência somente de multas pecuniárias não são suficientes para impedir irregularidades,[59] vez que a na maioria dos setores regulados é estabelecida como sanção a suspensão ou proibição, ainda que temporária, da atividade regulada. Neste sentido, é possível citar como exemplo as atividades reguladas pela Agência Nacional de Telecomunicações (ANATEL), Agência Nacional do Petróleo, Gás Natural e Biocombustível (ANP), Agência Nacional de Energia Elétrica (ANEEL), Agência Nacional de Vigilância Sanitária (ANVISA). Assim também o próprio Código de Defesa do Consumidor (artigos 56 e 59 da Lei 8.078/90).

Na Europa, com a publicação do RGPD é possível a imposição de limitação temporária ou definitiva da atividade pelas autoridades competentes, incluindo a proibição de processamento de dados (art. 58, 2, f, do Regulamento).

Fato é que a legislação na Europa está sendo cumprida. No dia 8 de julho de 2019, a agência de privacidade do governo britânico (*Information Commissioner's Office* – ICO) anunciou uma multa de 183 milhões de libras para a British Airways.[60] A medida foi uma resposta à violação dos dados de aproximadamente 500 mil consumidores.

A investigação da ICO constatou que uma variedade de informações foi comprometida por acordos de segurança inadequados da empresa, incluindo login, dados de pagamento via cartão, detalhes das viagens, bem como informações de nome e endereço dos consumidores.

No dia 9 de julho de 2019, a mesma agência noticiou a intenção de multar a empresa Marriott International, multinacional do ramo de hotéis, em mais de 99 milhões de libras por infringir o RGPD.

A agência britânica informa ainda que puniu a empresa EE Limited em 100 mil libras por enviar 2,5 milhões de mensagens diretas aos seus consumidores, sem consentimento.

A autoridade francesa penalizou uma imobiliária por uso indevido de dados de uma câmera de vigilância – e, na Espanha, foi aplicada uma multa de 250 mil euros para a La Liga (entidade de futebol) em razão de o seu aplicativo ter usado indevidamente o microfone dos smartphones.[61]

---

59. INSTITUTO BRASILEIRO DE DEFESA DO CONSUMIDOR – IDEC. Posicionamento sobre a sanção do Projeto de Lei Geral de Proteção de Dados Pessoais. 14 de agosto de 2018. Disponível em: https://idec.org.br/sites/default/files/arquivos/posicionamento_dadospessoais.pdf. Acesso em: 25.01.2020.
60. Todos os exemplos retirados de https://ico.org.uk/.
61. Disponível em: https://bit.ly/2XR3Q37.

5. CONSIDERAÇÕES FINAIS

Diante do atual contexto legislativo brasileiro, é possível afirmar que a novel legislação, quando de sua vigência, preencherá espaço importante no tratamento adequado de informações e dados que atualmente não encontram tutela expressa no ordenamento jurídico brasileiro.

O legislador reconheceu a fadiga do consentimento do titular e, por conseguinte, passará a exigir de quem deseja tratar dados a adoção de medidas preventivas e corretivas de eventuais inadequações que poderão ser objeto de verificação prévia independentemente de situação concreta.

Oxalá a alvissareira vigência da Lei Geral de Proteção de Dados eleve o nível do tratamento de dados pessoais no âmbito nacional capaz de aproximar as práticas brasileiras das mais modernas no mundo.

6. REFERÊNCIAS

BIONI, Bruno Ricardo. *Proteção de dados pessoais*: a função e os limites do consentimento. Rio de Janeiro: Forense, 2019.

BIONI, Bruno. MENDES, Laura Schertel. Regulamento Europeu de Proteção de Dados Pessoais e a Lei Geral brasileira de Proteção de Dados: mapeando convergências na direção de um nível de equivalência. In: TEPEDINO, Gustavo. FRAZÃO, Ana. OLIVA, Milena Donato. *Lei Geral de Proteção de Dados Pessoais e suas repercussões no direito brasileiro*. São Paulo: Thompson Reuters, 2019.

CARVALHAES NETO, Eduardo Hayden; COUTINHO, Karen Mentzingen. *Enforcement* da lei geral de proteção de dados e sanções. In: BRANCHER, Paulo Marcos Rodrigues; BEPPU, Ana Claudia (Coord.). *Proteção de dados pessoais no Brasil*: uma nova visão a partir da Lei 13.709/2018. Belo Horizonte: Fórum, 2019.

CHAVES, Luis Fernando Prado. Responsável pelo tratamento, subcontratante e DPO. p. 111-138. In: MALDONADO, Viviane Nóbrega. BLUM, Renato Opice. *Comentários ao GDPR*. Regulamento Geral de Proteção de Dados da União Europeia. São Paulo: Thomson Reuters Brasil, 2018.

DONEDA, Danilo. *Da privacidade à proteção de dados pessoais*. 2. ed. São Paulo: Thomson Reuters Brasil, 2019.

DONEDA, Danilo. O direito fundamental à proteção de dados pessoais. In: MARTINS, Guilherme Magalhães; LONGHI, João Victor Rozatti (Coord.) *Direito digital*. Direito privado e internet. 2. ed. Indaiatuba: Foco, 2019.

DRESCH, Rafael de Freitas Valle. FALEIROS JUNIOR, José Luiz de Moura. Reflexões sobre a responsabilidade civil na lei geral de proteção de dados (Lei 13.709/2018). In: ROSENVALD, Nelson. DRESCH, Rafael de Freitas Valle. WESENDONCK, Tula. *Responsabilidade civil*. Novos riscos. Indaiatuba: Editora Foco, 2019.

FRAZÃO, Ana. Fundamentos da proteção dos dados pessoais – noções introdutórias para a compreensão da importância da Lei Geral de Proteção de Dados. In. TEPEDINO, Gustavo. FRAZÃO, Ana. OLIVA, Milena Donato. *Lei Geral de Proteção de Dados Pessoais e suas repercussões no direito brasileiro*. São Paulo: Thompson Reuters, 2019.

GOMES, Rodrigo Dias de Pinho. Encarregado pelo tratamento de dados pessoais na LGPD. *Jota*. Disponível em https://bit.ly/33TaHwL. Acesso em 10/01/2020.

GRAU, Eros R. *A ordem econômica na Constituição de 1988*. 18. ed. São Paulo: Malheiros, 2017.

LARENZ, Karl. *Metodologia da ciência do direito*. 2. ed. Lisboa: Fundação Calouste Gulbenkian, 1969.

LIMBERGER, Têmis. Informação em rede: uma comparação da lei brasileira de proteção de dados pessoais e o regulamento geral de proteção de dados europeu. In: MARTINS, Guilherme Magalhães. LONGHI, Joao Victor Rozatti. *Direito Digital*. Direito privado e internet. 2. ed. Indaiatuba: Editora Foco, 2019.

MAXIMILIANO, Carlos. *Hermenêutica e Aplicação do Direito*. 19. ed. Rio de Janeiro: Forense, 2008.

MEIRELLES, Hely Lopes. *Direito administrativo brasileiro*. 22. ed. São Paulo: Malheiros, 1997.

MELLO, Celso Antônio Bandeira de. *Curso de direito administrativo*. 13. ed. São Paulo: Malheiros, 2001.

MENEZES CORDEIRO, António Barreto. Da responsabilidade civil pelo tratamento de dados pessoais. p.49-64. In BARBOSA, Mafalda Miranda. ROSENVALD, Nelson. MUNIZ, Francisco. *Desafios da nova responsabilidade civil*. São Paulo: Editora JusPodivm, 2019.

MENKE, Fabiano. A proteção de dados e o novo direito fundamental à garantia da confidencialidade e da integridade dos sistemas técnico-informacionais no direito alemão. In: MENDES, Gilmar Ferreira. SARLET, Ingo Wolfgang. COELHO, Alexandre Zavaglia P. *Direito, inovação e tecnologia*. São Paulo: Saraiva, 2015.

MIRAGEM, Bruno. A lei geral de proteção de dados (Lei 13.709/2018) e o direito do consumidor. *Revista dos Tribunais*. v. 1009/2019. p. 173-222. Nov/2019.

MIRAGEM, Bruno. *A nova administração pública e o direito administrativo*. São Paulo: Editora Revista dos Tribunais, 2011.

RODOTÀ, Stefano. *A vida na sociedade da vigilância*. A privacidade hoje. Rio de Janeiro: Renovar, 2008.

SALOMÃO FILHO, Calixto. *Regulação e desenvolvimento*. Novos temas. São Paulo: Malheiros, 2012.

SILVA, Ricardo Barreto Ferreira da; SILVA, Camila Taliberti Ribeiro da; IKEDA, Juliana Sene; SERRAGLIO, Lorena Pretti. *Accountability* e responsabilização sobre proteção de dados. in BRANCHER, Paulo Marcos Rodrigues; BEPPU, Ana Claudia (Coord.). *Proteção de dados pessoais no Brasil*: uma nova visão a partir da Lei 13.709/2018. Belo Horizonte: Fórum, 2019,

SOMBRA, Thiago Luís Santos. *Fundamentos da regulação da privacidade e proteção de dados pessoais*. Pluralismo jurídico e transparência em perspectiva. São Paulo: Thomson Reuters Brasil, 2019.

Anotações